L'armée de Terre française
du 10 mai 1940

Collection Armes & Armées

AMBROISE-RENDU Marc, *Paris en guerre 1914-1918 - Comment la capitale a géré le conflit et la victoire.*
BOUAN Gérard, *Chine - Les guerres de l'opium (août 1839-août 1840 et octobre 1856-octobre 1860).*
CAILLETEAU François, *Pourquoi l'Allemagne a perdu la Grande Guerre - Décisions funestes de 1914 et 1917.*
CAILLETEAU François (Général), *Cinq siècles d'opérations extérieures des armées françaises.*
CAILLETEAU François, *Décider et perdre la guerre.*
DENIS Éric, *1940, la Wehrmacht de Fall Gelb.*
DENIS Éric, *L'armée de Terre française du 10 mai 1940.*
ESQUERRE Hugues, *Quand les finances désarment la France.*
FORGET Michel (général), *Nos armées au temps de la Ve République.*
FORGET Michel (général), *L'armée de l'Air face à ses épreuves.*
FRANC Claude, *L'offensive Nivelle (printemps 1917) - L'autopsie d'un échec.*
GÉRÉ François, *Sous l'empire de la désinformation - La parole masquée.*
GERMAIN Michel, *Les bateaux de la liberté 1917-1918 - L'arrivée du premier convoi à Saint-Nazaire.*
JORDAN Frédéric (colonel), *Pour le succès des armes de la France.*
LANGLOIS (DE) Maurice (général) - *L'Europe, une grande puissance désarmée.*
LIDDELL HART B.-H. (Capitaine), *La vie du colonel Lawrence.*
PENISSON Bernard, *Guibert, Jomini, Clausewitz - Les trois colonnes de la stratégie occidentale.*
PIGAILLEM Henri, *Dictionnaire encyclopédique des batailles de l'antiquité à l'an 2000.*
WARDEN John A. et RUSSELL Leland, *La stratégie Prométhée.*
ZELLER Léon (Général), *Souvenirs sur les maréchaux Foch et Pétain*, présenté et annoté par le colonel Claude Franc.
ZELLER Léon (Général), *Souvenirs sur le maréchal Joffre et le général de Castelnau*, présenté et annoté par le colonel Claude Franc.

Collection ARMES & ARMÉES

L'armée de Terre française du 10 mai 1940

Texte, cartographie et planches graphiques

Éric DENIS

Préface de François Vauvillier

ECONOMICA
49 rue Héricart, 75015 Paris

À Stéphane Ferrard et Pascal Danjou,
ainsi qu'aux quelque 60 000 soldats morts pour la France en 1939 et 1940.

Préface

En octobre 2006, voici un peu plus de quatorze ans, je m'inscrivais sur un site virtuel solidement documenté et doté d'un forum de qualité, l'ensemble fondé par un groupe de jeunes passionnés qui avaient suivi - avec pertinence et talent - la voie esquissée quelques décennies auparavant par une poignée de pionniers.

D'emblée, j'avais reconnu la démarche qui nous était commune :

– un objectif : offrir un portrait aussi précis que possible, loin des clichés, de l'armée française de 1940 sous ses aspects les plus variés,

– un dessein : réhabiliter les combattants de 1940.

C'est ainsi que je fis la connaissance d'Éric Denis, l'un des créateurs de ce site et de son forum. Faut-il présenter ce dernier ? Il s'agit bien sûr d'ATF40 (armée de terre française 1940, http://atf40.1fr1.net), dont la notoriété va croissante d'année en année.

Et faut-il présenter Éric Denis ? Avec le présent ouvrage consacré à l'armée française, Éric n'en est pas à son coup d'essai. Ses premiers écrits dans la presse dédiée remontent au printemps 2008, dans le cadre de notre collaboration au long cours dans les pages du magazine trimestriel Guerres, Blindés et Matériel.

Chercheur passionné, rompu aux plongées dans les centres d'archives de la Défense, Éric Denis en a remonté à la lumière la matière, inédite, d'une série d'articles sur nos matériels antichars et nos matériels d'artillerie de campagne des années 1934 à 1940, et plus récemment sur notre armement léger, dans le cadre d'une série en cours, appelée à connaître de nouveaux développements.

Au-delà de l'aspect technique très pointu qui caractérise ses études sur les matériels, Éric est aussi un historien des opérations : nous lui devons notamment une série d'articles dans Guerres, Blindés et Matériel, *armée par armée - Giraud, Blanchard, Corap, Huntziger - sur la période cruciale s'écoulant du 10 au 15 mai au groupe d'armées n° 1, avec la montée en Belgique, la percée allemande et le début des mouvements en retraite.*

Analysant les opérations par le haut mais aussi dans le détail, Éric a signé en 2014 chez Histoire & Collections, Stonne 1940, *son premier ouvrage, fruit d'une étude minutieuse du déroulement de cette bataille, enrichie de conversations avec les ultimes survivants.*

Éclectique, Éric Denis est tout aussi pertinent dans l'analyse des moyens et des ressorts de « ceux d'en face ». Auteur, de 2008 à 2010, d'une série d'articles sur les blindés allemands dans le magazine TankZone, *il a signé plus récemment, en 2018, l'ouvrage de fond formant le pendant, chez le même éditeur, de celui que vous avez entre les mains,* 1940, La Wehrmacht de Fall Gelb.

Que dire de plus ? Ma joie de voir que la « flamme de 1940 », loin d'avoir éclairé seulement cette génération déjà ancienne à laquelle j'appartiens, est constamment ravivée par de nouveaux chercheurs, Éric Denis au premier rang d'entre eux.

François Vauvillier

Saint-Briac-sur-Mer, 8 novembre 2020

Sommaire

Abréviations utilisées dans le texte

AA : Antiaérien
AC : Antichar
ACC : Auto-canon de cavalerie
AFN : Afrique française du Nord
ALVF : Artillerie lourde sur voie ferrée
AMC : Automitrailleuse de combat
AMD : Automitrailleuse de découverte
AMR : Automitrailleuse de reconnaissance
AOF : Afrique occidentale française
Auto : Automobile
BA : Brigade d'artillerie
BAF : Bataillon alpin de forteresse
BAICM : Bataillon autonome d'infanterie coloniale du Maroc
Bat : Bataillon
BC : Brigade de cavalerie
BCA : Bataillon de chasseurs alpins
BCC : Bataillon de chars de combat
BCP : Bataillon de chasseurs à pied
BCPortés : Bataillon de chasseurs portés
B^{de} : Brigade
BDAC : Batterie divisionnaire antichars
BDCA : Batterie divisionnaire de DCA
BDP : Bataillon de dragons portés
BEF : British Expeditionary Force (Corps expéditionnaire britannique)
BI : Brigade d'infanterie
B^{ie} : Batterie
BLM : Brigade légère motorisée ou mécanique
BMI : Bataillon de mitrailleurs indochinois
BMM : Bataillon de mitrailleurs malgaches
CAB : Compagnies d'accompagnement de bataillon
CACC : Compagnie autonome de chars de combat
CC : Corps de cavalerie
CCRM : Compagnie de cavaliers de remonte du Maroc
CDAC : Compagnie divisionnaire antichar
CDF : Commission de défense des frontières
CEB : Commission d'expérimentation de Bourges
CEFS : Corps expéditionnaire français en Scandinavie
CEI : Commission d'expérimentation de l'infanterie
CEICC : Commission d'expérimentation de l'infanterie et des chars de combat
CEMAV : Commission d'expérimentation du matériel automobile de Vincennes
CEMGA : Chef d'état-major général de l'armée
CID : Centre d'instruction divisionnaire
Cie : Compagnie
CM : Centre de mobilisation
CMCAM : Commandement militaire des confins algéro-marocains
COA : Compagnie d'ouvriers d'artillerie
COMA : Commis et ouvriers militaires d'administration
CORF : Commission d'organisation des régions fortifiées
CRV : Compagnie de ravitaillement en viande
CSG : Conseil supérieur de la guerre
CP : Compagnie de pionniers
CRE : Compagnie régimentaire d'engins
DB : Demi-brigade
DBAF : Demi-brigade alpine de forteresse
DBC : Demi-brigade de chars
DBCA : Demi-brigade de chasseurs alpins
DBCP : Demi-brigade de chasseurs à pied
DC : Division de cavalerie
DCA : Défense contre aéronefs
DCR : Division cuirassée de réserve générale
DI : Division d'infanterie
DIA : Division d'infanterie d'Afrique
DIC : Division d'infanterie coloniale
DIF : Division d'infanterie de forteresse
DIM : Division d'infanterie motorisée
DINA : Division d'infanterie nord-africaine
DIP : Division d'infanterie polonaise
DL : Division légère
DLC : Division légère de cavalerie
DLCh : Division légère de chasseurs
DLM : Division légère mécanique
DM : Division marocaine
DP : Dragons portés
EDAC : Escadron divisionnaire antichar
EHR : Escadron hors rang
EM : État-major
EMA : État-major de l'armée
EOCA : Éléments organiques de corps d'armée
EOCC : Éléments organiques de corps de cavalerie
Esc : Escadron
GAA : Groupe autonome d'artillerie
GAACC : Groupement autonome d'artillerie coloniale de Corse
GAM : Groupe d'automitrailleuses
GBC : Groupe de bataillons de chars
GED : Groupe d'exploitation divisionnaire
GEREC : Groupe d'escadrons de régiment étranger de cavalerie
GMBCM : Groupe mixte de bataillons de chars du Maroc
G^{pe} : Groupe
GQG : Grand quartier général
GRM : Garde républicaine mobile
GU : Grande unité
Hippo : Hippomobile
Mit : Mitrailleuse
Moto : motorisé
PACA : Parc d'artillerie de corps d'armée
PGA : Parc du génie d'armée
PRA : Parc de réparation d'artillerie
PR Auto : Parc de réparation automobile
PRI : Parc de réparation d'infanterie
PTA : Parc de transmissions d'armée
QG : Quartier général
RA : Régiment d'artillerie
RAA : Régiment d'artillerie d'Afrique
RAC : Régiment d'artillerie coloniale
RACM : Régiment d'artillerie coloniale du Maroc
RADCA : Régiment d'artillerie de DCA
RADTTT : Régiment d'artillerie divisionnaire tracté tous terrains
RAMF : Régiment d'Artillerie Mobile de Forteresse (ou Mixte)
RALA : Régiment d'artillerie lourde automobile
RALDTTT : Régiment d'artillerie lourde divisionnaire tracté tous terrains
RAM : Régiment d'automitrailleuses
RC : Régiment de cuirassiers
RCA : Régiment de chasseurs d'Afrique
RCC : Régiment de chars de combat
RCCh : Régiment de chasseurs à cheval
RD : Régiment de dragons
RDP : Régiment de dragons portés
REI : Régiment étranger d'infanterie
RG : Réserve générale
RF : Région fortifiée
R^{gt} : Régiment
R^{gt} G : Régiment du génie
RH : Régiment de hussards
RI : Régiment d'infanterie
RIA : Régiment d'infanterie alpine
RIC : Régiment d'infanterie coloniale
RICM : Régiment d'infanterie coloniale du Maroc
RIF : Régiment d'infanterie de forteresse
RM : Région militaire
RMIC : Régiment de mitrailleurs d'infanterie coloniale
RMP : Région militaire de Paris
RP : Régiment de pionniers
RSA : Régiment de spahis algériens
RSM : Régiment de spahis marocains
RTA : Régiment de tirailleurs algériens
RTM : Régiment de tirailleurs marocains
RTS : Régiment de tirailleurs sénégalais
RZ : Régiment de zouaves
SAET : Section de l'armement et des études techniques
SD : Secteur défensif
SDN : Société des nations
SF : Secteur fortifié
S^{on} : Section
SM : Sapeurs mineurs
SMA : Section de munitions automobile
SMH : Section de munitions hippomobile
STA : Section technique de l'artillerie
STG : Section techniques du génie
STI : Section technique de l'infanterie
TC : Train de combat
TEG : Tableaux d'effectifs de guerre
TOE : Théâtre d'opérations extérieur
VDP : Voiture de dragons portés

Avant-propos

Les débuts de la Seconde Guerre mondiale ont engendré la perte d'environ 60 000 soldats morts pour la France entre 1939 et 1940. Or, force est de constater le peu d'intérêt suscité par ces hommes dès l'après guerre et toujours de nos jours.

Meurtris dans leur chair ou dans leur âme, d'autres soldats subirent cette époque avec un sentiment d'injustice, tant par les difficultés qu'ils durent surmonter pendant les années de guerre, que pour ce qu'ils vécurent en rentrant dans leurs foyers à la libération. Ils symbolisaient l'armée vaincue alors qu'une autre armée française, victorieuse, participait à la défaite du IIIe Reich. Pourtant, en 1940, ils se battirent souvent avec courage, malgré des situations généralement défavorables, comme en témoignent les pertes infligées à nos adversaires.

Lorsque l'armistice de 1918 est signé et en dépit des hécatombes subies, l'armée française est considérée comme la plus puissante au monde. Elle regroupe un nombre de cadres et de soldats expérimentés jamais atteint durant toute son histoire militaire et est équipée de nombreux matériels éprouvés et efficaces.

Les troupes françaises sont déployées au-delà de nos frontières, sur le Rhin, le Danube, dans les Carpates, en Syrie et en Cilicie. Seule au monde à être dotée d'une force blindée de 3 000 chars, elle dispose aussi d'une redoutable artillerie composée de plus de 12 000 pièces d'un calibre supérieur ou égal à 75 mm. Les stocks de munitions se comptent par millions d'obus et par centaines de millions de cartouches tandis que l'industrie de guerre nationale est la plus développée au monde.

Alors comment est-il possible que cette armée soit vaincue en quelques semaines 22 ans plus tard ? Si la pertinence stratégique et tactique de la Wehrmacht est un facteur déterminant, elle ne peut à elle seule être une explication suffisante.

De nos jours, l'exploitation des archives démontre clairement que le soldat français de 1940 a souvent fait preuve de courage et de valeur combative lorsqu'il était solidement encadré et commandé. En revanche, bien des faiblesses se dessinent quant à l'immobilisme de la pensée militaire de nombreux cadres supérieurs de l'armée, campés sur les principes de la Grande Guerre. À partir de 1918, paré du prestige de la victoire, l'état-major émet des avis doctrinaux semblant incontestables.

Durant la première partie des années 1930, les demandes budgétaires de l'état-major de l'armée ne concernent que l'augmentation des effectifs et des moyens, sans pour autant faire significativement évoluer les doctrines d'emploi, souvent destinées à se prémunir des hécatombes de la Première Guerre mondiale, toujours très présentes dans les esprits.

Pourtant, dès la fin de la guerre, certains officiers proposent des alternatives avant-gardistes, trop peut-être, car ils ne sont ni écoutés ni compris. Il faut attendre 1935 pour voir apparaitre en nombre de nouvelles armes et de nouveaux matériels mieux adaptés à la guerre moderne, mais parfois handicapés par un développement basé sur des principes datant de la guerre. En 1939, lorsque les observateurs français transmettent leurs rapports sur les guerres d'Espagne et de Pologne, la pensée militaire française évolue plus rapidement mais il est trop tard pour modifier fondamentalement la doctrine et la mentalité de nombreux cadres supérieurs.

Mais tout n'est pas si simple, durant la première moitié des années 1930, alors que les séquelles de la Première Guerre mondiale sont encore très présentes, la France subit toujours les conséquences de la crise économique et d'une dette colossale envers les États-Unis. Victime de multiples coupes budgétaires, l'armée française n'est plus que l'ombre de celle de 1918. Ses effectifs sont indignes d'une grande nation et ses matériels vieillissants accusent le poids d'années de service. Dans son Rapport sur l'état de l'armée du 1er mai 1932, le général Weygand, inspecteur général de l'armée, conclut d'ailleurs par ces mots : « *L'Armée d'aujourd'hui est descendue au niveau le plus bas que permette la sécurité de la France dans l'état actuel de l'Europe ; sa santé réclame que les lois et règlements, dont elle est issue, soient intégralement appliqués tant en ce qui concerne la conservation des effectifs que la pratique de l'instruction, et que l'effort financier soit opiniâtrement poursuivi.* »

À partir de 1935 l'armée française va amorcer un redressement spectaculaire en dépit d'innombrables difficultés matérielles, politiques, structurelles et sociales, principalement sous l'effet du réarmement intensif allemand. Ainsi, lorsque la guerre éclate, c'est une armée fortement motorisée et mécanisée et équipée de nombreux matériels modernes qui est mise en ligne. Les efforts seront redoublés jusqu'à la fin de la campagne de France.

Bien que souffrant d'indiscutables lacunes, l'armée de terre française de 1940 ne manquait ni de valeur ni de moyens. Mais à y regarder dans le détail, toutes les armées contemporaines étaient similaires. Elles se cherchaient dans un monde en rapide évolution, à la charnière entre l'organisation militaire traditionnelle des siècles précédents et l'armée moderne que nous connaissons de nos jours. Il était bien difficile de prédire ce que les guerres seraient et chaque nation s'efforçait d'intégrer au mieux les progrès technologiques en tentant d'appréhender les caractéristiques des batailles futures.

Bien évidemment, l'objectif de cet ouvrage n'est pas de remettre en cause la plus grande défaite militaire française de tous les temps mais de présenter notre armée en la replaçant dans le contexte de l'époque, en mettant en valeur les causes des décisions prises durant les années précédant la guerre. Ainsi, nous espérons apporter au lecteur la vision la plus objective possible de l'armée de terre française de 1940 en nous basant presque exclusivement sur les très nombreuses pages d'archives, de documents et de témoignages à notre disposition.

Cet ouvrage est aussi l'expression d'un devoir de mémoire envers les millions d'hommes engagés durant les années 1939 et 1940, cette partie de la Seconde Guerre mondiale restant encore assez méconnue. Or, nous avons tous des membres de notre famille ayant été mobilisés en 1939 et bien peu d'entre eux se sont exprimés sur leur histoire après leur retour, beaucoup ayant enchainé la campagne avec une longue période de captivité.

Malheureusement, il ne subsiste de nos jours que bien peu de vétérans ayant vécu cette triste période de l'Histoire de France et ceux que nous avons pu rencontrer ces dernières décennies l'abordaient difficilement. Leur émotion était encore très forte lorsqu'ils en parlaient. Cette rude expérience était bien souvent toujours gravée au fer rouge dans leur mémoire et parfois dans leur chair.

1 : Système décisionnaire, diplomatie et stratégie

Après l'euphorie de la fin de la Première Guerre mondiale, la France se trouve confrontée à d'immenses difficultés liées à l'hécatombe de soldats, aux destructions du nord et de l'est du pays et aux conséquences économiques des dépenses de guerre. Cette illustration montre la tête du défilé du 14 juillet 1919 avec les maréchaux Joffre et Foch ouvrant la marche, tous deux considérés comme les stratèges de la victoire. Notons qu'à cette époque, les défilés passent sous l'Arc de triomphe, avant que n'y soit implantée la tombe du soldat inconnu le 11 novembre 1920. Légitime en raison des destructions causées en France par la guerre, le Traité de Versailles écrase l'Allemagne en lui imposant des conditions très sévères. Le NSDAP (Nationalsozialistische Deutsche Arbeiterpartei), le parti nazi, s'appuiera sur ces conditions pour entretenir le ressentiment de sa population, souvent accompagné d'un esprit de vengeance.

La victoire de 1918 ne règle en rien les risques de conflits en Europe. Malgré le traité de Versailles, la France va progressivement prendre conscience du caractère éphémère de la paix, celui-ci n'étant d'ailleurs pas de la seule responsabilité allemande.

Inacceptable pour la nation allemande et rapidement qualifié de Diktat, ce traité ne manque pas d'amplifier l'impression de trahison éprouvée par les vaincus. Si les 132 milliards de marks-or réclamés à l'Allemagne au titre des réparations semblent la condamner à une faillite durable, ils se divisent en trois obligations, dites A, B et C. Les obligations A (10 milliards) correspondent aux dommages directs de guerre, les B (42 milliards) à faire rembourser par l'Allemagne la dette franco-anglaise envers les États-Unis, et la C (80 milliards), jamais exigée, a été ajoutée pour satisfaire les parlementaires et l'opinion publique. Restent donc 52 milliards que les Allemands pouvaient payer mais ils organiseront leur insolvabilité afin de limiter les versements autant que possible. En revanche, le redécoupage de l'Europe défini par différents traités[1] est souvent imposé sans logique ethnique ni géographique. La nouvelle situation géopolitique est en conséquence bien loin d'assurer une stabilité continentale à long terme. L'isolement de la Prusse orientale allemande par le couloir de Dantzig attribué à la Pologne ne peut par exemple que générer de difficiles relations diplomatiques entre les deux pays. À cause de la dévastation du nord et de l'est du pays, d'une dette colossale envers les États-Unis et des conséquences de la crise de 1929, la France entre dans une période économique, politique et sociale particulièrement difficile. Ce contexte est propice à l'émergence de diverses idéologies comme un pacifisme exacerbé, bien que compréhensible, et certains extrémismes.

Pourtant, en octobre 1925, les accords de Locarno[2] semblent être une étape importante vers une volonté de résoudre pacifiquement les différends entre États européens en garantissant les frontières occidentales et la démilitarisation de la Rhénanie. Ils permettent en outre à l'Allemagne d'intégrer la SDN[3] et de retrouver un statut de grande puissance. Mais en Europe, les courants nationalistes prennent souvent l'avantage sur une vision internationaliste des relations entre États. Faute de l'existence d'une force internationale de maintien de l'ordre à sa disposition, la toute nouvelle SDN n'aura jamais la faculté de contraindre efficacement les grandes puissances à respecter les règles en vigueur autrement que par des condamnations de principe et des sanctions économiques sans grande efficacité.

En 1934, l'échec de la conférence sur le désarmement est la preuve flagrante de l'absence d'une réelle volonté pacifique de certains États européens comme l'Allemagne et l'Italie, en cohérence avec leur vision expansionniste. Le seul succès notable de cette conférence sera la signature d'un accord interdisant l'usage des armes chimiques et bactériologiques. Tel est le contexte dans lequel doivent s'inscrire les fondements de la stratégie diplomatique et militaire française, l'ensemble reposant sur trois points majeurs, l'organisation du système décisionnaire, le contexte international et la recherche d'alliances, et les situations sociales et économiques différenciant la France de l'Allemagne.

Le système décisionnaire

Selon la loi de 1875, « *le Président de la République dispose de la force armée* ». Mais, en 1939, le système décisionnaire militaire français, brille par sa complexité. Il regroupe une administration centrale et des organes d'exécution, d'administration et de consultation. Après une existence épisodique depuis la guerre, le ministère de la Défense nationale devient permanent à partir de 1936. Il assume l'administration centrale de l'armée, composée du haut-commandement et de la haute direction de l'armée. Disposant de son cabinet civil et militaire et d'un secrétariat général, le ministre de la Défense nationale, seul responsable devant le parlement, cumule les fonctions de chef de l'armée et de son administration. Ce ministère coordonne l'action de ceux de la Guerre, de l'Air et de la Marine[4]. Il approuve toutes les mesures relatives à la préparation et l'emploi des forces armées, ainsi que les demandes de crédit pour l'exécution des programmes d'armement. Pour le seconder, le ministre est assisté d'un Comité permanent de la Défense nationale composé des ministres de la Guerre, de la Marine et de l'Air, des maréchaux, et des quatre chefs d'états-majors généraux[5]. Il dispose également d'un organe d'étude et de consultation, le Conseil supérieur de la Défense nationale (CSDN) pour lequel une commission d'études et un secrétariat général préparent et étudient les questions à traiter. Viennent enfin les organes de contrôle que sont l'Inspection générale de la défense aérienne du territoire, le Comité de production et le Comité des carburants.

L'État-major de l'armée (EMA) est l'organe d'exécution du ministère de la Défense nationale. Placé sous la direction d'un officier général assumant également depuis 1935 les fonctions de vice-président du Conseil supérieur de la guerre (CSG) et de chef d'état-major général de l'armée (CEMGA), l'EMA est chargé des questions relatives à la défense du territoire et à la préparation des opérations de guerre. Il comprend le cabinet du CEMGA, une section du personnel d'état-major, une section administrative et quatre bureaux numérotés de 1 à 4 traitant dans l'ordre croissant des questions d'organisation et de mobilisation, du renseignement, des opérations militaires et de l'instruction générale de l'armée, et enfin des étapes, du chemin de fer et des transports. Sont également rattachés à l'EMA les sections d'outre-mer, de l'armement, du chiffre, le service historique, et le service de renseignements et de liaisons.

Formant les organes d'administration, les directions s'occupent des détails de chaque arme ou service. Il existe tout d'abord une direction d'ordre général assurant le contrôle, une autre en charge des services particuliers[6], et dix directions d'armes ou de services. Les organes de consultation et d'inspection comportent tout d'abord le CSG, composé du ministre de la Guerre, du CEMGA, des maréchaux et de douze

Une scène bien surprenante...
... mêlant soldats français et allemands. Il s'agit du tournage du film *West-front 1918* dans la région de Francfort en avril 1930. Il fait appel à d'anciens soldats des deux camps et bénéficie d'une reconstitution fidèle des tranchées et abris. Seuls les chars sont loin de la réalité historique. Ceux-là sont fabriqués à l'aide de tracteurs chenillés sur lesquels sont montées des superstructures factices. Bundesarchiv Bild 102-09557

généraux de division. Il est consulté pour toutes les mesures pouvant affecter la constitution de l'armée et la préparation à la guerre. Viennent enfin les inspections générales, organes permanents de directives techniques d'exécution et de propositions au ministre.

Après la théorie, la pratique

Les conséquences de cette organisation complexe et parfois touffue sont en revanche plus simples à exposer. Tout d'abord, la mise en place d'un commandement unique interarmées reste entravée par une farouche volonté d'autonomie des différentes armes et armées[7] alors que bon nombre de militaires de haut rang sont conscients de l'intérêt de cette évolution. Du fait de l'importance qu'elle représenterait en cas de conflit, l'armée de Terre n'entend pas qu'un commandement unique lui échappe mais le pouvoir politique n'impose aucune décision. Il faudra attendre le décret du 21 janvier 1938 pour qu'un poste de chef d'état-major général de la Défense nationale soit créé, mais son rôle le cantonnera à une mission de coordination et donc aucunement à une subordination des armées de Terre, de l'Air et de Mer.

Durant les années 1930, le partage des responsabilités entre pouvoirs politique et militaire est une constante des débats et de nombreux décrets et lois paraissent sans que la question ne soit clairement tranchée. Les limites entre les attributions de ces pouvoirs se chevauchent souvent, d'autant plus que les responsables de l'armée entendent jouer un rôle dans les décisions politiques tandis que les gouvernements successifs ont tendance à se méfier de l'armée, certains allant jusqu'à redouter un coup d'État. Cette situation ne peut qu'entraver l'incontournable professionnalisation des corps de troupes équipés de matériels modernes dont la technicité nécessite impérativement des spécialistes.

Il existe aussi une lutte d'influences entre responsables en fonction des courants de pensée qu'ils défendent. Certains officiers placés à des postes clés s'affranchissent de l'analyse objective imposée par leurs missions et valorisent exagérément des concepts ou des idées. Ils vont parfois jusqu'à limiter la diffusion de rapports ou à entraver les négociations menées avec certains pays, alliés potentiels de la France. Pis, lorsqu'il succède au général Weygand comme commandant en chef de l'armée le 21 janvier 1935, le général Gamelin ne reçoit aucune directive gouvernementale[8] alors qu'il est primordial d'imposer la mise en place d'un schéma décisionnel rapide, efficace et impartial.

Faute de stabilité politique, les gouvernements successifs délèguent les aspects stratégiques aux militaires et les vues des hautes autorités de l'armée deviennent presque invariablement celles des gouvernements[9]. Or, faute de capacités de projection, l'armée est inadaptée à une politique d'alliance avec des pays n'ayant pas de frontière commune avec la France. Les stratégies diplomatique et militaire, qui pourtant devraient se rejoindre, sont en fait incompatibles. La seule option militaire réaliste réside dans l'ouverture d'un front à partir du territoire national.

La recherche d'alliances

Jusqu'en 1936, la France signe différents traités avec de nombreux pays européens situés à proximité de l'Allemagne[10], et la recherche d'alliances parait satisfaisante. Les prémices d'une coopération militaire avec la Belgique permettent de prévoir une ligne de résistance commune tandis que la France et l'Italie partagent la volonté d'empêcher l'annexion de l'Autriche par l'Allemagne. Il est ainsi possible d'aborder une éventuelle agression allemande dans de bonnes conditions car un ceinturage du Reich se dessine d'Ouest en Est en passant par le Sud, courant de la Belgique à la Pologne.

Mais en quelques mois, ces acquis vont s'amenuiser, voire disparaitre. La France vote les sanctions proposées par la SDN à l'encontre de l'Italie au sujet de l'affaire éthiopienne, entrainant un mouvement italien francophobe et annihilant la coopération envisagée. D'autre part, les divergences au sein même des hautes instances militaires et diplomatiques françaises quant au choix des alliances à consolider nuisent à leur mise en place, surtout que des différends territoriaux et des tensions opposent souvent les éventuels partenaires de la France. Ensuite, le changement d'attitude de la Belgique, décidant d'appliquer la plus stricte neutralité, remet en cause toute entente militaire préalable. L'URSS, enfin, ne possède aucune frontière commune avec l'Allemagne et ni la Pologne ni la Roumanie n'acceptent d'ouvrir leurs territoires en cas de guerre afin de laisser passer l'Armée Rouge.

Or, la menace s'accroit le 7 mars 1936, lorsque l'Allemagne réoccupe militairement la Rhénanie, donnant le coup de grâce aux conditions du traité de Versailles et aux accords de Locarno[11]. Fort légitimement, les Français s'en inquiètent car les canons allemands peuvent maintenant directement menacer le territoire national mais ils ne formulent que des protestations sans grandes conséquences tandis que le reste du monde accueille la nouvelle avec une certaine indifférence. Pourtant les accords de Locarno permettaient à la France de saisir la SDN afin qu'elle acte la violation du traité. Alors que penser de la relative passivité française ?

Joseph Paul-Boncour et les généraux Weygand et Gamelin en 1932.
Ministre de la Guerre et délégué français à la SDN, Joseph Paul-Boncour deviendra ensuite président du Conseil puis ministre des Affaires étrangères jusqu'en février 1934. Il œuvrera pour un rapprochement avec l'Italie et l'URSS et pour une attitude ferme envers l'Allemagne.

Notes :

1 : Le traité de Versailles est suivi de ceux de Saint-Germain (septembre 1919) et de Trianon (juin 1920) démembrant l'empire austro-hongrois au profit de ses voisins et de la création de nouveaux États. Suivent ensuite les traités de Neuilly et de Sèvres (août 1920), concernant l'empire turc, qui sera combattu militairement par la Turquie.

2 : Entérinés par la France, l'Allemagne, la Grande-Bretagne, la Belgique, la Pologne et la Tchécoslovaquie, ces accords symbolisent une volonté de résoudre pacifiquement les éventuels différends entre ces nations et l'apparent abandon par l'Allemagne de l'esprit de revanche dit de « Rapallo », concrétisée par un rapprochement franco-allemand.

3 : La Société des Nations.

4 : Et celle du ministère des Colonies pour les questions relatives à leur défense.

5 : En cas de déclaration de guerre, ce comité devient le comité de Guerre.

6 : Les services du contentieux et de la justice militaire.

7 : L'infanterie, la cavalerie, l'Air et la Marine.

8 : Pouvant être interprétée comme l'acceptation de ses vues, la nomination du général Gamelin est surtout due à son attitude extrêmement complaisante envers les politiques.

9 : Entre 1920 et 1940, les gouvernements ont une durée moyenne de vie de six mois, avec comme conséquence d'immenses difficultés à mettre en place une politique à long terme.

10 : La France se rapproche de la Pologne, la Tchécoslovaquie, la Roumanie, l'Italie et la Belgique. Une entente avec l'URSS est même très sérieusement envisagée, provoquant de vives réactions au sein de certains courants conservateurs.

11 : L'action allemande avait été préalablement annoncée par les services de renseignements français. À la différence d'une idée encore bien présente de nos jours, de récentes études ont montré que les troupes allemandes avaient ordre de résister en cas de réaction militaire française.

La Société des Nations (SDN)

Fondée sous l'impulsion de Woodrow Wilson, président des États-Unis, comme le rappelle la plaque commémorative visible ci-dessous, la SDN est un organisme international dont les missions principales sont le désarmement, la prévention des guerres, la résolution des conflits par la négociation et l'amélioration globale de la qualité de vie. Fondée par le traité de Versailles, elle est habilitée à décider de sanctions envers les pays transgressant les règles internationales mais elle doit compter sur les forces armées des pays membres pour les appliquer par la force, si cela s'avère nécessaire. Si la résolution de différends entre petites nations ne pose pas de difficulté, la SDN sera incapable d'agir efficacement contre l'expansion agressive des pays de l'Axe. La vue ci-contre montre le bâtiment de la SDN à Genève dans les années 1930.
Bundesarchiv Bild 102 11045

Tout d'abord, il ne faut pas globalement condamner l'absence de réaction militaire française car la réoccupation de la Rhénanie est jugée légitime par bon nombre de pays, à commencer par la Grande-Bretagne. En n'y engageant que quelques unités incapables de résister longtemps à une offensive française, Hitler fait preuve d'une certaine pertinence géopolitique car une réaction d'envergure ne manquerait pas de faire passer la France pour l'agresseur. Les conséquences pourraient être bien lourdes pour sa recherche d'alliances et pour les relations franco-britanniques.

De plus, les difficultés ne sont pas que d'ordre diplomatique car si l'EMA envisage sérieusement de riposter à l'action allemande, il s'avère que l'option militaire reste complexe à organiser. Certes, l'armée dispose globalement des effectifs et des armes pour l'envisager, mais elle n'a pas été dotée de moyens de projection rapide. Faute de budgets conséquents attribués à la motorisation et à la mécanisation de ses forces, elle se trouve dans l'incapacité de faire face dans l'urgence à une violation des traités en cours. Dans cette situation, seule la projection des unités d'active prévues pour la couverture du territoire permettrait de repousser les forces allemandes, mais il n'existe pas de moyens intermédiaires et il faudrait ensuite déclencher la mobilisation générale et le démarrage des fabrications de guerre pour parer à une éventuelle riposte allemande d'envergure.

En d'autres termes, la France doit mettre sur pied l'ensemble de ses forces pour contrer l'avancée de quelques dizaines de milliers de soldats du Reich, en se prémunissant des éventuelles conséquences de cette réplique. Ainsi, les faiblesses de l'organisation de l'armée sont clairement mises en évidence par un petit coup de force de Hitler. Les coupes budgétaires décidées auparavant se font maintenant durement sentir en entravant considérablement toute possibilité offensive rapide. Ce point sera lourd de conséquences sur la stratégie prévisionnelle en cas de conflit mais aussi et même surtout sur l'image de la France en Europe et particulièrement outre-Rhin.

Survient ensuite la crise des Sudètes en septembre 1938, la présence de cette minorité tchécoslovaque pro-allemande étant un prétexte plus ou moins fondé pour justifier l'annexion allemande[12]. La France mobilise partiellement ses troupes mais la Grande-Bretagne se montre favorable au rattachement de ces territoires au Reich dans l'unique but de préserver la paix. Le problème est tranché quelques jours plus tard, la France et la Grande-Bretagne abandonnant la défense de l'intégrité territoriale tchécoslovaque en signant les accords de Munich, au profit du maintien d'une paix bien fragile, voire illusoire. C'est une aubaine pour l'Allemagne qui prend possession de la ligne de défense bétonnée de la Tchécoslovaquie, bâtie avec l'aide française.

Une débâcle politique ?

Mais qu'en est-il des fondement de ces accords et de l'attitude de la France ? Tout d'abord, signalons qu'elle n'a pas joué le rôle majeur dans cette décision, bien que les courants pacifistes français et l'impréparation de l'armée l'aient certainement influencés. Ce sont surtout les Britanniques qui ont imposé cette option en voulant préserver la paix à tout prix. Vu du coté français, la Wehrmacht de 1938 n'est certes pas prête à la guerre mais elle n'a plus rien à voir avec celle de 1936 et l'armée française est toujours incapable de projeter une puissante force sans remettre en cause la couverture de ses frontières, d'autant plus que la Grande-Bretagne n'y apporterait aucun soutien. Il n'existe enfin aucune frontière commune entre la France et la Tchécoslovaquie et sans l'allié britannique, une victoire rapide en cas de guerre contre l'Allemagne reste aléatoire, tout juste peut-on l'espérer à moyen ou long terme.

Une solution militaire est donc bien difficile à envisager et nombreux sont ceux qui ne s'y trompent plus. L'affaire des Sudètes ne fait que confirmer la forte probabilité d'une guerre prochaine. De retour en Angleterre Chamberlain prononce un discours mettant en valeur la préservation de la paix, auquel Winston Churchill réplique : « *Vous avez eu à choisir entre la guerre et le déshonneur ; vous avez choisi le déshonneur, vous aurez la guerre.* » En France, Édouard Daladier, rentrant de Munich, aurait rétorqué en aparté aux acclamations de la foule pour avoir sauvé la paix : "*Ah les cons, s'ils savaient !* ". Ceci étant, l'inévitabilité d'une guerre étant manifeste, l'effort de réarmement français va prendre une ampleur considérable.

En raison du peu de réactivité dont la France fait preuve face à l'expansion allemande, les nations d'Europe centrale remettent légitimement sa puissance en question. Faute de volonté ou de capacité française à intervenir concrètement, cette vision sera lourde de conséquences et convaincra aussi l'Allemagne d'un excès de passivité à son encontre, même lorsque des accords antérieurs ne sont pas respectés. Hitler violera d'ailleurs ceux de Munich quelques mois plus tard dans d'odieuses conditions lors de l'annexion de la Bohême-Moravie.

Sur ces derniers points, l'attitude de la Grande-Bretagne est fort critiquable. Sa politique tend surtout à maintenir un équilibre entre les puissances continentales afin de conserver un rôle d'arbitrage et ainsi se placer au-dessus de la mêlée. Depuis la fin de la guerre, elle fait preuve de bien peu de fermeté vis-à-vis de l'Allemagne, puis l'expansionnisme flagrant du Reich et les méthodes employées par Hitler pour arriver à ses fins finissent enfin par convaincre le gouvernement de Sa Majesté de l'inévitabilité d'une guerre prochaine. Mais le royaume ne possède pas les moyens d'une quelconque intervention terrestre d'envergure et ne

Le quai d'Orsay en 1931.
Ce bâtiment abrite le ministère des Affaires étrangères depuis son édification au milieu du XIXe siècle. Durant les années 1930 de nombreux entretiens internationaux s'y tiennent dans le cadre de la recherche française d'alliances. Mais à la veille de la guerre, les résultats de cette démarche sont loin du résultat escompté. Bundesarchiv Bild 102 12029.

Visite du roi des Belges Léopold III à Paris en 1938.
La stricte neutralité belge n'empêche pas l'entretien de cordiales relations entre les deux pays. Mais la question de l'entente militaire préalable à une attaque allemande, abordée à chaque entrevue, ne sera jamais suivie d'effets, même en 1940, lorsqu'une partie des plans allemands tombent entre les mains des Belges lors de l'incident de Mechelen-sur-Meuse.

fait rien pour changer cet état de fait. Ses investissements militaires restent majoritairement tournés vers ses forces navales et aériennes. La Grande-Bretagne finira par rééquilibrer ses budgets d'armement au profit de son armée de Terre mais il sera trop tard pour que les effets se fassent sentir avant le déclenchement des hostilités. Fort heureusement, les contacts entre états-majors français et anglais ont été maintenus au fil des années et, malgré quelques divergences, les points de vue tendent maintenant à se rejoindre. La situation impose une rapide union militaire. Il semble également impératif de se rapprocher de la Pologne, car celle-ci dispose d'une frontière commune avec l'Allemagne et son gouvernement a lui aussi pris conscience de l'inexorabilité d'une guerre.

Toujours est-il que la participation initiale de l'armée de terre britannique en France sera faible [13]. La conscription ne sera réintroduite en Grande-Bretagne qu'en 1939 mais il n'existe alors ni les structures d'accueil ni l'armement nécessaire à l'équipement de nouvelles unités. Le personnel formateur ne peut en outre qu'être prélevé sur l'armée d'active, réduisant d'autant son efficacité au combat. La France devra donc lutter presque seule en cas d'agression allemande, situation fort difficile en fonction des effectifs mobilisables par la Wehrmacht, encore renforcés de ceux pouvant être prélevés dans les territoires annexés. L'EMA demande donc avec insistance à son alliée de réduire autant que possible les délais de mise sur pied et d'envoi d'un futur corps expéditionnaire.

D'autre part, le rapprochement italo-allemand étant irréversible, il serait souhaitable de faire basculer la Roumanie, la Hongrie et la Yougoslavie dans le camp allié, tout en restant attentif aux potentialités d'alliances avec l'URSS, la Belgique, la Hollande, la Grèce et même la Turquie, dont la position géographique permettrait d'envisager des stratégies périphériques. Il faut donc nécessairement mettre en place une coopération avec ces États concernant aussi bien la réalisation de partenariats économiques que la vente de matériels militaires. Ainsi, des armements sont exportés vers la Pologne, la Roumanie, la Yougoslavie et la Turquie. Ceci étant, même en imaginant la conclusion de traités d'alliance avec les pays situés à proximité de l'Allemagne, il ne faut pas en attendre des conséquences stratégiques majeures tel que le rappelle l'exposé de la situation du général Gamelin, donné durant la séance d'étude du CSG du 13 mars 1939 : « *Pour la France, la situation stratégique a évolué depuis septembre par suite de l'accroissement de la force de l'Allemagne et de l'achèvement de ses fortifications.* [...] *À cela, il faut ajouter la disparition de tout contrepoids aux forces allemandes. L'URSS. a été rejetée en Asie par le traité de paix, elle est incapable d'intervenir efficacement en Europe. Reste la Pologne, la Roumanie, la Yougoslavie et la Hongrie. En fait, une telle coalition aurait des moyens insuffisants pour l'offensive. La guerre actuelle demande une telle puissance industrielle et une si grande force d'argent que les petits peuples ne peuvent plus jouer que des rôles d'appoints. Ils ne pèsent plus au point de vue militaire. Ces forces de l'Est ne pourraient donc que retenir des forces devant elles.* »

Les mois passent sans aucune concrétisation tangible si ce n'est la convention militaire d'assistance avec la Pologne, tandis que le pacte germano-soviétique met un terme à toute potentialité d'entente avec l'URSS. Lorsque la guerre éclate, seule la Pologne est unie aux puissances occidentales mais elle se trouve isolée pour défendre son territoire. De son côté, la France ne peut s'attaquer au Westwall sans engager le gros de son armée d'active dans une offensive au résultat incertain et surtout au détriment de la couverture de ses frontières, afin de protéger l'indispensable mobilisation générale.

La situation française face à l'Allemagne

Dans le courant des années 1930, le déficit démographique français est renforcé par les annexions du Reich [14]. Cette différence d'effectifs mobilisables est encore accentuée par la période des classes creuses en France, découlant de la baisse de la natalité due au contexte et aux pertes humaines de la Première Guerre mondiale. Vingt ans plus tard, le nombre de conscrits diminue donc inexorablement. En cas de conflit contre l'Allemagne, la France ne peut espérer mettre rapidement en ligne les effectifs nécessaires à une action offensive massive. Cette opinion est en particulier celle du Maréchal Pétain, voyant un éventuel engagement des forces françaises dans une offensive stratégique d'ampleur en début de guerre comme un "*coups de dés*" bien risqué. De nombreux cadres supérieurs de l'armée ne voient pourtant pas la stratégie du front continu comme une solution définitive à la guerre. Celle-ci ne peut être qu'une phase initiale devant permettre de durer afin de rassembler les moyens fondateurs d'une action offensive. La Grande-Bretagne ne dispose dans l'immédiat que d'une armée professionnelle aux effectifs limités, mais tout comme la France, elle possède un empire et les deux pays peuvent potentiellement mobiliser un grand nombre d'hommes et de ressources à moyen terme. La première urgence consiste donc à réussir la mobilisation générale, opération difficile et fondamentale, afin de disposer des effectifs nécessaires à la défense du territoire.

En simplifiant, la vision française repose tout d'abord sur la défense d'un front continu et fortifié appuyée sur les ouvrages de la ligne Maginot qui, bien qu'imparfaite, n'en reste pas moins un obstacle considérable. Solidement retranchée, l'armée pourra attendre l'arrivée des armements fabriqués en masse et la mise au niveau opérationnel des unités de réserve issues de la mobilisation. Viendront ensuite les forces de la Grande-Bretagne et de l'Empire, l'ensemble de ces moyens devant permettre aux Alliés d'ensuite passer à l'offensive. Mais deux facteurs majeurs viendront contrecarrer cette stratégie. Tout d'abord, le haut-commandement surestime la puissance de ses alliés. Le réarmement anglais sera plus long qu'il n'est imaginé par les Français. En mai 1940, seule une dizaine de divisions combattantes sera mise en ligne en France et l'envoi de nouvelles divisions sera conditionné par la

Édouard Daladier signant les accords de Munich le 30 septembre 1938.
Avec, de gauche à droite, Paul Otto Gustav Schmidt (interprète), Édouard Daladier, le SS Gruppenführer Schaub (adjudant SS de Hitler) et von Ribbentrop (ministre allemand des Affaires étrangères). Sont également visibles le comte Ciano (ministre italien des Affaires étrangères et le major Schmundt (adjudant militaire de Hitler).
Bundesarchiv Bild 183 R72204 H. Hoffmann

Notes :

12 : Elle est aussi anticipée par les services de renseignements français. Chaque étape de l'expansion allemande sera prédite par ces services grâce à un réseau d'espions bien renseignés. Le résumé d'une conférence secrète tenue à la chancellerie du Reich le 5 novembre 1937 sera par exemple fourni à la France.

13 : Elle est estimée par le GQG français à 2 divisions le premier mois, 4 ou 5 au bout de six mois et une douzaine un an après une déclaration de guerre avec l'Allemagne.

14 : La population du Reich passe de 65 à 73 millions suite à l'Anschluss, puis à 76 avec l'affaire des Sudètes. En France, on estime que l'effectif allemand mobilisable sera de 13,11 millions d'hommes en 1940 contre 6,72 pour la France. Les annexions de 1939 porteront ensuite la population allemande à 87 millions, aggravant d'autant la disproportion des effectifs mobilisables.

Armée française du Rhin.
L'armée française occupe la Rhénanie à partir de 1918. Prise en mars 1923 à Gelsenkirchen (à une dizaine de km d'Essen), cette vue montre un char FT et son équipage postés en pleine ville. L'occupation est fort mal acceptée par la nation allemande et les troupes françaises y stationnant vivent souvent difficilement cette situation, surtout qu'elle prolonge l'éloignement des soldats de leurs familles après la guerre.
Bundesarchiv Bild 102-00016

Naissances en France

Année	Enfants	% par rapport à 1913
1913	790 000	100
1914	753 000	95,32
1915	480 000	60,76
1916	382 000	48,35
1917	410 000	51,90
1918	470 000	59,49
1919	504 000	63,80
1920	834 000	105,57

fourniture d'armements français et en particulier d'artillerie de campagne et antichar. D'autre part, l'armée polonaise ne résistera que quatre semaines à la Wehrmacht, l'intervention de l'Armée Rouge à son encontre étant une bien mauvaise surprise. Ensuite, les faiblesses initiales de l'industrie et les lenteurs structurelles des chaînes de décision françaises concernées par la création et la mise en service des nouveaux matériels ont engendré d'importants retards. Lorsque la campagne de France commence, bon nombre de Grandes Unités de réserve sont loin de posséder leurs dotations théoriques de matériels, nuisant fondamentalement à leur efficacité au combat.

Le plan français

Selon la vision française, un plan est un ensemble de dispositions prévues pour la mise sur pied, le déploiement et l'orientation initiale des forces armées. Ce doit être un compromis entre la volonté du commandement de réaliser un dispositif adapté à l'évolution de la situation internationale et les possibilités résultant des délais indispensables à la préparation et à la mise en place des documents et moyens nécessaires à l'exécution de la mobilisation générale et de la concentration des troupes. Le plan définit également l'ensemble des unités nécessaire à sa réalisation ainsi que les différents matériels à leur affecter. Il influe donc sur les commandes d'armements, de véhicules et de fournitures de tous types à passer aux industriels et par conséquence sur les budgets alloués aux programmes d'armement.

Les premiers plans français établis après la Première Guerre mondiale sont résolument offensifs [15]. Simples et rigides, ils se résument à une répartition de moyens entre différentes armées devant être lancées dans une grande offensive dont les axes d'attaque sont déterminés à l'avance. Mais à partir des années 1930, affranchie progressivement des contraintes imposées par le traité de Versailles, l'Allemagne retrouve sa liberté d'action et met sur pied une armée dont la puissance et les effectifs augmentent régulièrement. En conséquence, la vision simpliste des plans français ne correspond plus à l'évolution de la situation. Il devient évident que de nouvelles hypothèses doivent être prises en compte, engendrant la nécessité de constituer au plus tôt une masse de manœuvre afin de pouvoir faire face.

La Wehrmacht étant maintenant capable de lancer des offensives rapidement menées, les troupes françaises de l'armée du Rhin pourraient se retrouver en fâcheuse posture [16]. Dans cette hypothèse, elle devra se cantonner à une action retardatrice afin de permettre de gagner le temps nécessaire aux unités d'active pour venir la renforcer. Il est également possible que des sabotages de voies ferrées soient effectués dès le début des opérations et l'on doit donc mettre en place un dispositif de garde et de surveillance des réseaux. En cas d'attaque, il faut non seulement réagir plus vite mais surtout avec suffisamment de puissance pour permettre l'achèvement de la mobilisation générale et la création de masses de manœuvre. La perception de cette problématique devient un sujet d'inquiétude car il pose clairement la question d'une couverture efficace des frontières. Or, le service militaire ramené à un an ne peut permettre de réaliser un dispositif immédiat de sûreté digne de ce nom sans faire appel à la première réserve [17].

Les plans successifs français tentent alors d'intégrer toute une série d'expédients toujours insuffisants jusqu'à ce que la prolongation de la durée du service militaire n'augmente la quantité et la qualité des effectifs rapidement disponibles. D'autre part, des mesures concernant la capacité de préparer la mobilisation presque immédiate de certains réservistes ainsi qu'une meilleure organisation défensive permanente de la position de sûreté à l'aide de troupes spécialisées doivent permettre de parer une éventuelle attaque brusquée ennemie, tout du moins pendant un certain temps. Enfin, l'importante progression de la motorisation de l'armée ainsi que le lancement d'un programme d'améliorations apportées aux réseaux ferrés et routiers diminuent significativement la durée des mouvements stratégiques et donc la mise en ligne de troupes supplémentaires dans les secteurs attaqués ou menacés.

Mais des facteurs diplomatiques influent également sur les conditions du plan français. L'assurance de non agression conclue en juin 1935 entre les généraux Gamelin et Badoglio, commandant en chef de l'armée italienne, permet de libérer d'importants effectifs initialement affectés à la défense des Alpes et la frontière tuniso-libyenne [18]. Ces moyens pourraient donc renforcer les réserves du front nord-est, mais le vote français approuvant la proposition de la SDN de prise de sanctions à l'encontre de l'Italie suite à l'affaire éthiopienne provoque un revirement de l'attitude italienne envers la France et son rapprochement de l'Allemagne.

Ensuite, l'hypothèse la plus crédible consistant à devoir faire face à une attaque allemande passant par le nord de la Belgique, plusieurs réunions d'état-major sont organisées entre 1934 et 1936 entre les deux alliés et les grandes lignes d'une organisation défensive commune sont tracées. Il est alors convenu que les Belges ne maintiendront pas de troupes dans la zone des Ardennes et compteront sur l'aide des Français pour la défense de leur territoire. Cette situation cadre parfaitement avec les vues françaises car la ligne de front serait considérablement raccourcie et pourrait s'appuyer sur d'importants cours d'eau situés dans le nord de la Belgique. Elle préserverait en outre la zone économique du nord de la France. Mais en 1936, la Belgique décrète une politique de stricte neutralité, les accords deviennent caducs et

Les premières troupes françaises quittent l'Allemagne en septembre 1929.
Cette mesure prive la France des moyens d'exercer correctement la surveillance du respect des conditions du Traité de Versailles. Ce retrait facilite grandement le réarmement allemand, celui-ci commençant bien avant l'arrivée de Hitler au pouvoir. Seule la Sarre restera occupée par l'armée française jusqu'au plébiscite de 1935 qui verra l'immense majorité de la population voter en faveur du maintien de la région au sein de l'Allemagne. Ce train emportant des cuisines roulantes et d'autres types de véhicules hippomobiles a été photographié à la Rhein-Mosel-Güterbahnhof à Coblence. Il est placé sous la garde d'un soldat français dont la pose martiale est probablement due à la présence du photographe.
Bundesarchiv Bild 102 08429

Véhicules français embarqués sur un train dans le cadre du retour des troupes en France.
La scène se situe à la gare de Trèves-Ouest en juin 1930. Cette AMC White TBC est entourée par des hommes visiblement heureux de regagner la France. Il semble qu'un insigne soit apposé sur l'AM et bien qu'il soit masqué, tout porte à croire que l'engin appartient au 4e groupement d'AMC de la 4e DC, dernière unité d'AM présente en Allemagne à partir de la fin 1929. Bundesarchiv Bild 102 09919

les discussions militaires cessent. De toute évidence, le pays ne fera appel à l'intervention alliée qu'au moment même de l'agression allemande.

D'autre part, la complexification et les fluctuations des relations internationales, aussi imprévisibles que régulières, engendrent l'accroissement du nombre d'hypothèses en cas de conflit. Le plan doit donc être modifié pour devenir souple et adaptatif, et par conséquent plus complexe. Paradoxales par définition, souplesse et complexité ne sont réalisables que grâce à une évolution de l'organisation de l'armée à tous ses échelons. Celle-ci doit maintenant être capable de proposer différents niveaux de mobilisation partielle ou générale en fonction de l'importance des tensions diplomatiques, des circonstances et de l'augmentation du nombre de fronts possibles en métropole et au sein de l'Empire [19].

Le plan D bis ayant été modifié à de multiples reprises, une refonte totale devant permettre la remise en ordre des documents et de l'assiette de la mobilisation est ordonnée. Son élaboration commence début 1936 à la suite de l'approbation par le général Gamelin d'une note émise par l'EMA. Il est également incontournable de revoir l'ensemble des tableaux d'effectifs de guerre (TEG) d'un grand nombre d'unités afin d'intégrer l'arrivée en nombre des nouveaux matériels et ils feront presque tous l'objet d'une nouvelle version au début de 1937. Pour illustrer cette démarche, voici l'exemple de la cavalerie, choisi en raison de l'évolution radicale qu'elle va subir grâce à l'arrivée massive de la motorisation et de la mécanisation au sein de ses unités. Pour cette arme, le général Gamelin précise ses vues dans une note du GQG datée du 8 février 1937 :

« *I– L'organisation générale vers laquelle il y a lieu de tendre est la suivante :*
a)- Constitution de 3 D.L.M. par transformation en D.L.M. de la division de cavalerie arrière (1ère D.C.).
b)- Constitution d'une Brigade mécanique en utilisant les économies en personnel, réalisées par la transformation de la 1ère D.C. en D.L.M.
c)- Conservation en leur état actuel des 2 D.C. et des 2 Brigades de Spahis.
II– L'organisation étant ainsi réalisée, l'emploi de notre cavalerie serait le suivant :
a)- À la gauche de notre dispositif, nos trois D.L.M., prêtes à entrer éventuellement en Belgique et réparties de la façon suivante :
- un groupement de 2 D.L.M. pouvant constituer avec les E.O.C.C. [20] (à transformer si nécessaire en E.O.C.C. mécanisés) un corps mécanique susceptible d'agir au Nord de la Meuse ;
- Une D.L.M. affectée au D.A.A. [21] et pouvant agir immédiatement au Sud de la Meuse.
b)- Au centre, nos deux D.C. : l'une, renforcée de la brigade de Spahis de Senlis - Compiègne, prête à agir en direction d'Arlon ; l'autre, prête à agir dans la trouée de la Sarre.
c)- À droite, la 1ère Brigade de Spahis du Sud-est - Sud-ouest ; stationnée si possible dans la région de Belfort, serait susceptible d'agir en direction de Moutier - Délémont (tandis que la 13e DI mettrait la main sur les Rangiers), renforcée par le G.R.C.A. 7, si possible motorisé. La Brigade nouvellement créée, stationnée dans la région de Lyon - Valence, pourrait agir soit en Haute-Savoie, soit entre le lac de Genève et le lac de Neufchâtel, soit plus au Nord dans le Jura. Si la frontière Suisse n'est pas violée, elle servirait de réserve générale. »

Le plan E

Les bases

Les bases du plan E [22] sont rédigées le 25 août 1937. Trois hypothèses principales sont envisagées, se rapportant à un conflit contre l'Allemagne ou l'Italie seule mais aussi contre ces deux pays réunis. Dans chaque cas voyant l'implication de l'Allemagne, la mobilisation sera générale. Elle sera en revanche limitée à la zone sud-est dans le cas contraire. L'attaque allemande est attendue par la Hollande et la Belgique (variante Nord), par le Luxembourg et la Sarre (variante Luxembourg-Lorraine) ou sur l'ensemble des frontières de l'Est (variante Lorraine-Alsace). D'autres cas de figure moins probables sont également envisagés, comme une attitude agressive de l'Espagne ou une offensive allemande passant par le nord de la Suisse bien que son territoire se prête peu à une action rapide (hypothèse H). Cette dernière influencera néanmoins le positionnement de quelques Grandes Unités françaises ainsi que la disponibilité de certaines divisions initialement placées en réserve générale. Enfin, les zones frontalières sont organisées pour que les axes de progression probables

La construction du Westwall (ligne Siegfried).
Le Westwall est bien loin d'être anodin comme on l'a trop souvent écrit et sa puissance défensive est fort justement redoutée par les Français. Les archives allemandes démontrent qu'au 1er septembre 1939, 13 483 ouvrages sont opérationnels. Pouvant accueillir de 7 à 90 hommes selon les modèles, l'immense majorité d'entre eux se compose de bunkers de combat pour groupes de combat, mitrailleuses, pièces antichars, artillerie, et même pour des canons de Flak de 8,8 cm. L'on y trouve également des blocs d'observation, des stocks de munitions, des unités sanitaires et des cantonnements. Lors de l'invasion de la Pologne, le Westwall est défendu par plus de 43 divisions allemandes. Sur les quelque 150 km du secteur de la Sarre s'étendant de la frontière luxembourgeoise au Rhin, et seuls possibles pour une attaque rapide française, on dénombre 5 526 ouvrages (41 % du total soit une densité d'environ 37 au km), défendus par 10 Infanterie-Divisions d'active et 3 de réserve ainsi que de nombreuses unités de Flak déployées sur les arrières. Bundesarchiv Bild 146 1984 051-12 Mehls

Notes :
15 : Ils sont adaptés à la prépondérance militaire française face à l'Allemagne, certes abattue, mais toujours considérée comme le seul adversaire probable.
16 : *A fortiori* en fonction des réductions de moyens et d'effectifs qu'elle a subies pour des raisons budgétaires.
17 : Rappelons que seul, le gouvernement est décisionnaire pour le rappel des réservistes et ce mode de fonctionnement est difficilement compatible avec une réaction rapide.
18 : Ces moyens sont considérables : 3 CA, 11 DI et 1 BC sont libérés de la garde du sud-est de la métropole et il est prévu que l'AFN puisse transférer sans risque en métropole 3 DI et 2 BC, ces unités étant initialement destinées à être dirigées vers la Tunisie.
19 : Cet impératif impose par exemple d'adapter le travail des centres de mobilisation et celui du commandement, devant tenir compte du niveau de mobilisation adapté à la situation et des moyens à mettre en place pour faire face à la menace.
20 : Éléments organiques de corps de cavalerie.
21 : Détachement d'armée des Ardennes.
22 : Le plan E n'est pas fondamentalement différent de ses prédécesseurs (D et D bis). Ses principales nouveautés concernent l'éventualité d'une Italie hostile, une meilleure adaptation aux évolutions de l'armée française, ainsi que la recherche d'une plus grande vitesse de déploiement des troupes, passant de 6 jours à 60 heures.

Le général Tadeusz Kasprzycki (ministre polonais de la Guerre, visible ici au premier plan) et le général Gamelin. Ils assistent à des manœuvres en France le 19 mai 1939 dans le cadre de la signature d'une convention militaire d'assistance en cas d'agression allemande. Bien que la Grande-Bretagne en fasse de même, Hitler déclenchera son offensive contre la Pologne quelques mois plus tard. Le dictateur s'est auparavant assuré de la coopération soviétique grâce au pacte signé avec Staline, cette condition lui permettant d'envisager une rapide victoire. À cette époque, s'il pense probablement pouvoir résoudre diplomatiquement la question avec les puissances occidentales, Hitler n'en a pas moins laissé un tiers de son armée de terre à l'Ouest, solidement retranché derrière le Westwall.

puissent être barrés par des destructions et des obstacles. Préparés dès le temps de paix, ces dispositifs seront placés sous la surveillance de la Garde Républicaine mobile.

Minutieusement étudié, le transport des troupes est prévu pour être majoritairement ferroviaire. Mais la SNCF est incapable de fournir un nombre suffisant de wagons plats pour le transport des milliers de véhicules militaires et l'infrastructure des voies sera probablement sensible à une menace aérienne toujours croissante. En conséquence, la mise en place de rocades est prévue afin d'éviter les points sensibles et les unités devront avoir autant que possible recours à leurs propres moyens de locomotion, leur progression étant facilitée par l'amélioration du réseau routier entreprise depuis 1936. Estimés à 6 300 trains et l'équivalent de 3 300 autres empruntant la route, les mouvements initiaux de l'armée semblent réalisables.

L'hypothèse jugée comme la plus probable envisageant une attaque allemande soudaine, le premier objectif consiste à tenir la ligne principale de résistance s'étendant de la mer du Nord au Jura dans l'attente des troupes mobilisées. Il faudra ensuite donner de la profondeur au dispositif, renforcer les positions établies et organiser une seconde ligne de défense. L'armée devra briser l'assaut ennemi et dissocier son dispositif offensif pour ensuite organiser des contre-attaques quand les conditions seront réunies. Les réserves seront divisées en trois groupes, le premier au Nord, pour faire face à une action ennemie en Belgique, le deuxième dans la région du Jura afin de couvrir la frontière suisse et le dernier au centre, pouvant être affecté en fonction des événements. Il est aussi envisagé de déployer des réserves sur les arrières de la zone frontalière italienne.

D'autres cas de figures plus offensifs sont également étudiés mais ils dépendent de la quantité des effectifs allemands déployés face à la France. Une offensive française comprenant 30 à 40 divisions pourrait être lancée entre Rhin et Moselle et progresser vers Coblence avec comme objectif stratégique de déplacer le front le long du Rhin. L'offensive pourrait également se développer *via* le territoire belge afin de menacer la Ruhr. L'EMA envisage aussi une action contre l'Italie et son empire. Mais ces hypothèses se révèlent risquées voire irréalistes. Étant donnés les délais incompressibles de la mobilisation générale, une offensive majeure contre l'Allemagne n'est envisageable que dans le cadre d'un engagement suffisamment long du gros de ses forces à l'Est. Dans le cas contraire, elle retournerait rapidement ses troupes face à l'Ouest, rendant une victoire française peu probable. L'hypothèse impliquant l'Italie comme seule belligérante semble aussi peu réaliste car il est douteux que l'Allemagne ne soutienne pas son alliée. L'improbabilité de cette hypothèse se renforce encore à partir de l'annexion de l'Autriche par l'Allemagne et de l'existence d'une frontière commune entre les deux pays de l'Axe.

Enfin, et dans tous les cas de figure offensifs, les gros de l'armée française seraient engagés en rase campagne, fragilisant d'autant l'organisation et l'efficacité du système défensif. Or, les effectifs initiaux français sont insuffisants pour envisager sérieusement de prendre un tel risque. En d'autres termes, la France est condamnée à la défensive dans l'attente de la mobilisation optimale de ses ressources, ainsi que celles de la Grande-Bretagne et de leurs empires respectifs.

Le détail du plan E

Ces travaux donnent naissance au plan E, entrant en vigueur le 19 janvier 1938. D'un point de vue stratégique, le dispositif initial français, principalement composé de l'armée d'active, se déploiera de Dunkerque à Nice en s'appuyant sur la ligne Maginot. L'objectif est de préserver le territoire national de l'invasion afin de disposer du temps nécessaire à l'achèvement de la phase fondamentale de la mobilisation générale. Le dispositif sera ensuite renforcé par les unités mobilisées tandis qu'une masse de manœuvre sera créée et déployée pour faire face à une éventuelle attaque.

Dès la mise en état d'alerte de l'armée, les échelons « a »[23] des troupes de forteresse et des Grandes Unités d'active seront mis sur le pied de guerre tandis que les réservistes frontaliers seront convoqués. La couverture des frontières sera assurée par la mobilisation immédiate et intégrale des régions fortifiées ainsi que des secteurs fortifiés et défensifs, alors que les Grandes Unités affectées à la couverture seront éventuellement complétées par l'appoint de réservistes locaux. La mise en place de l'ensemble du dispositif doit être réalisée en 60 heures[24]. Sous la protection des troupes de couverture, la mobilisation générale se décomposera en deux groupes d'unités. Rapidement mis sur pied, le premier groupe sera disponible afin de renforcer un secteur menacé ou être engagé dans une action offensive[25] tandis que le second, d'une mise sur pied plus lente, sera employé en fonction des circonstances. Le territoire national, enfin, sera organisé pour être adapté au temps de guerre avec la mise en place d'une zone de l'intérieur, d'une zone des armées et d'un réseau de communications dédié au ravitaillement des troupes.

La réalisation

Globalement, le déploiement des troupes en métropole se composera fin 1939 d'un théâtre d'opérations du nord-est (TONE), faisant face à l'Allemagne, et d'un théâtre d'opérations du sud-est (TOSE) devant s'opposer à l'Italie. De loin le plus puissant, le TONE activera trois groupes d'armées (GA) dont les mission générales sont, pour le premier, de couvrir le secteur compris entre la mer du Nord et la frontière luxembourgeoise, pour le deuxième de défendre les frontières franco-luxembourgeoise et franco-allemande jusqu'au secteur de Strasbourg où se trouve la partie la plus puissante de la ligne Maginot. Le troisième sera déployé au sud du précédent le long du Rhin puis de la frontière suisse jusqu'au lac Léman. Le TOSE, quant à lui, prendra position au sud du GA3 jusqu'à la mer Méditerranée afin de couvrir la frontière franco-italienne. Il se composera principalement de la 6e armée (future armée des Alpes) et commandera également quelques éléments déployés à la frontière franco-espagnole. Outre-mer, deux autres théâtres d'opérations seront constitués. Le premier, le TOAFN prendra en charge les troupes stationnées au Maroc, en Algérie et en Tunisie et le second, le TOMO (Méditerranée orientale), celles du Levant. Signalons enfin le commandement supérieur de la Corse,

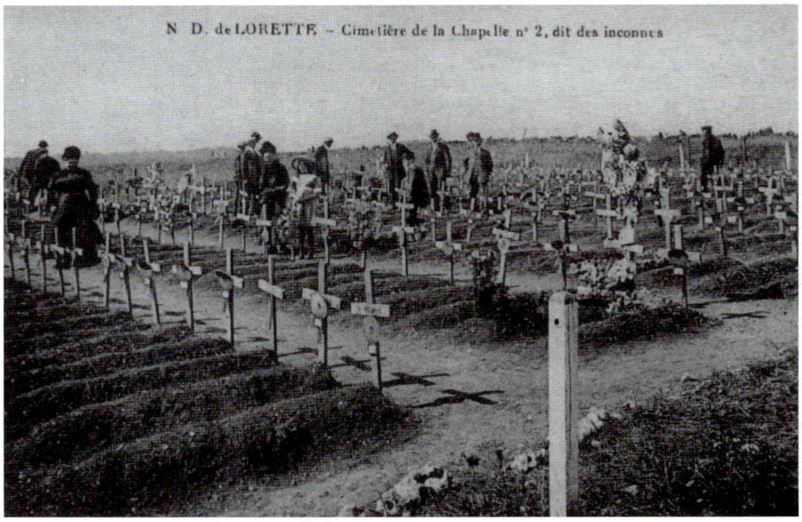

Cimetière de soldats non identifiés à Notre-Dame-de-Lorette. L'hécatombe subie par l'armée durant la Grande Guerre reste dans tous les esprits durant les années 1930. La majorité des officiers généraux ayant participé à ce conflit, leur volonté d'épargner la France de telles pertes joue un rôle majeur dans l'établissement de la stratégie et dans la construction de la ligne Maginot.

Les bases stratégiques initiales du plan E face à l'Allemagne

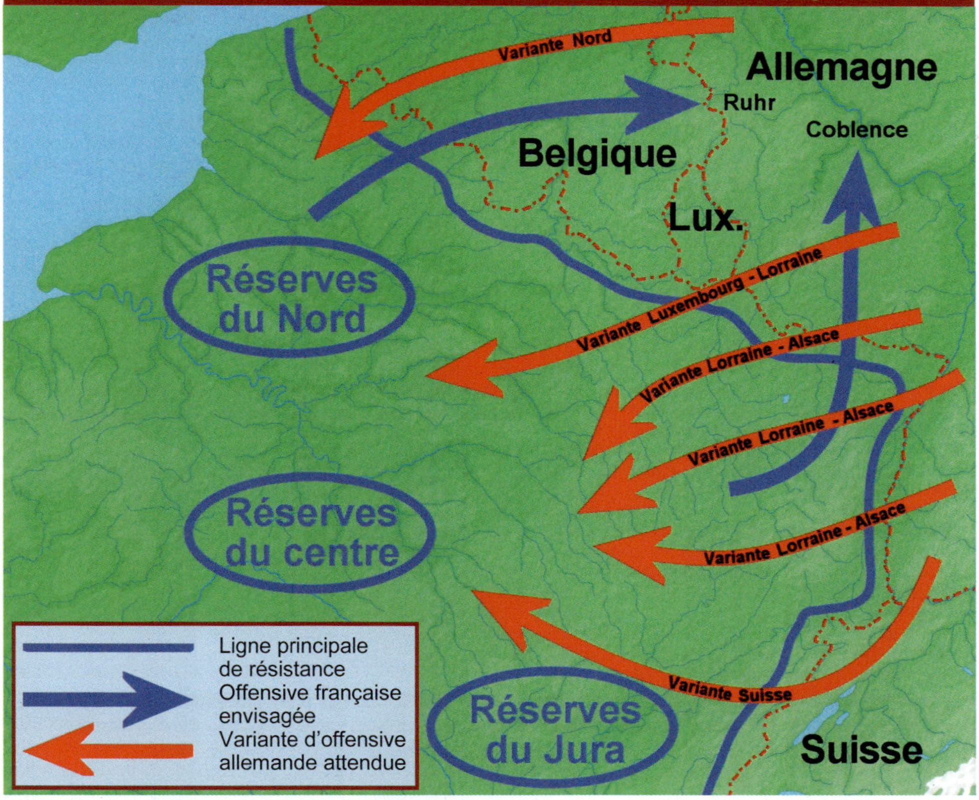

jouissant d'une certaine autonomie du fait de sa situation isolée à proximité de l'Italie, ainsi que d'autres petites unités locales de commandement comme en Afrique centrale, à Madagascar ou en Indochine.

Les rectificatifs du plan E

Devant entrer en vigueur le 25 janvier 1939, le rectificatif E1 du 25 juin 1938 est principalement établi pour tenir compte de l'arrivée croissante des matériels modernes au sein de l'armée et de ses conséquences sur la concentration des unités. Cette version comptabilise environ 1,6 million d'hommes et 120 000 véhicules pour les seuls éléments de couverture, représentant environ la moitié des forces mobilisées et des ressources initiales en véhicules automobiles.

Plus conséquent, le rectificatif E2 date de juin 1939. Il trouve tout d'abord ses sources dans l'expérience de septembre 1938, lors de la prise du dispositif de sûreté à la suite de l'affaire des Sudètes. Il avait alors été constaté la nécessité d'augmenter le nombre de centres de mobilisation (CM) afin d'étaler la mobilisation dans l'espace et dans le temps, ainsi que de décongestionner les régions militaires (RM) frontalières. Deux nouvelles RM doivent être créées, les 10e (Strasbourg) et 12e (Reims), intégrant une partie des territoires des 20e, 6e et 2e RM tandis que de nouveaux CM sont mis sur pied[26]. Le rectificatif E2 tient également compte de l'accélération de la sortie des matériels modernes, des modifications à apporter à certaines unités en fonction du déséquilibre entre les besoins et les ressources, notamment en ce qui concerne les véhicules, et des conséquences sur les effectifs immédiatement disponibles et de réserve liées à l'allongement de la durée du service actif à deux ans. Devant entrer en vigueur au 1er janvier 1940, certaines mesures du rectificatif E2 ne seront pas effectives à la déclaration de guerre.

Dès janvier 1939, l'EMA entame l'étude d'un futur plan F dont les grandes lignes ne diffèrent en rien du précédent. Mais des offensives initiales contre l'Allemagne et (ou) l'Italie sur les fronts européen et africain apparaissent plus clairement bien que ces hypothèses soient toujours considérées comme peu probables[27]. D'autre part, cette nouvelle version devra prendre en compte une menace allemande croissante, l'achèvement de la période des classes creuses, ainsi que la modernisation de l'armée en fonction de la sortie maintenant massive des nouveaux matériels.

La stratégie

La doctrine, l'une des bases fondatrices de la stratégie

Une fois la mobilisation achevée, il reste à déployer les unités selon la stratégie établie. Bien évidemment, cette réflexion est menée en parallèle des points précédemment exposés puisqu'ils influent sur le positionnement et la répartition des troupes. La stratégie tient également compte de la doctrine en vigueur, qu'il semble pertinent de rappeler. Voici donc comment elle est résumée par l'*Instruction sur l'emploi tactique des Grandes Unités* dans sa version de 1936 : « *Les moyens nouveaux* […] *ont encore développé cette puissance du feu que les rédacteurs de l'Instruction de 1921 qualifiaient déjà d'écrasante, et qui s'exercera demain, sur le champ*

Pavillon central de l'École de cavalerie de Saumur vers 1930.
Par décret (9 août 1928), la célèbre école devient l'*École militaire et d'application de la cavalerie et du train*. À cette époque, l'écrasante majorité des unités de cavalerie est montée et nombreux sont ses cadres qui voient d'un mauvais œil l'arrivée de la motorisation. Mais la guerre a mis en évidence que le combat à cheval n'a plus sa place sur les champs de bataille et les cavaliers combattent à pied. Seule la motorisation peut permettre de renouer avec les missions traditionnelles de l'arme. Peu à peu, au cours des années 1930, le moteur remplace le cheval au sein de nombreuses unités à l'image de l'enseignement donné à l'école, intégrant une instruction automobile. En 1940, si les brigades de cavalerie indépendantes sont toujours entièrement à cheval, les DC sont pour moitié mécanisées et motorisées et les DLM le sont entièrement.

Notes :

23 : Les échelons « a » seront stationnés au plus près de leurs emplacements de concentration afin d'accélérer la mise sur pied des unités. Nous détaillerons cette notion d'échelons de mobilisation dans le chapitre consacré à l'armée française du temps de paix et à la mobilisation générale.

24 : Il comprendra les organes de commandement de 7 armées, 11 CA, 24 DI dont 7 motorisées et 4 alpines, 5 DC ou DLM et 2 brigades de spahis, les troupes de forteresse, 21 groupes d'artillerie de réserve générale dont 11 de 155 mm, et 14 BCC.

25 : Il se composera du premier échelon des éléments organiques d'armée, des éléments organiques des CA déjà en place, de 4 à 5 CA supplémentaires, ainsi que de 10 à 12 DI et d'unités de réserve générale dont 6 à 8 BCC.

26 : Les nouveaux centres de mobilisation sont créés au sein des 1re, 2e, 4e, 8e, 11e, 14e et 15e régions militaires et celle de Paris, ainsi que des annexes dans les 6e, 7e et 20e régions militaires.

27 : L'étude du futur plan F émise par l'EMA le 18 janvier 1939 ne laisse d'ailleurs planer aucun doute sur la faisabilité d'une action offensive d'envergure en début de conflit : « *L'organisation de nos forces, telle qu'elles résultent actuellement du plan E.1. ne nous permettrait pas d'entreprendre dans de bonnes conditions des opérations militaires importantes à caractère offensif. Au cas où, dans le plan F, le commandement envisagerait l'exécution de telles opérations, il conviendrait, pour garantir le maximum de chances de succès, d'une part d'aménager en conséquence nos moyens, d'autre part de prévoir l'équipement offensif des fronts intéressés.* »

Le transport stratégique par chemin de fer en temps de guerre

Le transport stratégique par chemin de fer regroupe les mouvements massifs de troupes, de matériels et d'approvisionnements. Il concerne le transport de mobilisation, de concentration, de ravitaillement et d'évacuation et peut être effectué en cours d'opérations. De par son rendement considérable, le rail constitue le moyen le plus efficace d'effectuer des transports stratégiques importants, mais il est relativement rigide et sensible aux attaques aériennes. Il impose en outre des délais importants pour l'exécution des mouvements préliminaires de troupes en raison du fractionnement des Grandes Unités transportées au départ et leur regroupement à l'arrivée. Son rendement tactique est médiocre car les voies ferrées ne peuvent être exploitées à proximité du front.
Le transport stratégique par chemin de fer est une étape complexe nécessitant une organisation pointilleuse et des moyens adaptés aux troupes et aux matériels devant être déplacés ainsi qu'à leur chargement, leur déchargement et aux vivres et fournitures de tous types nécessaires durant le transport. La vitesse normale d'un train est de 30 à 40 km/h ou 25 à 35 en tenant compte des arrêts. Les infrastructures et matériels nécessaires à l'embarquement et au débarquement s'appellent un chantier. Celui-ci doit être adapté à la nature des éléments transportés. La longueur des convois est limitée par la puissance des motrices.
Un train de munitions a une longueur maximum de 400 m (40 wagons) et un poids de 680 tonnes (400 utiles et 280 de tare). La longueur de la desserte du chantier doit être supérieure ou égale à 400 m dont au moins 100 ou 200 m de voie de débord. La durée du déchargement est alors de 8 h (travail simultané sur 10 wagons).
Un train d'essence mesure 350 m maximum. Il emporte 400 000 litres répartis en wagons réservoirs de 20 000 litres, ou 200 000 litres si le carburant est conditionné en fûts de 200 litres ou en bidons de 50 litres. Un train d'essence emporte en plus une certaine proportion d'ingrédients (huile, carbure, pétrole, graisse, ricin, glycérine, antigel, etc.). La longueur totale de la desserte du chantier doit être supérieure ou égale à 350 m dont au moins 200 de voie de déchargement. Dans ce cas, celui-ci dure 6 h (essence conditionnée en bidons ou en fûts) ou 8 h (essence en vrac déchargée dans des camions citernes).
Un train transportant des troupes et leurs matériels n'excède normalement pas 53 wagons et 750 tonnes. Il comprend des wagons plats et couverts en proportion déterminée, une ou plusieurs voitures à voyageurs, et deux fourgons à bagages dits « de service ». En fonction des unités qu'ils transportent, divers types de convois sont prévus : hippomobiles (TH), automobiles (TA) et véhicules chenillés (TCh légers ou lourds en fonction du type d'engins).
Une voiture à voyageurs est destinée au transport de personnes. Si les compartiments sont munis de filets ou de planches porte-bagages, la quantité d'hommes embarqués correspond au nombre de places. Dans le cas contraire, 2 places sont réservées pour le placement des armes et des effets.
Un wagon couvert est fermé par des cloisons et un toit. Il est normalement dédié aux transport de marchandises. S'il emporte des troupes, il peut être aménagé pour moitié ou entièrement de bancs mobiles et (ou) de paille. Dans le premier cas, les hommes alternent entre position assise et couchée. Entièrement aménagé de bancs, il accueille 36 à 40 hommes équipés de leurs armes, havresacs et cartouchières. Il peut également transporter 6 à 8 chevaux ou mulets placés en long, la tête tournée vers le milieu du wagon. Il existe de nombreux modèles de wagons couverts dont les dimensions varie entre 2,44 à 2,75 m (largeur) 1,93 à 2,90 m (hauteur) et 5,35 à 7,95 m (longueur). Il existe également un modèle « américain » d'une longueur de 11 m pouvant contenir 60 hommes ou 22 hommes et 8 chevaux.
Un wagon plat (truck) est un wagon à ciel ouvert doté d'un plancher utilisé pour le transports de tous types de matériels ou de véhicules. Ceux de l'armée étant nombreux et variés, ils ne peuvent être embarqués sur tous les wagons plats car il en existe plusieurs modèles aux caractéristiques différentes. Un classement en 4 catégories concernant les véhicules et les wagons a donc été réalisé.
Exemple : Le transport par rail d'une DI type normal nécessite 53 trains. En admettant un trajet de 300 km effectué à une vitesse moyenne de 30 à 35 km/h et à une densité de 24 trains par jour, la durée totale du mouvement sera d'environ 95 heures, décomposée en 24 heures de préavis, 4 pour l'embarquement de l'élément partant le premier, 10 pour le trajet en lui-même, 53 pour l'écoulement des 53 trains et 4 pour le débarquement du dernier élément. Ces délais ne prennent pas en compte le temps éventuellement nécessaire à la division pour gagner sa zone d'embarquement et pour se regrouper après, ni celui de la formation et du transfert des trains vers la zone d'embarquement.
La durée du trajet n'est donc pas la donnée la plus importante et dans le cas le plus favorable, la DI doit être considérée comme indisponible pendant 4 jours. Il est parfois possible de réduire la durée du préavis à 6 ou 8 heures, notamment en cas de guerre de stabilisation. Ce résultat est obtenu d'une part en prenant des mesures techniques appropriées et d'autre part en stationnant les unités placées en réserve stratégique dans les zones bien desservies du point de vue ferroviaire et en établissant à l'avance des plans d'enlèvement. La densité de 24 trains par jour est la plus souvent employée en particulier en raison du temps nécessaire au ravitaillement des motrices en eau et en charbon. Notons enfin que sur des distances relativement courtes, il peut être pertinent de faire voyager les éléments automobiles par la route afin de limiter le nombre de trains.

Rames préparées (solutions moyennes)

Type de wagon	TH	TA	TCh normal	TCh lourd
Voiture à voyageurs	1	1	1	1
Wagons couverts	32	6	6	6
Wagons plats hors catégories	12	-	-	-
Wagons plats de 1re catégorie	6	18	8	-
Wagons plats de 2e catégorie	-	12	16	-
Wagons plats de 3e catégorie	-	4	7	9
Wagons plats de 4e catégorie	-	-	-	10
Fourgons de service	2	2	2	2

Classement parallèle des véhicules de l'armée et des wagons plats

Catégorie	Véhicules				Wagons			
	Poids maximum	Longueur hors tous maximum	Largeur hors tous maximum	Poids maximum par essieu	Charge normale minimum	Longueur utile minimum de plancher	Ouverture en bout minimum	Hauteur maximum de plancher
Hors catégorie	3 t a	5 m	1,80 m	2,6 t	10 t	6 m	2 b	1,30 m
1re catégorie A	15 t	7 m	2,20 m	7,5 t	20 t	7 m	2,25 m	1,28 m
1re catégorie B	15 t	7 m	2,30 m	7,5 t	20 t	7 m	2,35 m	1,28 m
2e catégorie	15 t	8 m	2,50 m	8,25 t	20 t	8 m	2,55 m	1,28 m
3e catégorie	19 t	10 m	2,50 m	10 t	30 t	10 m	2,55 m	1,28 m
4e catégorie	40 t	10 m	2,55 m	12 t	40 t	12 m	2,60 m	1,28 m

a : Dans cette classe ne figure aucun véhicule automobile. b : Les wagons n'ayant pas d'ouvertures convenables ou une largeur utile de plancher de 2,65 m et une porte latérale de 3 m sont aussi classés hors catégorie.

Marques distinctives

Hors catégorie	1re catégorie A	1re catégorie B	2e catégorie	3e catégorie	4e catégorie

de bataille où elle règnera en maîtresse, avec une violence et une profondeur accrues en raison des progrès de l'aviation de bombardement et de l'allongement des portées de l'artillerie moderne. La valeur des organisations défensives a connu, il est vrai, un développement parallèle, et ce synchronisme des progrès réalisés dans le domaine du feu et dans celui de la protection a eu pour effet de conserver aux opérations les traits fondamentaux de leur physionomie et de maintenir aux différentes Grandes Unités leurs tâches respectives dans la bataille.

Dans l'offensive, l'étreinte de la manœuvre se développe progressivement. L'adversaire est abordé d'abord avec souplesse sur tous les fronts (prise de contact) ; il est tâté ensuite en de nombreux points pour s'assurer de sa présence effective ou pour apprécier sa force (engagement) ; enfin l'attaque vise à lui porter un coup fatal. À chaque Grande Unité revient, dans cette manœuvre, un rôle particulier. Le contact, pris par la cavalerie, est précisé par les avant-gardes. Leurs actions sont coordonnées par les généraux commandant les divisions de premier échelon. L'engagement comporte des actions locales souvent conjuguées, n'entraînant qu'une faible consommation d'effectifs, mais énergiquement appuyées. Il s'exécute avec les moyens des Grandes Unités de premier échelon. Il est réglé en principe par les généraux commandant les corps d'armée de premier échelon, dans le cadre des instructions reçues. L'attaque est l'œuvre du commandant de l'armée, appliquant le maximum des moyens, fortement centralisés entre ses mains, sur la direction voulue.

Les progrès de l'armement et l'emploi généralisé des moyens mécaniques exercent sur la physionomie de la défensive et sur les missions générales des Grandes Unités qui y participent une influence plus marquée. Loin d'affaiblir la portée des règles établies en 1921, au sujet de l'occupation d'une position défensive et qui reposent sur l'échelonnement en profondeur des moyens combinant leurs actions de feu en avant d'une ligne principale appuyée à un obstacle, ces données nouvelles tendent au contraire à accroître l'intérêt de l'obstacle et l'importance de l'échelonnement en profondeur.

L'obstacle, de préférence naturel, doit être recherché en premier par tous les éléments chargés d'une mission défensive ; sa présence détermine le plus souvent, aujourd'hui, le choix de la position de résistance dont il assure la couverture immédiate et efficace contre les entreprises des engins blindés. Cette même menace, jointe à l'accroissement des portées de l'artillerie, conduit d'autre part à échelonner les moyens de défense sur une plus grande profondeur en vue de disperser les risques, d'imposer à l'ennemi des efforts successifs et de donner aux défenseurs, en quelque point que ce soit de la position, une base pour la résistance sur place ou pour la contre-attaque. L'échelonnement en profondeur revêt une ampleur qui varie avec l'importance de la Grande Unité intéressée. Il incombe plus spécialement :
- à la division et au corps d'armée, pour tenir sans esprit de recul une position défensive, d'échelonner leurs moyens dans toute la profondeur de cette position sous réserve qu'ils demeurent en mesure de réaliser en avant de la ligne principale une concentration de feux aussi dense que possible ;
- à l'armée de donner à la bataille défensive plus de profondeur encore et plus de souplesse en assurant, en arrière de la position de résistance de l'armée, la défense éventuelle de positions successives bien protégées contre les irruptions d'engins blindés. »

Mussolini et Hitler à Berlin le 27 septembre 1937.
Le rapprochement germano-italien impose à la France de revoir sa stratégie en raison de la multiplication des hypothèses à envisager tant en Europe qu'en AFN. L'Italie mettra cette alliance en pratique de façon peu glorieuse en attendant l'inexorabilité de la victoire allemande en France pour lui déclarer la guerre afin d'obtenir des concessions territoriales en métropole et au sein de l'Empire français. Mais les troupes italiennes subiront un sanglant échec face à l'armée française des Alpes et Mussolini sera aimablement éconduit par Hitler quant à ses revendications. Bundesarchiv Bild 183 C13771

Les intrigues du général Gamelin

En temps de paix, si le pouvoir politique décide des objectifs militaires nationaux, en pratique, il ne s'acquitte jamais de cette responsabilité sans consulter les hautes instances militaires. En ce qui concerne la stratégie, il a coutume de s'en remettre principalement au chef d'état-major général de l'armée (CEMGA) et au CSG représenté par son vice-président, désigné comme devant être le commandant en chef du principal théâtre d'opérations en temps de guerre. Ce commandement bicéphale ne pose pas de difficulté tant que ces deux officiers s'accordent pour définir la stratégie générale à mettre en place en cas de guerre, mais il devient problématique dans le cas contraire [28].

Aussi, le décret du 18 janvier 1935 doit mettre un terme à cette difficulté en fusionnant les deux responsabilités et c'est le général Gamelin, nommé à ce poste trois jours plus tard, qui en bénéficie le premier. Il devient commandant en chef de l'armée de Terre et à ce titre décisionnaire de la stratégie. Mais le décret prévoit également qu'il soit assisté de deux adjoints et le pouvoir politique lui impose les généraux Georges et Colson qui ne font pas partie de ses proches [29]. Finalement, la mise en application de ce décret est loin de résoudre le problème initial car les avis du nouveau commandant en chef et de ses adjoints ne s'accorderont pas toujours, loin s'en faut.

Le général Gamelin ne cesse d'ailleurs de tenter d'éloigner ses adjoints de toute responsabilité. Il intrigue même pour rester seul décisionnaire afin d'assoir son autorité sur l'armée de Terre. Dans cette démarche, il bénéficie de l'appui d'Édouard Daladier, tout d'abord ministre de la Défense nationale et de la Guerre à partir du 4 juin 1936, avec le premier gouvernement de Front populaire, poste qu'il conserve quand il devient président du Conseil le 10 avril 1938. Mais le général Georges profite de celui de Paul Reynaud, nommé ministre des Finances en novembre 1938 et souvent opposé aux décisions d'Édouard Daladier, en particulier celles portant sur les accords de Munich. Ainsi, il existe de fortes oppositions au sein des hautes instances militaires et politiques, ne pouvant qu'entraver la préparation de la France à la guerre. Finalement, en 1939, le commandement des troupes terrestres possède toujours deux responsables distincts. De plus, le général Gamelin assume le commandement des forces terrestres et il est chef d'état-major général de la Défense nationale. Or, ces deux fonctions mériteraient d'être dissociées tant elles divergent par leurs destinations, la seconde ne pouvant qu'éloigner de la première. L'organisation du GQG en subira les conséquences car il devra être adapté à ces deux missions, ce qui finalement nuira à son efficacité. De son côté, le général Georges commande le théâtre d'opérations le plus important, le TONE à partir de décembre, ce qui doit lui permettre de se concentrer sur l'action des troupes de ce secteur, mais l'omniprésence du général Gamelin perturbera la conduite des opérations.

La vision française de la situation allemande

Durant les années précédant la guerre, les conditions géopolitiques et militaires n'ayant que peu de chance d'évoluer fondamentalement, il est possible de tracer les grandes lignes de la stratégie à adopter dans l'éventualité fort probable d'un conflit contre l'Allemagne. C'est une lourde responsabilité et il est certain que les décisions prises l'ont été après mure réflexion. Mais elles dépendent aussi de l'appréhension des capacités allemandes et sur ce point d'importantes erreurs sont commises [30]. Tout d'abord, la vision française de la Wehrmacht se base sur un potentiel économique exagéré comme par exemple en matière de fabrication d'armements. Or, pour certaines armes comme les chars, la production française dépasse celle de l'Allemagne. Mais le réarmement massif ayant débuté plus tardivement en France qu'outre-Rhin, ces différences ne pourront porter leurs effets qu'au bout d'un certain délai. Le Reich est donc perçu comme mieux armé qu'il ne l'est, ce qui se vérifiera en mai 1940 car de nombreuses unités allemandes de réserve accuseront d'importants déficits en armements. Ce sera également le cas du niveau de motorisation mais l'Allemagne choisit par exemple d'entièrement motoriser certaines de ses divisions d'infanterie tandis que les DI françaises dites motorisées ne le seront que partiellement. Une autre erreur de jugement consiste à penser que l'économie allemande est handicapée par de lourdes lacunes en matières premières, faute de ressources. Ce jugement n'est pas dénué d'un certain sens mais il s'avérera en grande partie erroné du fait des accords économiques secrets conclus entre le Reich et l'URSS. Ainsi, les capacités allemandes à pouvoir assumer une longue période de guerre sont sous-estimées, ce qui ne peut que renforcer l'idée de l'efficacité d'une stratégie initialement défensive.

Les bases de la stratégie

La stratégie française doit répondre à trois points majeurs. Tout d'abord, l'expérience de la Grande Guerre a démontré la nécessité de mener les combats en dehors du territoire national afin de sauvegarder l'intégrité des ressources et des industries situées à proximité des frontières. Il faut ensuite s'assurer de la libre circulation des flottes militaires et commerciales pour garantir l'approvisionnement en matières premières et organiser le blocus de l'Allemagne. Il est enfin impératif

Maurice Gamelin (1872-1958).
Major de promotion à Saint-Cyr en 1883, Maurice Gamelin commence sa carrière d'officier en Afrique au 3e RTA avant d'intégrer l'École supérieure de guerre. Brillant et travailleur, il rejoint ensuite l'EM du 15e CA et poursuit sa carrière à travers différents commandements dans l'infanterie. En 1906, il publie une *Étude sur l'art de la guerre* bien accueillie par les milieux militaires tandis qu'il est affecté auprès du général Joffre comme officier d'ordonnance. La collaboration entre les deux hommes sera quasiment ininterrompue jusqu'à la guerre, durant laquelle il assume des commandements d'unités et des postes d'état-major où il s'illustre à nouveau. À la fin du conflit, il est général de brigade et nommé chef de la mission militaire au Brésil avant de commander les troupes du Levant jusqu'en 1929. Il rentre alors en France pour prendre la tête de la 20e RM. Grâce au soutien d'Édouard Daladier, il poursuit sa carrière comme chef d'état-major général en 1931 puis en tant que vice-président du CSG et généralissime désigné en 1935 et enfin chef d'état-major général de la Défense nationale. Considéré comme l'un des meilleurs officiers français en 1939 et non dénué d'une certaine pertinence quant à sa vision des principes modernes de la guerre, il ne sait pourtant pas imposer ses vues et son attitude s'apparente plus à celle d'un politique. Sa façon de ne pas clairement énoncer ses volontés, de suggérer plutôt que de commander nuit à sa compréhension. En revanche, il fait parfois preuve d'intransigeance et n'hésite pas à manœuvrer pour préserver ses intérêts. L'épreuve des combats de 1940 révèlera son inaptitude à assumer pleinement sa mission et il sera remplacé en pleine tourmente, par le général Weygand. Arrêté et poursuivi par Vichy au procès de Riom, il est emprisonné en France jusqu'en 1942 puis en Allemagne après l'occupation de la zone libre par la Wehrmacht. De retour en France en 1945, il proteste contre les accusations qui pèsent sur lui bien qu'il ne soit plus poursuivi. Il publie alors ses mémoires sous le titre *Servir*, ensemble de trois ouvrages controversés tant le propos tend à refuser ses responsabilités en chargeant ses subordonnés.

Notes :
28 : Comme ce sera le cas entre les généraux Gamelin et Weygand durant la première moitié des années 1930.
29 : L'objectif est probablement de ne pas laisser l'intégralité de la responsabilité de l'armée à un seul courant de pensée.
30 : Certaines erreurs d'appréciation trouvent aussi leurs sources dans l'efficacité de la propagande du Reich et dans l'exagération des moyens allemands par certains officiers français afin de justifier ou d'influencer à la hausse des demandes de budgets.

L'organisation du territoire en temps de guerre et le ravitaillement des armées

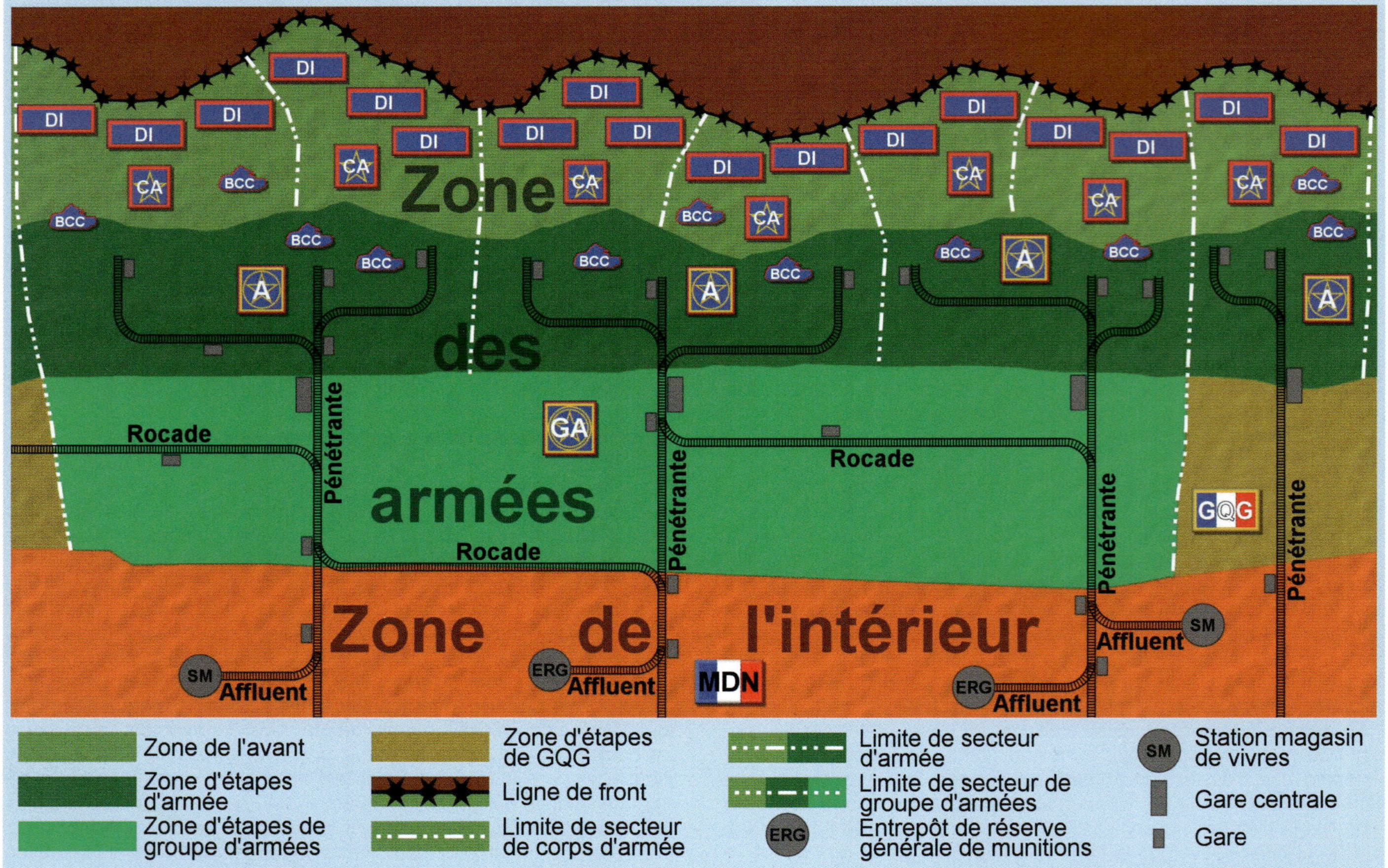

Bien des batailles ayant été perdues ou gagnées en fonction du ravitaillement des troupes, celui-ci doit être considéré comme un véritable moyen de combat dont la puissance et la souplesse conditionnent les opérations. Il est impératif de réunir les ressources pour ensuite les faire parvenir aux armées.
L'exploitation des ressources locales ne jouant qu'un rôle d'appoint limité dans le temps et à certaines catégories de denrées, le ravitaillement des armées est tributaire du territoire national dans son ensemble. Du ressort du gouvernement, la réunion des ressources s'effectue dans le cadre du ravitaillement national faisant l'objet d'une série de plans d'achats, de réquisitions, de fabrications et d'importations.
Lors de la mobilisation, le ministre de la Défense nationale fixe les limites séparant le territoire restant sous son autorité, dénommé zone de l'intérieur, de celui placé aux ordres du commandant en chef, la zone des armées. Ces limites administratives peuvent être modifiées ultérieurement en fonction des événements ou à la demande du commandant en chef. En principe placée sous le régime de l'état de siège, la zone des armées comprend à l'avant une bande de territoire répartie en plusieurs zones d'armées, chacune d'entre elles étant placée sous le commandement d'une armée en ligne. Sur leurs arrières, une autre partie du territoire généralement maintenue sous l'autorité directe du commandant en chef, porte le nom de zone d'étapes du grand quartier général.
Les ressources destinées aux armées sont regroupées par catégories dans de grandes installations de la zone de l'intérieur reliées à la voie ferrée, parfois à la voie d'eau, capables d'effectuer les expéditions aux armées. C'est généralement dans ces installations, dites établissements de réserve générale, que les ravitaillements subissent leurs dernières transformations, comme la fabrication du pain, la torréfaction du café, le dépoussiérage de l'avoine ou la constitution des coups complets de munitions. La réunion des ressources et leurs éventuelles transformations nécessitant du temps, des stocks de précaution et de sécurité doivent être constitués et entretenus dès le temps de paix.
Les limites latérales et arrières des zones d'armées sont fixées par le commandant en chef. Chacune d'entre elles se compose d'une zone de l'avant, affectée aux Grandes Unités en opération et d'une zone d'étapes d'armée, relevant du général commandant l'armée, celui-ci fixant la limite entre ces deux zones. Le commandant en chef peut déléguer son autorité aux commandants de groupes d'armées sur des portions de la zone d'étapes du grand quartier général et créer des zones d'étapes de groupe d'armées. Dans d'autres cas, selon le dispositif déployé, la zone d'action d'une armée peut s'étendre jusqu'à la limite de la zone de l'intérieur.
Incombant au commandant en chef, l'acheminement des ressources aux armées s'effectue généralement par le rail. La livraison à chaque armée est faite dans les gares de ravitaillement désignées en fonction de la demande et des possibilités ferroviaires. Au-delà de ces gares, chaque armée gère et organise le ravitaillement des unités placées sous son commandement.
Le ravitaillement des armées doit s'effectuer en fonction de l'état du réseau ferré concerné, appelé réseau de communication, et de la fluctuation des besoins et des effectifs des armées. Ce réseau se compose de pénétrantes, de rocades et d'affluents reliant les établissements de réserve générale à chaque zone d'étape d'armée. Chacune d'entre elle est gérée par un organe régulateur, appelé régulatrice de communication.
Une régulatrice de communication dispose d'un ensemble de gares échelonnées de part et d'autre d'une gare centrale où elle est installée, de crédits vers l'arrière sur le réseau de communication et sur certains établissements de réserve générale et vers l'avant d'une zone d'action composée d'une partie du réseau ferré sur laquelle elle assure tous les transports de ravitaillement.
La composition organique d'une régulatrice de communication comprend un service des chemins de fer regroupant le personnel et le matériel nécessaires à la mise en œuvre des installations ferroviaires, un service de ravitaillement et d'entretien disposant d'installations gérant les approvisionnements, et un service des étapes assurant le commandement du territoire sur lequel sont implantées ces installations. Lorsque des conditions de sécurité ou les nécessités d'installation et de fonctionnement imposent de maintenir la régulatrice de communication loin de l'armée qu'elle ravitaille, une régulatrice avancée maintient le contact entre la régulatrice de communication et l'armée.
Afin de réduire le temps nécessaire aux opérations de ravitaillement et d'acquérir une certaine indépendance par rapport aux établissements de réserve générale, le commandant en chef a recours à la création d'installations intermédiaires destinées à jouer le rôle de volant. Certaines d'entre elles, appelées échelons de réserve de régulatrice sont implantées sur le territoire des régulatrices, qui en assument la gestion. Les autres sont les parcs-entrepôts, dépendant directement du commandant en chef. Il existe en outre des réserves stockées sur wagons formant les parcs sur rail du commandant en chef. Ils sont situés dans les emprises et sous les ordres des régulatrices de communication.
D'une façon générale, si le volume des réserves est variable, il est normalement toujours calculé de façon à assurer la continuité et la régularité du ravitaillement des troupes. Notons que le schéma ci-dessus ne présente que la structure du ravitaillement en munitions et en vivres. Bien évidemment, d'autres fournitures sont nécessaires aux troupes, comme les carburants et les huiles, et leurs infrastructures de distribution sont similaires.

de trouver une puissante alliance continentale afin d'obliger l'Allemagne à diviser ses forces sur plusieurs fronts. Si nous avons déjà abordé ce dernier point, il est utile de rappeler que, pour le deuxième, l'alliance avec la Grande-Bretagne devrait être suffisante pour l'accomplir en fonction de l'écrasante supériorité des marines de guerre franco-anglaises sur la Kriegsmarine. Il reste donc à s'assurer que les combats se déroulent en dehors du territoire national. Or, selon le commandement français, l'hypothèse la plus plausible consiste à attendre l'attaque allemande par les plaines du nord de la Belgique ou éventuellement *via* le nord du territoire helvétique.

Les manœuvres Escaut et Dyle

Nous l'avons vu, le plan E prévoit initialement de défendre le territoire national le long des frontières françaises, en s'appuyant sur les fortifications et les obstacles naturels d'envergure. Ensuite, afin que les combats se déroulent hors du territoire national, le GQG souhaite projeter la défense française en Belgique ou en Suisse, suivant l'axe de progression de l'attaque allemande. Nommé commandant adjoint désigné du TONE en cas de guerre, le général Georges propose d'étendre le front français en Belgique. Le 7 avril 1938, dans sa « *note sur l'éventualité d'une intervention française en Belgique et en*

Affiche de 1938 rappelant l'importance de la Marine.
La « Royale » est l'armée la mieux préparée au combat en 1939. Elle a bénéficié d'importants budgets et d'autres tranches de construction de bâtiments sont en cours lorsque la guerre éclate. L'alliance avec la Royal Navy anglaise permet aux Alliés de s'assurer une indiscutable supériorité face aux forces navales conjuguées de l'Allemagne et de l'Italie, que ce soit en Méditerranée ou sur l'océan Atlantique. La Marine française deviendra ensuite l'un des enjeux majeurs de l'armistice franco-allemand, Hitler ayant parfaitement compris que la France refusera de livrer sa flotte à l'Allemagne. Aussi, il dictera les conditions de l'armistice en cherchant avant tout à la neutraliser. Une rédaction ambiguë permettra l'acceptation rapide du texte par les Français, sans donner toutes les garanties aux Britanniques. Suite à l'attaque anglaise de Mers-el-Kebir, peu de bâtiments rejoindront les Forces Françaises Libres.

Suisse », ce dernier précise qu'il faut éviter que la manœuvre en Belgique ne se termine par une bataille de rencontre et qu'en conséquence elle se résume « *au nord de la Meuse : À s'installer sur la position de résistance frontière prolongée par l'Escaut belge. À recueillir les Belges et, tout en assurant notre sûreté propre, à les aider à gagner leur réduit national d'Anvers - Gand.* »

De son côté, le général Gamelin expose sa vision du futur conflit le 13 mars 1939 dans son analyse de la situation : « *L'attaque brusquée : J'étais sceptique, maintenant je crois qu'elle peut devenir dangereuse. Elle ne sera possible sur nos fortifications que si nous ne sommes pas en garde (dimanches, permissions). Donc, renforcement nécessaire pour être toujours en garde. Si l'Allemagne veut porter le gros de son effort sur nous, elle a encore l'intérêt de passer par la Belgique ou la Suisse. Elle n'a peut-être pas encore les moyens des deux simultanément. Le gros danger est par la Belgique, en effet, la Suisse peut se défendre (moral, terrain). De plus, le terrain est moins favorable pour l'Allemagne. Pour nous, c'est la question de la défense des débouchés de Bâle. La Belgique est en situation difficile (opposition de fond entre Flamands et Wallons qui a même touché l'armée). Elle n'a pas fait l'effort militaire suffisant pour se défendre contre une attaque allemande, à moins qu'elle ne nous appelle avant d'être attaquée.* »

Sur les autres secteurs du front, il existe de redoutables obstacles défensifs, tels le Rhin, la ligne Maginot ou la Meuse et ces visions sont donc justes, même si nous savons aujourd'hui ce qu'il adviendra sur la Meuse. Bien que l'hypothèse belge soit la plus probable, celle concernant la Suisse aura néanmoins des conséquences quant au déploiement initial des forces françaises et à la disponibilité de certaines Grandes Unités placées en réserve générale et immobilisées pour faire face à une éventuelle avance allemande en territoire helvétique.

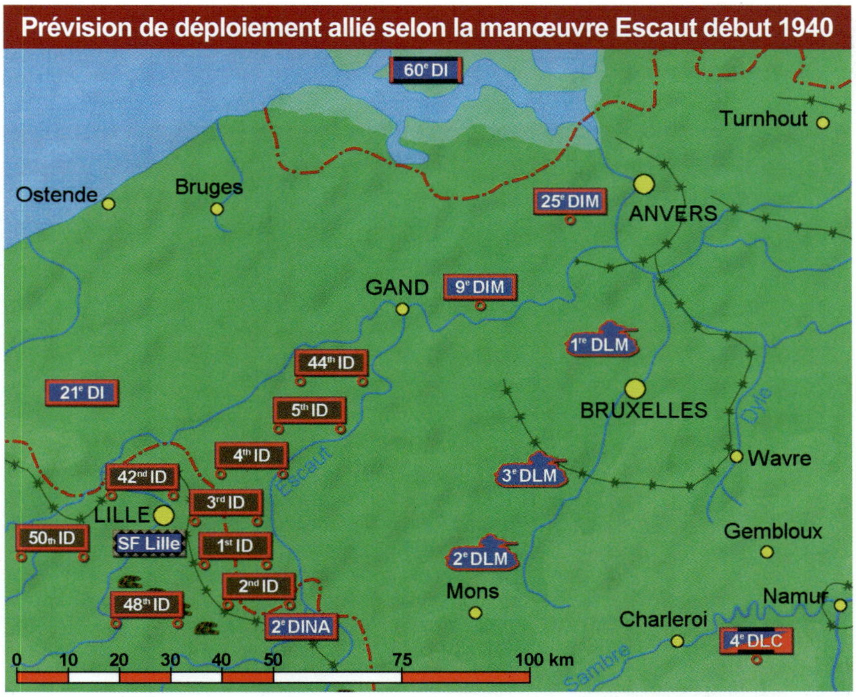

Déploiement initial prévisionnel de la manœuvre Escaut.
Elle prévoit d'engager un petit nombre de divisions d'infanterie alliées dont le mouvement serait initialement protégé par les DLM, celles-ci pouvant ensuite être engagées sur d'autres secteurs (voir la légende des unités page 187).

La manœuvre Escaut proposée par le général Georges est entérinée par le GQG le 29 septembre 1939. Elle engendre la mise sur pied du GA1 deux jours plus tard, à qui sera confiée l'avance des troupes alliées en Belgique. Cette prudente manœuvre semble parfaitement réalisable car elle permet de s'affranchir d'une coordination initiale avec l'armée belge tout en appuyant la ligne de défense prévisionnelle sur l'Escaut, coupure humide d'importance. Étudiée et affinée, elle doit être ordonnée si l'appel à l'aide française par la Belgique est lancée tardivement. Dans le cas contraire, il pourrait être envisagé de pénétrer plus profondément en territoire belge et cette dernière hypothèse va prendre de l'importance.

En effet, la crainte grandissante d'une invasion allemande entraîne l'accroissement des mesures défensives belges. Tablant sur une résistance de la Belgique plus puissante et donc sur des délais plus longs pour projeter les forces françaises sur son territoire, le GQG

Chasseur Bloch MB 150.
Précurseur des Bloch 151 et 152, cet avion est comparable au Morane-Saulnier 406 bien plus connu. C'est un appareil de transition aux caractéristiques honorables mais inférieures à la nouvelle génération de chasseurs qui verra le jour quelques années plus tard. Robustes, les chasseurs MB étaient réputés pour pouvoir atteindre de grandes vitesses en piqué et être des plateformes de tir très stables. La peinture appliquée à cet exemplaire est une interprétation non certifiée.

Alphonse Georges (1875-1951).
D'origine modeste et Saint-Cyrien, Alphonse Georges commence sa carrière en Algérie au sein du 1er RTA où il se fait remarquer pour son esprit volontaire et son courage. Breveté de l'École supérieure de guerre en 1903, il effectue ensuite une brillante carrière, alternant des commandements d'unités et des tâches administratives et d'état-major dans lesquelles il démontre des qualités de meneur d'hommes, de stratège et d'organisateur. Il gravit un à un les échelons mais il est blessé en 1934 dans l'attentat contre Alexandre Ier de Yougoslavie à Marseille et il en garde de graves séquelles qui le font souffrir et le handicapent en période de stress. Cette blessure expliquera d'ailleurs partiellement son effondrement début mai 1940. Il est général d'armée lorsqu'il est nommé adjoint du général Gamelin en 1935. Mais les deux officiers sont souvent en désaccord et particulièrement au sujet de l'option Breda de la manœuvre Dyle, que le général Georges juge téméraire. Sa vision réaliste de l'armée le pousse à mettre en évidence ses carences et il sait qu'elle est loin d'être prête lorsque la guerre éclate. Il prend le commandement du TONE en 1939 mais son autonomie reste relative car il doit bien souvent se soumettre aux décisions du général Gamelin. En mai 1940, il a une juste vision de la situation et prend les décisions qui s'imposent, mais la rapide avance allemande prend les troupes françaises de vitesse. Démoralisé, il se reprend après le limogeage de Gamelin et organise une défense cohérente avec le général Weygand, bien que le déséquilibre des forces ne laisse que peu d'espoir de résister longtemps à l'envahisseur. Après l'armistice, il s'occupe brièvement de l'organisation de l'armée de Vichy, puis gagne l'AFN en 1943 pour rejoindre le général Giraud. Il est ensuite écarté par le général de Gaulle et quitte définitivement l'armée. Très respectueux de la hiérarchie, trop peut-être, le général Georges n'a pas su attirer suffisamment l'attention sur l'état de l'armée française alors qu'il est parfaitement lucide sur ses carences. Sur cette photo, le général Georges porte de gauche à droite la Croix de commandeur de la Légion d'honneur, la Croix de guerre 1914-1918 avec deux palmes, la Croix de guerre des TOE avec une palme, la médaille coloniale avec les agrafes Adrar et Maroc et la médaille commémorative du Maroc.

estime le 15 novembre qu'il sera possible de s'établir plus en profondeur sur une ligne suivant la Dyle puis la Meuse passant par Anvers, Louvain, Wavre et Namur. Cette manœuvre, dite Dyle, présente différents avantages. Elle permet de raccourcir le front tout en l'éloignant plus encore de la France en préservant une plus grande partie de la Belgique de l'invasion. Mais elle impose la projection d'un grand nombre de troupes françaises, celles-ci ne découvrant l'ensemble des conditions de combat qu'au dernier moment, faute d'une coopération initiale avec l'armée belge. Signalons enfin l'existence d'une autre hypothèse très optimiste envisageant de renforcer l'armée belge sur le canal Albert et le long de la Meuse.

La manœuvre Dyle option Breda.
Cette carte et la suivante présentent les prévisions de réalisation de cette manœuvre au 25 avril 1940. Il s'agit de la dernière mise à jour avant le 10 mai. Le déploiement des troupes françaises ne changera plus avant l'attaque allemande (voir la légende des unités page 187).

L'option Breda

L'étude d'une extension de la manœuvre Dyle est ensuite imposée par le général Gamelin en cas d'agression allemande des Pays-Bas. L'objectif de cette option, dite Breda, est de rattacher les forces hollandaises au dispositif allié en projetant une armée française motorisée et mécanisée vers la zone frontière séparant la Belgique de la Hollande. L'opération doit combler l'absence d'entente militaire préalable entre les deux pays et protéger les débouchés du port d'Anvers afin de priver l'Allemagne d'un accès à la mer du Nord, d'où elle pourrait installer des bases aériennes et navales afin d'attaquer le territoire britannique.

Autant il est possible de trouver une certaine légitimité dans la manœuvre Dyle, tout du moins jusqu'en mars 1940 [31], autant cette option Breda reste fort critiquable. En raison de la distance à couvrir et de sa

Manœuvre Dyle, option Breda, mise à jour du 25 avril 1940 : Situation de départ

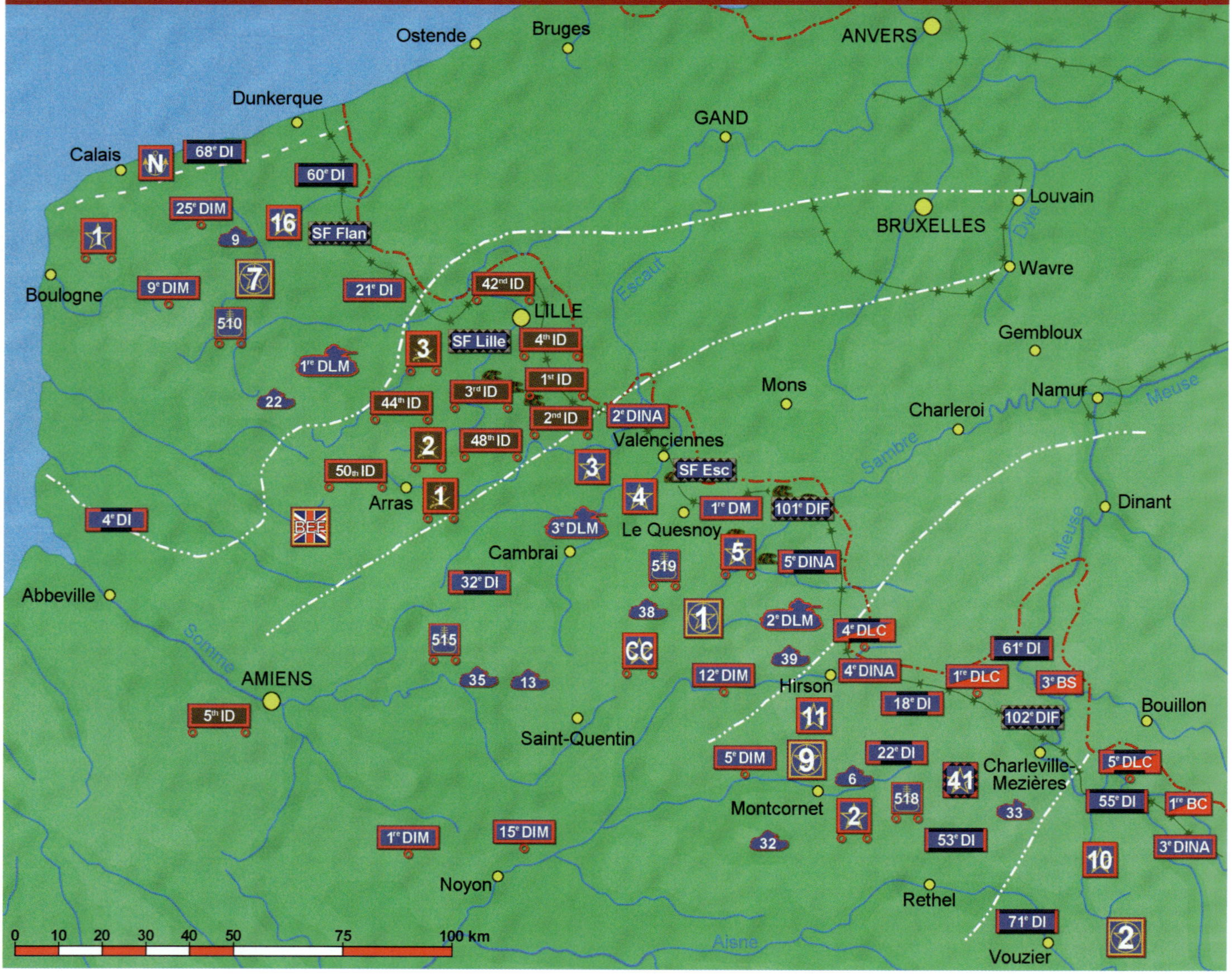

Situation prévisionnelle à J+3 au matin

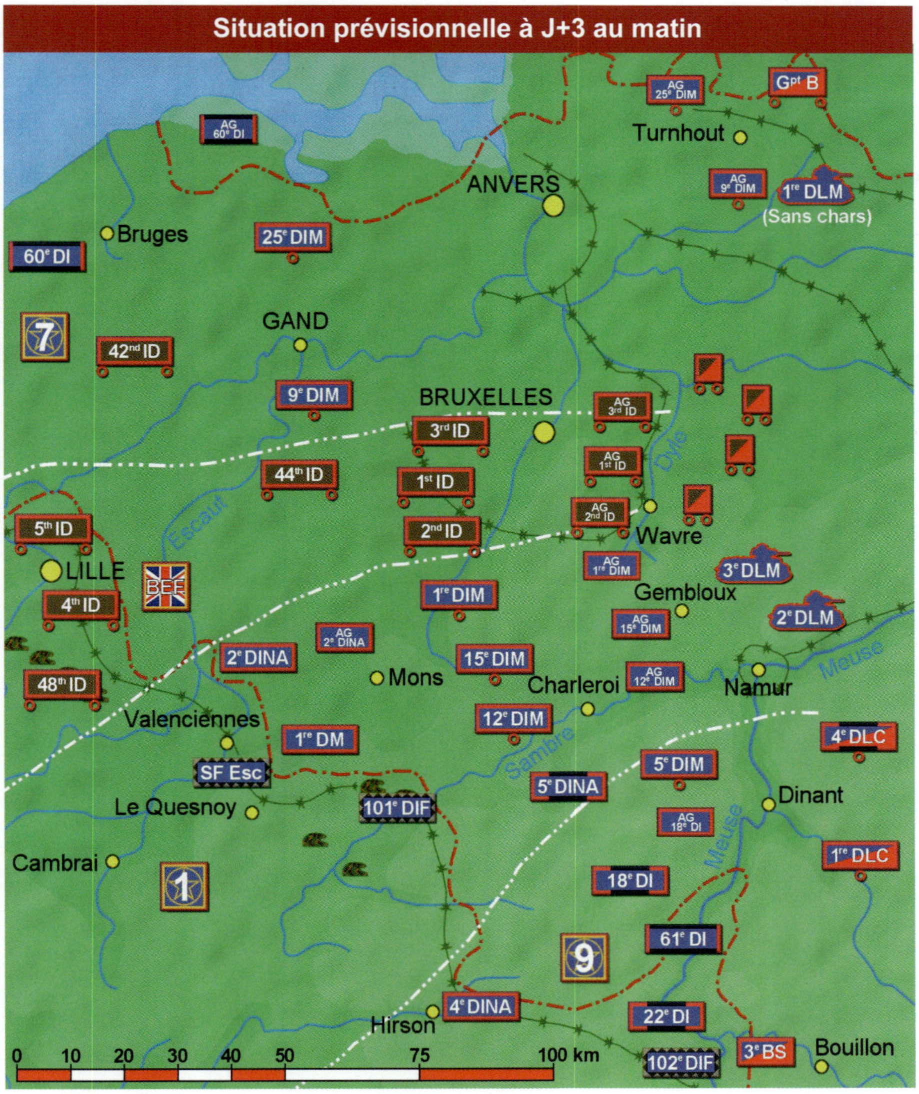

nécessaire rapidité d'exécution, cette opération devra être confiée à une puissante armée motorisée, privant la France d'une partie importante de ses moyens de contre-attaque rapide pour d'éventuels gains stratégiques discutables. Composées d'environ 9 divisions de soldats peu instruits et de valeur combative modeste, les troupes hollandaises sont nettement moins puissantes que l'armée belge. L'option Breda est d'ailleurs bien loin de faire l'unanimité au sein des états-majors français. Elle est fortement contestée par les généraux Georges et Giraud[32] pourtant chargés de son exécution. Il est en effet douteux de pouvoir empêcher l'invasion allemande des Pays-Bas, car le secteur visé est bien plus proche de l'Allemagne que de la frontière française. Cette option sera pourtant ordonnée par le général Gamelin le 10 mai 1940, probablement par excès d'optimisme et pour des raisons politiques, la France voulant peut-être démontrer qu'elle n'abandonnera plus aucun de ses alliés, et afin de répondre à une volonté britannique.

Toujours est-il que les unités d'active motorisées et mécanisées engagées dans cette aventure manqueront cruellement quelques jours plus tard dans le secteur de Sedan. Mais il est important de rappeler que, dès le 15 novembre 1939, et donc avant d'envisager l'option Breda, le commandement prévoit d'engager 6 DIM sur 7 dans le cadre de la manœuvre Dyle et seule une DLM nouvellement mise sur pied sera ajoutée aux effectifs du GA1 en 1940 pour l'option Breda. À l'exception de cette dernière, il faut donc relativiser l'impact de cette option sur les capacités de contre-attaque rapide française lors de l'exploitation allemande du franchissement de la Meuse, d'autant plus que les deux seules DLM existantes fin 1939 sont aussi concernées par cette manœuvre dès son origine, leur mission consistant légitimement à couvrir le déploiement des unités françaises lancées en Belgique.

L'erreur stratégique majeure du commandement français consiste donc à avoir sous-estimé, voire ignoré la faisabilité d'une attaque allemande massive franchissant rapidement la Meuse *via* le sud de la Belgique et le Luxembourg. Pour les stratèges français, le franchissement en force de cette imposante coupure humide nécessite impérativement de rassembler au préalable une puissante artillerie afin de soutenir les troupes engagées dans le franchissement, ce regroupement de pièces ne pouvant être réalisable avant un délai d'au moins 7 ou 8 jours une fois le fleuve atteint. Mais l'artillerie sera habilement remplacée par un bombardement intensif de la Luftwaffe, et en particulier celui des Stuka, afin de prendre de vitesse la réaction française et l'envoi de renforts sur le secteur attaqué. C'est l'un des points essentiels de la stratégie allemande et l'une des causes principales de sa victoire. Cette vision des nécessités préalables à une attaque d'envergure est une preuve flagrante du manque de lucidité des stratèges français quant aux possibilités offertes par le développement des moyens techniques et en l'occurrence de la puissance et de l'efficacité de l'emploi de l'aviation moderne.

Le principe de l'attaque en retour

La stratégie française peut se résumer par le principe de l'attaque en retour devant tout d'abord user les forces vives ennemies avant de s'engager dans l'offensive, une fois les moyens nécessaires réunis. Ce principe n'est pas dénué de sens et fera ses preuves, mais il laisse l'initiative et l'effet de surprise à l'ennemi et l'expérience de la guerre démontrera qu'il ne peut être vraiment efficace que si l'on dispose d'espace pouvant être perdu afin de gagner le temps nécessaire à la reconstitution d'un front solide devant arrêter sa progression. Or, la France ne possède pas cet espace au contraire de l'URSS et l'attaque principale allemande ne sera pas lancée là où elle est attendue par les stratèges français.

Pour le haut-commandement, la seule évidence consiste à penser de façon rigide que l'offensive allemande sera déclenchée dans les plaines du nord de la Belgique, bien adaptées au déferlement des panzers. Les renseignements obtenus à la fin de la campagne de Pologne confirment d'ailleurs un centre de gravité du dispositif ennemi autour d'Aix-la-Chapelle. À l'époque, ces vues sont justes, et le resteront jusqu'en mars 1940, mais l'Allemagne va radicalement modifier sa si prévisible stratégie.

Affiche présentant les bombardiers allemands.
Bien plus puissante que son homologue française, la flotte de bombardement allemande bénéficiera de la faiblesse de la DCA française et de la sous-estimation de sa puissance tactique.

Notes :

31 : C'est à cette époque que la Wehrmacht fait basculer le centre de gravité de son attaque des plaines du nord de la Belgique au secteur des Ardennes, suite à l'adoption de la dernière version de Fall Gelb, le plan allemand d'attaque à l'Ouest. Une attaque allemande sera bien lancée par les plaines du nord de la Belgique afin d'attirer le plus grand nombre de forces alliées possible mais elle ne justifiera plus l'importance des effectifs français et britanniques projetés lors de la manœuvre Dyle.

32 : Commandants du TONE et de la 7e armée.

2 : La fortification française

Bien qu'imparfaite et inachevée en 1940, la ligne Maginot est essentielle à la stratégie française, l'ensemble représentant à l'époque la plus puissante ligne fortifiée et bétonnée jamais édifiée.

Le 10 décembre 1929, André Maginot, alors ministre de la Guerre, présente son projet d'organisation défensive des 848 km des frontières de l'Est à la tribune de la Chambre des députés. Mais il n'en est pas l'initiateur, c'est son prédécesseur, Paul Painlevé, qui en est le précurseur, celui-ci ayant déjà fait réaliser quelques travaux de fortification. À l'époque, André Maginot n'imagine pas que son nom restera gravé dans l'Histoire militaire française lorsqu'il déclare :

« Le premier objectif d'un système de fortification est d'assurer à ceux qui défendent le terrain la protection d'une ligne de feux continue. Le meilleur système de défense est celui qui s'adapte le mieux à la configuration du terrain. Au lieu de s'en tenir à une formule rigide et invariable, on s'est rallié à un système souple présentant cette caractéristique essentielle de varier ses modalités suivant la région à défendre, les points les plus menacés et les nécessités stratégiques.

C'est ainsi qu'à la frontière du sud-est la chaîne des Alpes sera défendue en barrant les voies d'accès, tandis qu'au sud, la région de Nice, point convergent de routes et de voies ferrées, accessible d'ailleurs du côté de la mer, sera protégée par une région fortifiée. En Alsace, on utilisera le double obstacle que présentent le Rhin et la bande boisée qui le borde, pour se contenter de barrer les passages avec des mitrailleuses sous casemate, tandis qu'à l'arrière, on organisera des rocades pour le transport de l'artillerie, des munitions et des réserves. Dans les Vosges, on profitera - on a déjà profité puisque ce sont des travaux déjà effectués - des difficultés du parcours sous bois, de façon à préparer dès le temps de paix la destruction systématique des voies d'accès et à y installer des postes légers. Dans les terrains découverts, on combinera les ouvrages légers et les ouvrages plus forts, afin d'obtenir de grandes nappes de feu de toutes armes.

Enfin, sur les points les plus importants et qui sont les plus menacés, soit parce que leur occupation par l'ennemi permettrait l'accès immédiat d'une zone très sensible, soit parce qu'ils commandent les passages par où pourrait arriver le gros matériel de l'assaillant, on a prévu des ouvrages plus importants dont la caractéristique essentielle est de pouvoir étaler largement sur le terrain leurs organes de feu.

Ces ouvrages, grâce à leur stabilité, pourront utiliser des armes automatiques et une artillerie à tir rapide, plus puissante que celle dont sont dotés les éléments mobiles. [...] Les organes de feu de ces ouvrages se trouveront reliés par des communications souterraines. Cette organisation est celle qui est prévue pour la vaste trouée de Lorraine, route séculaire des invasions, sans protection naturelle, et que le voisinage immédiat de certains centres miniers et industriels, constituant en réalité notre arsenal de guerre, ainsi que la proximité de la capitale, désigne plus particulièrement aux coups de l'envahisseur.

André Maginot (1877-1932).
Homme politique français ayant assumé de nombreuses fonctions comme député de la Meuse, sous-secrétaire d'État à la Guerre, ministre des Colonies et plusieurs fois ministre de la Guerre. C'est un homme déterminé et courageux. En 1914, il est sous-secrétaire à la Guerre mais il s'engage au 44e RIT (territorial), alors que ce statut pouvait lui permettre de ne pas rejoindre le front. Sa conduite exemplaire lui vaut la Médaille militaire dès 1914. Sous-officier, il sera blessé à la cuisse, ce qui lui laissera de douloureuses séquelles toute sa vie. Il recevra la Légion d'honneur en 1919 pour son attitude au front.

Quand à la frontière du Nord, contre laquelle une agression subirait forcément des retards, elle sera défendue par des mitrailleuses sous casemate et sera traitée en "champ de bataille du moment". Cette expression de « champ de bataille du moment » fait état d'une des caractéristiques les plus intéressantes de la fortification moderne. [...] [On a] décidé que là où il n'y aurait pas d'ouvrage permanent on pourrait y suppléer, en cas de conflit, par des moyens puissants et rapides d'organiser le terrain.

On aurait ainsi, en outre des organisations défensives permanentes, une organisation défensive en puissance, extrêmement mobile et susceptible, en des points prévus par le Commandement, ou imposés par les circonstances, de constituer en quelques jours une ligne de défense assez forte, pour permettre aux troupes de s'y maintenir. Les parcs mobiles de fortification sont le complément nécessaire de la fortification permanente. »

Le 14 janvier 1930, André Maginot fait voter la loi accordant des crédits destinés à la construction de la ligne qui portera son nom. Répartie sur plusieurs exercices, cette ouverture de crédits s'ajoute aux 292 millions accordés précédemment et sera suivie de 250 autres en 1930 portant ainsi le budget global envisagé à 3 442 millions. Rappelons enfin qu'avant 1929, 59 millions avaient déjà été attribués aux fortifications des frontières, sans rapport avec la ligne Maginot.

Vue de propagande de la ligne Maginot.
Forçant le trait, cette représentation de la ligne Maginot est loin de la réalité. Mais il ne faut pas s'y tromper, c'est un ensemble défensif puissant, en tous cas jusqu'au sud de Sedan. Elle jouera d'ailleurs son rôle car la Wehrmacht ne s'y frottera pas avant qu'elle n'ait été considérablement dégarnie de ses troupes et avec des résultats bien modestes.

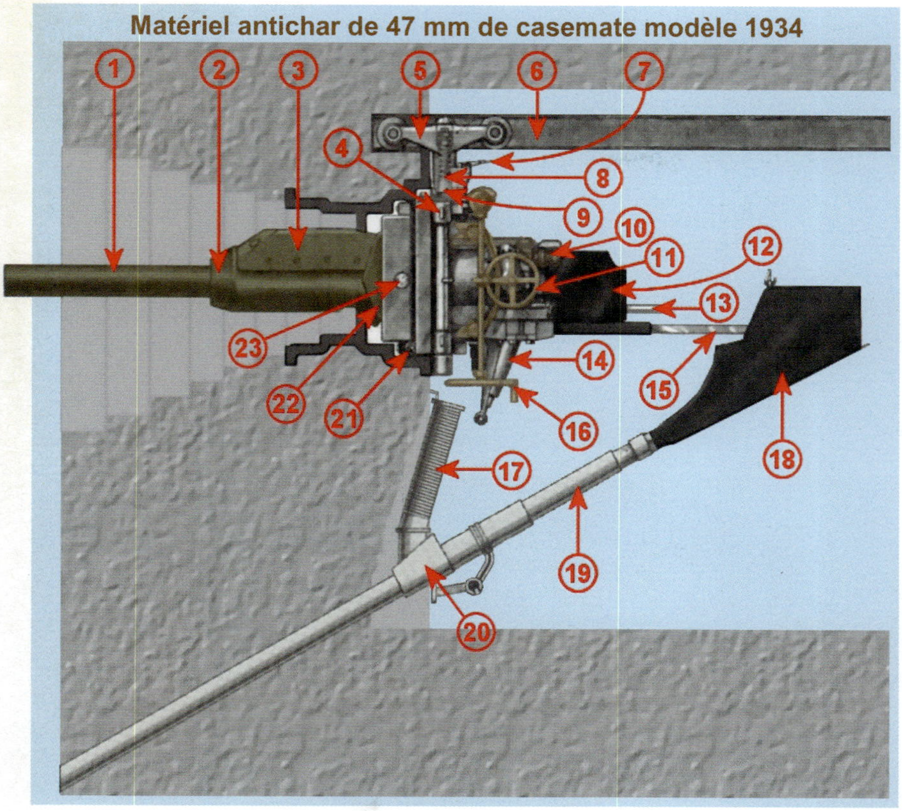

Pièce antichar de 47 mm de casemate.
Il faut attendre 1934 pour voir apparaitre les premières pièces de défense antichar spécifiques à la fortification, à l'image de celle-ci. Le créneau de tir permet au choix de positionner un jumelage de mitrailleuses de 7,5 mm Mle 1931 MAC (Reibel) (non représenté sur cette vue) ou une pièce antichar. Quand les mitrailleuses sont employées, le canon est déplacé vers l'arrière de la casemate par roulement sur le rail.
Légende :
1 : Bouche à feu
2 : Frein
3 : Blindage de frein et de lunette
4 : Cadre fixe
5 : Chariot de suspension et de roulement
6 : Rail de chemin de roulement
7 : Levier de tige d'arrêt du chariot
8 : Ressort de suspension
9 : Pivot de suspension
10 : Lunette de pointage
11 : Volant de pointage en hauteur
12 : Tôle de protection
13 : Poignée de culasse
14 : Équilibreur
15 : Barre support de boite de réception
16 : Volant de pointage en direction
17 : Raccordement télescopique de tube d'évacuation d'étuis de mitrailleuses de 7,5 mm
18 : Boîte de réception des douilles de 47 mm (ce modèle n'est pas celui de série)
19 : Tube télescopique d'évacuation des étuis
20 : Boite de raccordement
21 : Galet de roulement du cadre fixe
22 : Cadre mobile
23 : Tourillon horizontal

Les origines

L'acceptation et la définition d'un tel système fortifié n'ont d'ailleurs pas été simples. Pourtant, la fortification permanente a joué un rôle important durant la Première Guerre mondiale et son intérêt a été démontré à de nombreuses reprises. En 1919, le GQG envisage sérieusement d'organiser la défense des frontières dès le temps de paix, et l'année suivante, André Lefèvre, alors ministre de la Guerre, reprend la question à son compte et fait paraitre le 5 mars 1920 *une instruction générale relative aux études préparatoires à l'organisation défensive des frontières d'Alsace et de Lorraine*, ces deux territoires ayant rejoint la France après la victoire de 1918.

Cette instruction permet au CSG de s'attacher à la question mais les avis divergent quant à la forme à adopter et il est finalement décidé de créer une *Commission de défense du territoire* en charge de la question en mai 1922, sans pour autant qu'un consensus ne soit trouvé. Les années passent, une *Commission de défense des frontières* (CDF) remplace la précédente et il faut attendre le 6 novembre 1926 pour qu'un *rapport sur l'organisation défensive des frontières* ne soit transmis au ministre. Par la suite affiné, ce document peut être considéré comme l'élément fondateur de la ligne Maginot.

La solution proposée se compose d'ouvrages couvrant les frontières de l'Est sans pour autant constituer une ligne continue [1]. Lorsqu'ils existent, leur position s'appuie sur les obstacles naturels comme les coupures d'eau, les zones inondables ou les forêts. Leur densité et leur puissance seront variables en fonction du terrain et des facilités offertes à l'envahisseur potentiel, tout en tenant compte de l'importance économique des régions à protéger. Les constructions devront permettre de vivre et combattre de façon autonome pendant une huitaine de jours afin de gagner le temps nécessaire à la mobilisation des troupes. Trois zones principales sont définies avec, du Nord au Sud, la frontière du nord, situées entre la mer et Longwy, celle du nord-est prolongeant la première jusqu'au début de la frontière suisse, suivie enfin de la troisième, dite du sud-est, couvrant les frontières suisse et italienne. Un ordre d'urgence de construction est également prévu, la première étant divisée en cycles, afin de s'adapter aux possibilités budgétaires annuelles ainsi qu'aux limites imposées par les capacités de travail du génie et des entreprises privées. Le financement du projet est estimé à 5 milliards de francs.

La création de la CORF

Le 30 septembre 1927, sur demande de la CDF, la *Commission d'organisation des régions fortifiées* (CORF) est créée afin de prendre en charge la construction des ouvrages. Cette mission délicate consiste à utiliser les techniques modernes de la fortification en tenant compte de l'expérience acquise durant les décennies précédentes. Bien évidemment, la réalisation du projet va fondamentalement s'appuyer sur le génie. S'étalant jusqu'au début de 1929, la première mission de la CORF consiste à imaginer les infrastructures à réaliser en tenant compte de la géographie de chaque secteur. Dès son activation, la CORF attire l'attention sur l'une des

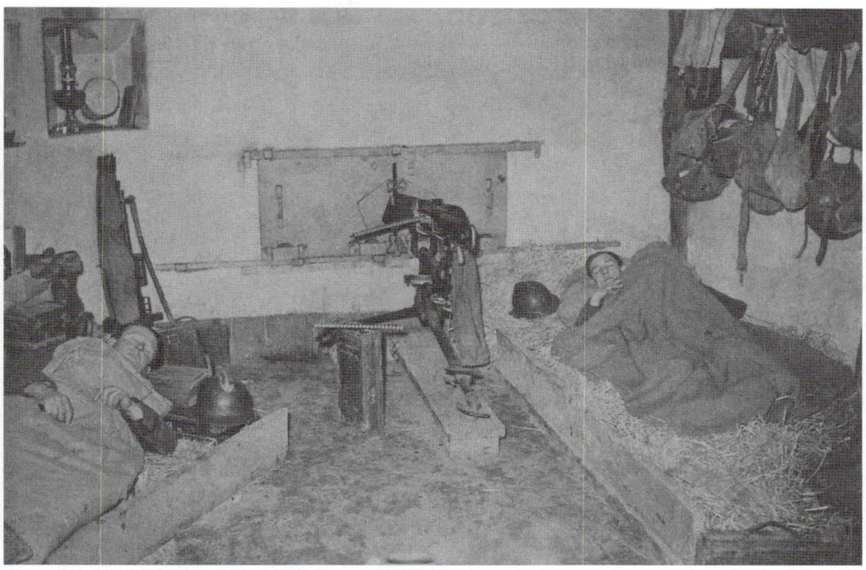

Emplacement pour canon de 37 mm ou de mitrailleuse Hotchkiss Mle 1914 dans un blockhaus d'une maison forte.
Bien que les servants de la mitrailleuse soient endormis, l'arme est prête à l'emploi et une bande de cartouches est engagée tandis qu'une seconde est posée sur la caisse de munitions. Le volet de créneau mixte est fermé mais ceux pour l'embrasure de mitrailleuse sont ouverts. Il s'agit d'une scène posée pour le photographe, mais l'on peut remarquer à gauche un FM 24 M29 dans sa housse de protection devant servir d'arme de secours en cas de disfonctionnement de la mitrailleuse, ainsi que d'autres caisses de munitions. Les deux hommes se reposent en tenue de combat, le casque à portée de main, tandis que leurs effets sont restés dans les musettes accrochées à droite. La relève est ainsi facilitée.

Note :
1 : Nous ne nous intéresserons pas dans ce chapitre à la composition détaillée de la ligne Maginot, mais principalement à son histoire. Donner le détail des ouvrages nécessiterait des centaines de pages. Aussi, nous renvoyons le lecteur qui voudrait en prendre connaissance à la remarquable série *Hommes et ouvrages de la ligne Maginot* de Jean-Yves Mary, Alain Hohnadel et Jacques Sicard, éditée par Histoire & Collections. Nous ne pouvons également que conseiller l'excellent ouvrage de l'ancien Lieutenant-colonel du génie Philippe Truttmann *La muraille de France ou la ligne Maginot*, paru chez Gérard Klopp éditeur en 1996. Ancien officier chargé de cours à l'École supérieure du génie de Versailles et expert en architecture militaire, l'auteur y propose une vision de spécialiste très détaillée.

Vue extérieure d'une pièce de 47 mm de casemate.
Prise après les combats, cette vue complète celle de la page précédente. La possibilité d'utiliser deux types d'armements permet d'adapter la défense aux moyens mis en œuvre par l'attaquant, mais le changement des armes laisse l'embrasure sans protection pendant un court instant, celui-ci pouvant être mis à profit par l'ennemi pour tirer à l'intérieur du blockhaus. En dehors de cette situation très ponctuelle, les armes légères n'ont strictement aucun effet sur les ouvrages bétonnés, comme les impacts le montrent ici.
Bundesarchiv, Bild 146 1986 039 33 Schwally

Prototype de canon de 37 mm Mle 1934 pour casemate.
Un montage équivalent à la pièce de 47 mm visible page précédente est installé dans certains ouvrages. Similaire à celle qui équipera certains chars légers français, cette pièce de 37 mm est performante et capable de perforer le blindage de tous les chars allemands de 1940 à distance respectable.

principales lacunes du *rapport sur l'organisation défensive des frontières* en mentionnant l'inexistence de toute défense spécifiquement antichar. Or, les fortifications devant rester opérationnelles de nombreuses années, il est impératif de prévoir une parade contre les engins futurs, dont le blindage et l'armement seront probablement bien supérieurs aux chars de l'époque. Mais il n'existe encore aucun canon spécialement adapté à cette mission et l'intégration de ce type d'arme ne pourra donc être réalisée que bien des années plus tard, avec toutes les difficultés que cette situation peut engendrer.

Les solutions proposées sont ensuite discutées par l'EMA et le ministre de la Guerre. Des modifications structurelles ou de priorités sont demandées, le maréchal Pétain souhaitant par exemple renforcer certains secteurs. Mais avant la loi du 14 janvier 1930, les modestes budgets accordés ne permettent pas d'aborder la réalisation de la ligne avec ampleur. Cependant, après quelques balbutiements, la CORF se familiarise avec sa mission et des chantiers sont lancés et suivis, permettant d'acquérir de l'expérience. Les nombreux rapports qu'elle transmet affinent l'étude de 1926 et, de toute évidence, le budget initialement prévu sera amplement dépassé. Il faut également tenir compte des augmentations de prix et des renforcements demandés. Ainsi, selon la note n° 298/ORF du 14 septembre 1928, les dépenses prévisionnelles pour la construction des ouvrages classifiés de première et de deuxième urgence des zones du nord-est et de la défense du Rhin représentent un budget global de 7 500 millions, auxquels il faut ajouter 700 millions pour ceux du sud-est, toutes urgences confondues. Mais ces estimations sont faites alors que tous les éléments techniques ne sont pas réunis. Il subsiste de nombreuses inconnues liées à la nature du sol et aux coûts inhérents à la création des armements spécifiques à la fortification permanente.

Affiche vantant les mérites du recrutement.
Apparue quelques temps avant la guerre, cette affiche met en valeur les troupes de forteresse. Elle s'appuie sur l'image de propagande d'une ligne Maginot infranchissable abritant la France. La déconvenue de la population face à la défaite n'en sera qu'aggravée. La patte de col de l'homme du second plan indique qu'il s'agit de soldats du 153e RIF, la scène doit donc se situer dans le SF de Rohrbach.

Estimation des dépenses pour les zones du nord-est et de la défense du Rhin (note 298/ORF du 14 septembre 1928 en millions de francs)

Urgence	Cycle	zones (libellés)	Montants
1ere	1er	Nord-Est (construction des ouvrages)	2 800
		Nord-Est (équipement des ouvrages)	720
		Nord-Est (divers)	50
		Rhin (construction des ouvrages)	100
		Rhin (équipement des ouvrages)	40
		Parcs mobiles	800
		Toutes zones (frais généraux)	50
	2e	Tout compris	1 740
		Total 1re urgence	**6 300**
2e		- Région fortifiée de Belfort - haute Alsace	400
		- Position de Saverne (2e ligne)	800
		Total 2e urgence	**1 200**
		Total général Nord-est et Rhin	**7 500**

Secteur	Libellé	Fortification	Équipement	Armement et munitions	Total
La loi du 14 janvier 1930 : Financement initial de la ligne Maginot (millions de francs)					
Nord-Est	Région fortifiée de Metz (sauf Crusnes)	1 008,5	345,5	144	1 498
	Région fortifiée de la Lauter (Rhin - Rohrbach)	493	210	133	836
	Défense du Rhin	40	18	5	63
Sud-Est (sauf Corse et Tunisie)		-	-	-	180
Nord (amorce d'une organisation)		-	-	-	50
Parcs mobiles de fortification (70 sections)		-	-	-	233
Frais généraux divers		-	-	-	40
	Total des crédits ouverts aux fortifications	**-**	**-**	**-**	**2 900**

Insigne de béret des troupes de forteresse.
Reprenant le célèbre mot d'ordre apparu à Verdun lors de la guerre précédente, cet insigne évoque une casemate dotée d'une pièce antichar. Il en existe d'autres versions, partiellement dorée pour les chefs de casemate ou entièrement dorée, de poitrine, et de plus grandes dimensions, pour les officiers.

D'autres estimations concernant certains secteurs sont ensuite demandées en 1929, aboutissant parfois à d'importantes demandes de réduction de budget pour des raisons purement économiques ne tenant aucun compte des aspects militaires. Ainsi, après quelques années, le projet initial est amputé d'une partie des ouvrages prévus et particulièrement de la seconde ligne, réduisant d'autant la profondeur de la défense. Puis vient la loi du 14 janvier 1930 dont le montant donne un juste aperçu de ce qui pourra être réalisé du projet initial. La CORF se voit donc dans l'obligation de réduire l'étendue des travaux du premier cycle pour les reporter au second, celui-ci sera d'ailleurs amputé lui aussi de nombreux projets. Cependant, le rythme des constructions s'amplifie considérablement. Des 8 500 ouvriers civils employés en juillet 1930, l'on passe à 19 440 en décembre 1931 dont une petite moitié de travailleurs étrangers.

En 1931, on constate la nécessité d'obtenir des crédits supplémentaires ne serait-ce que pour intégrer de nouvelles défenses initialement inexistantes comme les cloches lance-grenades et de futurs canons antichars destinés aux casemates d'infanterie. De plus, depuis 1929, les prix ont augmenté de 20 %. Ainsi, et malgré les ajournements décidés, un dépassement de 465 millions de francs semble inévitable, cette somme étant néanmoins à relativiser, compte tenu de l'inflation. À titre d'exemple, le mètre cube de béton coûte environ 300 francs en 1922, contre 500 en 1926 et 1 350 en 1938. Un budget supplémentaire de près de 57 millions sera d'ailleurs accordé par la loi du 31 mars 1932.

La tendance reste à l'économie et l'on recherche par tous les moyens à rogner sur les plans initiaux. Cette tendance perdure durant les années 1932 à 1934 mais les travaux avancent néanmoins de façon significative. Peu à peu, après le gros œuvre, les finitions et les équipements techniques commencent à être installés sous la surveillance attentive de spécialistes du génie toujours plus nombreux. Il en résulte d'ailleurs d'autres difficultés et en particulier le nombre insuffisant de cadres du génie pour assumer une tâche d'une telle ampleur et l'on a recours à un emploi intensif de personnels civils.

De nombreuses missions plus ingrates doivent également être remplies comme l'établissement des innombrables plans et notices techniques ou encore le suivi des fabrications chez les fournisseurs. Dans sa globalité, l'écrasante mission confiée au service du génie et la façon dont elle est remplie avec minutie et professionnalisme ne peut qu'être mise en valeur, surtout compte tenu des délais particulièrement courts imposés pour la construction et l'équipement des ouvrages. Il est tout aussi impératif de mettre sur pied des unités spécialisées dans l'usage et l'entretien des équipements techniques y étant installés. En 1933, les régiments du génie concernés par le dispositif de couverture créent des bataillons et des compagnies formés spécifiquement, qui deviendront le noyau actif des troupes de génie des ouvrages en cas de mobilisation générale. Dès leur création, ces unités reçoivent pour mission de procéder aux finitions et à l'entretien des équipements techniques.

Le 26 mai 1933, l'EMA transmet un rapport au ministre (n° 01703 3/11.1) faisant le point financier sur la construction de la ligne. Il précise que le total des dépenses estimées pour exécuter le programme restreint de 1929 nécessitera encore environ 680 millions de crédits supplémentaires. Ce dépassement est justifié par diverses raisons comme une estimation initiale approximative, des difficultés imprévisibles liées au terrain ou encore des négociations ardues avec les entreprises privées, devant travailler jour et nuit. Il attire également l'attention sur le fait qu'un certain nombre de dépenses devaient être imputées à d'autres ministères comme l'Intérieur, les Travaux publics ou les PTT et que ce ne fut pas le cas. Il précise enfin que les chiffres mentionnés sont provisoires et ne pourront être définitivement fixés qu'à la fin des travaux.

Quoi qu'il en soit, il faudra se résoudre à payer ces dépassements, mais il sera également nécessaire de financer d'autres projets, à commencer par la fortification de la frontière du nord, la question ayant été soulevée à de nombreuses reprises depuis 1932. Ces évidences mèneront au vote de la loi du 6 juillet 1934 ouvrant une autorisation de crédit de 1 275 millions supplémentaires. Il est aussi prévu de réintégrer des travaux proposés en 1926 et ajournés ultérieurement, et de prolonger certains secteurs.

Mais cette loi de finance est ferme et ne doit souffrir d'aucun dépassement, aussi faut-il se résoudre à faire des choix. Ainsi, la frontière du nord ne se verra dotée que de quelques ouvrages bétonnés sur les secteurs de Maubeuge et de Valenciennes[2]. Ceci étant, grâce à l'expérience acquise, les nouvelles constructions bénéficient d'une architecture plus élaborée, d'une nouvelle génération de cuirassements et de l'appoint des nouveaux canons antichars de 25 mm. Il est également prévu d'implanter des réseaux de rails antichars de façon continue devant les ouvrages et les intervalles et d'équiper toutes les routes traversant la ligne de lourdes barrières levantes.

Apparaissent également les maisons fortes, correspondant à de petites fortifications avancées devant donner l'alerte en cas d'attaque brusque ennemie, et tout un ensemble d'infrastructures sur les arrières de la ligne destinées à améliorer les conditions de vie et l'entraînement de la troupe ainsi que le stockage des munitions. Débutant en 1936, ces nouveaux travaux ne seront que partiellement réalisés au 10 mai 1940. Sa tâche étant achevée, tout du moins pour ses missions principales, la CORF est dissoute fin 1935 et la direction des travaux est transférée aux RM concernées.

Le roi George VI et le général Gamelin passent en revue une garnison française de la ligne Maginot début décembre 1939.
Les Français présentent les armes aux deux personnalités ainsi qu'aux officiers des deux nations qui suivent, le roi d'Angleterre les saluant en retour. La scène se situe au sein de la région fortifiée de Metz, où la 3rd Infantry Brigade est déployée. Nous pouvons d'ailleurs distinguer au second plan des soldats britanniques défilant à la suite du cortège.

Note :
2 : DM n° 1985-3/11.1 du 4 juin 1934 signée par le maréchal Pétain.

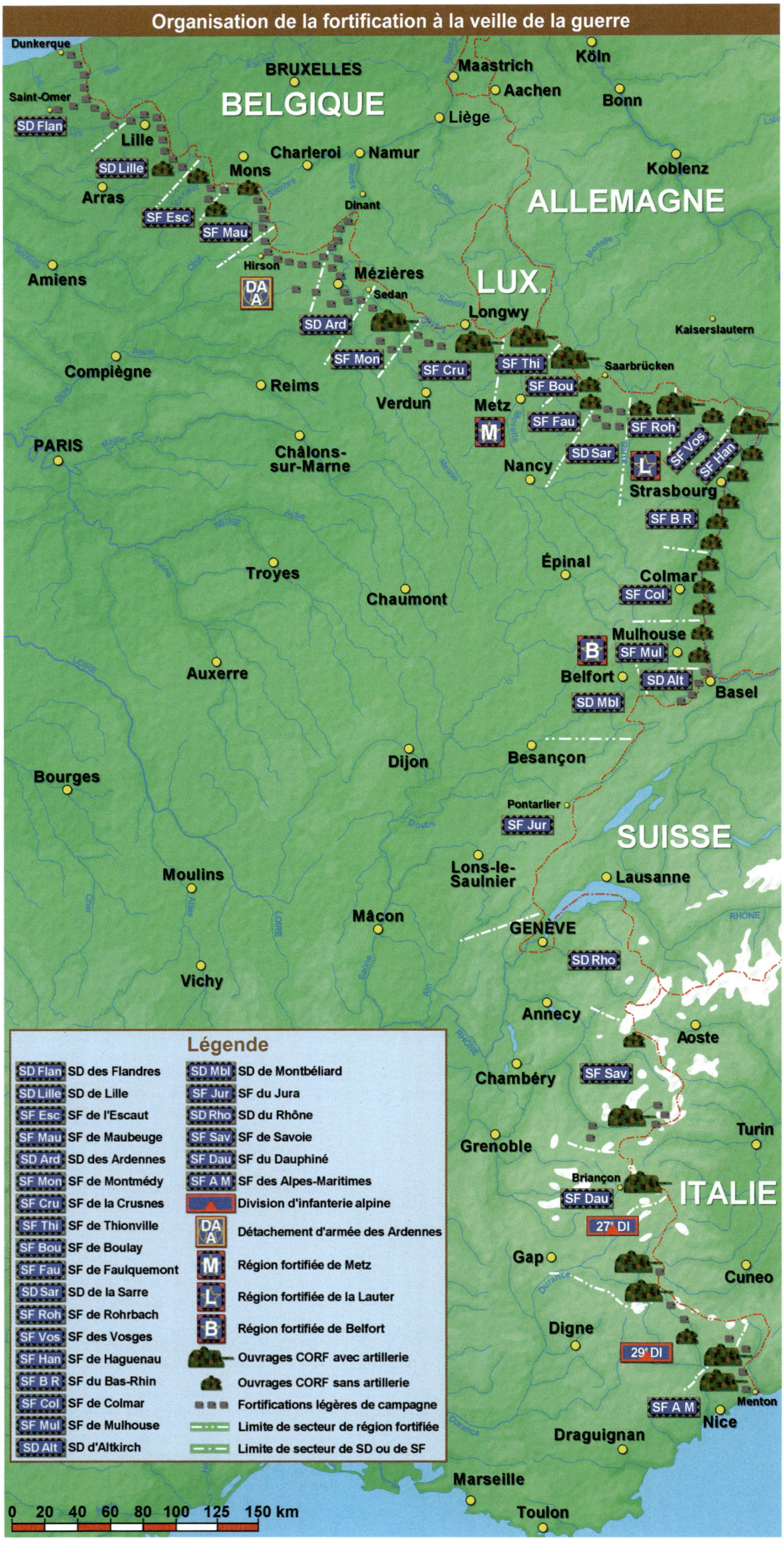

D'autres défenses sont ensuite édifiées et financées par de nouveaux budgets mais elles se composent généralement de petites fortifications de campagne durables, comportant environ 400 blockhaus dits STG [3] dont les différents modèles doivent être armés par des matériels fixes ou de l'armée de campagne [4]. D'autre part, la région fortifiée de Metz étant considérée comme un secteur particulièrement menacé, son commandement du génie entreprend dès 1934 l'étude et la réalisation d'un ensemble d'ouvrages dits RFM afin de fortifier les intervalles entre ceux édifiés par la CORF. Apparaissent ainsi toute une série de blockhaus dont les premiers, de type 1935, sont équipés de deux mitrailleuses et de pièces de 47 mm déclassées par la Marine afin de se prémunir contre une pénétration éventuelle de chars ennemis. D'une conception critiquable, ils seront suivis par de nouvelles versions plus abouties, type 1936, ainsi que de petites constructions pour armes automatiques ou d'observation.

En 1937, un modèle d'ouvrage de flanquement pour pièce antichar de 25 mm et mitrailleuse verra le jour, ainsi qu'un type d'ouvrage massif pour deux pièces de 75 mm Mle 1897 M33 fort réussi devant être servi par les régiments d'artillerie de position. Ensuite, la construction d'une multitude de petits ouvrages particuliers à certains secteurs fortifiés sera ordonnée par les directions locales des travaux, sans pour autant renforcer significativement leurs organisations défensives. Viendront enfin un millier de petits blocs édifiés par la main d'œuvre militaire (MOM), solution adoptée pour des raisons d'économie.

Signalons enfin différentes défenses de campagne (abris, tranchées, etc.) réalisées par la troupe durant les premiers mois de guerre. Ces derniers éléments sont construits à une cadence considérable, mais bien souvent au détriment de la qualité, à l'exception de ceux du sud-est, en raison d'une tradition de longue date de participation des troupes de montagne à la réalisation d'ouvrages défensifs. Particulièrement réussi, le système défensif du sud-est jouera d'ailleurs un rôle essentiel dans la résistance opposée aux offensives italiennes dans des secteurs certes particulièrement favorables à la défense. Toujours est-il qu'au 25 juin 1940, les attaques italiennes auront été repoussées et aucun ouvrage n'aura été conquis.

Enfin, en octobre 1939, une *Commission d'étude des zones fortifiées* (CEZF) est créée, dans le but de superviser des travaux de fortification. Elle s'attache particulièrement à la construction d'une deuxième position derrière les secteurs les plus faibles mais peu d'ouvrages décidés par cette commission seront achevés au déclenchement des hostilités en raison du délai bien court et d'un hiver rigoureux.

Les unités de la fortification du nord-est du temps de paix						
RM	Secteurs fortifiés, défensifs ou commandement			Principales unités organiques ou rattachées		
	Secteurs et région fortifiée éventuelle		État-major	Unités	Garnisons principales	Détachements
1re		SD des Flandres	Dunkerque	-	-	-
		SD Lille	Lille	V/43e RI	Lille	-
		SF de l'Escaut	Valenciennes	V/1er RI	Valenciennes	-
		SF de Maubeuge	Cambrai	IV/1er RI	Le Quesnoy	Avesnes
2e		SD des Ardennes	Mézières	V/91e RI	Hirson	Rocroi
		SF de Montmédy	Stenay, Sedan	155e RIF	Stenay	Montmédy, Sedan, Mouzon
6e	RF de Metz (EM à Metz)	SF de la Crusnes	Longuyon	149e RIF	Longuyon	Morfontaine, Doncourt, Errouville
		SF de Thionville	Thionville	168e RIF	Thionville	Angevilliers, Cattenom, Elzange
		SF de Boulay	Metz	162e RIF	Metz	Bockange, Veckring, Boulay
		SF de Faulquemont	Metz	146e RIF	Metz	Ban-Saint-Jean, Zimming, Téting
		Artillerie de la RF	Metz	39e RARF	Metz	-
				46e RARF	Thionville	-
				151e RAP	Thionville	Doncourt, Elzange, Angevilliers, Verdun
				163e RAP	Metz	-
7e		SF de Colmar	Colmar	42e RIF	Colmar	Neuf-Brisach, Marckolsheim
	RF de Belfort (EM à Belfort)	SF de Mulhouse	Mulhouse	171e RIF	Mulhouse	Altkirch
		SD d'Altkirch	Altkirch			
		SD de Montbéliard	Montbéliard	IV/60e RI a	Montbéliard	-
		Artillerie de la RF et du SF du Jura	Belfort	159e RAP	Belfort	-
		SF du Jura	Besançon	IV/60e RI a	Besançon	-
20e		SD de la Sarre et subdivision de Morhange	Morhange	69e RIF	Morhange	Saint-Avold, Forbach
				166e RAP b	Morhange	-
	RF de la Lauter et groupe de subdivisions de Saverne (EM à Saverne)	SF de Rohrbach	Sarrebourg	153e RIF	Bitche-Ville	Rohrbach
		SF des Vosges	Bitche-Ville	37e RIF	Bitche-Ville	Langensoultzbach, camp de Bitche, Neunhoffen
		SF d'Haguenau	Haguenau	23e RIF	Haguenau	Drachenbronn, Oberrödern, Soufflenheim Oberhoffen
		Artillerie de la RF, du SD de la Sarre et du SF du Bas-Rhin	Saverne	59e RARF	Sarrebourg	Morhange
				155e RAP c	Haguenau	Bitche, Drachenbronn, Haguenau
		SF Bas-Rhin et groupe de subdivisions de Strasbourg	Strasbourg	172e RIF	Strasbourg	Sélestat

a : Le bataillon est partagé entre les deux secteurs. b : Le 3e groupe est détaché au SF de Rohrbach à Sarre-Union. c : Les 1er et 6e groupes sont détachés au SF Bas-Rhin à Strasbourg.

Les armements

La CORF fait preuve d'une grande pertinence dans la sélection des solutions d'armements majoritairement composées de matériels dérivés d'armes en service dans l'armée, tout en limitant autant que possible la diversité des calibres employés. Ainsi, les munitions sont communes à l'armée de campagne et aux ouvrages. En 1940, bien que déclinés en différentes versions en fonction des ouvrages qu'ils doivent équiper, les 340 canons et mortiers en service utilisent tous des munitions de 75, 81 et 135 mm. Seuls les matériels de ce dernier calibre n'ont pas d'équivalent au sein des troupes de campagne. Les armes d'infanterie proviennent elles aussi de matériels en usage au sein de l'armée de Terre et seules quelques adaptations sont réalisées pour un emploi spécifique aux fortifications permanentes. Ainsi, les mitrailleuses de 8 mm Mle 1914 Hotchkiss, les fusils mitrailleurs Mle 24 puis 24 M29 et les mitrailleuses de 7,5 mm Mle 31 MAC (Reibel) sont employés, totalisant environ 3 100 armes automatiques simples ou jumelées, parfois complétées par un canon antichars de 25 mm Mle 1934.

La défense antichar des ouvrages sera surtout constituée de 145 pièces de 37 mm Mle 34 et de 344 de 47 mm Mle 34, calibres déjà utilisés en particulier sur les bâtiments de la Marine. Notons d'ailleurs que des pièces dérivées de même calibre seront ensuite développées pour équiper des chars et les unités antichars de l'artillerie. D'autres matériels sont utilisés en très faibles quantités comme des mitrailleuses de 13,2 mm Hotchkiss ou des pièces d'artillerie de 155 mm montées par paires dans d'anciennes tourelles Mougin, ces dernières équipant de vieux forts intégrés au système défensif dans les Alpes. D'autres pièces anciennes sont aussi employées comme palliatifs pour la défense antichar des intervalles tels que des canons de 47 et 65 mm[5]. Signalons aussi les mortiers de 50 mm Mle 1935 dont environ 1 600 exemplaires sont livrés en 1939. Ils doivent être installés dans certaines cloches GFM (guetteur et fusil-mitrailleur) et sous casemate mais seule une partie d'entre eux sera mise en service faute de disponibilité des supports pour cloches lance-grenades et GFM, ainsi que pour les créneaux de porte.

Signalons enfin que, dès 1926, la CDF envisage d'utiliser des lance-flammes pour nettoyer les dessus d'ouvrages. L'idée est reprise par la

Poursuite de la visite du roi George VI au sein de la ligne Maginot.
Cette fois, ce sont les troupes qui défilent devant le roi et les officiers français. Une musique régimentaire est suivie d'une garde de drapeau et enfin d'une compagnie d'infanterie de forteresse. Sur la gauche, derrière le monarque, se tiennent les généraux Prételat (commandant le 2e groupe d'armées), Gamelin, Condé (commandant la 3e armée) et Sivot (commandant la région fortifiée de Metz). Au second plan, les formes du bloc 4 de l'ouvrage du Hackenberg se dessinent.

Notes :

3 : Les blockhaus STG (section technique du génie) sont étudiés par le génie en tenant compte de leur réalisation par des personnels non qualifiés. L'arme édite ensuite des notices techniques et les diffuse aux responsables de secteurs qui sont seuls décisionnaires quant à l'implantation des ouvrages et au respect des préconisations techniques.

4 : Seront ainsi construits des casemates d'action frontale pour pièces de 155 GPF, 155 C Mle 17, 145-155 Mle 16, des casemates de flanquement réduites pour une ou deux pièces de 75 Mle 1897 M33, et des blockhaus simples ou doubles pour pièces antichars et mitrailleuses.

5 : Un décompte de situation au 1er avril 1940 fait état de 332 pièces de 47 mm Mle 1885, 112 de 47 mm Mle 1902, ainsi que de 45 canons de 65 mm Mle 1888 et 30 de 65 mm Mle 1902.

Petit blockhaus situé à proximité de la frontière franco-allemande. Implanté en Lorraine sur le territoire de la zone fortifiée de Metz, ce petit blockhaus n'a bien sûr pas vocation à résister à une attaque ennemie. De par ses dimensions, il ne peut abriter que quelques hommes dont la mission consiste à donner l'alerte, à l'image des maisons fortes que l'on trouve également en avant des défenses principales. En revanche, ces dernières sont bien mieux armées car elles disposent en général de créneaux pour pièce antichar et armes automatiques. Elles offrent également des pièces de vie aux soldats qui les occupent, ce qui n'est pas le cas de ce blockhaus. Bundesarchiv, Bild 101I 015 0888 19

CORF lors de différentes réunions tenues entre 1929 et 1931, afin de les employer pour défendre les entrées d'ouvrages et leurs superstructures. Bien que techniquement possible, le projet n'aura pas de suite mais cet armement aurait pu être efficace car l'expérience montrera en 1940 que la mise hors de combat de certains blockhaus s'effectuera après avoir conquis leurs superstructures. L'une des causes de l'abandon de l'idée est probablement la bien mauvaise réputation des lance-flammes, l'arme étant considérée comme barbare. Bien moins regardants, les Allemands en utiliseront, en particulier pour s'attaquer aux fortifications.

Bilan de la ligne Maginot

Les réalisations entreprises par la CORF furent remarquables malgré les limites et les entraves imposées par les innombrables restrictions budgétaires et les conditions politiques et sociales secouant la France. Les ouvrages issus de son travail représentent ce qui pouvait se faire de mieux à l'époque en terme de fortifications permanentes et d'organisation défensive bétonnée. Il est en revanche bien difficile de donner une appréciation similaire aux travaux décidés et entrepris après la dissolution de la CORF, dont la suppression fut une lourde erreur. Il n'existera plus ensuite de supervision générale de constructions défensives et l'efficacité des travaux entrepris dépendra des compétences des responsables régionaux, parfois insuffisantes, s'attelant souvent à leur mission sans concertation avec les secteurs voisins.

On cherchera surtout à multiplier des ouvrages sans grande valeur défensive, ce qui n'aurait pas été une erreur importante s'ils avaient été implantés avec une véritable vision d'ensemble de l'organisation des secteurs concernés, un peu à l'image du Westwall allemand. Ils représenteront pourtant une dépense financière et de main d'œuvre considérable. De plus, beaucoup d'entre eux seront inachevés et ne disposeront pas de leurs cuirassements ni de leurs portes blindées en mai 1940, sans même parler de l'absence presque totale d'intégration dans le paysage, ce qui en fera des blockhaus facilement repérables.

Ouvrage entrepris par la CEZF. Situé à proximité de Stonne, cet ouvrage d'infanterie pour pièce antichar et armes automatiques flanque un fossé antichar. Il est loin d'être achevé en mai 1940 et seul le gros œuvre a été effectué. Il ne sera d'ailleurs pas défendu par les Français durant la célèbre bataille qui se déroulera dans ce secteur.

Les unités de la fortification du sud-est du temps de paix

RM	Unité principale et état-major	Brigade éventuelle et état-major	Unités organiques ou rattachées : Unités et état-major	Détail	Garnison principale	Détachements
14e	SF du Dauphiné et 27e DI (EM à Grenoble)	-	157e DBAF (EM à Jausiers)	72e BAF	Briançon	-
				73e BAF	Jausiers	-
		53e BI (EM à Gap)	7e DBCA (EM à Gap)	6e BCA	Grenoble	-
				11e BCA	Gap	-
				15e BCA	Barcelonnette	-
		-	159e RIA	-	Briançon	-
		-	93e RAM	-	Grenoble	-
		-	154e RAP a	-	Grenoble	Tournoux, Briançon
	SF de Savoie (EM à Chambéry)	-	30e DBAF (EM à Modane)	70e BAF	Bourg-Saint-Maurice	-
				71e BAF	Modane	-
		55e BI (EM à Annecy)	5e DBCA (EM à Chambéry)	7e BCA	Albertville	-
				13e BCA	Chambéry	-
				27e BCA	Annecy	-
		-	99e RIA	-	Lyon	Sathonay
		-	2e RA	-	Grenoble	Chambéry
15e	SF des Alpes maritimes et 29e DI (EM à Nice)	-	58e DBAF (EM à Nice)	74e BAF	Lantosque	-
				75e BAF	Sospel	-
				76e BAF	Nice	-
		57e BI (EM à Nice)	6e DBCA (EM à Nice)	22e BCA	Nice	Peira-Cava
				24e BCA	Villefranche-sur-Mer	-
				25e BCA	Menton, Roquebrune-Cap-Martin	La Giandola
			3e RIA	-	Hyères	-
		58e BI (EM à Antibes)	141e RIA	-	Marseille	Beuil
			2e DBCA (EM à Antibes et Grange-de-la-Basque)	9e BCA	Antibes	-
				18e BCA	Grasse	-
				20e BCA	Antibes	-
		-	94e RAM	-	Nice	-
		-	363e RA	-	Draguignan	-
		-	157e RAP	-	Nice	Menton, Roquebrune-Cap-Martin

a : Un groupe est détaché au SF de Savoie à Modane

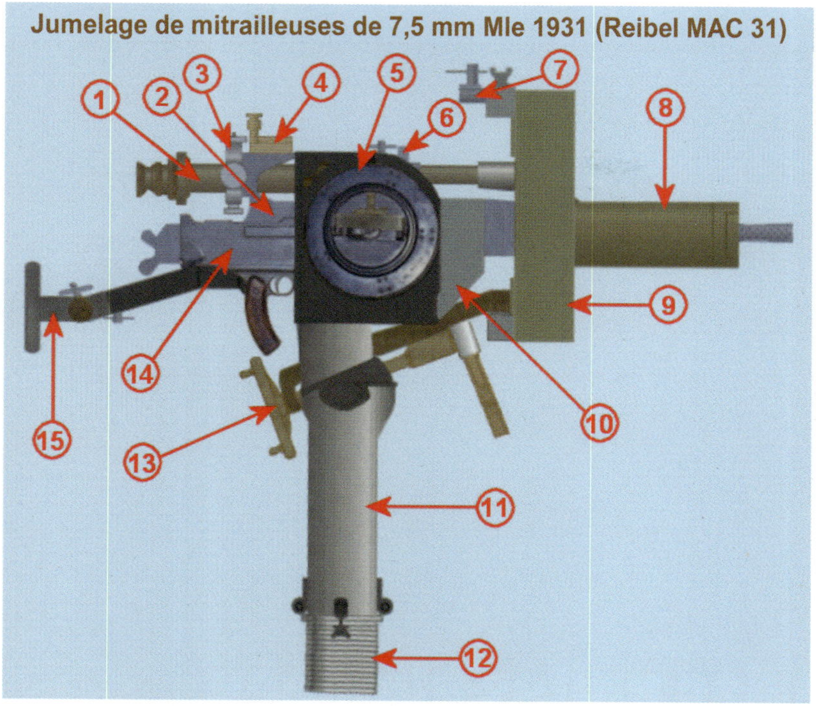

Jumelage de mitrailleuses de 7,5 mm Mle 1931 (Reibel).

Basée sur un fonctionnement similaire au FM 24 M29, la mitrailleuse Reibel est également produite par la MAC. L'arme est ainsi surnommée en hommage au général Reibel en raison de son implication dans sa mise au point, l'officier étant chargé de la section d'études de la manufacture depuis 1924. Ensuite placé dans la réserve en 1928, il continuera néanmoins à travailler pour la MAC jusqu'en 1933. Courant dans les ouvrages de la ligne Maginot, ce jumelage intègre deux armes se différenciant par leur alimentation, la première recevant sa boîte chargeur sur la droite et la seconde, masquée sur cette vue, sur la gauche. L'existence des deux versions de cette arme permet également de meilleures possibilités d'intégration dans les engins blindés où elle remplacera avantageusement la Hotchkiss Mle 1914. Une arme destinée à l'aviation sera dérivée de la MAC 31, la MAC 34.

Légende :

1 : Lunette de pointage
2 : Bras de support de mitrailleuse
3 : Collier de support postérieur de lunette de pointage
4 : Niveau de pointage
5 : Boîte chargeur
6 : Collier de support antérieur de lunette de pointage
7 : Secteur circulaire de repérage
8 : Capot
9 : Cadre de fixation
10 : Carter de ventilation
11 : Collecteur double d'étuis de 7,5 mm
12 : Tube télescopique
13 : Volant de pointage en hauteur
14 : Mitrailleuse
15 : Crosse à plastron

Pièces d'artillerie, lance-bombes et mortiers en position de tir dans les ouvrages de la ligne Maginot au 19 novembre 1939

Type / Nombre de pièces	Nord-Est	Sud-Est	Total de pièces
Canons de 75 mm Mle 1929 en casemate	14	16	30
Canons de 75 mm Mle 1931 en casemate	-	32	32
Canons de 75 mm Mle 1932 en casemate	9	4	13
Canons de 75 mm Mle 1932 SA en casemate	12	-	12
Canons de 75 mm R Mle 1932 en casemate	9	-	9
Canons de 75 mm Mle 1933 en casemate	-	8	8
Canons de 75 mm R Mle 1932 en tourelle double (12 tourelles)	24	-	24
Canons de 75 mm Mle 1933 en tourelle double (21 tourelles)	32	10	42
Canons de 75 mm Mle 1905 en tourelle double (1 tourelle)	2	-	2
Lance-bombes de 135 mm en casemate	7	2	9
Lance-bombes de 135 mm en tourelle double (17 tourelles)	32	2	34
Mortiers de 81 mm Mle 1932 en casemate	18	70	88
Mortiers de 81 mm Mle 1932 en tourelle double (22 tourelles)	42	2	44
Total général	**201**	**236**	**437**

Bien qu'il soit toujours difficile de nos jours de donner un budget global précis concernant la construction de l'ensemble des défenses françaises aux frontières, l'estimation la plus juste est de l'ordre de 7 milliards de francs. Nous sommes donc bien loin de l'idée encore très ancrée d'un coût exorbitant ayant amputé la France de nombreux autres moyens[6]. D'aucuns diraient également que cette dépense ne fut finalement d'aucune utilité, mais il n'en est rien car aucune des versions de Fall Gelb n'a jamais envisagé de s'attaquer à cette ligne, démontrant que sa puissance était non seulement reconnue, mais crainte. L'Allemagne ne l'attaquera que tardivement et avec bien peu de réussite, lorsque les troupes françaises la défendant n'étaient plus que réduites au stricte minimum. La ligne Maginot aurait néanmoins mérité d'être sérieusement prolongée jusqu'à la mer du Nord et renforcée par une seconde ligne de défense digne de ce nom.

Imparfaite et d'une organisation inégale, voire parfois discutable, la ligne Maginot n'en reste pas moins un ensemble défensif puissant de la frontière suisse jusqu'au sud de Sedan et dans le sud-est de la France. Prétendre le contraire de nos jours semble un raccourci un peu simpliste car nous connaissons tout de la stratégie allemande et du sort funeste qui sera réservé à la France en mai et juin 1940. Signalons néanmoins que la résistance de l'immense majorité des gros ouvrages de la ligne Maginot perdurera jusqu'à la fin des combats et même après, les dernières redditions ayant lieu en juillet 1940, sur ordre d'officiers français dépêchés sur place afin de faire respecter les conditions d'armistice.

Le bloc 2 du tristement célèbre ouvrage de la Ferté en 2007.

Dans cet ouvrage périrent 105 hommes placés sous les ordre du lieutenant Bourguignon dans des circonstances qui ne seront probablement jamais complètement élucidées. Ce que l'on peut en dire, c'est qu'ils moururent asphyxiés dans les étages inférieurs de l'ouvrage après l'attaque et la mise hors de combat de la majorité des défenses par une unité de Pioniere allemande. Toujours est-il que ces hommes symbolisent de nos jours le courage des troupes de forteresse qui sauront résister dans bien des cas aux attaques allemandes et parfois jusqu'au sacrifice ultime.

Note :

6 : Ce montant peut par exemple être comparé au 65 milliards prévus pour financer le programme d'armement 1940-1943.

MINISTÈRE
DE LA DÉFENSE NATIONALE
ET DE LA GUERRE

ÉTAT-MAJOR DE L'ARMÉE

Bureau des Opérations Militaires
et Instruction générale de l'Armée
et
DIRECTION DE L'INFANTERIE
Bureau Technique

N° 03.484 - 3/E. M. A. - M

SECRET

Paris, le 15 Décembre 1937.

Toute personne qui détient ce document sans avoir qualité pour le connaître, tombe sous le coup de la Loi du 26 Janvier 1934 sur l'espionnage.

Secret

3 : La doctrine des unités blindées

NOTICE PROVISOIRE sur L'EMPLOI DES CHARS MODERNES

« La guerre de demain sera, plus encore que celle d'hier, une guerre de machinisme. Le nier, se refuser à suivre les progrès de la machine et à en bénéficier, c'est se condamner, au jour de la guerre, à n'avoir que des moyens surannés. Que la cavalerie aille donc vers la machine, convaincue par ailleurs que celle-ci n'est pas pour la faire disparaître mais pour lui donner un supplément de force ; qu'elle n'est pas une rivale mais une amie.
Ainsi en est-il du char de combat. [...] Le jour où il aura acquis la vitesse et augmenté sa capacité de franchissement, quelle force n'apportera-t-il pas à cette cavalerie qui, avec lui, pourra tout oser. [...] Il est nécessaire qu'elle dispose de moyens de lutte puissants : avions qui étendent son champ d'investigation, chars de combat légers et rapides, automitrailleuses et autocanons. [...] Il est indispensable, d'autre part, qu'elle soit puissante dans son organisation, ce qui implique son groupement en Grandes Unités, seules capables de s'engager d'emblée sur un large front et de produire une action importante.»

Proposée par le général Weygand en 1921 dans la *Revue de cavalerie*, cette vision d'avenir est partagée par d'autres officiers et non des moindres, comme le maréchal Pétain ou le général Estienne, père spirituel des chars français. Tous deux recommandent dès 1919 l'emploi en masse de ces matériels. Ce dernier précise en outre qu' « *il faut que l'infanterie laisse au char la mission de conquérir. [...] Le char est une arme indépendante sans analogie avec l'infanterie. [...] Les chars et l'aviation se complètent admirablement.* »

Ces analyses découlent de l'expérience acquise sur les champs de bataille de la Première Guerre mondiale et en particulier le 16 avril 1917, lorsque le 1er groupement d'artillerie d'assaut, placé sous les ordres du chef d'escadron Bossut[1], attaque les défenses ennemies. Les lignes allemandes sont franchies mais aucune exploitation ne peut être lancée, faute de moyens adaptés en raison de la rusticité des engins. Des situations semblables se répètent jusqu'à la fin du conflit et la guerre prend fin avant le lancement d'une grande offensive prévue en Lorraine, destinée à exploiter une percée des chars jusqu'à Mayence avec l'aide de la cavalerie. Ainsi, aucune offensive basée sur le retour à une guerre de mouvement grâce aux chars ne pourra être observée. Cette absence d'expérience sera lourde de conséquences pour faire évoluer la vision des possibilités offertes par cette arme nouvelle.

En 1919, la France n'a pas encore retrouvé sa situation du temps de paix et le GQG s'efforce d'imaginer l'emploi des chars dans le cadre des futurs conflits mais la démarche est menée dans le cadre exclusif de la guerre de position. L'apport des chars a marqué les esprits tant par sa puissance de feu que par l'économie de vies humaines qu'il permet dans les phases offensives. Aussi, souhaitant en multiplier le nombre autant que possible, le commandement s'oriente tout d'abord sur un char monoplace dont la réalisation s'avérera trop complexe pour être poursuivie. À cette époque, la première évolution majeure de la vision des chars consiste à penser que dans les guerres futures, chaque emploi différent déterminera des caractéristiques particulières. Le FT est donc

Pour le Ministre de la Défense Nationale et de la Guerre
et par son ordre,
Le Général Chef d'État-Major Général de l'Armée,
Vice-Président du Conseil Supérieur de la Guerre,

***Signé* : GAMELIN**

Chars FT des troupes d'occupation françaises en Allemagne en 1918.
Bien évidemment, des chars y sont également déployés, à l'image de ces FT, fraichement débarqués à la gare de Francfort-sur-le-Main, et certains y resteront jusqu'en 1930. Après leur rapatriement, ils continueront leur longue carrière et bon nombre d'entre eux seront encore en service en 1940 et même plus tardivement, car des FT seront toujours présents en AFN tandis que quelques exemplaires capturés seront utilisés par la Wehrmacht après la défaite française. À cette époque, il n'est bien sûr plus question de les aligner en première ligne et les Allemands les affecteront à des missions de maintien de l'ordre dans les territoires occupés ou encore comme tracteurs, après démontage de leurs tourelles.

considéré comme un engin d'accompagnement de l'infanterie tant qu'il ne pourra être remplacé par un *char de combat* capable de détruire à la fois les chars et les mitrailleuses ennemis. De leur côté, les chars lourds seront employés dans la guerre de position comme engins de rupture. Ils ouvriront les voies à travers les lignes de défense adverses. Enfin, du fait de l'accroissement de la puissance de feu des armées, il semble souhaitable de placer sous blindage différents personnels ne pouvant accomplir leurs missions sans cette protection[2].

Nul n'est prophète en son pays

Alors inspecteur des chars de combat, le général Estienne préconise de disposer de trois types d'engins. Le premier, léger, aura pour mission d'accompagner l'infanterie dans son action à l'image du FT. Le deuxième, dit de rupture, correspondra à un char puissant destiné à percer les lignes ennemies. L'appareil adapté à cette mission existe dès l'immédiat après-guerre, c'est le FCM 2C. Le troisième type sera un char moyen, puissamment armé, et d'une grande mobilité pouvant détruire les chars et les mitrailleuses ennemis. Restant à concevoir, il sera destiné à exploiter la rupture du front ennemi et à porter son action sur ses arrières. Le général Estienne envisage aussi d'autres blindés dédiés à des missions d'observation, de transmission ou d'artillerie, afin d'accompagner les chars dans leur progression.

Le 13 mai 1920, l'*artillerie spéciale* est dissoute[3] et les unités de chars sont rattachées à l'infanterie. L'arme met sur pied une *Section technique des chars de combats* (STCC) dont la direction des études est confiée au général Estienne[4]. L'arme impose une vision majoritairement cantonnée à l'accompagnement de l'infanterie et le programme d'étude de juillet 1920 précise que « *le char doit devenir l'engin normal de combat offensif au sol à petite distance de l'ennemi. Il accroît d'une manière considérable la capacité de combat de l'infanterie, obligée jusqu'ici à s'engager à découvert dans des zones de feux de plus en plus meurtrières. Son emploi généralisé permettra seul de réduire les effectifs d'infanterie. Le contact est pris par les chars éclaireurs* ».

Les conceptions stratégiques du commandement précisent en outre qu' « *en raison des obligations du traité de Versailles, l'ennemi doit clandestinement organiser la mobilisation et la concentration de ses forces. Un long temps lui est nécessaire pour s'installer sur la position d'arrêt, préparée dès le temps de paix, où il compte livrer bataille. Ce temps de ralentissement, il le gagnera par une guerre de guérilla en profondeur dans une zone évaluée de 50 à 100 kilomètres où des postes d'armes automatiques nous obligeront à nous déployer tandis qu'ils se replieront en détruisant derrière eux les voies de communication* ».

C'est en s'inspirant de ces considérations qu'est élaboré le programme de 1921. Se réunissant les 13 et 14 janvier 1921, la commission en charge du développement des chars conclut que la réduction rapide du système offensif allemand sera l'œuvre de deux modèles de chars. Le premier, dit de bataille, ne dépassera pas un poids de 13 tonnes. Il devra posséder la mobilité d'un camion, un blindage à l'épreuve des armes portatives et sera armé d'un canon et d'une mitrailleuse afin de pouvoir neutraliser les résistances susceptibles d'arrêter la progression de l'infanterie et d'engager les blindés ennemis. Le second sera un engin lourd ou de rupture devant être armé d'une pièce de 75 mm à l'avant, pouvant être remplacée sur certains exemplaires par un canon de 47 mm à grande vitesse initiale. Cet armement sera complété par une mitrailleuse en tourelle ou en réduit fixe. L'engin sera protégé contre toutes les armes portatives et les éclats de projectiles. Son équipage se composera de trois ou quatre hommes et sa vitesse devra avoisiner les 15-20 km/h en bon terrain horizontal, pour un poids n'excédant pas les 13 à 15 t.

Selon l'infanterie, « *l'attaque précédée d'une préparation d'artillerie soudaine et rapide, protégée par des tirs de neutralisation, dirigée sur les moyens de feu de l'ennemi, est exécutée par des chars d'infanterie appuyés et protégés par des chars d'artillerie d'accompagnement. Ces appareils de combat sont suivis à distance par des chars de transport de personnel qui débarquent sur le premier objectif les troupes d'occupation du terrain. L'attaque est ensuite poursuivie suivant le même processus*[5]. »

Le FCM 2C, char de rupture de fronts fortifiés.
Ce monstre de 70 tonnes arrive trop tard pour participer aux dernière batailles de la guerre. La commande initiale de 300 engins est donc ramenée à 10, réceptionnés entre 1922 et 1923. Courant à cette époque dans les armées européennes, le concept d'un engin multi-tourelles, surnommé en France « *cuirassé terrestre* », ne sera pas poursuivi sérieusement avant le déclenchement des hostilités. L'expérience du combat démontrera d'ailleurs son inefficacité opérationnelle dans la guerre moderne, à l'image du T-35 russe en 1941. 8 FCM 2C sont néanmoins toujours présents au sein du 51e BCC. Ils seront abandonnés sur un train bloqué par un bombardement sans avoir participé au combat. Du fait de leur encombrement, de leur lenteur et de leur blindage insuffisant, ils auraient représenté des cibles faciles pour l'artillerie et l'aviation.

Notes :
1 : Décoré de la Légion d'honneur, de la Croix de guerre (7 citations) et de la Croix de Sainte-Anne, cet officier exemplaire issu de la cavalerie perdra la vie ce jour-là.
2 : Appelés *chars divers*, ces engins seraient du type chars TSF, observatoires, estafettes, ou patrouilleurs. À cette époque, il n'est pas envisagé de poursuivre les expériences d'infanterie blindée.
3 : Aussi appelée *artillerie d'assaut*. Ces appellations désignent les unités françaises de chars durant la Première Guerre mondiale. Elles dépendent en effet de l'artillerie.
4 : Jusqu'à cette date, le général Estienne est le chef incontesté des chars. L'officier continue ensuite à veiller sur son arme jusqu'à sa mise en retraite le 7 novembre 1922.
5 : De cette conception se déduisait l'obligation de mettre en œuvre de nombreux engins blindés, tous appelés « chars » à l'époque : un char d'infanterie destiné à lutter contre l'infanterie ennemie, un char d'artillerie d'accompagnement armé d'un canon court assurant la protection des chars d'infanterie et un autre, armé d'un canon tirant des obus de rupture contre les engins ennemis, un char éclaireur capable de randonnées en avant de la ligne de combat, un char de liaison TSF, un char de commandement, un char ravitailleur, un char de transport de troupes peu armé mais à forte capacité de transport et un char de franchissement pour aider les autres engins au passage d'obstacles.

Jean-Baptiste Estienne (1860-1936), le père des chars français

Né à Condé-en-Barrois, Jean-Baptiste Estienne a 10 ans lorsqu'il voit passer les troupes prussiennes dans son village et cette vision le marque profondément. Avide de connaissances, il se passionne ensuite pour des disciplines aussi variées que la Grèce antique ou les mathématiques. Cette ouverture d'esprit va l'amener à imaginer des concepts novateurs sans pour autant s'affranchir des limites techniques. Polytechnicien, il commence sa carrière militaire comme lieutenant de batterie aux 28e et 35e RA jusqu'en 1891 lorsqu'il est muté à la Fonderie de Bourges puis à l'annexe pour l'aviation de la direction technique de l'artillerie de Vincennes.

Durant cette période, il fait preuve d'une activité intellectuelle soutenue et ses recherches l'amènent à proposer différentes inventions et publications. Il met au point une méthode de tir indirect, une machine à tarer les poudres ou encore un télémètre et un octant de poche pour l'artillerie. Il résume ses expériences dans un ouvrage malheureusement introuvable de nos jours intitulé *Loisirs de l'artilleur*. En 1909, le chef d'escadron Estienne prend le commandement du Centre de Maison-Blanche, nouvelle entité créée par la volonté ministérielle d'intégrer l'avion aux armées malgré de très nombreuses réticence militaires et politiques.

Estienne aborde plusieurs aspects de l'emploi de l'aviation comme la navigation au compas, la reconnaissance, la photographie aérienne, le combat au sol par projectiles incendiaires, fléchettes et bombes empennées ou le combat aérien à la mitrailleuse. L'étude de différents appareils lui permet aussi de concevoir un avion léger à ailes repliables tractable sur route. En 1910, il rédige un *Projet d'organisation de l'aviation* et défend fermement son approche en affirmant que « *depuis qu'il y a des canons et qu'on les perfectionne, nul progrès technique n'est comparable à celui que réalisera l'artillerie en faisant entrer l'aéroplane dans son armement normal* ».

En mai 1914, il propose un *Projet de règlement de manœuvre et de service en campagne pour l'aviation d'artillerie* et ses vues sont confirmées au camp de Châlons grâce à deux avions à ailes repliables. Il est autorisé à intégrer cette section d'aviation dont il prend le commandement, au 22e RA. Au début de la guerre, ses appareils permettent d'orienter le tir des batteries d'artillerie avec parfois des résultats spectaculaires. Unique en son genre, cette expérience engendre la généralisation de l'aviation d'observation au sein des corps d'armée en 1915. Son inventivité va ensuite se reporter sur la terre ferme. Déjà, en 1912 sa voiture s'enlise dans le sable à 30 km de Biskra et cet incident le fait réfléchir à un véhicule pouvant se mouvoir « *par reptation* ». Il a ensuite l'occasion d'échanger des contacts avec le capitaine Bellanger, observateur des guerres balkaniques et l'officier lui fait part de l'efficacité défensive des réseaux de barbelés. Puis survient la guerre et dès les premiers combats, les ravages provoqués par les mitrailleuses allemandes dans les rangs français l'amènent à penser que « *la victoire appartiendra à celui qui parviendra à monter un canon sur une voiture capable de se mouvoir en tous terrains* ». Reprenant ses études, Estienne a l'occasion d'observer des tracteurs chenillés Holt lors d'une liaison dans le secteur britannique et cette vision est une révélation. Il fait dessiner un avant-projet d'engin qu'il adresse au commandant en chef début décembre 1915, accompagné d'un texte précisant qu'il est possible de fabriquer « *des véhicules à traction mécanique permettant de transporter à travers tous les obstacles et sous le feu, à une vitesse supérieure à 6 km/h, de l'infanterie avec armes et bagages et du canon* ». Le 12, le colonel Estienne expose ses vues au général Janin, major général du théâtre d'opérations du nord et du nord-est puis il prend contact avec Louis Renault et l'ingénieur Brillé du Creusot, tous deux lui confirmant la faisabilité d'un tel projet. Il rencontre ensuite Pétain, Castelnau, chef d'État-Major général des armées françaises, et enfin Joffre le 18 janvier 1916 qu'il convainc. Dès le 31, le GQG commande 400 exemplaires du « *cuirassé terrestre* » au sous-secrétaire d'État à la Guerre.

Chargé de l'affaire, le général Mourret alors à la tête de la direction du service automobile (DSA) commence par demander au sous-lieutenant Fouché de construire un prototype ne concernant que le système de propulsion. Le 17 février, malgré ses faibles moyens, l'officier fait la démonstration d'un engin basé sur un tracteur Holt et les essais sont tellement probants que le véhicule, breveté par Schneider, fait l'objet d'une commande de 400 chars complets.

Elle est suivie d'une seconde du même ordre passée à Saint-Chamond, basée sur l'étude parallèle demandée au colonel Rimailho par la DSA. Si le Schneider est loin d'être parfait, le Saint-Chamond est encore moins réussi, la firme n'ayant pu acquérir la même expérience en la matière que son concurrent. Les premiers exemplaires se révèlent d'ailleurs peu adaptés au déplacement tout-terrain en raison de leurs trains de roulement et de nombreuses améliorations doivent être apportées. Mais les deux engins sont bien loin de la vision initiale d'Estienne et celui-ci entend reprendre lui-même le développement d'un char.

Nommé général de brigade et affecté au GQG en août 1916, le général Estienne s'oppose de vive force à la DSA. Après moult difficultés, il finit par imposer la conception d'un engin plus léger dont il confie l'étude à Louis Renault, la firme recevant dans la foulée les premières commandes. Ainsi apparaît le FT, selon la nomenclature du constructeur, premier char disposant d'un armement sous tourelle rotative à 360°, le procédé ayant déjà été proposé sur quelques prototypes non retenus d'automitrailleuses en 1916. Entre-temps, les premiers engagements des chars Saint-Chamond et Schneider n'obtenant pas les résultats escomptés, le ministre de l'Armement ajourne la commande des FT. Mais les essais du petit char se révèlent excellents et Pétain prend la défense d'Estienne. La construction de l'engin devient alors prioritaire en octobre 1917. En 1918, Clemenceau, nommé président du Conseil, adopte sans réserve les vues d'Estienne et ordonne que la fabrication des chars relève directement de son autorité, s'affranchissant ainsi de l'influence de la DSA.

Fabriqué en nombre, le FT sera incontestablement l'une des causes majeures de la victoire alliée de 1918. Son rôle dans la bataille sera souligné par Pétain avant même l'armistice dans son ordre général n° 114 du 30 juillet 1918 déclarant que « *depuis le début d'avril, l'artillerie d'assaut vient d'affirmer en trente combats et deux batailles rangées sa haute valeur offensive. Ratifiant le suffrage unanime de l'Infanterie qui fit, dès le premier jour, à ses nouveaux frères d'armes, une part de gloire dont ils garderont la fierté, le commandement en chef adresse, à tous, ses félicitations. Équipages de chars, qui après avoir puissamment contribué à arrêter l'ennemi, l'avez rompu au 11 juin et au 18 juillet. Ingénieurs, qui avez conçu et mis au point les engins de la victoire. Ouvriers de l'usine qui les avez réalisés. Ouvriers du front, qui les avez entretenus, vous avez bien mérité de la Patrie.* »

Après-guerre, le général Estienne propose sa vision d'avenir du char et de son emploi. Il préconise la mise sur pied d'une arme blindée autonome disposant de nombreux moyens devant le suivre et l'assister dans son action. Trop en avance sur son temps, cette idée lui attire bien des contradicteurs et des rancunes au sein de l'armée et il ne sera pas écouté. Il se retire alors à Nice comme gouverneur de la ville mais son expérience ne devant pas être perdue, il est nommé inspecteur des chars et directeur des études techniques de la section chars de l'infanterie. Il est enfin versé au cadre de réserve à 62 ans, le ministre lui demandant néanmoins de continuer à diriger les études des nouveaux matériels. C'est ainsi qu'il lance celle d'un char de bataille qui se concrétisera par le char B.

Souvent incompris par ses collègues, le général Estienne fut un officier visionnaire mais parfois irrespectueux et intransigeant. Toute discussion contradictoire avec lui était impossible, mais il rendit d'immenses services à l'armée française, telle que le souligne la dernière citation qu'il reçut le 10 août 1918, accompagnant sa Croix de commandeur de la Légion d'honneur : « *Officier général d'une intelligence et d'une valeur exceptionnelle, qui, par la justesse et la fécondité de ses idées, l'entrain et la foi avec lesquels il a su les défendre et les faire triompher, a rendu les plus éminents services à la cause commune* ».

Le point majeur de ce programme est la nécessité d'une mécanisation générale des troupes offensives alors qu'à cette époque, il n'existe que des chars de combat. Aussi, l'année 1921 semble devoir être marquée par la possibilité d'une évolution des conceptions, engendrant le lancement d'un certain nombre d'études. Dans ce contexte, il peut donc paraître paradoxal que la commission décide de ne pas étudier de chars spéciaux mais d'aménager certains exemplaires du futur char de bataille en char de commandement ou de liaison. Cet engin devra également satisfaire à la fois à des missions d'accompagnement de l'infanterie, de lutte antichar, de destruction des armes antichars ennemies, mais être aussi capable d'attaquer brusquement les rideaux défensifs ennemis et d'exploiter rapidement et en profondeur la percée d'un front. Ils doivent donc être fortement protégés, puissants et rapides, ces caractéristiques engendrant irrémédiablement de longs délais de conception, de fabrication et un coût important, ce qui ne pourra que limiter leur nombre.

La doctrine des chars d'infanterie

D'un point de vue doctrinal, l' *Instruction sur l'emploi des chars de combat* du 24 janvier 1929 se cantonne à l'usage fait de ces engins durant la guerre. Son premier chapitre « Caractéristiques générales et rôle des chars de combat » précise :

« *1. Les chars de combat, grâce à leur faculté de circuler en terrain varié et à la protection conférée par leur blindage, peuvent s'approcher au plus près des résistances adverses et utiliser à courte distance, avec précision et rapidité, l'armement dont ils sont porteurs. Ils sont susceptibles, par suite, d'aider très efficacement l'infanterie en contribuant à détruire ou à neutraliser les résistances actives qui entravent sa progression et, éventuellement, en lui ouvrant la voie à travers les défenses accessoires. Ils doivent agir en liaison intime avec elle.*

2. Les chars de combat sont bruyants et relativement visibles ; ils attirent le feu de l'adversaire. Particulièrement vulnérables aux coups au but de l'artillerie, ils doivent éviter de rester immobiles en vue de l'ennemi et, par conséquent, ne peuvent occuper le terrain. Les chars, engins automobiles, exigent, sur leurs arrières, le fonctionnement d'un service de ravitaillement, de dépannage et de réparation très important. Leurs possibilités de déplacement et leur usure au combat, différentes de celles de l'infanterie, ne permettent pas de leur assurer un échelonnement identique à celui de cette Arme. Toutes ces considérations entraînent la nécessité de les placer dans un cadre organique particulier.

3. Les chars de combat sont des engins d'accompagnement d'infanterie comportant des formations spéciales (compagnies, bataillons, régiments de chars) affectées, au moment du besoin, à certaines Grandes Unités. Au combat, les unités de chars engagées font partie intégrante du dispositif d'infanterie. Les chars ne sont que des moyens d'action supplémentaires mis temporairement à la disposition de l'infanterie; ils renforcent considérablement l'action de celle-ci, mais ils ne la remplacent pas. »

À cette époque, il ne peut être reproché à cette doctrine une vision strictement cantonnée à l'accompagnement de l'infanterie dans la mesure où elle se base sur les chars alors en service, les FT, les

Passage des chars FT lors du défilé du 14 juillet 1919.
À la fin de la guerre, la France possède la plus puissante force blindée au monde, composée essentiellement de chars FT. L'engin a profondément marqué le monde militaire et de nombreux pays en achèteront au moins quelques exemplaires ou acquerront une licence de fabrication. Plus que tout autre char, le FT est une révolution dans l'art de la guerre et la foule ne s'y trompe pas. Bien des spectateurs du défilé attendent leur passage avec impatience. Au-delà de la nouveauté, il faut imaginer ce que cette vue ne restitue pas, à savoir le bruit assourdissant des moteurs et le claquement des chenilles sur la chaussée. Ce souvenir inoubliable aura bien évidemment encore plus marqué les soldats allemands opposés aux attaques des chars français au point que nombreux seront ceux qui considèreront le FT comme principale cause de la défaite.

MarkV* et les FCM 2C, respectivement qualifiés de chars légers, moyens et lourds. Or, ces engins ne possèdent ni la fiabilité ni les caractéristiques techniques pouvant permettre de leur attribuer des objectifs situés à grande distance de leurs positions de départ. Ceci étant, des études de chars nouveaux ont été lancées et il est maintenant fait état de chars de bataille ou de rupture. Mais il faudra attendre 1929 pour que le premier prototype de ce qui deviendra le char B ne soit livré, et 1931 pour réceptionner les premiers exemplaires du char D1, très moderne pour l'époque.

En 1932, quelques expériences de détachements mécaniques de combat (DMC) sont menées lors de manœuvres, mais l'intérêt tactique de ces embryons de formations blindées autonomes n'est pas perçu, à l'image de l'analyse du général Dufieux, inspecteur général de l'infanterie, exprimée dans une note transmise au général Weygand : « *À mon sens, aucun doute possible, le Détachement mécanique de combat n'est pas une formation destinée à mener seule une opération complète. Son élément principal, les chars, est fait pour ouvrir la voie aux autres armes, en premier lieu à l'infanterie, dont les chars ne peuvent se passer pour achever la besogne de rupture qui est leur raison d'être. C'est dans la bataille générale que les chars trouveront leur emploi intégral ; ils serviront à donner à leur armée cet appoint de force brutale, nécessaire pour détruire ou neutraliser une partie au moins des armes automatiques dont le feu rend aujourd'hui la progression de l'attaque si laborieuse et si sanglante. Dès lors, on ne comprend pas pourquoi le DMC a été constitué comme s'il devait se suffire à lui-même en toutes circonstances.* »

Mais, bien que retiré du service actif, le général Estienne continue de faire entendre sa voix au sein de l'armée, comme le montre sa note du 25 novembre 1933 : « *J'estime que les crédits consentis aux chars doivent être consacrés en totalité à la réalisation de chars de bataille blindés à 5 ou 6 centimètres et armés d'un canon de 75 mm à 570 mètres* [par seconde] *de vitesse initiale. N'ayant plus l'occasion d'exposer officiellement les raisons de ma conviction, d'autant plus puissante qu'elle est plus mûrie, je les résume brièvement dans la présente note.*

I - Les chars dans l'offensive. *Les chars constituent une réserve à la disposition exclusive du Commandant en chef pour une attaque ou pour une contre-attaque. Ce rôle, uniquement offensif, impose rigoureusement l'emploi de chars satisfaisant à 2 conditions, qui dans l'état actuel de la technique sont :*

1°) - Le blindage de 5 à 6 centimètres nécessaire pour résister aux armes à tir direct de la défense qui, bien camouflées, ne peuvent être découvertes qu'à moins de deux cent mètres.

2°) - Le canon susceptible d'agir par obus explosif sur les défenses accessoires improvisées et par obus perforant sur les cuirassements, sur ceux des chars ennemis, en particulier, ce qui exige un calibre minimum de 75 mm et une trajectoire tendue. Seul, le char de bataille réalise ces deux conditions. Les chars moins blindés n'arriveront pas au contact de l'ennemi, la plupart seront immobilisés par le tir direct de canons fixes de 25 à 30 mm, on ne peut pas compter sur eux pour nettoyer une position traversée trop hâtivement par les chars de bataille, auxquels auraient échappé quelques canons anti chars ; c'est aux puissants chars qui viennent de conquérir la position qu'incombe son nettoyage et un léger retard dans la progression d'une partie de ces chars ne présente pas d'inconvénients.

II - La défensive contre les chars. *Si, aujourd'hui, une division réduite à ses seuls moyens peut rarement attaquer, elle doit toujours être prête à se défendre; il lui faut donc une dotation large et permanente d'armes antichars transportées sur des voitures tous terrains. Or, en armant de canons de 25 à 30 mm nos 3 000 chars Renault* [FT] *et en les employant comme « tourelles mobiles » on réalisera, sans grands frais, une organisation fort acceptable. La tourelle mobile est dissimulée en un point judicieusement choisi dans une excavation creusée de manière que la tourelle, convenablement camouflée, émerge seule. Pareil dispositif a déjà été envisagé dans les études concernant la défense des frontières. En guerre de mouvement, les alvéoles sont creusées et occupées dès que la division stationne à proximité de l'ennemi, la division peut sans grand travail se retrancher tous les soirs comme faisait la légion romaine. L'affectation organique d'un bataillon de 36 tourelles mobiles à chaque division permet d'équiper 90 divisions tout en conservant en réserve 1 200 chars Renault pour les remplacements. On peut prévoir une gamme de tourelles mobiles, pesant de six à cent tonnes, tandis que pour progresser à découvert jusqu'à l'abordage, mieux vaut s'en tenir à un seul modèle d'engin auquel on réservera le nom de char, sans autre qualificatif.*

III - Quantum de tonnage. *Le tonnage minimum d'un char, apte à toutes les actions offensives (prises et vérification du contact, rupture du front, poursuite, lutte contre les chars adverses, attaque des lourdes colonnes motorisées, etc.) est évidemment fonction de la puissance des armes antichars à tir direct de l'ennemi ; ce tonnage minimum est un véritable quantum, comme disent les physiciens, audessous duquel la valeur offensive du char tombe à zéro ; ce quantum est actuellement de 25 à 30 tonnes.*

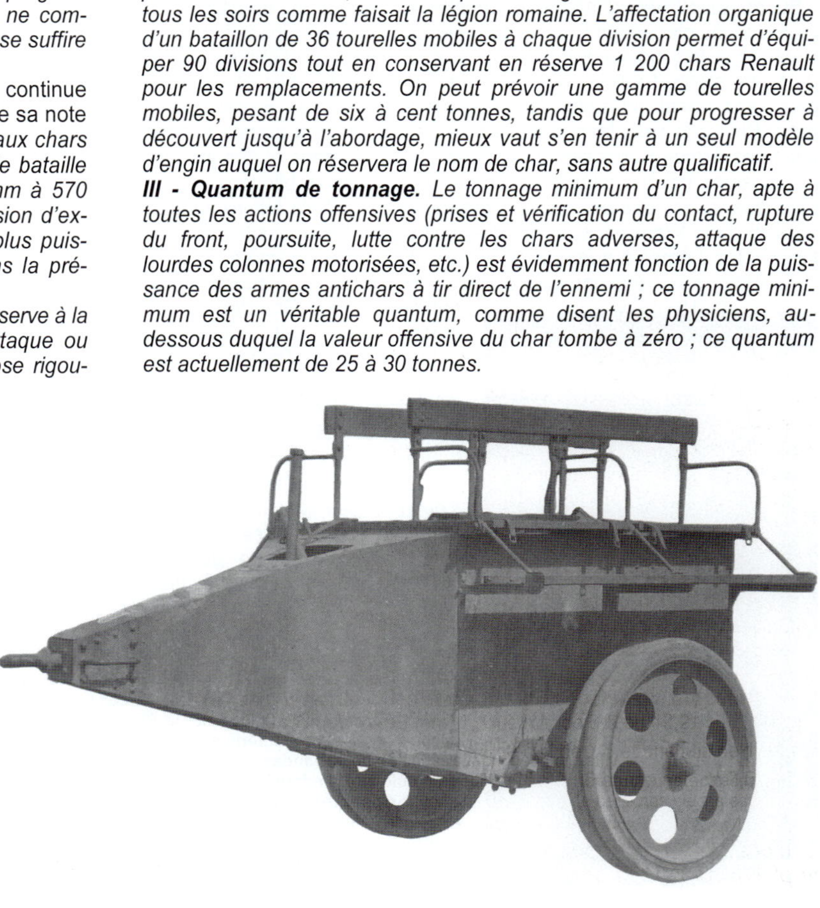

Remorque tractée par le prototype de char de bataille type SRB proposé par Schneider et Renault.
Lors du développement des prototypes de cette classe de chars, on envisage de les doter d'une remorque permettant d'emporter du carburant afin d'accroitre leur autonomie. Celle-ci permet également de transporter 8 hommes pouvant aider l'équipage de l'engin pour transférer le précieux liquide. Mais, pour d'évidentes raisons de dangerosité, le char doit laisser sa remorque avant d'attaquer, l'obligeant ensuite à rejoindre sa position de départ pour se ravitailler, ce qui lui interdit toute action d'exploitation immédiate. La solution ne pouvant convenir, on s'orientera ensuite vers des tracteurs de ravitaillement de chars pouvant suivre les blindés dans leur action.

Le Mark V*, l'appellation se lisant « Mark V étoile ».
Durant la Première Guerre mondiale, 300 Mark V* sont commandés à la Grande-Bretagne et leur livraison commence en octobre 1918. Mais l'armistice est proclamé et la commande est ramenée à 100 exemplaires répartis en 80 engins dits « mâles » disposant de canons et 20 « femelles » uniquement armés de mitrailleuses. Ils sont attribués au 551e RCL de Châlons. Peu de temps après la fin des livraisons, les deux pièces d'origine britannique sont remplacées par des 75 mm courts ABS nationaux tandis que 10 exemplaires sont réformés afin de servir de stocks de pièces de rechange. Mais le Mark V* perd rapidement toute valeur opérationnelle et il se voit souvent relégué à un rôle de « pot de fleurs » dans des casernes d'unités blindées tandis que d'autres, désarmés, sont employés pour des essais de franchissement d'obstacles antichars, comme le montre la photo à gauche. À noter la présence d'un FT au second plan devant lui aussi servir aux essais.

Conclusion. *Soient, dans les conditions techniques actuelles de l'armement et du cuirassement, deux armées A et B, égales au point de vue de la valeur des hommes et de la valeur marchande du matériel ; elles ont dépensé 500 millions chacune pour avoir, l'une A, 500 chars de 30 tonnes, et l'autre B, 1 000 chars de 15 tonnes, tonnage nettement inférieur au quantum actuel. Le triomphe de l'armée A n'est pas douteux parce qu'elle peut attaquer avec ses chars tandis que l'adversaire ne peut qu'essayer de se défendre avec les siens.* »

Sous certains aspects, ce texte est incroyablement en avance sur son temps, ne serait-ce que pour la proposition de n'utiliser que deux engins, un char de bataille capable de répondre à toutes les missions envisagées pour ce type d'engins et un véhicule légèrement blindé à vocation antichar devant entrer en dotation des Grandes Unités d'infanterie. En d'autre termes et en forçant un peu le trait, l'idée du « *Main Battle Tank*[6] » et du chasseur de chars germe déjà dans l'esprit du général Estienne.

Rejoignant les idées d'Estienne, Charles de Gaulle préconise en 1934 la mise sur pied d'un fer de lance de troupes professionnelles entièrement motorisé et fortement blindé dans son ouvrage *Vers l'armée de métier*. Mais il ne rencontre aucun écho au sein des officiers de haut rang, toujours profondément ancrés dans des idées traditionalistes. Le général Weygand est le seul représentant de la cavalerie au CSG où les officiers d'infanterie, largement majoritaires, ne perçoivent toujours pas clairement l'intérêt de créer des Grandes Unités blindées. C'est donc fort logiquement que ce concept apparaît d'abord au sein de la cavalerie, traditionnellement appelée à remplir ses missions le plus rapidement possible. Malheureusement pour la France, c'est outre-Rhin que ces idées nouvelles seront adoptées à grande échelle avec des Armee-Korps regroupant des Panzerdivisions et des Infanterie-Divisions (mot), unités entièrement motorisées et blindées. Précisons néanmoins que ce concept sera tout aussi difficile à faire adopter au sein de la Wehrmacht et nombreuses seront les oppositions développant les mêmes arguments qu'au sein de l'armée française.

D'autres voix s'élèvent pour attirer l'attention sur la menace représentée par les Grandes Unités mécanisées. Dans un article publié dans la *Revue militaire française* d'avril et juin 1936, le lieutenant-colonel Lançon propose une vision de la guerre future particulièrement prémonitoire : « *Même si les hostilités ne s'ouvrent pas sur un coup de tonnerre décisif, il serait puéril d'imaginer qu'elles se dérouleront à nouveau sur un rythme relativement lent, comparable à celui de 1914, et que nous reverrons des masses de millions d'hommes et de chevaux s'avancer majestueusement à l'allure d'une étape de 25 kilomètres par jour. Sans avoir la prétention de donner une physionomie exacte de ce que pourra être une future conflagration, car avec l'infinie complexité des éléments matériels et moraux qui conditionnent une guerre, toute prévision exacte est impossible, on peut tout de même imaginer le tableau suivant, pure anticipation qui, à défaut du mérite de l'exactitude, aura tout de même celui de donner une échelle, une espèce de « climat » de ce que pourrait être l'intervention en grand de la motorisation dans les opérations militaires.*

Dès que par la surprise ou la bataille, la brèche aura été ouverte et que le terrain libre s'offrira aux unités mécanisées, elles s'y précipiteront pour porter au loin, chez l'ennemi, la désorganisation et la destruction. Éclairées et accompagnées par une aviation puissante, dans le fracas de leurs moteurs et de leurs canons, les masses de chars engagés dans les zones favorables s'avanceront par monts et par vaux, submergeant tout, à la vitesse de 10 à 15 kilomètres à l'heure, pendant que derrière elles, sur toutes les routes, les colonnes de poussière annonceront l'arrivée des gros de l'infanterie et de l'artillerie transportés en camions.

Les résistances en rase campagne seront réglées par les chars, les points d'appui qui leur sont imperméables bois, villages seront encerclés, puis nettoyés par l'infanterie, transportée en véhicules tous terrains, appuyée par de l'artillerie également tous terrains ; les coupures, qui pourraient les arrêter momentanément, seront également forcées par le même moyen. Et ainsi, la vague de fer et de feu qui marquera le front ennemi s'avancera, débordant sans cesse sur de plus vastes espaces, avec une vitesse déroutant l'imagination même la plus osée. Toutes les richesses et les approvisionnements nécessaires à la conduite de la guerre, les terrains d'aviation, les points vitaux des routes et des voies ferrées tomberont ainsi aux mains des envahisseurs. Les réserves, accourant au combat, seront surprises, soit en cours de transport, soit en débarquant. »

Un certain immobilisme intellectuel

Mais l'*Instruction sur l'emploi tactique des Grandes Unités* de 1936 résume bien un certain immobilisme intellectuel concernant l'emploi des chars : « *Sans méconnaître l'importance des progrès réalisés depuis cette époque dans le domaine des moyens de combat et de transport, la commission de rédaction de la présente instruction a estimé néanmoins que ces progrès d'ordre technique ne modifiaient pas sensiblement dans le domaine tactique, les règles essentielles établies par ses devancières. Elle a admis, par conséquent, que le corps de doctrine objectivement fixé au lendemain de la guerre par des chefs éminents venant d'exercer un commandement élevé devait demeurer la charte de l'emploi tactique de nos Grandes Unités.* »

Plus marquant encore, le commandant Laporte conclut son analyse de la doctrine antichar dans la *Revue de l'infanterie* de décembre 1938 par ces mots : « *Les chars n'épouvanteront plus le fantassin, car seule la surprise est redoutable, et sur les terrains difficiles un fantassin résolu à se défendre n'a peur de personne. Un des pires dérèglements de l'esprit consiste certainement à ne pas savoir embrasser un ensemble, à attacher trop d'importance à l'accessoire et à négliger l'essentiel. Or,*

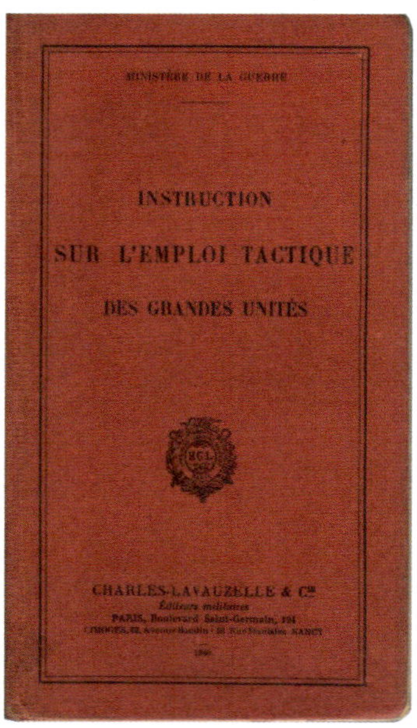

L'*Instruction sur l'emploi tactique des Grandes Unités*.
L'importance de ce manuel explique la qualité des membres de la commission réunie pour le rédiger, composée de membres spécialistes de toutes les questions majeures à traiter : général George (membre du CSG et major général désigné en temps de guerre), général Pujo (chef d'état-major général de l'armée de l'Air), général Meullé Desjardins (commandant de la 5e RM), général Dufour (commandant de la 3e RM), général Boucherie (ancien commandant de la 1re DC), général Hubert (commandant de la RF de Metz, général Loizeau (commandant de la 12e DIM), général Touchon (chef de la section tactique d'infanterie du CETI et futur président de la commission de rédaction du règlement de l'infanterie), général Montagne (commandant de la 25e DI), général Sisteron (état-major du CSG), général Sivot (commandant de l'École du génie), colonel Mendras (commandant du 182e RAL), colonel Pugens (commandant du 18e RI), colonel Kergoat (chef du 4e bureau de l'EMA), lieutenant-colonel Tarrade (professeur à l'École des liaisons et transmissions) et chef d'escadron Navereau (état-major du CSG). Comme on le constate, il n'y a aucun officier de chars et même si l'interprétation de ce manuel se rapproche plus d'un guide pratique que d'une synthèse destinée à la compréhension globale de la tactique française, l'on peut légitimement s'interroger sur cette absence car il exercera une forte influence sur les commandants de Grandes Unités et sur les officiers d'état-major.

Le Tigre, un FT d'une Cie de marche du 15e bataillon du 505e RCC à Strasbourg le 9 décembre 1918. Son nom lui a probablement été donné en hommage à Georges Clemenceau, président du Conseil et ainsi surnommé à cette époque. Notons d'ailleurs que ce char sera vu par l'intéressé et par le président de la République Raymond Poincaré lors du défilé des troupes françaises dans le cadre de la cérémonie de libération de la ville. Cette vue montre une partie du lot de bord (boîte à outils et câble de remorquage), son camouflage *a priori* composé de trois teintes (brun clair, marron et vert) ainsi que la peinture claire appliquée à l'intérieur grâce à la porte ouverte sur la tourelle. Le remplacement des FT par des chars légers modernes ne modifiera pas fondamentalement la doctrine d'emploi des engins de cette classe, les spécifications de leur conception donnant la priorité au blindage au détriment de l'autonomie et de la vitesse, caractéristiques de moindre importance dans les missions d'accompagnement de l'infanterie.

sur le champ de bataille éternel, le principal ennemi du fantassin reste le fantassin ennemi qui seul comme l'instruction sur l'emploi tactique des Grandes Unités vient de le rappeler, conquiert le terrain, l'organise et le conserve. Quant au char, il doit être surtout considéré comme un des auxiliaires du fantassin. Il faut donc éviter de lâcher la proie pour l'ombre, si menaçante que soit celle-ci lorsqu'elle se profile sur nos positions sommairement organisées. Maintenant que les moyens de défense contre les chars sont connus, que leurs modalités d'emploi sont mises au point, il faut cesser d'avoir l'obsession du char, puisque celui-ci pense déjà à renoncer aux terrains faciles. »

Rappelons néanmoins que l'immense majorité des officiers de haut rang a exercé un commandement au front durant la Grande Guerre et les hécatombes liées aux attaques d'infanterie des lignes ennemies restent légitimement gravées dans leurs mémoires[7]. À leurs yeux, le char doit rester prioritairement un moyen d'économiser des vies humaines[8]. Or, la victoire de 1918 est en grande partie due à la rupture de fronts organisés par des chars, permettant à l'infanterie de progresser sans subir de lourdes pertes. Cette expérience explique partiellement pourquoi un grand nombre d'appareils va être réparti par bataillons au sein des armées mises en ligne en 1939.

Il ne faut pas pour autant prétendre que les possibilités offertes par l'évolution technologique de la motorisation soient totalement ignorées et la doctrine française essayera souvent maladroitement de l'assimiler tout en conservant l'immuable principe de l'accompagnement de l'infanterie. Ainsi, le *Règlement des unités de chars de combat* de 1939 précise que : « *Dans une attaque, les unités de chars peuvent être soit subordonnées à l'infanterie, pour l'accompagner au combat (pendant la durée d'une pareille mission, les chars sont dits chars d'accompagnement) ; soit maintenues aux ordres du commandant de la Grande Unité lorsqu'elles interviennent dans la bataille au profit de la manœuvre d'ensemble (pendant la durée d'une pareille mission, les chars sont dits chars de manœuvre d'ensemble). Les chars de tous modèles peuvent être utilisés comme chars d'accompagnement ; toutefois, ce rôle est confié par priorité aux chars les moins rapides et les moins puissamment armés et protégés (sauf dans l'attaque des fronts stabilisés ou fortifiés où l'emploi des chars puissants est souvent nécessaire pour l'accompagnement de l'infanterie). Le rôle de chars de manœuvre d'ensemble ne peut être rempli que par des chars rapides, mobiles en tous terrains, fortement protégés, bien armés et munis de moyens de liaison radioélectriques* ».

Mais ce manuel détaille ensuite les deux types d'attaque : « *Les chars d'accompagnement forment avec l'infanterie des groupements mixtes dans lesquels ils combattent en liaison intime avec elle en s'attaquant aux armes qui arrêtent sa progression aux petites distances. Le commandement de ces groupements mixtes est organisé dans les conditions précisées par le Règlement d'Infanterie de 1938 (2e Partie, n° 321[9]) et de manière à éviter, dans la mesure du possible, la dissociation des liens organiques des unités de chars.*

Les unités de chars de manœuvre d'ensemble reçoivent du commandant de la Grande Unité des missions successives précises et limitées dans l'espace et dans le temps, ayant pour but soit de précéder largement des groupements mixtes pour leur ouvrir la voie en détruisant ou neutralisant les armes agissant à vue directe aux moyennes et dans certaines conditions aux grandes distances (mitrailleuses et antichars) ; l'action qu'elles mènent s'exerce alors au profit de l'ensemble des groupements mixtes dans le compartiment de terrain attaqué, elle est réglée directement par le commandant de la Grande Unité ou par l'officier auquel il a délégué la direction de la lutte dans ce compartiment ; soit de pénétrer profondément dans le dispositif adverse dès qu'il est suffisamment ébranlé et d'atteindre les armes les plus éloignées (en particulier l'artillerie) et les organes de commandement ; soit de s'attaquer aux formations blindées ennemies. Le chef de la Grande Unité coordonne, dans tous les cas, leur action avec celle de l'artillerie et des autres unités du dispositif général. » Ainsi, l'idée de l'emploi en masse d'engins puissants fait son chemin et l'on envisage même de lancer des « groupements mixtes » en profondeur dans le dispositif ennemi, mais, comme nous allons le voir, on se contente de rappeler l'emploi des chars tel qu'il est prévu depuis 1936.

Les paradoxes de la doctrine

D'un point de vue doctrinal, les textes laissent une impression d'ensemble touffue, contradictoire, voire parfois paradoxale. Tout porte à croire que l'infanterie est partagée entre un usage traditionaliste du char, mais qu'une vision plus moderne commence à apparaitre et à se développer. Il existe néanmoins quelques aspects de cette doctrine fort surprenants. On peut tout d'abord s'étonner de ne trouver aucune trace des DCR dans la version de 1940 de l'*Instruction sur l'emploi tactique des Grandes Unités*, celle-ci n'ayant subi aucune évolution depuis 1936. Mais si la mise sur pied des DCR a été décidée, les avis divergent toujours quant à la doctrine d'emploi devant leur être appliquée. Rappelons de plus qu'aucun officier de chars

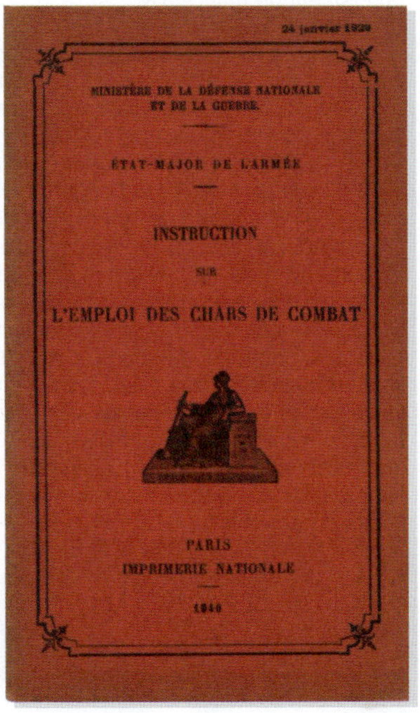
24 janvier 1929

MINISTÈRE DE LA DÉFENSE NATIONALE
ET DE LA GUERRE.

ÉTAT-MAJOR DE L'ARMÉE

INSTRUCTION
SUR
L'EMPLOI DES CHARS DE COMBAT

PARIS
IMPRIMERIE NATIONALE
1940

L'*Instruction sur l'emploi des chars de combats* de 1929 dans sa réédition de 1940. On peut légitimement s'étonner que cette instruction n'ait pas été modifiée depuis 1929 avec l'arrivée en masse des chars modernes. L'édition de 1940 précise toujours que « *les modèles de chars en service appartiennent à trois types : char léger, char moyen, char lourd. Le char léger en service est un char Renault FT. Le char moyen en service est un char Mark V une étoile. Le char lourd en service est un char "2 C"* ». Autant dire que l'ensemble du texte manque d'intérêt en 1940.

Notes :

6 : Ou char de combat principal. Apparu au cours de la Seconde Guerre mondiale, ce concept vient remplacer par un seul engin polyvalent les chars dédiés à des missions spécifiques comme l'accompagnement de l'infanterie, la rupture du front ennemi, l'exploitation d'une percée ou le combat antichar. Toujours en vigueur de nos jours, ce concept possède de nombreux avantages, à commencer par la rationalisation de la production, la simplification des échelons de réparation et de fourniture de pièces détachées, tout comme la formation des équipages.

7 : Sur les 1 500 000 soldats français tués durant la Première Guerre mondiale, 1 200 000 sont des fantassins dont 29 000 officiers sur un total de 36 000.

8 : Facteur d'autant plus important que la démographie française ne peut rivaliser avec celle de l'Allemagne, qui peut en conséquence mobiliser plus de troupes.

9 : Celui-ci précise en particulier que « *la désignation du commandant du groupement mixte est faite conformément aux prescriptions générales du Service en campagne (Titre Ier, Chapitre II, Droit au commandement), par l'autorité qui a ordonné la formation du groupement. Il y a souvent intérêt à organiser le commandement de telle sorte que celui du groupement mixte puisse être exercé par le Chef des unités d'infanterie qui, souvent mieux renseigné sur la situation initiale que le Chef des chars, dont l'arrivée en ligne peut être tardive, sera en outre amené à participer de bout en bout au combat, et en particulier à la conservation du terrain. Toutefois, si les vicissitudes du combat ou l'organisation initiale du commandement amènent le chef des unités de chars à exercer le commandement du groupement mixte, cet officier doit adopter comme poste de commandement celui du régiment d'infanterie et prendre obligatoirement comme adjoint, le commandant de ce régiment* ».

Char FT à Goulmina (Maroc) dans les années 1930.
Présenté ici dans une version peu courante armée d'une pièce de 75 mm, le FT fait encore bonne figure pendant la guerre du Rif, mais il serait complètement obsolète sur un éventuel front européen. Aussi de nombreuses hypothèses de réemploi sont proposées, comme celle de le réarmer d'une pièce antichar de 25 mm pour en faire une tourelle mobile. Ce concept sera appliqué, mais à la fortification, à l'image de celle visible à droite, dite « *tourelle démontable STG modèles 1935/1937 pour mitrailleuse de 8 mm* ». Le grillage est destiné à couvrir la tourelle d'éléments de camouflage et à la protéger du jet de grenades. Bundesarchiv Bild 101I-382-0204-22A, photo Greiner

n'ayant participé à l'élaboration de cette instruction, ces engins y sont bien peu présents et la vision de leur emploi est principalement résumée dans son 38e article, cité ici dans son intégralité : « *Les chars de combat comprennent divers types d'appareils. Ils se différencient par leurs caractéristiques, savoir : vitesse, mobilité, armement, protection, rayon d'action, moyens de commandement. Les chars de combat peuvent recevoir pour mission : Soit d'accompagner l'infanterie au combat et d'agir en liaison intime avec elle en s'attaquant aux armes automatiques qui arrêtent sa progression ; soit de précéder largement l'infanterie et les chars d'accompagnement sur leurs objectifs successifs ; soit de s'attaquer aux formations blindées ennemies ; soit de pénétrer profondément dans le 3e dispositif adverse dès qu'il paraît suffisamment ébranlé et d'atteindre ainsi les armes les plus lointaines et les organes de commandement.*

Lorsqu'il n'existe plus de résistance très sérieuse et que l'exploitation du succès semble possible, les chars peuvent alors former l'ossature de détachements mécaniques, constitués notamment au moyen des engins blindés de toutes les unités en situation d'intervenir (groupes de reconnaissance motorisés, brigades motorisées des divisions de cavalerie, éventuellement, divisions légères mécaniques). Les unités de chars les moins rapides et les moins aptes aux actions profondes reçoivent par priorité les missions d'accompagnement de l'infanterie. Lorsqu'elles sont munies d'appareils radioélectriques, les unités de chars les plus rapides peuvent, en plein combat, constituer un élément de manœuvre souple et puissant dans les mains d'un commandant de Grande Unité. »

Dans le *rapport au ministre* précédant cette *Instruction sur l'emploi tactique des Grandes Unités*, une affirmation lourde de conséquence par l'influence qu'elle engendrera dans la doctrine d'emploi des chars est mise en valeur par une écriture en italique : « *En ce qui concerne l'emploi des chars on ne saurait trop mettre en lumière qu'aujourd'hui l'arme antichar se dresse devant le char comme pendant la dernière guerre, la mitrailleuse devant l'infanterie.* »

Pouvant sembler de bon sens, cette affirmation sera contestée par de nombreux officiers de chars. Il est en effet peu pertinent de comparer la mitrailleuse, arme à tir rapide, aisément transportable et disponible en très grand nombre, aux pièces antichars, semi-automatiques, peu maniables, bien souvent impossibles à déplacer une fois engagées dans la défensive et généralement présentes en nombre insuffisant pour pouvoir réaliser d'importantes concentrations de feu. Cette influence joue un rôle de première importance dans la rédaction de la *Notice sur l'emploi des chars modernes* du 15 novembre 1937 [10] où l'on peut lire : « *Les chars modernes étant, comme leurs devanciers, inaptes à conquérir le terrain et à l'occuper durablement, mais seulement à en assurer, en liaison avec l'artillerie, une neutralisation essentiellement fugitive, leur rôle unique est d'agir au profit direct et immédiat de l'infanterie qui a d'ailleurs le devoir d'exploiter leur action dans le moment même où elle s'exerce.* »

Voila une curieuse interprétation de l'expérience de la guerre précédente et des évolutions de la motorisation qui choquera de nombreux officiers de chars. Cette notice est d'ailleurs bien difficile à interpréter dans son ensemble puisque ce dernier paragraphe est immédiatement précédé de : « *Au cours de ces opérations* [offensives] *montées méthodiquement, il y aura toujours intérêt à employer les unités de chars par surprise, en grand nombre, sur de larges fronts dans des attaques profondes visant au moins l'enlèvement du dispositif d'artillerie.* »

Or, si la difficulté à occuper se conçoit à cause de la vulnérabilité aux tirs d'artillerie, l'inaptitude à conquérir est fort discutable. D'autre part, si la conquête est suffisamment profonde, il y a beaucoup moins de risque à occuper puisque les positions d'artillerie sont dépassées. De plus, les pièces de l'époque pouvant tirer à des portées s'étalant généralement de 10 à 20 km et il est fort peu probable de voir l'infanterie couvrir rapidement de telles distances en plein milieu du dispositif ennemi. L'adversaire pourrait donc reconstituer une ligne de défense, les progrès de la motorisation lui permettant d'ailleurs de le faire plus rapidement que lors de la Grande Guerre. Seules des unités d'infanterie mécanisées seraient à même de remplir ce type de missions, mais les DCR ne vont disposer que d'un seul bataillon de chasseurs portés, effectif très insuffisant pour accompagner les chars. Les DIM, enfin, ne posséderont pas en propre de moyens de transport pour leur infanterie et resteront tributaires du Train pour leurs déplacements, qui d'ailleurs ne se feront qu'en camions et autocars, ces véhicules n'ayant aucune capacité tout terrain.

Plus étonnant encore, la *Notice sur l'emploi des chars modernes* précise d'autre part que les chars modernes en service ont tous « *une protection qui, aux moyennes distances et dans les conditions normales de combats (invulnérabilité presque totale au-delà de 400 m sous incidence 30°), les rend pratiquement invulnérables aux coups des armes antichars dont sont actuellement dotées les infanteries françaises et étrangères ; un armement qui comporte, au moins, un canon et une mitrailleuse sous tourelle tous azimuts ; un rayon d'action minimum de 6 heures de marche assuré par l'approvisionnement en*

Défilé de chars D1.
Ici dotés de leur tourelle définitive (ST2), les chars D1 sont des engins modernes et bien armés pour leur époque. À peine visible au centre du glacis, la mitrailleuse de caisse doit être orientée horizontalement par ripage des chenilles. Peu pratique, ce procédé sera néanmoins adopté pour l'armement de caisse du char B, en raison de sa mise en œuvre par le pilote. À noter la présence d'un phare orientable par le pilote lorsque sa trappe est ouverte.

Char léger H-35.
Anticipant les besoins de l'armée pour remplacer le FT, Hotchkiss lance une étude de char léger en 1933 aboutissant deux années plus tard au H-35. L'engin sera pourtant refusé par l'infanterie, celle-ci souhaitant à l'époque constituer son parc de chars légers avec des R-35. Bien que présentant certaines caractéristiques techniques intéressantes, comme une caisse fabriquée en acier coulé, le H-35 souffre des mêmes défauts que son homologue proposé par Renault, comme un manque de puissance et d'adhérence. Ce constat engendrera l'arrêt des fabrications dans l'attente d'une version améliorée, le H-39. Mais à l'époque de son homologation, le H-35 peut être rapidement fabriqué en série par Hotchkiss et cet argument prend le pas sur toute autre considération. Hormis la tourelle, commune aux deux engins, aucune autre pièce n'est interchangeable avec le R-35

carburant porté sur l'appareil lui-même ; des vitesses instantanées variant de 20 à 30 km/heure et permettant d'effectuer de jour, en colonne, des étapes maxima de 60 à 120 km à des vitesses moyennes (haltes comprises) de 10 à 12 km/heure. »

On peut donc aussi s'interroger sur cette doctrine d'emploi reconnaissant pourtant le potentiel des unités blindées dans une guerre de mouvement. Toujours est-il qu'après avoir longuement détaillé la méthode de progression dans l'attaque par bonds successifs, afin d'attendre l'arrivée de l'infanterie, le chapitre consacré à l'offensive s'achève sur un dernier paradoxe en mentionnant que « *le rythme de l'exploitation peut être accéléré notablement par l'emploi des chars puissants (B et D)* [...]. *Lorsqu'on ne rencontre plus de résistance très sérieuse, ces mêmes appareils peuvent constituer l'ossature des détachements mécaniques employés à la poursuite* ». Ce texte est immédiatement suivi d'un renvoi à l'article 38 de l'*Instruction sur l'emploi tactique des Grandes Unités* cité plus haut. Certes, ces « *détachements mécaniques* » ouvrent la voie à un système interarmes mais ils vont s'avérer impossibles à mettre sur pied et toutes les attaques et contre-attaques de chars durant la campagne seront accompagnées d'infanterie à pied, l'ensemble étant incapable de se projeter rapidement en profondeur dans le dispositif ennemi.

Paraitront ensuite deux autres documents concernant le combat des chars, tout d'abord le *Règlement des unités de chars de combats* dans sa version de 1939, distribuée à partir du dernier trimestre de cette même année, et la *Notice provisoire sur l'emploi des Divisions Cuirassées* du 28 juin 1938. Si le premier, déjà abordé, n'apporte rien de nouveau, le second est atypique car il prévoit notamment la mise en œuvre de ces Grandes Unités « *dans la bataille offensive au cours du développement des attaques, en vue de prolonger l'action morale des divisions engagées et de pénétrer rapidement et profondément dans le dispositif ennemi dans l'exploitation* ».

Ce manuel arrive trop tard pour avoir une influence sur les habitudes des cadres de l'armée, *a fortiori* lorsque l'on sait que bon nombre d'unités d'infanterie n'ont encore jamais côtoyé d'autres blindés que les vieux FT lors de manœuvres. Plus inquiétant, de nombreux rapports de commandants de chars à l'échelon des armées ou de groupes de bataillons de chars font état d'une méconnaissance des règles d'emploi de leurs engins à tous les échelons du commandement. Il n'est pas plus accordé de crédit aux conseils d'utilisation donnés par les spécialistes des blindés, alors que ces derniers sont prévus pour être engagés sous les ordres d'unités d'infanterie commandées par des officiers peu, voire pas formés à l'utilisation des chars. Signalons enfin qu'entre la parution de cette *Notice provisoire sur l'emploi des Divisions Cuirassées* et la mise sur pied de la première DCR, bien des aspects de sa composition organique auront été modifiés et qu'il n'existe que 2 BCC de chars B à l'époque de sa parution.

Le sujet de l'emploi des chars étant à son paroxysme, le colonel de Gaulle transmet le 11 novembre 1939 une *note relative aux modifications à apporter aux règlements concernant l'emploi des chars* au 3e bureau du GQG [11] avec copie au général Keller, inspecteur des chars, soulignant les incohérences de la doctrine en vigueur concernant les unités de chars d'infanterie et concluant par les modifications à lui apporter : « *Il semble que nos Règlements, en tant qu'ils concernent les chars soient à modifier d'après les principes suivants :*
1° : L'Arme des chars a pour rôle de briser, par l'attaque, la résistance ou l'attaque de l'ennemi.
2° : L'action des chars doit être massive et coordonnée en largeur et en profondeur. Elle s'effectue par masses commandées en largeur et en profondeur.
3° : Les chars combattent sous les ordres de leurs chefs.
4° : Les chars agissent dans le cadre d'une grande unité. Le commandement de la Grande Unité fixe sa mission à la masse de chars et en arrête le plan d'emploi. Le commandement des chars assure l'exécution en liaison avec les autres armes.
Ces principes d'emploi entraineraient nécessairement une organisation nouvelle des chars. Ceux-ci seraient constitués : Les uns, en Divisions Cuirassées, susceptibles de participer comme telles à toutes les phases du combat offensif, soit individuellement dans le cadre d'un Corps d'Armée du type normal, soit par groupement en Corps Cuirassé. Les autres, en brigades, destinées à agir comme telles, soi dans le cadre et par renforcement des Divisions Cuirassées. Il va de soi qu'une telle organisation impliquerait pour les chars de tous types l'emploi généralisé de la radio, et, pour leurs chefs à tous les échelons, l'usage de véhicules de Commandement blindés et tous-terrains. »

Comme on peut le constater, le futur général a parfaitement assimilé les conséquences de la doctrine en vigueur allant conduire à la dislocation des unités blindées et à l'engagement par petit nombre des chars. Six jours plus tard, le 3e bureau du GQG édite une note destinée aux généraux Keller et Dufieux (inspecteur général de l'infanterie) comportant la note initiale de De Gaulle accompagnée de la mention : « *avec prière de bien vouloir émettre un avis sur les idées et propositions contenues dans cette note* » [12]. Le général Keller y répond dans une note émise le 1er décembre 1939 résumant bien la vision prédominante de l'emploi des chars à cette époque : « *Il m'apparait hasardeux*

Deux R-35 débouchent d'une lisière lors d'un exercice hivernal.
L'arrivée en nombre des matériels modernes impose de revoir bien des éléments de l'organisation de l'armée. Il est facile d'imaginer les possibilités engendrées par l'augmentation significative de la motorisation, mais celle-ci doit impérativement s'accompagner de tout un ensemble de mesures visant principalement à former les hommes devant utiliser ou maintenir les véhicules.

Notes :
10 : Ce document a été rédigé par le bureau des opérations militaires et instruction générale de l'armée, en coopération avec la direction de l'infanterie. Une mise à jour est en cours de rédaction en 1940.
11 : Note n° 1439.
12 : Note 502-3/FT du 26 novembre 1939.

Un H-35 franchissant une tranchée.
Cette vue impressionnante ne doit pas faire oublier que le H-35 manque de puissance, faiblesse résolue avec son successeur, le H-39, sa motorisation passant alors de 75 à 115 CV. Ainsi remotorisé, la vitesse du H-39 augmente d'une dizaine de km/h (27 pour le H-35 contre 36 pour le H-39) et cette caractéristique lui permet d'être bien mieux adapté aux missions de la cavalerie à laquelle il a été imposé par le général Gamelin.

de considérer comme caducs les enseignements de la dernière guerre, qu'en dernière analyse, aucun ensemble de faits suffisamment probants n'est venu infirmer. Les conditions dans lesquelles se sont déroulées les opérations en Pologne sont en effet très particulières. Elles comportent, tant au point de vue du terrain qu'à celui des forces en présence, un ensemble de facteurs extrêmement favorables aux Allemands. À supposer que les positions fortifiées du front actuel soient rompues ou tournées, il ne semble pas que nos adversaires puissent retrouver un concours de circonstances aussi propice à la "Blitzkrieg".

On peut donc penser que dans les opérations futures le rôle primordial des chars consistera, comme par le passé, à briser les résistances qui arrêtent l'infanterie et à faciliter la progression de celle-ci sur les objectifs successifs. Cette conception du char, auxiliaire de l'infanterie - qui seule, en occupant le terrain, sanctionne le succès - est à la base de l'emploi du char : elle entraine la subordination des chars d'accompagnement à l'infanterie, qui me parait être, malgré tous ces inconvénients maintes fois signalés, une nécessité de fait. La liaison entre les chars d'accompagnement et les chars employés en manœuvre d'ensemble, bien que délicate, semble pourvoir être réalisée dans le cadre des dispositions prévues par le règlement. Il en est de même de l'appui donné par l'Artillerie soit aux chars de manœuvre d'ensemble soit aux groupements mixtes.

Mais il est bien certain que les esprits doivent être orientés vers la lutte chars contre chars, l'attaque des formations blindées ennemies et la riposte contre leurs entreprises. Ces missions sont d'ailleurs prévues dans le nouveau règlement de chars, et, depuis la campagne de Pologne, l'attention a été attirée sur elles à maintes reprises sur les différents échelons du Commandement. La période d'hiver sera mise à profit pour pousser l'instruction dans ce sens.

Par ailleurs, le Commandant des Chars de la 5e Armée [13] *préconise l'organisation des unités de chars soit en Divisions Cuirassées, soit en Brigades. Il est, à mon sens, particulièrement désirable de constituer aussitôt que les sorties de matériel le permettront, 2 puis 3 Divisions Cuirassées et de disposer ainsi de Grandes Unités blindées suffisamment puissantes et organisées, soit pour contre-attaquer les masses blindées adverses qui tenteraient d'exploiter une percée de notre front, soit pour achever dans une action de force la rupture du front adverse. Il semble d'ailleurs que ces Divisions doivent être fortement constituées en États-majors pour pouvoir absorber éventuellement plusieurs Bataillons de Chars légers et opposer ainsi aux masses adverses des unités suffisamment puissantes tant en nombre qu'en qualité.*

La mise sur pied de Divisions Cuirassées une fois réalisée je ne verrais que des avantages à constituer, au fur et à mesure des sorties de matériel B (et D2) des Brigades Cuirassées qui seraient normalement mises à disposition des commandement d'Armées à raison d'une par Armée. Les Commandants d'Armée pourraient ainsi mettre en œuvre une masse organisée de chars puissants, les Divisions Cuirassées permettant par ailleurs au Haut Commandement de faire sentir son action là où il le désirerait.

En ce qui concerne les chars légers modernes, normalement destinés aux missions d'accompagnement, le jeu des Groupes de Bataillons pouvant encadrer un nombre variable de bataillons a l'avantage d'être assez souple pour pouvoir doter les Divisions d'Infanterie en fonction de leurs besoins. Cette organisation me paraît donc devoir être maintenue. En outre comme il a été dit plus haut, ces groupes de bataillons pourraient être intégrés, le cas échéant, à titre d'éléments de renforcement, dans les Divisions ou Brigades Cuirassées pour opposer, en cas de besoin, aux formations blindées ennemies une masse de chars suffisamment nombreuse. Cette solution est adaptée à nos possibilité du moment qui se réduisent à 40 bataillons de chars, 50 au printemps prochain.

Le mode d'emploi préconisé par le colonel de Gaulle séduisant à bien des points de vue, en exigerait un nombre très supérieur. La mise en œuvre d'une masse de chars de 2 à 3 bataillons par front d'attaque de Division et en avant de celui-ci ne saurait supprimer les chars d'accompagnement dont la nécessité se ferait d'autant plus sentir que toute l'artillerie travaillerait au profit de la masse des chars. 3 ou 4 bataillons de chars d'attaque seraient donc nécessaires pour une Division d'Infanterie assaillante. Pareil emploi ne me paraît pouvoir être envisagé avant que nous ne disposions de 80 à 100 Bataillons. Avant cette époque aucune modification de nos méthodes actuelles ne saurait être envisagée. »

Quant à l'avis du général Dufieux, nous le résumerons en citant la fin de sa réponse : « *J'estime que les conclusions du colonel de Gaulle sont à rejeter* ».

Mais l'affaire ne s'arrête pas là car le sujet est évoqué à deux reprises lors des réunions des chefs d'EM au GQG. Dans le cahier manuscrit des « *grands rapports* » on trouve :

- « *10 décembre 1939. Général Georges – Conditions d'emploi des chars : idées du colonel de Gaulle et du général Billotte à ne pas rejeter a priori. Réunir le général Dufieux, le général Keller, le général Billotte pour en discuter. En utilisant 6 bataillons de chars H-39, on pourrait avoir au printemps 3 petites divisions cuirassées de 3 bataillons B et 2 bataillons H-39 qui s'ajouteraient aux 3 DLM.* »
- « *16 décembre 1939 : Général Georges – Question des chars : Nous aurons au printemps 8 bataillons de B, 8 de H-39 et 30 de R-35. Le colonel de Gaulle voudrait créer des G.U. blindées ; Billotte aussi... on va examiner le problème, on étudiera aussi les caractéristiques des prototypes futurs.* »

De toute évidence les idées de Charles de Gaulle progressent au sein des hauts cadres de l'armée, à commencer par le général Billotte, commandant du GA 1, et par le général Georges, commandant le TONE, surtout qu'une *note* émise le 1er octobre par le GQG [14] *sur le rôle joué par les Grandes Unités dans la campagne de Pologne* précise qu' « *en somme, les corps*

FCM 36 n° 30068.
Il appartient à la 4e section de la 3e Cie du 4e BCC et se distingue par un trèfle rouge tracé de chaque coté de la partie arrière de la tourelle, invisible sous cet angle. Il sera l'un des quelques FCM 36 survivants à la campagne de France après avoir été réparé à deux reprises par les Cies d'échelon. Il passera ensuite probablement entre les mains allemandes et finira sa carrière comme obusier automoteur sous l'appellation de 10.5cm le FH 16 auf Gw FCM (f).

Camion atelier procédant à l'échange du moteur d'un FT.
La motorisation et la mécanisation de l'armée engendrent bien des conséquences qu'il n'est pas inutile de rappeler. Toutes les unités concernées nécessitent par exemple des infrastructures spécialisées dans le dépannage et le ravitaillement. Chaque unité blindée doit être dotée de quantité d'autres véhicules nécessaires à la bonne marche de l'ensemble, sans parler des nombreux spécialistes techniques devant intégrer ses effectifs.

blindés ont produit dans la bataille et au cours de l'exploitation des résultats décisifs sur des troupes, dont la solidité ne peut être mises en doute, puisque à égalité de matériel, elles ont toujours dominé celles de l'adversaire. Mais il faut reconnaître que les qualités de puissance et de vitesse des unités blindées allemandes ont été multipliées par la coopération d'une aviation qui disposait d'une efficacité numérique écrasante et qui a bénéficié de circonstances atmosphériques exceptionnelles.

Toutes les combinaisons que le Haut Commandement a échafaudées, pour faire face à la situation critique créée par la rapidité de l'avance des unités blindées, se sont effondrées, non seulement parce qu'il n'avait pas su prendre à temps les décisions nécessaires, mais surtout parce que les réactions qu'il a tentées ont été paralysées par l'action en profondeur de l'aviation allemande. »

Rappelons en outre que l'esprit d'initiative des cadres a très peu été encouragé durant leur formation et que bon nombre d'entre eux estiment devoir attendre des ordres écrits pour les exécuter. Ces deux conditions sont bien évidemment peu propices aux réactions rapides rendues incontournables par la guerre de mouvement, pendant laquelle la situation peut évoluer rapidement et constamment. Or, les DCR ne pourront combattre qu'encadrées par d'autres Grandes Unités car elles ne disposeront que de très peu de services divisionnaires et d'infanterie d'accompagnement. En outre, leurs dotations organiques ne leur accorderont aucune unité de reconnaissance ni de défense antiaérienne. Ensuite, et malgré la réelle avancée doctrinale citée précédemment dans leur notice d'emploi, les DCR seront mises sur pied trop tardivement[15] pour pouvoir bénéficier de l'irremplaçable entrainement à l'échelon interarmes et même parfois divisionnaire. Cet impératif d'entrainement devient encore plus complexe à gérer après la modification de leur composition organique, décidée en décembre 1939, où deux bataillons de chars légers remplacent deux BCC de B1 bis, faute d'une disponibilité suffisante du puissant char.

À partir du 10 mai 1940, lorsque les opérations débutent, les conséquences de cette impréparation se font durement sentir. Le témoignage du commandant du 16e BCPortés de la 3e DCR est parfaitement représentatif des difficultés rencontrées par ces divisions lors de la campagne de France. À propos de la journée du 12 mai 1940, il écrit : « *En ce qui concerne le Bataillon, aucun exercice de combat avec chars n'a été exécuté. Aucune liaison radio n'existe entre Chars, Artillerie et Infanterie. Les conducteurs de véhicules spéciaux en sont à leur deuxième sortie. La tactique du combat propre au Bataillon de chasseurs portés en coopération avec les chars n'est pas au point. Seuls, quelques exercices de cadres ont été faits à l'échelon Division. Il lui faudrait encore trois mois d'instruction et d'entrainement pour être prêt à son nouveau mode de combat. Le 16e Bataillon se préparait à commencer le 15 mai le deuxième stade de son instruction de motorisé. Son instruction tactique mécanisée était à peine ébauchée. Dans la nuit du 9 au 10 mai le Bataillon fait son premier exercice de nuit en convoi. Au lever du jour il est tout surpris d'être bombardé par avion.* »

Bien que se rapportant plus aux lenteurs de production qu'à la doctrine, signalons que la disponibilité en matériels est indigne d'une unité de ce type. Au sein du 16e BCPortés, il manque 20 chenillettes Lorraines 38 et 3 chenillettes Renault UE sur 5. Pire encore, l'unité n'a pas reçu sa section organique d'éclaireurs motocyclistes. Il n'y a d'ailleurs ni moto de liaison, ni d'automitrailleuse (comme d'ailleurs au sein des BCPortés des 2 précédentes DCR), ni même de camion atelier ou d'appareils radio.

Enfin, les DCR souffriront d'un emploi particulièrement inadapté, souvent même dans l'irrespect le plus total de leur doctrine d'emploi, à savoir un engagement en masse de leur moyens. Elles seront souvent morcelées afin de renforcer des lignes défensives et perdront ainsi la plus grande partie de leur efficacité et de leur puissance. Engagées en masse, elles auraient pourtant pu s'opposer efficacement à la Wehrmacht. Au sein des 1re et 2e DCR, mieux préparées et équipées que les suivantes, les effectifs vont rapidement fondre entre le 15 et le 20 mai. Faite dans l'urgence, leur reconstitution nécessitera l'intégration d'unités de chars de toute provenance en fonction des disponibilités, dirigées par des cadres n'ayant fort logiquement aucune notion des missions et du mode de fonctionnement d'une DCR.

D'autres lacunes fondamentales persisteront durant toute la campagne, dont le manque de connaissance de la doctrine propre aux DCR n'est pas la moindre. Le commandant de la 1re DCR, le général Bruneau, témoigne : « *Le personnel, après les combats de juin était tout à fait au point en ce qui concerne les reconnaissances techniques*

Deux R-35 s'engagent dans un champ.
Masqués par un fumigène, ils quittent la route pour se déployer. À noter que les trappes ouvertes signifient que la zone ne doit pas être dangereuse. Le soldat de dos visible entre les engins donne une idée des dimensions réduites des R-35.

Notes :
13 : Il s'agit de Charles de Gaulle.
14 : C'est la note n° 0295 3/FT établie à la suite du rapport du général Faury, chef de la mission militaire française en Pologne.
15 : Les 1re et 2e DCR sont mises sur pied le 1er janvier 1940, la 3e le 15 mars et la 4e le 25 avril. Ces dates correspondent au début du rassemblement de leurs unités organiques et ne peuvent donc pas être considérées comme synonyme du passage à une réelle capacité opérationnelle. Rassembler des unités pour former une division nécessite ensuite une longue période d'entrainement, primordiale pour la cohésion d'ensemble et une efficacité optimale au combat.

Marques distinctives des chars d'infanterie.
Bien que souvent employés, ces marquages, normalement appliqués sur les tourelles, ne seront pas systématiques tandis que certains chars de commandants de Cie arboreront parfois les 4 as. Ils seront également employés au sein des unités de cavalerie pour leurs escadrons et pelotons.

et la préparation morale. Sa préparation tactique était à peu près nulle. Cela n'est pas étonnant étant donné que tous les efforts du Commandement en temps de paix avaient tendu à empêcher le personnel des chars de songer à autre chose qu'à l'accompagnement de l'Infanterie sous les ordres des Chefs de Bataillon d'infanterie. »

Quant à la 4e DCR du général de Gaulle, ses résultats opérationnels sont presque inespérés au vu des conditions de sa constitution, faite d'unités parfois à peine mises sur pied, peu instruites et assemblées directement sur le champ de bataille avec des matériels sortant d'usine, tel qu'en témoigne le chef de bataillon Petit, commandant le 47e BCC : « *La mise sur pied du 47e Bataillon de chars B était en cours lorsqu'il fut dirigé sur le front. Le matériel char a été perçu in-extremis, les chenillettes pendant le transport par voie ferrée, les moyens de sauvetage n'ont jamais été touchés. Le rendement en a été naturellement affecté spécialement en ce qui concerne le commandement des unités, l'exécution des manœuvres, l'entretien et le sauvetage du matériel.* »

Peu de temps avant le début des opérations, des bataillons de chars d'instruction et de manœuvre ont pourtant été mis sur pied afin de débuter l'instruction avant que ne soient réunis l'ensemble des matériels prévus par les TEG mais ces mesures pertinentes sont prises après la mobilisation générale et elles ne précèdent pas suffisamment les premiers combats pour porter leurs fruits.

Plus généralement, l'infanterie n'endivisionnera qu'environ un tiers de ses chars au sein des DCR, les autres étant répartis par bataillons autonomes, placés sous le commandement de chaque armée déployée au front. Ces derniers seront eux aussi très souvent engagés par compagnie, voire même par section selon les circonstances. Déjà critiquable, la doctrine d'emploi des chars d'infanterie ne sera donc bien souvent pas respectée par le commandement. Dans la majorité des cas, les engins français seront engagés dans l'urgence, en infériorité numérique, et avec peu de moyens défensifs contre les attaques aériennes ennemies. Dans ces conditions et en dépit de l'indiscutable esprit de sacrifice de bien des équipages, leur impact sur la bataille ne sera jamais à la hauteur de ce qu'il aurait pu être.

La doctrine de la cavalerie mécanisée

Traditionnellement, la doctrine de la cavalerie se définit par des actions de renseignement, de couverture et de combat. Le renseignement s'exerce au bénéfice du commandement en toutes circonstances, mais plus spécialement avant la bataille. Il consiste à déterminer les positions atteintes par l'ennemi, ses directions de marche, l'importance et l'ordre de bataille des forces dont il dispose en premier échelon. C'est la mission d'exploration, fournissant des informations précises mais de surface, devant être complétées par les renseignements en profondeur que seule l'aviation est à même de rechercher.

L'exploration se compose de deux phases : la découverte et la reconnaissance. La première consiste à détecter la présence de forces adverses en toute discrétion. Elle est normalement effectuée par des éléments légers caractérisés par leur mobilité et leur fluidité. Elle s'opère en dissimulant sa marche et en cherchant à éviter le combat. La seconde complète la première en évaluant les contours et la puissance du premier échelon du dispositif ennemi. Les unités de reconnaissance sont en général suffisamment puissantes pour mener des combats de courte durée permettant d'identifier les éléments ennemis rencontrés et leur composition avant de rompre rapidement le contact. Au-delà de renseigner, ces missions fondamentales permettent en outre de palier l'effet de surprise pouvant être recherché par l'ennemi.

La couverture consiste à protéger le mouvement des gros d'une unité et éventuellement à arrêter momentanément l'ennemi, ou à freiner son avance par une action retardatrice. Cette mission de sûreté est effectuée soit dans la marche en avant en précédant les gros à distance convenable et en fouillant le terrain, soit au cours de la bataille en se plaçant sur les flancs exposés aux attaques, soit pendant une retraite en se sacrifiant pour diminuer la pression de l'ennemi.

Enfin, la cavalerie est un élément combattant dans la bataille. Dans l'offensive, elle est particulièrement indiquée pour engager des manœuvres débordantes et pour exploiter des succès. Elle joue dans la poursuite un rôle prépondérant. Dans la défensive, elle constitue une réserve utilisable pour parer aux manœuvres de l'ennemi, renforcer une partie du front en voie de fléchissement, ou limiter rapidement les conséquences d'une rupture locale du système défensif.

Durant la Grande Guerre, après quelques rencontres heureuses, la cavalerie doit abandonner le combat à cheval, remettant fondamentalement en cause sa doctrine d'emploi. Si ses unités peuvent toujours se déplacer rapidement, elle est tout aussi confrontée que l'infanterie à la puissance de feu de la mitrailleuse pouvant anéantir toute formation montée lancée à l'attaque ou au cœur du dispositif ennemi. Dans ces conditions, elle se dote des mêmes moyens de combat que l'infanterie et les cavaliers abandonnent sabres et lances au profit des fusils, des baïonnettes, des grenades et des armes automatiques mais aussi d'un uniforme et d'un équipement similaires à ceux du fantassin. Cette transformation fondamentale se heurte rapidement à un problème majeur car les troupes montées sont incapables d'emporter des matériels pesants et tout particulièrement des armes lourdes et des munitions en grand nombre.

Cette évolution engendre des conséquences d'ordre stratégique car la cavalerie se retrouve incapable d'assumer ses missions de découverte et de reconnaissance. Son emploi est limité à l'exploitation ou comme force mobile pouvant être rapidement envoyée sur des secteurs du front en difficulté. Or, durant la guerre, il existe peu de situations où l'exploitation peut être sérieusement envisagée, faute de percées décisives des fronts, d'autant plus qu'une unité de seconde ligne armée de mitrailleuses est capable de contrer efficacement l'avancée de troupes montées. La doctrine traditionnelle de la cavalerie devenant en grande partie inapplicable certains prédisent sa disparition au profit de Grandes Unités d'infanterie à cheval. Et l'idée n'est pas dénuée de sens. À la fin de la guerre les DC sont équipées de 400 armes automatiques et comptent 2 groupes d'artillerie à cheval, 1 groupe cycliste et 3 escadrons d'automitrailleuses. Leurs moyens et missions étant assimilables à des DI rapides, on voit apparaitre la notion de *division légère*, les effectifs d'une DC étant bien moindres que ceux d'une DI.

À partir de 1925, la réduction de la durée du service actif engendre une diminution des effectifs et la cavalerie doit se réorganiser afin de maintenir un nombre de cadres suffisant pour pouvoir mettre sur pied les GRCA, les GRDI et les DC en cas de mobilisation. D'autre part, l'évolution de la motorisation permet de recomposer les DC en limitant à 4 les régiments montés et en les renforçant d'un régiment de dragons portés à 3 bataillons dont un seul est constitué en temps de paix. Ainsi, aux moyens automobiles initiaux de la cavalerie exclusivement composés d'automitrailleuses viennent s'ajouter d'autres véhicules non blindés mais tout-terrain. La vision d'une telle constitution est alors de faire suivre les troupes à cheval d'une réserve de combattants à pied. Mais les mentalités évoluent et la possibilité de confier des missions de découverte aux dragons portés sur véhicules tout-terrain est admise, compte tenu des caractéristiques de leurs matériels.

Cette évolution n'est pas sans engendrer de difficultés car l'intégration de nombreux véhicules rend la DC plus facilement repérable tout en compliquant considérablement ses impératifs de ravitaillement et

La division de cavalerie type 1932

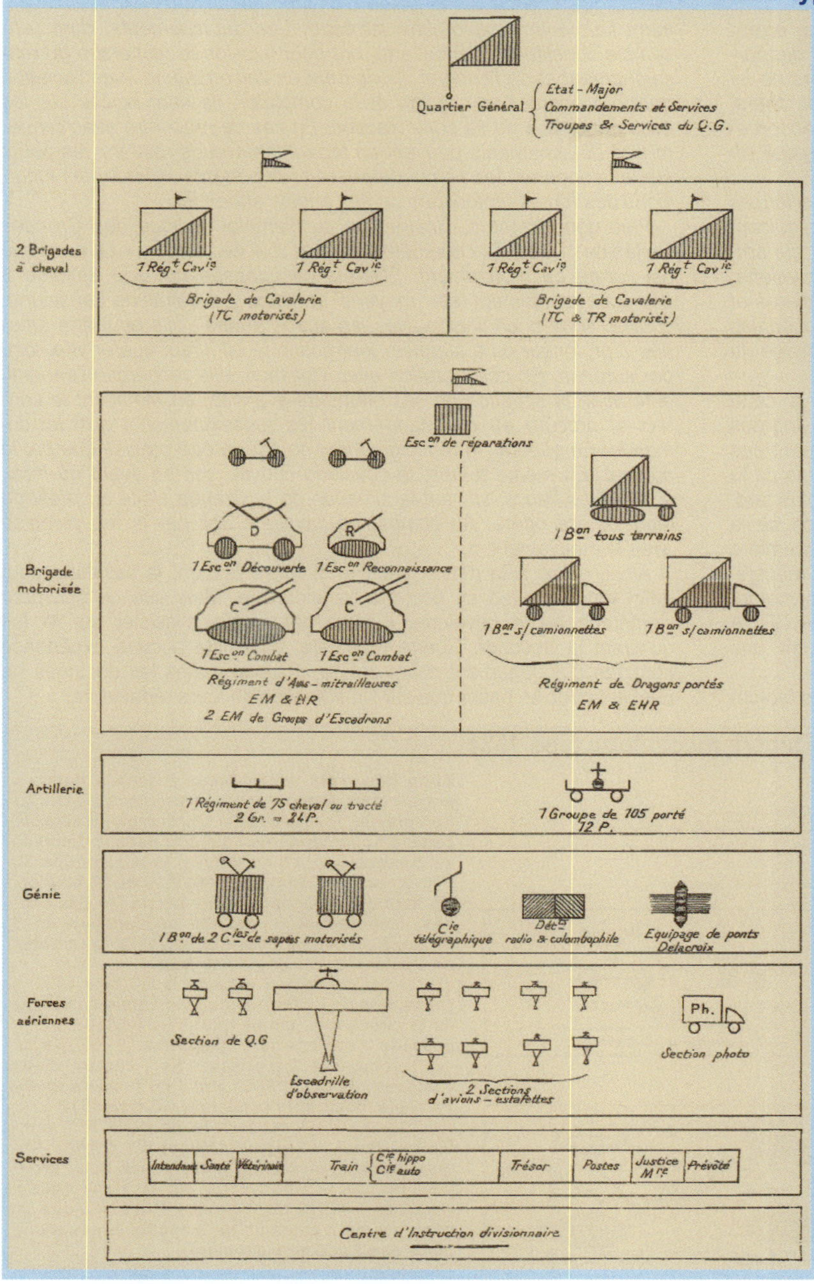

Document exceptionnel et jamais publié à notre connaissance, voici l'organisation de la DC type 1932, première révision de l'ordre de bataille d'une DC à intégrer une brigade motorisée. Pour entrer dans le détail de sa composition, la DC type 1932 comprend :

- 1 QG et les services habituels pour ce type de grande unité.

- 2 brigades à cheval d'1 EM et de 2 régiments chacune, se différentiant par leur train régimentaire motorisé ou pas.

Chaque régiment à cheval compte :

- **1 EM,**
- **1 peloton de commandement,**
- **1 Esc hors rang,**
- **1 Esc de mitrailleuses et engins,**
- **2 groupes d'Esc de 2 Esc chacun.**

Au total chaque régiment à cheval est armé de 48 FM, 12 mitrailleuses dont 4 de DCA, 1 canon de 37 et 2 mortiers.

- 1 brigade motorisée constituée de :

- **1 EM,**
- **1 groupe technique rassemblant 3 Esc : transmissions, pionniers et réparations.**
- **1 RDP :**
  - **1 EM,**
  - **1 peloton de commandement ,**
  - **1 EHR,**
  - **1 B^{tn} semi-chenillé,**
  - **2 B^{tn} portés sur camionnettes.**

L'ensemble du RDP est armé de 144 FM, 66 mitrailleuses dont 18 de DCA, 3 pièces de 37 et 6 mortiers.

- **1 RAM :**
  - **1 EM,**
  - **1 peloton de commandement,**
  - **1 EHR,**
  - **1 groupe de découverte doté d'1 EM, 1 peloton de commandement, 1 Esc d'AMD (1 peloton de commandement et 4 de 3 voitures de combat) et 2 Esc motocyclistes (1 peloton de commandement et 4 de 2 groupes de combat chacun),**
  - **1 groupe d'Escadrons de reconnaissance et de combat comptant 1 EM, 1 peloton de commandement, 1 Esc d'AMR (1 peloton de commandement et 4 pelotons de 5 voitures de combat), et 2 Esc d'AMC (comprenant chacun 1 peloton de commandement et 4 autres de 3 voitures de combat).**

Au total, le RAM dispose de 32 FM, 56 mitrailleuses et 36 canons de 37, non compris les mitrailleuses de rechange et l'armement des véhicules de volant.

L'artillerie dispose de :

- **1 RA à 2 groupes de 75 hippomobiles ou motorisés,**
- **1 groupe de 105 porté.**

Le génie est représenté par 1 B^{tn} de sapeurs-mineurs motorisée à 2 Cies tandis que les transmissions se composent d'1 Cie télégraphiste, d'1 détachement radio et d'1 autre colombophile. On y trouve également 1 équipage de ponts type Delacroix (matériel ancien), devant être remplacé par un matériel moderne.

Le train est doté d'1 Cie hippomobile et d'1 Cie auto comprenant 1 Esc d'orientation, 1 section de transport et 1 atelier divisionnaire.

En chiffres ronds, une division de cavalerie type 1932 dispose de 500 officiers, 13 500 hommes, 5 600 chevaux, 1 380 véhicules automobiles, 850 motos et 260 voitures hippomobiles.

d'entretien. D'autre part, les capacités des véhicules des dragons portés en tout terrain restent encore limitées et l'absence de blindage ne les protège pas des tirs ennemis. Si la DC devient plus puissante, elle est aussi plus lourde et nécessite l'augmentation de ses services divisionnaires. Mais cette évolution lui permet à nouveau de remplir des missions de contact, de découverte et de couverture en retrouvant sa mobilité traditionnelle. Seule l'offensive lui est difficile, faute d'une puissante artillerie ne pouvant soutenir efficacement l'ensemble de ses troupes. Il est enfin constaté que la cavalerie montée est incapable d'assurer la sûreté d'unités motorisées dans la mesure où celles-ci se déplacent plus rapidement que les chevaux. Or, la motorisation commence à s'accroitre considérablement au sein de l'armée.

À partir des années 1930, les unités de cavalerie ne cessent d'être modifiées afin de leur rendre leur si précieuse doctrine d'origine en augmentant considérablement leur degré de motorisation et de mécanisation. Une première étape majeure a lieu avec la DC type 1932, supprimant bon nombre d'unités à cheval au profit d'unités motorisées et blindées. Cette cohabitation au sein d'une grande unité perdurera dans ses grandes lignes jusqu'en 1940 et entraînera son surnom de « *pétrole - picotin* ».

À la même époque, les réflexions portent également sur la transformation de certaines DC en Grandes Unités entièrement motorisées et mécanisées. Cet impératif évident va pourtant se heurter à bien des oppositions, la cavalerie étant sans conteste l'arme la plus traditionaliste de l'armée [16]. Le général Brécard, alors membre du CSG et inspecteur général de la cavalerie déclare dans un article publié dans la *Revue de l'officier de réserve* d'octobre 1933 : « *Il s'agit de dangereuses utopies. Nous ne savons pas ce que cela peut donner.*

1° Que nos divisions de cavalerie constituent une force véritable à la disposition du haut commandement, et que la suppression de ces divisions pour les remplacer par des formations automobiles dont on n'a pu apprécier ni la composition, ni le matériel, ni le rendement nous entraîne dans un inconnu redoutable où nous pouvons éprouver les

AMC Schneider P 16.
Dérivée d'un prototype conçu par Citroën et Schneider en 1928, cette AM est un engin moderne pour son époque et 96 exemplaires sont livrés entre 1929 et 1930. Leur fonction d'AMC sera ensuite avantageusement repris par les S 35 reléguant les P 16 à des missions d'AMR, rôle qu'elles joueront toujours en 1940 faute de disponibilité suffisante d'AMR plus récentes.

Note :
16 : Mais c'est aussi l'arme où l'on trouve les officiers les plus ouverts aux innovations.

plus lourds mécomptes. La prudence commande de les maintenir dans l'état actuel.
2° Qu'une nation qui ne possède pas d'essence commet une erreur pour ne pas dire une faute en faisant reposer sa tactique sur des formations uniquement automobiles alors que la liberté des mers ne lui est pas garantie et que certaines armes comme l'aviation, les chars, les automitrailleuses, grandes consommatrices d'essences absorberont la plus grande partie des disponibilités. Il paraît donc logique de maintenir nos divisions de cavalerie et nos divisions à cheval.
3° Qu'un pays qui possède les races de chevaux merveilleuses comme celles dont dispose la France commet une faute en réduisant le coefficient de rendement de ses différentes races. C'est ce qui arrivera forcément en France par la réduction progressive de la cavalerie. Peu à peu les possesseurs de juments vendront leurs poulinières et l'élevage du cheval qui constitue une de nos richesses nationales disparaîtra en quelques années. Il faut donc sauvegarder l'élevage du cheval. »

Si ces deux premiers arguments sont compréhensibles à cette époque, le troisième trouve ses sources dans un ancien lobbying des éleveurs normands, visant à imposer leurs chevaux au détriment des races barbes élevées en AFN bien mieux adaptées aux besoins de la cavalerie. Le projet est néanmoins poursuivi et deux années plus tard, la cavalerie va subir une véritable révolution avec l'apparition de la DLM, dont la version initiale, le type 1934, représente la première Grande Unité au monde devant être entièrement motorisée et mécanisée. L'organisation de la DC type 1932, dotée d'une brigade motorisée, puis de celle de la DLM type 1934 et enfin de GRDI et de GRCA partiellement ou totalement motorisés va permettre d'acquérir une certaine expérience de leur emploi.

En conséquence, la *Notice provisoire sur l'emploi des unités motorisées et mécanisées de cavalerie* de 1936 rappelle, au sujet de l'exploration, que « *la cavalerie dotée d'engins mécaniques est essentiellement l'arme de l'exploration terrestre. Les détachements, dont l'ensemble constitue la découverte, ont pour mission la recherche du renseignement et de l'ennemi. Ils opèrent en liaison intime avec l'aviation qui peut orienter leur action et la compléter. Ils sont lancés sur les axes principaux de sa zone d'action. En cas de rencontre avec l'ennemi ces détachements peuvent en tenant les nœuds routiers, les ponts sur les coupures, les points de passage importants, retarder les incursions des forces motorisées ou des engins ennemis* ».

Plus généralement, l'*Instruction sur l'emploi tactique des Grandes Unités* de 1936 déjà citée définit ainsi le rôle de l'arme : « *La cavalerie est l'arme du mouvement. Elle est caractérisée par son aptitude à déplacer rapidement ses moyens de feux. La cavalerie renseigne, couvre, combat en liaison avec les autres armes ; elle peut être amenée à prolonger ou à suppléer leur action là où il faut opérer vite, loin, par surprise. En collaboration avec l'aviation, elle recherche l'ennemi, détermine la situation de ses éléments avancés, en maintient le contact et procure au commandement les renseignements qu'il lui demande. En général, le renseignement ne pourra être précisé que par le combat. En même temps, la cavalerie couvre, soit en avant du front, soit sur les flancs, suivant la situation de la Grande Unité au profit de laquelle elle opère. Au combat, la cavalerie agit par le feu combiné avec le mouvement.* »

Ainsi, grâce à la motorisation et la mécanisation, la cavalerie peut enfin renouer avec sa doctrine traditionnelle. Mais que ce soit pour l'infanterie ou la cavalerie, il n'est pas inutile d'insister sur le fait qu'avant la Seconde Guerre mondiale, il n'existe aucune expérience concrète d'engagement chars contre chars et toutes les doctrines ne peuvent donc se baser que sur l'imagination de leurs rédacteurs.

La division légère mécanique type 1934

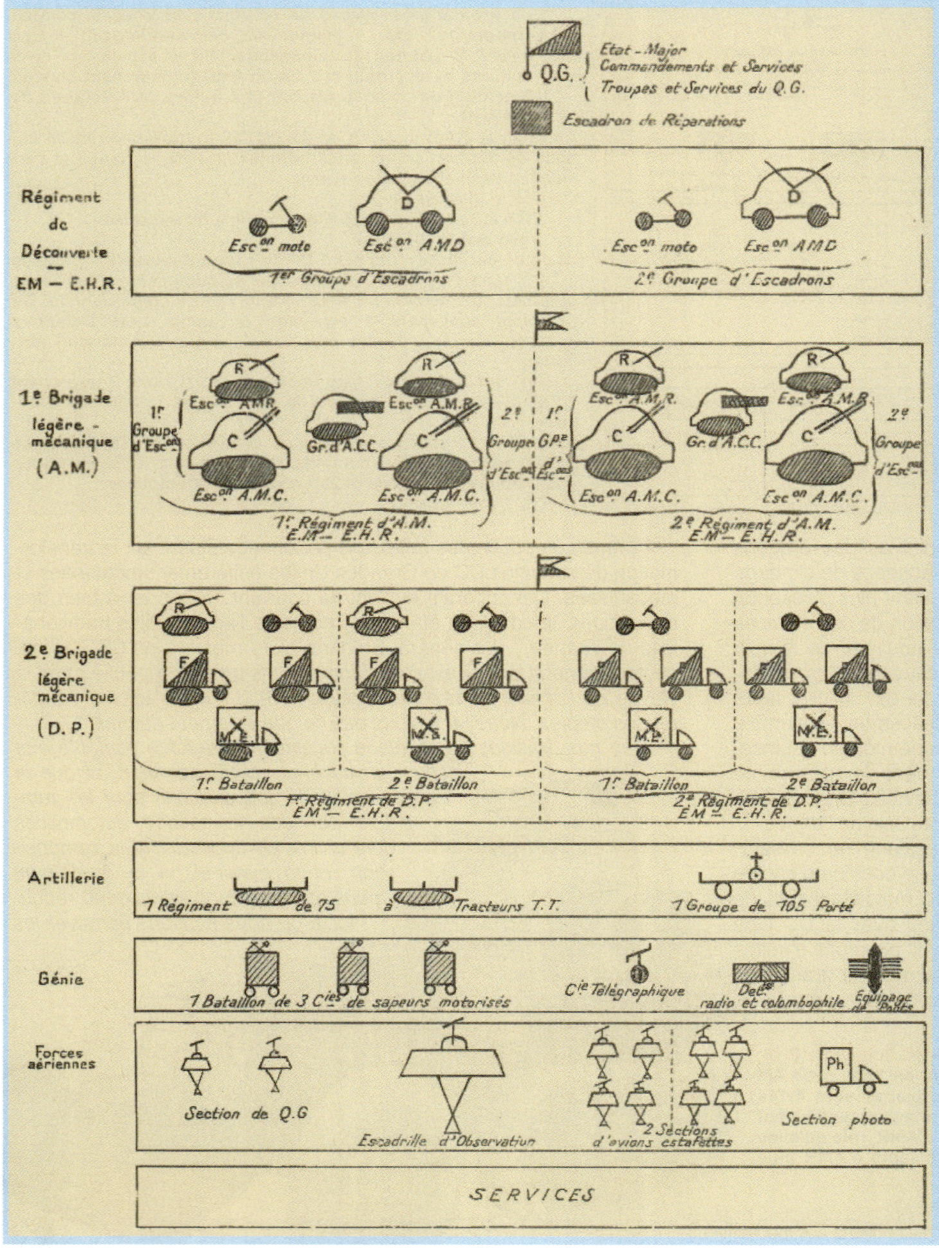

Autre document exceptionnel et jamais publié à notre connaissance, voici la première organisation prévue pour la DLM. Il s'accompagne d'explications nous permettant d'entrer dans le détail de sa composition. La DLM type 1934 regroupe 30 Esc de combat dont 18 motorisés et 12 blindés. Un tiers des troupes est tout-terrain (10 Esc blindés, 6 motorisés, la totalité de l'artillerie et 3 sections de génie). Tous les Esc d'AM sont dotés de 4 pelotons de 5 engins chacun.
Le QG est similaire à celui de la DC type 1932, à l'exception de 2 officiers supplémentaires chargés de la circulation, tandis que l'Esc de réparations possède 3 ateliers du 2e degré. Le Rgt de découverte comprend 2 groupes d'Esc, chacun d'eux composé d'1 Esc d'AMD et d'1 de fusiliers motocyclistes identique à celui de la DC type 1932.
La brigade d'AM est formée de deux Rgts semblables dotés d'1 Esc d'AMR et d'1 d'AMC. Notons ensuite l'étonnante présence de deux groupements de 6 autocanons de cavalerie (ACC), rattachés à l'EHR du régiment. Chacun d'eux se compose de 2 pelotons de 3 engins armés d'une pièce dite d'accompagnement.
La brigade de DP dispose de deux Rgts de dragons portés, le 1er étant doté de véhicules tout-terrain. En plus de l'EM et de l'EHR, il regroupe 2 bataillons semblables à 5 Esc, 1 d'AMR, 1 de fusiliers motocyclistes, 2 de fusiliers et 1 de mitrailleuses et engins. Le 2e Rgt de la brigade est porté sur camionnettes et se compose de 2 bataillons à 4 esc
4, 1 de fusiliers motocycliste, 2 de fusiliers et un de mitrailleuses et engins ainsi que d'un EM et d'un EHR.
À la différence du schéma, le texte précise que le RA est entièrement tracté tout-terrain (2 groupes de 75 et un de 105 L) alors que le dessin montre un groupe de 105 L porté. Il est possible qu'entre le schéma et le texte, quelques modifications aient été décidées.
Pour le génie, le Btn de sapeurs-mineurs regroupe 3 Cies, l'équipage de pont est d'un type encore à l'étude et les transmissions sont celles des GU de cavalerie de l'époque (Cie fil, détachements radio et colombophile). Les forces aériennes sont identiques à celles de la DC type 1932.
La différence majeure avec l'ordre de bataille des DLM réellement mises sur pied est la présence de deux RDP à 2 bataillons. Il est ainsi possible que l'on y trouve l'origine des TEG comprenant 1 RDP à 2 bataillons tout-terrain et d'un 3e doté de camionnettes, et d'autre part, l'explication de la composition à 2 brigades, où le régiment de découverte est intégré dans une brigade avec le RDP en temps de paix, mais devient non embrigadé en temps de guerre. L'EM de cette brigade sera d'ailleurs maintenu afin de permettre l'absorption de renforts et la constitution de 2 groupements tactiques.

4 : La mécanisation et la motorisation

Selon l'*Instruction sur l'emploi tactique des Grandes Unités* de 1936 : « *Quelque puissants que soient les fronts fortifiés, la décision, demain comme hier, ne s'obtiendra que par la manœuvre, dont la vitesse et la mobilité sont les éléments essentiels.* »

Cette introduction au chapitre consacré à la mécanisation, à la motorisation et aux engins antichars précise ensuite que « *les progrès de la motorisation donnent la possibilité de déplacer rapidement des forces importantes, ceux de la mécanisation permettent, par la création d'unités appropriées, de garantir la sûreté du mouvement de ces forces et d'appuyer leur action. Ainsi sont apparues, à côté des Grandes Unités du type normal, des forces nouvelles réunies en de Grandes Unités modernes et formant un "système" capable de mener la bataille par ses propres moyens. Dans ce système, la division de cavalerie a cédé la place à la division légère mécanique, la division d'infanterie est transformée en division motorisée. De semblables Grande Unités (DLM. et DIM.) obéissent, comme leurs aînées, aux principes immuables qui régissent l'emploi des forces armées.*

Mais, de ces principes permanents, celui de la sûreté, en particulier, doit être sinon révisé, du moins amplifié pour continuer de prémunir, à l'échelle du système motorisé, le chef et les troupes contre la surprise, rendue plus dangereuse par l'existence chez l'adversaire éventuel de moyens modernes, nombreux et rapides. Parallèlement à la création des Grandes Unités mécaniques ou motorisées, le perfectionnement des engins blindés et notamment des chars s'est poursuivi sans relâche. Leur vitesse s'est accrue dans des proportions considérables tandis que l'épaisseur de leur blindage ne cessait d'être augmentée au fur et à mesure des progrès réalisés concurremment par l'armement antichars. »

L' « *automobilisme militaire* » tel qu'on le nomme à l'époque, débute avant 1914. Le *transport par automobile* poursuit ensuite un développement considérable durant la Grande Guerre et l'armée française en fait un emploi intensif, notamment pendant la bataille de Verdun pour transporter des troupes. Durant les années 1920, la « *moteurisation* », terme rapidement remplacé par celui de « *motorisation* », se définit par l'emploi de moyens automobiles mais sans apporter de changements notables au mode de combat des unités. Il faut donc entendre par engins motorisés des véhicules principalement destinés aux transports de toutes natures et à la traction de pièces d'artillerie, de leurs caissons, ou de diverses remorques. En revanche, la mécanisation (terme apparaissant aussi durant les années 1920) se caractérise par l'emploi de moyens automobiles blindés et souvent armés destinés principalement à combattre. La motorisation améliore donc la mobilité stratégique des unités, sans modifier sensiblement leurs capacités tactiques, tandis que la mécanisation améliore à la fois leur mobilité stratégique et leurs capacités tactiques. Dans les unités motorisées on se déplace en voiture et on combat à pied, tandis que dans les unités mécanisées on se déplace et on combat en voiture.

Ces termes étant définis, il convient ensuite de rappeler certains éléments tactiques. Si la guerre a démontré combien le cheval avait besoin de soins, faute desquels il dépérit rapidement, les matériels automobiles nécessitent eux aussi un entretien régulier ainsi que de fréquentes révisions afin de les maintenir en état de fonctionnement dans de bonnes conditions. Ensuite, un cheval attelé à un fourgon ne peut pas plus quitter une route ou un chemin qu'un véhicule pour échapper au feu ennemi s'il existe un talus ou un fossé, ou si le sol est profond, à l'exception, dans une certaine limite, des engins tout-terrain.

Mais l'essor de l'industrie automobile et les progrès techniques permettent d'envisager des mouvements massifs et rapides de forces susceptibles de donner aux manœuvres stratégiques une ampleur et une vitesse capables d'en élargir le champ, d'en accroître les effets et d'en réduire les délais d'exécution. Ces manœuvres peuvent d'autre part revêtir une plus grande puissance grâce à l'appoint dans le domaine tactique de l'utilisation accrue d'engins blindés. Ainsi, les bouleversements apportés par l'augmentation de la motorisation et de la mécanisation doivent être correctement perçus et la tâche est ardue.

Stockage de chars FT au camp de Bourron en janvier 1919.
L'entretien des milliers de chars FT représenterait un coût exorbitant pour l'armée d'après-guerre, aussi, bon nombre d'entre eux sont stockés et souvent à ciel ouvert, ce qui ne peut qu'engendrer leur dégradation. Ceux-là ont été désarmés et les mitrailleuses et canons récupérés seront réemployés, en particulier les pièces de 37 mm qui équiperont les tourelles de nombreux chars légers modernes. Au premier plan se trouve la version TSF du FT, l'engin, démuni d'armement, est dédié aux transmissions radio.

Les premiers pas

Dès 1916, un *centre d'instruction automobile* est créé à Versailles comprenant une section de cavalerie destinée à la formation des cadres appelés à servir dans les unités d'automitrailleuses. Transférée en 1918 à Saumur, cette section, renommée *Centre d'instruction d'automitrailleuses* (AM)*,* peut être considérée comme le berceau du service automobile de la fameuse école de cavalerie. Son développement ira croissant au fil des années, suivant celui de la motorisation de l'arme. De son côté, durant la guerre, l'artillerie met sur pied les premières unités de chars qui se révèleront être un facteur décisif de la victoire après quelques expériences malheureuses.

En 1919, avant d'être dissous en raison de l'arrêt des hostilités, le GQG demande à ses commandants d'armes de rédiger un rapport proposant leur vision des futurs conflits basé sur l'expérience acquise durant la guerre. Le plus marquant de ces documents est incontestablement le *Mémoire sur les missions des chars blindés en campagne* signé par le général Estienne. L'officier y expose un usage prophétique tant tactiquement que stratégiquement de l'utilisation des chars, ainsi que de leur évolution, mais il est trop en avance sur son époque pour que cette perception de la question puisse être admise par l'immense majorité des cadres supérieurs de l'armée.

En 1920, la cavalerie ne dispose que d'environ 300 AM montées sur châssis routiers, faiblement blindées et armées de canons de 37 mm et de mitrailleuses, mais le 2 juin 1928, une décision ministérielle prescrit l'introduction de l'instruction automobile à tous les élèves de l'École de cavalerie de Saumur, celle-ci recevant à l'occasion un important parc de véhicules et de matériels. À cette époque, les forces blindées de l'infanterie se composent principalement de 3 500 chars FT en grande partie hérités de la guerre [1]. La 1re direction (infanterie) juge ces engins comme suffisants pour assumer les missions définies par la doctrine en vigueur, à savoir l'accompagnement de l'infanterie et la réduction de points de résistance dotés de mitrailleuses ou de canons légers. Deux voies de développement d'engins blindés vont ensuite être suivies, l'infanterie voulant des chars alors que la cavalerie s'oriente vers les automitrailleuses. Loin de sous-estimer l'importance de la mécanisation, les deux armes pensent ne plus pouvoir s'en passer et l'avance technologique, bien qu'encore modeste, doit être mise au service de leurs missions traditionnelles. Mais cavalerie et infanterie vont souvent entrer en concurrence pour concevoir et faire produire des engins selon leurs perceptions de la question et en raison d'une farouche volonté de conserver leur autonomie décisionnelle.

Pendant une quinzaine d'années, la situation évolue peu car les priorités budgétaires sont données à la Marine puis à la ligne Maginot, absorbant aussi la majorité des ressources en acier et en main d'œuvre qualifiée. Ceci étant, certaines techniques développées à cette époque vont se révéler utiles à la fabrication des chars. Quelques aciéristes acquièrent par exemple la maîtrise de la fabrication par coulage, rendant les blindages plus homogènes et plus résistants. Entre 1920 et 1934, les crédits accordés aux commandes d'engins blindés ne s'élèvent qu'à 116 millions pour les chars et 92 pour les AM, puis à partir de 1935, ils ne cessent d'augmenter jusqu'en 1940, totalisant 3 881 millions, la somme représentant un effort budgétaire considérable.

En 1930, un programme général de motorisation est fixé. Dans ses grandes lignes il prévoit de concevoir et de fabriquer de petites séries de véhicules afin de se forger une expérience pratique de leur usage et des nécessités organisationnelles des unités devant en être dotées. Ce programme est suivi de la définition des axes de recherches à suivre, chacun d'entre eux étant identifié par une lettre : K : transport de combattants, L : reconnaissance, M : commandement et liaison, N : ravitaillement de l'infanterie, P : automoteur antichar léger, Q : commandement et liaison, neige, R : ravitaillement, neige, et enfin T : transmissions.

1930 est aussi marquée par la nomination du général Weygand comme chef d'état-major de l'armée. Cet officier de cavalerie juge avec perspicacité les possibilités offertes par la mécanisation et il va influencer l'attribution des budgets, sans pour autant en faire une priorité absolue. Il décide tout d'abord de la motorisation de 5 DI, de la motorisation intégrale de l'une des deux brigades de chaque DC, et de la transformation d'une DC en DLM, Grande Unité d'un nouveau type, entièrement motorisée et mécanisée. Mais les limites budgétaires et la disponibilité des matériels ne permettront pas de voir aboutir ce projet avant un délai estimé à 4 ou 5 ans.

La motorisation engendre d'autres questions que celle de la fabrication des véhicules. La disponibilité du carburant est aussi d'une importance majeure car la France est loin de posséder les ressources nécessaires à son autosuffisance en pétrole, l'argument étant souvent repris par les adversaires de la motorisation. Aussi, depuis les années 1920, d'autres pistes sont suivies à l'image d'une épreuve d'endurance lancée le 8 septembre 1931 concernant des camionnettes d'1,5 t et des camions de 2,5, 5 et 7,5 t fonctionnant au gaz pauvre ou gaz à l'eau produit par le charbon de bois, le bois ou les combustibles minéraux. Différents constructeurs s'inscrivent au concours et présentent des véhicules ou des gazogènes portatifs. Le 10 octobre suivant, l'épreuve s'achève et presque tous les véhicules présentés sont primés. Au 1er janvier 1934, il existe 26 tracteurs, 843 camions et 32 camionnettes fonctionnant au gazogène au sein de l'armée, tandis que 10 camions de 2,5 tonnes Panhard à gazogène Gohin-Poulinc utilisant des combustibles minéraux vont être livrés.

D'autre part, Rochet-Schneider propose un véhicule fonctionnant au gaz comprimé à la Commission d'expérimentation du matériel automobile, mais toutes ces pistes sont incompatibles avec un usage militaire du fait de l'inévitable temps de chauffe d'une motorisation par gazogène ou de la dangerosité des réservoirs de gaz comprimé et le concours de 1931 sera le dernier du genre. Ces expériences n'auront aucune suite et les véhicules militaires resteront dotés de moteurs à essence dans leur immense majorité, si ce n'est quelques exceptions disposant d'une motorisation diesel, ou huile lourde, comme on appelait ce carburant à l'époque. Enfin, les progrès techniques de l'entre-deux-guerres vont résoudre bien des difficultés et augmenter considérablement les capacités des véhicules. L'apparition du système de chenilles

Char FT modifié.
En attendant la livraison des nouveaux engins, différentes améliorations du FT sont essayées pour pallier ses principales lacunes concernant principalement sa mobilité et son blindage. Ces améliorations resteront toutes au stade du prototype mais quelques-unes d'entre elles seront retenues pour la conception des chars NC 1 et NC 2, projets eux aussi sans suite. Identifié par le numéro P59, ce char fait partie des derniers FT de série fabriqués, numérotés de P1 à P125. Celui-ci a été modifié, il possède un capot arrière surélevé ainsi qu'un barbotin et un pot d'échappement spécifiques trahissant une motorisation diesel. L'engin est en outre doté de chenilles souples Kégresse qui se révéleront inadaptées aux chars.

Les quatre prototypes de chars de bataille.
Avec de haut en bas, les engins proposés par FAMH, FCM, les suivants, les SRA et SRB sont présentés conjointement par Schneider et Renault, les deux firmes ayant signé un contrat de partenariat en 1921 concernant le développement des chars. Il est possible de remarquer une similitude assez frappante du SRB avec le futur B1.

Kégresse et les évolutions en matière de motorisation et de transmission vont permettre la mise au point d'engins tout-terrain chenillés ou à roues motrices multiples bien plus performants.

Des luttes intestines parmi d'autres difficultés

La volonté récurrente d'indépendance entre infanterie et cavalerie ne permettra jamais le développement commun d'engins blindés, engendrant un important gaspillage de temps et de moyens humains et financiers. L'armée devra donc composer avec différents types d'unités blindées incompatibles entre elles et une absence d'homogénéité des matériels dont elles seront dotées. Cette situation causera des difficultés en terme de maintenance ou lorsqu'il faudra reconstituer des unités ayant subi des pertes. Cette lutte intestine est de plus aggravée par un perfectionnisme exagéré et une certaine méconnaissance des impératifs industriels de la part des commissions en charge du développement des véhicules. Mentionnons enfin une industrie française encore artisanale dans différents secteurs d'activité, l'ensemble ne pouvant qu'allonger considérablement des délais déjà fort longs avant d'aboutir à des fabrications en série.

Signalons d'autre part la recherche de solutions alternatives de motorisation. Par exemple, au cours du 4e trimestre 1932, un moteur à 2 cylindres refroidis par air construit par Lorraine ne donne pas de résultats assez intéressants pour justifier la construction d'une version de 250 CV dont l'achat avait été envisagé, mais des essais de moteurs à huile lourde conduisent à penser que la solution pourrait être adoptée par l'armée[2]. Au 1er janvier 1934, différents prototypes de moteurs de chars fonctionnant avec ce carburant sont en cours de fabrication afin d'être expérimentés[3].

Les chars de l'infanterie

Le char de bataille

S'orientant sur la conception de nouveaux engins, l'infanterie lance en 1920 une étude concernant un char dit de bataille. Placé sous la direction du général Estienne, le projet est confié à quatre grandes entreprises françaises possédant une expérience dans la conception de chars[4] et chacune d'elles se voit signifier la commande d'un prototype devant répondre aux caractéristiques demandées. Pour l'essentiel, elles se résument à un armement composé d'une pièce de 75 mm à l'avant, pouvant être remplacée sur certains chars par un 47 mm à grande vitesse initiale, et d'une mitrailleuse en tourelle ou en réduit fixe, d'une protection contre les armes portatives et les éclats de projectiles, d'un équipage de 3 ou 4 hommes, de capacités de franchissement de 3 mètres, d'une vitesse de 15 à 20 km/h en bon terrain horizontal, de 300 km de rayon d'action avec remorque de carburant et 100 sans remorque et enfin d'un poids de 13 à 15 tonnes. Dès sa parution, la 3e direction (artillerie) remet en cause les bases même de l'étude en affirmant que « *si l'idée d'utiliser exclusivement les chars comme engins d'accompagnement d'infanterie est trop restrictive, celle de l'emploi isolé de Grandes Unités de chars semble aujourd'hui prématurée, une masse de chars agissant seule, sans liaison avec les autres armes sera impuissante contre un ennemi disposant de puissants moyens antichars* ».

L'étude est néanmoins poursuivie et les quatre prototypes sont livrés et essayés entre 1923 et 1924. Tous proposent des caractéristiques intéressantes, mais le tonnage initialement prévu, amplement dépassé, met en évidence l'impossibilité de produire rapidement ce type d'engin en grande série. Dans son empressement, le 12 août 1924, la 1re direction (infanterie) demande la mise en commande de 60 chars de bataille afin de mettre sur pieds 2 bataillons à 3 compagnies chacun. Si l'idée est acceptée dans le principe par le général Estienne, l'EMA et la 3e direction (artillerie), il semble néanmoins préférable d'attendre la réalisation de nouveaux prototypes et, le 11 janvier 1925, le ministre décide de faire construire trois exemplaires du futur char de bataille. Le 20 mars suivant, le général Estienne réunit les quatre sociétés en charge de son développement et leur demande de mettre leurs ressources en commun afin de tirer avantage des qualités de leurs prototypes. Les études sont poursuivies sous la direction de Renault en collaboration avec les autres constructeurs, l'objectif étant de réaliser un engin de 21 tonnes puissamment armé dont le blindage est à l'épreuve des armes antichars de 20 ou 25 mm. Ce sera le char B. Le 17 janvier 1926, le ministre autorise la mise en commande du char B dont les caractéristiques définitives sont précisées le 10 février suivant. Les quatre firmes impliquées travaillent initialement à forfait, le montage étant effectué en régie chez Renault mais cette organisation ne perdurera pas à cause de la crise du franc. Le contrôle refuse en effet d'accepter les marchés en régie jusqu'à ce qu'une formule de révision des prix proposés par les industriels ne soit acceptée en mars 1927.

Le char léger

Les évidences techniques mises en valeur par le développement du char de bataille poussent l'EMA à ordonner le 5 avril 1923 l'étude d'un nouveau char léger destiné à remplacer le FT dans sa mission d'accompagnement de l'infanterie. L'engin devra être suffisamment simple pour être fabriqué rapidement en grande série, avoisiner les 9 tonnes et avoir une autonomie d'au moins 8 heures. Son blindage le protégera des armes antichars d'infanterie et son armement lui permettra d'engager les défenses et les chars ennemis. Indépendamment du programme, le 21 septembre 1924, l'EMA retient un projet de char

Note :

1 : Au 11 novembre 1918, un état des chars comptabilise 205 Schneider aptes au service de guerre dont 154 en réparation, 218 Saint-Chamond dont 164 en réparation, 2 360 FT dont 369 en réparation. Alors que les autres chars vont rapidement être réformés, la quantité de FT progressera ensuite car la production va perdurer pour atteindre 3 588 engins mobilisables en décembre 1921. Mentionnons enfin 100 chars Mark V* d'origine britannique.

2 : Des essais de moteurs diesels provenant des firmes Berliet, CLM (Peugeot - Junkers), Renault, Sauer et Unic ont démontré que la solution pouvait être fiable. Le FCM 36 sera d'ailleurs doté d'un moteur diesel Berliet-Ricardo.

3 : En particulier un moteur Sulzer de 220 CV pour char B1, un moteur Lorraine de 400 CV pour le futur B1 bis, un moteur Lorraine de 125 CV et un autre de 120 CV conçu par Renault pour le D2.

4 : Schneider, Renault, les Forges et Aciéries de la Marine et d'Homécourt (FAMH, aussi appelé Saint-Chamond) et les Forges et Chantiers de la Méditerranée (FCM).

Caractéristiques des principaux chars et AMC chenillées disponibles en 1939

Type	Programme / Sortie série	Rôle	Poids (t)	Équipage	Vitesse maxi.	Blindage maxi.	Armement en réduit	Armement en tourelle
Renault FT	Guerre / 1917	Accompagnement	7	2	7,5 km/h	16 mm	-	Un 37 SA 18 ou une mit. de 7,5
FCM 2C	Guerre / 1921	Rupture	68	12	11 km/h	45 mm	Trois mit. de 7,5	Un 75 APX 97 et une mit. de 7,5
Renault D1	1926 / 1928	Accompagnement	13	3	16 km/h	25 mm	Une mit. de 7,5	Un 47 SA 34 et une mit. de 7,5
Renault D2	1928 / 1930	Accompagnement	18	3	20 km/h	40 mm	Une mit. de 7,5	Un 47 SA 34 et une mit. de 7,5
B1	1925 / 1933	Profondeur	27	4	25 km/h	40 mm	Un 75 SA 35 et une mit. de 7,5	Un 47 SA 35 et une mit. de 7,5
B1 bis	1930 / 1936	Profondeur	30	4	27 km/h	60 mm	Un 75 SA 35 et une mit. de 7,5	Un 47 SA 35 et une mit. de 7,5
Renault YR AMC 34	1931 / 1935	Combat de la cavalerie	9,7	3	30 km/h	40 mm	-	Un 25 SA 35 ou un 47 SA 34 et une mit. de 7,5
Renault R-35	1933 / 1935	Accompagnement	10,5	2	20 km/h	40 mm	-	Un 37 SA 34 et une mit. de 7,5
Hotchkiss H-35	1933 / 1935	Accompagnement et cavalerie	10,5	2	25 km/h	40 mm	-	Un 37 SA 34 et une mit. de 7,5
Renault AMC 35 R ACG1	1933 / 1937	Combat de la cavalerie	11	3	25 km/h	25 mm	-	Un 47 SA 35 et une mit. de 7,5
FCM 36	1933 / 1938	Accompagnement	11	2	20 km/h	40 mm	-	Un 37 SA 34 et une mit. de 7,5
Somua S-35	1932 / 1937	Combat de la cavalerie	20	3	35 km/h	40 mm	-	Un 47 SA 35 et une mit. de 7,5

léger à 8 roues proposé par Renault tandis que d'autres prototypes sont mis à l'étude au début de 1925 [5]. Entre-temps, il est demandé en juin 1923 à Renault d'améliorer la mobilité du char FT. Faisant l'objet de deux études simultanées, ce projet donne tout d'abord naissance l'année suivante au char NC1 doté d'un nouveau train de roulement à chenilles métalliques, l'engin étant considéré comme un stade intéressant des études concernant le char léger par la 1re direction. Suit ensuite le NC2, dont le train de roulement utilise des chenilles souples Kégresse [6]. Inadapté aux chars, ce procédé ne donnera pas satisfaction et sera rapidement abandonné.

Plus généralement, les modèles de chars à adopter sont définis par le CSG lors de sa réunion du 19 mars 1926, cette évolution étant confirmée par une décision ministérielle datée du 2 avril suivant. Les chars légers seront simples et robustes afin de pouvoir être produits en grande série et servis par des hommes rapidement instruits. Ne dépassant pas 13 tonnes, leur mission consistera à précéder de très peu les attaques d'infanterie et à détruire les armes automatiques ennemies.

En mai 1926, le générale Estienne rend compte des premiers résultats de l'étude d'un char léger pesant 14 tonnes, ayant une vitesse de 20 km/h et un rayon d'action de 10 heures de marche. Le blindage prévu est de l'ordre de 10 à 25 mm et son armement est constitué d'une canon de 75 à l'avant et de deux mitrailleuses sous tourelle. Estimant que ces caractéristiques se rapprochent beaucoup du futur char de bataille, la 1re direction propose le 8 novembre que les spécifications soient ramenées à un poids de 9 à 12 tonnes, un armement composé d'un canon de 47 mm et de mitrailleuses jumelées, une vitesse moyenne de 12 km/h et une protection suffisante contre les plus puissants projectiles des armes portatives d'infanterie.

Les études du char à 8 roues et des autres prototypes d'engins légers n'avançant pas, Renault poursuit ses travaux de modernisation du FT. Cette démarche aboutit tout d'abord au D1, développé sur la base d'un NC mais mieux armé et blindé. Ce nouveau char propose de remarquables avancées technologiques pour l'époque. Il reçoit un poste radio de série et l'équipage de deux hommes est complété d'un radiotélégraphiste. Essayé entre 1928 et 1929, le D1 est adopté en octobre 1929 et 160 exemplaires sont construits entre 1931 et 1934. Initialement armé d'une tourelle de FT, le D1 recevra ensuite 10 exemplaires d'une tourelle spécifique (ST1) mal équilibrée. La tourelle définitive (ST2) ne sera livrée qu'en 1936. Toutes deux sont armées d'une pièce de 47 mm et d'une mitrailleuse.

Le char de rupture

La dernière classe de chars citée par le CSG définit les bases d'un char de rupture dont la longueur, le fort blindage et le puissant armement doivent lui permettre de franchir de multiples obstacles et de percer les fronts fortifiés. Un engin de ce type existe déjà, c'est le FCM 2C et aucune étude ne sera sérieusement poursuivie avant 1938, année de la création d'une *Commission d'études du char d'attaque des fortifications* [7], en réponse à la construction du Westwall par l'Allemagne et à l'obsolescence du FCM 2C, celui-ci ne correspondant plus aux critères de l'époque. Les différents projets seront abandonnés, hormis celui de FCM, le char F1, dont 12 exemplaires sont commandés en avril 1940. Livrables en 1941, ils ne verront jamais le jour, le projet étant de plus abandonné du fait des circonstances. Ce monstre de 139 tonnes proposait quelques avancées technologiques intéressantes comme un blindage feuilleté de 100 mm d'épaisseur.

Les lenteurs et les aléas du développement

Mais les années vingt sont synonymes d'un contexte économique et politique particulièrement difficile. La motorisation et la mécanisation de l'armée stagnent et bon nombre de cadres ne perçoivent toujours pas précisément les avantages qu'elles peuvent apporter. Ainsi, au début des années trente, ces différents facteurs laissent l'armée française équipée quasiment des mêmes engins qu'en 1918. En 1931, à l'exception d'une dizaine de chars D1, les unités blindées d'infanterie sont toujours dotées d'antiques FT et l'aboutissement des études va encore se faire attendre. En effet, en 1934, l'apparition de canons antichars performants [8] oblige l'armée à lancer différents projets relatifs à de nouveaux engins. Les 16 mm de blindage du FT étant désormais insuffisants, il convient de disposer d'une protection plus consistante estimée entre 30 et 60 mm. Cette évolution engendrant une augmentation substantielle du poids des véhicules, il devient incontournable d'adapter la puissance de la motorisation et de renforcer les composants mécaniques. Fort heureusement, la nouvelle génération de chars va bénéficier des évolutions technologiques. Les moteurs modernes dépassent par exemple 2 000 tours par minute contre 1 500 en régime d'urgence pour le FT tandis que des progrès notables sont réalisés dans les systèmes de transmission et les boîtes de vitesses. Les roues à pneumatiques increvables font leur apparition et la protection des équipages est accrue avec le remplacement des fentes de vision par des épiscopes.

L'apparition du char B

En 1929 et 1931, les trois prototypes du futur char B1 sont livrés. Construit en acier doux, le premier est protégé par 25 mm de blindage, tandis que les deux autres respectent la préconisation d'une protection de 40 mm. Les essais peuvent alors commencer, mais le perfectionnisme des examinateurs entrave l'avancée du projet en ordonnant parfois d'inutiles modifications de détail. De plus, des voix s'élèvent pour mettre en évidence la complexité du B1, alors que d'autres chars comme le D1, puis quelques temps plus tard le D2, représentent une alternative plus simple pouvant être rapidement disponible en nombre. L'argument est d'autant plus recevable qu'il tombe à l'époque de la conférence de Genève portant sur le désarmement, celle-ci proposant de limiter le poids des chars à 25 tonnes. Or, de toute évidence, le futur B1 les dépassera. Bien que la France ne quittera la conférence de Genève qu'en avril 1934, une ultime version du B1 reçoit enfin un avis favorable du Conseil consultatif de l'armement (CCA) en 1933 avant d'être présentée au CSG en mars 1934, celui-ci décidant de son adoption. L'engin

Prototype du char Renault NC2.
Tout comme le NC1, cet engin est issu d'une étude commandée en 1923 dont l'objectif est d'améliorer le FT afin de lui permettre de se mouvoir plus rapidement. Deux options différencient les deux prototypes, le NC1 recevant un nouveau modèle de train de roulement tandis que le NC2 est doté de chenilles souples Kégresse.

Premier prototype du char B 1.
Cette vue montre l'engin équipé d'une tourelle expérimentale dotée d'un canon de 47 mm dont la bien curieuse lunette de visée comporte un organe extérieur apposé sur le capot de protection du frein de la pièce. À la différence des deux autres prototypes commandés, celui-ci est livré en acier doux en 1929 et il subira de nombreuses modifications au cours des essais.

Char D1 avec tourelle de FT.
Lors de son adoption, le D1 ne peut dissimuler sa paternité avec le FT dont il garde initialement la tourelle. Déclassés pour le théâtre européen, les D1 finiront leurs carrières en AFN.

a profondément évolué. Il est maintenant armé d'une pièce de 75 mm et d'une mitrailleuse en caisse, et d'une pièce de 47 mm et d'une mitrailleuse coaxiale sous tourelle. D'un poids de 27 t et servi par un équipage de 4 hommes, il peut se mouvoir à presque 30 km/h.

L'évolution des préconisations des chars

Au début des années 1930, le remplacement des FT toujours en service est un problème devant être rapidement résolu. Complètement obsolètes, les vieux Renault sont bien souvent usés par de nombreuses années de service. Or, selon la doctrine en vigueur, le char d'accompagnement de l'infanterie reste prépondérant. Les préconisations de conception des char légers vont une fois encore évoluer à la suite des exercices combinés de 1932 mais aussi grâce à l'intervention de Henry-Mann Ainsworth, sujet britannique et directeur d'Hotchkiss qui, à la différence des constructeurs français, n'attend pas les spécifications demandées par l'armée pour concevoir un char destiné à remplacer le FT. Il va les devancer en présentant l'état de la technique en matière de construction de blindés aux autorités concernées. Hotchkiss fournissant depuis longtemps des matériels à l'armée, son avis est écouté et le CCA, réuni le 30 juin 1933, approuve les caractéristiques d'un engin de 6 t protégé par un blindage de 25 mm, armé d'un canon de petit calibre et d'une mitrailleuse. Trois prototypes sont commandés à Hotchkiss et deux autres sont demandés à APX. Ces préconisations sont suivies en août de la définition d'un programme de chars légers[9] simple et économique pouvant être produit en masse et ne nécessitant aucune formation technique poussée de l'équipage. De toute évidence, il s'agit de concevoir un FT moderne.

Hotchkiss est donc la firme la plus avancée dans l'étude d'un engin de cette classe et ses ingénieurs travaillent déjà sur un prototype de

Caractéristiques des tourelles de chars et de véhicules blindés

Type	Pour	Poids avec armes	Blindage maxi.	Armement (canon / mitrailleuse)	Diamètre chemin de roulement	Moyens de vision (tourelle / tourelleau)	Lunette de pointage	Service (homme)
ST2	Char D1	1,79 t	40 mm	47 SA 34 / 7,5	1,022 m	3 épiscopes, 3 fentes / 1 fente	L.671	1
APX1 pointage à main et électrique	Chars B1, B1 bis et D2	2,10 t	40 mm	47 SA 35 / 7,5	1,022 m	2 épiscopes, 2 fentes / 1 épiscope, 1 fente	L.724	1
	AMC 34	1,95 t	40 mm	47 SA 34 / 7,5	1,130 m	1 périscope binoculaire / -	L.691	1
APX2 pointage à main et électrique	AMC 34 AMC 35	1,70 t 1,90 t	25 mm	25 SA 34 / 7,5 47 SA 35 / 7,5	1,395 m	4 diascopes / - 1 épiscope, 2 fentes 1 périscope monoculaire / -	L.700 L.724	2 2
APX3 étanche aux gaz, pointage à main et électrique	AMD 35 (P 178)	1,60 t	13 mm	25 SA 34 / 7,5	1,395 m	1 diascope, 3 épiscopes, 3 fentes, 2 périscopes monoculaires ou 4 épiscopes PPL, 2 périscopes monoculaires / -	L.700	2
APX4 étanche aux gaz, pointage à main et électrique	Chars B1 bis	2,50 t	60 mm	47 SA 35 / 7,5	1,070	2 épiscopes PPL / 1 épiscope PPL, 1 fente, 1 périscope binoculaire	L.731	1
APXR pointage à main	Chars R-35 et H-35	1,30 t	40 mm	37 SA 34 ou 38 / 7,5	0,954 m	3 diascopes, 1 fente / 1 fente	L.713 ou L.739	1
APX5 pointage à main	AMR ZT et Gendron	0,60	15 mm	25 SA 34 / 7,5	1,050 m	2 épiscopes PPL, 1 périscope monoculaire / -	L.700	1
Tourelle AVIS	AMR ZT	0,54 t 0,60 t	13 mm	- / 7,5 ou 13,2	1,050 m	4 épiscopes / -	L.687 L.670	1
APX1 CE étanche aux gaz, pointage à main et électrique	Somua S-35	2,00 t	40 mm	47 SA 35 / 7,5	1,130 m	2 épiscopes PPL / 1 épiscope PPL1, fente, 1 périscope binoculaire	L.731	1
ARL ES	AMC Laffly S15 TOE	0,15 t	7 mm	- / 7,5	0,720 m	1 périscope monoculaire, 2 fentes / -	Ligne de mire et collimateur	2

Notes :

5 : En particulier au sein des établissements Batignolles, Delaunay-Belleville, FCM, APX, Hotchkiss et Renault.

6 : Les chenilles souples Kégresse se révèlent incompatibles avec les chars en raison de problèmes de résistance et d'usure rapide, le procédé ne pouvant être employé que sur des engins plus légers. Elles se forgeront néanmoins une solide réputation durant les années d'après-guerre et de nombreux véhicules militaires tout-terrain en seront dotés. Cette efficacité sera démontrée en 1925 grâce à la Croisière noire voyant des véhicules semi-chenillés Citroën en étant équipés gagner Madagascar depuis l'Algérie, puis en 1931, au cours de la Croisière jaune durant laquelle des engins similaires partiront de la Méditerranée pour rejoindre Pékin.

7 : Par la note n° 1.294 10/EMA du 6 avril 1938.

8 : En particulier un prototype mis au point par Hotchkiss dont les capacités de perforation, de l'ordre de 40 mm de blindage, sont remarquables et souvent meilleures que celles de pièces d'un calibre supérieur. Ce canon sera adopté en 1934 et équipera en nombre les unités d'infanterie. Il sera ensuite adapté pour armer des véhicules comme l'AMD Mle 1935 (Panhard 178) ou les Renault ZT2 et ZT3.

9 : L'ampleur considérable du marché potentiel n'échappe pas aux industriels français et 14 sociétés présentent des avant-projets début 1934. Il s'agit des firmes et établissements APX, Batignolles-Châtillon, Berliet, Citroën, Delaunay-Belleville, FCM, Hotchkiss, Laffly, Lorraine-Dietrich, Renault, Saint-Nazaire-Penhoët, Seram, Somua et Willemme.

Poste de pilotage et pièce de 75 mm d'un char B.
Le pilotage d'un engin de 30 tonnes et l'utilisation du système Naëder, permettant de pointer horizontalement la pièce de 75 mm à l'aide des chenilles, doivent faire l'objet d'un soin particulier pour préserver les organes mécaniques. Le char B ne peut donc être confié qu'à un équipage expérimenté ayant suivi une formation poussée. Ce ne sera malheureusement pas toujours le cas.

Engins de combat commandés et fabriqués jusqu'à 1939

Type	Donnée	Avant 1937	1937	1938	1939
B1 et	Com.	70	35	70	70
B1 bis	Fab.	25	30	52	103
Somua	Com.	50	100	100	75
AMC 35	Fab.	75		100	151
Hotchkiss	Com.	200	200	200	200
H-35 / 39	Fab.	280		120	444
Renault	Com.	500	300	350	450
R-35	Fab.	600		180	586
FCM	Com.	-	100	50 a	50 a
36	Fab.	-	-	83	17
Renault	Com.	150	-	-	-
D1	Fab.	150	-	-	-
Renault	Com.	50	-	50	-
D2	Fab.	-	50	-	50
Panhard	Com.	30	80	75	152
AMD 35	Fab.	-	30	78	203
Renault	Com.	120	-	-	-
AMR 33	Fab.	120	-	-	-
Renault	Com.	200	-	-	-
AMR 35	Fab.	-	80	100	10
Renault	Com.	50	-	-	-
ACG1	Fab.	-	-	2	48

a : Commandes annulée à la mobilisation.

char léger. Dès l'apparition officielle de la demande, voyant dans ce projet la possibilité d'un contrat commercial d'ampleur, Renault met tout en œuvre pour combler son retard et se lance dans l'étude d'un char léger nommé ZM dans sa nomenclature interne. Malgré l'avance de son concurrent, Renault parvient à présenter son engin le premier tandis que Hotchkiss livre ses trois prototypes en janvier 1935. Les deux premiers sont des chars casemate, présentant l'avantage d'être plus simples à construire et moins coûteux qu'un appareil muni d'une tourelle. Leurs essais, menés jusqu'en juin, mettent en évidence de nombreux défauts [10], ces remarques allant être mises à profit par Hotchkiss pour modifier son troisième engin.

Mais l'apparition du canon antichar Hotchkiss de 25 mm va entre-temps bouleverser bien des évidences concernant la conception des chars légers. L'EMA impose tout d'abord l'utilisation d'une tourelle conçue par Puteaux, l'APX R en avril 1934, protégée par 40 mm de blindage et dotée d'un canon de 37 mm SA 18 accompagné d'une mitrailleuse coaxiale de 7,5 mm Mle 1931 (MAC). Économiquement avantageux, ce choix de canon semble logique car il existe d'importants stocks de munitions et de pièces de ce type récupérables sur les innombrables FT inemployés, les chars légers n'ayant de plus pas vocation à engager les engins ennemis. D'autre part, la direction de l'infanterie, réunie le 29 mai, décide de demander aux constructeurs de renforcer la protection de leurs chars légers et de supprimer les surfaces inclinées à moins de 30°, sous réserve que leur poids ne dépasse pas 9 tonnes.

Pour Renault, c'est une catastrophe car son prototype dépasse déjà de plus d'une tonne le poids exigé. La prise en compte des nouvelles spécifications ne pouvant que l'alourdir encore, la firme craint de devoir reprendre son étude à la base. Il faut de plus remplacer la tourelle initialement prévue, armée d'un jumelage de mitrailleuses. Ainsi, seule la tourelle répond aux spécifications lors de la présentation du prototype en décembre 1934 et les essais sont bien loin d'être concluants. Au-delà du poids excessif, ils démontrent que l'engin souffre d'un certain nombre de défauts majeurs nécessitant des modifications. Les plus importants sont tout d'abord une mauvaise répartition de la pression au sol et de grosses difficultés à se mouvoir en terrain varié. L'engin présente en outre une moindre résistance de sa caisse en acier moulé par comparaison aux chars fabriqués en acier laminé. Nouvellement employée par les fournisseurs de blindage de Renault, cette technique d'avenir reste encore difficile à maîtriser.

Aussi, le constructeur revoit sa copie et présente à nouveau son prototype. Après différentes séries d'essais débutant en janvier 1935, de nouvelles modifications sont demandées et la dernière version de l'engin est adoptée le 25 juin 1936 sous l'appellation de *char léger modèle 1935 R*, malgré les défauts toujours constatés. Il semble que la nécessité de produire en masse un char léger ait lourdement pesé dans cette homologation car l'engin ne répond toujours pas entièrement aux spécifications de l'EMA mais il présente l'immense avantage de pouvoir être fabriqué rapidement en grande série par Renault, dont les capacités de production dépassent amplement celles de ses concurrents réunis (Hotchkiss et FCM). Or, à partir de 1935, remplacer les vieux FT devient une priorité absolue. Commandé par centaines d'exemplaires, le R-35 deviendra le char le plus présent numériquement au sein de l'armée. Sur les 1 755 chars déployés par l'infanterie au sein des BCC et des DCR le 10 mai 1940, environ 900 seront des R-35.

De son côté, Hotchkiss tient compte de ces dernières spécifications et présente à nouveau son troisième prototype en août 1935. Mais les essais montrent que l'engin est toujours handicapé par de graves défauts et il est rejeté par l'infanterie, d'autant plus que la 1re direction a déjà adopté et commandé le R-35 et qu'il est souhaitable de limiter le nombre de modèles en service. Mais le char léger d'Hotchkiss fera un retour inattendu quelques mois plus tard.

D'autre part, les conséquences de l'apparition du canon antichar Hotchkiss touchent également le char de bataille. En novembre 1934, il est préconisé de porter à 60 mm la protection du char B1, donnant naissance au B1 bis, tandis qu'une version encore améliorée, le B1 ter, est également mise à l'étude car il semble évident que les capacités de perforation des pièces antichars ne peuvent qu'évoluer. Son blindage frontal de caisse sera de 75 mm et 70 mm pour la tourelle, cette dernière devant en outre être équipée d'un pointage à vitesse variable. L'étude d'un nouvel engin de la classe des 20 tonnes est également lancée, le char G1. Ce projet, qui évoluera vers un char de 30 tonnes n'aura pas plus de suite que l'étude également lancée d'un engin protégé par 100 mm de blindage .

Le développement des AM de cavalerie

La situation initiale

Au sein de la cavalerie, la situation n'est initialement pas meilleure que celle de l'infanterie. En 1927, le programme Painlevé permet de lancer la fabrication de 100 AM et celui de Maginot de 1930 prévoit l'achat d'une quantité égale d'AMC P 16. Mise à part cette dernière, et un peu plus tard la petite AMR P 28, fort peu réussie, toutes deux semi-chenillées, l'arme intègre des AM plus modernes, mais elles sont toujours construites à partir de châssis routiers. Produits en petites séries, différents modèles

Le R-35.
L'engin est certes loin d'être parfait mais il présente aussi d'importants avantages de fiabilité et manœuvrabilité. Il est en outre d'une grande simplicité d'entretien, en particulier celle de son train de roulement, et il offre la possibilité de se déplacer sans bruit aux basses allures, qualité propice aux approches ou aux décrochages discrets.

Troisième prototype du H-35.
De nombreuses modifications seront encore apportées à ce prototype avant d'aboutir à la version de série mais ses formes générales sont déjà reconnaissables. Cette vue permet en outre de constater le procédé de fabrication par moulage qui, entre autres avantages, permet de s'affranchir du boulonnage ou du soudage de plaques de blindage, les boulons devenant parfois de dangereux projectiles à l'intérieur des engins lorsqu'ils subissent l'impact d'obus tandis que les soudures ont tendance à céder dans les mêmes conditions.

AMD Laffly 50 AM.
Apparues dans les corps de troupe en 1932, ces AMD sont issues de la modernisation des vieilles AM White de 1918. La principale modification consiste à changer l'antique châssis par celui d'un camion Laffly doté d'un moteur de 50 CV, ce qui d'ailleurs ne fera pas évoluer fondamentalement ses capacités tout-terrain. La particularité de la tourelle de ces véhicules consiste à avoir intégré la mitrailleuse et le canon dos à dos, les deux armes étant orientées vers des directions opposées. La centaine d'exemplaires produite sera distribuée aux troupes de métropole et du Maroc, les premières étant ensuite versées en AFN lorsque les bien plus modernes AMD 35 seront disponibles. Le concept d'une AM sur châssis routier aux seules roues arrière motrices perdurera avec un engin de conception nouvelle, la Laffly 80 AM dont la caisse blindée est montée sur un châssis de camion Laffly doté d'un moteur de 80 CV. 28 exemplaires seront commandés en 1935.

apparaissent mais ils n'ont pas de réelles capacités tout-terrain et doivent être vus comme des engins de transition. En 1931, la situation de la cavalerie évolue grâce à la nomination du général Flavigny à sa direction. Pouvant être considéré comme le père de la mécanisation de son arme, l'officier décide de faire développer trois matériels spécifiques correspondant à chaque mission traditionnelle de la cavalerie. Il s'agit tout d'abord d'un véhicule chenillé, bas et peu armé destiné à la reconnaissance, puis d'un deuxième, sur roues, rapide et bien armé, pour la découverte, et enfin d'un dernier dédié au combat. D'autres études de véhicules semi-chenillés tout-terrain sont également lancées afin de constituer des unités de dragons portés ou d'artillerie tractée.

Ensuite, des cours de gradés-mécaniciens sont institués à l'École de la cavalerie et du train de Saumur à partir de 1931 et 30 à 40 sous-officiers, brigadiers et cavaliers y sont admis chaque année pour une session de 9 mois. Certains d'entre eux pourront ensuite poursuivre sur cette voie afin de recevoir une formation de chefs d'équipe d'entretien.

Les automitrailleuses de reconnaissance (AMR)

En 1933, les études entreprises par la cavalerie commencent à aboutir avec l'AMR 33 VM, dont les livraisons débutent peu avant 1935. Mais l'engin ne donne pas satisfaction car les essais des premiers exemplaires livrés dans les corps de troupe mettent en valeur certains défauts majeurs. Située à la droite du pilote, le moteur décentré limite fortement l'habitabilité du véhicule tout en le déséquilibrant. La cavalerie demande alors à Renault de proposer un prototype avec une architecture différente. Ce sera l'AMR 35 ZT1 dont le moteur est placé à l'arrière. Après bon nombre de déboires techniques, l'engin est commandé et fabriqué en série avec un armement composé d'une mitrailleuse de 13,2 mm modèle 1930 ou de la MAC 31 de 7,5 mm de l'AMR 33. L'AMR 35 ZT1 servira également de base à deux appareils armés d'une pièce de 25 mm SA 35, les ZT2 et ZT3, le canon antichar étant respectivement installé sous tourelle et en casemate. Ces deux engins seront produits à 10 exemplaires chacun.

Les automitrailleuses de découverte (AMD)

1935 est également l'année d'homologation de l'AMD 35. Équipée d'une pièce de 25 mm SA 35 et d'une mitrailleuse sous tourelle, elle est capable d'affronter avec succès tous les Panzers de 1940 bien que son faible blindage lui impose de se soustraire rapidement à l'ennemi en cas de mauvaise rencontre. À l'image de nombreuses AM adoptées par la cavalerie, un double poste de conduite situé à l'avant et à l'arrière permet à l'équipage de se désengager rapidement sans avoir à faire demi-tour, avantage considérablement renforcé par sa vitesse de pointe dépassant les 70 km/h. Cette réussite technique doit beaucoup aux automitrailleuses précédentes de la firme, les Panhard 165 et 175 type TOE déployées en AFN. Ces véhicules y subissent des conditions particulièrement difficiles et l'expérience portera ses fruits. Après l'armistice, la Wehrmacht appréciera d'ailleurs tout autant les AMD 35 que les cavaliers français et certaines d'entre elles finiront leur carrière devant Moscou en 1941. Mieux encore, les équipages français des années 1943-1945 la préfèreront souvent aux M8 américaines, pourtant développées bien plus tard.

Les automitrailleuses de combat (AMC) et les chars

Issus du programme du général Flavigny, les essais de quelques prototypes aboutissent à l'adoption, faute de mieux, de l'AMC Renault Mle 34, ou YR selon la nomenclature du constructeur, dont seule une douzaine d'exemplaires sera commandée en 1934 et livrée l'année suivante. Mais l'engin, fort peu réussi, sera rapidement abandonné. La cavalerie doit donc trouver un appareil plus performant pour doter ses escadrons de combat et le marché potentiel est conséquent, puisqu'il concerne la fourniture de 600 exemplaires. La solution va venir de la Société d'outillage mécanique et d'usinage d'artillerie dont le prototype de char léger d'infanterie viens d'être rejeté. La firme propose alors un engin s'appuyant sur l'étude du modèle 34 et sur sa participation au sein de la société tchèque Skoda venant de concevoir le LT vz 35, un char dont le train de roulement est particulièrement réussi. Un premier prototype, nommé AC3, armé de la tourelle APX1 de l'AMC 34 est rapidement conçu et présenté au cours de l'été 1935 et bien qu'il dépasse de 4 t les préconisations de la cavalerie, les essais démontrent qu'il correspond aux attentes de l'arme sous réserve de quelques modifications de détail. La mise au point de l'appareil

Caractéristiques des principales automitrailleuses en 1939

Type	Programme / Sortie série	Rôle militaire	Poids (t)	Equipage	Vitesse maxi.	Blindage maxi.	Armement en tourelle
Berliet AMC White TBC	1917 / 1918	Découverte	6	4	25 km/h	8 mm	Un 37 SA 18 et une mit. de 8
Berliet VUDB TOE	1929 / 1930	Prise de contact	5	3	50 km/h	7 mm	Deux FM de 7,5
Panhard AMD 165/175 TOE	1926 / 1928	Découverte	6,7	4	60 km/h	9,5 mm	Un 37 SA 18 et une mit. de 7,5
Schneider AMC P 16	1926 / 1930	Combat	8	3	25 km/h	11,4 mm	Un 37 SA 18 et une mit. de 7,5
Laffly AMD 50 AM	1928 / 1931	Découverte	6,6	4	40 km/h	8 mm	Un 37 SA 18 et une mit. de 8
Citroën - Kégresse AMR P28	1928 / 1932	Reconnaissance	5	2	40 km/h	9 mm	Une mit. de 7,5
Renault AMR 33 et 35	1930 / 1933 et 1935	Reconnaissance	5	2	40 km/h	13 mm	Une mit. de 7,5 ou 13,2
Laffly AMD 80 AM	1932 / 1935	Découverte	7,5	4	75 km/h	20 mm	Une mit. de 7,5 et une Mit. de 13,2
Panhard AMD 35 (P 178)	1932 / 1936	Découverte	8	4	70 km/h	13 mm	Un 25 SA 35 et une mit. de 7,5
Laffly S15 TOE	1937 / 1938	TOE Sahara	5	3	60 km/h	7 mm	Une mit. de 7,5

Notes :
10 : Malgré des qualités certaines en terme de mobilité et de maniabilité, les essais montrent que les prototypes d'Hotchkiss sont sous-motorisés, les masses sont mal réparties, l'organisation intérieure est trop exigüe et la vision extérieure insuffisante. Aussi, les deux engins sont rejetés par l'infanterie.

Prototype du Somua S-35.
L'engin est encore démuni de ses trappes lorsqu'il est présenté à Vincennes. Performant, le S-35 fait forte impression et il est dommage qu'il n'ait pu être produit en quantité suffisante pour doter l'ensemble des escadrons de combat des DLM. Même dans sa version modernisée (M39), le H-35 est loin de l'égaler.

L'AMD Mle 1935 Panhard.
Le prototype de la « Voiture spéciale 178 », selon l'appellation de son constructeur, est terminé en octobre 1933 et présenté avec une tourelle conçue par les ateliers de Vincennes. Bien que l'engin dépasse certaines spécifications comme le poids et la largeur, les essais menés entre janvier et février 1934 démontrent qu'il va souvent au-delà des performances requises. Après quelques modifications mineures, l'AMD est adoptée et essayée en corps de troupe à l'automne 1934. Complété d'une tourelle APX 3, ce véhicule est une véritable réussite. Rapide, robuste et bien armé c'est l'engin idéal pour la découverte et il sera particulièrement apprécié de ses équipages. Panhard aurait pu renouveler ce succès avec la P 201, encore plus aboutie, si la firme avait eu le temps de la construire en série. À noter que cet exemplaire date du début de la production, principalement reconnaissable à l'absence de champignon destiné à améliorer l'aération de l'habitacle, monté sur la trappe de trourelle. Une version spécifique de la P 178 destinée au commandement sera également développée et commandée à 150 exemplaires, la tourelle étant remplacée par une casemate dotée de moyens radio renforcés. Seuls 24 exemplaires de cette version seront livrés avant l'armistice.

perdure jusqu'en mars 1937 avant d'aboutir au modèle de série. Mais la cavalerie l'adopte avant la fin des essais et commande les 50 premiers exemplaires en mars 1936 sous l'appellation de « char modèle 1935 S » [11]. L'appareil de série sera équipé d'une tourelle APX1 CE [12] permettant d'intégrer le buste du troisième homme d'équipage afin d'aider le chef de char pour approvisionner et servir les armes.

Souvent considéré à juste titre comme le meilleur char français de 1940 le S-35 bénéficie d'un bon compromis entre vitesse et blindage, avantage renforcé par son armement composé d'une excellente pièce de 47 mm et d'une mitrailleuse coaxiale. De toute évidence, il aurait également pu représenter une solution de choix pour l'infanterie. Il n'est néanmoins pas dénué de défauts dont les principaux sont un centre de gravité trop élevé, le char ayant tendance à verser sur le côté sur des terrains en dévers, et des chenilles ne brillant pas par leur adhérence. Enfin, une partie du blindage doit être démontée pour accéder à certains organes mécaniques, obligation allongeant considérablement les phases d'entretien ou de réparation.

Mais le S-35 est également coûteux et ce paramètre aurait pu être lourd de conséquences. En 1935, Jean Fabry, nouveau ministre de la Guerre, s'intéresse à la mise sur pied des DLM et il a l'occasion d'assister à une démonstration des derniers prototypes du char léger d'Hotchkiss et du futur S-35 en compagnie du général Gamelin. Or, le premier fait preuve d'indéniables qualités d'agilité et il est remarqué par le ministre, ce qui n'échappe pas à l'attention du général Gamelin. Aussi, l'adoption du S-35 va être remise en cause par le ministre avant d'être finalement imposée par le général Flavigny, parfaitement conscient des qualités de cet engin, avis d'ailleurs partagé par l'EMA. Probablement pour ne pas déplaire à son ministre, le général Gamelin va d'autre part imposer le H-35 à la cavalerie puisqu'il a été refusé par l'infanterie. L'engin va donc passer du statut de char d'accompagnement d'infanterie à celui d'AMC au grand dam de la cavalerie qui ne voit pas quel emploi elle va pouvoir lui attribuer, l'appareil étant bien trop lent pour remplir ses missions traditionnelles. La situation va finalement se débloquer en 1936 car il est décidé de remplacer la moitié des escadrons de combat des futures DLM par des H-35, dont 300 exemplaires sont commandés, en raison des insuffisances de production du Somua. Cette mixité permettra de mettre sur pied 3 DLM à plein effectif avant mai 1940 mais elle diminuera d'autant leur puissance au combat.

Ceci étant, les nombreux défauts du H-35 doivent toujours être corrigés, ce qui sera en partie fait en cours de production sans pour autant l'améliorer significativement avant l'arrivée du H-39. D'autre part, constatant les retards de livraison des R-35, l'infanterie revient sur sa décision et commande 100 exemplaires à Hotchkiss afin d'accélérer la mise sur pied des BCC devant être dotés de chars légers modernes. L'engin devient ainsi le seul char commun aux deux armes et la totalité des 400 exemplaires commandés sera livrée entre juillet 1936 et septembre 1938, avant que la production ne cesse, car le modèle est toujours déficient sous certains aspects.

D'autre part, le prix n'est pas la seule entrave à la fabrication des Somua car les disponibilités d'acier à blindage moulé sont limitées tandis que le moulage de sa carcasse est encore une étape difficile à réaliser à cette époque. Or, seuls les aciéristes français Schneider et Cail sont équipés et disponibles pour cette technique et leurs capacités maximales de fabrication sont rapidement atteintes, tandis

Prototype d'AMR 33 VM Renault.
L'engin n'est pas une réussite, mais il propose certaines caractéristiques intéressantes comme une vitesse instantanée de l'ordre de 60 km/h et une autonomie de 200 km. En revanche son blindage et son armement sont très légers, mais ils sont à l'image de nombreux blindés équivalents fabriqués à cette époque par différents pays. La mitrailleuse n'est pas montée sur cet exemplaire.

Situation des chars et AM de cavalerie au 2 septembre 1939					
Désignation des matériels	En unités	Dans les parcs	En révision générale	Outre-mer	Total
Chars S-35	191	51	4	-	**246**
Chars H-35	232	44	8	16	**300**
AMR Renault Mle 1933	110	-	10	-	**120**
AMR Renault - Mle 1935	178	12	-	-	**167**
AMR Renault - ADF1					**13**
AMR Renault - Canon de 25					**10**
AMC Renault Mle 1935 ACG1	16	-	-	-	**16**
AMC Renault Mle 1934	-	-	-	12	**12**
AMD Panhard Mle 1935	198	28	-	-	**226**
AMD Laffly 50 AM	43	-	6	49	**98**
AMD Laffly 80 AM	-	-	1	27	**28**
AMD Panhard TOE	-	-	2	28	**30**
AMC White TBC	29 a	-	-	57	**86**
AMD Berliet VUDB	-	-	-	32	**32**
AMD Laffly S15 TOE	-	-	-	5	**5**
Total	**1 071**	**137**	**37**	**240**	**1 485**

a : Matériel d'instruction

AMD Laffly S15 TOE.
45 exemplaires sont livrés en 1939 aux troupes d'AFN. Bien plus moderne que les antiques AM à 4 roues alors en service outre-mer, cet engin est équipé d'un châssis à 6 roues motrices. À noter les réservoirs d'eau sur la plage arrière ainsi que le phare de toit escamotable disposant d'un logement équipé d'une trappe de protection.

que l'usinage des carcasses doit être confié à 8 industriels différents afin de respecter les cadences prévues. Le ministère de l'Armement étudiera d'ailleurs fin novembre 1939 la possibilité de faire appel à des firmes américaines ou canadiennes pour augmenter la production, mais la commande envisagée de 50 à 100 carcasses ne sera pas suivie d'effets. Ces difficultés sont encore aggravées par un retard chronique de livraison des tourelles APX1 CE et seuls 48 S-35 sur les 128 livrés en sont dotés en juillet 1938.

À partir du 451e exemplaire, le S-35 doit être remplacé sur les chaînes de production par une version modernisée, le Somua Mle 1940 (S-40), sans que la continuité des livraisons n'ait à en souffrir. C'est ce que confirme le constructeur dans un courrier du 16 octobre 1939, faisant suite à l'interrogation de la Direction des fabrications mécaniques. Le S-40 doit recevoir un moteur plus puissant (230 CV au lieu de 190) et une nouvelle tourelle, l'ARL2 C, dont l'épaisseur du blindage a été porté à 50 mm, le nouvel engin passant de 17 à 19 t. Faute de temps, il n'existera qu'un seul exemplaire de série du S-40.

Signalons enfin l'autre AMC, l'ACG1, restant anecdotique du fait d'une production débutée trop hâtivement alors que les essais ne sont pas achevés. Les nombreux problèmes techniques constatés lors des essais imposent de multiples modifications, expliquant le faible nombre d'appareils en service en 1940, *a fortiori* en raison de l'exportation d'une partie de la production vers la Belgique.

Le FT enfin remplacé

Autre conséquence du facteur économique, priorité est donnée à la fabrication des chars légers modernes en remplacement du FT [13]. Basés sur les mêmes critères que leur ancêtre, apparaissent ainsi les R-35 et FCM 36 au sein des BCC. Ces engins cumulent l'armement des deux versions principales du FT, soit un canon et une mitrailleuse en tourelle. La pièce initialement retenu, le 37 mm SA 34, doit à terme être remplacé par une arme plus efficace, en particulier dans la lutte antichar, dont l'étude est lancée, le canon de 37 mm SA 38 [14], mais il arrivera bien tard et n'équipera qu'une faible partie des chars légers quand les hostilités débuteront. Au 1er mai 1940, environ 200 pièces de ce type seront en service dont une soixantaine au sein des DLM.

L'EMA souhaitant rapidement livrer aux unités le plus grand nombre possible de chars légers, le concept des deux hommes d'équipage est repris et le chef de char, seul en tourelle, cumulera toujours d'innombrables tâches. Déjà bien connue à l'époque, cette lacune si souvent dénoncée n'est pas acceptée sans raisons. Elle s'explique principalement par la volonté de compenser la différence d'effectifs mobilisables par la France, très inférieure à celle de l'Allemagne, tout en limitant les dimensions des engins et donc les matières premières nécessaires à leur production. Si ces inconvénients nuiront à l'efficacité et à la cohésion des unités, ils sont basés sur des considérations logiques pour l'époque, comme un stricte emploi d'accompagnement de l'infanterie et un usage devant rester simple afin de limiter les délais de prise en main par les équipages souvent issus de la réserve. D'autre part, les développements initiaux font abstraction des moyens radio [15]. Rappelons enfin que le FT, dans les mêmes conditions d'équipement, a parfaitement joué son rôle d'accompagnement de l'infanterie durant la Première Guerre mondiale.

Prototype de l'AMC 35 R ACG1 Renault.
L'engin n'est pas dénué de caractéristiques intéressantes comme ses deux hommes en tourelle et son puissant armement. Mais ses déboires de mise au point et la faiblesse de son blindage de caisse seront rédhibitoires pour en faire un engin de combat similaire à son concurrent, le S-35. La petite soixantaine d'appareils construits entre 1937 et 1939, dont une dizaine exportée vers la Belgique, ne sera engagée que faute de mieux durant les dernières semaines de la campagne de France.

Le FCM 36

Le char léger le plus remarquable issu du programme de 1933 est sans conteste le FCM 36, car il diffère des autres productions sous bien des aspects. Les origines de ces particularités sont à rechercher chez son constructeur, spécialiste de la production navale, tout en ayant acquis une certaine expérience dans celle des chars avec l'étude ayant abouti au FCM 2C ainsi que sa participation au développement du char B. Bien que compatible avec l'APX R, le prototype livré en 1935 est doté d'une tourelle conçue par FCM, et l'ensemble de l'appareil est constitué de plaques d'acier laminé soudées électriquement. Nouvelle à l'époque, cette technique lui donne une forme anguleuse propice au rebond des projectiles tout en s'affranchissant du boulonnage et des risques induits. Elle permet en outre une fabrication plus rapide et offre l'avantage de rendre le char hermétique et donc étanche aux gaz et à l'eau grâce au maintien permanent d'une légère surpression de l'habitacle. Autre différence majeure, le FCM 36 est doté d'une motorisation diesel augmentant considérablement son autonomie de fonctionnement tout en réduisant les risques d'incendie comparativement aux chars équipés d'un moteur à essence.

Notes :
11 : Afin de mettre un terme à une idée encore largement répandue de nos jours, le S-35 n'a jamais été désigné comme une AMC au sein de la cavalerie, comme en témoignent les documents d'époque. Citons par exemple les TEG du Régiment de Combat d'une DLM ou l'Aide-mémoire pour les travaux d'État-major.
12 : CE pour « chemin (de roulement) élargi ».
13 : À titre d'exemple, un R-35 coûte entre 200 000 et 250 000 F, à comparer aux 2 millions du B1 bis.
14 : Aucune pièce n'a été réceptionnée au 3 septembre 1939, contre 183, 358 et environ 600 respectivement au 28 février, au 1er mai et au 1er juin 1940. La DM 656 10/EMA prévoit que priorité sera donnée à l'équipement des chars légers des chefs de section et commandant de compagnies des 2 premières DCR en février puis à celui des engins des chefs de pelotons et commandants d'escadrons des 3 DLM en mars.
15 : Il est donc fait abstraction des avantages des chars D1 et D2 dotés d'une pièce de 47, de deux mitrailleuses, de moyens radios et de 3 hommes d'équipage. C'est toute la différence entre les chars « de manœuvre d'ensemble » (D et B) et les chars légers d'accompagnement.

FCM 36.
Dès son apparition le FCM 36 est souvent jugé comme le meilleur char léger français et cet avis est toujours partagé de nos jours par de nombreux spécialistes. Sa tourelle est par exemple bien supérieure à l'APX R. Elle est moins lourde, plus simple à fabriquer et ses équipements d'observation sont mieux protégés tout en offrant une meilleure visibilité extérieure. Elle offre plus d'espace et le masque du canon est mieux protégé. Elle se révèle en revanche incompatible avec la pièce de 37 mm SA 38 car le fort recul nuit aux soudures électriques. FCM va donc l'améliorer mais la nouvelle version ne sera jamais produite en série. Les Forges et chantiers de la Méditerranée présentent aussi l'avantage d'être implantés à la Seyne-sur-Mer (chantiers de construction navale) et à Marseille (ateliers mécaniques) donc hors de portée de toute attaque aérienne allemande.

Cet avantage est renforcé par un train de roulement particulièrement réussi lui donnant une agilité et une pression au sol bien supérieures à ses homologues. Il en diffère également par l'organisation de la transmission, s'effectuant par le barbotin arrière ce qui augmente l'espace réservé à l'équipage tout en atténuant le niveau de bruit à l'intérieur de l'habitacle. C'est également le seul char léger équipé d'une protection englobant le train de roulement et la partie supérieure des chenilles, ce qui d'ailleurs ne sera pas sans poser certains problèmes d'évacuation des boues, le démarrage pouvant même s'avérer difficile par temps froid lorsque celles-ci sont gelées. Son principal inconvénient reste un coût de production élevé, les 100 premiers exemplaires étant facturés 450 000 F chacun. L'appareil est adopté le 25 juin 1935 et les 100 exemplaires commandés seront tous livrés entre 1937 et 1938.

L'amélioration des chars légers

Les nouveaux chars légers H-35 et R-35 souffrent initialement de défauts de jeunesse devant être corrigés [16], mais la production finit par être stabilisée après environ 300 appareils construits tandis que la production du FCM 36 s'arrête après 100 matériels livrés. Si ce dernier présente des avantages certains par rapport à ses homologues, le prix de vente transmis par le constructeur lors de la négociation d'une deuxième série est prohibitif [17]. Il semble également plus judicieux de recentrer la production de chars légers sur deux modèles seulement et

Poste de pilotage d'un FCM 36.
Affranchie des organes de transmission, la place réservée au pilote est plus spacieuse que dans les autres chars légers. C'est l'un des avantages du petit char de FCM faisant de lui un engin apprécié de ses équipages. Ses performances au combat seront pourtant décevantes, mais elles seront surtout liées à un emploi antichar mené avec un armement inadapté.

de permettre à FCM de consacrer ses moyens à celle du B1 bis. Il faut d'autre part attendre 1937 pour que l'armée décide d'intégrer des équipements radio dans ses chars légers alors que la production est lancée depuis plusieurs mois. L'étude de solutions d'installation et d'antiparasitage sur les R-35 et H-35 devient donc nécessaire, ce qui s'avérera difficile, cette évolution étant en revanche plus simple sur les FCM 36, ceux-ci disposant d'un habitacle plus vaste et d'un antiparasitage prévu dès l'origine. Enfin, la découverte de l'efficacité des mines antichars allemandes lors de l'offensive de la Sarre impose l'étude de modifications de conception et d'épaisseur des planchers.

Vu les différentes faiblesses constatées sur les modèles précédents, une nouvelle génération des chars légers est créée et mise en service. Hotchkiss souhaitant rester un fournisseur de chars légers, la firme fait évoluer son H-35. Fort logiquement, la principale modification concerne la motorisation devant gagner en puissance et le choix va se porter sur un moteur de 115 CV dérivé de celui d'une voiture engagée dans des compétitions sportives. Cette motorisation étant plus massive, l'arrière du char doit être redessiné afin de pouvoir l'intégrer. D'autres améliorations vont également être apportées comme le remplacement des galets cerclés de caoutchouc, dont l'usure est trop rapide, par d'autres entièrement métalliques ainsi que de la poulie de tension ajourée par un modèle plein. La largeur des chenilles est portée de 25 à 27 cm afin d'augmenter la portance. Ainsi améliorée, cette nouvelle version est bien plus réussie que l'ancienne. La vitesse de

Caractéristiques des armements et munitions des chars et des véhicules blindés

Matériels		Munitions				
Arme	Description	Type	Poids du projectile	Vitesse initiale	Charge d'explosif	Puissance de Perforation a
Canon de 75 SA 35	Tracé intérieur du 75 de casemate Mle 31, culasse semi-automatique du 75 de casemate Mle 33	- Projectile explosif de 75 Mle 15 - Projectile de rupture Mle 40 non coiffé	5,550 kg 6,400 kg	490 m/s 470 m/s	740 g 90 g	- 40 mm / 400 m / 30°
Canon de 47 SA 35	Bouche à feu monobloc, culasse à coin vertical	- Obus explosifs Mle 32 - Boulets de rupture Mle 35 coiffé sans ogive	1,415 kg 1,500 kg	590 m/s 700 m/s	142 g -	- 40 mm / 400 m / 30°
Canon de 47 SA 34	47 de marine modifié, culasse semi-automatique, frein hydraulique raccourci de 100 mm	- Obus explosifs Mle 32 - Boulets de rupture Mle 92 non coiffé	1,415 g 1,480 g	480 m/s 450 m/s	142 g -	- 40 mm / 400 m / 30°
Canon de 37 SA 18	Pour char FT, culasse semi-automatique	- Cartouche de 37 à obus explosif Mle 16 - Cartouche de 37 à obus explosif Mle 37	555 g 560 g	367 m/s 440 m/s	30 g 55 g	- -
Canon de 37 SA 18 M34	Idem, mais pour char léger moderne	- Cartouche de 37 à obus de rupture Mle 92 M24 non coiffé - Cartouche de 37 à boulet de rupture Mle 35 - Idem, coiffé avec ogive	500 g 390 g 390 g	388 m/s 600 m/s 600 m/s	15 g - -	12 mm / bouche / 0° 18 mm / 400 m / 35° 21 mm / 400 m / 35°
Canon de 37 SA 17	Idem, mais pour tourelle d'automitrailleuse					
Canon de 37 SA 38	Bouche à feu monobloc de 28 calibres, culasse semi-automatique	- Cartouche de 37 à obus explosif Mle 38 - Boulet de rupture de 37 Mle 38 coiffé sans ogive	670 g 700 g	600 m/s 700 m/s	60 g -	- 32 mm / 400 m / 35°
Canon de 25 SA 35	Même matériel que le 25 SA Mle 34 d'infanterie, mais tube raccourci	- Cartouche de 25 TP Mle 34 à charge propulsive augmentée	320 g	880 m/s	-	40 mm / 500 m / 0° 32 mm / 200 m / 35°
Mit. de 13,2 Mle 30	Même matériel que les mitrailleuses de 13,2 mm de DAT	- Cartouche Mle 35 P - Cartouche Mle 35 TP	52 g 52 g	800 m/s 800 m/s	- -	20 mm / 500 m / 0° 20 mm / 200 m / 25°
Mit. de 7,5 Mle 31	Mitrailleuse à alimentation par chargeur latéral à droite ou à gauche de 150 cartouches	- Cartouche Mle 29 C - Cartouche Mle 29 P	9 g 9,4 g	805 m/s 805 m/s	- -	- 8 mm / 50 m / 15°

a : Épaisseur / distance / incidence

Prototype de char H-39.
Il est doté d'un plancher en acier moulé destiné à faire des essais de résistance aux mines antichars. Cela explique l'absence du lot de bord et de nombreux équipements comme son armement, son phare ou ses trappes d'accès.

Char D2 doté de sa tourelle APX1 durant l'hiver 1939-1940.
Avec ses 19 t ce « *char de combat surblindé* », tel qu'il est désigné chez Renault, aurait pu être une alternative immédiatement disponible si la conférence de Genève proposant la limitation des armements avait abouti. Il n'entrera en dotation que d'un seul BCC, le 19e, la France donnant la priorité au B1 bis.

l'engin passe de 28 à 36 km/h mais la capacité des réservoirs d'essence n'ayant pas augmenté, l'autonomie se réduit de 120 à 100 km. Hotchkiss livre son prototype en 1938 et les essais perdurent jusqu'à l'année suivante avant que l'appareil ne soit adopté en fin d'année sous l'appellation de *char léger modèle 1935 H modifié 1939*. Le total des engins produits avoisinera 710 exemplaires entre 1939 et 1940. D'autres modifications apparaitront en cours de production comme le montage en série de la pièce de 37 mm SA 38 à partir du 480e exemplaire environ et l'ajout d'une queue de franchissement de série autour du 500e char construit.

Mais les aléas de production perdurent. Le compte rendu d'une séance de travail du 11 avril 1940 concernant la *réalisation rapide des programmes de production* signale que selon le représentant de la maison Hotchkiss, 137 chars sont en attente de tourelles pour être livrés. Le même document mentionne un retard global de 107 carcasses brutes de H-35 à la fin mars ainsi qu'un début de livraison prévu par la Grande-Bretagne de 3 carcasses du même char en juin et 10 en juillet. Ce dernier point serait lié aux accords de cessions d'armements conclus entre la Grande-Bretagne et la France, et à la nationalité anglaise du directeur d'Hotchkiss, M. Ainsworth, simplifiant les relations entre les industriels des deux pays.

Les améliorations du R-35 concernent surtout son train de roulement. Après l'étude de nombreuses solutions, c'est celle proposée par AMX qui est retenue. Inspirée de celui du B1 bis, elle se compose de 6 bogies à ressorts verticaux, chacun d'eux assurant la suspension d'une paire de galets, l'ensemble étant protégé par un blindage. La pression au sol est ainsi mieux répartie et l'appareil gagne en agilité malgré une augmentation de poids de l'ordre de 600 kg. Adopté sous l'appellation de *char léger modèle 1935 R modifié 1939*, le nouvel appareil sera plus couramment appelé R-40. Presque tous dotés de la pièce de 38 mm SA 38, les quelque 150 exemplaires produits seront livrés entre mai 1940 et l'armistice, tous équipés d'une queue de franchissement. Au 15 juin 1940, 1 695 chars R-35 et R-40 auront été fabriqués dont 50 exemplaires exportés vers la Pologne, 40 vers la Roumanie, 100 vers la Turquie et 50 vers la Yougoslavie. Ils représenteront plus de la moitié des chars produits pour l'infanterie et seront déployés au sein de 26 BCC en métropole et 3 outre-mer. Après l'armistice, il continuera de servir sous les couleurs françaises en AFN mais aussi au sein des forces de l'Axe dans les armées allemande, italienne et roumaine.

Superbe vue d'un R-40.
Cet exemplaire, arborant un drapeau et une cocarde sur son glacis, nous permet d'observer les améliorations apportées au train de roulement. L'augmentation significative de sa puissance et celle de sa vitesse font de lui un engin bien plus performant que le R-35 auquel il succède. Coll. A. Alvarez

Les retards de production imposent néanmoins de revoir les prévisions du 24 novembre 1939. Au 1er mars 1940, et mises à part les quantités prévues pour le S-35, restant inchangées, celles des chars légers H et R sont ramenées à 100, 120, 160 et 180 véhicules mensuels pour les mois de mars à juin, pour ensuite se stabiliser à 250 exemplaires à partir de juillet. Ainsi, l'on prévoit la mise sur pied de 6 bataillons de chars légers au 1er juin dont 4 doivent être affectés aux futures 3e et 4e DCR. Les nouvelles prévisions permettent enfin d'envisager la création de 18 bataillons supplémentaires au 1er octobre, dont 2 pour la future 4e DLM, sous réserve qu'aucune opération active n'impose de combler des pertes.

Globalement, la modernisation des chars d'infanterie doit être un premier pas vers une nouvelle génération d'appareils mieux blindés, dotés d'un armement plus performant et d'une motorisation plus puissante qui ne verra jamais le jour, faute de temps. Il existe de très nombreux projets et avant-projets d'engins dans toutes les classes de chars qui ne dépasseront jamais, au mieux, le stade du prototype.

L'arrivée du B1 bis

L'armée adopte le B1 bis en 1935 et les commandes sont lancées à la suite de celles concernant le B1, mais les livraisons commencent avec lenteur entre 1936 et 1938. Bien que souffrant de différentes lacunes techniques et d'une conception reposant parfois sur des caractéristiques techniques assez anciennes, le B1 bis n'en restera pas moins l'engin le plus puissant et le plus craint par l'ennemi sur les champs de bataille de la campagne de France. Ses caractéristiques le destinent particulièrement à l'attaque de fortifications, tout en disposant de puissants moyens antichars. Outil idéal dans l'attaque ou dans la contre-attaque, il sera apprécié de ses équipages que son impressionnant blindage mettra à l'abri des armes antichars ennemies. Seules les pièces lourdes d'artillerie ou de Flak pourront en venir à bout.

Après les marchés passés en temps de paix, l'EMA commande 400 B1 bis à la direction des fabrications mécaniques suivis de 60 engins mensuels jusqu'au 31 mars 1941 au titre des prolongations de commandes de régime [18]. Cette quantité de chars est bien supérieure à celle prévue au programme d'armement pour les années 1940-1943, établi quelques mois avant la guerre, prévoyant de porter le nombre des bataillons de chars B à 6 [19], devant être endivisionnés au sein de 3 DCR. Au 1er octobre 1939, 163 chars B [20] ont été livrés permettant de mobiliser 4 BCC dont 3 sont dotés de B1 bis [21]. Les premières DCR n'étant créées que le 16 janvier 1940, aucun d'entre eux n'est encore endivisionné. Ils sont regroupés par 2 dans des groupes de bataillons

Notes :
16 : Ils nécessiteront par exemple le renforcement des arbres de barbotins et des vilebrequins de poulie de tension. Il faudra également résoudre les problèmes de fuites d'huile, de réglages et de qualité des garnitures de frein de direction et du caoutchouc des bandages de galets. L'insuffisance du système de refroidissement du moteur et celle du différentiel seront également constatées.
17 : Environ 900 000 F.
18 : Respectivement par les DM 5400 10/FT du 27 septembre 1939 et 242 10/FT du 16 janvier 1940.
19 : Ce programme ne prévoit que la fabrication de 300 B1 bis.
20 : Dont les 3 prototypes.

Chars B1 et B1 bis : Des marchés à la mobilisation des unités					
N° et importance du marché	Prix unitaire sans tourelle	Chars reçus	Dates de réception	Mobilisation	
				Unité	Date
215 - 216 - 217 : 3 prototypes	1 200 000 Frs	3	Août 1934	- 37e BCC (Au 1er mai 1940, 20 B1 auront été échangés contre des B1 Bis)	20/01/1938
30/DP : 7 chars B1	1 380 000 Frs	7	Décembre 1934 à mai 1936		
1029 D/P : 20 chars B1	1 232 000 Frs	20	Du 27/03/1936 au 05/01/1937		
1891 D/PL : 5 chars B1	?	5	Du 09/06/1937 au 30/07/1937		
1891 D/PL : 35 chars B1 bis	?	35	Du 08/04/1937 au 02/03/1938	- 15e BCC	20/09/1938
61680 D/P : 35 chars B1 bis	1 286 000 Frs	35	Du 27/04/1938 au 20/03/1939	- 8^{e} BCC	25/05/1939
71780 D/PL : 70 chars B1 bis	1 587 000 Frs	45	Du 09/01/1939 au 21/08/1939	- 28^{e} BCC	25/08/1939
		25	Du 03/09/1939 au 10/10/1939	- 41e BCC	15/02/1940
88184 DP/1 : 35 chars B1 bis	1 802 380 Frs	35	Du 30/09/1939 au 20/01/1940	- 49e BCC	01/04/1940
98105 DP/1 et 98208 DP/1	?	104	Du 20/01/1940 au 01/05/1940	- 45e et 47e BCC	15/05/1940
-	?	63	Du 01/05/1940 au 15/06/1940	- 28e BCC reconstitué, - 347e, 348e et 349e CACC - 352e CACC	04/06/1940 19, 22 et 21/05/1940 11/06/1940

de chars (GBC) placés en réserve générale, qui deviendront des brigades de chars dites lourdes après leur affectation au sein des DCR. Au 1er mai 1940, il existe un BCC mixte (13 B1 et 20 B1 bis), 5 bataillons de B1 bis totalisant 165 chars et 2 bataillons presque achevés disposant de 50 engins en tout. D'autre part, 32 B1 bis sont en instance de sortie ou entreposés à Gien, 7 B1 bis et 2 B1 dans les parcs aux armées et 3 B1 bis et 19 B1 dans les dépôts et écoles. L'ensemble représente 277 appareils, le dernier B1 existant étant affecté au développement du B1 ter.

Mais que valait vraiment le B1 bis au combat ? Pour le savoir, le plus simple est de laisser la parole au capitaine Jacques Bruneau, fort bien placé pour répondre à la question puisqu'il commandait la 2e Cie du 28e BCC de septembre 1939 au 6 juin 1940 [22] avant d'être placé à la tête de ce même bataillon jusqu'au 16 juin. Dans un rapport daté du 14 octobre 1940 il indique :

« ***I– Qualités du matériel « B »***

Elles sont trop connues pour être rappelées en détail. L'armement a toujours donné satisfaction tant par sa précision et sa puissance que par la régularité de son fonctionnement. Le blindage a résisté facilement aux coups de 37 allemand ainsi qu'à l'armement de tous les chars allemands. Seuls les canons de 105 allemands étaient réellement à redouter. À part quelques réserves formulées plus loin, la partie mécanique des appareils s'est en général bien comportée. Les trains de roulement notamment ont été au-dessus de tout éléments surtout si l'on tient compte des conditions lamentables d'entretien et de réparations dans lesquelles s'est effectuée la campagne.

II– Défauts du matériel « B »

A) Partie mécanique *: Le char B a les défauts de ses qualités. Instrument de précision, il en possède les avantages et les servitudes. C'est-à-dire la délicatesse et la fragilité qui ne permettent pas de le confier sans dommage à un équipage improvisé. Cette caractéristique est connue depuis longtemps mais il n'est peut-être pas inutile de l'illustrer par un exemple : Le 28e Bataillon a dû, entre le 3 et le 6 juin 1940, se porter en trois étapes de nuit assez dures de la région de Versailles (Guyancourt) à celle de Roye pour y être engagé. Sur les dix chars de la 2e Compagnie, sept seulement sont arrivés à temps pour pouvoir être engagés. Or, comme par un fait exprès, les trois chars restés en panne étaient ceux dont l'équipage avait été le plus profondément remanié et n'était constitué que d'hommes et de gradés ayant seulement une connaissance théorique de l'appareil mais fort peu de pratique. Un autre gros défaut du char « B » est l'insuffisance de son rayon d'action compris entre 6 et 8 heures. C'est cette insuffisance qui a été la cause de la perte de la presque totalité des chars des 28e et 37e Bataillons le soir du combat de Stave, le 15 mai en Belgique. Signalons enfin la trop faible capacité des batteries d'accumulateurs, cause de gros déboires dans le fonctionnement de la radio et dans les mises en marche par temps froid.*

B) Blindage *: Quelques parties faibles suffisent à augmenter notablement la vulnérabilité du char : couvercles de barbotins, paroi verticale au-dessus de la chenille.*

C) Moyens de vision *: On pourrait dire qu'ils sont presque trop perfectionnés. La protection des observateurs est parfaitement assurée, mais au détriment du champs de vision et de la rapidité d'observation. De là, l'impression d'isolement et d'étouffement que l'on éprouve à bord et qui pousse les chefs de char à sortir de leurs appareils à tout propos. La fixation du tourelleau sur le toit de la tourelle semble un peu faible. On a vu assez souvent des tourelleaux partiellement ou totalement arrachés.*

D) Armement :

a) Canon de 47 : Le tir à obus de rupture est très difficile à régler en raison de l'invisibilité des points d'impact. Je crois que c'est en grande partie dû au fait que tous leurs projectiles sont explosifs ou traceurs qu'il faut attribuer la remarquable précision de tir des chars allemands.

b) Canon de 75 : Il est difficile et long à pointer pour les pilotes n'ayant pas un entrainement très poussé. La plupart de nos pilotes, se trouvant hélas dans ce cas, n'ont souvent pas su tirer tout le parti possible de l'arme remarquable qu'ils avaient dans les mains. Dans le combat défensif qui nous a souvent été imposé, la nécessité à peu près absolue d'avancer pour pointer a rendu difficile sinon impossible l'utilisation des masques et couverts susceptibles de dissimuler le char aux vues de l'ennemi. L'armement de tourelle, la faible hauteur et la couleur sombre des chars allemands leur permettaient au contraire d'utiliser au mieux toutes les ressources du terrain.

c) Appareil de D.C.A. ***:*** *Nous avons reçu à la fin du mois de mai des*

Organisation de la pièce de 75 mm du B1 ter.
La difficulté de pointage horizontale aurait dû être résolue sur le B1 ter avec l'apparition d'une rotule, visible sur cette photo, offrant une capacité de débattement latéral du canon de 5° de chaque côté. Ce pointage devait s'effectuer à l'aide d'un volant placé sur le même axe que celui de la conduite, tandis qu'une nouvelle lunette de tir adaptée devait être intégrée. À terme, ce dispositif devait être généralisé à tous les chars B en service.

Chaîne de montage du B1 bis de Billancourt (île Seguin). Les B1 bis ne sont pas les engins les plus lourds assemblés par Renault, tels qu'en témoignent les autorails en cours de montage visibles en arrière plan.

Illustration allemande d'époque d'un B1 bis.
Chaque Landser ayant affronté des B1 bis est resté maqué par sa puissance et sa très faible vulnérabilité aux armes antichars, même à bout portant. Cette déconvenue ébranlera parfois les canonniers jusqu'à leur faire abandonner leurs pièces en voyant les « lourds » français s'avancer.

supports permettant d'utiliser pour le tir de D.C.A. les mitrailleuses de capot. Ces dispositifs n'ont pas donné les résultats escomptés. En effet, lourds et difficiles à mettre en place, ils interdisent, une fois posés, le passage par la porte de tourelle et empêchent complètement sa fermeture. Le chef de char se trouve de la sorte à peu près prisonnier dans son char ou sur son char, surtout lorsque celui-ci est en marche. D'autre part, le tireur placé à l'intérieur de la tourelle est certes bien protégé, mais son champ d'observation est tellement restreint que presque toujours il voit l'avion trop tard et ne peut pas utiliser efficacement son arme.

E) Aménagement intérieur : *Le pilote, l'aide-pilote et le radio sont à peu près correctement installés pour l'accomplissement de leur mission. Encore la place leur est-elle chichement mesurée, surtout dans les chars de commandement où doit prendre place un radio supplémentaire. Quant au malheureux chef de char, il doit, dans la difficile position d'un équilibriste à bord d'un toboggan, assurer les multiples et délicates fonctions de chef de bord, de pourvoyeur, tireur et pointeur de deux armes, d'observateur, d'orienteur, de chiffreur et de déchiffreur, alors qu'il ne sait pas où poser son porte-carte maculé de graisse et couvert de signes cabalistiques pour l'observer pendant quelques instants dans l'atmosphère obscure et surchauffée de sa tourelle étroite et encombrée. Enfin, il n'a été prévu aucune place à bord pour l'arrimage de certains outils et pour les bagages de l'équipage. Le personnel obligé de se déséquiper pour combattre ne sait pas où déposer masques, bidons, musettes, vivres, couvertures et toiles de tente qui viennent réduire son "espace vital" déjà fort exigu. Ces conditions n'ont pas empêché les équipages de vivre des journées entières à bord avec entrain et bonne humeur, et, le moment venu de retrouver tous leurs moyens pour l'heure du combat.*

F) Radio *: La radio a toujours marché correctement à condition d'être servie par du personnel confirmé. Pour certains ordres simples - changement de direction par exemple - l'expérience a montré qu'elle pouvait avantageusement être complétée par les commandements au fanion. Rappelons enfin que la trop faible capacité des batteries d'accumulateur est une cause fréquente d'arrêt de la radio.*

III - Appréciations d'ensemble sur le matériel - Conditions d'emploi : *D'une façon générale, on peut dire que le char « B » s'est montré un excellent appareil dont la résistance a surpris ceux qui, en temps de paix, étaient habitués à le voir soigné et ménagé comme un pur-sang. Les défauts qui lui sont trouvés ci-dessus sont minimes pour la plupart, et presque tous compensables par une instruction plus poussée, un entrainement plus approfondi des équipages. Et pourtant, il me semble à peu près certain que, en raison de l'inhabileté de la plupart des pilotes pour le tir au 75, les chefs de char ont presque tous eu tendance à lui préférer le tir au 47 promu de ce fait au rang d'arme principale. Il en est résulté à la fois une diminution de rendement d'un appareil entièrement conçu pour le tir au 75 et un manque de cohésion des unités conséquence du surcroît de besogne que s'imposaient les chefs de char. Avec des pilotes confirmés comme l'étaient certains anciens "as" la valeur offensive de nos unités aurait certainement été plus que doublée.*

Conditions d'emploi : *Les unités des 28ᵉ et 37ᵉ Bataillons de chars, très bien préparés au combat par une longue période de travail en commun, une foi ardente dans leurs possibilités et une confiance absolue dans leur matériel n'ont jamais trouvé le genre de combat pour lequel elles étaient prêtes. Dès le premier engagement en Belgique, l'effondrement de notre infanterie les a obligé à soutenir sur un front démesuré, sans soutien d'infanterie, ni d'artillerie, ni d'aviation, un combat passif où elles n'ont pas pu utiliser leurs immenses possibilités et leurs qualités manœuvrières, elles ont été à peu près anéanties, non par le feu de l'ennemi auquel elles avaient causé de lourdes pertes, mais par le manque d'essence et de munitions. Hâtivement reconstitué du 25 mai au 3 juin, le 28ᵉ Bataillon a été réengagé le 6 juin au nord de Roye pour une contre-attaque de 15 km de profondeur, dans une situation véritablement chaotique où il fut même impossible de lui indiquer des objectifs définis. Privé encore une fois du soutien de l'artillerie, de l'infanterie et de l'aviation, sans même que notre infanterie, incapable d'ailleurs d'identifier un char français, soit au courant de son attaque, le bataillon fut encore une fois très durement éprouvé. Il est malheureusement à craindre qu'une notable partie de ses pertes ne soit imputable à nos propres armes antichars.*

Au cours de la retraite, les vingt chars restant ne firent plus que du combat défensif, émiettés en détachement de marche, et, leurs 300 chevaux devenus inutiles, ils jouèrent, toujours sans infanterie, le rôle de casemates mobiles au gré des circonstances. L'entretien et la réparation devenus impossibles en raison de la précarité des liaisons et de la fréquence des déplacements, beaucoup d'appareils durent être abandonnés après avoir été détruits pour des avaries insignifiantes que quelques heures d'atelier auraient suffi à réparer en temps normal. Les effectifs fondirent petit à petit, et, le 16 juin, un seul char du bataillon repassait la Loire. Il semble que nous aurions pu beaucoup mieux faire, tout simplement en restant dans le cadre des prescriptions de notre I.G.U. (emploi en masse sur de larges fronts, soutien par les autres armes, défensive "dynamique", etc.).

Le Verdun II, B1 bis n° 452 appartenant à la 1ʳᵉ DCR.
C'est l'appareil du général de brigade Bruneau, commandant de la division, telles qu'en témoignent les deux étoiles. Le chef de char n'est autre que son fils, le capitaine Bruneau.

Le Vauquois, B1 bis n ° 377 de la 1ʳᵉ Cᶦᵉ du 41ᵉ BCC (3ᵉ DCR).
Au 10 mai 1940, c'est l'appareil du capitaine Cantarel, commandant la 1ʳᵉ Cᶦᵉ. Mais quelques jours plus tard, celle-ci passe sous les ordres du célèbre capitaine Billotte et l'engin est attribué au lieutenant Bourgeois. Ce char participera à de nombreux engagements à Stonne et sera toujours opérationnel à la fin de la bataille. Il sera finalement perdu le 10 juin lors d'une contre-attaque de la 3ᵉ DCR devant permettre de dégager les troupes défendant Perthes. US NARA

Notes :
21 : Il s'agit des 37ᵉ (B1), 15ᵉ, 8ᵉ et 28ᵉ BCC.
22 : Ce bataillon appartient à la 1ʳᵉ demi-brigade de la 1ʳᵉ DCR.

R-35 en piteux état.
Des essais de résistance sont menées sur différents chars avant guerre avec des armes françaises de tous calibres, depuis les balles perforantes de 7,5 jusqu'aux obus de 75 mm. Non dénués d'intérêt, ces essais ne peuvent bien sûr pas remplacer la confrontation aux armes ennemies.

*V– **Améliorations proposées :** Malgré les nombreuses critiques formulées plus haut pour permettre l'amélioration des matériels futurs, il faut tenir le char « B » pour un appareil remarquable. Il n'est pas un équipage qui n'accepterait d'en servir à nouveau, même dans des conditions plus dures que celles que nous avons connues. Toutefois, les possibilités actuelles du char « B » représentent le minimum de celles que devra présenter le char de l'avenir. Devant des chars dont le blindage sera équivalent au sien, il devra présenter un armement plus puissant encore. Pour augmenter la puissance de l'armement, deux solutions sont possibles : Mettre l'armement principal (de l'ordre de 105 mm) en tourelle. L'on obtient alors un engin de poids prohibitif. Les Allemands eux-mêmes semblent y avoir renoncé. Conserver la solution de l'armement principal tirant dans l'axe. Mais il faut alors avoir un personnel remarquablement entrainé, supérieur encore à celui qui armait nos meilleures unités de chars « B ». C'est là une question d'organisation et de volonté, elle est donc soluble.*

En tous cas, on ne devra sous aucun prétexte s'écarter du principe suivant : Le chef de char doit être complètement affranchi du service de l'armement principal dans un appareil destiné à faire autre chose que de l'accompagnement d'infanterie à courte distance. Si nos services techniques veulent respecter ce principe et se rappeler que les hommes qui constitueront l'équipage ont leurs servitudes comme les autres organes et qu'il faut par conséquent leur ménager l'espace nécessaire pour eux et leurs bagages, la réalisation des détails ne sera plus que peu de chose et nous aurons l'appareil qui, bénéficiant de l'expérience de ses ainés, nous vaudra peut-être des jours meilleurs. »

La résistance des blindages de chars

S'il existe de nombreuses données théoriques sur la résistance des blindages, seule l'expérience du combat reste vraiment significative. Le premier rapport précis sur ce sujet est rédigé par le général Keller dans une note [23] indiquant : « *J'ai l'honneur de vous rendre compte ci-dessous des résultats d'une première enquête faite sur la résistance de nos chars aux matériels antichars ennemis. À ce jour, cette enquête a porté sur les matériels suivants : chars B1 bis, chars R-35, chars Hotchkiss 35 et 39, chars FCM, chars Somua, chars anglais Mark VI.B. Ces matériels ont été examinés, sauf pour les FCM, soit sur le champ de bataille devant Abbeville pour le matériel non récupérable, soit dans les parcs ou dans les ateliers du 3e degré. Pour les FCM, les résultats sont ceux signalés par le général Bourguignon* [24].

I - Matériel antichar ennemi : *Un grand nombre d'impacts d'obus de 37 antichars allemands ont été relevés. Un plus petit nombre dû à des obus de 20 mm envoyés par un canon automatique dont un exemplaire a été détruit par un char à Abbeville. Ces obus de 20 mm sont de deux sortes, dont l'un doit être incendiaire. Ils ont été envoyés à Bourges pour examen. Sur certains chars, il a été relevé des impacts de 47 mm mais les équipages questionnés déclarent qu'il s'agit de canons français tombés entre les mains de l'ennemi. Enfin, plusieurs impacts de calibre 105 et 77 mm ont été constatés* [25].

IV - Blindage :

Chars B1 bis *: Le blindage du B1 bis résiste à tous les calibres inférieurs à 47 mm. Les obus de 37 mm font des empreintes plus ou moins profondes suivant l'angle d'incidence ou la distance de tir, mais ne percent ni la tourelle, ni la caisse. Les armes et la tourelle sont parfois bloquées. Les obus de 47 mm percent le blindage de la caisse (char Corse). Les obus de 105 brisent et percent le blindage et font de gros ravages, le char prenant généralement feu.*

Chars H-39 et R-35 *: Ils résistent en général à l'obus de 37 mm sauf lorsque ce dernier est tiré de près et normalement. Le blindage peut alors être percé, mais il semble que dans ce cas l'obus fait peu de dégâts à l'intérieur, ayant perdu toute sa vitesse. Ils sont démolis par l'obus de 105 mm. Il n'a pas été constaté d'impacts de 47 mm. Les balles de 20 mm font des empreintes importantes mais ne percent pas les blindages de la caisse, ni de la tourelle. La fente de visée de la tourelle semble cependant un point faible, et il y eut quelques chefs de chars blessés à cet endroit par projection de métal à l'intérieur du char, blessures légères en général.*

Chars F.C.M. *: Les obus de 37 mm percent quelquefois les tourelles ; ils provoquent assez souvent des fissures au voisinage des soudures électriques. Dans l'ensemble les blindages de ces chars semblent s'être révélés plus fragiles que ceux des chars 35-R et 39-H.*

Chars Somua *: Les obus de 37 mm semblent percer assez souvent les blindages latéraux, et plus difficilement la tourelle ; mais ils y parviennent si l'incidence est normale* [26].

Chars Mark VI B. *: Ils n'offrent aucune résistance au feu de l'ennemi et de nombreux chars incendiés ont été vus. Leur blindage est inexistant.*

III– Trains de roulement

Les obus de tous calibres font des détériorations sur les trains de roulement, pouvant immobiliser le char si un organe essentiel est brisé (barbotin, poulie de tension, chenille). Cependant il semble qu'en général, l'ennemi a rarement visé le train de roulement, et les impacts y sont beaucoup plus rares que sur les blindages, notamment ceux des tourelles. En outre, les pannes occasionnées par le feu de l'ennemi sur les trains de roulement sont faciles à réparer, et causeraient de courtes immobilisations du char si les compagnies d'échelon disposaient d'un matériel de sauvetage suffisant (une récente sortie de quelques tracteurs M.C.L. et Laffly S.45.T en même temps que la distribution, en cours, de skis pour le sauvetage des matériels vont normalement améliorer la situation). Un B1 bis ayant la poulie de tension traversée et deux patins cassés a pu continuer sa progression (Staoueli). Un autre a pu faire 50 km encore avec un rail cassé à hauteur d'un axe.

Conclusions : *Le matériel blindé B1 bis, H-35 et 39 et R-35 s'est parfaitement bien comporté au feu de l'ennemi. Seuls les canons de calibre 47 (?) et 105, que l'on trouve plus rarement que les 37 et 20, leur ont causé des dégâts importants. Le matériel Somua, F.C.M. semble, au contraire, insuffisamment protégé. La protection du matériel anglais Mark VI.B est inexistante. Enfin, les projections secondaires, si souvent constatées lors des essais d'explosion des mines, ne semblent pas très dangereuses par rapport au choc des obus. Quoi qu'il en soit, il faut s'attendre à voir les canons de 47 se substituer un jour ou l'autre aux canons de 37 allemands* [27] *et nous devons poursuivre en conséquence l'augmentation de protection de nos matériels légers et lourds.* »

Les autres engins chenillés

Les chars et les AM ne représentent qu'une partie des engins chenillés de l'armée française. La mécanisation va en concerner beaucoup d'autres et bien que ce chapitre n'aborde le sujet que de manière non exhaustive, il est impossible de ne pas mentionner certains d'entre eux en fonction de leur intérêt technique ou historique ou du rôle qu'ils joueront.

Les canons automoteurs

Avant la fin de la Première Guerre mondiale, différents canons automoteurs sont en cours de développement, à l'image d'un projet de la Section technique de l'artillerie se composant d'un châssis de char FT recevant un canon de 75 Mle 1897. Le blindage et la tourelle sont démontés et le positionnement des organes mécaniques est entièrement revu afin de permettre l'installation de la pièce, dont l'affût a été coupé à mi longueur. Amplement augmenté par rapport à la pièce d'artillerie de campagne, le champ de tir vertical est compris entre -2 et +40°. L'engin emporte 90 cartouches de 75 mm et se voit également doté d'une mitrailleuse de 8 mm Mle 14 Hotchkiss antiaérienne. Expérimenté à partir du 25 octobre 1918 à la Commission de Bourges, l'engin sera abandonné en avril 1921, par suite de l'apparition d'une nouvelle génération de tracteurs légers à chenilles et en raison de l'évolution de la vision de ce type d'engins par le GQG.

Il existe d'autres projets d'automoteurs basés sur un châssis de char FT mais cette fois dotés d'une pièce de 47 mm sous casemate dérivée d'un matériel de la Marine [28] ou d'un canon de 105 mm long Mle 1905 dont la description est donnée dans une note datée du 21 août 1918. Hâtivement construit, le prototype se compose d'une pièce de 105 mm quasiment conservée dans son intégralité, y compris l'affût et les flasques, seulement découpés à leurs parties postérieures. L'essieu a été remplacé par une barre d'acier venant s'encastrer dans les parois verticales du châssis, celles-ci ayant été renforcées par des tôles rivées.

SAu 40 (à gauche) et ARL V 39.
Novateur à cette époque, le concept d'automoteur blindé emportant une pièce d'artillerie fera ses preuves, notamment au sein de la Wehrmacht avec les fameux Stu.G.

L'ensemble des parties mécaniques a été entièrement revu et le poste de pilotage est situé à l'arrière, dos au canon. Le pointage initial de la pièce en direction s'effectue par le pilote avant d'être affiné en donnant au char de petits mouvements latéraux au moyen d'un dispositif actionné par les artilleurs permettant d'agir sur les chenilles à l'aide du moteur. Ce projet n'aura lui non plus aucune suite.

En juillet 1932, le CCA demande la mise à l'étude d'un canon automoteur destiné à assurer l'appui des attaques de chars. L'infanterie lance celle d'un *Canon blindé automoteur de 75* défini comme *engin puissant d'accompagnement de l'infanterie.* Un prototype est en construction chez Renault sous l'impulsion du général Garnier [29]. Il est constitué d'un châssis de char D2 spécialement aménagé et armé d'un 75 SA Mle 1929 modifié. Retardée par la fourniture de pièces de fonderie, la livraison du prototype initialement prévue pour avril ou mai 1934 sera finalement faite en mai ou en juillet 1935 [30] mais l'engin ne donne pas satisfaction, en raison de nombreuses déficiences.

Le canon automoteur Garnier-Renault n'aura pas de suite, mais deux autres projets (APX et ARL) feront l'objet d'une commande de prototypes en 1935 pour le premier et en décembre 1936 pour le second. Terminés en juin 1938, les deux blindés sont munis d'un télémètre et de moyens radios, les rendant capables d'interventions rapides et précises. Ils sont présentés en septembre et expérimentés au camp de Mailly en juin et juillet 1939. Les épreuves comportent des essais en tir masqué, en tir direct, indirect et en tir semi-direct, la tourelle d'observation se trouvant en défilement de crête. Les essais sont jugés satisfaisants et les engins sont adoptés sous les appellations d'ARL V 39 et SAu 40. 12 groupes de 9 matériels sont mis en commande le 15 octobre 1939 (8 pour Rueil et 4 pour Somua).

Les premières livraisons sont escomptées respectivement en octobre et août 1940 à la cadence de 6 SAu 40 et 10 ARL V 39 par mois. Entre-temps, l'effet considérable de dislocation du béton par le boulet de 47 mm ayant été constaté, la commande Somua est modifiée en automoteurs de 47 mm, les 108 matériels dotés de pièces de 75 mm étant demandés à Rueil. Aucun d'eux ne sera fabriqué en série.

L'autocanon de cavalerie (ACC)

De son côté la cavalerie envisage l'étude d'un ACC dont les missions seront les suivantes [31] : « *L'autocanon de cavalerie est un véhicule portant un canon dont le projectile a une action efficace aux petites et moyennes distances, contre du personnel abrité ou des engins blindés ; de mobilité équivalente au minimum à celle de l'automitrailleuse de combat, protégé par un blindage de même épaisseur, il est apte à remplir toutes les missions d'accompagnement immédiat.*

L'autocanon de cavalerie n'est pas encore en service. Groupés en pelotons de trois pièces, ils sont rattachés aux régiments de combat [des DLM] *à raison de deux pelotons par régiment. Créés pour apporter aux A.M.C., dans toutes les phases du combat, les appuis de feux indispensables à leur action, spécialement contre les armes antichars et les engins blindés, les A.C.C. opèrent normalement en liaison avec les A.M.C. Au cours de l'attaque des A.M.C. ils constituent avec celles-ci "l'échelon de combat" dans lequel ils sont disposés et répartis en vue de saisir et de contrebattre immédiatement les réactions ennemies. Ils agissent, soit de leur propre initiative, en particulier lorsqu'ils marchent derrière et à proximité de la première vague d'A.M.C., soit à la diligence de l'échelon de commandement qui les a gardés dans son voisinage et qui peut ainsi leur désigner leurs objectifs.*

Au cours de la progression, ils marquent de courts temps d'arrêt pour tirer par courtes rafales sur les armes antichars qui se révèlent ou sur les engins blindés ennemis. Dès que l'attaque a atteint son objectif, ils ont pour mission de protéger l'installation des éléments d'occupation et le cas échéant d'appuyer leur résistance en brisant de leurs feux toute contre-attaque. À cet effet, ils s'embossent sur le point le plus favorable, soigneusement défilés aux vues aériennes et terrestres. Le faible approvisionnement en munitions des A.C.C., la difficulté de les ravitailler au cours de l'action limitent pratiquement leur emploi aux missions de destruction et d'aveuglement à vues directes, et ne leur donnent que des possibilités réduites en matière de tirs de neutralisation.

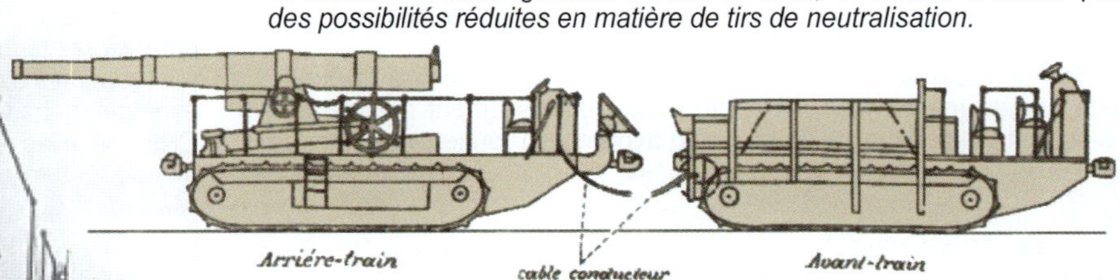

194 GPF sur affût chenillé Saint-Chamond.
Cet ensemble chenillé se décompose en deux parties distinctes. La première est un tracteur motorisé emportant les munitions et servant également de génératrice pour alimenter les moteurs électriques de l'affût de la pièce. Le principe de cet engin est également employé pour un mortier de 280 mm. Les 50 exemplaires, commandés en 1918, sont livrés l'année suivante et ne peuvent donc participer à la guerre mais ils sont toujours en service en 1940 au sein du 184e RAL pour les pièces de 194 mm et du 193e RAL pour celles de 280 mm. Leur vitesse particulièrement lente les fera souvent tomber entre les mains allemandes durant la retraite.

Notes :
23 : Note 3475 /2.chars.S. L'officier est alors inspecteur des chars de combat et commandant des réserves générales de chars.
24 : En mai 1940, le général Bourguignon commande les chars de la 2e armée comprenant les 2 BCC de FCM 36 (4e et 7e).
25 : Dans le cas du 47 mm l'hypothèse est possible, mais il peut aussi s'agir de pièces d'origine tchèque puisque quelques automoteurs allemands en étaient dotés (4.7cm Pak(t) auf Pz.Kpfw. I Ausf B). En revanche, le calibre de 7,7 cm n'est plus en usage au sein de la Wehrmacht et il doit s'agir des pièces de 7,5 cm des Pz.Kpfw. IV ou des 8,8 cm de Flak.
26 : L'on peut néanmoins émettre quelques doutes quant à la tourelle du char de cavalerie puisqu'elle est presque identique à celle du B1 bis.
27 : Le général Keller ne croit pas si bien dire car la production du canon antichar de 5 cm Pak 38 L/60 et la pièce de 5 cm KWK 39 devant équiper les Pz.Kpfw. III est lancée en Allemagne mais ces matériels arriveront trop tard pour participer à la campagne de France.
28 : Initié en octobre 1918, ce projet n'aura aucune suite.
29 : L'officier est connu pour avoir conçu le canon de 37 SA Mle 1916.
30 : Les sources diffèrent sur la date.
31 : Selon la *Notice provisoire sur l'emploi des unités motorisées et mécanisées de cavalerie* approuvée par le ministre de la Guerre le 3 juin 1935.

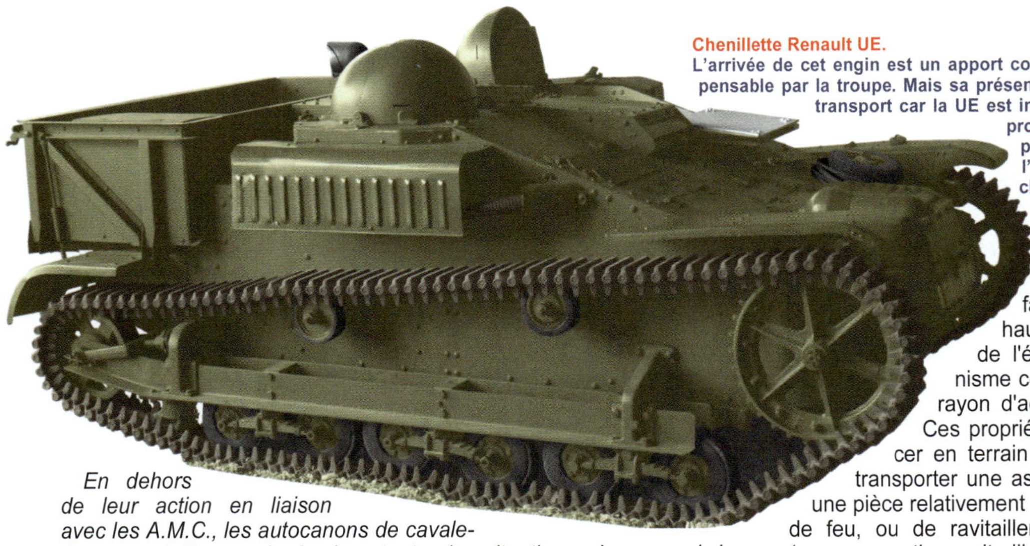

Chenillette Renault UE.
L'arrivée de cet engin est un apport conséquent et il sera rapidement jugé comme indispensable par la troupe. Mais sa présence en nombre pose également la question de son transport car la UE est incapable de couvrir de grandes distances pas ses propres moyens et ne peut donc être utilisée qu'à proximité du front. Il faut l'emporter sur camion ou à l'aide d'une remorque, tout comme les pièces antichars qu'elle doit tracter. Aussi un programme de tracteurs légers tout-terrain sera décidé quelques années plus tard, ce type de véhicule permettant d'emporter les pièces durant les longs déplacements jusqu'à proximité immédiate des lignes.

En dehors de leur action en liaison avec les A.M.C., les autocanons de cavalerie peuvent être employés dans toutes les situations où un appui de feux immédiat est nécessaire soit pour agir au bénéfice d'une avant-garde alors que l'artillerie divisionnaire est hors d'état d'intervenir, soit pour renforcer les feux d'une position défensive en certains points sensibles, soit pour faciliter le décrochage d'éléments amis au contact. Il appartient alors au général de division de les détacher momentanément de leur régiment en les mettant à la disposition de tel ou tel élément de la division. Dès que la situation le permet, ils sont remis aux ordres de leur colonel. La recherche d'emplacements favorables, camouflés aux vues aériennes et terrestres de l'ennemi, se prêtant bien à l'exécution des tirs, et permettant une liaison facile avec les éléments appuyés est alors essentielle, si l'on veut donner à l'action des autocanons de cavalerie son plein rendement. »

Plusieurs avant-projets sont présentés en 1934 et 1935 [32], expliquant pourquoi l'ordre de bataille de la DLM type 1934 fait apparaitre des *autocanons de cavalerie* avant qu'ils ne disparaissent dans les suivants.

Les chenillettes d'infanterie

Le transport des armes lourdes d'infanterie et leur ravitaillement en munitions étant des tâches éreintantes, dès la fin de la guerre, l'infanterie voit fort justement dans un engin à moteur une solution efficace pour épargner la troupe. Mais pour pouvoir assumer cette mission jusqu'aux premières lignes, il est impératif d'utiliser un véhicule discret, tout-terrain et légèrement blindé. Une première solution est envisagée avec la chenillette anglaise Carden-Loyd munie d'une remorque et les essais démontrent que ce type d'engin est bien adapté à cet usage. Or, de toute évidence, l'industrie française doit être capable de produire un véhicule similaire et c'est l'objet du programme « N » émis le 7 octobre 1930. Reprenant les caractéristiques essentielles de la chenillette Carden-Loyd, une commande de six prototypes est transmise à trois constructeurs, Citroën, Latil et Renault. Après des essais comparatifs, c'est le modèle présenté par cette dernière, composé d'un tracteur et d'une remorque, désigné UE et UK selon la nomenclature du constructeur, qui est retenu puis homologué sous l'appellation de *chenillette de ravitaillement d'infanterie modèle 1931 R*. Les premières commandes sont passées dans la foulée et la production est rapidement lancée.

Ses principales caractéristiques sont une vitesse de 5 à 30 km/h, une grande maniabilité, une aptitude de franchissement relativement importante, une capacité de transport avoisinant 1 tonne et une grande facilité de camouflage en raison de sa faible hauteur. Elle dispose d'une protection suffisante de l'équipage et de la majeure partie du mécanisme contre le feu des armes de petit calibre et son rayon d'action lui permet de couvrir environ 100 km. Ces propriétés permettent aux chenillettes de se déplacer en terrain bouleversé, même sous le feu ennemi, de transporter une assez grande quantité de matériels, de tracter une pièce relativement lourde jusqu'à proximité immédiate de la ligne de feu, ou de ravitailler en munitions des armements d'infanterie (canons, mortiers, mitrailleuses).

En 1932, la livraison des premiers engins fait apparaitre certains défauts de jeunesse qui seront corrigés, à l'exception d'une usure assez rapide du train de roulement qui ne sera jamais résolue malgré les nombreuses solutions envisagées pour y remédier. Cette lacune doit néanmoins être relativisée car le déplacement des chenillettes sur de grandes distances doit normalement s'effectuer par camion porteur ou à l'aide d'une remorque de transport spécifiquement étudiée, l'engin ne parcourant que les derniers kilomètres par ses propres moyens. Au-delà de diminuer l'usure des chenillettes, ces modes de transport permettent aussi de réaliser d'importantes économies de carburant.

En 1935, l'augmentation substantielle des crédits accordés à l'armée permet d'envisager la modernisation des chenillettes d'infanterie et une commande de prototypes est envoyée à différents constructeurs [33]. Chacun d'eux livre son véhicule en 1937 et les essais comparatifs sont lancés. Seuls ceux de Lorraine et de Renault sont finalement retenus, le premier étant jugé supérieur au second, mais la commande initiale de 100 exemplaires sera finalement transformée en tracteurs de ravitaillement pour chars modèle 1937 L, la livraison de ce type d'engin devenant prioritaire.

Appelé UE 2 dans la nomenclature interne du constructeur, le prototype Renault est donc le seul à être produit en série, apportant l'avantage d'homogénéiser le parc des chenillettes d'infanterie. Il ne présente que peu de différences avec le modèle précédant, les principales étant le remplacement de la boîte de vitesses initiale à 3 rapports avant par un nouveau modèle en comportant 4, et le renforcement des organes de transmission. À partir de 1936, l'atelier de production de Renault est nationalisé et devient l'AMX (ateliers d'Issy-les-Moulineaux) sans pour autant que la fabrication ne cesse. Renault reste maître d'œuvre et continue de fournir les pièces mécaniques, tandis que le montage est réparti entre AMX, les usines Fouga de Béziers et Berliet à Lyon.

En temps de paix, les chenillettes sont groupées dans des noyaux automobiles rattachés à la section de commandement du corps. L'affectation d'un noyau automobile à un corps de troupe entraîne toujours la constitution d'un atelier du premier degré réduit afin d'assumer leur entretien et leurs éventuelles réparations. En temps de guerre, elles sont réparties dans les régiments et les demi-brigades d'infanterie. Par exemple, dans les RI de type nord-est, on les trouve à la CHR et à la CRE, où elles sont affectées au ravitaillement en munitions et à la

TRC Renault 36 R et sa remorque.
Cet engin est adopté faute de mieux jusqu'à l'arrivée de la Lorraine 37 L qui lui est supérieure, en particulier en raison de son blindage, le TRC Renault en étant démuni. Le tracteur emporte des munitions tandis que la remorque est chargée d'une citerne d'essence, de 18 bidons d'huile ou d'eau, de 8 boîtes à graisse et du petit outillage. Elle est également munie d'une pompe à bras permettant de transférer le carburant dans le réservoir des chars.

Prototype armé de la Renault UE.
Cet engin est le second du genre, un premier prototype ayant été présenté par Renault dès l'origine de la conception de la chenillette, en particulier pour répondre à une demande de la cavalerie alors en recherche d'une AMR moderne. Mais le projet sera rejeté principalement en raison d'une vitesse trop faible. Basé sur la modification d'une chenillette UE de série, celui-ci reçoit une casemate conçue par APX armée d'une mitrailleuse. Il ne sera initialement pas retenu non plus par l'armée française mais 10 exemplaires, dont celui-ci, seront achetés par la Chine. L'adoption de cette chenillette armée aura finalement lieu le 25 mai 1940 mais il est bien tard pour qu'elle soit suivie d'effets.

traction éventuelle des canons AC de 25 mm. Dans les RI type motorisé, les Renault UE sont complétées par d'autres engins du même type affectés en permanence à la traction des canons AC de 25 mm. Au sein des compagnies divisionnaires antichars, enfin, elles assument également la traction des canons AC de 25 mm et le transport de leurs munitions.

Dans la pratique, la troupe utilisera la Renault UE bien au-delà des missions initialement prévues, la transformant bien souvent en bonne à tout faire. Renault avait d'ailleurs proposé d'autres missions pour son modèle UE comme les liaisons entre divers postes dans la zone de feu ou entre les unités de chars au cours d'un engagement, le transport de mortiers, la pose et dépose de lignes téléphoniques de campagne ou comme poste mobile de TSF.

La Renault UE subira quelques améliorations en cours de fabrication et il existe donc des différences bien visibles entre les séries de production comme par exemple la taille et la forme des garde-boues, le type de phare [34], l'allongement du coffre latéral ou encore la pose d'un triangle signalant la présence d'une remorque. Notons ensuite que deux prototypes armés d'une mitrailleuse sont proposés en 1932 et 1936 sans qu'ils ne soient retenus, l'infanterie voulant éviter que l'engin puisse être utilisé comme un véhicule de combat. Enfin, dans l'urgence des dernières semaines de la campagne de 1940, certaines modifications seront envisagées pour armer la Renault UE et parfois produites à quelques exemplaires, mais ces réalisations de fortune seront rares.

Les tracteurs de ravitaillement pour chars

Avec l'apparition du char se pose la question de son ravitaillement. Il est tactiquement nécessaire de l'organiser là où les engins se trouvent plutôt que de les obliger à rejoindre une route accessible aux camions pouvant transporter munitions et carburant, entre autres fournitures. Vers la fin de la Première Guerre mondiale, on s'oriente vers des traineaux puis, après guerre, vers des remorques, ces éléments étant dans les deux cas tractés par les chars et décrochés avant les attaques. Dans les deux cas, les appareils doivent donc regagner leurs positions de départ pour se ravitailler ce qui ne peut être considéré comme une solution définitive. De toute évidence, des véhicules ravitailleurs capables de suivre les chars au cours de leurs déplacements semblent plus appropriés et l'armée commande 50 semi-chenillés P 17 munis d'une citerne mais le véhicule ne donne pas satisfaction. En 1934, un programme de tracteur de ravitaillement pour char (TRC) est établi, aboutissant à l'adoption l'année suivante d'un engin Renault dérivé de la chenillette UE sous l'appellation de TRC 36 R, faute de mieux serait-on tenté de dire, et devant l'urgence de trouver une solution. Bien loin d'être satisfaisant, ce véhicule sera néanmoins produit à 260 exemplaires entre 1938 et 1940.

Un second programme de TRC est donc défini en avril 1936 et la firme Lorraine y répond le 9 juillet 1937 en présentant un prototype dérivé de celui de sa chenillette d'infanterie, celui-ci étant rallongé. Se déroulant jusqu'en octobre, les essais mettent en évidence un manque de puissance lorsque l'engin tracte sa remorque et Lorraine y répond en dotant son véhicule d'une motorisation plus puissante. Cette nouvelle version est adoptée et commandée dans la foulée sous l'appellation de TRC 37 L, les quelque 500 exemplaires fabriqués sont livrés entre 1938 et l'armistice, mais ces engins, particulièrement appréciés des troupes blindées, seront trop peu nombreux pour répondre aux TEG des unités de chars et de cavalerie, même en tenant compte des TRC 36 R [35] dont la production est maintenue afin de fournir une solution de ravitaillement tout-terrain le plus vite possible. À titre d'exemple, le 12 mai 1940, alors qu'elle va se voir ordonner de monter au front, la 3e DCR accuse un déficit de 75 TRC sur les 78 qu'elle devrait théoriquement posséder. Signalons néanmoins que cet exemple extrême est aussi dû au fait qu'il lui a été ordonné de transférer une partie non négligeable de ses véhicules aux 1re et 2e DCR, démontrant que ces deux Grandes Unités ne possédaient pas non plus leurs dotations organiques de TRC.

Les véhicules blindés de transport de troupes

Le concept du transport de troupe sous blindage remonte à la Première Guerre mondiale, afin de protéger les unités d'infanterie devant accompagner les chars. L'idée survit à la guerre mais n'aboutit à aucune concrétisation marquante avant 1938, si ce n'est quelques prototypes et la fabrication de petites séries destinées aux colonies [36]. La question devient incontournable lors des débats concernant la mise sur pied des DCR au sein desquelles l'infanterie doit accompagner les chars dans leur progression. La firme Lorraine propose de modifier son TRC 37 L et sa remorque afin d'emporter un groupe de combat, les deux éléments devant être dotés de parois blindées plus hautes afin de protéger les soldats [37]. L'engin d'origine étant bien connu de la commission de Vincennes, le prototype est accepté sans essais le 21 avril

TRC 37 L et sa remorque.
Dérivé de sa chenillette d'infanterie, le TRC proposé par Lorraine est particulièrement réussi. La principale différence porte sur l'allongement du véhicule nécessitant l'ajout de deux galets supplémentaires. Le tracteur peut être muni à l'arrière de banquettes permettant d'emporter 7 hommes, caractéristique fort appréciable pour aider les équipages des chars dans les fastidieuses opérations de ravitaillement.

Remorque de TRC 37 L.
Présentée ici dans sa version prototype, la remorque emporte 690 kg de charge utile dont 565 litres de carburant. Elle est dotée d'une pompe Vulcano très efficace permettant de faire le plein d'un B1 bis en moins d'une heure.

Notes :
32 : Il n'y aura aucune réalisation concrète.
33 : Il s'agit de Berliet, Fouga, Hotchkiss, Lorraine et Renault.
34 : Sur les dernières productions, les deux phares Restor visibles sur le prototype de la page précédente sont remplacés par un phare blindé Guicherd à l'image de celui de la photo située en haut de cette même page.
35 : 12 TRC par BCC de chars légers, 18 par BCC de chars B (quantité portée à 27 en avril 1940), 3 par escadron de combat des DLM.
36 : Il s'agit tout d'abord du camion blindé Panhard, dont une vingtaine d'exemplaires a été produite et engagée au Maroc lors de la campagne de pacification au début des années 1930 et de la Citroën semi-chenillée P 104, construite à 12 exemplaires en 1935. 9 d'entre eux seront déployés en Indochine et les 3 autres, se différenciant des précédents par la présence, d'une mitrailleuse sous tourelle, seront envoyés en Côte française des Somalis.

VBCP 38 L et sa remorque.
Initialement prévue à 61 exemplaires par BCPortés, cette dotation sera ramenée à 43 engins dont 39 affectés aux 3 Cies de fusiliers-voltigeurs du bataillon. Ceux des 1re et 2e DCR (5e et 17e) percevront tous leurs VBCP mais les deux suivants, les 16e et 4e (3e et 4e DCR) n'en recevront que 28 pour le premier et aucun pour le second.

1938 sous l'appellation de *véhicule blindé pour chasseurs portés modèle 1938 L* (VBCP 38 L) et commandé à 240 exemplaires, correspondant à l'équipement de 4 BCPortés. L'objectif étant de mettre sous blindage toutes leurs unités élémentaires combattantes, l'appareil doit être décliné en 5 versions différentes[38]. Seuls 150 seront livrés avant l'armistice.

Adopté trop rapidement, le VBCP 38 L se révèle assez peu réussi. Au-delà de la répartition du groupe de combat dans le tracteur et sa remorque séparant les hommes et diminuant les capacités tout-terrain de l'ensemble, le blindage est trop fin et la hauteur totale, atteignant presque 2 m, n'est pas idéale pour un engin de mêlée. Aussi, Lorraine continue le développement du concept et propose en juin 1939 un second véhicule bien supérieur à son prédécesseur sous de nombreux aspects. Allongé de 30 cm, il emporte à lui seul l'intégralité du groupe de combat, à condition de le ramener à 10 hommes. Il est aussi plus léger, plus rapide et d'une moindre hauteur. Le blindé est adopté sous l'appellation de *VBCP modèle 1939 L* puis commandé à 150 exemplaires, devant remplacer son prédécesseur sur les chaînes de production à partir du 241e VBCP livré par Lorraine. Il n'aura donc aucune concrétisation de série.

Les véhicules blindés de commandement et de transmissions

Ces deux missions étant intimement liées, il semble logique de les regrouper en une seule catégorie. Il convient d'ailleurs de préciser que les engins dédiés à ces missions ne sont produits au mieux qu'à quelques exemplaires et même à un seul dans bien des cas. En règle générale, les chars et les automitrailleuses de commandement ne diffèrent des autres appareils que par la présence de radios, ou éventuellement de moyens radios renforcés si les engins classiques en sont dotés. L'étude de véhicules blindés de transmission ou de commandement débute dès la Première Guerre mondiale et le plus courant est le char FT TSF en raison de sa production en série entre 1918 et 1919. 200 exemplaires sont livrés sur les 300 commandés, la fin de la guerre engendrant l'annulation de la commande des 100 derniers. Il faut ensuite attendre la seconde moitié des années 1930 pour voir apparaître de petites séries de véhicules blindés dédiés au commandement et aux transmissions comme les Renault ADF1 et YS sur châssis d'AMR.

Version pour pièce de mitrailleuse de Citroën P 19 B de dragons portés.
Bien que non blindé, signalons également l'existence de ce véhicule. Celui-ci appartient au 4e RDP et la scène montre l'usage d'une mitrailleuse de 8 mm Mle 1914 Hotchkiss en tir antiaérien. Coll. A. Alvarez

Visions d'avenir des engins blindés

Au printemps 1940, de nombreuses réflexions portant sur la mise sur pied des prochaines unités de chars sont menées, surtout qu'il est sérieusement envisagé de fournir des appareils à la Grande-Bretagne. Si les besoins de l'armée française à court terme sont évidents[39], il est ensuite plus difficile d'envisager l'avenir, ne serait-ce qu'en raison de l'éventualité du déclenchement des hostilités induisant la nécessité de combler les pertes. Il est en outre impératif de disposer d'un volant de matériels destinés à l'entretien normal des unités en fonction de l'usure des engins, la question n'ayant toujours pas été réglée. Dans une étude datée du 28 février 1940, le général Keller estime qu'en cas d'opérations actives, il est raisonnable de prévoir une perte immédiate de 50 % des appareils engagés, pouvant se réduire à 25 % et peut-être moins après l'intervention des unités de réparation. Il estime ensuite que même sans combat, l'usure des véhicules engendre un taux d'indisponibilité de 7 ou 8 % et préconise enfin de ne pas compter sur la totalité des sorties de matériels prévues dans les mois à venir en raison des difficultés rencontrées par l'Armement.

Mais la disponibilité des engins blindés n'est pas la seule condition pour constituer de nouvelles unités. Celles-ci doivent aussi être impérativement dotées de nombreux matériels de toutes sortes afin de les rendre opérationnelles. Il faudra également trouver des casernements adaptés et de vastes terrains de manœuvre pour faire évoluer les engins. D'autre part, la question du personnel instruit ne peut être ignorée car il est bien plus long de former un équipage de char que de fabriquer l'engin. Comme le rappelle le général Keller dans cette même étude : « *Le problème des formations nouvelles doit donc être envisagé avec souplesse, de façon à pouvoir utiliser le matériel disponible au mieux des circonstances, ainsi que le personnel instruit ou à instruire. Il serait illogique en effet que le matériel fût stocké en quantité excessive faute de personnel instruit pour le servir, et qu'inversement, un nombre considérable d'officiers et d'hommes de troupe attendît trop longtemps son matériel de combat.* » L'officier propose ensuite une simulation prévoyant la création progressive d'unités mais il se base sur les prévisions du 24 novembre 1939 qui se révèleront peu fiables.

Renault YS.
Construit à partir d'une AMR 35, cet engin se révèle trop lourd et inadapté à la mission qu'il doit remplir. Mais il n'a fait l'objet d'aucune spécification détaillée et sa mise au point sera laborieuse. Les 10 YS commandés sont livrés en 1938, non compris un exemplaire d'une version d'artillerie (VOA pour véhicule d'observation d'artillerie), l'YS 2, construite sur la base d'un prototype en acier doux. Pas plus réussi que l'engin d'origine, il est muni d'une tourelle dotée d'un télémètre.

Lorraine VBCP 39 L.
Bien qu'élargi de 46 cm, la comparaison de ce véhicule avec la 38 L permet de constater que le châssis et le train de roulement sont identiques et seules les superstructures ont été modifiées. À noter la bâche repliée permettant d'abriter les hommes des intempéries ou du froid.

L'identification des véhicules et du personnel de circulation routière

L'identification des véhicules et des personnels chargés de la circulation sont indispensable pour permettre la régulation du trafic routier. Bien que certains règlements en vigueur indiquent clairement les signes distinctifs devant être utilisés, les principes d'identification sont rappelés par la note N° 648 4/EMG émise par 4e bureau de l'EMA s'accompagnant d'illustrations données à titre d'exemple. Nous avons préféré présenter les planches graphiques d'origine et il est probable que les couleurs soient moins vives que lors de leur parution initiale :

« Dans les mouvements V.T. [Voie terrestre] de Grandes Unités, la surveillance de la discipline de marche présente certaines difficultés que l'identification rapide et à vue des véhicules automobiles et du personnel de circulation diminuerait dans une très large mesure.

A.– Identification des véhicules : L'identification des véhicules automobiles sera assurée suffisamment si le personnel chargé de la circulation peut reconnaître facilement l'arme et le groupement de marche auxquels appartiennent les véhicules. Ce personnel pourra entre autre diriger sur leurs destinations les rames successives et les véhicules isolés rejoignant la colonne. L'identification des unités présente moins d'intérêt et amènerait à établir une multitude d'insignes que le personnel de circulation ne saurait connaître. Les emblèmes adoptés par beaucoup de corps facilitent pour les petites unités la surveillance de la discipline de marche.

1°- Identification de l'arme : À l'avant du véhicule sera apposé un insigne d'arme distinct de la vignette représentant l'emblème du corps. Cet insigne ne sera, en aucun cas, placé sur le pare-brise, en vue d'éviter de restreindre le champ visuel du conducteur. L'emplacement choisi suivant le genre de carrosserie du véhicule (capot, garde-boue, etc.) devra, en tout cas permettre de distinguer facilement l'insigne. L'annexe 1 ci-jointe indique les caractéristiques des insignes des différentes armes, constitués par des figures géométriques simples de couleurs différentes, incluses dans des carrés blancs de 20 cm de côté. Ces insignes pourront, soit être peints sur le véhicule, soit, plus avantageusement, être apposés sur des plaques amovibles.

2°- Identification du groupement de marche : Les groupements de marche sont désignés par des numéros. Tous les véhicules d'un même groupement porteront le numéro de ce groupement qui sera apposé sur la partie inférieure du pare-brise, du côté opposé à celui du conducteur et enlevé le mouvement terminé. Ce numéro sera composé de chiffres de 15 à 20 cm de haut qui pourront être peints sur le pare-brise (au lait de chaux par exemple).

3°- Identification de l'unité : Les insignes adoptés par les unités sont généralement placés sur les flancs des véhicules automobiles. La surveillance de la discipline de marche sera facilitée si ces insignes sont visibles de l'avant (le commandement peut prescrire de dissimuler ces insignes pour l'exécution de certains déplacements).

B.- Identification du personnel de circulation : Tout le personnel des formations de circulation porte le brassard blanc et vert. Ces brassards seront complétés par une lettre distinctive : R pour les Régulatrices routières, O pour les détachements organiques de circulation routière des Grandes Unités, G pour les pelotons de circulation des groupes de transport. Ces lettres seront portées en vert sur la partie blanche, en blanc sur la partie verte. L'épaisseur du trait sera au minimum de 1 cm 25 (Voir Annexe 2). »

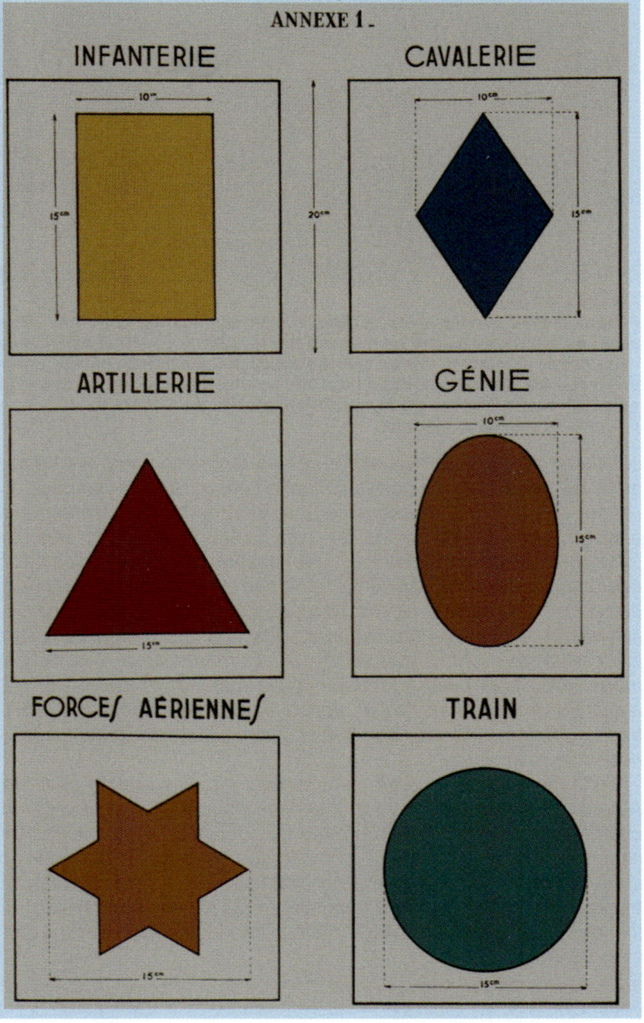

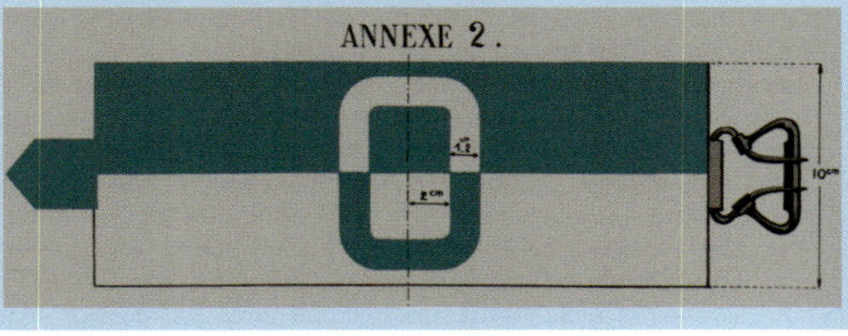

De son côté, dans un rapport rédigé par le 3e bureau du corps de cavalerie daté du 4 mars 1940, l'arme tire des conclusions de l'expérience acquise durant les premiers mois de guerre. Ce texte précise qu' « *il ressort des premiers enseignements de la guerre qu'étant donné la densité et la puissance des armes antichars sur le Théâtre d'opérations du nord-est, tout engin mécanique chargé de prendre un contact serré de l'ennemi (reconnaissance d'un front), et a fortiori de mener le combat, doit être blindé au moins à 40 mm. Seules les voitures rapides chargées de prendre des premiers contacts et d'appuyer éventuellement des motocyclistes (recherche de renseignements, découverte) peuvent à la rigueur être d'un blindage inférieur.* »

Ces constatations poussent la cavalerie à redéfinir ses trois familles d'engins. Il est maintenant question de se doter d'AM légères pour remplir les missions de découverte à défaut d'engins plus lourds adaptés à ces missions, d'AM lourdes ou de chars relativement rapides pour remplir les missions de reconnaissance, et de chars pour mener le combat. En conséquence, au sein des DLC et des DLM, l'arme préconise de remplacer les AMR 33 et 35 dont le blindage et l'armement sont insuffisants par des chars H-39, dans l'attente de la disponibilité d'AM lourdes, et de remplacer les quelques AM White-Laffly encore en service par des AMD 35. Les chars sont quant à eux satisfaisants avec les S-35 et H-39. Ces dotations pourraient être directement appliquées à la 4e DLM, dont la mise sur pied est décidée, pour ensuite être étendue aux trois Grandes Unités du même type existantes. La cavalerie préconise également de poursuivre la transformation des GRDI motorisés avec AM en achevant leur dotation d'un escadron d'AMD 35 et d'un autre d'H-39 à défaut d'AM lourdes. À cette époque, les AMP 16 sont toujours nombreuses au sein des GRDI où l'on trouve même encore quelques White-Laffly[40]. Il est en outre rappelé que la modernisation des unités d'AFN et du Levant ne doit pas être négligée étant donnée la présence en nombre de matériels anciens toujours en service[41].

La production d'une AM lourde correspondant aux vues de la cavalerie est prévue avec l'AMR 201 Panhard à 8 roues motrices dont les essais sont satisfaisants. Le 1er mai 1940, la DM 2555 10/EMA ordonne la mise en commande de 600 exemplaires sous l'appellation d'*AM 40 P* devant être livrés avant juillet 1942. Il n'y aura aucune suite, mais cet excellent véhicule est l'ancêtre de l'EBR qui équipera l'armée française d'après-guerre.

Signalons enfin un extrait du même document au sujet de l'AM Gendron, du nom de son concepteur, et dont la production doit être assurée par Somua : « *En plus des matériels immédiatement disponibles dont il a été fait mention au cours de la présente étude (A.M. Panhard 178, chars H.39), il parait indispensable de mentionner l'A.M. Gendron, matériel qui, en dépit de son blindage inférieur à 40 mm, présente une série d'avantages incontestables qui pourraient justifier sa construction et son emploi. L'A.M. Gendron, dont les essais sont actuellement largement terminés, est en effet une A.M. robuste et rapide. Beaucoup plus "tous terrains" que les A.M. jusqu'ici réalisées, elle est en plus d'un défilement facile, parce que très basse, présentant ainsi une cible difficile à atteindre. Armée d'un canon de 25, elle constitue une arme antichars, protégée par un blindage qui n'est pas négligeable et douée d'une mobilité que ne possède actuellement, en France, aucun engin spécialisé dans la défense antichar.*

On pourrait donc envisager de doter de ces A.M., les escadrons

Notes :

37 : Le tracteur emporte le conducteur et le chef de groupe à l'avant et 4 hommes dans le château arrière et la remorque emporte 6 hommes. Tous sont protégés des intempéries par des bâches amovibles.

38 : Pour groupe de fusiliers-voltigeurs, groupe de mitrailleuse à 9 hommes, groupe de mortier de 81 mm à 8 hommes, groupe de mortier de 60 mm à 6 hommes, et une destinée à la traction d'un canon antichar de 25 mm emportant 5 hommes, cette dernière version devant finalement être remplacée par des tracteurs légers Latil M7T1. Enfin, certains véhicules de série recevront des moyens de transmissions afin d'être transformés en engins de commandement.

39 : Il faut déjà doter les 3e et 4e DCR en cours de constitution et remplacer les chars des BCC encore équipés de FT.

40 : Les AMD 35 équipent déjà 4 des 7 GRDI motorisés. Il reste en principe à remplacer les 5 escadrons d'AMR P16 et compléter les dotations des 2 GRDI sur 7 qui sont sur le type sans AM, et 1 escadron d'AM White par des AMD35 dans 1 GRDI.

41 : Ces préconisations nécessitent 97 AMD 35, 535 H-39 et 98 S-35 et il va de soi que leur réalisation ne pourrait être que progressives.

AM Mle 1939 Gendron.
Faisant preuve d'indéniables qualités à bien des égards, cette AM aurait pu avantageusement remplacer à terme toutes les AMD et AMR de cavalerie et jouer un rôle de défense antichar d'une grande mobilité. Avec l'AM Mle 40, cet engin nous donne une idée précise de ce qu'aurait pu être l'avenir de la cavalerie française en matière de découverte et de reconnaissance.

AM Mle 1940 P ou Panhard 201.
Révolutionnaire pour l'époque, cette AM est dotée d'une tourelle composée d'un double cylindre oscillant assurant le réglage en site de l'armement. Elle emporte un équipage de 2 hommes protégés par un fort blindage et pouvant atteindre la vitesse de 80 km/h. Sa hauteur d'1,80 m en fait une cible difficile à atteindre tandis que ses 8 roues motrices, dont les 4 centrales sont relevables lors des déplacements sur route, la rendent très agile en tout-terrain. Le camouflage est une interprétation de l'auteur.

antichars des G.U. de Cavalerie où elle remplaceraient avantageusement les canons de 25 portés, actuellement existants. Données à ces unités, en nombre suffisant, elles pourraient former un échelon mobile antichar capable de suivre au plus près toute action des chars (attaque ou action retardatrice) ou en assurer les flancs. Elles seraient également utilisables en sûreté éloignée et elles constitueraient, en outre, des voitures de liaison blindées dont les unités de chars sont actuellement dépourvues. Données aux G.R.D.I. motorisés, en remplacement des A.M.R. canons de 25, et même aussi aux G.R. normaux, elles pourraient contribuer d'une manière efficace à la sûreté antichars des Grandes Unités auxquelles appartiennent ces G.R., en toutes circonstances du combat et particulièrement pendant les périodes de mouvement.

Enfin ce matériel rendrait certainement les plus grands services en Afrique du Nord et au Levant. Il semble donc qu'il y ait le plus grand intérêt à ce que ne soit pas arrêtée la fabrication de ces A.M. dont la chaîne de montage est déjà commencée, à la seule condition, bien entendu, que cette fabrication ne s'oppose pas à la sortie d'un autre matériel important. » 150 exemplaires de l'AMR Gendron sont commandés le 2 septembre 1939, mais la production de série ne pourra être entamée.

Semi-chenillé Citroën-Kégresse P 17.
Apparu en 1928, cet engin est initialement employé à la traction des 75 mm Mle 1897. Il est représentatif du développement de la motorisation de l'artillerie au début des années 1930 et l'on estime qu'environ 1 500 exemplaires sont toujours présents au sein de l'arme en 1940. Manquant de puissance, le P 17 commence à être remplacé par le P 107, bien plus moderne, et les tracteurs libérés sont réaffectés aux BDAC de 47 mm, pour leur malheur, serait-on tenté de dire, car leur faible vitesse, de l'ordre d'une trentaine de km/h, sera la cause de la perte de certaines batteries lors de leur repli, rattrapées par les colonnes allemandes sur les routes de France en 1940.

Les véhicules non blindés

Après la mobilisation générale, force est de constater que, dans l'ensemble, les véhicules disponibles au sein de l'armée sont bien loin de couvrir les besoins exprimés par le GQG malgré l'apport des réquisitions. Les prévisions de dotation des nouvelles unités et la motorisation souhaitée de certaines unités existantes restent impossibles à réaliser rapidement. Les déficits constatés sur différentes catégories de véhicules ne pourront être résorbés avant de longs mois. Fort heureusement, l'industrie tourne à plein régime et certaines décisions de rationalisation sont prises, comme celle d'équiper à terme tous les châssis de camions de 5 tonnes de carrosseries de type TTN (transport toutes natures), tandis qu'un classement des priorités de fabrication est ordonné à l'image de la production des voitures de liaison tout-terrain suspendue jusqu'à octobre.

Les tracteurs légers d'infanterie, de cavalerie, d'artillerie et de génie

Si la production des véhicules de liaison tout-terrain est reportée, c'est en raison des besoins immenses et urgents de tracteurs légers. Malgré les quelque 3 000 véhicules modernes de cette catégorie livrés avant guerre, un bilan dressé fin 1939 démontre qu'il en manque encore plusieurs milliers. Leur production doit en effet permettre au 30 septembre 1940 de motoriser la totalité des Cies et Esc divisionnaires antichars à raison d'une unité par division, d'en faire de même pour les unités de génie ayant pour mission le déroulement rapide des câbles téléphoniques et de créer 120 batteries de pièces de 20 mm CA Oerlikon, chacune d'entre elles nécessitant 6 tracteurs. Il faut d'autre part faire évoluer les unités d'artillerie portée vers le type tracté tout-terrain et remplacer les antiques P 17. Il est enfin impératif de disposer d'un volant de véhicules de remplacement. Une note de la SAET du 8 janvier 1940 dresse un bilan fort intéressant sur le sujet : « *Les besoins en tracteurs légers d'Artillerie et de Génie, compte tenu de la création d'unités nouvelles et de la transformation sur le type tous terrains de l'artillerie portée au cours de l'été 1940, sont les suivants : Au 1er avril 1940 : 6 700 tracteurs, au 1er octobre 1940 : 11 600 tracteurs.* [...].
Dans ce but les efforts des différents services ont porté sur :
A/ *L'augmentation des cadences chez les constructeurs déjà chargés de la fabrication de tracteurs de cette catégorie.*
B/ *La recherche de nouveaux constructeurs susceptibles de construire des tracteurs des modèles existants.*
a/ La maison UNIC porte ses cadences à 250 tracteurs par mois et sortira 1 040 tracteurs pour le 1er avril 1940, 1 400 tracteurs du 1er avril au 1er octobre 1940. La maison Hotchkiss sortira 656 tracteurs pour le 1er avril 1940 puis 1 800 tracteurs du 1er avril au 1er octobre 1940.
b/ La maison S.O.M.U.A. lance la fabrication du tracteur M.C.J. et sortira 160 tracteurs pour le 1er octobre 1940[42].
c/ La maison Citroën consultée a proposé la livraison de 100 tracteurs pour le 1er avril 1940, suivis de 1 715 tracteurs du 1er avril au 1er octobre 1940. Ces tracteurs seraient du type Laffly W.15 T.

Unic P 107.
Bien plus moderne, cette nouvelle génération de tracteurs de 75 Mle 1897 et de leurs caissons, développée par Citroën, est adoptée en 1935. Mais la production sera effectuée sous la marque Unic après la reprise du célèbre constructeur suite à son dépôt de bilan. Bien que produit à 3 276 exemplaires militaires et civils livrés au début juin 1940, ils seront en nombre insuffisant pour remplacer entièrement le parc de P 17, surtout qu'une partie des P 107 sera déclinée en une version adaptée au génie et une seconde destinée à l'outre-mer. Quelques dizaines d'exemplaires seront enfin exportées vers la Pologne.

Laffly S 15 T.
Adaptés à la traction des pièces de 75 Mle 1897 et de 105 C, les 411 Laffly S 15 T commandés sont presque tous livrés au début septembre 1939. C'est un engin robuste et fiable mais il lui est reproché une trop grande hauteur permettant de le repérer facilement. Il sera donc exclu du programme de guerre, surtout que Laffly lui a conçu un successeur en 1938, le W 15 T dont le poids est diminué de 700 kg principalement en raison de la réduction de sa hauteur, de l'ordre d'un mètre, tout en conservant une garde au sol et des caractéristiques similaires.

L'ensemble de ces ressources donnerait 1 800 tracteurs pour le 1er avril 1940, 5 000 tracteurs du 1er avril au 1er octobre 1940. Soit un déficit de 1 200 tracteurs au 1er avril 1940, 2 200 tracteurs au 1er octobre 1940 compte tenu de l'entretien des matériels au taux mensuel de 4 %.

Une difficulté de fabrication s'est révélée dernièrement. La maison Citroën est outillée pour le taillage des engrenages aux normes américaines. Elle ne peut donc exécuter les tracteurs tels qu'ils sont construits par Hotchkiss et Laffly. À cet effet la maison Citroën a proposé de fournir les tracteurs avec des boîtes de réducteur Citroën. Cette proposition a soulevé une vive protestation de la maison Laffly, son directeur Monsieur Guerard a déclaré le 29 décembre 1939 qu'il était certain de trouver l'outillage nécessaire à Citroën pour lui permettre de tailler aux normes BNA[43]. Le 6 janvier 1940 Monsieur Guerard n'a pas trouvé l'outillage nécessaire et propose en accord avec Minerva[44] de livrer 200 boîtes de réducteur par mois. La situation est donc la suivante à la date du 6 janvier 1940 :

Hotchkiss doit faire tous les moteurs destinés au W.15.T. et au V.15.T. (ces deux tracteurs ayant le même moteur) soit un total en période de régime de 900 moteurs par mois + 20 % de rechanges. Il faut également fabriquer 900 boîtes de réducteur + les rechanges. Hotchkiss a assuré qu'avec les moyens dont il dispose actuellement il peut faire 600 moteurs par mois et 200 boîtes de réducteur et qu'il pourra vraisemblablement augmenter sa production pour faire ce que l'on voudra. Ces affirmations qui ne peuvent être confirmées par écrit, Monsieur Ainsworth (Hotchkiss) ne voulant pas s'engager, il y a lieu de faire toutes réserves sur la possibilité de pouvoir alimenter Citroën en moteurs et surtout en boîtes de réducteur du type Laffly-Hotchkiss.

Laffly W 15 T.
Le W 15 T ne sera produit qu'à une grosse centaine d'exemplaires dont 70 seront modifiés en W 15 TCC. Initialement prévu pour tracter les pièces antichars de 47 mm, le véhicule sera finalement doté d'une carrosserie également adaptable à celle des 75, 105 C et 25 mm de DCA ainsi qu'au transport de leurs servants, accessoires et munitions.

Par ailleurs Citroën a présenté à Vincennes un tracteur W.15.T. équipé d'un moteur, d'une boîte de vitesses et d'une boîte de réducteur Citroën. Il semble que si ce véhicule donne satisfaction il serait possible de livrer aux armées les véhicules promis et peut être d'en augmenter le nombre ou tout du moins de parer à une déficience possible des établissements Hotchkiss. La maison Citroën peut sortir 250 moteurs par jour.

Conclusion :

***1°/** Demander à Citroën qu'il approvisionne dès maintenant l'outillage nécessaire pour lui permettre de tailler les boîtes de réducteur aux normes BNA avec garantie de remboursement au cas où cet outillage ne serait pas utilisé.*

***2°/** Demander à Hotchkiss de préciser ses possibilités actuelles en moteurs, boîtes de vitesses et boîtes de réducteur compte tenu de l'aide donnée par Laffly - Licorne - Saurer - Minerva et Citroën soit : N.1 Le nombre d'ensemble moteurs, boîtes de vitesse, N.2 Le nombre de boîtes de réducteurs.*

***3°/** D'ici l'approvisionnement de l'outillage prévu au paragraphe 1°/, demander à Citroën la fabrication des tracteurs comportant un moteur et une boîte de vitesses Hotchkiss et une boîte de réducteur aux normes américaines sous réserve que les boîtes soient rigoureusement interchangeables avec les boîtes de réducteur Hotchkiss - Laffly. Le nombre de tracteurs de ce modèle serait de N.1 - N.2.*

***4°/** Hâter l'expérimentation du prototype Citroën et si la première expérimentation donne satisfaction envisager la fabrication de tracteurs de ce modèles pour canons de 25 CA afin d'utiliser au maximum dès maintenant toutes les possibilités de fabrication Citroën. »*

Au sujet de la fabrication des Laffly W 15 T par Citroën, la Commission d'expérimentation du matériel automobile de Vincennes (CEMAV) attire dès le 18 janvier l'attention sur certains points techniques, exprimés dans sa note n° 1 : « *Possibilité d'interchangeabilité des ensembles mécaniques fabriqués par Citroën en remplaçant les organes correspondant (Laffly - Hotchkiss). Identité des pièces mécaniques entrant dans la composition du châssis fabriqué soit par Citroën soit par Laffly. Identité de qualité - théorique - des organes des deux matériels permettant d'inférer que les taux d'usure et de résistance seront semblables. Identité des performances.* »

Après l'essai d'un prototype de W 15 T modifié par Citroën, la CEMAV apporte un début de réponse à ces questions dans les conclusions de cette même note : « *Les premiers essais, bien que sommaires, permettent donc de conclure que le W. 15 T. fabrication Citroën est capable de remorquer aisément le matériel de 25 CA et le matériel de 47 - sur route et en terrain varié, au même titre que le véhicule de construction Laffly - avec peut-être une consommation légèrement supérieure. Ces essais devront être poursuivis afin d'établir les performances possibles du tracteur remorquant les*

Le Laffly W 15 TCC.
Cet engin célèbre sera finalement la déclinaison la moins rare du tracteur W 15T. Le prototype existe depuis plusieurs mois mais il est rejeté par le général Gamelin, celui-ci lui préférant le 47 SA Mle 37 tracté plus facile à dissimuler. Développé dans l'urgence en une version très légèrement blindée à l'aide de plaques récupérées sur des chars FT, le W 15 TCC entre en service en mai 1940 au sein des batteries de 47 mm antichars automoteurs (BACA) devant également recevoir des pièces antiaériennes de 25 mm tractées par des W 15 T Citroën. Il fera preuve d'une redoutable efficacité, la disposition de la pièce tirant vers l'arrière permettant un emploi en embuscade et un retrait rapide. Certaines BACA détruiront un nombre considérable de Panzers mais les 70 W 15 TCC mis en service seront trop peu nombreux pour changer le cours de la bataille. À noter que chaque W 15 TCC doit recevoir un FM 24 M29 dont les deux supports sont visibles sur la photo ainsi qu'un PM Thompson pour son autodéfense et c'est le seul emploi certifié de cette arme au sein de l'armée française de 1940.

Notes :
42 : Aucune production de série ne sera finalement lancée, faute de temps.
43 : Bureau de Normalisation Automobile.
44 : La société nouvelle Minerva est un constructeur automobile belge.

Latil M7 Z1.
Cet élégant véhicule est ici présenté dans sa version d'origine destinée à la traction des pièces AC de 47 mm. La version définitive sera légèrement plus haute suite à l'adaptation des superstructures au transport des servants, des munitions et accessoires de la pièce antiaérienne de 25 mm.

Latil M7 T1.
Marquant un intérêt soutenu pour ce tracteur, l'infanterie souhaite en commander 175 dès février 1939 avant même la fin des essais afin d'en doter les CDAC des 7 DIM. Le génie exprime également le désir d'acquérir 310 exemplaires d'une version modifiée pour emporter un appareil dérouleur de câbles téléphoniques. Latil confirme pouvoir livrer les premiers véhicules dès septembre 1939 si elle reçoit les commandes au plus vite, mais elles ne seront signifiées qu'en septembre, alors que l'usine est désorganisée par des difficultés d'approvisionnement en matières premières et la mobilisation d'une partie du personnel. Ainsi, les premiers M7 T1 ne seront livrés qu'en mars 1940 et seule la 12e DIM aura reçu 21 exemplaires au 1er avril. Classée en deuxième urgence, la version génie, ne sera pas ou très peu fabriquée.

Laffly V 15 T.
En simplifiant, le V 15 T est une version raccourcie du W 15 T. Seuls les 100 premiers exemplaires commandés seront construits par Laffly, les suivants le seront par la Licorne.

Unic TU 1.
Le TU 1 doit aussi être employé à la traction des pièces antiaériennes de 20 mm au sein des RI. Son apparition tardive le détournera souvent de son emploi théorique, l'engin étant par exemple attribué aux BACA comme tracteur de ravitaillement. Très réussi, il fera preuve d'une grande polyvalence et il est fort dommage qu'il n'ait pu être distribué en nombre.

matériels de 75 et de 105 C 1935 B et la résistance des organes fabriqués par Citroën [...]. *Des essais ultérieurs permettront de conclure s'il peut également être désigné pour la traction des matériels de 75 Mle 1897 et de 105 C Mle 1935 B.* »

Malgré l'importance de la question, il faut attendre le 11 avril 1940 pour que la CEMAV transmette sa note n° 2 concernant les essais poussés du W 15 T Citroën dont voici les conclusions : « *Les performances du tracteur Citroën Laffly telles qu'elles ont été réalisées sur 3 625 km de route et 1 035 km de terrain varié (polygone et butées) permettent d'écrire que ce tracteur remorque avec aisance les matériels de 25 et de 47 (jusqu'à 1 200 kilos) et qu'il est susceptible de tracter dans des conditions très satisfaisantes le matériel de 75 (jusqu'à 1 750 kilos). Il pourrait également tracter dans des conditions suffisantes les matériels de 105 C 1934 S et 1935 B (1 850 et 2 000 kilos). En effet, quelles que soient les charges tractées, les vitesses moyennes sur route et en côtes restent sensiblement les mêmes ainsi que les vitesses maxima. La seule limitation à l'aptitude du véhicule à tracter les matériels les plus lourds provient de son manque d'adhérence, la rampe de 40 % devant être considérée comme la pente maxima qu'il peut gravir sans chaînes. Par ailleurs, les observations faites lors de la visite détaillée du matériel font ressortir que les organes mécaniques de fabrication Citroën ont montré une qualité suffisante. En conséquence, et compte tenu des nouvelles améliorations demandées dans la présente note*[45] *à la suite de la visite détaillée de l'ensemble du véhicule, la Commission d'Expérimentation du Matériel Automobile estime que le W. 15 T. de fabrication Citroën est susceptible d'être employé aux mêmes usages et dans les mêmes conditions que le W. 15 T. originel de fabrication Laffly équipé d'un moteur Hotchkiss.* »

La recherche de solutions tactiques plus simples

La chenillette Renault UE est un excellent engin pour tracter les pièces de 25 mm AC et emporter les armes lourdes d'infanterie et leurs munitions sur les derniers kilomètres précédant le front grâce à ses capacités tout-terrain mais elle est incapable d'effectuer de longs trajets sur route ni de transporter les servants des matériels. Elle nécessite donc d'être emportée ou tractée à l'aide de trains rouleurs par des camions, la solution ne pouvant être considérée comme définitive pour d'évidentes raisons d'optimisation de la motorisation des unités et tout particulièrement celles dotées de canons antichars, en raison de leur présence en nombre au sein de l'armée. L'EMA souhaite donc trouver une solution permettant de longs et rapides déplacements sur route de ces pièces, de leur personnel et d'un premier lot de munitions tout en pouvant s'approcher au plus près des lignes. Cette réflexion engendre les spécifications d'un véhicule tactique tout-terrain de faible hauteur, léger et non blindé, pouvant emporter 4 hommes en plus du chauffeur et 250 kg de charge utile à une vitesse de 60 km/h sur route afin d'en doter les CDAC de l'infanterie et les EDAC de la cavalerie. Laffly et Latil présentent chacune un prototype aux caractéristiques similaires en 1938 et c'est sans surprise que la cavalerie adopte le premier tandis que l'infanterie lui préfère le second. Après quelques modifications, 1 486 Laffly V15 T et 1 170 Latil M7 T1 sont commandés mais seuls environ 200 exemplaires du Laffly et 170 Latil seront livrés avant l'armistice. Une fois encore la nécessité d'équiper au plus vite les troupes impose de construire provisoirement deux engins semblables mais la production devait ensuite être rationalisée, l'EMA décidant de ne maintenir que celle du M7 T1 à partir de janvier 1941.

Pour les canons AC de 25 mm des autres unités, il est nécessaire de trouver une solution d'allègement qui rende les mêmes services que la chenillette UE mais sur de plus longues distances. L'engin répondant à cette attente devra donc avoir une vitesse suffisante pour s'intégrer aux convois motorisés tout en pouvant maintenir longtemps celle du déplacement des hommes à pied afin de les accompagner. Après des essais infructueux de différents tracteurs, c'est l'Unic TU 1 qui est choisi, l'engin présentant tous les avantages recherchés. Il permet une charge utile de 500 kg et peut tracter une pièce légère ou une remorque emportant 660 kg supplémentaires à une vitesse constante de 4 km/h et de pointe de 46 km/h. Après quelques modifications, 1 570 exemplaires sont commandés à partir du 12 septembre 1939 et les premiers véhicules livrés durant la

semaine du 31 mars au 5 avril 1940. Seuls 236 engins seront construits avant l'armistice.

Mais il existe d'autres pièces légères dont la traction doit être assurée par un véhicule tout-terrain comme les canons de 25 mm de DCA. C'est encore Latil qui propose la solution avec le M7 Z1 initialement présenté et non retenu pour la traction des matériels AC de 47 mm mais l'engin le sera pour la pièce antiaérienne sous réserve d'adaptation de la carrosserie. Dérivé du M7 T1 mais doté de 6 roues motrices, le M7 Z1 est un excellent véhicule qui sera commandé en nombre (830 exemplaires), mais dont une dizaine seulement pourra être livrée peu de temps avant l'armistice.

Signalons enfin l'existence du petit tracteur Laffly V 10 M, dont l'histoire remonte à la D.M. n° 6.791-S.2/3 du 30 octobre 1939 adressée à la section technique de l'artillerie (STA) : « *J'ai l'honneur de vous faire connaitre que les établissements Laffly sont autorisés à présenter une voiture tous terrains V.10.M dérivée de la V.10.R à la commission d'expérimentation du matériel automobile. Ce véhicule devra subir les essais du transport de matériel et de traction de la voiturette d'infanterie modèle 37 comparativement avec les véhicules analogues en cours d'expérimentation.* [...] *La voiture légère V.10.M a été construite par les établissements Laffly en vue d'effectuer des transports de matériel au profit des unités opérant en montagne.* »

Somua MCG 11 tracteur de pièce.
Ce véhicule est destiné à tracter une pièce de 155 mm CS dont les obus sont visibles dans le coffre ouvert. Il existe deux séries de MCG 4 se différenciant principalement par l'aménagement des coffres. En revanche les MCG 4 de seconde série et les MCG 11 sont quasiment identiques, Somua ayant décidé d'attribuer le nombre 11 aux engins tractant les pièces à contre-appui.

Somua MCG 4 version tracteur de caisson de 155 mm.
Cet engin fait la paire avec la photo ci-dessus car il emporte les servants de la pièce et tracte le caisson renfermant les munitions et accessoires. Il peut aussi être agencé pour le transport de 20 coups de 155 mm en lieu et place de l'équipe de pièce.

Laffly V 10 M.
Une bien belle vue du prototype de ce petit véhicule en cours d'essais dans son environnement de destination. Il aurait pu rendre bien des services aux troupes de montagne, surtout que ses faibles dimensions lui permettent de passer presque partout, tout en tractant des armes ou des remorques.

Livré à la commission le 26 octobre 1939, le prototype est soumis à deux sessions d'essais poussés entre le 27 octobre et le 21 décembre 1939 puis du 15 au 18 avril 1940. Leur compte rendu fait l'objet d'une note n° 1 de la CEMAV datée du 2 mai 1940 dont les conclusions sont élogieuses. Mises à part quelques modifications à apporter, la principale consistant à rendre les roues avant constamment motrices, il est estimé que le tracteur V10 M mérite d'être retenu. Sans attendre le rapport officiel, 28 avril 1940, une commande de 500 exemplaires est lancée, les livraisons étant attendues à partir d'avril 1941.

Les tracteurs moyens d'artillerie et de dépannage

À partir de cette classe de véhicules, il semble logique de présenter simultanément les tracteurs et les véhicules de dépannage car ce sont bien souvent des versions différentes des mêmes engins. Dans les deux cas, ces missions nécessitent une puissance accrue compte tenu du poids des pièces à tracter ou des efforts devant être supportés par les véhicules dans les missions de dépannage.

La décision de motoriser certaines divisions d'infanterie concerne également leur artillerie, généralement composée avant guerre de trois groupes de 75, d'un de 105 C et d'un de 155 C. Si les premiers ne nécessitent que des tracteurs légers, il n'en est pas de même pour les 155, dont le poids est bien plus élevé. Une première solution est adoptée par l'armée en 1929 avec le tracteur Citroën-Kégresse P14 dont une soixantaine d'exemplaires est commandée en version tracteur de pièce en contre-appui[46]. Mais ces engins peinent à atteindre 25 km/h alors que c'est la vitesse moyenne des convois d'artillerie, les matériels étant à cette époque emportés sur des trains rouleurs. Une solution plus rapide[47] est proposée par Somua à partir du début des années 1930 avec sa série de tracteurs MCG 4, 5 et 11. Déclinés en différentes versions adaptées aux pièces de 155 C, 105 L et de leurs caissons, environ 860 véhicules sont livrés avant-guerre et une centaine après le 1er septembre 1939, auxquels il faut ajouter 440 exemplaires en version de dépannage. La Somua jouira d'un quasi monopole pour la fourniture de cette classe de tracteurs, à l'exception du Latil KTL 4 dont 163 exemplaires sont utilisés comme tracteurs de pièces de 105 L Mle 1913 et de leurs caissons au 1er septembre 1939.

Bien qu'en marge de cette catégorie, nous citerons aussi les tracteurs de pièces d'artillerie dits rapides dont l'existence résulte des améliorations apportées aux pièces en terme de suspension et de roues à pneumatiques permettant une vitesse accrue de traction. Après les essais de divers véhicules, seuls deux seront commandés, tout d'abord une grosse centaine de Laffly S25 T destinés au 105 L Mle 36 S et à son caisson, tous livrés entre mars et mai 1940, et le Latil M2 TZ dont plus de 800 exemplaires sont commandés bien que seuls 37 aient été livrés. Initialement envisagés pour tirer la même pièce que leur concurrent, les engins commandés seront finalement employés pour la traction des pièces de 75 mm Mle 1932 de DCA et au dépannage, auxquels il faut ajouter 42 M2 TZ commandés dans une version spécifique destinée aux matériels de 90 mm de l'artillerie de Marine basée à terre, leur mission consistant à défendre des ports.

Les tracteurs lourds d'artillerie et de dépannage

En toute logique, plus les pièces d'artillerie sont pesantes et plus leurs tracteurs doivent être puissants. La question est déjà d'actualité durant la Première Guerre mondiale avec l'augmentation en nombre des pièces lourdes et les difficultés engendrées par leur traction hippomobile, les armes devant bien souvent être démontées en différents fardeaux durant les déplacements. À l'époque, le tracteur le plus courant employé à cette tâche est le Latil TAR qui n'a ensuite cessé d'évoluer pendant l'entre-deux-guerres pour aboutir à sa version la plus moderne, le TAR H2 doté d'une motorisation de 68 CV et de roues à pneumatiques, les versions précédentes étant dotées de

Notes :
45 : Il s'agit d'un certain nombre de modifications de détail dont certaines ont déjà été apportées sur la dernière génération de châssis fabriquée par Laffly.
46 : Pour simplifier, le système dit « à contre-appui » permet d'atteler les bèches de la pièce plus en hauteur afin d'obtenir une meilleure répartition de la charge entre les parties situées à l'avant et à l'arrière de l'essieu de la pièce, celui-ci supportant la plus grande partie du poids. C'est pour cette raison que la bouche à feu de certaines pièces est reculée pendant le transport, afin d'obtenir une meilleure répartition du poids. Particulièrement adaptée aux pièces lourdes, cette technique présente de nombreux avantages comme une moindre usure du dispositif d'accroche, un meilleur rayon de braquage et une stabilité accrue de l'ensemble tracteur / pièce. Elle a été mise au point pour la traction hippomobile des pièces lourdes, principalement afin d'épargner des efforts supplémentaires aux chevaux.
47 : De l'ordre de 30 à 35 km/h en pointe.

Latil KTL 4.
Décliné en version tracteur de pièce à contre-appui, comme c'est le cas ici, et de caisson, cet engin est dédié au 105 L Mle 1913. Ressemblant à une grosse camionnette, la version caisson peut emporter l'équipe de pièce ou 24 coups complets de 105 mm. Il existe aussi une version de dépannage peu produite.

Latil H2.
La principale différence visible séparant le H2 des versions précédentes concerne les roues, les pneumatiques remplaçant avantageusement les bandages pleins. Mais d'autres améliorations ont été apportées. La puissance a par exemple été accrue sur le H2 avec 68 CV et une vitesse de pointe de 30 km/h contre 60 CV et 28 km/h pour le TAR 5. Le résultat de ces améliorations est appréciable car le tracteur peut enfin sortir des chemins de terre.

Latil M2 TZ.
Présenté ici dans la version devant être la plus courante, c'est-à-dire en tracteur de pièces de DCA, le robuste M2 TZ est doté d'un moteur de 67 CV lui permettant une vitesse de pointe de 40 km/h.

roues à bandages pleins. Au 1er septembre 1939, il existe 2 365 exemplaires de différentes séries de Latil TAR mais seule la version H2 adoptée en 1934 possède de réelles capacités tout-terrain. Différentes unités d'artillerie dotées de pièces de 220 L Mle 1917 ou de 75 CA Mle 1932 reçoivent ainsi des versions H2 jusqu'à l'arrivée du Laffly S35 T, plus puissant et plus rapide, celui-ci devant le remplacer progressivement au fur et à mesure des livraisons. Les 490 Latil TAR H2 commandés (environ 395 livrés) avant la mobilisation et les 420 autres (176 livrés au 31 mai 1940) devant les suivre devaient être finalement relégués au dépannage des unités motorisées et à la traction des pièces antiaériennes de 90 mm CA Mle 1939.

En 1935, forte de sa position dominante dans la fourniture de tracteurs d'artillerie, la Somua présente deux véhicules destinés à la traction du 155 GPF, les MCL 5 et 11, le premier tractant la pièce munie de son avant-train et le second en contre-appui. Mais le 155 GPF ne peut se passer de son avant-train pour sa mise en batterie et le MCL 11 est donc doté d'un appareil de levage assez complexe afin de pallier son absence. Une quinzaine de MCL 5 est commandée pour effectuer des essais en corps de troupe tandis qu'un seul MCL 11 semble avoir été livré. Il n'y aura pas d'autre suite dans la catégorie des tracteurs, mais des MCL seront commandés dans celle des engins de dépannage pour chars.

Laffly va une fois encore s'illustrer avec le S35 T, un véhicule tout-terrain à 6 roues motrices essayé en 1935 pour la traction des pièces de 155 CS et GPF avec d'excellents résultats, et comme engin de dépannage. La carrosserie des deux versions de tracteurs de pièces diffère car le 155 CS est accroché en contre-appui tandis que le 155 GPF est muni d'un avant-train. Cette dernière version restera anecdotique (4 exemplaires) et n'équipera qu'une batterie du Levant. Dans tous les cas, la motorisation développe 100 CV, puissance inégalée au sein de la grande famille des tracteurs français mis en service, si ce n'est par un autre Laffly sur lequel nous reviendrons. Le S35 T permet d'aborder des terrains particulièrement difficiles allant bien au-delà des possibilités des pièces tractées jusqu'à la modernisation des 155 GPF en GPFT, donnant à ce canon de réelles possibilités d'aborder des terrains variés. Ce remarquable véhicule devait se généraliser dans les unités de pièces lourdes et l'on envisagera par exemple de l'affecter aux batteries dotées de 220 C Mle 1916. Mais des 845 exemplaires commandés, seuls 215 seront livrés avant l'armistice.

Les tracteurs de dépannage de chars

C'est évidemment dans cette catégorie que nous allons trouver les véhicules les plus puissants car il ne s'agit plus de tracter des pièces d'artillerie dont le poids ne dépasse généralement pas les 15 tonnes, mais de chars pouvant en peser plus de 30 comme le B1 bis. Les tracteurs de dépannage entrant dans cette catégorie doivent également être équipés d'incontournables moyens spécialisés [48], leurs missions devant être remplies sur le terrain. Leur importance est d'autant plus grande que les chars coûtent cher et qu'il est impératif de tout mettre en œuvre pour les récupérer et les réparer lorsqu'ils sont mis hors de combat, sans parler des nécessités liées à leur entretien.

La vision d'avant-guerre du dépannage d'un char immobilisé consiste à le traîner jusqu'à une route ou un chemin pour ensuite le hisser sur une remorque et l'emporter vers un atelier de réparation. Les unités de chars doivent donc être théoriquement dotées des

Les deux versions du S35 T.
Celui de gauche est destiné au 155 GPF et l'autre, montré ici dans sa version prototype, doit tracter le 155 CS en contre-appui. Hormis l'aménagement arrière, quelques différences sont visibles entre les deux engins comme les petites roues de franchissement, situées à l'avant des véhicules, doubles et munies de pneumatiques crantés et un pare-brise droit, cette configuration correspondant à la première série livrée.

Laffly S45 T.
Le véhicule est ici montré lors d'une séance d'essais de traction d'une remorque lourdement chargée. La première version du S45 est la TL (châssis long), équipée d'une citerne, destinée à l'armée de l'air, mais très peu produite.

matériels nécessaires et en particulier de tracteurs MCL 5 ou Laffly S45 T, ce dernier étant dérivé du S35 T et initialement prévu pour tracter des pièces particulièrement lourdes comme les 220 L Mle 1917. Si ces engins de dépannage se révèlent être suffisamment puissants pour le déplacement des chars légers et D, celui des chars B est bien moins évident. Seul le S45 T parvient à le treuiller mais les deux véhicules se révèlent incapables de le tracter, *a fortiori* si le train de roulement du char est bloqué. Les deux constructeurs vont donc tenter d'augmenter la puissance de leurs véhicules. Á l'origine identique à celui du S35 T, le moteur du S45 T voit sa puissance portée à 110 CV tandis que le MCL 5 doit être doté d'une motorisation de 120 puis 130 CV. Si le Somua ainsi remotorisé, appelé MCL 6, ne semble pas avoir dépassé le stade des essais, le S45 T sera quant à lui commandé à presque 130 exemplaires dont 18 seront livrés peu de temps avant l'armistice, y compris 3 exemplaires adaptés au transport de charges dans les ports [49]. Le seul engin s'étant révélé apte au dépannage des chars B dans tous les cas de figure est un prototype proposé par Latil, le M4 TX, doté d'une motorisation de 140 CV et muni de 8 roues motrices dont 4 directrices. Il est essayé au cours de l'hiver 1939-1940 et se révèle bien supérieur aux tracteurs Somua et Laffly mais aucun des 100 exemplaires commandés ne sera livré, faute de temps.

Des déficits à la rationalisation

Basés sur des estimations de la fin de 1939, les dotations nouvelles et l'entretien des existants dans la catégorie des tracteurs moyens d'artillerie semblent pouvoir être réalisés pour le 31 mars 1940. Seule la transformation en type tracté tout-terrain des unités d'artillerie portée ne pourra être assurée avant le semestre avril-septembre 1940 [50]. D'autre part, le remplacement progressif des anciens modèles de tracteurs lourds d'artillerie de 155 GPF devrait être assuré au cours des mois suivants, en fonction de la sortie estimée à environ 500 Laffly S35 T au 30 septembre 1940. Il en est de même au sujet des tracteurs de dépannage pour chars dont le déficit en unité serait comblé au cours du semestre avril-septembre 1940.

La présentation des modèles de tracteurs laisse l'image d'un nombre pléthorique de modèles, chaque catégorie voyant différents véhicules mis en service pour des missions identiques. Mais elle s'explique par la nécessité de motoriser l'armée au plus vite et donc de faire appel à différents constructeurs. Constatant les difficultés engendrées par la multitude de tracteurs fabriqués, le ministre de la Défense nationale et de la Guerre, à travers l'EMA, édite une note le 24 avril 1940 à destination du ministre de l'Armement précisant sa volonté de rationalisation des constructions à partir du 1er janvier 1941 en précisant les engins choisis pour chaque besoin.

Somua MCL 5 de dépannage de chars.
Ce prototype va subir des modifications avant son homologation. Trop fragiles pour cette classe d'engin, les chenilles souples vont par exemple être remplacées par d'autres en métal, cette évolution entraînant des modifications du train de roulement. Cette vue permet de pouvoir observer les agrès nécessaires au dépannage des chars, le treuil, la bêche d'ancrage, la chèvre et la grue.

Les autres véhicules

Bien que les véhicules automobiles se comptent par centaines de milliers au sein de l'armée française, force est de constater que les déficits sont considérables. Une fois la mobilisation générale achevée, le général Gamelin signe une note le 12 octobre 1939 [51] concernant la situation des matériels automobiles aux armées qu'il semble judicieux de restituer : « *Pour me permettre de me rendre compte de la situation des matériels automobiles aux Armées, j'ai été amené à prescrire un recensement général des différents véhicules, lors de l'arrivée sur la base de concentration des Grandes Unités et des différents éléments de la réserve générale. Bien que tous les renseignements ne me soient pas encore parvenus, il est possible d'avoir, par extrapolation des états déjà reçus, une première opinion sur l'ordre de grandeur des déficits en matériel automobile, compte tenu des compressions et nivellements que j'ai déjà prescrits. La pièce annexe jointe fait connaître le détail de l'étude des états parvenus à la date du 9 octobre ; le tableau ci-dessous* [voir page suivante] *résume les principaux résultats et donne les conclusions que l'on peut en tirer. Les remarques suivantes s'ajoutent aux résultats numériques donnés plus haut.*

Tracteurs dont la construction doit être poursuivie à partir du 1er janvier 1941 selon la note 2384 10/EMA

Catégorie de tracteurs	Type de matériels	Nombre de matériels à fabriquer par mois	Observations
Tracteurs très légers pour canon AC de 25 SA	Unic TU1 Latil M7T	150 300 a	a : Compte tenu des possibilités de fabrication de Simca
Tracteurs très légers pour dérouleuses téléphoniques du Génie	Latil M7T	50	-
Tracteurs légers d'artillerie pour canons de 47 AC, 25 CA, 75, 105 C, etc.	Laffly W15 T Citroën b Unic P 107	500 250	b : Carrosserie unique pour toutes les pièces.
Tracteurs moyens d'artillerie	Somua MCG Latil M2TZ	100 100	-
Tracteurs lourds d'artillerie	Laffly S35 T	65	-
Tracteurs de dépannage pour chars	Laffly S45 T Somua MCL Latil M4 TX	10 30 c	c : À déterminer selon les possibilités de fabrication de Latil

Notes :
48 : Il s'agit principalement de treuils, de grues, de chèvres et de bêches d'ancrage.
49 : La Marine ayant aussi marqué un intérêt pour ce tracteur.
50 : En admettant un taux mensuel d'entretien de 2 % au lieu des 4 initialement prévus.

Résultats obtenus le 6 octobre par le dépouillement des situations initiales en véhicules automobiles accompagnant la note 1252 1/F.T. du général Gamelin							
Unités	**Nombre d'unités étudiées**	**% de déficit (les excédents sont indiqués par un +)**					
		Camionnettes	**Camions**	**Remorques**	**Motos**	**Sides**
DC	3	+0,78	17	1,8	17,5	27
EOCA dont l'ALCA est motorisée	9	+0,74	11	33	+6,5	80
SF	9	10	16,5	45	15	50
SD	4	10	23	55	21	69
DI hippo	29	+0,22	11	45	5,3	54
DIM	5	1,8	1,9	1,5	+1,5	35
EOCA dont l'ALCA est hippomobile	5	+21	5,6	38,5	8,4	47
Artillerie de RGA	21 R^{gts}, 4 batteries de repérage, DCA de 2 armées	+5,7	5,5	21,5	8,4	23
E^{lts} de génie non organiques	-	+16,5	17	56	10,5	59
Chars	22 B^{tns}, 1 brigade, 3 Cies de transport et 2 parcs	5	1,3	14	9	32
Moyenne générale	-	**0,76**	**10,5**	**32**	**6,8**	**49**
Déficit numérique	-	**171**	**1 944**	**1 471**	**1 111**	**4 086**

Moto side-car René Gillet type L1.
Ce type de véhicules est de loin celui qui accuse le plus fort déficit à la mobilisation. Celui-ci a la particularité d'avoir reçu un support pour mitrailleuse Hotchkiss Mle 1914, une rallonge de tir contre avions Mle 28, une crosse, ainsi qu'un correcteur de tir pour avions rapides. Coll. A. Alvarez

1°/- Le déficit en tonnage est nettement plus important que le déficit numérique ne le laisse prévoir ; la charge utile de nombreux véhicules en particulier en ce qui concerne les camions, est inférieure à la charge prévue sur les Tableaux d'Effectifs de Guerre ; il en résulte un déchet supplémentaire susceptible d'atteindre 15 %.
2°/- Les véhicules spéciaux (engins blindés, tracteurs, voitures tous terrains) sont, en général, en nombre très voisin de celui fixé par les Tableaux d'Effectifs de Guerre.
Par ailleurs, ces déficits initiaux augmentent progressivement en raison d'indisponibilités ou d'usures du matériel dues au mauvais état mécanique de nombreux véhicules de réquisition, et de surcharges imposées par le déficit en tonnage. À la date du 6 octobre 1939, les évacuations sur l'intérieur de véhicules irréparables aux Armées ont été approximativement de 200 camions et camionnettes et 250 motocyclettes. Enfin, de nombreuses réparations qui pourraient être faites par les moyens des armées, ou dans les corps de troupe, restent en suspens faute de pièces de rechange. »

Un goût amer...

Il est impossible de présenter l'ensemble des autres véhicules de toutes sortes dont l'armée française est dotée à cette époque. Ils sont fort nombreux et cela nécessiterait des centaines de pages [52]. Il est en revanche possible de proposer une synthèse et une projection grâce aux archives de la SAET avec le tableau page suivante récapitulant les commandes au 1er avril 1940. Il permet d'appréhender ce qu'auraient été la mécanisation et la motorisation française à l'horizon de 1941. L'idée maîtresse se dégageant de cette présentation montre souvent la pertinence des constructeurs quant au développement de nouveaux véhicules. Cette activité remarquable et

Camions 3,5 t Berliet VDBC 17 du 120/24e GPT.
Les camions accusent aussi de lourds déficits, et cela va tout d'abord s'accentuer car ceux provenant des réquisitions se révèleront bien souvent en mauvais état ou inadaptés à un usage militaire. Coll. A. Alvarez

Ordre de grandeur des déficits aux armées accompagnant la note 1252 1/F.T. du général Gamelin				
Véhicules	**Déficits moyens en %**	**Déficits numériques des unités étudiées**	**Ordre de grandeur des déficits probables pour l'ensemble des armées**	**Observations**
Camionnettes	0,76	171	500	-
Camions	10,5	1 944	5 500	-
Remorques	32	1 471	4 000	Principalement remorques cuisines, remorques magasins et remorques de transmissions
Motos solos	6,8	1 111	3 000	Une partie de ces déficits est provisoirement comblée par des voiturettes genre SIMCA ou voitures de tourisme
Motos-side-cars	49	4 086	10 000	*Idem*
Ambulances	29	409	1 000	Déficit de 6 000 si on ne tient pas compte des provisoires

soutenue est à l'honneur des ingénieurs, parvenant dans de nombreux cas à concevoir des engins de qualité.

En revanche, comment ne pas s'interroger sur la faiblesse des quantités fabriquées de certains véhicules comparées à celles des commandes et une fois encore mettre en évidence des délais bien trop longs entre leur conception et le démarrage des fabrications en série. Nous n'exposerons pas leurs causes ici, elles sont amplement expliquées dans d'autres parties de cet ouvrage, mais elles laissent un goût amer. En effet, combien de fois avons-nous dû écrire « faute de temps » dans ce chapitre.

Récapitulatif des commandes globales de véhicules du temps de guerre et mensuelles de régime au 1er avril 1940 selon les archives de la SAET

Désignation des matériels	Commandes globales		Commandes mensuelles de régime	
	Total	Modalités fixées	par mois	Modalités fixées
Chars B1 bis	400	Atteindre progressivement la cadence de 60 par mois	60	Jusqu'au 31/03/41
Chars légers	1 200	Atteindre progressivement la cadence de 300 par mois	300	Jusqu'au 31/03/41
Chars Somua	100	-	35	Jusqu'au 31/03/41
AMR Gendron	150	À partir d'août 40	30	Jusqu'au 31/03/41
AMD Panhard	100	Terminées en juillet	300	À partir de septembre 40 jusqu'au 31/03/41
Chenillettes	600	Terminées en août 40	60	Minimum à partir de juillet 40. Jusqu'au 31/03/41
Tracteurs de ravitaillement de chars	-	-	70 a	Après réalisation des commandes du temps de paix, jusqu'au 31/03/41
Voitures blindées pour chasseurs portés	150	Terminées en juillet 40	50	À partir d'août 40 Jusqu'au 31/03/41
Bicyclettes	70 000	20 000 sans délais	-	-
Vélomoteurs	1 320	Mars-avril 40	-	-
Motocyclettes avec side-car	3 762	Dont 2 400 motocyclettes belges	2 800	Cadence atteinte en mars 40 jusqu'au 31/12/40
Voitures de liaison tout terrain	600	À partir de janvier 41 b	-	-
Voitures de liaison ordinaires	2 500	À prélever sur les stocks des constructeurs	650	50 grandes liaison, 100 6 places, 300 4 places, 200 voiturettes
Voitures de transport de dragons portés	50 Laffly	Sans délais	40	Jusqu'à fin décembre 40
Voitures P.C. Laffly	30	Sans délais	5	Jusqu'à fin décembre 40
Voitures sanitaires légères et lourdes	250	Permettre le démarrage des fabrications	700 à 1 550 1 225 700	De décembre 40 à mars 41 À partir d'avril jusqu'à sept 40 D'octobre à décembre 40
Remorques sanitaires	250	1er trimestre 40	-	-
Tracteurs légers d'infanterie, de cavalerie et de génie (transmissions) c	1 220 Latil M7T1 1 545 Laffly V15T 1 000 Unic TU1	220 au 1/04/40, 1 000 du 1/04 au 30/09/40 265 au 1/04/40, solde au 30/09/40 Avant le 30/09/40	100 d'infanterie 50 de génie	D'octobre à décembre 40 D'octobre à décembre 40
Tracteurs légers d'artillerie et du génie (ponts)	2 610 P107 180 Somua MCJ 4 025 Laffly W15T 650 Latil M2TZ	Avant le 30/09/40 Avant le 30/09/40 Avant le 30/09/40 Avant septembre 40	250 40 800 60	Après réalisation de la commande ferme jusqu'au 31/12/40
Tracteurs lourds d'artillerie	400 S35 T	Avant le 30/09/40	30	Après réalisation de la commande ferme jusqu'au 31/12/40
Tracteurs lourds de dépannage	100 S45 T 185 Somua MCL	Pas de délais Avant juillet 40	40	Après réalisation de la commande ferme jusqu'au 31/12/40
Tracteurs routiers	72 Latil M2TL6 d 300 Latil TARH2 55 PAR	10 par mois à partir de mai Atteindre la cadence de 40 par mois Pas de délais	10 40 -	Après réalisation de la commande ferme jusqu'au 31/12/40 Jusqu'en décembre 41 -
Camionnettes ordinaires	-	-	3 300	Production de régime atteinte en mars 40
Camionnettes radios	265	1er semestre 40	20	De juillet à décembre 40
Camionnettes à viande	2 000	1er semestre 40	70	De juin à décembre 40
Camions ordinaires 3,5 t	2 000 2 200	Américains Italiens (Fiat)	1 800 1 550	Cadence de régime à partir de janvier 40 D'octobre à décembre 40
Camions de 5 t	5 000	Américains avant janvier 40	2 170	Cadence de régime atteinte en mai 40
Camions RV	-	-	40	Jusqu'en décembre 40
Camions porte canon et porte tracteurs agricoles	-	-	9	Jusqu'en décembre 40
Camions porte chars	280	-	50	Après réalisation de la commande fixe, jusqu'en décembre 40
Camions leveurs porteurs	70	-	12	*Idem*
Camions de 7 t DCA	200	-	10	*Idem*
Camions ateliers, machines outils, magasins	620	-	64	*Idem*
Camions citernes	500	Avant janvier 40	60	*Idem*
Cuisines remorques	2 000	Avant avril 40	500	*Idem*
Camions sahariens e	50	-	-	-
Appareils chasse-neige	15	Hiver 39-40	-	-

a : 50 Lorraine et 20 Fouga. b : Priorité à la fabrication des tracteurs. c : Dont 130 dérouleuses téléphoniques à céder au ministère de l'Air. d : Génie. e : 2e urgence.

Notes :
52 : Pour entrer dans le détail de cette question, nous renvoyons le lecteur à l'ensemble des ouvrages de François Vauvillier abordant la motorisation française de 1940.

5 : Les programmes d'armement, les prévisions de fabrication et les réalisations

L'expérience de la Grande Guerre permet à différents cadres supérieurs de l'armée de rédiger des notes pouvant servir de bases à l'établissement des futurs programmes d'armement. Mais le pouvoir politique n'en tient pas compte et donne la priorité à la reconstruction, à la Marine et à la ligne Maginot jusqu'au début des années 1930.

Les ateliers de construction d'Issy-les-Moulineaux en 1935. Cette chaîne de production comporte sur la ligne de gauche, six AMC 34 à divers stades de montage et sur celle de droite, de l'avant vers l'arrière deux D1, puis deux AMC 34 en cours de montage et enfin, peu visible au fond, un prototype de char D2.

État de réalisation budgétaire des programmes d'armement selon le rapport sur l'état de l'armée établi le 10 février 1934 par le général Weygand (millions de F.)

Catégorie	Rubriques	Programme de 1927 (reliquat au 1er avril 1931)	Programme de 1930	Total des deux programmes	Affectations en 1931 et 1932	Affectations en 1933	Réalisations au 31 décembre 1933	Reliquat au 1er janvier 1934
I / Artillerie	Reconstitution de la réserve de guerre	1 506	652	2 158	433,278	231,550	664,228	1 493,172
	Motorisation	13	560	573	181	73,460	254,460	318,540
	Chars	-	300	300	50,935	15,100	66,035	233,965
	Modernisations diverses	45	827	872	145,542	75,990	221,532	650,468
	Mobilisation industrielle	-	100	100	20,312	13,750	34,062	65,938
II/ Génie	Transmissions	48	98	146	37,125	13	50,125	98,875
	Outillage du génie	15	46	61	13,425	3,600	16,725	44,275
III/ Intendance	Subsistances, stations, magasins	1,500	13,500	15	17,250	3,900	21,150	1,350
	Approvisionnements	6	1,500	7,5				
	Habillement	-	181	181	33,492	-	33,492	147,508
IV/ Santé		2,500	175	177,500	41,250	3	44,250	133,250
V/ Poudres	Remise en état des installations existantes et constructions d'usines de matières premières	457	-	457	132,365	50,277	182,642	274,358
	Totaux	**2 094**	**2 954**	**5 048**	**1 105,674**	**483,627**	**1 589,300**	**3 458,699**

Après celui de 1927, l'EMA établit un nouveau programme en 1930 devant permettre d'entamer une phase de modernisation et de motorisation de l'armée. Il se compose d'un budget global non négligeable de 5 048 millions de francs à partir du 1er avril 1931. Or, au cours des quatre premiers exercices, soit jusqu'à la fin de 1934, seuls 2 081 millions sont effectivement affectés à l'armée, entrainant un retard de près d'un an. Mais les diminutions budgétaires ne sont pas seules en cause pour expliquer les lenteurs de développement des nouveaux matériels et des fabrications d'armements. À cause des indécisions et de l'excès de perfectionnisme des commissions en charge de ces questions, une part importante des sommes accordées est reportée faute d'emploi. Ainsi, le budget de 1933 n'est consommé qu'à 41 % et celui de 1934 à 77 %. L'arrivée de Hitler au pouvoir et le réarmement intensif allemand vont ensuite engendrer le départ d'une course aux armements qui ne s'achèvera qu'avec l'armistice franco-allemand. Le budget de l'armée de 1935 est donc porté à 709 millions tandis que les bases d'un nouveau programme sont lancées.

Repères économiques français

Année	PIB (milliards de F)	Équivalent d'1 F en € de 2013	Inflation
1931	410	0,60	- 4,5
1932	380	0,65	- 8,4
1933	390	0,68	- 3,9
1934	375	0,70	- 4,0
1935	380	0,77	- 8,5
1936	365	0,71	7,7
1937	380	0,57	25,7
1938	390	0,50	13,6
1939	395	0,47	7,0

Pour appréhender les conditions de la conception du programme établi en 1935, il est nécessaire de rappeler son contexte. Les finances publiques sont toujours délabrées par les conséquences de la Première Guerre mondiale et de la crise économique et l'armée supporte à elle seule la moitié des coupes budgétaires décidées par le gouvernement. La durée du service militaire a été successivement ramenée de trois à deux ans, puis à dix-huit mois pour finir à un an, durée nettement insuffisante pour maintenir un bon niveau de formation des appelés du contingent. D'autre part, l'incertitude liée aux conclusions de la conférence sur le désarmement durant la période 1932-1935 engendre un ralentissement des études de matériels lourds, à commencer par celle du char B. Mais ses effets se propagent également au sein de la nation et du monde politique, accentuant le courant pacifiste déjà largement rependu. Les gouvernements doivent en tenir compte et cette situation ne sera pas sans conséquences en matière de développement de matériels militaires et de mise sur pied d'unités blindées et motorisées à vocation offensive si chères aux yeux du futur général de Gaulle.

État des matériels essentiels, existants et nécessaires au 1er janvier 1934 selon le rapport sur l'état de l'armée établi le 10 février 1934 par le général Weygand a

Rubriques	Désignation	Nécessaires			Existants c	
		Dotations initiales	Entretien b	Total	Quantités	%
Armes portatives	FM Mle 1924 et Mle 1924 M29	61 000	15 000	76 000	78 000 d	100
	Mitrailleuse Mle 1914	31 000	8 000	39 000	30 000	76
Engins d'accompagnement	Mortiers de 81 mm Mle 1927 M31	2 456	-	2 456	2 370	97
Matériels d'artillerie	75 (bouches à feu)	5 061	4 266	9 327	8 767	90
	105 (bouches à feu)	920	433	1 353	1 559	110
	155 C (traineaux)	2 114	483	2 597	2 285	90
Matériels de protection contre les gaz	Appareil Mle 1931	3 470 000	874 000	4 344 000	250 000	0,6
Matériel d'optique	Jumelles à prismes	115 000	13 000	128 000	68 000	50
	Télémètres d'infanterie	5 000	610	5 610	1 340	25
	Télémètres de cavalerie	816	100	916	366	36
	Périscopes à lentilles	9 000	1 850	10 850	3 370	30
	Boussoles topographiques	9 400	1 130	10 530	3 180	30
Harnachements	Selles autres que celles de cavalerie	102 000	6 000	108 000	91 000	85
	Selles de cavalerie	56 000	3 240	59 240	58 000	98
	Selles de Spahis	4 560	250	4 810	4 290	88
	À la daumont	124 000	18 000	142 000	128 000	86
	De bâts	33 000	2 400	35 100	31 000	89
Transmissions	Appareils ER 17	4 830	1 450	6 280	2 950	47
	Appareils R 11	4 560	1 370	5 930	2 400	40
	Appareils ER 22	1 710	510	2 220	400	19
	Appareils ER 13	490	150	640	350	55
Habillements et équipements	Capotes et manteaux	4 250 000	855 000	5 105 000	3 820 000	73
	Vareuses et paletots	4 115 000	1 195 000	5 310 000	3 945 000	74
	Culottes et pantalons - culottes	4 115 000	1 650 000	5 765 000	3 980 000	69
	Brodequins (paires)	4 725 000	915 000	5 640 000	4 970 000	88
	Casques (tous modèles)	3 795 000	570 000	4 365 000	4 035 000	93
	Ceinturons	3 885 000	340 000	4 225 000	2 675 000	62
	Havresacs	3 535 000	375 000	3 910 000	2 950 000	75
	Bidons	3 830 000	1 125 000	4 955 000	2 985 000	59

Remarques

a : Ces chiffres ne tiennent pas compte de l'état des matériels, qui peut être mauvais. Il faut en outre remarquer qu'en cas de mobilisation, dans l'immense majorité des cas, l'intérieur se retrouverait démuni de toute réserve.

b : Nécessaires jusqu'à la fin de la période de démarrage, compte tenu de la production escomptée pendant ladite période.

c : Les ressources à provenir de la réquisition, l'habillement et l'équipement des masses et de l'apport des réservistes sont compris.

d : Dont environ 40 000 Mle 1924.

Programme d'armement du 21 juin 1935	
Postes	**Détails**
I. Mise à hauteur des approvisionnements de guerre et des moyens de production	Augmentation des stocks de munitions et d'éléments, construction d'ateliers de chargement, habillement et équipement, service de santé.
II. Infanterie, modernisation de l'armement et motorisation	Achèvement de la dotation en matériel et munitions de 81, achèvement de la dotation en matériel et munition de 25 antichar, mise en service d'engins à tir courbe de petit calibre, mise en service de fusils à répétition, de pistolets automatiques, de pistolets mitrailleurs, d'une mitrailleuse moderne, de chenillettes (1 100 s'ajoutant aux commandes en cours), modernisation de l'armement de l'infanterie des régions fortifiées. Dans l'ensemble, environ 200 millions de plus que le reliquat des anciens programmes.
III. Chars de combat	Dépense totale prévue : 370 millions au lieu de 201 millions (reliquat). Ces évaluations sont basées sur la construction de 60 chars lourds, 300 chars moyens et 900 chars légers.
IV. Modernisation et motorisation	Le programme de 1935 prévoit sous cette rubrique une dépense totale de 195 millions ayant trait principalement à l'achèvement du programme en cours pour les automitrailleuses et les voitures de dragons portés, une majoration en voitures blindées pour la DLM, à la réalisation de matériels tous terrains spécialisés et aux unités de cavalerie motorisées de l'Afrique du Nord.
V. Matériels d'artillerie	Mise en fabrication du canon de 47 antichar, développement de la fabrication de l'affût biflèche commun aux 75 et 105 C, création d'une vingtaine de groupes de 105 C, modernisation de l'artillerie de corps d'armée et d'armée et de la DCA des armées et du territoire.
VI. Matériel du génie	Achèvement des dotations en matériel des transmissions, réalisation de ponts d'équipage et modernisation de l'outillage.
VII. Matériel d'optique	Cette rubrique nouvelle est la conséquence du programme approuvé par le ministre le 11 juin 1934 (118 millions).
VIII. Matériel de protection	Améliorations indispensables : 239 millions.
IX. Allocations spéciales	Matériel des équipages, voies ferrées, Afrique du Nord. Normalement la réalisation des anciens programmes devait être terminée fin 1938. La réalisation du programme actuel, en admettant que le rythme de 1935 soit maintenu pendant les années suivantes, serait terminée au cours de 1939.

Le programme d'armement de 1935

Le programme d'armement de 1935 doit englober le reliquat des programmes de 1927 et 1930, ainsi que certaines dotations nouvelles. Pour le seul exercice 1935, la dépense se monte à 800 millions, plus 80 millions restant inscrits au budget normal, soit une augmentation de 170 millions sur ce qui avait été prévu. Les finances doivent également faire face à la construction de la ligne Maginot et, dès juillet 1934, au plan aéronautique lancé par le gouvernement de Gaston Doumergue. Mais l'augmentation rapide de la puissance militaire allemande impose à la France de reconsidérer fondamentalement le financement de son armée, même si les difficultés économiques ne peuvent qu'en limiter les moyens. La vision d'une armée moderne par le haut commandement est souvent assez juste. Par exemple, le programme de 1930 prévoyait déjà pour la DCA la mise sur pied 118 batteries de 75 CA modernes et de 290 sections de mitrailleuses de 13,2 mm, en plus de la modernisation de 161 batteries de 75 CA et 31 de 105 CA sur plateforme [1]. La puissance de cet armement prévisionnel est conséquente pour l'époque, mais les crédits ont manqué.

Le 16 mars 1934, le maréchal Pétain, ministre de la Guerre, indique son point de vue dans une note où il estime que si les dépenses sont nécessaires, la recherche de toute diminution budgétaire est incontournable. Dans ces conditions, il est inenvisageable d'accroitre les effectifs, ni d'entamer une modernisation de fond des moyens militaires. Mais le CSG rétorque le 9 mai que l'armée française ne pourrait faire face à une éventuelle agression allemande si un certain nombre de développements ne sont pas mis en œuvre dans les plus brefs délais. L'Allemagne, toujours plus militarisée et expansionniste, va lui donner raison. Mais les officiers en charge de la conception du programme ne reçoivent aucune directive précise. Ils ne peuvent donc se référer qu'à la stratégie globale du plan D ayant pour objectif la défense des frontières et l'inviolabilité du territoire national, l'information restant très insuffisante pour jeter les bases d'un programme cohérent.

Une fois achevé, force est de constater que le programme du 21 juin 1935 reste relativement modeste, surtout si l'on tient compte du fait qu'une bonne partie du budget demandé intègre les crédits attribués et non dépensés entre 1927 et 1931. La part de crédits nouveaux est d'environ 450 millions. S'il doit permettre de combler les retards accumulés dans les programmes précédents, il impose une classification des priorités, car l'ensemble des exigences ne peut être suivi d'effet. La priorité est donnée à la constitution de stocks de guerre, à l'artillerie, à la modernisation de l'armement, à la motorisation de l'infanterie et aux chars, au détriment des autres postes. Comme on pouvait s'y attendre, ce budget ne correspond aucunement à une vision stratégique d'ensemble. Si l'on s'oriente bien vers la modernisation de l'armée, il s'agit de concevoir et de fabriquer des matériels dont on imaginera ensuite l'intégration au sein des unités.

Le 16 avril 1935, l'Allemagne rétablit la conscription obligatoire d'un an, entraînant la prolongation à 2 ans du service militaire en France, déjà envisagée pour contrer les effets des classes creuses. Il devient donc impératif de réévaluer à la hausse certains budgets d'équipement et de construire des casernements supplémentaires. Les négociations entre économistes et militaires sont assez tendues car les avis sont souvent opposés, les uns pensant aux limites budgétaires et les autres aux nécessités militaires. Les débats remettent également en cause les priorités à plusieurs reprises, ce qui ne simplifie pas la prise de décisions, la situation étant de plus complexifiée par l'instabilité politique précédant l'arrivée du Front Populaire au pouvoir en juin 1936.

Mais 1935 est aussi l'année des première livraisons de nombreux armements modernes. Les chars H-35, R-35 et S-35 commencent à sortir des ateliers de fabrication, tout comme les nouvelles pièces de 105 C et les canons antichars de 25 mm tandis que d'autres développements de matériels sont en voie d'aboutir [2]. Si la modernisation de l'armée française se concrétise, les industriels restent souvent frileux face aux investissements nécessaires à la modernisation de leurs outils de production car aucune assurance ne leur est donnée quant à la continuité des commandes à venir. Enfin, la totalité du financement prévue par le programme du 21 juin 1935 concernant les années 1935 à 1939 est déjà virtuellement épuisée. Il n'existe donc plus aucune possibilité de financer de nouveaux besoins sans remettre en cause les décisions initialement prises.

La loi de finance du 31 décembre 1935 concernant 1936 prévoit un budget total de 1 150 millions de francs. Certes conséquente, l'augmentation est en deçà des besoins réels de l'armée, compte tenu de l'évolution de la situation géostratégique. Les militaires n'ont visiblement pas su convaincre les politiques, encore peu conscients de la probabilité croissante d'une guerre contre l'Allemagne. Cette difficulté n'est pas la seule car les opinions divergent au sein de l'armée quant aux priorités à accorder aux différents postes. Ces hésitations, la lourdeur du système militaire français, et les lenteurs dans l'établissement

Récapitulatif financier du programme de 1935 (millions de F.)					
Poste	**Libellé**	**Prévisions totales**	**Budget 1935**	**4 années suivantes**	**Remarques**
I.	Mise à hauteur des approvisionnements de guerre et des moyens de production	912 a	233	679	a : Dont 462 pour les munitions
II.	Infanterie, modernisation de l'armement et motorisation	628,5	122	506,5	b : Les sources diffèrent sur ce total. Le chiffre de 3 415 millions est également mentionné
III.	Chars de combat	370	70	300	
IV.	Modernisation et motorisation	195	49	146	
V.	Matériels d'artillerie	643,5	149,5	494	
VI.	Matériel du génie	218	46	172	
VII.	Matériel d'optique	118	25	93	
VIII.	Matériel de protection	239	90	149	
IX.	Allocations spéciales	70	15,5	54,5	
	Totaux	**3 394** b	**800**	**2 594**	

Mitrailleuse de 8 mm Mle 1914 Hotchkiss du 67e RI en pleine action durant l'entre-deux-guerres.
L'uniforme du soldat français va changer quelques années avant la guerre, à commencer par sa couleur, passant du bleu horizon au vert kaki. En revanche le poilu de 1940 sera toujours aussi chargé, ce qui le pénalisera durant les longues marches qu'il aura à faire. Le 67e RI s'est couvert de gloire durant la Première Guerre mondiale et sa cravate est décorée de la Croix de guerre 1914-1918. Ses quatre citations à l'ordre de l'armée lui donnent droit au port de la fourragère, bien visible ici, aux couleurs du ruban de la Médaille militaire, décernée le 10 décembre 1918. Il s'illustrera à nouveau en 1940, en particulier à Stonne. Coll. A. Alvarez

des marchés vont même entraîner le report de 60 % des crédits alloués pour l'année 1935.

1936 peut être considérée comme le préambule du réarmement intensif de l'armée française, même si les premiers efforts financiers ne se feront vraiment sentir qu'à partir de 1938. C'est aussi le premier plan d'ensemble de modernisation de l'armée. Enfin, serait-on tenté de dire. Cette transition est avant tout la conséquence d'évènements politiques extérieurs. Le 7 mars, l'Allemagne réoccupe militairement la Rhénanie, en violation des accords de Locarno, mettant la France à portée de ses canons. Si le gouvernement se contente de protester, il prend conscience de la nécessité impérative d'un réarmement massif.

Le programme d'armement de 1937-1940 dit des « 14 milliards »

L'insuffisance flagrante du programme de 1935 conduit à l'établissement d'un nouveau programme pour les années 1937-1940. Mais, une fois encore, aucune directive stratégique d'ensemble n'est précisée par le maréchal Pétain, ministre de la Guerre, ni par le général Gamelin, généralissime désigné, pour orienter les officiers en charge de sa rédaction. Ils ne peuvent toujours se référer qu'au plan D bis alors en vigueur et à une bien vague instruction d'Édouard Daladier, alors ministre de la Défense nationale, datant du 12 août 1936 : « *Les besoins généraux de l'Armée et tous éléments d'appréciation nécessaires pour l'établissement du programme sont définis par l'État-major de l'Armée. Ces éléments portent essentiellement sur les points suivants :*
a) La nature de l'ordre de grandeur des déficits à combler dans les différentes catégories de matériels en service pour assurer l'application du plan de mobilisation ;
b) La nature des améliorations qui sont en cours d'étude ou de réalisation pour les matériels à moderniser, et la mesure dans laquelle cette modernisation pourra être entreprise au cours de la période considérée ;
c) L'ordre de grandeur des dépenses qu'entraîneraient les fabrications d'un nombre de matériels correspondant à une dotation type et les délais probables nécessaires à ces fabrications. »

Mais Édouard Daladier et le général Gamelin tombent d'accord sur les nécessités de réarmer massivement. Aussi, l'EMA propose un premier plan de 9 milliards jugé insuffisant par le ministre. Une nouvelle version incluant la mobilisation industrielle est alors établie en fonction des estimations résultant des décisions prises lors des réunions du CSG des 24 février et 27 avril 1936 et de l'avis du Conseil consultatif de l'armement du 4 mai 1936. Le montant total doit être majoré de 20 % du fait de l'entrée en vigueur des nouvelles lois sociales décidées par le Front Populaire.

Ce plan, dit « des 14 milliards », est approuvé par le Conseil des ministres le 7 septembre. Le gouvernement hésite peu à accorder un budget conséquent car, le 24 août, l'Allemagne a porté la durée du service militaire à deux ans. Les sommes allouées s'accompagnent de l'ouverture immédiate d'un crédit de 550 millions d'autorisation d'engagements complémentaires sur le budget de 1937 pour entreprendre au plus vite les dépenses urgentes. D'autres mesures suivent et en particulier la loi du 11 août 1936 ordonnant la nationalisation de certaines industries d'armement afin de permettre à l'État de mieux coordonner les fabrications [3]. De plus, en réponse aux divergences des militaires et après l'étude de différents rapports sur la question, Édouard Daladier établit une *Instruction générale sur l'établissement et l'exécution des programmes d'armement* le 12 août, jetant les bases administratives du réarmement français.

Souvent vétustes, les industries civiles doivent en priorité être modernisées avant de pouvoir envisager une production de masse digne de cette appellation. Les investissements pour l'équipement des nouvelles sociétés aéronautiques d'État vont par exemple représenter un budget de deux milliards entre 1936 et 1939 et les progrès seront parfois spectaculaires. En 1939, grâce à la construction d'une nouvelle usine, la fabrication d'un chasseur Morane-Saulnier 406 ne nécessite plus que 8 500 heures de travail contre 30 000 auparavant.

Répartition des crédits par exercice du programme d'armement 1937-1940, dit des « 14 milliards » (millions de F.)

Poste	1937	1938	1939	1940	Totaux
Infanterie	300,5	830	680	589,5	2 400
Mécanisation	500	640	390	390	1 920
Motorisation	234	425	350	351	1 360
Fortification	555	460	110	90	1 215
Défense aérienne	78	198	161	161	598
Matériels d'artillerie	204	730	730	536	2 020
Munitions d'artillerie	246	378	378	378	1 380
Protection contre les gaz	35	96	96	97	324
Optique	22	50	49	49	170
Génie	50	93	79	86	308
Intendance	100	175	163	162	600
Santé	20	37	38	37	132
Harnachement et voitures, mobilisation industrielle	6,5	21,5	20	20	68
Fabrication d'armements	231	266	232	206	935
Poudres	71	115	109	105	400
Études	0	57	57	56	170
Totaux	**2 653**	**4 371,5**	**3 642**	**3 133,5**	**14 000**

Caserne Barbot du 151e RI à Metz.
L'augmentation de la durée du service militaire engendre de considérables conséquences sur les programmes d'armement car la hausse des effectifs présents aux armées impose de pouvoir les loger, les équiper, les encadrer, les nourrir et leur fournir tous les matériels dont ils ont besoin.

Notes :
1 : Les batteries de DCA dites modernes sont adaptées à l'augmentation significative de la vitesse des avions depuis la Première Guerre mondiale.
2 : Comme par exemple ceux du canon antichar de 47 mm ou du fusil MAS 36.
3 : Liste des industries nationalisées : Usine de torpilles Schneider (Londe-les-Maures), cartoucherie de Manurhin (Le Mans), ateliers mécaniques de Normandie (Caen), usines Hotchkiss (Levallois), usines Brandt (Châtillon sous Bagneux et Vernon), usine de chars Renault (Issy-les-Moulineaux), usine Schneider (le Havre), quelques ateliers Schneider (Le Creusot), usine de masques à gaz (Saint Priest) et une vingtaine d'entreprises d'aéronautique regroupées en six sociétés nationales dont l'État détient les deux tiers des parts (SNCASO, SNCAN, SNCAM, SNCAO, SNCASE et SNCM).

Le programme d'armement 1937-1940, dit des « 14 milliards »	
Catégorie	**Détail**
I. Armement d'infanterie	**Canon de 25 antichar** : Programme de 8 000 matériels pour doter chaque RI de 12 pièces, chaque régiment de cavalerie, BCPortés et GR de 6 pièces, chaque DI de 3 CDAC de 12 pièces et chaque DC et DLM d'un EDAC de 12 pièces. **Mortier de 60 mm** : Réaliser 4 000 mortiers de façon qu'en fin 1938 chaque compagnie soit dotée d'un de ces matériels. **Lance-grenades** : Doter chaque section d'un lance-grenade pour fin 1940. **Fusil de 7,5 mm** : Transformer 60 000 armes de 8 mm et fabriquer 200 000 fusils de 7,5 nouveaux de façon à doter d'armes de ce calibre tous les groupes de FV des divisions actives. **Pistolet automatique** : Mettre en commande 40 000 pistolets automatiques pour satisfaire aux premiers besoins. **Chenillettes** : Porter à 5 000 les réalisations de chenillettes de façon à atteindre au minimum 9 engins dans tous les RI et 18 dans les RI motorisés.
II. Matériels d'artillerie	**Artilleries divisionnaires :** Constituer au cours des années 1937-1938, 51 unités de 47 antichar à 12 pièces, qui seront affectées aux DI actives et de série A, à l'exception des DI de montagne. Mettre en commande 30 groupes de 105 C qui, ajoutés aux 14 groupes en cours de fabrication entreront dans la constitution des artilleries des DLM, des DI à base de chars, des DI actives et, jusqu'à concurrence de 12 groupes, de réserve générale. **Artilleries de corps d'armée :** Mettre sur pied 20 groupes de 105 L modernes (portée 17 km) répartis à raison de 14 dans les 7 ALCA de couverture, 3 dans les DLM, 2 dans les DI à base de chars, 1 au CAC. Procéder dès la fin des études en cours à l'amélioration de 14 groupes de 155 GPF qui entreraient dans la composition de 7 ALCA de couverture. **Canons automoteurs :** Dès que l'avènement des études le permettra, réaliser 5 groupes de canons automoteurs destinés aux DLM et aux divisions qui seront constituées à base de chars. **Artillerie grande puissance :** Transformer 64 matériels de 194 sur chenilles en 155 d'une portée de 30 km. Construire 16 matériels de 220 de grosse destruction, 2 matériels de 240 Japon, 12 matériels de 194, 1 matériel de 223. **Défense aérienne :** Constituer 32 batteries nouvelles de 75 DAT, 57 batteries modernes de DCA des armées, amorcer, dès que les études le permettront, la fabrication de canons de petit calibre contre les avions volant bas et moderniser les divers appareils de conduite de tir et matériels d'écoute.
III. Motorisation et mécanisation	Armer 50 bataillons de chars légers modernes et 12 bataillons de chars B d'un modèle nouveau, achever la motorisation de 7 DI, en motoriser 3 autres, constituer ou compléter 3 DLM, équiper 2 divisions à base de chars (divisions cuirassées), doter dès le temps de paix les échelons « a » des véhicules nécessaires pour vivre et combattre isolément, poursuivre la motorisation du génie (compagnies de SM, équipages de ponts, transmissions…) et doter le service de santé des véhicules qui lui font défaut.
IV. Matériel du génie	Compléter toutes les formations mobilisées en matériel moderne, combler le déficit en câbles téléphoniques des corps de troupe et des parcs, poursuivre l'équipement des parcs du génie, principalement en matériel électrique et pneumatique, achever le programme de 52 équipages de ponts modernes. Réaliser 10 ponts de 35 m de route et 20 équipages de téléphériques et continuer la dotation des parcs sur rail.
V. Protection contre les gaz	Achever de doter les formations des armées et du territoire en appareils individuels, constituer des rechanges en dispositifs filtrants et en viseurs antibuée et mettre en fabrication des vêtements de protection nouveaux, dès que les études en cours le permettront.
VI. Matériel d'optique et de topographie	Poursuivre la réalisation des dotations, en particulier en ce qui concerne les jumelles à prisme et les télémètres, dans la mesure où le permettent les possibilités de fabrication de notre industrie.
VII.	Combler la plus grande partie des déficits de l'habillement et commencer la fabrication de l'équipement modèle 1935.
VIII. Munitions et explosifs – Poste 1 Infanterie	Augmenter nos stocks de cartouches de 8 mm et de 7,5 mm, de munitions de 25 mm, 60 mm, 81 mm, de grenades à main et bouchons allumeurs, et d'artifices éclairants.
VIII. Munitions et explosifs – Poste 2 Artillerie	Compléter les approvisionnements en munitions d'artillerie tant pour les matériels existants que pour ceux mis en fabrication, en vue de satisfaire à une consommation de 6 unités de feu par mois pendant la période de démarrage et commencer la fabrication d'obus à portée améliorée.
VIII. Munitions et explosifs – Poste 3 Génie	Compléter les approvisionnements des entrepôts de réserve générale en explosifs de destruction et constituer la dotation complète des formations en mines antichars.
IX. Organisation défensive des fortifications	Achever la mise en place de l'armement, renforcer la défense antichars, donner de la profondeur au système défensif déjà réalisé et procéder à son extension dans le Nord et dans le Jura.
X. Mobilisation industrielle	Améliorer nos possibilités de mobilisation industrielle et réduire nos délais de démarrage, tant dans les établissements constructeurs de l'État, que dans l'industrie privée, plus particulièrement dans les poudreries, cartoucheries, ateliers de chargement-pyrotechnies. La répartition au cours des divers exercices et l'échelonnement de chaque réalisation dans le temps ont été arrêtés compte tenu de l'urgence des besoins à satisfaire et des possibilités d'absorption de l'industrie. Il eut été vain, en particulier, en raison des délais nécessaires à toute fabrication pour atteindre son régime, d'essayer d'obtenir *de plano* une production dépassant de plus de 50 % la production de 1936 ; c'est pourquoi les crédits ont été limités à 2 700 millions pour l'année 1937 qui supportera la plupart des délais de démarrage. Toutefois, si les réalisations se montraient supérieures, des crédits seraient demandés en plus.

Malgré une volonté certaine de rationalisation, les circuits administratifs, tant militaires que civils, restent complexes. Aucune nouvelle procédure simplifiée adaptée à la période de crise que traverse l'Europe à cette époque n'est prise et la mise au point ainsi que la fabrication des matériels restent longues et laborieuses. En outre, les commissions de l'infanterie et de la cavalerie n'acceptent que rarement de mettre leurs exigences en commun, entrainant le développement parallèle de matériels similaires, alors que leur multiplication ne peut qu'entrainer des difficultés de production et de maintenance. Si les armes individuelles et collectives légères restent communes aux deux armes, les blindés et d'autres types de véhicules sont développés indépendamment alors que les besoins initiaux sont parfois semblables.

De plus, aucune autorité civile ou militaire ne prend ces problème en main, la routine et les habitudes persistent. Enfin, la recherche permanente d'améliorations, même sur des matériels dont la fabrication en série est lancée, engendre des complications, des retards de production et même des malfaçons. Ainsi, les effets des efforts financiers, pourtant incontestables, tardent à se faire sentir. Pourtant, depuis 1935, l'État commande en masse des chars, des avions et des navires, mais les livraisons ne suivent pas.

Matériel d'usinage Gnome-Rhône en 1938.
À cette époque, les industries françaises tournent à plein régime car, au-delà des armements et des véhicules, l'équipement de la troupe nécessite une multitude de matériels et de fournitures. La gestion et la distribution de ces approvisionnements sont une tâche considérable demandant de nombreux effectifs et moyens. Gnome-Rhône est surtout connue pour la fabrication de motos et de moteurs d'avions.

Emploi des 550 millions d'autorisation d'engagements complémentaires sur le budget de 1937 (millions de F.)		
Rubrique	**Crédits**	**Réalisations à entreprendre**
I. Armement de l'infanterie	80	Canons de 25 mm antichars avec munitions et munitions d'engins à tir courbe
II. Mécanisation	120	Accélération des commandes de chars
III. Motorisation	100	Matériel automobile des échelons « a », motorisation d'unités d'artillerie et achèvement des Grandes Unités motorisées
IV. Organisation défensive des frontières	50	Équipement des régions et secteurs défensifs
V. Défense antiaérienne	10	3 batteries de DAT Mle 1932
VI. Artillerie	40	1 groupe de 105 obusiers, avec munitions et 2 groupes de 105 L Schneider avec munitions
VII. Munitions d'artillerie	50	Cartouches de 75 à obus de rupture
VIII. Matériel de protection contre les gaz	7	Appareils de protection et cartouches
IX. Matériel d'optique	-	-
X. Matériel du génie	10	Transmission, outillage et matériel, ponts d'équipage, matériel de chemin de fer et motorisation des Cies de sapeurs mineurs de DC et DLM
XI. Intendance	8	Collections d'habillement
XII. Service de santé	5	Approvisionnements et voitures sanitaires
XII bis. Harnachement et équipage	5	Bâts et remorques MT (matériel de transmissions)
XIII. Mobilisation industrielle	10	Fabrication d'armements - Installation de chargements et de pyrotechnie
	5	Poudres - Compléments d'installation
Disponibles	50	-
Total	**550**	

La méconnaissance des contraintes industrielles par l'ensemble des officiers ne simplifie pas leurs relations avec les constructeurs, parfois déjà confrontés à la vétusté de leurs outils de production[4]. La tâche est d'autant plus ardue que l'embauche de personnel qualifié est extrêmement difficile, sans parler des agitations sociales et de la limitation de la durée hebdomadaire du travail, maintenant fixée à 40 heures. Les usines prennent en conséquence des retards considérables sur les prévisions, particulièrement en 1937. Édouard Daladier charge alors le général Gamelin de proposer des mesures pour y pallier, mais ce dernier fait l'impasse sur la lenteur de ses services et se concentre exclusivement sur les causes étrangères à l'armée.

Son rapport précise que le recrutement de personnel qualifié doit permettre d'accroitre la production de 30 % sous 3 ans, compte tenu du délai nécessaire à sa formation. La modernisation des outils de production doit être poursuivie et la durée hebdomadaire du travail devrait être portée à 48 h, permettant ainsi de gagner 1 an de production entre 1938 et 1944. Mais il faudra attendre novembre 1938 pour que les négociations aboutissent. Bien que les crédits soient disponibles, ces difficultés nuisent à l'effort industriel. Ceci étant, 1937 montre une évolution radicale du financement de l'armée. Au-delà de la modernisation et de l'entretien des troupes et du matériel existant, le budget accorde une part non négligeable à l'accoisement des moyens.

Crédits ouverts pour la DCA jusqu'au 1er septembre 1939 (millions de F.)		
Date	**Crédits**	**Principales commandes notifiées**
14/01/1930	115	118 batteries de 75 modernes
16/04/1930	12	290 sections de mitrailleuses de 13,2
30/07/1931	242	Amélioration de l'équipement de la DAT
04/01/1935	43	Modernisation de 161 batteries de 75 sur plateforme
19/04/1935	20	Modernisation de 31 batteries de 105 sur plateforme
09/07/1935	36	Modernisation de 57 batteries d'autocanons de 75
08/01/1936	23	Modernisation de 29 batteries de 75 sur remorque
22/10/1936	10	3 batteries de 75 Mle 1932
05/02/1937	91,9	10 batteries de 75 Mle 1932 et 14 matériels de 40 Bofors
22/07/1937	88	12 batteries de 75 Mle 1932 et 20 matériels de 40 Bofors
02/08/1937	3,6	Véhicules
11/01/1938	17	20 matériels de 25 monotubes
18/01/1938	140	5 batteries de 75 Mle 1932 et 25 batteries de 25 monotubes
29/03/1938	125	3 batteries de 75 Mle 1932 et 25 batteries de 25 monotubes
12/05/1938	307	Organisation de la production des matériels de 25 et de 90, modification de 28 projecteurs anciens, 13 équipages photo-électriques Breguet a, 2 batteries de 75 Mle 1932 et 10 batteries de 25 monotubes
15/11/1938	81	13 équipages photo-électriques BBT a
31/12/1938	287,3	15 batteries de 25 bitubes
03/02/1939	1 462	30 batteries de 75 Mle 1932, 12 batteries de 90, 250 batteries de 25 bitubes et 400 matériels de 20 Oerlikon
19/04/1939	540	60 batteries de 75 Mle 1932, 80 matériels de 20 Oerlikon et 200 plateformes de 75 Mle 1897/39
13/07/1939	1 985	46 batteries de 75 mle 1932, 108 batteries de 90, 555 batteries de 25 bitubes, 50 batteries de 25 monotubes et 200 matériels de 20 Oerlikon
Total	**5 628,8**	

a : Un équipage photo électrique se compose d'un projecteur, d'un groupe électrogène, d'un équipement électrique et d'une voiture génératrice.

Détail des programmes de 1938 (Condé-Marescaux et Keller)		
Arme	**Urgence**	**Objectif**
DCA des armées	1re	Fabrication de 54 batteries de 75 modernes et de 30 batteries de 90 afin de doter chaque CA et de chaque division d'un groupe de trois batteries, chaque armée d'un groupe de 90 et constituer une réserve générale de 20 groupes de trois batteries de 75
DCA des armées	2^e^	Fabrication de 57 batteries de 75 modernes pour remplacer les 57 batteries d'autocanons et de 18 batteries de 90 destinées à augmenter la réserve générale
DAT	1re	Fabrications nécessaires pour disposer d'un total de 143 batteries de 75 modernes et de 90 batteries de 90
DAT	2^e^	Fabrication de 31 batteries de 75 modernes pour remplacer les 31 batteries de 105, et fabrication de 7 batteries de 90
DCA des armées	1re	Fabrications nécessaires pour disposer de 2 620 pièces de petit calibre afin de doter chaque division ou secteur de forteresse d'une batterie de 12 pièces, chaque corps d'armée de deux batteries de 12 pièces ainsi que 100 batteries de 7 pièces pour la réserve générale
DCA des armées	2^e^	Disposer de 1 088 pièces de petit calibre afin de doter chaque corps d'armée d'une troisième batterie et de mettre sur pied 50 batteries supplémentaires pour la réserve générale
DAT	1re	Disposer de 3 423 pièces de petit calibre afin de constituer 489 batteries de 7 pièces
DAT	2^e^	Disposer de 511 pièces de petit calibre afin de constituer 73 batteries de 7 pièces

Note :
4 : Au moment de la nationalisation, les équipements des usines Schneider sont par exemple affectés d'un coefficient de vétusté de 80 % par la commission paritaire d'évaluation. La situation est encore pire chez certains constructeurs d'avions comme Dewoitine, où les pièces sont encore fabriquées artisanalement en 1936.

Programmes d'armement, prévisions de fabrication et réalisations

À partir de janvier 1938, une augmentation importante de matériels de DCA est ajoutée au budget, ce sont les programmes Condé-Marescaux et Keller. Entre 1930 et 1939, un budget considérable de plus de 5 milliards et demi de francs est consacré à la DCA mais les livraisons tardent à suivre[5]. Le haut commandement français estime néanmoins que les efforts sont encore insuffisants par comparaison avec l'ampleur du développement militaire allemand. D'autres demandes sont formulées le 25 janvier et le 5 février 1938 concernant la DCA, l'artillerie et l'AFN, mais elles ne sont initialement pas sérieusement examinées par le gouvernement.

De toute évidence, la poursuite de la politique expansionniste et agressive de Hitler mène inexorablement à une guerre contre l'Allemagne et la puissance de son armée, tant au niveau de ses effectifs que de ses armements, ne cesse de se renforcer. En conséquence, le gouvernement révise ses positions et accepte sans réserve les dernières demandes de l'EMA dans la limite des possibilités économiques. D'autre part, différentes lois promulguées permettent à l'État de simplifier la prise de décisions et le financement de l'armée. La France se rapproche d'une véritable économie de guerre en consacrant 8,6 % du revenu national à la défense.

Globalement, les relations entre industriels et militaires s'améliorent nettement en 1938. Les premiers sont maintenant assurés d'une continuité des commandes et les seconds appréhendent beaucoup mieux les difficultés liées au développement et à la production d'armements. Au-delà des commandes de prototypes provenant de l'armée, les sociétés impliquées dans ce secteur économique proposent d'elles-mêmes de nouveau matériels qui seront parfois adoptés. Certaines tensions perdurent néanmoins, particulièrement avec les officiers de l'EMA.

Le 6 octobre, Édouard Daladier fonde un comité chargé de suivre l'exécution des programmes de fabrication, mais le gouvernement n'exerce que rarement son droit de contrôle. Il hésite bien souvent à intervenir et à trancher. Cependant, l'effort financier progresse encore, avec une augmentation de 13,5 % par rapport à 1937, tandis que les matériels sortent régulièrement des chaines de production. Les performances économiques et techniques vont encore croitre considérablement l'année suivante mais le retard constaté entre les prévisions et les livraisons est toujours considérable tel qu'en témoigne un tableau récapitulatif de la SAET présentant la situation au 1er août 1938.

La préparation du budget de 1939 débute difficilement car il oppose une fois encore militaires et financiers. Le 19 septembre 1938, un rapport du contrôleur général Jacomet précise que l'ensemble du budget doit être revu à la baisse, car, selon lui, la préservation de la monnaie et de la trésorerie est tout aussi importante que l'armée. En conséquence la globalité du budget initialement demandé, soit 31 827 millions, est ramenée à 25 287 millions et c'est l'armée de l'air qui devra supporter 61 % des réductions. Mais la loi du 19 mars accorde des pouvoirs spéciaux au gouvernement et des ouvertures de crédits supplémentaires de plusieurs milliards sont accordées.

Le programme d'armement de 1940-1943

Il est intéressant de prendre connaissance d'une note du 1er bureau du GQG datée du 26 mai 1939, au sujet du programme d'armement décidé pour les années 1940-1943, car au-delà de la quasi-certitude de l'imminence d'un conflit avec l'Allemagne, elle nous renseigne sur la vision française des évènements à venir. En préambule, ce document rappelle les différences stratégiques apparues depuis la fin de 1936 et le programme d'armement 1937-1940 :

« *Lors de l'établissement du programme d'armement 1937-1940, les fortifications allemandes n'existaient pas à nos frontières, la Belgique n'était pas neutre et d'autre part le problème de l'offensive ne se posait pas pour nous au début même des opérations. La mission des armées était de défendre le territoire aux frontières, la défense devant être "ferme" et reportée en Belgique aussi profondément que possible.*

Situation des fabrications au 1er août 1938 (SAET)

Données / Matériels	Quantités livrées Théorique	Quantités livrées Effective	Différences Quantité	Différences %
Armements et munitions d'infanterie				
Canons AC de 25 mm	4 420	2 935	- 1 485	66,40
Mortiers de 60 mm	3 550	2 750	- 800	77,46
Mortiers de 81 mm	650	330	- 320	50,77
Mitrailleuses de 8 mm	2 500	1 860	- 640	74,40
Fusils modèle 1936	38 000	13 400	- 24 600	35,26
Fusils de 8 mm transformés en 7,5 mm	42 000	37 000	-5 000	88,10
Pistolets automatiques	23 000	0	- 23 000	0,00
Chenillettes de ravitaillement	2 300	1 815	- 485	78,91
Cartouches de 8 mm modèle 1932	75 000 000	49 000 000	- 26 000 000	65,33
Cartouches de 7,5 mm modèle 1929 C	80 000 000	45 000 000	- 35 000 000	56,25
Cartouches pour canons AC de 25 mm	2 950 000	1 860 000	- 1 090 000	63,05
Coups complets de 60 mm	2 106 000	1 368 000	- 738 000	64,96
Grenades à main chargées	900 000	500 000	- 400 000	55,56
Bouchons allumeurs	3 210 000	1 710 000	- 1 500 000	53,27
Mécanisation et motorisation				
Chars B1 et B1 bis	140	76	- 64	54,29
Chars D2	75	50	- 25	66,67
Chars Somua S-35	180	128	- 52	71,11
Chars légers R-35	1 000	675	- 325	67,50
Chars légers H-35	500	390	- 110	78,00
Chars légers FCM 36	100	11	-89	11,00
Automitrailleuses de reconnaissance	200	108	- 92	54,00
Automitrailleuses de découverte	150	44	- 106	29,33
Automitrailleuses de combat	87	12	- 75	13,79
Tracteurs Somua	946	611	- 335	64,59
Tracteurs de ravitaillement de chars	310	0	- 310	0,00
Tracteurs P 107	913	583	- 330	63,86
Tracteurs Laffly	423	206	- 217	48,70
Tracteurs Latil	410	251	- 159	61,22
Véhicules automobiles divers	8 250	6 000	- 2 250	72,73
Organisation défensive des régions fortifiées				
Canons de 47 mm de casemate	336	224	- 112	66,67
Mortiers de 50 mm	1 209	1 100	- 109	90,98
Matériels mixtes canon AC de 25 mm et mitr.	337	17	- 320	5,04
Cartouches de 47 mm	95 000	0	- 95 000	0,00
Cartouches de 37 mm	88 000	42 000	- 46 000	47,73
Coups complets pour mortiers de 50 mm	120 000	0	- 120 000	0,00
Matériels et munitions d'artillerie				
Matériels de 105 mm courts	372	234	- 138	62,90
Matériels de 105 mm longs	114	24	- 90	21,05
Matériels de 240 mm	2	0	- 2	0,00
Coups complets de 105 mm courts	572 000	196 000	- 376 000	34,27
Coups complets de 105 mm longs	143 000	14 000	- 129 000	9,79
Coups complets de 240 mm	750	0	- 750	0,00
Coups complets de 220 mm	2 000	0	- 2 000	0,00
Coups complets de 280 mm	2 000	0	- 2 000	0,00
Coups complets de 155 mm	150 000	70 000	- 80 000	46,67
Cartouches de 75 mm	420 000	240 000	- 180 000	57,14
Mines légères antichars	230 000	20 000	- 210 000	8,70

Prototype de motocyclette munie d'un side-car adapté au transport d'une pièce antichar de 25 mm modèle 1934.
Dans bien des domaines, les ingénieurs français font preuve d'imagination, à l'image de cet engin qui ne sera pas retenu par l'armée. Il est vrai que la moto doit peiner à transporter les 480 kg de la pièce et que cette solution ne permet ni l'emport des servants du canon ni celui de munitions.

Commandes et livraisons de matériels par exercice au 18 janvier 1939 (commandés / livrés)

Désignation	Avant 1937	En 1937	En 1938	En 1939 a
Engins blindés				
Chars B	70 / 25	35 / 30	70 / 52	70 / 95
Chars D1	150 / 150	- / -	- / -	- / -
Chars D2	50 / -	- / 50	50 / -	- / 50
Chars R35	500 / -	300 / 600 b	350 / 180	450 / 400
Chars H35	200 / -	200 / 280 b	200 / 120	200 / 200
Chars FCM36	- / -	100 / -	50 / 83	50 c / 17
Chars S35	50 / -	100 / 75 b	100 / 100	75 / 110
AMD 35	30 / -	80 / 30	75 / 78	152 / 150
AMR 33	120 / 120	- / -	- / -	- / -
AMR 35	200 / -	- / 80	- / 100	- / 20
ACG1	50 / -	- / -	- / 2	- / 48
Artillerie de campagne				
Matériels de 105 L Mle 1936 S	24 / -	60 / 24	60 / 60	96 / 76
Matériels de 105 C Mle 1934 S	36 / 36	36 / -	- / 36	- / -
Matériels de 105 C Mle 1935 B	108 / 49	72 / 83	120 / 94 d	120 / 120
Matériels de 47 Mle 1937	- / -	300 / -	512 / -	200 / 650
Matériels de 155 GPF amélioré e	36 / -	- / -	- / 13	- / 23
Matériels de 155 GPF amélioré f	- / -	- / -	- / -	150 / 150
Artillerie de défense contre avions				
Matériels de 75 CA Mle 1930	132 / 132	- / -	- / -	- / -
Matériels de 75 CA Mle 1932	140 / -	20 / 51	80 / 84	40 / 120
Matériels de 75 CA Mle 1933	200 / 152	- / 34	- / 11	- / 3
Matériels de 75 CA Mle 1917-34 (Modernisation)	116 / -	- / 116	50 / -	- / 50
Autocanons de 75 CA Mle 1913-34 (Modernisation	228 / 180	- / 48	- / -	22 / 22
Mitrailleuses de 20 mm Mle 1939 (Oerlikon)	- / -	- / -	- / -	400 / 400
Matériels de 25 mm CA Mle 1938 (monotube) g	- / -	- / -	20 / 5	240 / 160
Matériels de 25 mm CA Mle 1938 (bitube) h	- / -	- / -	- / 22	60 / -
Matériels de 40 mm CA Mle 1938 ou 1939 Bofors	- / -	- / -	- / -	- / -
Infanterie				
Matériels de 25 mm SA Mle 1934	2 220 / 1 925	1 000 / 800	300 / 425	400 / 570
Matériels de 25 mm SA Mle 1937	- / -	800 / -	700 / 50	450 / 775
Mortiers de 60 mm	1 500 / 1 450	1 000 / 1 000	1 300 / 750	1 500 / 2 100
Mortiers de 81 mm i	250 / 150	100 / 100	500 / 300	1 260 / 1 500
Fusils de 7,5 mm Mle 1936	15 000 / -	- / 1 600	35 000 / 29 000	57 000 / 40 000
Fusils de 7,5 mm Mle 1917-15 M.34	32 500 / 11 000	- / 21 000	15 000 / 10 500	15 000 / 8 000
Pistolets Mle 1935	10 000 / -	10 000 / -	5 000 / 900	10 000 / 5 000
Lance-grenades de 50 mm Mle 1937	- / -	- / -	6 000 / 50	9 000 / 9 100
Chenillettes Mle 31 R	1 400 / 875	400 / 700	700 / 650	1 000 / 1 275
Chenillettes Mle 37 j	- / -	- / -	- / -	100 / -
Génie				
Équipages de ponts FCM	11 / 11	- / -	- / -	- / -
Sections de renforcement FCM	7 / 7	- / -	- / -	- / -
Équipages de ponts Mle 1935	6 / 4	6 / 7	7 / 8	8 / 8
Équipages de ponts Mle 1901-35	5 / 5	10 / 7	4 / 7	6 / 6
Passerelles d'infanterie	25 / 25	50 / 50	75 / 75	25 / 25
Câble téléphonique léger à 1 conducteur	137 000 / 130 000	4 000 / 12 000	18 000 / 17 000	23 000 / 23 000
Câble téléphonique léger à 2 conducteurs	6 000 / 4 000	2 400 / 4 400	2 800 / 2 800	10 600 / 10 600
Piquets antichars pour les régions fortifiées	43 740 / 19 000	38 760 / 25 500	14 000 / 5 000	- / 44 000
Mines à charge allongée pour les régions fortifiées	42 700 / 12 700	12 500 / 30 000	- / 12 500	- / -
Mines légères Mle 1936 pour régions fortifiées	- / -	16 650 / -	14 250 / 16 650	24 000 / 25 000
Mines légères Mle 1936 pour troupes de campagne	- / -	100 000 / -	200 000 / 20 000	100 000 / -

Remarques

a : Livraisons escomptées.

b : Cumul des livraisons avant et pendant 1937.

c : Indéterminé, marché en cours de passation. Il n'y aura finalement aucune suite.

d : Dont 14 sans bouclier.

e : Petit affût surélevé.

f : Train de roues type Touzard.

g : Il est en outre prévu que la Roumanie recevra 150 matériels en 1939.

h : 5 matériels monotubes et 22 bitubes, ces derniers sur affût de bord provenant d'une commande pour compte étranger ont été reçus en 1938.

i : Depuis le 21 janvier 1935.

j : Réalisation escomptée.

Officiers examinant un side-car dragons portés modèle 1936 en 1938. Pouvant être comparé à un cheval moderne, ce type d'engins posera lui aussi des difficultés d'approvisionnement pour combler l'ensemble des besoins. De gauche à droite, nous trouvons le commandant de Saint-Sernin de la section technique de la cavalerie, le lieutenant Dumez du 1er bataillon de dragons portés, le général Massiet inspecteur général de la cavalerie et le général de la Porte du Theil commandant l'École d'application de l'artillerie.

Aujourd'hui, l'Allemagne s'est protégée contre nous par une ligne fortifiée profonde, à base d'obstacles antichars et de casemates bétonnées, ligne solide encore que les casemates n'aient pas été aménagées pour résister au mieux à une attaque par les gaz. L'Italie est hostile. La Belgique s'enferme dans sa neutralité. Les récents accords internationaux peuvent nous obliger à faire sentir dès le début des hostilités, le poids de notre action contre l'Allemagne et l'Italie. Le problème offensif peut nous être ainsi posé initialement.

La mission des armées devient en conséquence la suivante : Défendre le territoire aux frontières, ne reportant au plus loin la défense en Belgique et en Suisse que si ces pays sont envahis. Être en état dès le début des opérations de forcer les lignes allemandes et italiennes, si les circonstances

Note :
5 : La modernisation des 57 batteries de 75 CA autocanons et des 29 batteries de 75 CA sur remorque ne sera toujours pas entamée en septembre 1938.

l'exigent. En outre, pour le cas d'une tension politique prolongée ne faisant appel aux réservistes que dans les secteurs fortifiés ou défensifs, couvrir le pays contre une attaque par surprise, terrestre ou aérienne. Ce triple problème, de défense, d'offensive, de couverture en échelons « a », parait devoir influencer comme il suit [voir tableau page suivante ndla] *l'élaboration d'un programme d'armement pour la période 1940-1943.*

***Défensive** : Il y a lieu de conserver la valeur accordée par le programme 1937-1940 à l'armement qui se rapportait à la défense des frontières, celles-ci se comprenant sous la forme d'une défensive stabilisée sur la ligne fortifiée : En cas de rupture de cette ligne le rétablissement du front restant à attendre d'une contre-offensive éventuellement consécutive à l'intervention d'une masse de manœuvre motorisée.*

Il semble possible par contre de réduire quelque peu la valeur accordée par le programme 36 à l'armement, plus spécialement retenu pour le combat de rencontre inhérent à l'opération de Belgique puisque cette opération, comme celle de Suisse, n'est plus qu'éventuelle au début d'un conflit. Les réductions à envisager dans cet ordre d'idée paraissent susceptibles de se rapporter à l'armement de certains groupes de reconnaissance.

***Offensive** : Une revalorisation aussi rapide que possible de notre armement offensif en vue de l'attaque d'une position fortifiée au nord-est, aussi bien que du forcement d'une ligne fortifiée des Alpes.*

Organisation défensive des frontières : Commandes et livraisons d'armements, de munitions et de matériels par exercice au 18 janvier 1939, munitions et fusées éclairantes en milliers (commandés / livrés)

Désignation	Avant 1937	En 1937	En 1938	En 1939 a
Armements, munitions et matériels des ouvrages type CORF				
Matériels d'artillerie de 75, 81 et 135 mm	343 / 339	- / 4	- / -	- / -
Matériels de 37 et 47 mm de casemate	465 / -	- / 220	17 / 223	6 / 45
Armes mixtes AC de 25 mm et jumelage de mitrailleuses	- / -	330 / -	7 / 67	2 / 235
Jumelage de mitrailleuses de 7,5 mm	1 480 / 1 480	- / -	- / -	20 / 20
Fusils-mitrailleurs sous cloche ou sous béton	2 985 / 2 964	330 / 291	400 / -	- / 730
Mortiers de 50 mm	1 945 / 600	- / 280	- / 265	101 / 301
Munitions de 81 mm	- / -	331 / -	- / 125	33 / 239
Munitions de 135 mm	100,5 / 30	- / 70,5	- / -	25 / -
Munitions de 37 mm	43,5 /	43 / 28	- / 15,5	- / 43
Munitions de 47 mm	96 / -	38 / 110	66 / 158	- / -
Munitions de 25 mm	268 / -	- / 110	- / 158	- / -
Munitions de 75 mm	65 400 / 65 400	19 800 / -	- / 19 800	- / -
Munitions de 50 mm	120 / -	- / -	550 / 120	425 / 775
Projecteurs de casemate avec niches blindées b	440 / -	- / -	- / 440	- / -
Armements et munitions des fortifications nouvelles (blockhaus et casemates STG)				
Matériels de 47 mm Mle 1937	- / -	- / -	200 / -	- / -
Mitrailleuses de 8 mm Mle 1914	- / -	- / -	200 / -	- / 200
Fusils-mitrailleurs sous cloche ou sous béton	- / -	- / -	450 / -	- / 450
Matériels de 75 mm Mle 1897-1933 sous casemate	95 / -	- / 95	- / -	- / -
Matériels de 155 GPF sous casemate	1 / -	- / -	- / -	- / -
Munitions de 47 mm	- / -	- / -	120 / -	- / 120
Munitions de 8 mm	- / -	8 000 / 4 000	- / 4 000	- / -
Munitions de 7,5 mm	- / -	900 / -	- / 900	- / -
Munitions de 75 mm	80 / 80	- / -	- / -	- / -
Munitions de 155 mm	0,8 / 0,8	- / -	- / -	- / -
Armements complémentaires de secteur				
Mitrailleuses de 8 mm Mle 1914	- / -	1 000 / -	50 / 1 000	- / 50
Fusils-mitrailleurs Mle 1924-29	- / -	1 000 / -	150 / -	- / 1 150
Tourelles démontables pour mitrailleuses	341 / 211	36 / 130	54 / -	40 / 130
Fusées éclairantes à grande puissance	- / -	20 / -	30 / 5	- / 45

a : Livraisons escomptées b : Les niches blindées pour projecteurs de casemate sont escomptées en 1939

***Position allemande** : Tant qu'un procédé adéquat pour triompher de l'obstacle antichar allemand n'aura pas été trouvé, l'attaque de la position allemande semble devoir être précédée d'une préparation par l'artillerie de destruction ou par l'emploi des gaz* [6]*, ce dernier procédé étant de beaucoup le moins onéreux et paraissant d'ailleurs le plus opportun en raison même de l'organisation actuelle des ouvrages allemands.*

Quel que soit le mode de préparation retenu, une contre-batterie très puissante s'impose. Sous ce jour, il parait désirable de limiter davantage que dans le programme 1936 la construction des chars - particulièrement des chars moyens - en reportant l'effort sur les fabrications d'artillerie de grosse destruction et de contre-batterie ainsi que sur les fabrications se rapportant à l'agression par gaz [7]*.*

***Position italienne** : L'attaque doit être profonde si on veut qu'elle fixe des effectifs importants. Pour cela deux conditions s'imposent : Un équipement offensif du terrain (construction de routes, stockage de munitions et d'approvisionnement à pied d'œuvre). Un équipement alpin de l'armée (particulièrement en artillerie de montagne et en tracteurs de montagne). Semblable équipement coutera cher, plus cher que la préparation de l'attaque des positions allemandes avec emploi des gaz, mais on remarquera que la conquête du balcon des plaines du Pô est plus immédiatement payante que celle de la ligne allemande. D'autre part l'équipement alpin d'une fraction de nos forces ménage la possibilité de former éventuellement un corps expéditionnaire pour les Balkans ou les Carpates. Il contribue ainsi doublement au rétablissement de la situation internationale de la France.*

***Couverture des échelons « a »** : La couverture aux frontières et la couverture aérienne étant organisées, il ne reste à préparer que l'intervention aussi rapide que possible d'une masse de manœuvre motorisée en direction du N. du N.E. de l'E. et éventuellement du S.E. La question se pose donc seulement d'augmenter dès le temps de paix les possibilités des groupes de transport de la réserve générale, de modifier peut être certains stockages pour que la masse motorisée les trouve à pied d'œuvre sur ses directions probables d'engagement et enfin d'accentuer sur les rocades de manœuvre l'effort consacré à l'indépendance de la route et du rail pour le cas où la mise en place de la couverture générale coïnciderait avec le déplacement de la masse motorisée.*

***Défense aérienne et défense contre les gaz** : Sont à accentuer toutes les deux avec le maximum d'efforts. Pour la défense aérienne, il semble opportun de réaliser de 40 à 43 les fabrications se rapportant à la 2ème urgence du programme 1936. Pour la défense contre les gaz, l'effort doit être d'autant plus important qu'on envisage une attaque contre les positions ennemies avec l'emploi des gaz.*

***Conclusion** : Le programme d'armement ci-joint a été établi sur les bases générales précédemment définies. Pour chaque espèce de matériel on a été conduit aux conclusions ci-après* [voir tableaux ci-dessous et page suivante]. »

Financement du programme d'armement 1940-1943 (millions de F)

Poste	Libellé	Crédits d'autorisations d'engagement		Crédits demandés en 1939
		Anciens	Nouveaux	
1	Armements et munitions d'infanterie	800	4 782	668
2	Mécanisation	1 394	3 898	582
3	Motorisation	312	1 625	191
4a	Organisation des régions fortifiées	486	2 545	982
4b	Armement des ouvrages	40	320	109
4c	Communications	341	1 569	682
4d	Stocks d'essence	83	538	65
4e	Protection antiaérienne des établissements	30	323	50
5	Défense antiaérienne	4 002	6 344	2 960
6	Matériels d'artillerie	616	5 220	1 125
7	Munitions d'artillerie	280	2 645	760
8	Protection contre les gaz	91	605	108
9	Optique et cartographie	70	370	200
10	Matériels du génie	160	1 600	626
11	Intendance	564	2 405	105
11 bis	Harnachement des équipages	22	223	32
12	Poudres	248	3 000	? a
13	Mobilisation industrielle	721	9 091	3 540
14	Études et expérimentations	73	407	140
Programme immobilier		900	5 547	2 510
	Totaux	**11 304**	**53 555**	**15 510**
	Total général	**64 859**		

a : Ce montant n'ayant pu être retrouvé il n'est pas compris dans le total.

Programme d'armement 1940 - 1943	
Poste	**Détail**
1/ Armement d'infanterie	Limiter la production des **mortiers de 60 et de 81** aux dotations actuelles, réaliser les dotations actuelles de **25 antichars** pour doter chaque DI active et de série A d'une batterie antichar divisionnaire, continuer au rythme prévu la production des **F.M. 29, des fusils MAS 36, des pistolets automatiques**, remplacer par des **Hotchkiss les mitrailleuses St. Etienne**, préparer le lancement de fabrication des **mitrailleuses modernes**, réaliser le remplacement des **VB par des lance-grenades de 50**, se maintenir au taux des dotations actuelles pour **les chenillettes**, continuer l'effort appliqué à la constitution du stock de **munitions d'infanterie et de chars**, approvisionnement de démarrage à augmenter pour certains armements anciens en service, constituer pour les armements nouveaux sur la base moyenne de 30 % des dotations (approvisionnements en matériels terminés, les ébauchés sont prévus au titre de la mobilisation industrielle - stocks de démarrage).
2/ Mécanisation	**Chars B** : Organiser au plus vite les 2 premières divisions cuirassées. Inscrire néanmoins la 3e au programme. S'en tenir là. **Chars moyens** : Viser au plus tôt le remplacement des F.T. Porter le nombre des bataillons de chars moyens à 50 en maintenant la section à 3 chars. S'il ne se posait pas de questions de cessions aux alliés on prolongerait les fabrications pour porter à 5 la dotation des sections. **Chars SOMUA** : En doter les 3 DLM. Éventuellement accepter un délai pour le remplacement dans les régiments de combat de chaque DLM des deux derniers escadrons d'H-35 par des SOMUA s'il se pose des questions de cession aux alliés. **AMR** : Ne doter d'AMR modernes que les DI cuirassées a, les DLM et les GR des DI motorisées, accepter que les DC et l'AFN soient dotées des AMR 35, limiter le nombre des GR de divisions d'infanterie à doter d'AMR aux seules DI motorisées (dans le même genre d'idées, envisager la suppression des GRCA et peut être des GRD des divisions de série B), ne pas envisager d'AMR dans l'infanterie autrement que dans les RI des DI motorisées. **AMD** : Réaliser les dotations prévues pour DI moto, DLM, DC et Afrique du Nord, mais ne pas les dépasser c'est-à-dire maintenir les pelotons à 3 AMD. **AMC** : N'arment plus que 2 DC. Ne plus en fabriquer d'autres que celles qui sont en commande.
3/ Motorisation	Continuer l'effort là où il est indispensable, c'est-à-dire lorsqu'il s'avère que les tracteurs actuels ne sont pas assez puissants ou assez rapides, ne pas accentuer outre mesure **l'effort de motorisation de l'infanterie et des formations hippomobile de la cavalerie**, prévoir un effort de **motorisation en montagne** (tracteurs et sanitaires). Motorisation tous terrains **des compagnies antichars divisionnaires des DI motorisées, DC, DLM**, et doter **les DI motorisées** de véhicules tous terrains permettant le transport des armes lourdes d'infanterie, acheter les camions nécessaires pour le transport **des échelons « a » d'infanterie** de la masse motorisée, sur la base d'un transport simultané de deux **DI moto** (en sus du mouvement des **3 DLM**) et acheter également les véhicules de ravitaillement nécessaires à l'échelon « a » des DI moto, véhicules qui jusqu'à présent proviennent de location vente.
4/ Organisation du territoire	Continuer l'effort défensif entrepris, continuer l'effort entrepris sur **l'amélioration des communications**, procéder à **l'équipement offensif des Alpes** sur la base du programme défini par l'étude du général Billotte de janvier 1939 et réaliser les organisations défensives correspondant à la création des routes pénétrantes envisagées.
5/ Défense aérienne	Réaliser le plus vite possible le programme de 1938 tant en ce qui concerne **les matériels de 90 et de 75 que les matériels de petit calibre (25 mm)**, se ménager une marge de possibilités budgétaires pour réaliser en cours de programme les organisations de tir actuellement en développement dans les études en cours (télécommandes de pièces de petit calibre, appareils de détection et de conduite de tir électromagnétique) et améliorer la valeur de **nos groupes de projecteurs**, en modifiant les projecteurs eux-mêmes et en les commandant à distance, en augmenter le nombre, si possible.
6/ Matériel d'artillerie	Poursuivre l'effort actuellement appliqué aux fabrications de **47 - 105 courts - 105 longs** (programme général Condé), intensifier l'effort pour réaliser au plus vite l'augmentation de portée du **155 long**, pour 16 groupes d'artillerie d'armée (Réserve Générale) par transformation des GPF existants pour leur donner la portée de 25 km acceptant une certaine inaptitude aux tirs à des distances inférieures à 18 km. Pour les autres groupes de **GPF** par fabrication des obus Gabeaux permettant à l'artillerie des CA armés de ces matériels d'atteindre 20 km, étudier **un nouveau matériel d'armée**, achever de remettre en état les **matériels existants de grosse destruction 270-293** en utilisant leurs stocks d'obus de rupture, intensifier l'effort pour la fabrication **des obus de rupture de 220** et de calibre supérieurs, fabriquer des **370 routiers** et des **mortiers à grosse capacité**, fabriquer du **75 de montagne et des mortiers de tranchée** pour la montagne de calibre analogue à 150 dans le but de pouvoir équiper 10 DI sur le type montagne au lieu de 6 existantes, doter les batteries antichars des DI normales **d'avant-train de 75** pour permettre à ces unités de se déplacer au trot avec du personnel, organiser l'aviation d'artillerie par fabrication **des hélicoptères** récemment expérimentés et qui semblent donner satisfaction, continuer à envisager la fabrication des **observatoires blindés et des canons automoteurs** ainsi que celle des **munitions d'artillerie** de trois calibres destinés à combler les déficits actuels, augmenter les approvisionnements en corps d'obus pour les chargements d'obus spéciaux, réaliser les dotations en **mines antichars** sur la base de 6 300 par DI active et de série A, aucune augmentation de la réserve générale, fabriquer des **mines plus légères** portatives destinées à barrer les issues, se ménager une marge budgétaire pour le cas où interviendrait la découverte d'un **obus nouveau** et se ménager également une marge de l'ordre de 500 millions pour achats éventuels à l'étranger permettant de hâter certaines des réalisations inscrites au programme ou prévues comme devant être conduites à des fabrications au-delà de 43.
7/ Optique et cartographie	Faire correspondre l'effort pour la fabrication des télémètres au rythme des fabrications de DCA et de DAT et réaliser les dotations de l'infanterie de l'artillerie et des chars.
8/ Matériels du génie et des transmissions	Reconstituer les stocks.
9/	Poursuivre le programme des chemins de fer.
10/ Intendance, service de santé, harnachement, équipages	Poursuivre sans ralentissement l'effort en cours, l'orientant pour une part dans le sens de la guerre de Montagne.
11/ Poudres	S'orienter résolument vers la fabrication des produits d'agression. À ce sujet, il serait peut-être opportun de faire définir par une commission compétente les conditions **d'une attaque par gaz** – durée – produits à employer. Dans le programme ci-joint, on a envisagé une préparation de plusieurs jours avec emploi intense de vagues (par chandelles, DM) et bombardement continu par obus au phosgène.
12/ Mobilisation industrielle	Construire du stock de démarrage, outillage, éventuellement établissements nouveaux. Nota : Le renouvellement du matériel fera l'objet d'une tranche du programme qui sera établi ultérieurement sur le vu du programme par les directions d'armes intéressées.

a : Correspondant à une DCR, cette appellation de DI cuirassée est couramment employée à l'époque.

Malgré une stratégie initialement défensive, l'EMA envisage très sérieusement de se voir forcé à l'offensive dès le début des hostilités. L'estimation des dépenses du programme d'armement de 1940-1943 représente un budget colossal d'environ 200 milliards de francs dont 80 pour la Guerre[8], 75 pour l'Air et 45 pour la Marine. Bien qu'un abattement de 30 % soit ensuite envisagé, les objectifs de production d'armements à l'issue de ce programme auraient doté l'armée française de moyens puissants surtout qu'un grand nombre de matériels nouveaux, modernes et même parfois très en avance pour l'époque ont été adoptés ou sont en cours de développement.

Le programme d'armement 1940-1943 restera théorique. Après l'entrée en guerre, les fabrications d'armements sont poussées au maximum des possibilités industrielles et orientées vers les productions les plus urgentes ainsi que la mise sur pied du plus grand nombre possible de nouvelles unités. Cette situation donnera naissance au plan des 5 mois. Mais l'analyse des budgets prévisionnels pour les années 1940-1943 ne laisse aucun doute sur une certaine clairvoyance de l'EMA concernant les lacunes de l'armée. Certains postes, comme la DCA, la mécanisation, les communications et la mobilisation industrielle sont particulièrement élevés.

Notes :
6 : Envisager d'employer les gaz est une hypothèse très étonnante puisque la France s'est engagée à ne pas les utiliser la première en cas de conflit.
7 : Cette orientation découle du fait qu'il est envisagé d'employer les gaz et donc de subir le même type d'attaque en retour.
8 : Les budgets attribués à la défense passive et à la mobilisation industrielle sont également compris dans ce montant.

Mais il est bien tard, les retards de production engendrés par les différentes causes déjà exprimées sont irrattrapables. Il ne fait aucun doute que la spectaculaire montée en puissance de l'armée française est également perçue outre-Rhin et il est probable qu'elle ait joué un rôle dans la volonté de Hitler d'attaquer au plus vite à l'Ouest, quelles que soient les lacunes de la Wehrmacht. À cette époque, le temps joue en faveur des Alliés grâce à la croissance des productions liées aux effets de la mobilisation et de la modernisation industrielles, des ressources potentielles issues des empires des Alliés, et de l'attitude bienveillante des États-Unis, dont les livraisons de matériels prennent de l'ampleur en 1940. Cette évolution technologique ne concerne d'ailleurs pas que les forces terrestres, une nouvelle génération de chasseurs et de bombardiers commence à être produite en série et ces appareils n'ont rien à envier à ceux de la Luftwaffe.

Le bilan des programmes d'armement

Le bilan des programmes d'armement reste mitigé. L'effort financier durant les années de l'immédiat avant-guerre est incontestablement important mais les lourdeurs du système, la lutte d'influences au sein de l'armée, l'attitude perfectionniste exagérée des commissions militaires, la succession rapide des gouvernements et les agitations sociales ont entravé la bonne marche de la production. Ceci étant, l'armée de Terre française de 1940 est incomparablement plus moderne et bien plus puissante que celle de 1934. Elle aurait été encore mieux équipée et plus adaptée à la guerre moderne l'année suivante, tant par la quantité de matériels disponibles que par la mise en service de nouveaux armements. Malheureusement, cette montée en puissance a probablement été anticipée par l'Allemagne.

R-35 survolés par des avions.
Extraite d'une affiche incitant à l'achat de bons de guerre, cette vue colorisée est bien évidemment un habile montage. Sur l'engin du premier plan, il est possible de voir la petite trappe utilisable pour donner des ordres à l'aide de fanions.

Production d'armements en France de 1934 à 1940

Année	Chars	Vaisseaux de guerre (tonnage en construction)	Avions de combat	Autres avions militaires
1934	3	135 790	80	394
1935	50	152 058	423	275
1936	467	193 821	569	135
1937	482	175 707	423	319
1938	403	135 707	445	981
1939	1 059	180 339	2 125	885
1940 a	854	225 990	1 554	461

a : de janvier à juin

Objectifs de production à la fin de 1943

Poste	Type	Quantité
1/ Matériels d'infanterie	Canons antichars de 25 mm	8 800
	Mortiers de 60 mm	6 100
	Mortiers de 81 mm	5 000
	Mitrailleuses Mle 1914	46 000
	FM 24-29	93 400
	Fusils MAS 36	400 000
	Lance-grenades de 50 mm	25 000
	Chenillettes	5 000
2/ Mécanisation	Chars légers R-35	2 000
	Chars légers H-35	1 500
	Chars légers FCM	300
	Chars B1 bis	300
	Chars SOMUA S-35	200
	AMD 35 Panhard	700
	AMR 201	724
3/ Motorisation	L'équipement des armées exige un complément d'environ 24 000 véhicules	
4/ Organisation défensive des frontières	Pour mémoire : fin d'organisation des ouvrages.	
5/ Défense antiaérienne	Batteries de 75 mm CA 32	206
	Batteries de 90 mm CA	145
	Batteries de 25 mm CA bitube	850
	Batteries de 25 mm CA monotube	115
	Matériels de 20 mm Oerlikon	650
	Mitrailleuses de 20 ou 23 mm	2 300
6/ Matériels d'artillerie	Matériels de 47 mm antichars	2 180
	Matériels de 75 mm M	540
	Matériels de 105 mm C 35	1 074
	Matériels de 105 mm L 36	840
	Matériels de 155 mm GPF transformés	165

Poste	Type	Stocks prévus	À commander
7/ Munitions d'artillerie	Explosifs 75-97	15 000 000	1 500 000
	Explosifs 75 M	2 000 000	1 000 000
	Explosifs 105 L 13	1 000 000	120 000
	Explosifs 220 C	300 000	50 000
	Explosifs 280 M	38 000	10 000
	Toxiques 75	1 100 000	420 000
	Toxiques 105	400 000	375 000
	Toxiques 155 C	200 000	112 000
	Toxiques 155 GPF	116 000	103 000
	Fumigènes 75	750 000	500 000
	Fumigènes 105 C	150 000	150 000
	Fumigènes 155 C	180 000	180 000
	Fumigènes 150 T	100 000	100 000

Le financement de l'armée et la production d'armements.
Le financement de l'armée augmente de façon exponentielle à partir de 1936 et il est facile d'imaginer ce qu'il aurait pu être les années suivantes on ne peut que regretter les délais bien trop longs entre l'attribution des budgets et la fabrication en masse des matériels. La situation s'améliore nettement à partir de 1938 mais il est bien tard, trop tard.

Financement de l'armée de 1930 à 1939

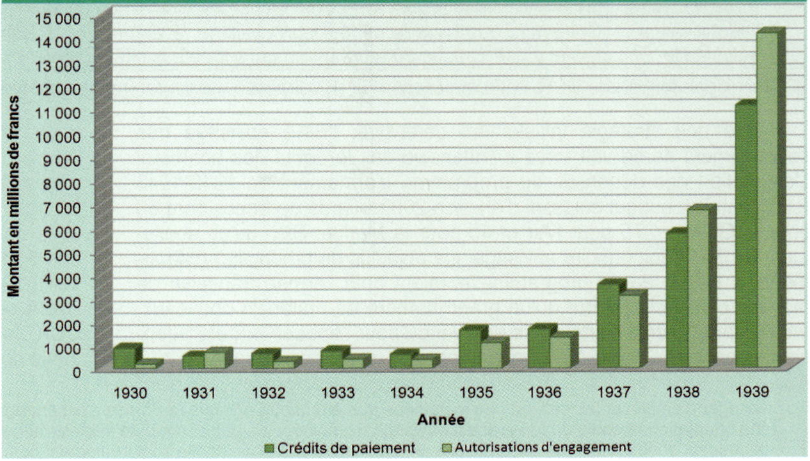

6 : L'armée de Terre du temps de paix et la mobilisation générale

L'armée de Terre est la composante des armées regroupant les effectifs les plus importants. Ils dépassent amplement ceux de l'armée de l'Air et de la Marine réunis.

L'organisation militaire du temps de paix repose sur trois lois organiques fondamentales. La première est la loi d'organisation générale de l'armée du 1er juillet 1927, puis celle sur la constitution des cadres et effectifs de l'armée du 28 mars 1928 et enfin la loi sur le recrutement de l'armée du 31 mars 1928. Cette organisation de la Défense nationale est établie dans le cadre des engagements internationaux, fondée sur le principe de la *nation armée* et basée sur une durée réduite du service militaire obligatoire. Depuis 1928, les évolutions de la situation internationale ont imposé de nombreuses corrections à ce statut militaire. Elles sont matérialisées par les lois des 17 et 19 mars 1932 autorisant la constitution des troupes de forteresse en fonction de l'achèvement des ouvrages de la ligne Maginot[1] ainsi que celles des 17 mars 1936[2] et 14 mars 1939 aboutissant à l'établissant du service militaire obligatoire de deux ans.

Mais les difficultés économiques de la France engendrent des réductions budgétaires. Les conditions du soldat français du début des années 1930 sont fort peu propices à l'efficacité d'ensemble. Entre le 1er juillet 1932 et le 1er octobre 1933, 25 000 postes de militaires de carrière métropolitains sont supprimés ainsi que 14 000 coloniaux et nord-africains stationnés en métropole. La loi de finance de 1933 prévoit ensuite une diminution progressive de 5 000 postes d'officiers dont les conséquences sont bien loin d'être négligeables. En effet, en cas de mobilisation générale, les officiers d'active seront en nombre insuffisant pour encadrer les unités mobilisées autour des noyaux actifs et il sera nécessaire d'augmenter la part de cadres réservistes dans toutes les Grandes Unités, ne pouvant que diminuer leur efficacité opérationnelle. Autre conséquence notable, il est constaté une baisse sensible du nombre d'entrées au sein des grandes écoles d'officiers ne pouvant à terme qu'engendrer des difficultés pour remplacer les cadres de l'armée d'active partant à la retraite.

Les difficultés ne touchent pas que le corps des officiers. Durant la même période, d'autres dispositions ont été prises afin de diminuer le nombre de sous-officiers par limitation des engagements et réengagements, en les remplaçant parfois par des caporaux-chefs. Au sein des corps de troupe, cette situation provoque un arrêt brutal de l'avancement tandis que les primes ont été réduites. Bien que les effets de ces décisions soient par la suite atténués par quelques mesures compensatoires, l'effet moral sur les cadres d'active est important. La situation engendre également un certain désintérêt des élites civiles pour la carrière militaire et les conséquences à moyen et long terme sur la qualité générale des forces armées sont inquiétantes.

De plus, la diminution des effectifs n'est pas la seule problématique causée par les réductions budgétaires. Les crédits alloués aux manœuvres, à l'instruction et à la formation des troupes et des cadres sont également fortement réduits. D'autre part, un nouveau régime des permissions institué par la loi du 15 juillet 1932 permet aux appelés du contingent de bénéficier d'une moyenne de 35 jours de vacances tandis que le délai séparant la libération d'une classe de l'incorporation de la suivante est d'environ 23 jours, si bien que le service national, déjà limité à un an, ne dure réellement qu'environ 10 mois.

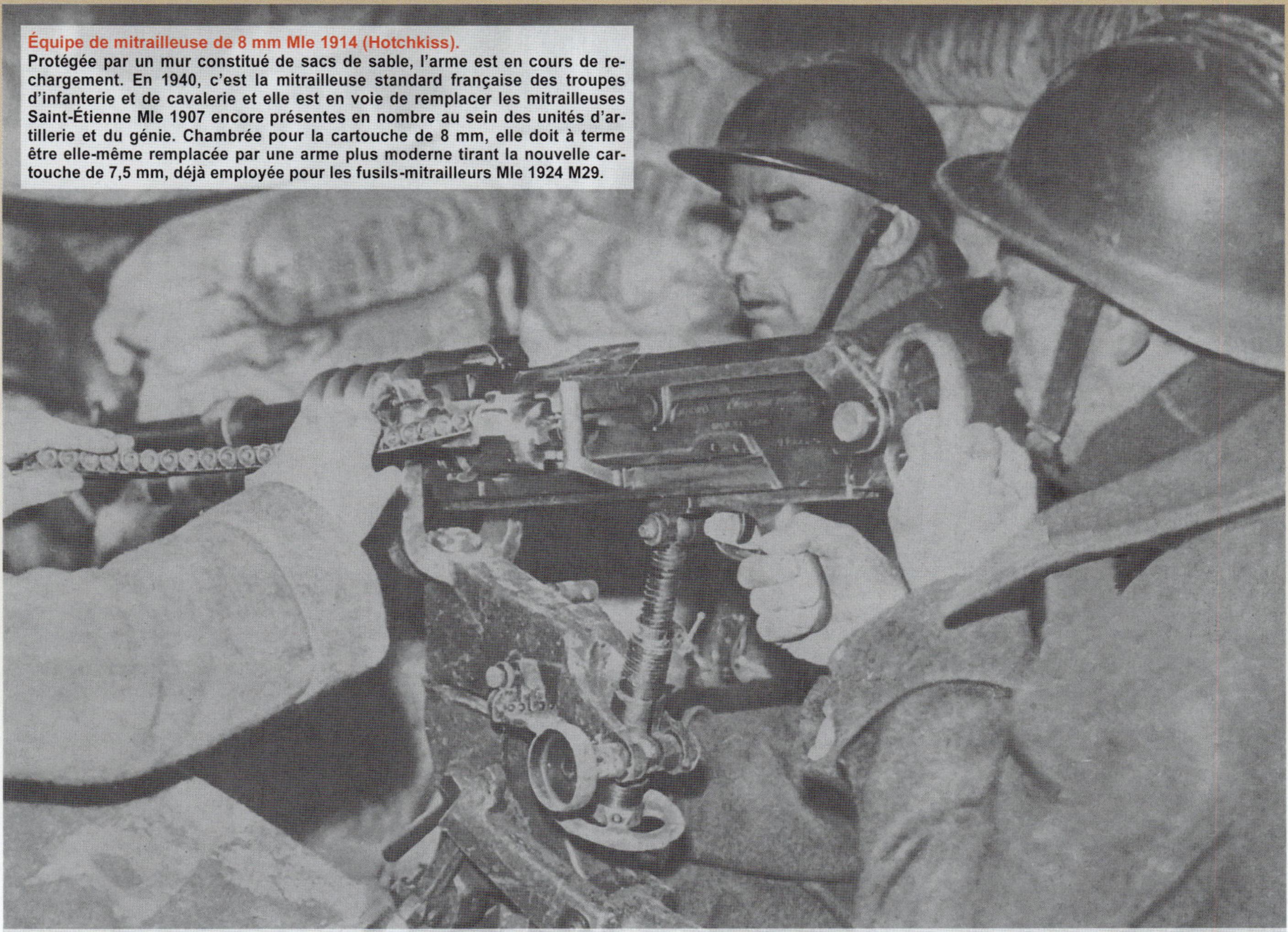

Équipe de mitrailleuse de 8 mm Mle 1914 (Hotchkiss).
Protégée par un mur constitué de sacs de sable, l'arme est en cours de rechargement. En 1940, c'est la mitrailleuse standard française des troupes d'infanterie et de cavalerie et elle est en voie de remplacer les mitrailleuses Saint-Étienne Mle 1907 encore présentes en nombre au sein des unités d'artillerie et du génie. Chambrée pour la cartouche de 8 mm, elle doit à terme être elle-même remplacée par une arme plus moderne tirant la nouvelle cartouche de 7,5 mm, déjà employée pour les fusils-mitrailleurs Mle 1924 M29.

Notes :

1 : Si les lois des 17 et 19 mars 1932 autorisent la constitution des premières troupes de forteresse, il s'agit de transformer des unités existantes. Ce n'est donc pas une augmentation d'effectifs.

2 : Cette loi est résumée dans son 1er article : « *En conséquence de la décision gouvernementale du 15 mars 1935, approuvée par le Parlement, relative à l'application exceptionnelle de l'article 40 de la loi du 31 mars 1928 sur le recrutement de l'armée à tous les contingents ou fractions de contingents incorporés d'avril 1935 à 1939 inclus, le maintien en situation d'activité après la date normale de libération sera de six mois pour le contingent incorporé en avril 1935 ; de douze mois pour les contingents ultérieurs jusqu'à l'année 1939 incluse, sous réserve des allégements pouvant résulter tant de l'évolution favorable de la situation extérieure que de l'augmentation du nombre des militaires de carrière prévue à l'article 4 de la présente loi, et sans préjuger des dispositions en vue du retour au service normal qui seront prises pour les contingents à incorporer à partir de 1940.* »

L'armée de Terre du temps de paix et la mobilisation générale

Répartition des troupes (loi du 31 mars 1928)	
Catégorie	**Hommes**
Militaires de carrière des forces métropolitaines affectés en permanence à la défense du territoire	46 000
Appelés français des forces métropolitaines affectés en permanence à la défense du territoire	208 000
Forces mobiles stationnées dans la métropole mais disponibles pour être employées en cas de besoin dans les territoires d'outre-mer	70 000
Forces stationnées outre-mer pour la défense de l'Afrique du Nord, du Levant et des colonies	205 000
Total	**529 000**

Effectifs de l'armée de terre (loi du 31 mars 1928)	
Catégorie	**Hommes**
Militaires de carrière français	102 000
Appelés français	230 000
Indigènes nord-africains	98 000
Indigènes coloniaux	83 000
Étrangers	16 000
Total	**529 000**

Si les cadres de réserve gardent généralement un bon moral, l'activité croissante des mouvements pacifistes peut à terme nuire à leur vision de l'armée et par conséquence à leurs motivations. Ensuite, si certaines mesures de perfectionnement de l'instruction des cadres de réserve ont été bénéfiques, on constate que seuls 30 % des officiers et 3 à 4 % des sous-officiers participent assidument aux stages facultatifs proposés par les écoles. Force est donc de constater que l'immense majorité des cadres de réserve peut s'avérer peu apte à commander efficacement des troupes en cas de mobilisation.

Enfin, la conséquence probablement la plus grave des réductions budgétaires concerne les salaires et tout particulièrement ceux des hommes de troupes. Lorsqu'ils sont en charge de famille, ils peinent à assumer leurs charges et l'arrêt brutal des promotions ne leur laisse entrevoir aucune évolution, tel qu'en témoigne le général Walch, alors gouverneur militaire de Strasbourg : « *La garde des ouvrages constitue une très lourde charge pour les cadres surtout pour les sous-officiers. C'est ainsi qu'à Sélestat, les sous-officiers sont de garde au moins une semaine sur trois. Par ailleurs, ces sous-officiers n'ont*

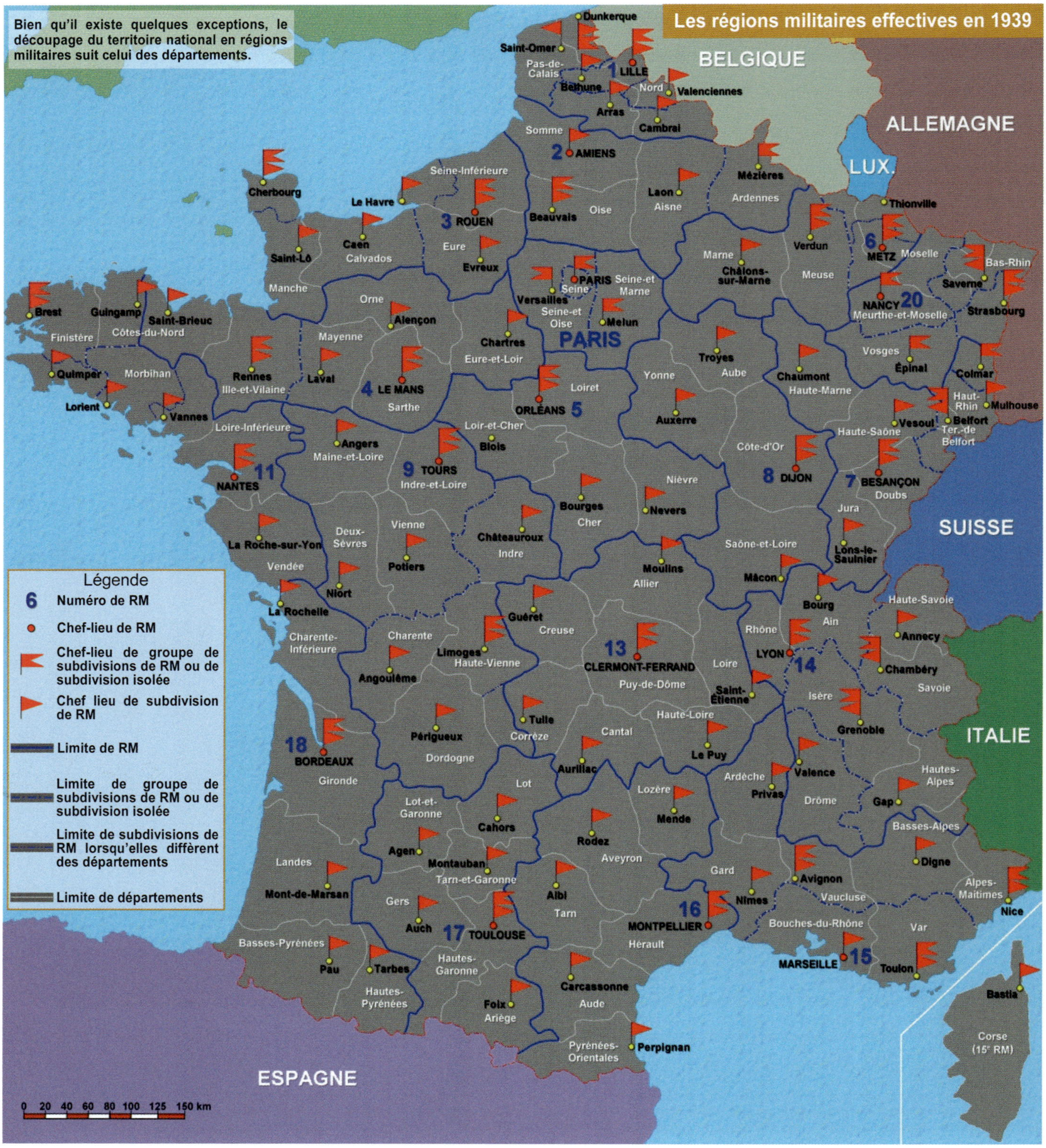

presque plus de détente. Cette situation ne saurait se prolonger sans de graves inconvénients. Cette situation (arrêt de l'avancement) aggravée par la diminution du nombre des emplois réservés a créé un réel découragement. Elle est de nature à faire glisser de jeunes sous-officiers admis dans les cadres de carrière, sur la pente du moindre effort puisque le zèle et la qualité des services ne pourront plus être récompensés. D'autre part elle a une répercussion fâcheuse chez les caporaux-chefs. Beaucoup de ces derniers, et généralement les meilleurs, attendant vainement le galon, renoncent à rengager. La situation matérielle de ceux qui restent dans l'armée est médiocre surtout s'ils sont mariés et pères de famille. Ils vivent misérablement[3]. »

À la veille de la résurrection militaire allemande, la situation de l'armée est bien loin d'être satisfaisante, surtout en tenant compte de l'arrivée des classes dites creuses. Dans son *Rapport sur l'état de l'armée* du 10 février 1934, le général Weygand affirme : « *À tous les degrés de la hiérarchie, les cadres, bien placés pour connaître le véritable état des choses, en souffrent. Le culte de la discipline et l'attachement au devoir demeurent intacts. Mais si un redressement tarde à se produire il est à craindre que l'esprit de résignation gagne petit à petit les officiers et les sous-officiers de carrière. Rien n'est plus dangereux qu'un tel état d'esprit dans une armée, qui doit, avant tout, être vivante et fière, vibrante d'ardeur intellectuelle et d'activité physique, confiante en elle-même. À ce prix seulement elle peut posséder la qualité guerrière, qui est sa première raison d'être.* »

Le 27 décembre 1934, peu de temps avant de transmettre ses fonctions de vice-président du CSG et d'Inspecteur général de l'armée au général Gamelin, le général Weygand est chargé par le ministre de la Guerre, le général Maurin, de présenter ses vues sur l'état présent et futur de l'armée au CSG, réuni lors d'une séance spéciale le 15 janvier 1935. Lors de son exposé, l'officier rappelle les nombreuses difficultés dont souffre l'armée et propose un ensemble de mesures pour y pallier. Cette réunion sera l'une des bases fondatrices du redressement de l'armée française dans les années suivantes.

L'armée de terre du temps de paix

Le commandement en métropole

La métropole est divisée en régions militaires (RM) où sont réparties les unités de l'armée du temps de paix. Permettant une décentralisation administrative, cette organisation a également pour objectif de doter immédiatement l'armée du temps de guerre d'un nombre minimum de DI, de réserves générales, et d'états-majors (EM) de CA. Chaque RM est placée sous les ordres d'un officier ayant le rang de général de CA. Il y exerce le commandement du territoire et de l'ensemble des troupes y étant stationnées. Il dispose d'un double EM afin de laisser la région fonctionner sans heurt après la mise sur pied d'un CA et le départ des premières formations en cas de mobilisation générale. Les structures du commandement des troupes et du commandement territorial sont ensuite dissociées.

L'organisation territoriale comporte des organes de commandement, des EM et des bureaux de recrutement chargés du recensement et de l'affectation des appelés du contingent ainsi que de l'administration

Les divisions d'infanterie du temps de paix en métropole a

GU	RM	Unités organiques	Garnisons principales	Détachements
1re DIM	1re	État-major	Lille	-
		1er RI	Cambrai	Coulommiers
		43e RI	Lille	Valenciennes
		110e RI	Dunkerque	Calais
		15e RA	Douai	-
3e DIM	2e	État-major	Amiens	-
		51e RI	Amiens	Beauvais
		67e RI	Soissons	Compiègne
		91e RI	Mézières	Givet, Laon
		42e RA	La Fère	Laon
5e DIM	3e	État-major	Caen	
		8e RI	Cherbourg	Saint-Lô
		39e RI	Rouen	Dieppe
		129e RI	Le Havre	Caen
		11e RA	Vernon	Cherbourg
		34e RA	Rouen	-
9e DIM	5e	État-major	Bourges	-
		13e RI	Nevers	-
		95e RI	Bourges	Cosne
		131e RI	Orléans	Blois
		30e RA	Orléans	-
10e DI	Paris	État-major	Paris	-
		5e RI	Paris	Coulommiers
		24e RI	Paris	Versailles
		46e RI	Paris	Fontainebleau
		32e RA	Paris	-
11e DI	20e	État-major	Nancy	-
		26e RI	Nancy	-
		170e RI	Remiremont	Épinal
		1re DBCP	Toul	Saint-Nicolas-de-Port
		8e RA	Nancy	Toul
12e DIM	6e	État-major	Châlons-sur-Marne	-
		106e RI	Reims	Châlons-sur-Marne
		150e RI	Verdun	-
		8e RZ	Mourmelon	-
		25e RA	Châlons-sur-Marne	-
13e DI	7e	État-major	Besançon	-
		21e RI	Chaumont	Langres
		60e RI	Besançon	Pontarlier
		8e RTM	Belfort	Lons-le-Saulnier
		28e RA	Chaumont	-
		305e RA	Besançon	-
14e DI	7e	État-major	Mulhouse	-
		3e DBCP	Mulhouse	-
		35e RI	Belfort	-
		152e RI	Belfort	Giromagny
		4e RA	Colmar	Mulhouse

GU	RM	Unités organiques	Garnisons principales	Détachements
15e DIM	8e	État-major	Dijon	-
		4e RI	Auxerre	Sens
		27e RI	Dijon	-
		134e RI	Chalon-sur-Saône	Macon, Autun
		1er RA	Auxonne	Dijon
19e DI	4e	État-major	Rennes	-
		41e RI	Rennes	Saint-Malo
		71e RI	Saint-Brieuc	Dinan
		117e RI	Le Mans	Laval
		10e RA	Rennes	-
21e DI	11e	État-major	Nantes	-
		48e RI	Guingamp	Landerneau
		65e RI	Nantes	-
		137e RI	Quimper	Lorient
		35e RA	Vannes	Nantes
		355e RA	Nantes	-
23e DI	9e	État-major	Limoges	-
		32e RI	Tours	-
		107e RI	Angoulême	Limoges
		126e RI	Brive	-
		41e RA	Angoulême	Périgueux
25e DIM	13e	État-major	Clermont-Ferrand	-
		38e RI	Saint-Étienne	-
		92e RI	Clermont-Ferrand	-
		121e RI	Montluçon	-
		16e RA	Clermont-Ferrand	-
		36e RA	Issoire	-
31e DI	16e	État-major	Montpellier	-
		15e RIA	Albi	Rodez, Castelnaudary
		81e RIA	Montpellier	Bézier, Narbonne
		56e RA	Montpellier	Périgueux
36e DI	18e	État-major	Bayonne	-
		14e RI	Toulouse b	Agen b
		18e RI	Pau	-
		57e RI	Bordeaux	-
		24e RA	Tarbes	-
42e DI	6e	État-major	Metz	-
		80e RI	Metz	Thionville
		94e RI	Bar-le-Duc	Commercy
		151e RI	Metz	-
		61e RA	Metz	-
43e DI	20e	État-major	Strasbourg	-
		4e DBCP	Strasbourg	Saverne, Gérardmer
		158e RI	Strasbourg	-
		3e RTM	Saint-Dié	-
		12e RA	Haguenau	-
		309e RA	Strasbourg	-

a : Pour les 27e et 29e DI type montagne, voir la fortification page XXX. b : Situé sur le territoire de la 17e RM.

Note :
3 : À Strasbourg, un caporal-chef marié et père d'un enfant reçoit une solde mensuelle de 394 francs.

Les unités de chars du temps de paix en métropole

GU	RM	Unités organiques	
		Unité	Garnison
2e brigade de chars de combat	20e	État-major	Nancy
		506e RCC	Besançon a
		508e RCC	Lunéville
		510e RCC	Nancy
3e brigade de chars de combat	6e	État-major	Metz
		507e RCC	Metz
		511e RCC	Verdun
		512e RCC	Châlons-sur-Marne
4e brigade de chars de combat	Paris	État-major	Versailles
		503e RCC	Versailles
		505e RCC	Vannes b
		509e RCC	Maubeuge c
5e brigade de chars de combat	9e	État-major	Tours
		501e RCC	Tours
		502e RCC	Angoulême
1re DINA	14e	504e RCC	Valence

a : Situé sur le territoire de la 7e RM. b : Situé sur le territoire de la 11e RM. c : Situé sur le territoire de la 1re RM.

Les unités de chars du temps de paix en métropole.
Avant 1939, il existe également deux autres brigades de chars de combat, la 1re (état-major à Besançon, composée des 504e et 506e RCC) et la 6e (état-major à Verdun, regroupant les 511e et 512e RCC). Elles sont dissoutes, leurs RCC étant ensuite répartis dans les autres brigades, à l'exception du 504e qui fut bien curieusement rattaché à la 1re DINA. L'explication la plus probable de ce rattachement consiste à penser que le 504e RCC faisait partie des forces mobiles.

Les divisions d'infanterie coloniale du temps de paix en métropole

GU	RM	Brigade ou demi-brigade éventuelle	État-major	Autres unités		
				Unités organiques	Garnison principale	Détachements
1re DIC	18e	-	-	État-major	Bordeaux	-
		1re brigade d'infanterie coloniale	La Rochelle	2e RIC	Brest a	-
				12e RTS	La Rochelle	-
		2e brigade d'infanterie coloniale	Bordeaux	3e RIC	Rochefort	Bordeaux, Marennes
				14e RTS	Mont-de-Marsan	Tarbes
		-	-	1er RAC	Libourne	Bordeaux
		-	-	11e RAC	Lorient a	-
2e DIC	15e	-	-	État-major	Toulon	-
		-	-	RICM	Aix	-
		-	-	4e RTS	Toulon	Fréjus
		-	-	8e RTS	Toulon	Marseille
		-	-	2e RAC	Nîmes	Toulon, Marseille
		-	-	GAACC	Bastia	Corte, Ajaccio
3e DIC	Paris	-	-	État-major	Paris	-
		5e brigade d'infanterie coloniale	Paris	1er RIC	Paris	Dreux b
				21e RIC	Paris	-
		6e brigade d'infanterie coloniale	Paris	23e RIC	Paris	-
				41e RMIC	Sarralbe c	Puttelange
		-	-	3e RAC	Joigny d	-
		-	-	10e RAC	Rueil	-
4e DIC	17e	-	-	État-major	Toulouse	-
		-	-	16e RTS	Montauban	Castelsarrasin, Cahors
		-	-	24e RTS	Perpignan e	Sète
		Demi-brigade de mitrailleurs indochinois et malgaches f	Pamiers	42e BMM	Pamiers	-
				52e BMI	Carcassonne e	-
		-	-	12e RAC	Agen	Auch

a : Situé sur le territoire de la 11e RM. b : Situé sur le territoire de la 4e RM. c : Situé sur le territoire de la 20e RM. d : Situé sur le territoire de la 8e RM. e : Situé sur le territoire de la 16e RM. f : Une demi-brigade est l'équivalent d'un RTS ou d'un RIC mais nous la signalons ici afin de mentionner ses BM organiques.

des réservistes. Le commandement territorial est également en charge des centres de mobilisation dont la mission consiste à mettre sur pied les unités prévues par la mobilisation générale ou partielle aussi bien en termes d'effectifs que de matériels, des organes de préparation militaire, des écoles et structures d'étude formant les cadres et les spécialistes des troupes de l'armée d'active et de réserve, ainsi que des établissements dédiés aux services de l'armée comme celui des garnisons, l'intendance, la santé ou l'artillerie. Pour simplifier l'exercice du commandement, les RM sont divisées en subdivisions correspondant en principe à un département[4] et placées sous les ordres d'un officier général. Dans certaines RM, elles sont réunies en groupes de subdivisions. Le commandement des troupes comprend quant à lui l'instruction, l'administration intérieure des troupes, la discipline, les affectations, les mutations et l'avancement du personnel.

Dissoutes par le décret du 4 mai 1934, les 10e et 12e RM (Rennes et Limoges) voient leurs territoires réaffectés aux 9e, 4e et 11e RM avant que quelques modifications mineures du tracé de certaines d'entre elles ne soient ordonnées par le décret du 30 mai 1935[5]. Vient ensuite celui du 17 juin 1938 instituant la création d'une nouvelle RM dont le commandement, initialement situé à Paris, doit ensuite être installé à Strasbourg, puis celui du 20 mars 1939 créant la RM de Reims. Reprenant les numéros des RM dissoutes en 1934, ces deux nouvelles régions sont prévues dans le rectificatif E2 du plan français devant entrer en vigueur au 1er janvier 1940. Elles n'auront qu'une existence théorique, faute de pouvoir achever leur mise sur pied avant la mobilisation générale. Enfin, le 31 mai 1940 la situation entraînera un redécoupage des RM sans qu'aucune application ne puisse être exécutée avant l'armistice.

Le commandement des troupes coloniales

L'organisation du commandement des troupes coloniales est spécifique et défini par le décret du 19 mai 1938. Le ministre des Colonies est assisté d'un chef d'EM des colonies, membre de droit du CSG, et doté d'un EM particulier dit *des colonies*. Concernant ses fonctions d'inspecteur général des troupes coloniales, le chef d'EM des colonies dépend du ministre de la Guerre pour toutes les questions relatives à l'instruction et l'organisation générale des troupes coloniales en métropole ou au sein de l'Empire. En revanche, il relève du ministre des Colonies pour leur emploi et toute autre question les intéressant.

En France, en AFN, et au Levant, les troupes coloniales conservent leur autonomie et les unités stationnées en métropole sont groupées en commandements autonomes. Mais toutes les formations (forces du territoire et forces mobiles) stationnées en France relèvent des commandants de RM dans les mêmes conditions que les troupes métropolitaines. L'Algérie et la Tunisie dépendent respectivement du commandant de la 19e Région et du commandant de la division d'occupation de Tunisie. Seule l'autonomie budgétaire existe. Les troupes stationnées dans les autres colonies sont réparties en 7 groupes : Indochine, AOF, AEF, Afrique orientale avec Madagascar et la Réunion, Antilles, Pacifique et Côte française des Somalis. Chaque groupe est placé sous l'autorité d'un même commandant supérieur des troupes, lui-même dépendant de la haute autorité du gouverneur général local.

Résidant dans la colonie principale du groupe, chaque commandant supérieur des troupes est nommé par décret après entente entre les ministères de la Guerre et des Colonies pour l'Indochine, Madagascar et l'Afrique Occidentale. Pour les autres territoires il est nommé par décision ministérielle et fait partie du conseil du gouvernement général ou du conseil privé de la colonie principale. Il exerce son commandement sous la haute autorité du gouverneur général, seul responsable de la défense intérieure et extérieure du territoire qu'il administre, sans s'immiscer dans l'exercice du commandement de l'instruction, de la mobilisation et de la discipline générale ou intérieure.

Le décret du 29 mars 1935 institue dans chaque groupe de colonies et dans chaque colonie autonome soit un conseil de défense, soit une commission consultative de défense. Ils sont chargés d'une part d'étudier les questions d'organisation

Hommes du 6e RTM (2e DINA).
Leur armement est représentatif des troupes françaises, avec des fusils et mousquetons en calibre 8 mm et un FM chambrant la nouvelle cartouche de 7,5 mm. Nous remarquons également le tromblon VB de l'homme situé en arrière, celui-ci étant probablement doté d'un Lebel, l'arme résistant mieux au recul généré par le départ des grenades. En théorie, la façon de rouler la chèche (coiffure) différencie les régiments tandis que ses couleurs indiquent le bataillon. Coll. A. Alvarez.

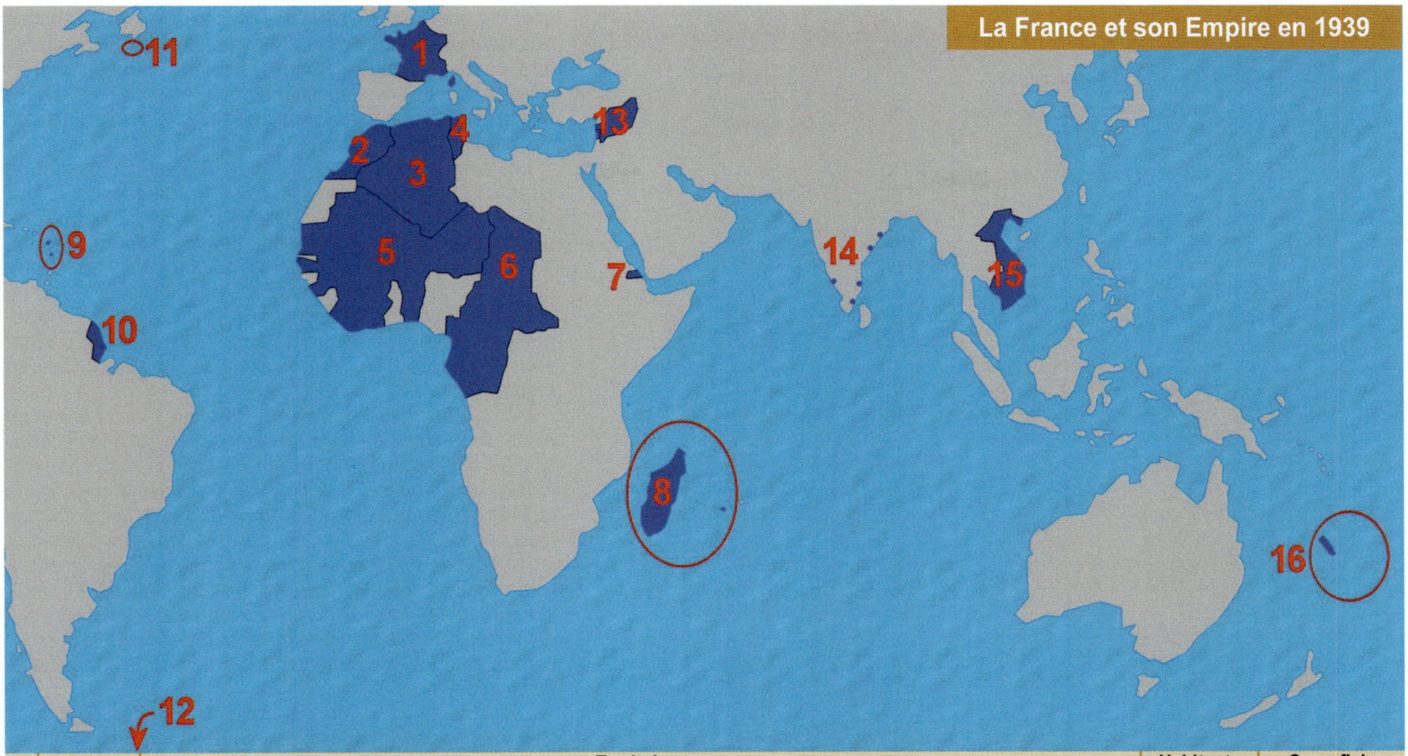

N°	Continent	Territoires	Habitants	Superficie
1	Europe	France (métropole).	41 835 000	550 986 km²
2	Afrique	Algérie (AFN).	7 235 000	2 205 000 km²
3	Afrique	Tunisie (AFN).	2 608 000	156 000 km²
4	Afrique	Maroc (AFN).	6 296 000	399 000 km²
5	Afrique	Afrique occidentale française : Sénégal, Mauritanie, Soudan, Niger, Guinée française, Côte d'ivoire, Dahomey et Togo.	15 440 000	4 758 000 km²
6	Afrique	Afrique équatoriale française : Gabon, Moyen-Congo, Tchad, Oubangui-Chari et Cameroun.	5 764 000	2 910 000 km²
7	Afrique	Côte française des Somalis	46 000	22 000 km²
8	Afrique	Madagascar, Comores, Réunion, Kerguelen, Saint-Paul et Amsterdam.	4 007 000	944 700 km²
9	Amérique	Antilles françaises : Guadeloupe, Martinique, Désirade, Marie-Galante, Saint-Barthélemy et Saint-Martin.	551 000	2 886 km²
10	Amérique	Guyane française et Îles Clipperton.	37 000	91 000 km²
11	Amérique	Saint-Pierre et Miquelon.	4 000	240 km²
12	Amérique	Continent austral : Île Adélaïde et terre de Wilkes.	-	-
13	Asie	Syrie et Liban	3 218 000	201 600 km²
14	Asie	Établissements des Indes : Chandernagor, Yanaon, Pondichéry, Karikal et Mahé.	299 000	513 km²
15	Asie	Indochine : Cochinchine, Tonkin, Cambodge, Annam, Laos, concessions de Shanghai, Hangkéou, Tien-Tsin, territoire à bail du Kouang-Tchéou-Wan et Canton.	22 236 000	742 000 km²
16	Océanie	Nouvelle-Calédonie y compris (Chesterfield et Loyauté) et Nouvelles-Hébrides, Wallis-et-Futuna, archipels des Marquises, Tuamotu, Société (y compris Tahiti) et Tubuaï.	147 000	34 650 km²
		Total	**110 723 000**	**13 018 575 km²**

Les divisions d'infanterie nord-africaine du temps de paix en métropole

GU	RM	Unités organiques	Garnison principale	Détachements
1re DINA	14e	État-major	Lyon	-
		5e RTM	Bourg	Belley
		27e RTA	Avignon a	Tarascon, Arles
		28e RTA	Montélimar	Valence, Privas a, Bonifacio a
		6e RA	Lyon	-
		54e RA	Lyon	-
2e DINA	20e	État-major	Toul	-
		6e RTM	Verdun b	-
		13e RTA	Metz b	Thionville
		22e RTA	Toul	-
		40e RA	Verdun b	Toul
3e DINA	9e	État-major	Poitiers	-
		14e RTA	Châteauroux	Angers, Châtellerault
		15e RTA	Périgueux	Bergerac
		24e RTT	La-Roche-sur-Yon c	Fontenay-le-Comte
		20e RA	Potiers	-
4e DINA	20e	État-major	Épinal	-
		21e RTA	Épinal	-
		23e RTA	Morhange	-
		25e RTA	Sarrebourg	-
		33e RA	Épinal	-

a : Situé sur le territoire de la 15e RM. b : Situé sur le territoire de la 6e RM.
c : Situé sur le territoire de la 11e RM.

défensive terrestre, maritime et aérienne de la colonie, soumise pour examen au ministre ou au gouverneur, d'autre part d'émettre sur la demande du gouverneur un avis sur les mesures urgentes à prendre, sans attendre l'approbation ministérielle. Les troupes stationnées dans les colonies secondaires, enfin, sont placées sous le commandement de l'officier d'infanterie ou d'artillerie le plus ancien dans le grade le plus élevé. Signalons enfin que le décret du 17 juin 1938 supprimera le commandement supérieur des troupes coloniales en métropole à dater du 1er janvier 1939. Elles relèveront ensuite des généraux commandant les régions à l'image des troupes métropolitaines.

Les troupes stationnées dans les territoires dits *points d'appui de la flotte* sont organisées spécialement. Déclarés comme tel, certains ports des colonies constituent des bases de ravitaillement pour les escadres et ont été classés places de guerre. Donnés par le décret du 12 septembre 1929 ces territoires correspondent aux villes de Saigon et le Cap Saint-Jacques, Dakar, Fort-de-France ainsi que Diégo-Suarez. Ces points d'appui ont pour objet de réaliser l'unité de direction et de commandement entre les éléments terrestres et maritimes. Le commandement de la place est exercé par un officier général ou supérieur nommé par décret, assurant dès le temps de paix la préparation de la défense. Il a sous ses ordres la totalité des corps et des services stationnés sur le territoire de la place. Un officier de marine l'assiste dès le temps de paix et exerce le commandement des moyens de défense maritime en temps de guerre.

Les forces permanentes

En 1939, il est possible de différencier trois ensembles de troupes, les forces permanentes, les forces mobiles et celles d'outre-mer stationnées en permanence au sein de l'Empire. Composées d'unités de toutes armes, les forces permanentes sont soit endivisionnées, soit directement placées sous commandement régional, ou à la disposition de la réserve générale. Elles

Notes :
4 : Ce découpage départemental est la première étape devant aboutir à la fusion des RM avec les régions administratives devant être créées.
5 : Il s'agit des 4e, 7e, 9e, 11e, 13e et 20e RM.

Les unités de cavalerie du temps de paix en métropole

GU	RM	Unités organiques – Brigades ou commandements – Unités	État-major	Autres unités – Unités	Garnison principale	Détachement
1re DLM	6e	État-major	Reims	-	-	-
		1re brigade légère mécanique	Reims	4e RC	Reims	-
				18e RD	Reims	-
		2e brigade légère mécanique	Verdun	6e RC	Verdun	-
				4e RDP	Verdun	-
		-	-	74e RA	Verdun	-
2e DLM	Paris	État-major	Melun	-	-	-
		3e brigade légère mécanique	Paris	13e RD	Melun	-
				29e RD	Provins	-
		4e brigade légère mécanique	St-Germain-en-Laye	8e RC	St-Germain-en Laye	-
				1er RDP	Pontoise	-
		-	-	71e RA	Fontainebleau	-
1re DC	5e	État-major	Orléans	-	-	-
		1re brigade de cavalerie	Angers a	8e RCCh	Orléans	-
				1er RH	Angers a	-
		2e brigade de cavalerie	Alençon b	1er RC	Alençon b	-
				19e RD	Dinan b	-
		Commandement des unités motorisées de la 1re DC	Troyes c	1er GAM	Troyes c	-
				5e BDP	Lyon d	-
		-	-	75e RA	Fontainebleau e	-
2e DC	20e	État-major	Lunéville	-	-	-
		3e brigade de cavalerie	Saint-Avold	5e RC	Strasbourg	-
				18e RCCh	Saint-Avold	-
		4e brigade de cavalerie	Lunéville	8e RD	Lunéville	-
				31e RD	Lunéville	-
		Commandement des unités motorisées de la 2e DC	Lunéville	2e GAM	Strasbourg	-
				3e BDP	Lunéville	-
		-	-	73e RA	Lunéville	-
3e DC	Paris	État-major	Paris	-	-	-
		5e brigade de cavalerie	Rambouillet	4e RH	Rambouillet	-
				6e RD	Paris	-
		6e brigade de cavalerie	Sedan f	11e RC	Paris	-
				12e RChC	Sedan f	
		Commandement des unités motorisées de la 3e DC	Paris	3e GAM	Paris	-
				2e BDP	Paris	-
		-	-	72e RA	Paris	-
-	2e	1re brigade de spahis	Compiègne	6e RSA	Compiègne	-
				4e RSM	Senlis	-
-	14e	2e brigade de spahis	Vienne	9e RSA	Vienne	-
				7e RSA	Montauban g	-
-	6e	1er groupement de cavalerie	Metz	9e RD	Épernay	-
				30e RD	Metz	-
				11e RChC	Vesoul h	Montbéliard
				3e RH	Strasbourg i	-
-	18e	2e groupement de cavalerie	Tarbes	2e RH	Tarbes	-
				20e RD	Limoges a	-
				9e RC	Lyon d	-
				10e RD	Orange j	-
-	2e	3e groupement de cavalerie	Compiègne	6e GAM	Compiègne	-
				7e GAM	Saint-Omer k	-
				7e RChC	Évreux l	-

a : Situé sur le territoire de la 9e RM. b : Situé sur le territoire de la 4e RM. c : Situé sur le territoire de la 8e RM. d : Situé sur le territoire de la 14e RM. e : Situé sur le territoire de la RM de Paris. f : Situé sur le territoire de la 2e RM. g : Situé sur le territoire de la 17e RM. h : Situé sur le territoire de la 7e RM. i : Situé sur le territoire de la 20e RM. j : Situé sur le territoire de la 15e RM. k : Situé sur le territoire de la 1re RM. l : Situé sur le territoire de la 3e RM.

sont réparties sur l'ensemble du territoire, à l'exception des troupes de forteresse concentrées dans les secteurs fortifiés et défensifs. Certaines divisions situées dans les régions frontalières possèdent des effectifs renforcés [6] afin d'assurer au mieux leur mission de couverture des frontières.

Les forces du territoire métropolitain se composent de 20 DI dont 7 motorisées et 2 de montagne, 1 DIC dite blanche [7], 5 brigades de chars, 3 DC, 2 DLM, 5 régions aériennes, les commandements d'artillerie des RM, 4 brigades d'artillerie, des formations du génie, de la gendarmerie, de la Garde Républicaine mobile et du train. Les forces mobiles [8] regroupent 4 DINA, 3 DIC et 1 groupement colonial mixte. Ce sont des réserves permanentes d'unités d'outre-mer normalement stationnées en métropole.

L'organisation défensive des frontières et la mise en place d'une couverture permanente ont imposé la nécessité d'un aménagement nouveau des circonscriptions territoriales des frontières, la création de régions et secteurs fortifiés et la mise en place immédiate de leurs troupes d'occupation, dont les unités, par leur structure interne et leurs lieux de stationnement, s'adaptent exactement à l'organisation défensive du terrain. D'autre part, le développement parallèle de la fortification et de la motorisation ont imposé une répartition nouvelle des effectifs et la création de catégories supplémentaires d'unités d'infanterie et de cavalerie.

Les troupes de forteresse comprennent des régiments d'infanterie, des bataillons alpins, des régiments d'artillerie et des unités du génie adaptées aux missions inhérentes au fonctionnement des fortifications permanentes de la ligne Maginot. Les DI du temps de paix comprennent en général trois RI et un ou deux RA, les DC regroupent des brigades à cheval, des unités motorisées et des RA hippomobiles ou tractés tandis que les DLM sont entièrement composées de troupes motorisées ou blindées, l'artillerie étant normalement tractée par des véhicules tout-terrain.

Les éléments non endivisionnés ou de réserve générale se composent principalement de brigades de chars, de régiments d'artillerie, de DCA, de génie, ainsi que diverses unités de sapeurs, du train, et des services de l'artillerie, de santé, d'intendance, de gendarmerie et de Garde Républicaine mobile. Les troupes de l'armée d'active sont inégalement réparties dans les RM, en fonction de la densité de population, mais surtout de l'intérêt stratégique du secteur. Ainsi, la plus forte concentration de troupes se trouve dans la RM de Paris et celles situées aux frontières de l'est. Il existe 20 DI et 20 RM mais 3 d'entre elles ont deux DI (6e, 7e et 20e), 3 RM n'ont donc pas de DI mais des forces mobiles. Les RM possèdent une unité de cavalerie montée ou mécanisée et elles comprennent en général d'autres unités de toutes armes auxquelles il faut ajouter la gendarmerie nationale et la Garde Républicaine mobile [9].

L'armée de terre du temps de paix en AFN

Découlant de leurs passés historiques et de leurs statuts politiques, les territoires d'AFN [10] n'ont que peu de similitude avec la métropole quant à leurs structures militaires du temps de paix, *a fortiori* parce qu'elles tiennent compte de leur géographie et de leur climat. L'effectif des forces militaires des colonies est subordonné aux crédits attribués et leur répartition est fixée par le ministre des Colonies en accord avec celui de la Guerre. En dehors des troupes, s'y trouvent également des forces de police, de gendarmerie coloniale et la garde indigène, ainsi que le corps militaire des surveillants des établissements pénitentiaires coloniaux dont le statut a été réglementé par le décret du 13 mars 1933. Les unités déployées en AFN font l'objet de TEG particuliers, dits *d'outre-mer*, et elles n'auront donc pas les mêmes structures que leurs homologues stationnées en métropole à la mobilisation.

Spahis franchissant un obstacle.
Bien que fortement motorisée, la cavalerie conserve néanmoins de nombreuses unités montées comme les brigades de Spahis. Le cheval permet à ces troupes de se déplacer rapidement sur tous les terrains et en toute discrétion. Durant la campagne de France, les spahis feront preuve de courage et d'esprit de sacrifice. Ils infligeront parfois de lourdes pertes aux Allemands.

Les unités du train du temps de paix en métropole

RM	Unité	Stationnements	RM	Unité	Stationnements
Paris	19e escadron régional	Paris	9e	9e escadron régional	Tours
1re	1er escadron régional	Lille	11e	11e escadron régional	Nantes
2e	2e escadron régional	Amiens	13e	13e escadron régional	Clermont-Ferrand
3e	3e escadron régional	Rouen	14e	14e escadron régional	Lyon
4e	4e escadron régional	Le Mans	15e	15e escadron régional	Marseille
5e	5e escadron régional	Orléans	16e	16e escadron régional	Montpellier
6e	6e escadron régional, 120e et 122e escadrons automobile de RG	Metz, Sainte-Menehould et Metz	17e	17e escadron régional	Toulouse
7e	7e escadron régional	Besançon	18e	18e escadron régional	Bordeaux
8e	8e escadron régional	Dijon	20e	20e escadron régional, 124e, 125e et 126e escadrons automobile de RG	Nancy, Épinal, Dieuze et Toul

Les unités d'artillerie non endivisionnées du temps de paix en métropole

RM	Brigade éventuelle		Unités organiques ou rattachées		
	Unité	État-major	Unités	Garnison principale	Détachements
Paris	31e brigade d'artillerie de DCA	Paris	401e RADCA	Paris	-
			404e RADCA a	Tours a	Bourges b, Toulouse c
			406e RADCA d	Laon d	Douai e, Rouen e
			407e RADCA	Paris	-
	21e brigade d'artillerie	Paris	182e RA	Paris	-
			372e RA f	Châlons-sur-Marne f	-
	-	-	1er groupe autonome d'artillerie h	Fontainebleau	-
2e	-	-	17e RA	Sedan	-
3e	-	-	43e RA	Caen	-
4e	-	-	106e RA	Le Mans	-
	-	-	109e RA	Châteaudun	-
5e	-	-	105e RA	Bourges	-
6e	-	-	103e RA	Commercy	-
7e	7e brigade d'artillerie	Belfort	107e RA	Belfort	-
			188e RA	Belfort	-
8e	32e brigade d'artillerie de DCA	Dijon	402e RADCA f	Metz g	Reims f
			403e RADCA i	Toul i	Belfort j, Strasbourg i
			405e RADCA k	Sathonay k	Dijon, Toulon l
	-	-	108e RA	Dijon	-
14e	-	-	184e RA	Valence	-
15e	-	-	113e RA	Nîmes	-
16e	-	-	115e RA	Castres	-
17e	-	-	117e RA	Toulouse	-
18e	-	-	196e RA	Bordeaux	-

a : Situé sur le territoire de la 9e RM. b : Situé sur le territoire de la 5e RM. c : Situé sur le territoire de la 17e RM. d : Situé sur le territoire de la 2e RM. e : Situé sur le territoire de la 1re RM. f : Situé sur le territoire de la 3e RM. g : Situé sur le territoire de la 6e RM. h : École. i : Situé sur le territoire de la 20e RM. j : Situé sur le territoire de la 7e RM. k : Situé sur le territoire de la 14e RM. l : Situé sur le territoire de la 15e RM.

Les unités du génie du temps de paix en métropole

RM	Brigade éventuelle		Unités organiques ou rattachées		
	Unité	État-major	Unités	Garnison principale	Détachements
Paris	Brigade de chemin de fer	Versailles	5e RG	Versailles	Paris
			15e RG	Toul a	-
	Brigade de télégraphistes	Paris	8e RG	Versailles	Paris
			18e RG	Nancy a	Metz b
			28e RG	Montpellier c	-
			38e RG	Montargis d	-
1re	-	-	3e RG	Arras	Versailles e
6e	-	-	2e RG	Metz	-
7e	-	-	10e RG	Besançon	-
9e	-	-	6e RG	Angers	-
14e	-	-	4e RG	Grenoble	-
15e	-	-	7e RG	Avignon	-
20e	-	-	1er RG	Strasbourg	-

a : Situé sur le territoire de la 20e RM. b : Situé sur le territoire de la 6e RM. c : Situé sur le territoire de la 16e RM. d : Situé sur le territoire de la 5e RM. e : Situé sur le territoire de la RM de Paris.

L'une des particularités du déploiement des régiments en AFN est leur morcèlement sur l'ensemble du secteur de leur Grande Unité d'appartenance et parfois au-delà. Précisons enfin que les 5 régiments étrangers d'infanterie (REI) et le régiment étranger de cavalerie (REC) sont tous déployés outre-mer [11].

Le Maroc

Au Maroc, les organes centraux de commandement sont situés à Rabat et placés sous les ordres du commandant en chef des troupes du Maroc et de son EM général. Ils se composent d'un QG regroupant les commandements de la cavalerie, de l'artillerie, du train et des troupes coloniales, du commandement supérieur du génie, ainsi que de la direction des transmissions, des affaires indigènes, des établissement hippiques, et des services [12]. Il existe ensuite les commandements territoriaux [13], celui de la subdivision autonome de Casablanca et enfin le commandement militaire des confins algéro-marocains situé à Tiznit.

L'Algérie

Après son annexion au 19e siècle, l'Algérie est structurée au nord en trois provinces, celles d'Alger, d'Oran et de Constantine, tandis que le Sahara est divisé en six *territoires du sud* ensuite ramenés à quatre. Depuis 1911, les musulmans ont l'obligation d'effectuer leur service militaire. À la veille de la guerre, chaque province

Les principales unités du temps de paix stationnées au Maroc

GU	Unités organiques	Garnison principale	Détachements
Division de Fès	État-major	Fès	-
	3e REI	Fès	Taza, Ksar-es-Souk a, Erfoud a
	3e RTS	Fès	Oujda, Guercif puis transféré à Fès
	4e RTM	Taza	Guercif, Oujda, Boured
	8e RSA	Fès	Casablanca b
Division de Meknès	État-major	Meknès	-
	1er RTM	Meknès	Port-Lyautey, Immouzer du Khandar
	2e REI	Meknès	Kasbah-Tadla, Khénitra b, Ksar-es-Souk, El Hajeb
	7e RTM	Meknès	Midelt, El Hajeb
	3e RSM	Meknès	Rabat b
Division de Marrakech	État-major	Marrakech	-
	2e RTM	Marrakech	Mogador, Safi, Agadir c
	4e REI	Marrakech	Ouarzazate, El Hussan, Foum-el-Hassan, Tindouf d
	6e RTS	Rabat b	Marrakech, Casablanca b, Agadir d
	2e RSM	Meknès a	Tiznit c, Settat
GBC du Maroc	État-major	Rabat	-
	62e BCC	Meknès	Fès
	66e BCC	Casablanca	-
Subdivision autonome de Casablanca	1er RZ	Casablanca	Mazagan
	1er RCA	Rabat	Goulimine, Akka, Tarjicht-Tata
-	64e RA	Meknès	Casablanca, Fès
-	RACM	Marrakech	Kasba-Tadla, Taza, Ouezzane

a : Situé sur le territoire de la division de Meknès. b : Situé sur le territoire de la division autonome de Casablanca. c : Situé sur le territoire du groupe autonome de subdivisions Agadir - confins algéro-marocains. d : Situé sur le territoire d'Aïn-Sefra.

Notes :

6 : L'infanterie des divisions renforcées se compose en principe de 2 régiments d'infanterie et d'une demi-brigade de chasseurs à pied à trois bataillons.

7 : C'est la 3e DIC, composée entièrement d'infanterie coloniale. Elle ne fait pas à proprement parler des forces permanentes du territoire, car c'est une réserve de personnel des formations coloniales d'outre-mer.

8 : La création des « forces mobiles » a été motivée par les événements de Syrie et du Maroc en 1925 et la nécessité d'y envoyer des unités initialement destinées à la défense de la métropole et à l'occupation des régions rhénanes. Il en résulta une certaine désorganisation du plan de mobilisation.

9 : La gendarmerie regroupe 21 légions métropolitaines et la compagnie autonome de la Corse. La garde républicaine se compose de 14 légions métropolitaines mobiles, de la Garde Républicaine de Paris et d'un groupe spécial blindé stationné à Versailles-Satory doté d'un escadron de 11 AMC P16, d'un autre de 19 chars FT et de l'Escorte motocycliste de la présidence de la République.

10 : d'Ouest en Est : le Maroc, l'Algérie et la Tunisie.

11 : Le 1er REI est stationné en Algérie et au Levant, les 2e, 3e et 4e REI au Maroc, le 5e au Tonkin et le REC est en Tunisie.

12 : Intendance, santé, vétérinaire, ainsi que de la préparation militaire supérieure et de l'instruction des officiers de réserve.

13 : Divisions de Fès, de Meknès et de Marrakech.

Divisions, subdivisions et territoires d'AFN du temps de paix

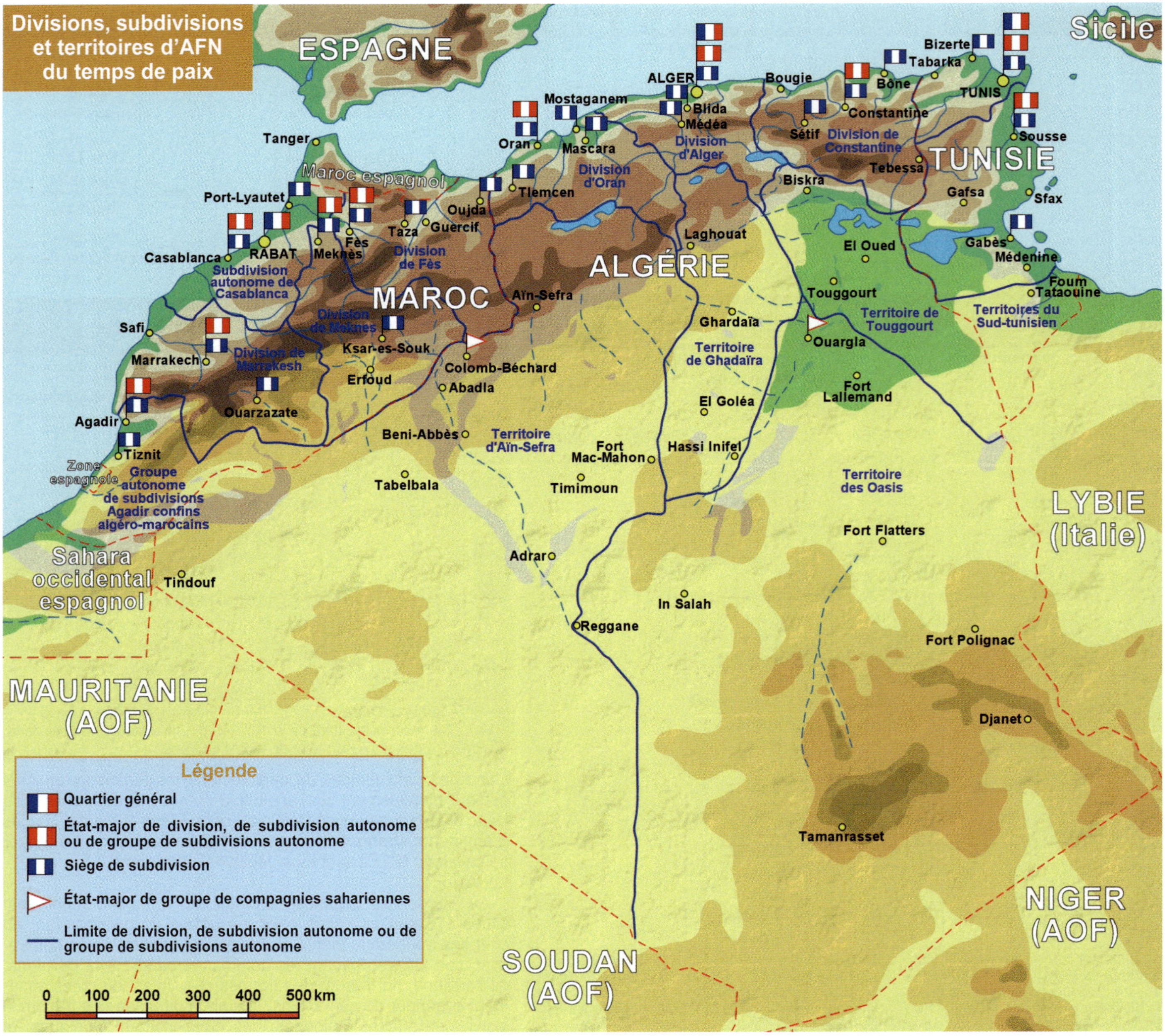

forme un département et un territoire militaire, l'ensemble étant placé sous l'autorité d'un gouverneur général dépendant directement du ministre de l'Intérieur. Le statut du Maroc et de la Tunisie est différent puisqu'il s'agit de protectorats. Ils dépendent du ministre des Affaires étrangères, *via* un résident général local. L'Algérie est le territoire de l'AFN s'apparentant le plus à une RM de métropole. Elle est d'ailleurs instituée comme 19e RM faisant également office de 19e CA, et subdivisée en trois divisions correspondant aux départements existants, auxquelles il faut ajouter un commandement militaire pour chaque territoire du sud. Situé à Alger, le QG du 19e CA regroupe un état-major général, les commandements de la cavalerie, de l'artillerie et du génie, les directions des services de l'intendance, de santé, vétérinaire, et le service des affaires indigènes.

La Tunisie

En Tunisie, les unités sont dirigées par le général commandant supérieur des troupes et par son EM, supervisant un QG composé des directions des services de l'intendance, de santé, vétérinaire et la direction des affaires indigènes, l'ensemble étant localisé à Tunis. Le protectorat est ensuite divisé en deux divisions militaires (Tunis et Sousse), d'une subdivision (Bizerte) et d'un commandement militaire des territoires sud-tunisiens, ce dernier disposant également d'un contrôle de l'administration basé à Médenine et dépendant du QG.

Les principales unités du temps de paix stationnés en Tunisie

GU	Unités organiques	Garnison principale	Détachements
Division de Tunis	État-major	Tunis	-
	4e RZ	Tunis	La Goulette, le Kef
	4e RTT	Sousse	Kairouan, Camp Servière, Ben Gardane, Médenine a
	6e RTT	Bizerte	Ain-Draham, Tabarka, Souk-el-Arba, Mareth
	62e RAA	Tunis	Bizerte, la Manouba, la Goulette-Saint-Henri, Gabès a
Division de Sousse	État-major	Gabès	-
	5e RTS	Sfax	Bir-Bou-Regba, Hammamet, Bou-Ficha, Monastir, Mahdia
	10e RTS	La Goulette	Tunis b, Bizerte b, Téboursouk, Menzel-Djemil, Métline
	18e RTS	Gabès	Gafsa, Médenine
	RACT	Sousse	-
GBC de Tunisie	État-major	Tunis	-
	61e BCC	Bizerte	-
	65e BCC	Gabès	-
	67e BCC	Bizerte	-
Commandement de la cavalerie	État-major	Tunis	-
	4e RCA	Tunis	-
	4e RST	Zarzis	Ben Gardane, Sfax
	1er REC	Sousse	Sidi-el-Hani

a : Situé sur le territoire de la div. de Sousse. b : Situé sur le territoire de la div. de Tunis

Les autres colonies et territoires

Placé sous les ordres d'un commandement supérieur des troupes situé à Beyrouth, le Levant est divisé en trois territoires, celui du Nord-Syrie et Euphrate, celui du Sud-Syrie, et celui du Liban. Il n'y existe aucune structure divisionnaire, mais des demi-brigades et des régiments d'infanterie ainsi que des groupes ou groupements de cavalerie répartis au sein des corps d'occupation et troupes spéciales. Leur mission principale consiste à maintenir l'ordre. On y trouve enfin un embryon de structure destiné à former un corps expéditionnaire. L'ensemble de ces troupes est soutenu par quelques batteries d'artillerie et le 63e BCC.

Les principales unités du temps de paix stationnées en Algérie

GU	Brigade éventuelle	Unités organiques	Garnison principale	Détachements
Division d'Alger état-major à Alger	1re Bde d'infanterie d'Algérie	État-major	Alger	-
		9e RZ	Alger	Aumale, Fort-National
		13e RTS	Alger	Koléa, Orléansville
	5e Bde d'infanterie d'Algérie	État-major	Blida	-
		1er RTA	Blida	Boghar, Cherchell, Médéa, Laghouat
		5e RTA	Maison-Carrée	Dra-el-Mizan, Alger, Tizi-Ouzou, Dellys
		9e RTA	Miliana	Koléa, Ténès
	1re Bde de cavalerie d'Algérie	État-major	Médéa	-
		5e RCA	Alger	-
		1er RSA	Médéa	Téniet-el-Haad, Laghouat, Djelfa, Bou-Saada
	-	65e RAA	Blida	Aumal, Maison-Carrée, Alger
Division d'Oran état-major à Oran	2e Bde d'infanterie d'Algérie	État-major	Oran	-
		2e RZ	Oran	Nemours, Métropole
		11e RTS	Oran	-
		1er REI	Sidi-Bel-Abbès	Ain-Séfra a, Géryville, le Kreider, Tabelbala
	4e Bde d'infanterie d'Algérie	État-major	Tlemcen	-
		2e RTA	Mostaganem	Tiaret, Frenda, Aflou, Mascara
		6e RTA	Tlemcen	Sebdou, Oran, Mers-el-Kébir, Marnia
	2e Bde de cavalerie d'Algérie	État-major	Mascara	-
		2e RCA	Mascara	-
		2e RSA	Tlemcen	Sidi-Bel-Abbès, Tiaret, Colomb-Béchar a, Béni-Ounif, Sebdou
	-	66e RAA	Oran	Tlemcen, Colomb-Béchar a
Division de Constantine état-major à Constantine	3e Bde d'infanterie d'Algérie	État-major	Constantine	-
		3e RZ	Constantine	Philippeville, Sétif
		1er REI	Sidi-Bel-Abbès	Tébessa, Souk-Ahras, Khenchela
		15e RTS	Philippeville	Collo, El-Milia, Djidjelli, Mila, Biskra, Constantine
	7e Bde d'infanterie d'Algérie	État-major	Constantine	-
		3e RTA	Bône	La Calle, Souk-Ahras, Ain-Beïda
		7e RTA	Constantine	Biskra, Guelma, Batna
		11e RTA	Sétif	Bordj-Bou-Arreridj, Telergma, Bougie, Akbou
	3e Bde de cavalerie d'Algérie	État-major	Batna	-
		3e RCA	Constantine	-
		3e RSA	Batna	Biskra, Mac-Mahon, Corneille
	-	67e RAA	Constantine	Batna, Sétif
64e BCC			Hussein-Dey	Oran, Constantine
19e RG			Hussein-Dey	Douéra
Groupe de Cies sahariennes de l'Ouest			Colomb-Béchar	Tindouf, Adrar
Groupe de Cies sahariennes du Sud			Ouargla	Djanet-Tamanrasset, Fort-Polignac, Fort-Flatters, Fort Lallemand, Zaoutallaz

a : Situé sur le territoire d'Aïn-Séfra.

Édouard Daladier à Ain Tounine en février 1939. Avec ce type de visite, ici en Tunisie, le chef du gouvernement démontre l'intérêt de la France pour ses colonies. Elles sont en effet d'une importance capitale pour les effectifs militaires et les matières premières qu'elles peuvent fournir. À la gauche du président, se trouve le général Vuillemin, commandant en chef de l'armée de l'Air.

Mise à part l'Indochine française où stationnent environ 30 000 hommes dont une petite moitié de Français de métropole, les autres colonies ne sont en général occupées que par de petites garnisons réparties sur leurs territoires. Il y a par exemple environ 21 000 hommes dont 17 500 indigènes pour l'ensemble de l'AOF, 5 000 hommes dont 4 300 indigènes pour toute l'AEF et 5 000 hommes dont 4 100 indigènes à Madagascar, et ce sont les plus importantes garnisons coloniales.

La course aux effectifs

Au 1er janvier 1935, l'armée d'active se compose d'environ 103 000 hommes, renforcés par quelque 243 000 jeunes appelés effectuant un service militaire d'un an. Mais cette même année, la mise sur pied des nouvelles unités entraine la nécessité d'accroitre à nouveau les effectifs de l'armée de terre de 50 000 hommes, alors que la faible natalité française des années 1915 à 1919 engendre vingt et un ans plus tard une période dite de classes creuses où l'on estime que plus de la moitié des effectifs appelés sous les drapeaux va disparaitre [14]. Ainsi, selon les prévisions, environ 112 000 hommes seulement pourront être incorporés chaque année.

Après l'étude de diverses options parfois chaudement discutées au parlement, il est finalement décidé de maintenir six mois supplémentaires les classes d'appelés incorporés le 15 avril 1935, puis douze mois celles qui suivent jusqu'au 15 octobre 1939. En d'autres termes, le service militaire sera d'abord porté à 18, puis 24 mois. Cette décision dépend d'ailleurs uniquement du gouvernement car, selon l'article 40 de la loi du 31 mars 1928 : « *Lorsque les circonstances l'exigent, le Gouvernement peut conserver temporairement sous les drapeaux la fraction de classe qui a terminé une année de service.* »

Cette modification de la durée du service militaire fait l'objet du dépôt d'un projet de loi par le gouvernement le 15 mars 1935, puis d'un vote du parlement le 17 mars 1936. D'autre part, l'âge de l'incorporation passe progressivement de 21 à 20 ans. Mais ces modifications restent néanmoins insuffisantes pour résoudre l'ensemble des problèmes liés aux effectifs, surtout que sur le total des troupes ainsi constituées, soit 372 000 hommes, 82 000 forment des éléments appartenant aux unités coloniales et nord-africaines. La mission de ces forces dites mobiles consistant à être engagées à tout moment outre-mer, elles ne pourraient éventuellement pas participer à la défense de la métropole [15].

Même compte tenu des 15 000 gardes mobiles, l'armée pourrait en conséquence ne disposer immédiatement que d'une force comprise entre 195 000 et 277 000 hommes auxquels pourraient s'ajouter en quelques jours, les 550 000 réservistes des trois dernières classes libérées ou résidant à proximité

Effectifs budgétaires de l'armée en métropole

Année (au 1er janvier) / Sous-officiers et hommes de troupe	1935	1936	1937	1938	1939	Différence 1935 / 1939
Français P.D.L. a	208 222	268 197	281 431	276 408	289 528	81 306
Français A.D.L. b	71 960	69 418	83 345	86 479	89 979	18 019
Total	**280 182**	**337 615**	**364 776**	**362 887**	**379 507**	**99 325**
Indigènes Nord-Africains P.D.L.	17 440	12 360	13880	16 443	15 243	- 2 197
Indigènes Nord-Africains A.D.L.	19 487	19 017	20 227	21 245	21 945	2 458
Total	**36 927**	**31 377**	**34 107**	**37 688**	**37 188**	**261**
Indigènes coloniaux P.D.L.	7 748	7 525	8 042	7 937	10 599	2 851
Indigènes coloniaux A.D.L.	4 603	5 522	6 612	7 151	11 161	6 558
Total	**12 351**	**13 047**	**14 654**	**15 088**	**21 760**	**9 409**
Total sous-off. et hommes de troupe	329 460	382 039	413 537	415 663	438 455	108 995
Officiers	20 502	21 130	22 314	22 426	23 569	3 067
Total général	**349 962**	**403 169**	**435 851**	**438 089**	**462 024**	**112 062**

a : Pendant la durée légale du service augmentée du maintien décidé par le gouvernement : moins de 12 mois de service le 01/01/1935 et moins de 24 mois de service le 01/01/1936.
b : Au-delà de la durée légale.

Recensements en France métropolitaine

1931	41 834 923
1936	41 911 530

Notes :
14 : 21 ans étant l'âge légal de l'incorporation à cette époque, c'est au cours des années 1936 à 1940 que la diminution des effectifs d'appelés va se faire sentir.
15 : Comme nous l'avons vu, la création de ces « forces mobiles » a été motivée par les événements militaires de Syrie et du Maroc en 1925 et la nécessité d'y envoyer des unités destinées initialement à la défense du territoire métropolitain et, à l'époque, à l'occupation des régions rhénanes. Il en résulta une certaine désorganisation du plan de mobilisation.

des frontières. Or, l'ensemble de ces effectifs est tout juste suffisant pour égaler ceux de la Wehrmacht, comprenant à cette époque environ 400 000 soldats d'active et de nombreuses réserves instruites. En conséquence, d'autres pistes sont poursuivies, comme l'intensification des engagements, l'acheminement vers le nord-est des troupes indigènes et le renforcement du front du Rhin par des recrues. Mais ces mesures ne permettent plus à la France d'envisager un équilibre en effectifs avec ceux de l'Allemagne, d'autant plus qu'ils seront renforcés les mois suivants par les troupes mobilisables dans la région des Sudètes.

Faute de pouvoir constituer une armée aux effectifs équivalant à ceux de l'Allemagne, le général Gamelin propose en février 1935 de développer le côté matériel et d'instaurer une préparation militaire obligatoire afin d'élever la valeur du contingent. Si cette première idée est limitée par les capacités industrielles françaises et par les lenteurs du développement des nouvelles armes, la seconde doit impérativement passer par un vote de l'assemblée et la démarche n'est pas entreprise. Le climat social ne permet probablement pas d'instaurer une telle mesure à l'époque. Même sans se lancer dans une impossible course aux effectifs avec l'Allemagne, pourtant âprement défendue au sein de certains milieux militaires, il est indispensable de poursuivre la montée en puissance de l'armée et les budgets alloués à ce poste ne cesseront de progresser jusqu'en 1939.

L'EMA estime qu'il manquera encore 25 000 appelés du contingent en 1935 pour compléter les effectifs des unités créées. Bien qu'il perdurera jusqu'en 1939, ce déficit sera partiellement compensé par les mesures instituées par les décrets de septembre 1936, augmentant de 50 % les primes d'engagement, de 100 % celles de réengagement, et octroyant une augmentation de la solde annuelle des caporaux-chefs de 800 à 4 600 francs en fonction de leur situation. Toujours sur le plan financier, il sera procédé au relèvement du taux de la prime de spécialiste et des avantages pécuniaires seront attribués au personnel en service dans les unités de forteresse et celles servant des matériels blindés. Enfin, le nombre de sous-officiers sera augmenté de 8 500 hommes avant la fin de l'année et l'on procédera à l'accroissement continu des militaires des colonies en métropole. Les effectifs globaux finiront par dépasser 435 000 hommes dès 1937.

Tableau de la répartition des classes au 15 avril 1939 [a]

Catégorie	Classes concernées
Armée active	Classe 1938 (1re et 2e fractions) Classe 1937 (2e fraction)
En disponibilité et maintenus sous les drapeaux en situation d'activité [b]	Classe 1937 (1re fraction) Classe 1936 (2e fraction)
En disponibilité dans ses foyers	Classe 1936 (1re fraction) Classe 1935 Classe 1934 (2e fraction)
1re réserve	Classe 1934 (1re fraction) Jusqu'à la classe 1920
2e réserve	Classe 1919 Jusqu'à la classe 1910
Classe libérée d'obligations militaires restant à la disposition du ministre de la Défense nationale pour la défense passive [c]	Classe 1909

a : Conformément à la loi du 31 mars 1928 modifiée par celle du 17 mars 1936.
b : À l'exclusion des sursitaires omis, ajournés et réformés, rattachés à leur classe d'âge pour leurs obligations d'activité et passés par anticipation en disponibilité dans leur foyer.
c : Loi du 11 juillet 1938 (article 11).

Évolution des effectifs (troupes indigènes et coloniales)

Catégorie / Année	1934	1935	1936	1937	1938	1939 [a]
Métropole						
Nord-Africains P.D.L.	16 720	17 440	19 017	20 227	21 245	21 945
Nord-Africains A.D.L.	16 840	19 487	12 360	13 880	16 443	15 243
Total	33 560	36 927	31 377	34 107	37 688	37 188
Coloniaux P.D.L.	8 660	4 603	5 522	6 612	7 151	11 161
Coloniaux A.D.L.	3 958	7 748	7 525	8 042	7 937	10 599
Total	12 618	12 351	13 047	14 654	15 088	21 760
Total métropole	**46 178**	**12 351**	**13 047**	**14 654**	**15 088**	**21 760**
Outre-mer						
Nord-Africains P.D.L.	24 864	29 089	36 616	38 033	39 765	51 515
Nord-Africains A.D.L.	35 794	33 862	27 825	32 673	29 110	25 410
Total	60 058	62 951	64 441	70 706	68 875	76 925
Coloniaux P.D.L.	6 272	6 722	5 936	8 465	7 926	11 465
Coloniaux A.D.L.	5 105	8 338	8 428	7 041	8 646	9 844
Total	11 377	15 060	14 364	15 506	16 572	21 309
Total outre-mer	**72 035**	**78 011**	**78 805**	**86 212**	**85 447**	**98 234**
Total Nord-Africains	94 218	99 878	95 818	104 813	106 563	114 113
Total coloniaux	23 995	27 411	27 411	30 160	31 660	43 069
Total général	**118 213**	**127 289**	**123 229**	**134 973**	**138 223**	**157 182**

a : Prévisions calculées en 1939.

Cependant, le général Gamelin juge toujours la quantité de troupes pouvant être affectée à la défense de la métropole insuffisante. En fonction des événements de 1938 et 1939 [16], il ne cessera de demander une augmentation de 4 000 officiers et 100 000 hommes, par diverses mesures comme le maintien six mois de plus des sursitaires libérables n'ayant accompli que 18 mois de service ou l'augmentation des engagements. Il finira par avoir gain de cause en avril 1939, lorsque Édouard Daladier pensera la guerre imminente, malgré les accords de Munich, mais il est bien tard pour que cette dernière mesure soit concrètement effective avant le conflit, surtout du fait de la lenteur habituelle de la mise en pratique des décisions.

Une patrouille méhariste aux confins sahariens marocains.
La simple vue de cette photo explique partiellement pourquoi les TEG des unités d'AFN ne peuvent être calqués sur ceux des troupes de métropole.

D'autre part, le refus du principe d'une armée professionnelle renforcée par une armée de conscription s'adapte mal à la mise en service de matériels évolués, nécessitant toujours plus de compétences techniques et de spécialistes [17]. Le problème ne fera d'ailleurs que s'amplifier au cours des décennies suivantes, mettant à mal l'idée de l'armée démocratique à l'image de celle de 1792, lorsque la Nation était en danger. Dans ces conditions, la différence entre les unités d'active aux effectifs nécessairement croissants et les troupes issues de la conscription, souvent attelées à des tâches sans grand intérêt militaire, ne peut que croitre. À la veille de la guerre, le refus d'acceptation de cette situation par l'EMA, faute de clairvoyance, engendrera une armée très inégale avec des troupes d'active et de série A à forte proportion de cadres professionnels en général aptes à combattre efficacement, et des unités de réserve souvent mal encadrées et inadaptées à la guerre moderne.

L'expérience des combats montrera pourtant que, même peu instruites, les réserves B françaises sauront se comporter correctement au feu lorsqu'elles seront solidement encadrées par des professionnels. Mais rien n'est prévu pour doter ces unités de noyaux actifs lors de la mobilisation générale et les conséquences seront lourdes car les réserves devront être rapidement mises en ligne en raison de l'infériorité des effectifs français.

L'évolution des soldats

Pour rendre la carrière militaire attirante, l'un des critères majeurs concerne la montée en grade et la spécialisation technique permettant aux jeunes militaires d'apprendre un métier et d'obtenir de meilleurs avantages financiers. Mais, bien que fortement débattue depuis 1934, la mise sur pied d'une puissante armée de métier coexistant avec une armée de conscription est loin de faire l'unanimité dans les milieux politiques et militaires et ne sera donc jamais retenue. Mais les spécialistes sont bien difficiles à trouver au sein des appelés du contingent, faute d'avoir suffisamment de temps pour les former et cette situation semble insoluble.

Répartition par catégorie et par grade des spécialistes prévus selon le décret du 18 octobre 1937							
Catégorie de spécialistes	Adjudant-chef	Adjudant	Sergent-chef	Sergent	Caporal-chef	Caporal	Totaux
Armement de l'infanterie de forteresse et des chars	183	184	368	735	490	490	**2 450** a
Ouvriers mécaniciens des chars et de l'infanterie motorisée	68	68	134	270	180	180	**900**
Mécaniciens pilotes des chars de combat	82	82	166	330	220	220	**1 100**
Mécaniciens des automitrailleuses	69	69	138	276	184	184	**920**
Entretien des matériels de l'artillerie	99	99	198	396	264	264	**1 320**
Observateurs, écouteurs, calculateurs et télémétristes de l'artillerie et de la DCA	21	21	42	84	56	56	**280**
Artificiers d'artillerie	41	41	83	165	110	110	**550**
Mécaniciens de l'entretien du matériel automobile de cavalerie	22	23	45	90	60	60	**300**
Mécaniciens de l'entretien du matériel automobile du train	30	30	60	120	80	80	**400**
Mécaniciens de l'entretien du matériel automobile de l'artillerie	60	60	120	240	160	160	**800**
Transmissions de l'infanterie	79	79	157	315	210	210	**1 050**
Transmissions des chars	48	49	98	195	130	130	**650**
Transmissions de la cavalerie	29	28	57	114	76	76	**380**
Transmissions de l'artillerie	75	75	150	300	200	200	**1 000**
Transmissions du génie	52	53	105	210	140	140	**700**
Appareils techniques du génie	112	113	225	450	300	300	**1 500**
Troupes coloniales (métropole et bassin méditerranéen)	52	53	105	210	140	140	**700**
Totaux	**1 122**	**1 127**	**2 251**	**4 500**	**3 000**	**3 000**	**15 000**

a : Dont 150 au maximum peuvent être employés dans les formations de chars.

D'autre part, l'EMA perçoit parfaitement la nécessité de disposer de cadres d'active et de réserve ayant reçu une formation de qualité et son 3e bureau prend officiellement l'appellation de *Bureau des opérations militaires et de l'instruction générale des Armées* en 1936. Mais en 1937, alors que 85 % des officiers et sous-officiers appartiennent à la réserve, l'assiduité aux écoles de perfectionnement laisse grandement à désirer, particulièrement pour les sous-officiers avec environ 10 % de participants.

La spécialisation technique

La mise en place des structures de formation technique est traitée à différents échelons. Une Section de l'armement et des études techniques (SAET), dépendante de l'EMA, est mise sur pied, suivie d'un Conseil consultatif de l'armement et d'une Direction de fabrications d'armement. Enfin, un Corps d'ingénieurs des fabrications d'armement est créé, tandis que l'armée définit le nombre de spécialistes supplémentaires nécessaires, représentant environ 15 000 hommes[18]. Ils doivent être recrutés parmi les appelés du contingent ou les hommes souscrivant un engagement ou un réengagement de deux ou trois ans. Leur formation aboutira à l'attribution d'un brevet de spécialiste, conditionnant le maintien de leur contrat. Mais leur carrière est à l'origine limitée au grade de caporal-chef et les conditions proposées sont moins intéressantes que celles des entreprises civiles. Le recrutement est en conséquence loin d'atteindre l'objectif fixé.

Le ministre de la Guerre institue alors un cadre de spécialiste par la loi du 17 juillet 1937 définissant de meilleures conditions et perspectives d'avenir, à l'image des mesures déjà mises en place dans l'armée de l'Air et la Marine. Leurs grades peuvent maintenant aller jusqu'à celui d'adjudant-chef, voire même d'officier dans certains cas. Des limites sont néanmoins fixées par le décret du 18 octobre 1937. Le recrutement des spécialistes devra être effectué sur les effectifs déjà présents au sein des différentes armes et ne pourra engendrer de dépenses supplémentaires. L'objectif n'est donc pas d'augmenter le nombre de soldats d'active mais d'en former une partie et d'intéresser les sous-officiers aux fonctions techniques.

Condition obligatoire pour accéder au grade d'adjudant spécialiste, un brevet supérieur de spécialiste est également institué, correspondant à celui de chef de section ou de peloton. Il permet d'accéder à des fonctions comme celles de chef d'atelier auto régimentaire ou chef de poste radio. Mais certains facteurs comme l'allongement de la durée légale du service nuisent à l'engagement des appelés du contingent, d'où une

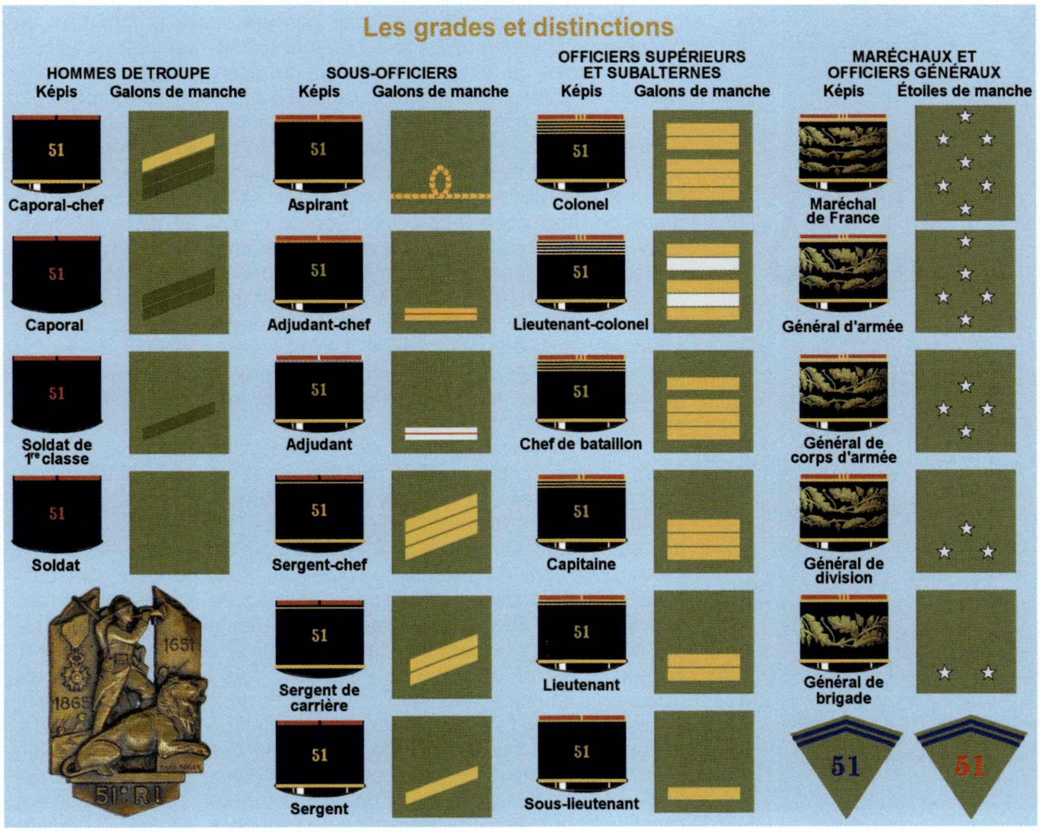

Les grades et distinctions.
À titre d'exemple, voici les grades des officiers, sous-officiers et hommes de troupes du 51e RI. Cette planche présente également son insigne régimentaire (en bas à gauche) et ses pattes de collet des tenues de campagne et de sortie (en bas à droite). Les officiers supérieurs correspondent aux grades de colonel, lieutenant-colonel et commandant, les autres officiers étant subalternes. Les maréchaux et officiers généraux assument des commandements supérieurs à l'échelon régimentaire et concernent donc l'ensemble des Grandes Unités de l'armée de terre. Tous sont des grades à l'exception des maréchaux et soldats de 1re classe qui sont des distinctions, et du sergent de carrière qui est un statut. Précisons enfin que le décret du 18 novembre 1939 crée le grade d'aspirant d'active pour les sous-officiers servant par contrat ou de carrière. À partir de cette date, la hiérarchie des sous-officiers comprend donc également un aspirant d'active.

Notes :
16 : Annexion allemande de l'Autriche et démantèlement de la Tchécoslovaquie.
17 : Principalement au sein des unités de chars, d'artillerie, de transmissions et de génie.
18 : Dans le détail : 7 532 pour l'armement, 4 210 pour les transmissions, 2 296 pour le service des moteurs fixes et 627 pour le service d'appareils divers.

Équivalence des grades et exemples de niveaux de commandement [a]

Infanterie	Cavalerie	Artillerie	Exemples de niveau de commandement
Soldat	Cavalier	Canonnier	-
Caporal	Brigadier		Adjoint au chef de groupe, de pièce de mortier, de canon de 25 ou de mitrailleuse, chef de char léger, chef d'escouade
Caporal-chef	Brigadier-chef		*Idem*
Sergent	Maréchal des logis		Chef de groupe, de pièce d'artillerie, de char moyen
Sergent-chef	Maréchal des logis-chef		Adjoint au chef de section ou de peloton, emploi dans les services
Adjudant			Chef de section ou de peloton
Adjudant-chef			*Idem*
Aspirant			*Idem*
Sous-lieutenant			*Idem*
Lieutenant			*Idem*
Capitaine			Commandant de compagnie, d'escadron ou de batterie
Chef de bataillon	Chef d'escadrons	Chef d'escadron	Commandant de bataillon, de groupe d'escadrons ou de groupe de batteries
Lieutenant-colonel			Commandant de régiment par intérim, adjoint au commandant de régiment
Colonel			Commandant de régiment
Général de brigade			Commandant de brigade, d'infanterie divisionnaire, d'artillerie divisionnaire
Général de division			Commandant de division
Général de corps d'armée			Commandant de corps d'armée
Général d'armée			Commandant d'armée, de groupe d'armées

a : Des exceptions existent quant aux niveaux de commandement, en particulier pour les officiers généraux

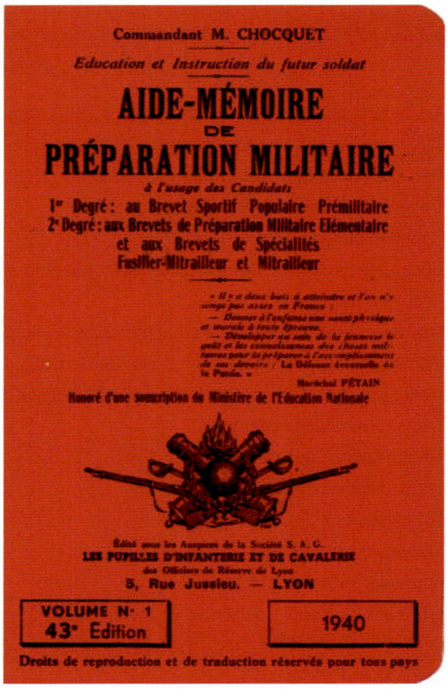

Aide-mémoire de préparation militaire.
Destiné aux futurs appelés du contingent, ce livret présente l'armée française et donne les informations préparatoires aux différents brevets pouvant être obtenus avant l'incorporation. Cette 43e édition est particulièrement intéressante car elle a été éditée entre les campagnes de Pologne et de France.

baisse des effectifs de l'armée d'active en 1935. Fort heureusement elle sera largement compensée les années suivantes par une prise de conscience des difficultés rencontrées par les soldats de métier et la mise en place de mesures appropriées. Malgré tout, les résultats escomptés ne seront pas atteints, surtout du fait de l'absence de chômage dans les professions techniques civiles, financièrement avantageuses et moins contraignantes que les conditions des mêmes emplois au sein de l'armée.

La montée en grade

Pour l'obtention du grade de caporal ou brigadier, il faut réussir un peloton d'élèves caporaux ou brigadiers, cette formation étant assez simple et facile d'accès. Le grade de caporal-chef ou brigadier-chef s'obtient ensuite en fonction de différents critères d'ancienneté et d'aptitude. Avant son incorporation, un futur appelé du contingent peut suivre une préparation militaire de type BSPP (brevet sportif populaire prémilitaire). En cas de réussite, il obtient une admission de droit dans un peloton d'élèves caporaux ou brigadiers et la possibilité d'être nommé caporal-chef ou brigadier-chef au bout de 5 mois de service. Les hommes titulaires du BSPP peuvent aussi suivre une formation type BPME (brevet de préparation militaire élémentaire) donnant accès à un peloton d'élèves sous-officiers de réserve (ESOR) afin de passer le concours permettant d'être nommé sergent ou maréchal des logis après 5 mois de service. Ils peuvent en outre être nommés caporal ou brigadier après 5 mois de service. Pour les autres caporaux ou brigadiers appelés, le grade de sergent s'obtient en réussissant le PESO (peloton d'élèves sous-officiers). Enfin, les réservistes peuvent être formés dans les pelotons des corps de troupe et obtenir le grade de sergent de réserve, conservé en cas de mobilisation.

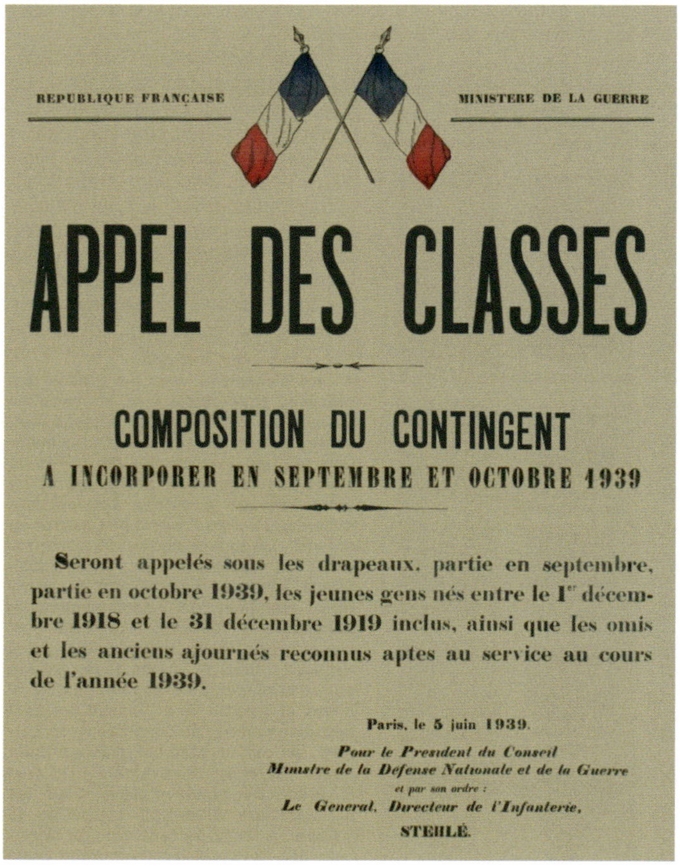

Affiche annonçant l'appel de la classe 1919 sous les drapeaux.
Chaque Français concerné recevra ensuite une convocation individuelle détaillant son incorporation. Celle-ci n'aura finalement pas lieu en octobre mais en novembre 39, et concernera le dernier mois de 1938 et les 6 premiers mois de 1939.

Avant leur incorporation, les futurs appelés bacheliers ou titulaires d'un BPME avec mention très bien peuvent suivre la formation au brevet de préparation militaire supérieure (BPMS) permettant d'accéder aux écoles de formation d'officiers de réserve. Pour devenir officier, les appelés du contingent peuvent aussi, à leur arrivée au corps, demander leur admission dans un peloton préparatoire au peloton d'élèves officiers de réserve (EOR). La durée de l'instruction y est de 6 mois à la suite desquels les jeunes soldats sont admis dans un peloton d'élèves officiers de réserve s'ils ont satisfait au concours. La durée de l'instruction à ce peloton est de 6 mois au terme desquels ceux ayant réussi le concours sont nommés par décret sous-lieutenant de réserve dans la limite du nombre de postes définis par le ministre. Les titulaires du BPMS terminent comme sous-lieutenant après 12 mois de service actif, les autres terminent avec ce grade après le temps de service légal. Les militaires sortant d'un peloton d'EOR ou d'ESOR peuvent être nommés sergent sans passer par les grades inférieurs. Ils le sont exclusivement au choix et servent en surnombre au titre de la réserve.

Il existe ensuite différentes écoles accessibles aux civils sur concours comme l'École spéciale militaire (Saint-Cyr) ou Polytechnique. Pour les réservistes, il faut par exemple suivre les cours donnés à l'EMICC de Saint-Maixent (École militaire de l'infanterie et des chars de combat) pour l'infanterie ou à Saumur pour la cavalerie menant au grade d'aspirant normalement rapidement suivi de celui de sous-lieutenant. Il existe d'autres écoles spécifiques à certaines armes comme l'École d'application d'artillerie de Fontainebleau accessible aux sous-officiers de carrière et aux aspirants se destinant à l'artillerie, ou encore l'École du génie de Versailles, mais bien d'autres écoles militaires sont implantées sur l'ensemble du territoire national. Enfin, les sous-officiers titulaires du certificat de chef de section ou de peloton appartenant à la disponibilité, la 1re ou la 2e réserve, peuvent être nommés sous-lieutenant sans condition d'ancienneté de service. L'aptitude des candidats à l'emploi de chef de section ou de peloton est constatée dans les corps de troupe de l'armée active, soit à l'expiration du service actif, soit au cours d'une période d'instruction volontaire ou obligatoire, par une commission normalement composée du chef de corps et du commandant de l'unité subalterne de l'intéressé.

Pour les sous-officiers d'active les conditions de montée en grade peuvent légèrement différer d'une arme à l'autre mais restent similaires. Au sein de l'infanterie, le passage du grade de sergent à celui de sergent-chef peut être obtenu après 2 ans comme sergent. Ils sont nommés pour les 3/4 au choix et 1/4 à l'ancienneté. Le passage au grade d'adjudant s'obtient dans les même conditions (2 ans comme sergent-chef) mais il nécessite un certificat d'aptitude à l'emploi de chef de section. Le grade d'adjudant-chef s'obtient exclusivement au choix et après un minimum de 2 ans comme adjudant.

Le recrutement des troupes indigènes

Des troupes indigènes sont recrutées depuis les campagnes de colonisation menées par la France au 19e siècle. Dans les années 1930, elles sont présentes dans les colonies et en métropole au sein d'unités comme les régiments de tirailleurs nord-africains ou sénégalais. Bien acceptée par la Nation française, la présence des troupes indigènes en métropole reste néanmoins difficile. Certains soldats africains comme les Sénégalais sont par exemple peu adaptés aux rudes hivers européens et ils possèdent des traditions et mœurs bien différentes d'une ethnie à l'autre. La mise sur pied d'unités indigènes ne pourra donc pas pallier l'infériorité démographique française par rapport à l'Allemagne par l'augmentation massive de troupes indigènes en métropole. Pourtant, le recrutement des Nord-Africains ne pose aucune difficulté. Les régiments indigènes comptent 60 à 70 % d'engagés et chaque appel engendre un afflux de candidatures tellement important qu'il nuit à la quantité de troupes de réserve mobilisables pour la défense des colonies.

L'instruction des recrues pose également des difficultés car elle est effectuée par les unités d'active. Il est donc décidé de réduire la proportion de soldats professionnels ainsi que de jumeler chaque régiment d'Afrique du Nord avec une unité de métropole. L'instruction des troupes est en conséquence assumée par les unités stationnées en Afrique, permettant ainsi à celles de métropole de pouvoir se consacrer rapidement à leur éventuelle mission de couverture. Mais les régiments d'Afrique jouent en conséquence de plus en plus un rôle de dépôt et d'instruction, diminuant d'autant leurs capacités militaires. Ainsi, la défense de la métropole s'effectue aux dépens de celle des colonies. D'autre part, si les usages de leurs origines sont préservés autant que possible au sein des régiments constitués principalement de troupes indigènes, la situation est bien différente dans les unités de montagne ou d'artillerie mixant coloniaux et indigènes car ces derniers sont souvent cantonnés à des fonctions de peu d'intérêt, nuisant fondamentalement à leur intégration et à la cohésion des troupes.

Enfin, les avantages donnés aux soldats de métropole et indigènes sont trop inégaux. La solde est par exemple bien supérieure pour un Français et cette différence est légitimement perçue comme injuste par les indigènes. Dans un rapport datant de 1934, le général Georges témoigne : « *Certains chefs de corps soulignent la trop grande différence de solde existant entre sous-officiers français et sous-officiers indigènes. Par exemple un sergent-chef marié ayant douze ans de service, père d'un enfant, en garnison à Fez, touche par mois 1 901 francs s'il est Français et seulement 685 francs s'il est indigène. La solde du premier est donc le triple de celle du second. Il serait prudent, pour avoir des sous-officiers indigènes sur qui l'on puisse compter en toutes circonstances, de les rétribuer davantage. L'indemnité de service attribuée aux militaires de carrière indigènes servant en France a été diminuée. Cette mesure d'économie frappant tout en bas de la hiérarchie des seuls militaires indigènes est fâcheusement commentée.* »

Topographes du Sahara en 1930.
Il existe une multitude de métiers au sein de l'armée dont certains sont assez insolites, à l'image de ces hommes chargés de réaliser des études topographiques en AFN. C'est grâce à l'armée que des cartes détaillées pourront être dessinées, ces documents étant indispensables aux déplacements des civils et aux mouvements de troupes, tout particulièrement dans ce type de milieu.

Un soldat malgache en 1940.
Notre homme est habillé d'un paletot de tenue de sortie arborant l'ancre des troupes coloniales. Elle doit réglementairement être jaune sur fond bleu pour les troupes indigènes et rouge sur fond bleu pour les européens.

Ces difficultés sont régulièrement signalées par différents inspecteurs militaires et commandants d'unités mais rien n'évoluera avant la déclaration de guerre, montrant ainsi une certaine volonté française de ne considérer les formations nord-africaines et coloniales que comme une armée de complément, malgré leur valeur combative amplement démontrée et l'appoint significatif en effectifs qu'elles apportent.

La formation tactique des cadres

La formation tactique des cadres est définie par des instructions émises régulièrement par le 3e Bureau du GQG. À partir de sa nomination à la tête de l'armée, elles matérialisent la volonté d'orientation du général Gamelin. La *Directive générale sur l'instruction du 30 avril 1935* tend d'abord à remplacer la multitude de documents existants concernant l'entrainement des troupes, en tenant compte des dernières évolutions comme la motorisation, la création des régions fortifiées ou l'importance croissante de l'aviation. D'une certaine clairvoyance, cette première directive du général Gamelin est entièrement consacrée à la guerre de mouvement et aux conséquences qu'elle engendre. Ainsi, la mise en valeur des qualités de courage incontournables dans le mouvement offensif ne doit pas faire perdre de vue la méthode et les moyens devant être mis en place. Le commandement

Tirailleurs sénégalais à l'entraînement en mars 1940.
Ces hommes servant une mitrailleuse Hotchkiss Mle 1914 ont fière allure. Les tirailleurs sénégalais sont de redoutables combattants que les Allemands apprendront à craindre.

Stage d'école de montagne pour troupes marocaines en 1935.
Bien joli cadre pour ce stage effectué dans la région de Saint-Étienne-de-Tinée, au cœur du futur Parc du Mercantour. Les skis et les raquettes sont de rigueur. Coll. A. Alvarez

doit d'être réactif, mais aussi prévoir à long terme. Le chef doit savoir déléguer, en fonction de l'incontournable imprécision de la connaissance du dispositif ennemi dans ces conditions.

Dans la guerre moderne, le feu ennemi concerne aussi bien les lignes que les arrières et les réserves. La zone de sécurité des armées doit donc être portée loin, afin de préserver les possibilités de manœuvre et de surprise. À l'exception de certaines urgences, les transmissions sont chiffrées et limitées à un usage aussi restrictif que possible. La directive oriente le combat défensif et offensif sur les mêmes critères de puissance de feu, facilités par l'emploi des troupes blindées et motorisées. Tout en épargnant les gros de l'infanterie, la méthode permet en outre de cerner rapidement le dispositif ennemi.

Les offensives sont soutenues par la concentration des feux de l'artillerie et par l'aviation, tandis qu'une étroite coopération de l'infanterie et des chars est mise en place. L'exploitation s'effectue par des *détachements mécaniques de combat* assemblant sous une même autorité des éléments d'infanterie motorisée, de chars et d'artillerie. La défensive peut être assumée par des unités récemment mobilisées dont le dispositif est échelonné en profondeur en s'appuyant sur un obstacle naturel ou artificiel. L'objectif consiste à arrêter l'infanterie et les forces blindées ennemies, celles-ci devant être canalisées dans des couloirs, à l'intérieur du dispositif défensif, ou un grand nombre de pièces antichars les attendent. L'avance ennemie est soumise aux feux de l'artillerie et de l'aviation. Enfin, une contre-attaque basée sur l'emploi de troupes motorisées et blindées sera ensuite lancée.

Bien évidemment, l'armée française de 1935 est loin de posséder les moyens d'appliquer cette directive prémonitoire, dont les objectifs réels sont surtout de faire progresser l'état d'esprit des cadres de tous niveaux. Elle néglige d'ailleurs l'aspect logistique de la guerre de mouvement. Ses conséquences sont finalement à l'opposé des buts recherchés car elle ne provoque aucune réaction et reste sans suite pratique pendant les manœuvres de 1935 et 1936. Pire encore, l'EMA considérera que les directives provenant du commandant en chef de l'armée peuvent être transgressées.

En conséquence, la directive suivante, datée du 25 janvier 1937, revient à des vues défensives bien plus conventionnelles en rejoignant l'esprit de l'*Instruction sur l'emploi tactique des Grandes Unités* de 1936. Elle insiste sur la défense antichar et tire des conclusions sur les lacunes constatées lors des manœuvres des deux années précédentes, et particulièrement la coopération entre chars et infanterie. Mais cette dernière ne concerne que les chars légers, par crainte d'un emploi non conformiste des chars B ou D. L'accent est mis sur la défense en rase campagne, devant être déployée derrière des obstacles naturels ou artificiels, et sur les actions retardatrices à mener en avant de ces positions par des troupes motorisées de cavalerie, éventuellement renforcées d'infanterie et d'artillerie. La défense et l'attaque spécifiques des positions fortifiées sont également abordées, ainsi que les contre-attaques et l'exploitation après la prise d'une position de résistance ennemie. Enfin, aussi surprenant que cela puisse être, les manœuvres des grandes formations de chars ne devront être organisées qu'en présence ou sous le commandement des membres du CSG. La préparation à la guerre de mouvements n'est plus abordée et c'est l'une des causes du manque d'esprit offensif des cadres en 1940.

Vient ensuite la *Note sur l'instruction en 1938 du 15 décembre 1937.* Conservant l'esprit de la précédente, elle intègre en plus la nécessité de renforcer les positions fortifiées par des divisions de campagne afin d'assurer la durée de leur résistance. Cette volonté entrainera l'importance excessive de troupes massées derrière la ligne Maginot pendant la guerre. Suit ensuite l'analyse des exercices de 1937, puis des leçons à tirer de la guerre d'Espagne, comme la mise en valeur de la menace aérienne ou les attaques de zones forestières et urbaines par l'"infanterie. D'autre part, la note précédente étant trop axée sur les combats retardateurs et les manœuvres en retraite, il est impératif d'insister sur la défense « sans esprit de recul ». Enfin, pour la première fois, l'organisation d'exercices de fonctionnement de PC permettront aux états-majors de s'entrainer dans les conditions du combat.

L'esprit de la dernière directive éditée avant guerre, la *Note sur l'instruction en 1939 du 7 novembre 1938* tend vers une certaine inexorabilité du conflit à venir. Conscient du manque de moyens pour organiser des exercices proches de la réalité des combats, le général Gamelin y exprime néanmoins une vision réaliste de l'armée et de ses difficultés. La note revient aussi sur les exercices de l'année passée et sur l'expérience de la mobilisation partielle liée aux évènements de la Tchécoslovaquie. De profondes lacunes ont été constatées dans l'organisation de la défense antiaérienne et dans la coopération entre l'infanterie et les chars sur lesquelles il faudra porter un intérêt particulier. L'utilisation du support aérien doit devenir un automatisme, tant pour l'observation que pour la défense contre l'aviation ennemie. Enfin, les services de transmissions devront être intégrés aux exercices de PC, tandis que les manœuvres coïncideront avec les périodes d'entrainement des réservistes afin qu'ils puissent y participer.

Comme cette dernière note le sous-entend, sur bien des points, les moyens donnés à l'armée pour l'entrainement et l'instruction des troupes restent insuffisants. Les nouveaux matériels de tous types adoptés depuis 1934 (chars, canons antichars et de DCA, motorisation, transmissions...) ne bénéficient pas d'infrastructures adaptées. Les terrains d'entrainement sont généralement trop petits pour pouvoir appréhender par la pratique les avantages que ces nouveaux matériels procurent. Si la formation générale de l'infanterie à l'utilisation des moyens classiques est satisfaisante, il n'en reste pas moins que l'immense majorité des stands de tir ne permettent par exemple l'usage des armes que jusqu'à 50 m. Cette difficulté est en partie palliée par l'utilisation du cinétir, simulant des scènes de combat, par l'utilisation d'un projecteur de cinéma, auquel les soldats doivent réagir par le feu d'armes munies de réducteurs de tir. D'un excellent réalisme, cette technique très moderne semble avoir été généralisée dans les corps de troupe à la veille de la guerre. Le cinéma participe d'ailleurs à l'instruction des troupes par la diffusion régulière de films présentant des démonstrations de matériels impossibles à organiser localement. Ces projections sont réalisées par des officiers instructeurs pouvant ensuite apporter des compléments d'information sur le sujet, ou répondre aux questions.

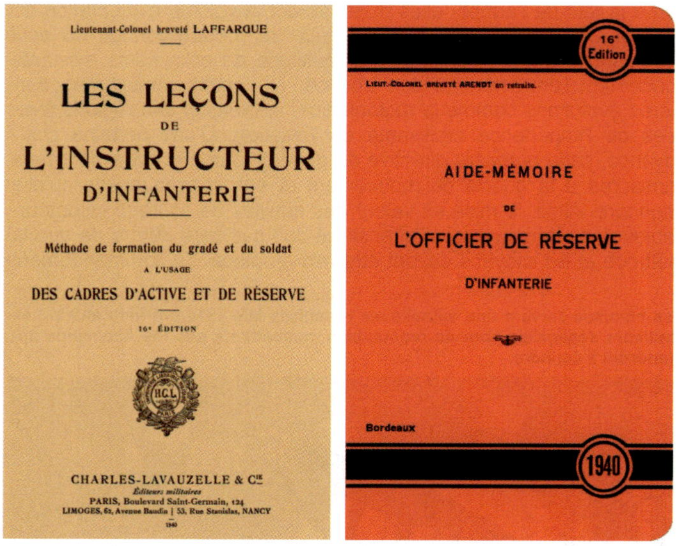

Manuels dédiés à la formation des troupes.
Il existe de nombreux ouvrages permettant aux cadres de parfaire leur instruction et d'enseigner les notions fondamentales de la vie militaire et du combat. En général bien écrits, ils représentent une aide appréciable. Mais si, selon l'adage bien connu, « la sueur économise le sang », la Wehrmacht va bénéficier d'un avantage considérable avec l'expérience acquise durant la guerre d'Espagne, la campagne de Pologne, mais aussi celle inhérente à la projection des troupes lors des annexions successives des années 1930. Certaines unités françaises ont certes été engagées durant l'entre-deux-guerres, en particulier au Maroc et en Syrie, mais ces combats sont bien loin d'être comparables avec le futur front européen, bien que l'expérience du feu soit toujours profitable ils datent de 1926 et concernent donc surtout les cadres en 1940.

Exercices de tir avec des armes automatiques.
C'est l'une des phases majeures de l'entraînement des troupes. Deux FM 24 M29 sont visibles au premier plan et une mitrailleuse Hotchkiss Mle 1914 au second, probablement suivie par d'autres. Coll. A. Alvarez

La guerre moderne, l'évolution des moyens de combat et la spécialisation technique engendrent également des difficultés dans la mise à niveau des écoles et des centres de formation, tandis que d'autres organes de ce type doivent être créés de toutes pièces. A tous les niveaux de la formation, de l'École supérieure de Guerre jusqu'aux centres de formation locaux, une profonde mutation doit être entreprise et la tâche est souvent complexe. Quant aux manœuvres et exercices, le manque de matériels modernes disponibles ou de terrains adaptés, ainsi que certains évènements extérieurs nuisent à leur bon déroulement. Certaines aberrations sont constatées, comme l'utilisation de réservistes dans des missions auxquelles ils ne sont pas destinés en temps de guerre, ou l'insuffisance du nombre d'observateurs aériens. D'une façon globale, les moyens manquent. La quantité de munitions disponibles est insuffisante et certaines phases du combat ne peuvent être abordées correctement.

Si dans l'ensemble, la formation de la cavalerie et de l'artillerie est satisfaisante, celle du génie laisse grandement à désirer. Accaparée par les travaux de fortification des frontières, l'arme néglige ses missions premières. L'instruction sur le pontage est par exemple quasi inexistante. Le génie souffre en plus de difficultés de cohésion avec les autres armes, tandis que le nombre d'officiers capable d'assumer des missions d'instruction est bien trop faible. Enfin, de graves lacunes sont constatées au sein des cadres de réserve dont la formation représente pourtant une lourde charge pour les unités d'active. Conscient de l'importance du rôle que ces hommes auront à jouer dans un conflit, l'EMA prend de nombreuses mesures pour améliorer leur nombre et leur formation de base mais elles ne se traduisent pas forcément par des résultats probants.

En dépit de ces difficultés, les rapports d'inspection montrent un certain excès d'optimisme entretenant l'image d'une armée puissante et efficace au sein de la Nation et des hauts responsables français. Mais les mutations profondes que les évolutions techniques engendrent à tous les échelons de l'armée sont un bouleversement radical et rapide, trop peut-être. Même s'il est conscient de l'inévitabilité de cette mutation, le soldat français est encore fortement ancré dans les anciennes traditions militaires. À la charnière entre deux mondes, sa position est bien difficile à appréhender. Transformer en cinq ans l'armée de 1934, très similaire à celle de la Première Guerre mondiale, en une armée adaptée aux principes de la guerre moderne est sans doute simplement hors de portée en si peu de temps.

La mobilisation générale

L'état de guerre étant imminent, le 22 août, le dispositif d'alerte correspondant à la mise en place des divisions frontières est ordonné sur les théâtres d'opération du nord-est et du sud-est. Le 23 la mesure « sûreté » comprenant le rappel des hommes dont le fascicule de mobilisation comporte un 3 et un 4, soit environ 370 000 hommes, est ordonnée et fait l'objet d'une information publique par voie d'affichage le 24 à 6 heures. À cette même date, les 108e, 182e et 355e RA, ainsi que les 11/404e et 21/404e groupes de DCA sont mis sur le pied de guerre tandis que les droits de réquisitions concernant principalement les véhicules et les animaux sont ouverts, tout comme ceux des usines travaillant pour la Défense nationale. Les premières mesures de défense passive restreignant l'éclairage de nuit et les communications sont appliquées.

Le 25, les réservistes frontaliers (fascicules portant un 2) sont rappelés tandis que les 19e, 21e, 23e DI et la 3e DIC sont mises sur le pied de guerre. Le 26, le dispositif de couverture est ordonné, prévoyant le rappel d'1,5 million de réservistes (fascicules portant un 1, un 5 et un 6) par voie d'affichage à 14 h, suivis de ceux portant un 8 à 22 h. Les 501e, 502e, 503e, 505e groupes de bataillons de chars issus des régiments de chars du temps de paix, les 130e à 136e groupes de transport, les unités du littoral, la 36e DI, les 1re et 4e DIC ainsi que les 81e et 83e DIA sont mis sur le pied de guerre. Dans les régions militaires, le commandement territorial commence à organiser le rappel des autres réservistes et la mise sur pied des d'unités de toutes armes. Le 2 septembre, la mobilisation générale est décrétée. Le 3 à 17 h, la France déclare la guerre à l'Allemagne.

Certains cadres et soldats de l'armée d'active sont mutés et remplacés par des réservistes. Ils vont former des noyaux dits actifs dans certaines unités de réserve afin de leur permettre d'être plus rapidement opérationnelles. La mise sur le pied de guerre des unités est effectuée par les centres de mobilisation (CM) spécialisés dans une arme (infanterie, cavalerie, chars, génie, transmissions, train…). Ils dépendent des régions militaires et sont répartis sur l'ensemble du territoire. Leur mission consiste à assembler les effectifs des unités et à leur attribuer les matériels et armements définis par les TEG.

Voici par exemple ce que précise l'introduction du texte concernant le plan E [19] au sujet de la mobilisation des formations d'infanterie : « *Les Centres de mobilisation principaux du temps de paix et leurs Centres secondaires* [20] *mobilisent en règle générale un régiment (ou demi-brigade de chasseurs) du temps de paix* [21]*, un régiment (ou demi-brigade de chasseurs) de formation de série A* [22]*, un régiment (ou demi-brigade de chasseurs) de formation de série B et un nombre variable d'autres unités de formations. Le commandant d'un Centre de*

Affiche avertissant certains réservistes de leur rappel sous les drapeaux.
Ce type d'affiche est habituellement utilisé pour convoquer les réservistes de certaines catégories à des cessions d'entrainement. Mais celle-ci est différente car c'est un rappel immédiat. Elle concerne la mise en place des mesures complémentaires de protection des frontières.

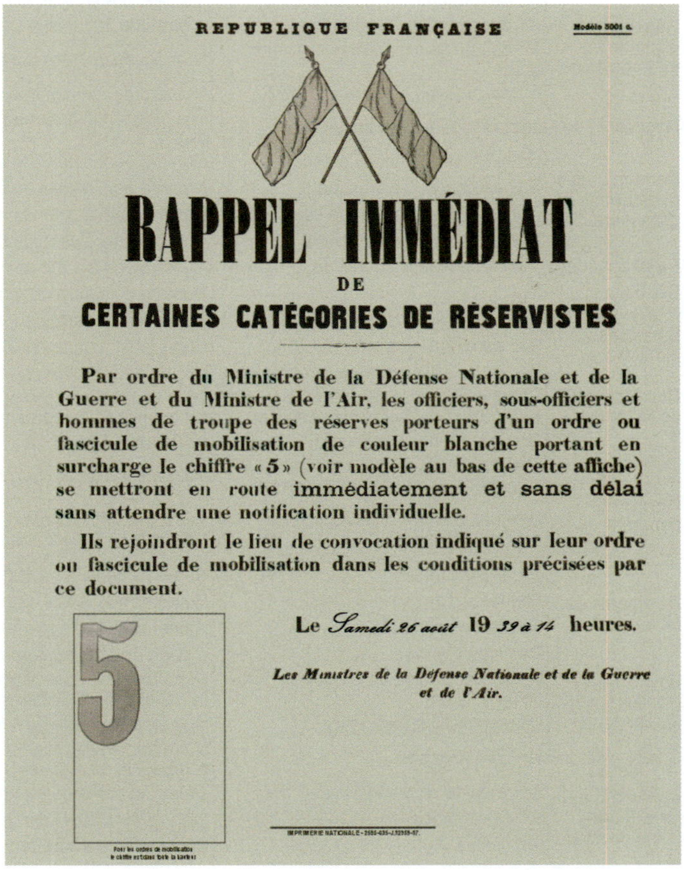

REPUBLIQUE FRANÇAISE

Modèle 5001 c.

RAPPEL IMMÉDIAT

DE

CERTAINES CATÉGORIES DE RÉSERVISTES

Par ordre du Ministre de la Défense Nationale et de la Guerre et du Ministre de l'Air, les officiers, sous-officiers et hommes de troupe des réserves porteurs d'un ordre ou fascicule de mobilisation de couleur blanche portant en surcharge le chiffre « 5 » (voir modèle au bas de cette affiche) se mettront en route immédiatement et sans délai sans attendre une notification individuelle.

Ils rejoindront le lieu de convocation indiqué sur leur ordre ou fascicule de mobilisation dans les conditions précisées par ce document.

5

Le Samedi 26 août 19 39 à 14 heures.

Les Ministres de la Défense Nationale et de la Guerre et de l'Air.

IMPRIMERIE NATIONALE

Notes :
19 : DM 3.191 B.T./1 O.S. du 22 juillet 1937.
20 : Éventuellement, un ou plusieurs détachements de centres de mobilisation.
21 : Un petit nombre d'entre eux ne mobilisent pas de régiments du temps de paix.
22 : Certains corps de troupe de formation de série A proviennent du dédoublement ou du détriplement de régiments actifs.

Mesures civiles liées à l'état de guerre.
La mobilisation générale est aussi industrielle et administrative. Elle s'accompagne de nombreuses mesures civiles de protection contre les bombardements comme la mise en sécurité d'œuvres d'art à l'image du Louvre ci-dessus ou de la protection de monuments ou de bâtiments sensibles comme cette sous-station électrique parisienne à droite. D'autre part, la défense civile est activée et elle procédera par exemple à la distribution de masque à gaz à la population.

mobilisation est responsable de la mobilisation des unités qui figurent sur le tableau d'emploi du Centre. Il conserve toute initiative pour prendre, dans chaque cas particulier, la solution qui lui paraîtra le mieux répondre aux principes généraux énoncés ci-après : Conserver aux formations du temps de paix le plus de cohésion possible de manière qu'elles soient aptes à entrer immédiatement en action ; Constituer les unités de formation de série A de telle sorte qu'elles puissent, dans un minimum de temps, acquérir une cohésion et une valeur comparable à celles des unités similaires du temps de paix mobilisées ; Utiliser au mieux les compétences de chacun en affectant les officiers, qu'ils soient de l'active ou de la réserve, dans des emplois où ils seront susceptibles, par leurs diverses aptitudes, de rendre le plus de services et assurer ainsi, dans les meilleures conditions, la qualité de l'encadrement dont la valeur détermine celle de la troupe.

Le chef d'un corps actif fournissant un échelon « a » est entièrement responsable de la mise sur pied de cet échelon. Une collaboration constante doit exister entre le chef de corps actif et le commandant du Centre de mobilisation, lequel reste, d'une certaine manière générale, responsable de la mobilisation de toutes les unités figurant sur le tableau d'emploi du Centre. »

Les échelons « a », « b » et « c »

Les échelons « a », « b » et « c » désignent des catégories de soldats d'active et de réservistes. Les éléments des échelons « a » sont mis sur pied dans un délai de 6 heures. Ils se composent majoritairement de soldats d'active auxquels peuvent être ajoutés des appelés du dernier contingent libéré. L'ensemble des matériels et armements des échelons « a » est stocké et disponible dès le temps de paix. Leur mission consiste principalement à réaliser les dispositifs de couverture des zones frontalières du nord-est, de l'est, et de sûreté du sud-est. Les éléments formant les échelons « b » sont issus de la réserve. Ils sont destinés à renforcer les unités de l'armée d'active afin de les porter sur le pied de guerre et assumer avec elles les missions de couverture comme la prise des dispositifs d'alerte renforcés, de sureté, et de couverture. Leurs matériels proviennent partiellement de la réquisition.

Règles générales de numérotation des corps de troupe d'infanterie de formation a

Catégorie	Type d'unité	Numérotation
Régiments d'infanterie métropolitaine	Rgt de formation de série A	1 à 199, par priorité, la numérotation est choisie pour faire revivre d'anciens corps actifs dissous
	Rgt de formation de série B	À partir de 201 inclus
	Rgt de zouaves mobilisés en métropole	Numéro de la DINA fournissant le noyau actif augmenté de 10
	Rgt de zouaves mobilisés en AFN	Numéro de régiment de zouaves actif de la même région augmenté de 20
Régiments de tirailleurs algériens et tunisiens		Les régiments de formation reçoivent des numéros correspondant à leur province d'origine (multiples de 4 plus 1, 2, 3, 4)
Demi-brigades et bataillons de chasseurs b	Demi-Bde de formation de série A	Numéro égal à celui de la demi-brigade d'origine augmenté de 20
	Bat. de chasseurs de série A	Numéro égal à celui du bataillon d'origine augmenté de 40
	Demi-Bde de formation de série B	Numéro égal à celui de la demi-brigade d'origine augmenté de 40
	Bat. de chasseurs de série B	Numéro égal à celui du bataillon d'origine augmenté de 80
Demi-brigades d'infanterie légère (toutes de formation)		Numérotées à partir de 1, les bataillons à partir de II, sauf le BILA n°1 d'active (Foum Tataouine)
Dépôts		Numéro du centre de mobilisation dont ils dérivent
Bataillons de mitrailleurs	Bat. de mitrailleurs type normal	Numérotés à partir de 1
	Bat. de mitrailleurs type motorisé	Numérotés à partir de 51
	Bat. de mitrailleurs de forteresse	Pas de numérotation particulière. Ils constituent les 1er, 2e, etc. bataillons du RIF dont ils dépendent
Unités alpines de forteresse	Chaque Bat. alpin de forteresse du temps de paix donne naissance à la mobilisation à une DB alpine de forteresse. Elles portent des numéros d'anciens corps actifs dissous. Les Bat. portent le numéro du corps actif dont ils dérivent augmenté d'un multiple de 10	
Unités d'instruction de réserve générale	Groupes d'unité d'instruction	Numérotés à partir de 1
	Bat. d'instruction dérivant d'unités de campagne et d'unités de forteresse	Numéro du corps d'origine dont il forment les 21e bataillons
	Groupes d'unités d'instruction de régions fortifiées	Ils sont remplacés par des centres d'instruction de secteur comprenant des troupes de différentes armes. Ils portent le nom de leur secteur
Régiments de pionniers	De région fortifiée	Numéros de la série 400 multiples de 10
	Éléments d'armée	Numéros 401 à 429 sauf multiples de 10
	De réserve générale	Numéros 431 et supérieurs sauf multiples de 10
	De corps d'armée	À partir de 601, numéro du corps d'armée plus 600.
Bataillons de pionniers non enrégimentés	De région fortifiée ou de secteur fortifié ou défensif	Numéro de l'un des régiments d'infanterie mobilisé par le centre de mobilisation chargé de leur mise sur pied. Ils constituent le bataillon n° 10 et supérieurs de ce régiment
	De commission régulatrice	Numérotés à partir de 1 le numéro étant celui de la gare régulatrice
Compagnie divisionnaire antichar		Numéro d'un des régiments d'infanterie ou bataillon de chasseurs de la division dont ils constituent soit la 14e compagnie du régiment, soit la 6e compagnie du bataillon
Unités d'infanterie de défense du littoral	Organes de commandement	Désignés par une lettre majuscule (A, B, C, etc.)
	Rgt d'infanterie	*Idem* régiments d'infanterie métropolitaine
	Bat. isolés	Constituent les bataillons n° 4 et au-dessus d'un régiment d'infanterie mobilisé par le centre
Compagnies de garde de QG, compagnies de cantonnement, dépôts d'éclopés, dépôts d'isolés, parcs de réparation d'armes et d'engins		Ces différents éléments sont numérotés à partir de 1

a : Les corps de troupe, bataillons et compagnies du temps de paix conservent leurs numéros à la mobilisation. b : Un certain nombre de demi-brigades et de bataillons de chasseurs de formation (séries A et B) reçoivent des numéros destinés à faire revivre d'anciennes unités actives dissoutes.

Exemple de noyau actif transmis par un RI du temps de paix à son RI dérivé de série A					
Emplois	Officiers	Sous-off.	Caporaux-chefs et caporaux	Soldats	Observations
Lieutenant-colonel commandant le RI de formation	1				-
Chefs de bataillon commandants de bataillon	2				-
Capitaines	7				Dont 1 à l'EM du régiment, 1 commandant de la Cie de commandement et 1 commandant de la Cie d'accompagnement
Lieutenants ou sous-lieutenants	9				Dont 1 commandant la CRE, 3 fournis par les Cies d'accompagnement et éventuellement en cas d'absence d'officiers de réserve qualifiés 1 chef des transmissions du RI, 1 officier chargé des détails et 1 officier d'approvisionnement
Sous-officier secrétaire du chef de corps		1			-
Sous-officiers comptables		15			1 par unité administrative
Armurier		1		1	Sous-officier maître armurier ou son adjoint
Musiciens		2	1		Dont le sous-officier sous-chef de musique du RI actif faisant fonction de chef de musique dans le RI de formation
1 adjudant ou sergent-chef de transmissions		1			-
1 caporal-chef ou caporal des transmissions et 5 radiotélégraphistes			1	5	1 gradé ou 1 homme par atelier
1 sous-officier ayant reçu l'instruction d'éclaireur motocycliste		1			-
Conducteur de chenillette et dépanneur			1	1	-
Servants de canons de 25 mm		3	2	10	1 gradé ou homme aptes aux fonctions de pointeur et de chargeur par section ou groupe de canons antichars
Servants de mortiers de 81 mm		1	3	8	1 gradé et 2 hommes aptes aux fonctions de pointeur et de chargeur par groupe de mortiers de 81 mm
Fusiliers-voltigeurs		36		9	Dont 9 adjudants-chefs ou adjudants, 1 par Cie de fusiliers-voltigeurs. Les hommes fournissent 1 servant de mortier de 60 mm par Cie de fusiliers-voltigeurs
Mitrailleurs		15	6	6	Dont 3 adjudants-chefs ou adjudants, 1 par Cie d'accompagnement. Les hommes sont aptes aux fonctions de tireur et de chargeur
Total	**19**	**76**	**14**	**40**	**Soit 149 hommes au total**

Au-delà de cette définition, il existe deux particularités liées à l'échelon « b », toutes deux concernant les réservistes locaux affectés aux formations stationnées aux frontières. L'échelon « b1 » se différencie par le rappel de ces réservistes dans le cadre du dispositif d'alerte renforcée. Ils rejoignent donc généralement leurs unités avant la mobilisation générale. L'échelon « b2 » rassemble les réservistes habitant à distance de leur lieu de mobilisation et ceux des 1re et 2e RM, ainsi que celle de Paris. Ils sont mobilisés à partir du 2 septembre, date de la mobilisation générale. Tous les autres réservistes mobilisés forment les échelons « c ». Certains hommes de ces échelons sont incorporés aux unités déjà existantes et d'autres en forment de nouvelles.

Alors que l'armée polonaise s'écroule, victime des offensives conjuguées de la Wehrmacht et de l'Armée Rouge, en France, la mobilisation est globalement achevée le 21 septembre. Il faut ensuite procéder au transfert des unités vers les secteurs leur ayant été attribués. Les CM sont dissous et leur personnel est transféré aux dépôts dont la mission initiale est complétée par l'éventuelle mise sur pied d'unités postérieures à la mobilisation générale. Ce sera par exemple le cas de toutes les nouvelles formations prévues au plan des 5 mois.

Les unités de série A, B, et de formation

Les troupes mises sur le pied de guerre se divisent en plusieurs catégories : celles du plan de mobilisation (active et formation), celles de série B (formation), celles de série C (formation) et enfin les unités non prévues au plan de mobilisation (formation) bien que certaines Grandes Unités de ce dernier type puissent regrouper des unités prévues au plan de mobilisation. Bien souvent, l'on simplifie en quatre catégories : active, réserve A, réserve B et formation.

Les unités d'active et de réserve A sont dotées d'une forte proportion de personnels d'active. Elles constituent la série A. Vient ensuite la série B, dont les effectifs comportent peu de soldats d'active, et enfin la série C, correspondant à certaines formations des éléments organiques d'armées et des formations de l'intérieur. Après la mobilisation et en dehors du plan de mobilisation, sont mises sur pied de nouvelles unités ne pouvant être ni A, ni B et sont donc dites de nouvelle formation. Cette classification concerne aussi bien les divisions [23], que les unités organiques les composant.

Dans l'infanterie par exemple, une partie des soldats d'active d'un régiment du temps de paix forme des noyaux actifs transférés à son ou ses régiments dérivés dans une proportion prévue par le plan E. Ce même régiment du temps de paix peut également contribuer par un prélèvement préalable effectué sur ses cadres, à la mise sur pied d'autres unités de série A et B, suivant les indications données aux tableaux d'encadrement les concernant.

Disposant d'une forte proportion de soldats d'active [24] complétés par de jeunes réservistes [25], les divisions de série A sont susceptibles d'être engagées immédiatement après leur concentration. Les noyaux actifs de toutes armes transférés aux divisions de formation de série A sont fournis par les unités du temps de paix, ces mutations étant gérées par des centres de mobilisation, ou éventuellement par un corps spécialement désigné à cet effet. Les déficits éventuels de personnel

Affiche avertissant la population de la mobilisation générale.
La mobilisation générale concerne environ 4,7 millions d'hommes dont une petite moitié a déjà été rappelée préventivement à la fin août. L'ensemble représente 40 % des hommes, soit plus de 11 % de la population française.

Notes :
23 : Il n'existe pas de division de série C.
24 : L'armée d'active, ou du temps de paix, se compose des soldats professionnels et des appelés du contingent, mais ces derniers ne sont mobilisables que s'ils ont accompli leurs 6 premiers mois de service.
25 : En théorie, les divisions d'active portées sur le pied de guerre se composent de 26 % de cadres et de 40 % d'hommes de troupe d'active. Les divisions de formation de série A regroupent 18 % de cadres et 2,5 % d'hommes de troupe d'active.

Les fascicules de mobilisation

En dehors du service actif, qu'il appartienne au service armé ou au service auxiliaire et quelle que soit son utilisation à la mobilisation, tout homme soumis à des obligations militaires est pourvu d'un livret individuel comprenant un fascicule de mobilisation de quatre pages aux prescriptions duquel il doit strictement se conformer. Nominatif, ce fascicule indique les obligations de son détenteur dans le cadre de la mobilisation. Chaque homme doit communiquer les éventuelles modifications de sa situation à la gendarmerie (mariage, naissance d'un enfant, déménagement, etc.), celles-ci pouvant entraîner la remise d'un nouveau fascicule de mobilisation. Depuis la nouvelle nomenclature datant de l'instruction ministérielle du 29 juillet 1926, il existe au sein de l'armée de terre 8 types de fascicules de mobilisation de couleurs et de contexture différentes :

- Les modèles A et A1 sont utilisés pour les hommes affectés à un corps de troupe ou un service dès le temps de paix. Le modèle A (rose) est employé pour les hommes devant emprunter le réseau ferré pour rejoindre, le modèle A1 (vert) sert pour ceux qui font usage de voies de terre.

- Les modèles S et S1 sont utilisés pour les hommes employés temporairement à un service spécial. Ils sont complétés par la mention du corps sur lequel leur porteur sera dirigé, sa mission terminée, ou par la mention de son renvoi dans ses foyers. Le modèle S (blanc rayé rouge) est réservé pour les hommes devant emprunter le réseau ferré pour rejoindre, le modèle S1 (jaune rayé vert) sert pour ceux qui font usage de voies de terre.

- Le modèle Z (bleu) est employé pour les hommes de toutes catégories dont l'utilisation n'est pas prévue dès le temps de paix et qui sont donc initialement maintenus dans leurs foyers en cas de mobilisation. Ils sont attribués aux classes les plus anciennes et aux pères de famille nombreuse. Ce maintien dans leurs foyers n'est pas définitif et ils pourront être appelés ultérieurement.

- Les modèles Z0 (mauve), ZO bis (bleu rayé mauve) et Z1 (blanc rayé bleu) sont employés pour les hommes classés dans l'affectation spéciale, c'est-à-dire affectés à une activité de caractère non strictement militaire, généralement à l'arrière du front. Les modèles ZO et ZO bis concernent les affectés spéciaux devant rejoindre un poste différent de celui qu'ils occupent en temps de paix, respectivement par voie de terre et par voie ferrée. Les modèles Z1 sont distribués aux affectés spéciaux maintenus dans leur emploi du temps de paix pour une durée indéterminée.

Les modèles R et R1, dits d'appel différé, sont créés au début des années 1930 pour les hommes placés en affectation spéciale pendant une durée déterminée avant de rejoindre un corps. Le modèle R (jaune rayé horizontalement rouge) est distribué aux hommes devant emprunter le réseau ferré pour rejoindre, le modèle R1 (jaune rayé horizontalement vert) sert pour ceux qui font usage de voies de terre.

Suivant leurs années d'édition, les fascicules de mobilisation ont subi quelques modifications engendrant un nouveau n° de version apposé sur leur première page.

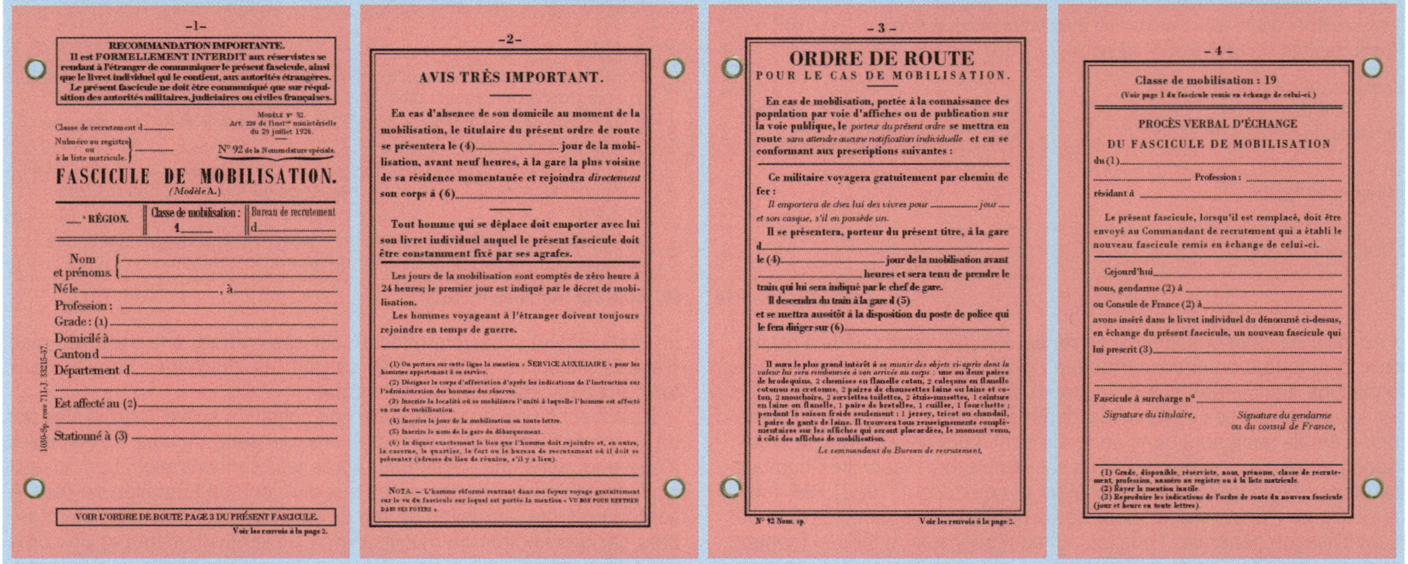

Fascicule de mobilisation modèle A de 1937

Il existe également un fascicule modèle E, (blanc) destiné aux Français résidant à l'étranger.

À partir de 1937, les hommes affectés aux unités concernées par un rappel sous les drapeaux pour une période d'entraînement obligatoire ou par les dispositifs d'alerte, de sûreté et de couverture reçoivent un nouveau fascicule de mobilisation (blanc) surchargé d'un chiffre de 1 à 8. Ces réservistes peuvent être informés de leur rappel individuellement ou par voie d'affichage mentionnant ce chiffre.

Quel que soit son fascicule de mobilisation, un réserviste peut également être rappelé sous les drapeaux par un ordre de mobilisation individuel lui étant transmis nominativement par la poste ou par la gendarmerie. Les indications mentionnées sur ce document remplacent celles indiquées sur son fascicule de mobilisation.

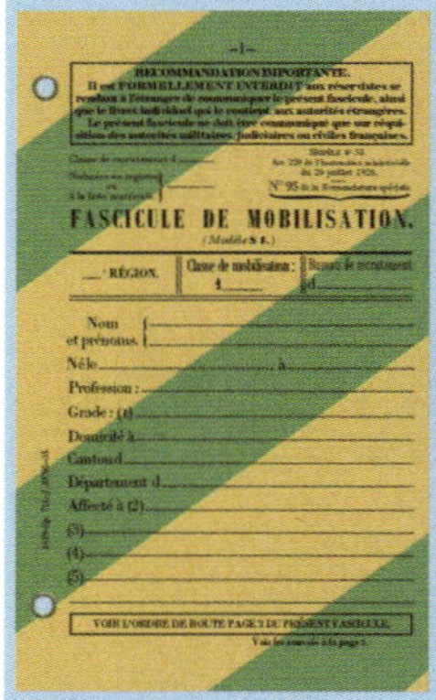

Fascicule de mobilisation modèle S1 de 1935

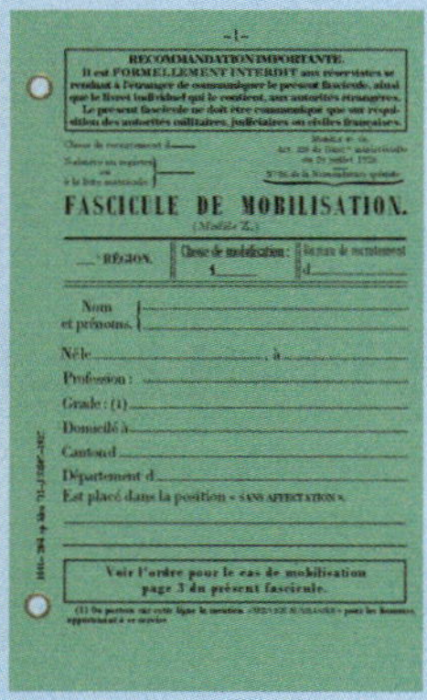

Fascicule de mobilisation modèle Z de 1937

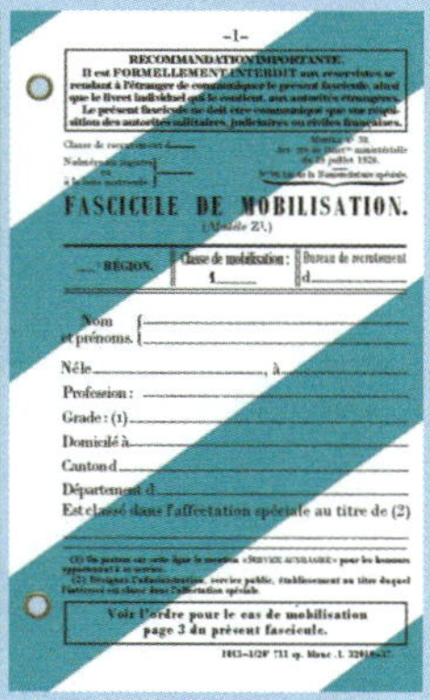

Fascicule de mobilisation modèle Z1 de 1937

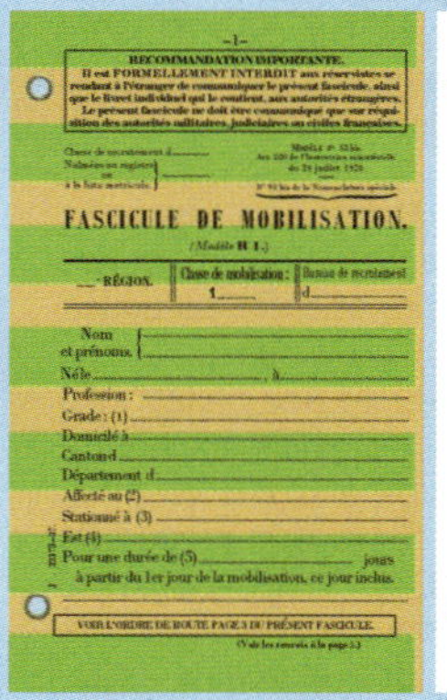

Fascicule de mobilisation modèle R1 de 1937

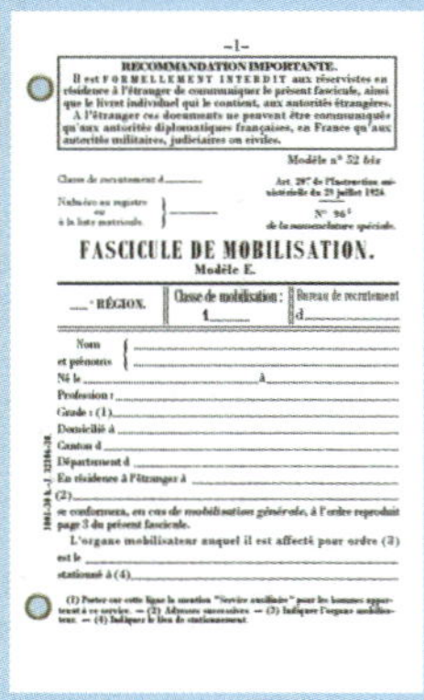

Fascicule de mobilisation modèle E de 1938

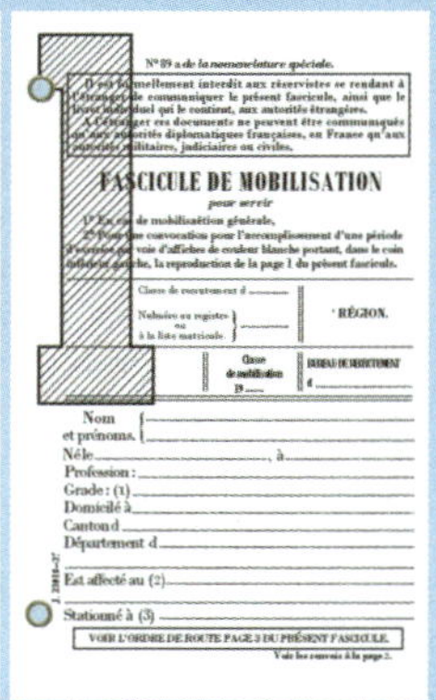

Fascicule de mobilisation blanc surchargé du chiffre 1 de 1937

actif devront être supportés à parts égales entre le corps actif et le corps de formation dérivé.

Les divisions de série B disposent d'un encadrement partiellement composé d'officiers d'active [26], la majorité des effectifs provenant des troupes de réserve. Ces unités ne sont normalement pas destinées à être engagées dans la bataille immédiatement après leur mobilisation. Notons qu'il existera une catégorie de DI de série B dite « désignée » dont la mission consiste à relever les bataillons de mitrailleurs ou les unités aptes à être employés à d'autres missions dans des secteurs précis, les reconnaissances étant faites dès le temps de paix. Ces DI doivent théoriquement recevoir un noyau actif plus consistant que les autres et un nombre d'armes lourdes plus important, bien qu'en pratique, elles seront encore loin de leurs dotations théoriques [27].

Il existe ensuite les divisions de formation non prévues à la mobilisation. Elles sont mises sur pied tardivement et entièrement composées d'unités de réservistes. Nous en reparlerons dans le cadre du plan des 5 mois. Elles sont théoriquement inaptes au combat avant d'avoir suivi une période d'entraînement devant parfaire leur cohésion et leur mise sur pied. Dans cette catégorie, il existe des exceptions comme par exemple la 44e DI, qui, bien que mise sur pied le 1er mars 1940, subit différentes réorganisations l'assimilant finalement à une DI de série A. D'autre part, il peut arriver qu'une division d'une certaine série reçoive organiquement quelques unités d'une autre série. Dans ce cas, la Grande Unité est classifiée selon celle de la majorité des troupes la composant.

Outre les unités organiques divisionnaires de toutes armes, chaque RM met également sur pied le QG et certaines unités organiques d'un CA qui portera le numéro de la région, ainsi qu'un certain nombre d'unités destinées à la réserve générale, celles-ci restant initialement à disposition du GQG. Certaines régions créent également des éléments

Fin de la pause pour ces tirailleurs algériens ou tunisiens. **C'est le moment de remettre les nombreux effets en place en dépit des épaules qui tirent et du poids total devant être emporté. Tous doivent rêver de véhicules d'accompagnement pouvant leur permettre de se délester, mais les Unic TU1 tant attendus arriveront trop tard pour être distribués en nombre aux unités d'infanterie et l'éprouvante marche va reprendre. Soulignons que ces hommes disposent de l'équipement modèle 1935.**

de commandement et des unités organiques d'armées et de groupes d'armées. Celle de Paris met par exemple sur pied les QG des GA 1 et 2, une partie de celui de la 3e armée, le XXIe CA ainsi que le CC et le CAC. Enfin, et en dépit du fait que les 10e et 12e RM ne soient pas actives, il existera bien un Xe et un XIIe CA, mis sur pied par d'autres RM. Reste enfin les formations du territoire uniquement composées de réservistes, exception faite des dépôts, de quelques écoles et de certains éléments de la défense aérienne du territoire (DAT) comprenant une proportion déterminée de soldats d'active. Les autres cadres sont choisis parmi les officiers de réserve disponibles après satisfaction des besoins des armées[28].

En dehors des cadres administratifs des corps du temps de paix, les dépôts reçoivent ceux provenant des centres de mobilisation, les officiers d'états-majors particuliers qui ne sont pas susceptibles de rejoindre immédiatement les formations des armée après la mobilisation du corps ou du service où ils se trouvent. Au fur et à mesure de leur arrivée aux dépôts, ces officiers passent dans les compagnies d'instruction et de passage et servent à constituer des cadres actifs de renforts. Il existe quelques exceptions à ces règles générales, comme par exemple les officiers d'active ou de réserve titulaires du brevet d'observateur en avion ou en ballon, recevant à la mobilisation une affectation dans une formation de l'armée de l'Air selon une instruction interministérielle en réglant les conditions de détail.

Les cas particuliers de la mobilisation

Lors de la mobilisation générale, les formations mises sur pied en Corse sont initialement maintenues à la disposition du commandement local mais certaines d'entre elles pourront ensuite être transférées sur d'autres théâtres d'opérations si la situation le permet. Les personnels et matériels présents sur place doivent se suffirent à eux-mêmes et il n'est pas prévu d'y transférer des troupes en provenance du continent, à l'exception des disponibles et réservistes de 1re et 2e réserves domiciliés en Corse mais résidant sur le territoire de la RM de Paris, et des 14e et 15e RM. La Corse est également mobilisée selon les mêmes principes dans le cadre d'une mobilisation partielle du sud-est.

D'autre part, la mobilisation des hommes de tous grades tant français qu'étrangers ayant servi à la Légion Étrangère est centralisée au CM n° 145 à Sathonay. Les noyaux actifs proviennent des unités de Légion stationnées en AFN tandis qu'une compagnie de dépôt de transition est maintenue à Marseille où elle continue de fonctionner dans les mêmes conditions qu'en temps de paix. Viennent enfin les unités régionales parfois appelées territoriales, comprenant des organes de commandement et des unités élémentaires[29]. Mises sur pied par les CM des régions sans distinctions d'armes et d'après les instructions données par le général commandant la région, leur nombre est déterminé en fonction des besoins particuliers de chaque RM.

Les chars d'infanterie

À la mobilisation, les régiments de chars de combat (RCC) du temps de paix sont dissous et transformés en groupes de bataillons de chars (GBC) portant le même numéro. Ils intègrent des effectifs de réservistes et fournissent des noyaux actifs aux nouveaux BCC mis sur pied. Chargés de l'administration, de la logistique et de l'instruction des bataillons de chars de combat (BCC) qu'ils regroupent, les GBC sont destinés à être employés tactiquement en appui des DI. À la fin de la

Mise sur pied des GBC et leur transformation éventuelle

N° ou nom	Mise sur pied			Dépôt	Transformation		Chef de corps [c]	Affectation [c]
	Date	CMCC	Lieu	[a]	En	Date		
501e	25/08/1939	501	Tours	501	-	-	Col. Salvaignac	5e armée
502e	25/08/1939	502	Angoulême	502	-	-	Lt-col. Brojat	5e armée
503e	25/08/1939	503	Versailles	503	-	-	Lt-col. Fleury	2e armée
504e	02/09/1939	504	Valence	504	-	-	Lt-col. du Chouchet	4e armée
505e	25/08/1939	505	Vannes	505	4e demi-brigade de chars	15/01/1940	Lt-col. Colhen	2e DCR
506e	03/09/1939	506	Besançon	506	-	-	Lt-col. Hudry	8e armée
507e	22/08/1939	507	Metz	511	2e demi-brigade de chars	15/01/1939	Col. Roche	2e DCR
508e	?	508 [b]	Lunéville	506	-	-	Col. l'Huillier	5e armée
509e	?	509	Maubeuge	509	3e demi-brigade de chars	15/01/1940	Col. Marc	1re DCR
510e	27/08/1940	510	Nancy	504	-	-	Lt-col. Taitot	7e armée
511e	02/09/1939	507	Verdun	511	-	-	Lt-col. Wolf	3e armée
512e	?	512	Mourmelon	511	1re demi-brigade de chars	15/01/1940	Col. Sandrier	1re DCR
513e	02/09/1939	513	Rouen	503	-	-	Lt-col. de Laparre de Saint Servin	3e armée
514e	?	504	Valence	504	-	-	Lt-col. Flamant	Armée des Alpes
515e	02/09/1939	505	Vannes	505	-	-	Lt-col. Boissière	1re armée
516e	?	506	Besançon	506	-	-	Lt-col. Rottée	8e armée
517e	?	507	Mourmelon	502	8e demi-brigade de chars	15/05/1940	Lt-col. Simonin	4e DCR
518e	02/09/1939	501	Angoulême	502	-	-	Lt-col. Richert	9e armée
519e	02/09/1939	509	Maubeuge	509	-	-	Lt-col. Aubry	1re armée
520e	01/09/1939	501	Tours	501	-	-	Lt-col. Salce	3e armée
Tunisie	02/09/1939	521	Tunis	521	521e GBC	01/01/1940	?	TOAFN
Maroc	02/09/1939	522	Meknès	522	522e GBC	01/01/1940	?	TOAFN
523e	01/01/1940	-	Valence	504	-	-	?	TOMO
531e	01/01/1940	-	Bourges	511	5e demi-brigade de chars	20/03/1940	Lt-col. Maitre	3e DCR
532e	22/01/1940	-	Versailles	503	-	-	Lt-col. Girard	2e armée
533e	16/02/1940	-	Bourges	511	7e demi-brigade de chars	20/03/1940	Lt-col. Salanié	3e DCR
534e	01/03/1940	-	Vannes	505	6e demi-brigade de chars	15/05/1940	Lt-col. Sudre	4e DCR
535e	17/05/1940	-	Versailles	503	4e demi-brigade de chars	25/05/1940	Lt-col. Balland	2e DCR (renforts)

a : Au 5 décembre 1939 sauf pour les GBC créés ultérieurement. b : Aussi appelé 510e bis centre de mobilisation des chars de combat. c : Au 9 mai 1940 sauf pour les unités créées ou transformées ultérieurement.

Notes :

26 : En général le chef de corps, certains commandants d'unités et une petite minorité de sous-officiers et de soldats d'active.

27 : Ce sont les 51e, 52e, 53e,56e, 57e, 58e, 64e, 65e, 66e, et 70e DI. La principale différence des divisions « désignées » concerne leur composition organique car elles disposent d'un RA (36 pièces de 75 mm) et d'un RALD (12 pièces de 155 et 12 de 105 mm) alors que les autres n'ont qu'un RA mixte (36 pièces de 75 mm et 12 de 155).

28 : Il s'agit principalement d'officiers inaptes à faire campagne ou dégagés de leurs obligations militaires mais ayant contracté un engagement au titre des formations concernées.

29 : Les organes de commandement comprennent des commandements de régiment, de bataillons et de compagnies. Les unités élémentaires regroupent des sections de pionniers, de fusiliers-voltigeurs, de mitrailleurs, d'éclaireurs motocyclistes, de 75 portés, de transports de natures diverses et de sections réduites de chars. Ces unités sont généralement employées à la surveillance du territoire et ne sont normalement pas envoyées au front.

Les bataillons de chars de combat mis sur pied à la mobilisation et après

BCC	Type de chars	Mise sur pied ou pied de guerre				Dépôt [a]	Origine [b]	Chef de corps [c]	Affectation [c]
		Série	Date	CMCC	Lieu				
1er	R-35	Active	25/08/39	501	Tours	501	Ex I/501e RCC	Chef de Bat. Warabiot	GBC 501
2^{e}	R-35	Active	25/08/39	501	Tours	501	Ex II/501e RCC	Chef de Bat. François	GBC 501
3^{e}	R-35	Active	25/08/39	503	Versailles Satory	503	Ex II/503e RCC	Chef de Bat. Poudroux	GBC 503
4^{e}	FCM 36	Active	25/08/39	502	La Couronne	502	Ex I/502^{e} RCC	Chef de Bat. de Saint-Sernin	GBC 503
5^{e}	R-35	Active	25/08/39	502	La Couronne	502	Ex II/502^{e} RCC	Chef de Bat. Godberis	GBC 511
6^{e}	FT puis R-35	A	02/09/39	502	Angoulême	502	NA du 502^{e} RCC	Chef de Bat. Jan	GBC 518
7^{e}	FCM 36	Active	25/08/39	503	Versailles Satory	502	Ex I/503^{e} RCC	Chef de Bat. Giordani	GBC 503
8^{e}	B1 bis	Active	27/08/39	508 [d]	Jolivet	511	Ex I/508^{e} RCC	Chef de Bat. Girier	2^{e} DCR
9^{e}	R-35	Active	27/08/39	507	Verdun	503	Ex I/511^{e} RCC	Chef de Bat. Gauthier	GBC 510
10^{e}	R-35	Active	27/08/39	504	Valence	504	Ex I/504^{e} RCC	Chef de Bat. Aussenac	GBC 504
11^{e}	FT puis R-35	Active	29/08/39	504	Valence	504	Ex II/504^{e} RCC	Chef de Bat. Brun	GBC 504
12^{e}	R-35	A	29/08/39	504	Valence	504	NA du 504^{e} RCC	Chef de Bat. Sauts	GBC 511
13^{e}	H-35	A	02/09/39	505	Vannes	505	NA du 505^{e} RCC	Chef de Bat. Lemerre	GBC 515
14^{e}	H-39	Active	25/08/39	505	Vannes	505	Ex I/505^{e} RCC	Chef de Bat. Cornic	2^{e} DCR
15^{e}	B1 bis	Active	25/08/39	510	Nancy	511	Ex I/510^{e} RCC	Chef de Bat. Bourgin	2^{e} DCR
16^{e}	R-35	Active	22/08/39	506	Besançon	506	Ex I/506^{e} RCC	Chef de Bat. Bellanger	GBC 506
17^{e}	R-35	Active	22/08/39	506	Besançon	506	Ex II/506^{e} RCC	Chef de Bat. Cazalbou	GBC 516
18^{e}	FT	A	09/09/39	506	Besançon	506	NA du 506^{e} RCC	Chef de Bat. Raynel	GBC 516
19^{e}	D2	Active	27/08/39	507	Metz	507	Ex I/507^{e} RCC	Chef de Bat. Ayme	GBC 517
20^{e}	R-35	Active	25/08/39	507	Metz	501	Ex II/507^{e} RCC	Chef de Bat. Foucher	GBC 502
21^{e}	R-35	A	06/09/39	502	Mourmelon	502	NA du 507e RCC	Chef de Bat. Caillies	GBC 508
22^{e}	R-35	Active	29/08/39	510	Nancy	504	Ex II/510e RCC	Chef de Bat. Sergent	GBC 510
23^{e}	R-35	Active	01/09/39	507	Mourmelon	503	Ex I/512e RCC	Chef de Bat. Prevot	GBC 520
24^{e}	R-35	Active	24/08/39	510	Lunéville	506	Ex II/508e RCC	Chef de Bat. Delatour	GBC 502
25^{e}	H-39 puis R-35 et 40	Active	27/08/39	509	Maubeuge	509	Ex I/509e RCC	Chef de Bat. Pruvost	1re DCR
26^{e}	H-39	A	02/09/39	509	Maubeuge	509	NA du 509e RCC	Chef de Bat. Ronnot	1re DCR
27^{e}	H-39	Active	25/08/39	505	Vannes	505	Ex II/505^{e} RCC	Chef de Bat. Aubert	2^{e} DCR
28^{e}	B1 bis	Active	26/08/39	507	Mourmelon	511	Ex II/512^{e} RCC	Chef de Bat. Pinot	1re DCR
29^{e}	FT puis H-39	A	02/09/39	513	Rouen	503	NA du 503^{e} RCC	Chef de Bat. Bernier	GBC 513
30^{e}	FT	A	11/09/39	501	Tours	501	NA du 510e RCC	Chef de Bat. Vallangeon	GBC 520
31^{e}	FT	A	09/09/39	501	Tours	501	NA du 512e RCC	Chef de Bat. Lemoine	GBC 501
32^{e}	FT puis R-35	A	03/09/39	502	Angoulême	502	NA du 502e RCC	Chef de Bat. Degisors	GBC 518
33^{e}	FT	A	02/09/39	513	Rouen	503	NA du 512e RCC	Chef de Bat. Mahé	GBC 518
34^{e}	R-35	A	03/09/39	507	Mourmelon	502	NA du 507e RCC	Chef de Bat. Aleyrangues	GBC 508
35^{e}	R-35	A	02/09/39	505	Vannes	501	NA du 505e RCC	Chef de Bat. Ragaine	GBC 515
36^{e}	FT	A	05/09/39	506	Besançon	506	NA du 506e RCC	Chef de Bat. Rousselot	GBC 506
37^{e}	B1 bis	Active	23/08/39	507	Verdun	511	Ex II/511^{e} RCC	Chef de Bat. Cissey	1re DCR
38^{e}	H-35	Active	28/08/39	509	Maubeuge	509	NA du 509^{e} RCC	Chef de Bat. Chevrel	GBC 519
39^{e}	R-35	Active	28/08/39	509	Maubeuge	503	NA du 509^{e} RCC	Chef de Bat. Maurel	GBC 519
40^{e}	R-35 puis R-35 et 40	-	16/11/39	-	Nancy	509	NA du 511^{e} RCC	Chef de Bat. Deloye	11^{e} RM [e]
41^{e}	B1 bis	-	15/02/40	-	Bourges	511	NA du 511^{e} RCC	Chef de Bat. Malaguti	3^{e} DCR
42^{e}	H-39	-	16/11/39	-	Vannes	509	NA du 511^{e} RCC	Chef de Bat. Vivet	3^{e} DCR
43^{e}	R-35	-	16/11/39	-	Versailles	509	NA du 511^{e} RCC	Chef de Bat. Delacommune	GBC 532
44^{e}	R-35	-	16/11/39	-	Valence	504	NA du 511^{e} RCC	Chef de Bat. Libmann	15^{e} RM [e]
45^{e}	H-39	-	01/12/39	-	Vannes / Versailles	505	NA du 511e RCC	Chef de Bat. Bezanger	3e DCR
46^{e}	B1 bis	-	16/11/39	-	Besançon	506	NA du 511e RCC	Chef de Bat. Blandin de Chalain	5e RM [e]
47^{e}	B1 bis	-	16/11/39	-	Vannes	507	NA du 511e RCC	Chef de Bat. Petit	5e RM [e]
48^{e}	R-35 puis R-35 et 40	-	16/11/39	-	Lunéville	505	NA du 511e RCC	Chef de Bat. Massena de Rivoli	GBC 535 [f]
49^{e}	B1 bis	-	16/01/40	-	Bourges	511	NA du 511e RCC	Chef de Bat. Preclaire	3e DCR
50^{e}	FT	-	18/05/40	-	Versailles	503	NA du 511e RCC	Chef de Bat. Brossat	RM Paris
51^{e}	FCM 2C	A	03/09/39	507	Verdun	511	NA du 511e RCC	Chef de Bat. Fournet	GBC 513
BCTC	FT	A	04/09/39	504	Valence	504	NA du 504e RCC	Chef de Bat. Charles	GBC 514
61^{e}	D1	Active	02/09/39	Tunisie	Bizerte	521	61e BCC	Chef de Bat. des Rieux	Tunisie
62^{e}	R-35 et FT	Active	02/08/39	Maroc	Meknès / Fès	522	62e BCC	?	Maroc
63^{e}	R-35 et FT	Active	23/08/39	504	Beyrouth / Damas / Alep	504	63e BCC	Chef de Bat. Secher	Syrie
64^{e}	FT	Active	28/08/39	Algérie	Hussein Dey / Constantine	524	64e BCC	?	Algérie
65^{e}	D1	Active	02/09/39	Tunisie	Gabes	521	65e BCC	Chef de Bat. Charre	Tunisie
66^{e}	FT	Active	02/09/39	Maroc	Casablanca	522	66e BCC	Chef de Bat. Janin	Maroc
67^{e}	D1	Active	03/09/39	Tunisie	Bizerte	521	67e BCC	Chef de Bat. Valleteau	Tunisie
68^{e}	R-35	B	01/11/39	-	Besançon	506	Divers	Chef de Bat. Murat	Syrie

a : Au 5 décembre 1939, sauf pour les BCC créés ultérieurement. b : NA : Noyau actif. c : Au 9 mai 1940 sauf mention contraire. d : Aussi appelé 510e bis centre de mobilisation des chars de combat. e : Puis 4e DCR à partir du 15 mai 1940 ou dans les jours qui suivent. f : Puis 2e DCR le 20 mai 1940.

concentration, 22 GBC ont été mobilisés à partir des unités d'active. En métropole ils sont numérotés de 501 à 520, tandis qu'en AFN ils portent le nom du territoire où ils sont déployés. Ces GBC d'AFN seront ensuite numérotés 521e et 522e d'après le numéro de dépôt dont ils dépendent, tandis qu'un nouveau GBC, le 523e, sera créé pour le Levant. Après la mobilisation, d'autres GBC seront mis sur pied tandis que certains seront transformés en brigades de chars pour être affectés aux DCR. Chacune d'entre elles doit recevoir une demi-brigade dite lourde, rassemblant deux BCC de chars B1 bis, et une seconde dite légère, dotée de deux BCC d'H-39.

Défilé de camions porte-chars de 7,5 t Saurer 6 BL chargés de chars FT du 62e BCC. Quel paradoxe de voir ces antiques blindés portés par des camions aussi modernes. Mais ce BCC sera partiellement rééquipé ultérieurement de char R-35. Son insigne, présenté en bas à droite, est clairement visible sur les queues de franchissement des FT ici repliées pour faciliter leur transport. Coll. A. Alvarez

Les BCC initialement mobilisés portent les numéros 1 à 39, auxquels il faut ajouter le bataillon de chars des troupes coloniales (BCTC) et le 51e BCC doté de chars lourds FCM 2C. Outre-mer, les bataillons portent les numéros 61 à 67. Au fur et à mesure des disponibilités, certains BCC de FT échangeront leurs engins contre des chars modernes, tandis que de nouveaux GBC et demi-brigades seront mis sur pied pour encadrer les nouveaux BCC créés. Il y aura ensuite différentes réorganisations et certains BCC passeront d'un GBC à l'autre. L'on procédera aussi à la suppression de certains dépôts de chars menant à la réaffectation des unités qui en dépendaient.

Les bataillons de manœuvre

Une fois la mobilisation générale achevée, la direction de l'infanterie constate que les dépôts de chars disposent encore d'effectifs importants nécessitant une instruction sur chars modernes. D'autre part, les possibilités d'accueil de ces dépôts ne permettront pas de loger en même temps les cadres et les troupes déjà cantonnées et les recrues devant être incorporées en octobre 1939. Enfin, les usines de fabrication de chars modernes fournissent de nouveaux engins chaque semaine restant sans emploi jusqu'à ce que leur nombre soit suffisant pour constituer un nouveau BCC. Aussi, cette direction propose de constituer des bataillons de manœuvre [30], solution permettant en outre d'augmenter la durée de formation des hommes et d'améliorer le niveau de cohésion de l'unité avant même la création du BCC. Ces bataillons se composeraient du personnel disponible dans les dépôts et d'un petit noyau de spécialistes et de mécaniciens de chars fournis par les armées, ces derniers étant choisis selon les engins dont les bataillons de manœuvre doivent être dotés. Leur composition serait similaire à celle des BCC, mais ils ne recevraient initialement que des FT et si possible quelques chars modernes ainsi que les véhicules indispensables pour assurer le fonctionnement de leurs services et l'instruction des conducteurs et ouvriers. Il est également préconisé d'installer les bataillons de manœuvre à proximité des dépôts pour d'évidentes raisons pratiques.

Peu à peu, leurs dotations seraient complétées en fonction de la disponibilité des matériels sortant d'usine. La méthode permettrait de les mobiliser en tant que BCC en 3 à 4 semaines pour les chars légers et environ 1 mois pour les B1 bis, une fois leurs dotations théoriques entièrement réalisées, l'ensemble de la préparation technique, tactique et morale de leurs effectifs

Les bataillons de manœuvre

N°	Type de char	Création			Date de mobilisation	Affectation
		date	Dépôt	Lieu		
40e	H-35 M39	16/11/1939	510	Nancy	20/05/1940	2e DCR
41e	B1 bis	01/11/1939	511	Bourges	15/02/1940	3e DCR
42e	H-35 M39	16/11/1939	509	Vannes	15/02/1940	3e DCR
43e	R-35	16/11/1939	503	Versailles	15/02/1940	GBC 532 (3e armée)
44e	R-35	16/11/1939	504	Valence	15/05/1940	4e DCR
45e	H-35 M39	01/12/1939	505	Vanne et Versailles	15/03/1940	3e DCR
46e	R-35 puis B1 bis	16/11/1939	506	Besançon	10/05/1940	4e DCR
47e	D2 puis B1 bis	16/11/1939	507	Vannes	15/05/1940	4e DCR
48e	H-35 M39 puis R-35 et R-40	16/11/1939	508	Lunéville	20/05/1940	2e DCR

Dotations initiales théoriques de véhicules des bataillons de manœuvre et d'instruction

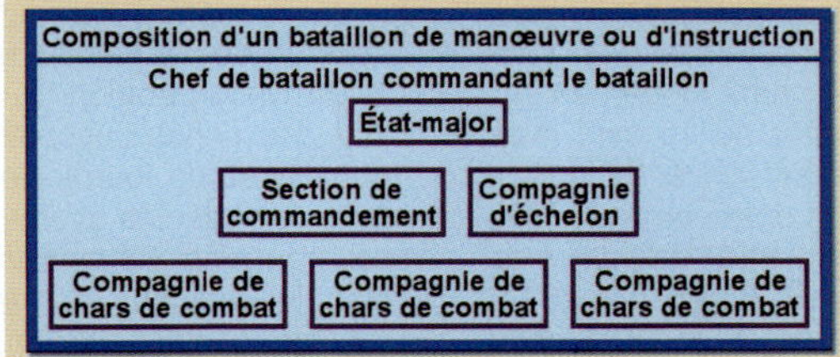

Type de bataillon	Dotations en véhicules											
	Chars modernes	Chars FT	Camions porte-chars	Camions ateliers	Tracteurs de dépannage	Remorque à 4 roues	Remorques à 2 roues	Voitures de liaison	Camionnettes	Camions	Voitures sanitaires	Motos-solos
Bataillon de manœuvre de type R-35 ou H-35 M39	3	42	1	1	1	-	4 b	3	3	2	1	8
Bataillon de manœuvre de type D	3	42	-	1	1	1 a	4 b	3	3	2	1	8
Bataillon de manœuvre de type B	3	30	-	1	1	1 a	4 b	3	3	2	1	8
Bataillon d'instruction de type chars légers modernes	3	33	1	-	-	-	4 c	3	3	4 d	1	8
Bataillon d'instruction de type chars moyens	3	21	1	-	-	-	4 c	3	3	4 d	1	8

a : Type Coder. b : Toutes sont des cuisines roulantes. c : Dont une cuisine roulante. d : Dont un ensemble atelier porté sur 2 camions pouvant être provisoirement remplacé par 1 camion aménagé en atelier, 1 camion de 5 t de ravitaillement et 1 camion de 5 t d'approvisionnement.

Chars FT et leurs équipages. L'engin n'a plus sa place dans une armée moderne mais il est encore présent en nombre au sein des BCC lors de la mobilisation. Au fur et à mesure des sorties de production de chars légers modernes, leur nombre va diminuer mais il ne disparaitront pas des effectifs. Comme l'on pouvait s'y attendre leur engagement dans certains combats n'aura aucun impact significatif, malgré le courage de leurs équipages, partant au feu en étant parfaitement conscients de l'obsolescence de leurs engins. US NARA

Notes :
30 : Par la Note 4432 BT/1-CC du 4 octobre 1939.

Char FCM 36 n° 300068 déchargé d'un camion.
Quel contraste saisissant entre ce char léger moderne et le FT alors que leurs conceptions ne sont éloignées que d'une vingtaine d'années. Cette comparaison met en valeur l'ampleur et la rapidité des évolutions techniques séparant les deux guerres. US NARA

ayant été assuré auparavant. Cette idée pertinente est rapidement suivie d'effets et le ministre de la Défense nationale et de la Guerre ordonne le 7 octobre [31] la création de 9 bataillons dits « de manœuvre » dont les effectifs seront ceux des BCC de chars modernes. Chacun d'entre eux reçoit un numéro qu'il conservera en temps que BCC. Il est à l'origine prévu de constituer les 43e, 44e et 46e bataillon de manœuvre de chars R-35, les 40e, 42e, 45e et 48e de H-35 M39, le 41e de B1 bis et le 47e de D2.

Les dotations de chars initialement prévues pour les bataillons de manœuvre comprennent 3 engins modernes et 42 FT pour ceux devant être dotés de chars légers ou D, et 30 FT pour celui devant recevoir des B1 bis, respectant ainsi les quantités d'appareils prévues par les TEG des BCC. Les vieux Renault seront versés aux compagnies de combat tandis que les engins modernes et 3 FT à la compagnie d'échelon. Alors que les bataillons de manœuvre sont en cours de mise sur pied, les sorties de matériels vont permettre dès la fin novembre de les doter de leurs engins définitifs [32] à l'exception du 41e, celui-ci étant en cours de réception de 12 B1 bis. Les bataillons de chars légers reçoivent tout d'abord leurs 3 engins modernes, un lot de dépanneurs de compagnie et leurs FT dont les quantités ont été ramenées à 25 chars mitrailleuses et 8 chars canons désarmés, ces dotations étant ensuite achevées par la livraison de 42 chars modernes [33].

Seul le 45e bataillon recevra ses engins à partir du 15 avril mais cette unité, principalement mise sur pied avec du personnel de la gendarmerie et de la Garde Républicaine mobile, sera dotée de R-35 M39 armés du canon long de 37 mm SA 38 [34]. D'autre part, les sorties de matériels engendreront ensuite la transformation sur B1 bis des 46e et 47e bataillons. Ils formeront la 6e demi-brigade de la 4e DCR qu'ils rejoindront respectivement les 16 et 20 mai 1940. Quant au 48e, il sera rééquipé dans l'urgence en mai 1940 de 16 R-35 et 29 R-40 et affecté à la 2e DCR lors de sa phase de reconstitution. Globalement, hormis le 43e, tous les bataillons de manœuvre seront intégrés aux demi-brigades des DCR.

La dislocation des bataillons d'instruction a

Bataillon	Dépôt	Nombre de sections de protection créées le			Nombre de compagnies de protection créées le	
		11 mai	13 mai	15 mai	13 mai	23 mai b
101e	501	4	-	1	1	1
102e	502	-	3	2	1	1
103e	503	4	-	1	1	-
104e	504	2	2	1	-	-
105e	505	5	-	-	1	2 c
106e	511	5	-	-	-	-
107e	507	-	3	2	1	-
108e	511	5	0	-	-	-
109e	509	-	2	3	1	-
110e	501	4	-	1	1	1
Total	-	**29**	**10**	**11**	**7**	**5**

a : Une compagnie comporte 4 sections. b : Directement par les dépôts, les bataillons d'instruction ayant été dissous. c : Par les dépôts n° 505, 507 et 509.

Les bataillons d'instruction

Le 26 février 1940, la direction de l'infanterie dresse un premier bilan concernant la mise sur pied des bataillons de manœuvre mettant en évidence certaines difficultés [35]. Tout d'abord, il a été constaté que les appelés du contingent incorporés en novembre 1939 et suivant une formation de 2 mois d'opérateur radio sur char B1 bis ne pourront entrer dans la composition de ces bataillons car ils sont en majorité destinés à la mise sur pied des 1re et 2e DCR. Ensuite, il semble impératif de laisser un délai minimum de 15 jours aux bataillons de manœuvre, une fois leurs dotations achevées, avant de les mobiliser afin qu'ils puissent s'adapter à la disponibilité de la totalité de leurs matériels. Cette constatation s'impose également du fait de la seule présence de 3 chars légers à la mise sur pied du bataillon, ce qui est fort peu pour familiariser les compagnies de combat à leurs futurs engins.

Le 16 mars, l'expérience acquise amène le ministre à ordonner la création de 10 bataillons dits d'instruction [36] numérotés de 101 à 110 avant l'incorporation du prochain contingent. L'objectif est de constituer des unités susceptibles de se transformer en bataillons de manœuvre ou de fournir des renforts d'importance variable afin de satisfaire aux besoins éventuels des armées. Les effectifs initiaux se composeront des 2/3 du personnel prévu aux TEG des BCC, les troupes étant constituées par les recrues incorporées en novembre 1939. L'existence des bataillons d'instruction sera éphémère car leur dissolution sera ordonnée le 21 mai [37] en fonction des évènements. Tous les bataillons d'instruction seront d'ailleurs disloqués avant cette date, à partir du 11 mai, pour former des sections et des Cies de protection dotées de chars FT majoritairement affectées à la protection d'usines ou de terrains d'aviation. Les véhicules encore disponibles seront reversés à leurs dépôts de rattachement afin d'être redirigés au plus vite vers l'ERGM de Gien pour être affectés à des unités combattantes. Certains éléments restants seront parfois directement transférés à des BCC.

Cérémonie rendant hommage au maréchal Foch le 10 juin 1939.
La scène se passe devant l'École militaire, sur le Champs de Mars et les élèves de Polytechnique, facilement reconnaissables à leurs uniformes, sont alignés devant la statue du maréchal. Au premier plan, trône une pièce de 155 GPF provenant d'un régiment de la 2e subdivision de la réserve générale d'artillerie. Bien qu'un peu lourd, ce canon est un excellent matériel. Il sera amélioré avec la version GPFT afin de lui donner des possibilités de déplacement en terrains variés. L'US Army, qui utilisait déjà la pièce française, l'améliorera également à plusieurs reprises avec les versions surnommées « Long Tom », M1, M2, et enfin M59, qui serviront durant la Seconde Guerre mondiale et celle de Corée.

Les subdivisions de la réserve générale d'artillerie

1re subdivision :
- Artillerie lourde sur voie ferrée,
- Batteries de repérage,
- Parc d'ALVF et le parc annexe.

2e subdivision :
- Artillerie lourde puissante à tracteurs et chenillée,
- Artillerie lourde portée,
- Artillerie légère portée et à tracteurs tous terrains,
- Batteries antichars automobiles,
- Sections de Caterpillar,
- Parcs de révision automobile.

3e subdivision :
- Artillerie lourde hippomobile,
- Artillerie de position, de forteresse et de tranchée,
- Batteries antichars hippomobiles.

4e subdivision :
- Parcs de réparation automobile,
- Parcs d'entrepôts de matériel,
- Parcs d'essence et d'ingrédients de réserve générale,
- Service d'artillerie de gare régulatrice.

5e subdivision :
- Artillerie de défense contre aéronefs.

N°	Catégorie	Armement	Affectation
Numérotation, armement et affectation des régiments d'artillerie à la mobilisation			
1 à 70 a	Artillerie légère divisionnaire hippomobile	75	DI, DIA, DINA, SF, RF et RG d'artillerie (4e sub.) b
	Artillerie légère divisionnaire motorisée	75	
	Artillerie légère mixte divisionnaire hippomobile	75 et 155 C	
71 à 79	Artillerie divisionnaire de division de cavalerie	75 ou 105 C	DC et DLM
	Artillerie divisionnaire de division légère mécanique	75 ou 105 C	
80 à 90	Artillerie d'Afrique	75 et 155 C	DIA et DINA
93 à 98 a	Artillerie de montagne	75 M et 105 M	DI de montagne
101 à 140	Artillerie lourde de corps d'armée hippomobile	105 L et 155 L	CA
	Artillerie lourde de corps d'armée automobile	105 L et 155 L	
141 à 149	Artillerie lourde hippomobile de réserve générale	155 L 13, L 17 et L 18	RG d'artillerie (3e sub.)
150 à 170	Artillerie de position et de forteresse	Matériels divers	RG d'artillerie ou de RF (3e sub.)
171 à 179	Artillerie lourde puissante automobile (à tracteurs)	220 L et 280 M	RG d'artillerie (2e sub.)
181 à 189	Artillerie lourde à tracteurs (canons longs)	155 GPF et 155 Mle 16	RG d'artillerie (2e sub.)
	Artillerie lourde puissante automobile (sur chenilles)	194 sur chenilles	
190 à 199	Artillerie lourde à tracteurs (canons courts)	220 C Mle 16	RG d'artillerie (2e sub.)
	Artillerie lourde puissante automobile (sur chenilles)	280 sur chenilles	
201 à 299	Artillerie lourde divisionnaire hippomobile ou motorisée	155 C Schneider Mle 17 ou St-Chamond, ou 105 C	DI
301 à 349	Artillerie légère portée ou à tracteurs tous terrains	75 et 105 C	RG d'artillerie (2e sub.)
351 à 359	Artillerie lourde portée	105 L Mle 13	RG d'artillerie (2e sub.)
361 à 369	Artillerie lourde portée	105 L Mle 17	RG d'artillerie (2e sub.)
370 à 379	Artillerie lourde sur voie ferrée	Tous calibres	RG d'artillerie (1re sub.)
380 à 390	Artillerie mixte divisionnaire d'Afrique	75, 90 et 65 M	Afrique du Nord
401 à 410	Défense contre aéronefs	75 CA automobile Mle 13/34 sur remorque et 17/34, projecteurs de 120	RG d'artillerie (5e sub.)

a : A l'exception du 2e RA de montagne. b : Subdivision de réserve générale.

L'artillerie

En temps de paix, les régiments d'artillerie sont endivisionnés ou placés en réserve générale ou régionale. Un régiment d'artillerie de division d'infanterie du temps de paix regroupe en général trois groupes légers dotés de pièces de 75 mm Mle 1897 et deux groupes lourds de 105 et 155 mm courts. À la mobilisation, ils se dédoublent et forment un régiment léger de 3 groupes de 75 mm et un régiment lourd de 2 groupes de 105 et de 155 mm courts. Il existe ensuite d'autres régiments, équipés de pièces de tous calibres, certains ayant des spécificités particulières comme l'artillerie tractée tout-terrain des divisions de cavalerie, celle de région fortifiée, de montagne ou l'artillerie lourde sur voie ferrée (ALVF). Hormis cette dernière, la majorité de ces unités est hippomobile, mais la part du moteur ne cesse de croitre.

Lors de la mobilisation générale, les matériels d'artillerie sont toujours répartis entre les Grandes Unités et la réserve générale mais le nombre de régiments et de batteries augmente considérablement. L'artillerie organique des divisions et des CA correspond à la quantité maximum de pièces capables de suivre l'Infanterie ou la cavalerie en toutes circonstances avec leur indispensable ravitaillement. Divisions et CA mènent ainsi le combat avec une artillerie qui leur est propre et la liaison infanterie-artillerie donne alors son meilleur rendement. Tous les régiments organiques des DI motorisées, des DCR, des divisions de cavalerie, ainsi que ceux de certains CA ou de réserve générale sont entièrement motorisés, certains d'entre eux étant dotés de tracteurs tout-terrain.

Les autres régiments forment la réserve générale d'artillerie (RGA), organisée en subdivisions, l'ensemble étant une artillerie supplémentaire dont dispose le commandement. La RGA sert à constituer les artilleries d'armées et à renforcer temporairement celle des Grandes Unités si cela s'avère nécessaire. Le renforcement des artilleries par la RGA peut amener les divisions ou les CA à disposer d'un nombre de pièces considérable, parfois égale à quatre ou cinq fois leur artillerie organique. Alourdissant l'exercice de leur commandement, cette concentration éventuelle de pièces est normalement organisée en groupements. Placé sous un commandement unique, souvent exercé par l'un des chefs de corps des RA concernés chaque groupement est positionné dans le même secteur géographique et reçoit des missions d'ensemble de manière à faciliter la recherche et l'exploitation des renseignements ainsi que la mise en œuvre des moyens d'observation.

Afin d'assurer le meilleur rendement dans la transmission des ordres, chaque groupement comporte un maximum de trois ou quatre groupes adaptés au dispositif des unités d'Infanterie qu'il soutient, en respectant les liens organiques dont le maintien est indispensable au bon rendement des unités. Cependant, bien que le groupement de base soit le régiment, les circonstances du combat peuvent conduire à constituer des groupements formés de groupes prélevés sur plusieurs régiments. En résumé, un groupement est l'ensemble de plusieurs groupes d'artillerie réunis sous un même commandement pour l'exécution d'une mission commune. Cette répartition en groupements n'est d'ailleurs pas une spécialisation absolue et définitive, toutes les batteries d'une division ou d'un CA pouvant aussi recevoir une mission de tir unique en fonction des circonstances.

La cavalerie

En raison de la forte implication des unités combattantes de la cavalerie dans la couverture des frontières pour des missions durant lesquelles leurs unités seront déployées de isolément, leurs échelons « a » sont particulièrement conséquents. Leurs dotations automobiles ou en équidés, ainsi que leurs moyens de combat et leurs matériels

Unité motocycliste de cavalerie durant une halte. La cavalerie est bien souvent la première à entrer au contact de l'ennemi et la dernière à rompre le combat. De toute évidence, il doit s'agir ici d'une manœuvre ou d'un déplacement dans un secteur situé loin du front, car les véhicules ainsi alignés représenteraient une cible de choix pour l'aviation ennemie, surtout en plein jour. La dizaine de motos solos visible ici précède une colonne de motos side-cars.

Notes :
31 : Par la DM 4455 BT/1I-CC-S.
32 : Deux notes successives datées des 15 et 28 novembre 1939 en précisent les attributions (respectivement 5245 BT/1-CC et 5530 BT/1-CC).
33 : Dans l'ordre : 43e, 44e et 46e pour les bataillons de R-35, et 40e, 42e et 48e pour les H-35 M39 puis suivront les autres véhicules prévus aux TEG.
34 : Il sera ensuite décidé d'échanger les engins de l'une de ses Cies avec le 42e BCC dont les chars sont équipés de l'ancienne pièce.
35 : Note 1958 BT/CC.
36 : Par la DM 2624 BT/1-CC-S.
37 : Par la DM 5436 BT/1-CC.

Les brigades et les régiments de cavalerie embrigadés en métropole lors de la mobilisation générale et après							
Unité	Série	Début de mobilisation			Dépôt	Chef de corps	Affectation
		Date	CMC	Lieu			
1re B^{de} légère mécanique	Active	27/08/39	6	Reims	6	Col. de Bauer	1re DLM
2e B^{de} légère mécanique	Active	27/08/39	6	Verdun	6	Col. de Beauchesne	1re DLM
3e B^{de} légère mécanique	Active	27/08/39	41	Melun	41	Gén. Testard	2e DLM
4e B^{de} légère mécanique	Active	27/08/39	41	Saint-Germain	61	Gén. Lacroix	2e DLM
5e B^{de} légère mécanique	-	01/02/40	-	Saint-Germain	9	Gén. de la Font	3e DLM
6e B^{de} légère mécanique	-	01/02/40	-	Saint-Germain	61	Col. Dodard des Loges	3e DLM
1re B^{de} de cavalerie	Active	27/08/39	9	Angers	9	Gén. Gailliard	2e armée
2e B^{de} de cavalerie	Active	27/08/39	4	Alençon	4	Gén. d'Humières	1re DLC
3e B^{de} de cavalerie	Active	27/08/39	20	Saint-Avold, Lunéville	20	Col. du Bessey de Contenson	2e DLC
4e B^{de} de cavalerie	Active	27/08/39	20	Lunéville	20	Col. Marteau	4e DLC
5e B^{de} de cavalerie	Active	27/08/39	21	Rambouillet	21	Gén. Maillard	3e DLC
6e B^{de} de cavalerie	Active	27/08/39	2	Sedan	2	Gén. Brown de Colstou	5e DLC
11e B^{de} légère motorisée	-	10/02/40	-	Saint-Germain	14	Gén. Moulin	1re DLC
12e B^{de} légère motorisée	-	10/02/40	-	Saint-Germain	20	Gén. Gastey	2e DLC
13e B^{de} légère motorisée	-	10/02/40	-	Saint-Germain	21	Col. Laffeuillade	3e DLC
14e B^{de} légère motorisée	-	16/02/40	-	Saint-Germain	41	Col. François du Temps	4e DLC
15e B^{de} légère motorisée	-	16/02/40	-	Saint-Germain	14	Col. Evain	5e DLC
1re B^{de} de spahis	Active	27/08/39	2	Compiègne	2	Col. Jouffrault	3e armée
2e B^{de} de spahis	Active	27/08/39	14	Vienne	34	Gén. Foiret	8e armée
3e B^{de} de spahis	-	24/10/39	-	XVe région militaire	2	Col. Marc	9e armée
1er régiment de cuirassiers	-	01/01/40	COMC	Fontevrault	9	Lt-Col. de Vernejoul	5e BLMéca.
2e régiment de cuirassiers	-	01/01/40	COMC	Fontevrault	9	Lt-Col. Touzet du Vigier	5e BLMéca.
4e régiment de cuirassiers	Active	27/08/39	6	Reims	6	Lt-Col. Poupel	1re BLMéca.
5e régiment de cuirassiers	Active	27/08/39	20	Strasbourg, Baccarat	40	Col. Saison	3e BC
6e régiment de cuirassiers	Active	27/08/39	6	Verdun	6	Col. Dario	2e BLMéca.
8e régiment de cuirassiers	Active	27/08/39	61	Saint-Germain	61	Lt-Col. Morio	4e BLMéca.
11e régiment de cuirassiers	Active	27/08/39	6	Paris	21	Col. Labouche	15e BLM
12e régiment de cuirassiers	-	01/01/40	COMAM	Montlhéry	61	Col. Leyer	6e BLMéca.
1er régiment de dragons portés	Active	27/08/39	21	Pontoise	61	Col. Meric de Bellefon	4e BLMéca.
2e régiment de dragons portés	Active	27/08/39	21	Paris	21	Lt-Col. Watteau	13e BLM
3e régiment de dragons portés	Active	27/08/39	20	Lunéville	20	Lt-Col. Reboul	12e BLM
4e régiment de dragons portés	Active	27/08/39	6	Verdun	6	Col. de Vincens de Causans	2e BLMéca.
5e régiment de dragons portés	A	27/08/39	14	Lyon	14	Lt-Col. Durand de Villiers	11e BLM
6e régiment de dragons	Active	27/08/39	21	Vincennes	21	Col. Jacottet	5e BC
8e régiment de dragons	Active	27/08/39	20	Lunéville	20	Col. Cuny	4e BC
11e régiment de dragons portés	A	07/09/39	21	Saint-Germain	61	Col. Revouy	6e BLMéca.
13e régiment de dragons	Active	27/08/39	21	Melun	41	Col. Juin de Baisse	3e BLMéca.
14e régiment de dragons portés	A	03/09/39	9	Angers	9	Chef d'Esc. Pommares	14e BLM
15e régiment de dragons portés	A	07/09/39	14	Lyon	14	Lt-Col. Chaumont-Morlière	15e BLM
18e régiment de dragons	Active	27/08/39	6	Reims	6	Lt-Col. Pinon	1re BLMéca.
19e régiment de dragons	Active	27/08/39	24	Dinan	24	Lt-Col. Chaillan Belval	2e BC
29e régiment de dragons	Active	27/08/39	41	Provins	41	Col. Baruteau	3e BLMéca.
31e régiment de dragons	Active	27/08/39	20	Lunéville	20	Col. Rey	4e BC
1er régiment d'automitrailleuses	Active	27/08/39	8	Troyes	8	Lt-Col. Barazer de Lannurien	11e BLM
2e régiment d'automitrailleuses	Active	27/08/39	20	Strasbourg, St-Avold, Lunéville	20	Chef d'Esc. de Varine Bohan	12e BLM
3e régiment d'automitrailleuses	Active	27/08/39	21	Paris, Vincennes	21	Lt-Col. le Couteulx de Caumont	13e BLM
4e régiment d'automitrailleuses	-	20/01/40	COMAM	Montlhéry	41	Lt-Col. Grevy	14e BLM
5e régiment d'automitrailleuses	-	01/02/40	COMAM	Montlhéry	61	Lt-Col. le Pelletier de Woillemont	15e BLM
1er régiment de chasseurs à cheval	Active	27/08/39	4	Alençon	4	Lt-Col. d'Amonville	2e BC
8e régiment de chasseurs à cheval	Active	27/08/39	5	Orléans	5	Col. Caldairou	1re BC
12e régiment de chasseurs à cheval	Active	27/08/39	2	Sedan	2	Col. Lesne	6e BC
18e régiment de chasseurs à cheval	Active	27/08/39	20	St-Avold, Forbach, Morhange	20	Col. Delpit	3e BC
1er régiment de hussards	Active	27/08/39	9	Angers	9	Lt-Col. de Goulard	1re BC
4e régiment de hussards	Active	27/08/39	21	Rambouillet	21	Col. Chiappini	5e BC
2e régiment de Spahis algériens	Active	02/09/39	CMA2	Tlemcen, Tiaret, Sidi-Bel-Abbès	2	Col. Burnol	3e BS
6e régiment de Spahis algériens	Active	27/08/39	2	Compiègne	2	Lt-Col. de Goutel	1re BS
7e régiment de Spahis algériens	Active	27/08/39	17	Montauban	17	Lt-Col. de Torcy	2e BS
9e régiment de Spahis algériens	Active	27/08/39	14	Vienne	14	Col. Peillon	2e BS
2e régiment de Spahis marocains	Active	02/09/39	CMA2	Marrakech, Tiznit, Settat	2	Col. Geoffroy	3e BS
4e régiment de Spahis marocains	Active	27/08/39	2	Senlis	2	Lt-Col. Roman-Amat	1re BS

divers et de subsistance sont disponibles dès le temps de paix dans leur immense majorité. Celles des autres formations mobilisées de la cavalerie, du service vétérinaire et de celui des remontes sont faites par les armées et le territoire.

Similaire à celle de l'infanterie, la mobilisation de la cavalerie en diffère néanmoins par plusieurs aspects. Tout d'abord, la mise sur pied de nombreux groupes de reconnaissance[38] est faite à l'aide de troupes d'active provenant de la dissolution des régiments semi-motorisés du temps de paix. Autre particularité, les QG des DC et des DLM sont entièrement mobilisés par les centres de mobilisation du train, les personnels entrant dans leur composition étant fournis par ceux de la cavalerie stationnés à proximité des EM de divisions de cavalerie du temps de paix. Ils comprennent en théorie au moins trois officiers de réserve. Les EM de brigades existant en temps de paix ne

Régiments de cavalerie du temps de paix dissous pour former des groupes de reconnaissance	
Régiments dissous	**GR formés**
9e régiment de dragons	3e et 92e GRDI, 10e GRCA
10e régiment de dragons	5e, 26e, 34e et 72e GRDI, 21e GRCA
20e régiment de dragons	2e, 18e, 21e, 27e et 93e GRDI, 23e GRCA
30e régiment de dragons	37e GRDI, 44e et 45e GRRF, 8e GRCA
9e régiment de cuirassiers	20e, 22e et 91e GRDI, 20e GRCA
7e régiment de chasseurs à cheval	1er, 15e et 73e GRDI, 2e et 6e GRCA
13e régiment de chasseurs à cheval	4e, 25e et 17e GRDI, 9e GRCA
2e régiment de hussards	25e, 39e, 71e et 74e GRDI, 16e GRCA
3e régiment de hussards	16e, 32e et 94e GRDI, 46e GRRF, 15e GRCA

Règles de numérotation des groupes de reconnaissance à la mobilisation		
N°	**Affectation**	**Règle de numérotation**
GRDI n° 1 à 10	DI motorisées	Pas de correspondance avec le n° de la DI
GRDI n° 11 à 49	DI métro. de série A et GRRF	Pas de correspondance avec le n° de la DI
GRDI n° 50 à 70	DI métropolitaines de série B	Pas de correspondance avec le n° de la DI
GRDI n° 71 à 79	DI coloniales	N° de la DIC + 70
GRDI n° 80 à 90	DI d'Afrique	N° de la DIA. Le n° 80 est affecté à la 1re DM
GRDI n° 91 à 100	DI nord-africaines	N° de la DINA + 90
GRCA n° 1 à 5	CA motorisés	Pas de correspondance avec le n° du CA
GRCA n° 6 à 26	CA de type normal	Pas de correspondance avec le n° du CA

AMC P16 du 2e GAM probablement prise aux manœuvres de Champagne en septembre 1935. Toujours en service en 1940, ce véhicule est bien loin des standards des AM modernes. Son faible blindage de 11,5 mm maximum apporte peu de protection à l'équipage mais son armement, composé du jumelage d'une pièce de 37 mm SA 17 et d'une mitrailleuse MAC Mle 31 fait encore bonne figure. US NARA

reçoivent normalement pas d'autre personnel de l'active que celui de leur échelon « a ». Enfin, les chef d'EM des brigades légères mécaniques sont directement désignés par le ministre.

Plus généralement, les formations de cavalerie comprennent des éléments entrant dans la composition des armées, des CA, des DC, des DLM et des DI. Ils se composent de GRCA type normal ou motorisé, de GRDI et de GRRF type normal ou motorisé avec ou sans AM, et de type outre-mer. Il existe aussi, de groupes autonomes motorisés de chasseurs d'Afrique, d'escadrons de réparation ou antichar divisionnaires, d'escadrons de défense du littoral, de pelotons de cavaliers régimentaires d'AFN, et de services vétérinaires ou de remonte. Les formations du territoire sont exclusivement constituées avec du personnel de la réserve à l'exception de l'École militaire et d'application de la cavalerie et du train qui conserve une proportion de personnel d'active, et des dépôts de guerre devant recevoir des cadres administratifs fournis par les régiments de cavalerie endivisionnés. Une nouvelle série de GRDI numérotée à partir de 121 sera créée pour être affectée aux divisions mises sur pieds tardivement comme les DLI.

Le génie

À la mobilisation, les régiments de génie du temps de paix sont dissous et forment les éléments actifs d'une multitude de petites unités réparties au sein de très nombreuses formations de l'armée, du territoire ou de la réserve générale. Elles seront ensuite portées sur le pied de guerre par les réservistes mobilisés par les CM du génie. Chaque Grande Unité reçoit par exemple un bataillon de génie comprenant un nombre de compagnies variables. Ceux d'une division ou d'un CA se composent de 2 ou 3 Cies de sapeurs-mineurs et éventuellement une Cie d'équipage de pont et une autre de parc. Au delà des formations destinées aux armées, il existe un grand nombre d'unités mobilisées dans les territoires, comme des directions régionales ou techniques, des chefferies, des parcs, des centres d'instruction, des réseaux d'écoute, ou des centres d'élevage colombophile.

Hormis les nombreuses unités spécialisées dont le tableau de la page suivante donne un aperçu, les trois principales familles des troupes du génie mises sur le pied de guerre sont les sapeurs-mineurs, les sapeurs de transmissions, et les sapeurs de chemins de fer. Les premiers constituent l'élément essentiel du génie des Grandes Unités. Ils sont susceptibles d'effectuer toutes les tâches techniques du champs de bataille et sont normalement employés aux travaux spéciaux d'organisation des positions, aux destructions de toute nature, à la recherche et à la neutralisation des dispositifs de destruction ennemis, à la création, au rétablissement et à l'entretien des voies de communication (routes et pistes), au franchissement des obstacles comme les coupures humides, et à l'exécution de la guerre de mine. Ils peuvent également être utilisés aux travaux courants d'organisation des positions ou d'installation des troupes en cas de stationnement prolongé, et à la construction des ponts sur supports fixes ou flottants. Ces nombreuses missions leur imposent de disposer d'un grand nombre de matériels, d'outils et d'explosifs de toutes sortes, ainsi que des véhicules permettant de les emporter.

À partir du 3 novembre 1939, l'organisation et la numérotation des unités de génie sont modifiées [39]. Du fait de leur grand nombre, il serait fastidieux de fournir ici le détail de leur ancienne et nouvelle numérotation, mais il est possible de proposer les raisons de cette modification, comme le rappelle la note 3087 1/FT du 11 février 1940 : « *Afin de lever toute ambiguïté dans l'appellation des formations des armées du génie et des transmissions, il sera procédé à la date du 1er mars 1940 à un changement de numérotage de ces unités. Les caractéristiques du nouveau numérotage adopté sont les suivantes : Les bataillons ont tous un numéro distinct, quelle que soit leur spécialité ; Les compagnies sont désignées par un nombre fractionnaire. Le numérateur est le numéro du bataillon (cas des compagnies dans les bataillons) ou un numéro conventionnel (cas de compagnies isolées). Le dénominateur est le numéro actuel de compagnie ou un numéro conventionnel définissant le type de la compagnie.* »

La principale modification de cette réorganisation des troupes du génie aux armées concerne la dissolution des bataillons de sapeurs-mineurs de division et de CA le 16 novembre 1939, leurs compagnies devenant autonomes [40]. D'autres unités de génie se voient affecter une série de chiffres en fonction de leur spécialité comme par exemple les Cies télégraphiques, prenant une numérotation fractionnaire en X/81e, ce dernier chiffre étant attribué à cette spécialité. Autre exemple, les Cie de construction de voies ferrées de 60 cm se voient attribuer la série de numéros comprise entre 631 et 650, certaines spécialités pouvant être fractionnées en fonction du nombre de numéros attribués, comme par exemple les

Passage d'une batterie d'artillerie sur un pont d'équipage du génie. Il s'agit ici de manœuvres datant des années 1930. Les pièces sont tractées par des P 107 bien plus modernes que les P 17 qu'ils remplacent au sein des unités d'artillerie légère. À noter la présence d'une mitrailleuse Mle 1907 sur le véhicule du premier plan.

Notes :
38 : Les groupes de reconnaissance de DI (GRDI), de région fortifiée (GRRF) et de CA (GRCA). Les GRRF garderont néanmoins l'appellation officielle de GRDI.
39 : Par les notes : 3708 1/FT du 03 novembre 1939, 2980 1/FT du 08 février 1940, 3076 1/FT du 11 février 1940, 3087 1/FT du 11 février 1940, 5267 1/FT du 25 avril 1940, et 5441 1/FT du 22 avril 1940.
40 : Les Cies du 21e bataillon de sapeurs-mineurs sont par exemple renommées en 21/1re et 21/2e.

Types d'unités du génie aux armées par affectation théorique au 25 avril 1940 a

Affectation	Type d'unité du génie
GQG	Cie radiotélégraphique de GQG
	Détachement télégraphique de GQG
	Groupe de sections radiogoniométriques
Groupe d'armées	Détachement radiotélégraphique de GA
	Détachement télégraphique de GA
	Bat. du génie d'armée
Armée	EM de Bat. du génie d'armée
	Cie de sapeurs-mineurs
	Parc de génie d'armée
	Parc de génie d'armée type outre-mer
	Bat. de cantonniers
	Cie de cantonniers
	Cie auxiliaire du génie
	Cie d'électro-mécaniciens
	Chefferie du génie d'étape d'armée
	Bat. télégraphique d'armée
	EM de bataillon télégraphique d'armée
	Cie télégraphique d'exploitation
	Cie télégraphique de construction
	Cie radiotélégraphique d'armée
	Cie radiogoniométrique d'armée
	Parc de transmissions d'armée
	Parc réduit de transmissions d'armée
Détachement d'armée	Cie télégraphique de DA
	Cie radiotélégraphique de DA
CA	Cie de sapeurs-mineurs
	Cie de parc du génie de CA
	Cie d'équipage de pont Mle 1901 b
	Cie d'équipage de pont Mle 1901-1935
	Cie d'équipage de pont Mle 1935
	Cie télégraphique de CA
	Cie radiotélégraphique de CA
	Détachement colombophile de CA
	Cie de sapeurs-mineurs motorisée
	Cie de parc du génie de CA motorisé
	Cie d'équipage de pont Mle 1935
CA motorisé	Cie télégraphique de CA motorisé
	Cie radiotélégraphique de CA motorisé
	Détachement colombophile de CA motorisé
	Cie de sapeurs-mineurs portés
	Cie d'équipage de pont Mle 1935
Corps de cavalerie (CC)	Cie télégraphique de CC
	Cie radiotélégraphique de CC
	Détachement colombophile de CC
DI	Cie de sapeurs-mineurs
	Cie télégraphique de DI
	Cie radiotélégraphique de DI
DI type outre-mer (DI type O-M)	Cie de sapeurs-mineurs type O-M
	Cie de parc du génie divisionnaire
	Cie télégraphique de DI type O-M
	Cie radiotélégraphique de DI type O-M
	Détachement colombophile de DI type O-M
Division légère de cavalerie (DLC)	Cie de sapeurs-mineurs portés
	Cie mixte de transmission de DLC
	Cie de sapeurs-mineurs portés
Division légère mécanique (DLM)	Cie d'équipage de pont Mle 1935
	Cie télégraphique de DLM
	Cie radiotélégraphique de DLM
	Détachement colombophile de DLM
DIM	Cie de sapeurs-mineurs motorisée
	Cie télégraphique de DIM
	Cie radiotélégraphique de DIM
DCR	Cie de sapeurs-mineurs portés
	Cie mixte de transmission de DCR
Troupes de forteresse	Cie de sapeurs-mineurs de forteresse
	Cie d'électro-mécaniciens de région fortifiée
	Cie de parc du génie de région fortifiée
	Cie de parc du génie de CA de forteresse
	Cie de parc du génie de de SF du Sud-est
	Cie télégraphique de forteresse
	Cie radiotélégraphique de forteresse

Affectation	Type d'unité du génie
Troupes de forteresse	Cie mixte de transmission de DIF type A
	Cie mixte de transmission de DIF type B
	Détachement colombophile de CAF
Autres formations	Personnel du génie comptant à 1 Cie des camps et cantonnements
	Réserve de ravitaillement du génie de gare régulatrice
	Section d'expérimentation des matériels du génie
	Cie auxiliaire d'exploitation forestière
	Chefferie d'étape de réserve générale
Corps spécial des sapeurs forestiers	Commandement des unités de sapeurs forestiers
	Cie de sapeurs forestiers
Corps spécial des électriciens de campagne	Section d'électriciens de campagne d'exploitation
	Section d'électriciens de campagne de construction
Corps spécial de la télégraphie militaire (CSTM)	Groupe d'unités techniques de télégraphie militaire type a
	Groupe d'unités techniques de télégraphie militaire type b
	Groupe d'unités techniques de télégraphie militaire type c
	Détachement télégraphique de GQG
	Détachement télégraphique de groupe d'armées
	EM de groupe d'unités techniques du CSTM
	Section des lignes souterraines à grande distance
	Section technique de télégraphie militaire
	Détachement d'ouvriers des lignes télégraphiques
	Détachement de télégraphistes manipulants
Corps de sapeurs de chemin de fer type normal	EM de groupement
	EM de groupe
	Section de Levers
	Cie de construction de voie
	Cie d'exploitation
	Cie de spécialistes
	EM de groupe
Corps de sapeurs de chemin de fer type spécial (voies de 60 cm)	Section de levers
	Cie de construction de voie
	Cie d'exploitation
	Parc de voie de 60 d'armée
	Cie auxiliaire du génie
	EM de centre d'instruction de chemin de fer
	EM de Bat. d'instruction
	Cie d'instruction
	Cie de sapeurs de chemin de fer
	Section de sapeurs de chemin de fer de forteresse
Réserves générales du génie	Commandement des réserves générales du génie
	EM de centre d'instruction du génie
	Commandement des unités d'électro-mécaniciens
	Commandement des unités de sapeurs de ponts lourds
	Commandement des unités de sapeurs de navigation
	Commandement des unités de téléféristes
	EM des cours de chefs de Bat. du génie
	EM de Bat. du génie de RG ou de sapeurs pontonniers
	EM de Bat. de cantonniers
	EM de Bat. d'instruction
	EM de Bat. d'instruction
	Bat. de sapeurs pontonniers
	Bat. du génie de RG
	Bat. de cantonniers
	Cie de sapeurs pontonniers
	Cie d'électro-mécaniciens
	Cie de sapeurs de ponts lourds
	Cie de sapeurs de navigation
	Cie de monteurs de baraques
	Cie du service des eaux
	Cie téléfériques
	Cie d'équipage de pont Mle 1935 ou 1901-1935
	Cie d'équipage de pont FCM
	Cie auxiliaire du génie
	Cie de camouflage
	Cie de sapeurs mineurs du littoral
	Cie d'instruction

a : Ces unités existent souvent en grand nombre. À cette date, différentes unités de réserve générale ou des corps spéciaux ont été définitivement ou provisoirement attribuées à certaines Grandes Unités.
b : Selon certaines sources, il n'existe plus de Cie d'équipage de pont Mle 1901 en 1940.

322/1re à 322/11e Cies d'équipage de pont FCM, le n° 322 étant le seul attribué à ce type d'unités.

Les effectifs des innombrables unités du génie représentent un total de plusieurs centaines de milliers d'hommes. Pour proposer une idée globale de leurs effectifs et à quelques exceptions près, un détachement ou un commandement compte quelques dizaines d'hommes, une Cie entre 150 et 300 et un bataillon un millier. Hormis celles de forteresse, bon nombre d'unités de génie mobilisées aux armées sont entièrement ou partiellement motorisées à l'aide de véhicules souvent spécialement développés pour les spécificités de l'arme.

Le train

Assurant les transports de toute nature, le train est d'une importance capitale. Ses unités mobilisées comprennent des éléments entrant dans la composition de toutes les Grandes Unités, des formations du

Règles générales de numérotation des unités du train mobilisées en métropole selon le plan E rectificatif E1 [a]

Unité	Formations du train	Numéros ou séries de numéros	Observations
GQG	Cie automobile de GQG	565 et 566	-
	Cie hippomobile de GQG	475 à 477 et 480	-
GA	Cie automobile de QG de GA	570 à 580	-
Armées et détachements d'armée	Cie automobile de QG d'armée	501 à 510	-
	Cie automobile de transport d'armée	511 à 540	-
	Cie automobile sanitaire d'armée	541 à 560	-
	Cie hippomobile de QG d'armée	401 à 410	-
	Cie hippomobile de transport d'armée	411 à 440	-
	Cie hippomobile auxiliaire de transport d'armée	441 à 474	-
CA	Cie automobile de QG de CA	N° de la Cie hippo. + 100	372 pour le CAC
	Cie hippomobile de QG de CA	N° du CA + 250	272 pour le CAC
CA motorisés	Cie automobile de QG de CA motorisé	N° du CA + 350	-
	Cie automobile de transport de CA motorisé	382 à 384	-
Corps de cavalerie	Cie automobile de QG de CC	338	-
	Cie automobile de transport de CC	339	-
DI	Cie automobile de QG de DI	N° de la Cie hippo. + 100	-
	Cie hippomobile de transport de DI	N° de la division	Sauf 71e DI (n° 50), les DIC (n° de la division + 70), les DINA (n° de la division + 90) et la DI marocaine (n° 80).
DI motorisées	Cie automobile de QG de DIM	N° de la division + 200	-
	Cie automobile de transport de DIM	N° de la division + 300	-
DC	Cie automobile de QG de DC	146 à 149	-
	Cie hippomobile de QG de DC	46 à 49	-
DLM	Cie automobile de QG de DLM	N° de la division + 226	-
	Cie automobile de transport de DLM	N° de la division + 326	-
RF	Cie automobile de QG de RF	336 à 340	-
SF et SD	Cie automobile de QG de SF type A, B ou C	231 à 250	-
Réserves générales et défense du littoral	Commissions régulatrices routières	1 à 10	Le n° est précédé de CRR.
	Groupes de transport type lourd	15 à 25	Le n° est précédé de « groupe ».
	Cies de groupes de transport type lourd	750 à 858	On n'utilise exclusivement dans chaque dizaine de cette série les nombre se terminant par les chiffres de 5 à 8 désignant la Cie hors rang (5), la Cie de camions type spécial (6), la 1re Cie de camions ordinaires (7) et la 2e Cie de camions ordinaires (8).
	Groupes de transport type léger	1 à 10	Le n° est précédé de « groupe ».
	Cies de groupes de transport type léger	600 à 699	On n'utilise exclusivement dans chaque dizaine de cette série les nombre se terminant par les chiffres de 5 à 9 désignant la Cie hors rang (5), la Cie de camions type spécial (6), la 1re Cie de camionnettes (7), la 2e Cie de camionnettes (8) et la 3e Cie de camionnettes (9).
	Groupes de transport de personnel	120 à 147	Le n° est précédé de « groupe ».
	Cies de groupes de transport de personnel	600 à 860	On n'utilise exclusivement dans chaque dizaine de cette série les nombre se terminant par les chiffres de 0 à 4 désignant la Cie hors rang (0), la Cie de camions type spécial (1), la 1re Cie d'autocars (2), la 2e Cie d'autocars (3) et la Cie de camions TTN (4).
	Cies autonomes de transport (camions)	381 à 385	-
	Cies autonomes de transport de personnel (autocars)	391 à 399	-
	Cies autonomes de camionnettes	386 à 390	-
	Cies automobiles routières autonomes	881 à 892	-
	Cies auto-sanitaires autonomes	971 à 990	-
	Cies autonomes de camions réservoirs	901 à 925	-
	Cies automobiles autonomes auxiliaires de tracteurs	945 à 950	-
	Cies automobiles de transport de bataillons de mitrailleurs	N° du bataillon + 410	-
	Sections automobiles de transport de viande	930 à 939	-
	Sections automobiles de transport de munitions d'aviation	951 à 959	-
	Cie hippomobile auxiliaire autonomes de transport type lourd et type léger	101 à 140	-
Formations du territoire	Dépôts du train	Ils sont désignés par un nombre entier qui est le n° du CM principal du train auquel chaque dépôt est rattaché	Le dépôt de guerre rattaché au CM du train n° 21 porte le n° 19. Les pelotons hors rang de chaque dépôt portent le n° de ces dépôts. Les Cies hippomobiles de chaque dépôt sont numérotées à compter du n° 1, les Cies automobiles à compter du n° 101. Les sections de tous types rattachées aux Cies sont numérotées à compter du n°1.
	Centres d'organisation automobile	1 à 6	Le n° est précédé de l'indication « Centre d'organisation automobile ». Les pelotons hors rang de chaque centre porte le n° de ce centre. La Cie de réserve de personnel porte le n° 201, la Cie de réserve de matériel le n° 202 et la Cie d'instruction le n° 203.

a : Chaque unité est désignée par une fraction numérique dont le numérateur désigne le type de l'unité et le dénominateur le CM principal ayant assuré la mise sur pied de l'unité. Ce n° est aussi celui du dépôt de guerre correspondant. Pour les formations ayant été mobilisées par plusieurs CM, le numéro du dénominateur est celui du dépôt de guerre de rattachement administratif.

territoire et de la réserve générale. Certaines d'entre elles sont totalement ou partiellement mises sur pied lors de la mise en place des dispositifs de sureté et de couverture des frontières. Elles comprennent du personnel d'active et du matériel en service ou stocké dès le temps de paix, éventuellement renforcés de réservistes de la disponibilité et de véhicules et d'animaux provenant de la réquisition. Certaines unités du train ne disposent cependant pas de la totalité de leurs effectifs de guerre et sont donc complétées lors de la mobilisation générale tandis que d'autres sont entièrement composées de réservistes.

Les compagnies de toutes les catégories du train mobilisé comprennent une section de commandement, des services généraux et un atelier. Les Cies de transport disposent également de sections de transport tandis que les Cies de QG regroupent des détachements divers [41], éventuellement complétés de sections de transport de

Note :
41 : De QG, de l'intendance ou du service de santé.

Le déplacement des matériels par traction automobile

Chaque fois que l'organisation des matériels le permet sans entraîner une réduction notable de la vitesse de marche des colonnes, il y a lieu de recourir à la traction par camions en complément du portage. Ce procédé présente l'avantage de limiter la dislocation des éléments des unités, de faciliter la mise en œuvre des matériels susceptibles de participer à la sûreté immédiate des colonnes et de réduire le nombre des camions utilisés.
La traction par camions exige des matériels à suspension spéciale (matériels à pneumatiques), ou l'emploi de dispositifs appropriés comme les plates-formes pour chenillettes et les trains rouleurs, ces agrès appartenant en général à la formation de transport mise en œuvre. C'est par exemple le cas pour déplacer l'artillerie de 75 hippomobile par moyens automobiles, les pièces étant tractées à l'aide d'un train rouleur spécifique autorisant une vitesse de 20 km/h.
La traction des chenillettes d'infanterie peut elle aussi s'effectuer à l'aide d'une plate-forme spécifique tractée par un camion d'un tonnage minimum de 3,5 t, autant que possible de 5 t, emportant également la remorque et l'équipage. La vitesse instantanée ne doit pas dépasser les 30 km/h.
Il existe enfin des trains-rouleurs omnibus réglables permettant de charger des véhicules hippomobiles à un seul essieu tels que des voitures d'infanterie, des voitures légères de transmissions ou des cuisines roulantes. Lorsque ces véhicules possèdent un avant-train, il est nécessaire d'employer un second train-rouleur pour l'emporter, ou de le charger sur la plate-forme du camion. La dotation théorique d'un groupe de transport est de 20 trains-rouleurs omnibus.

Train rouleur omnibus F.A.L. (Forges et Ateliers de Lyon) montré de profil chargé d'une cuisine roulante à gauche, et vu de dessus à droite.

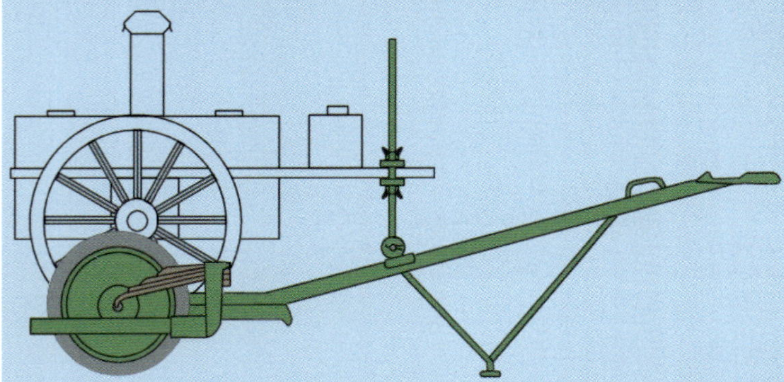

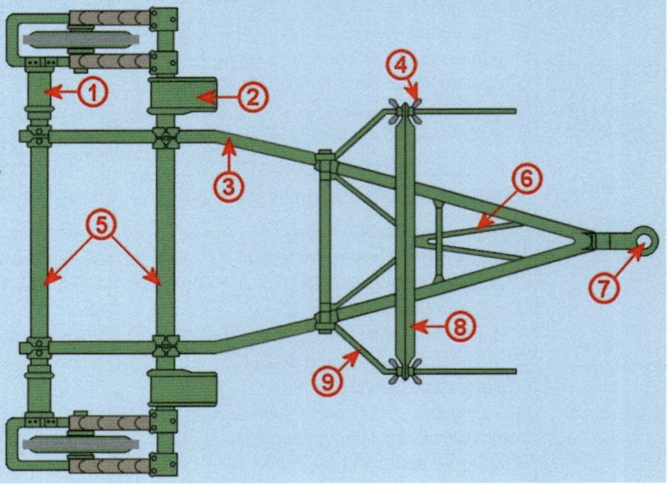

Légende :
1 : Douille,
2 : Rampe de chargement,
3 : Tube timon,
4 : Écrou à oreilles,
5 : Tubes transversaux,
6 : Chambrière,
7 : Œil d'attelage,
8 : Traverse tubulaire,
9 : Montant coudé.

viande, de sections sanitaires et exceptionnellement de sections de transport. De par la nature de leurs missions, les unités du train disposent de nombreux véhicules hippomobiles et automobiles dont une bonne partie provient des réquisitions. Les unités du train sont en revanche pratiquement inaptes à assurer leur sûreté et le débarquement de leur chargement doit être effectué à distance de la ligne de front.

L'immense majorité des unités du train est motorisée car l'emploi des véhicules automobiles procure des capacités de transport souples et relativement puissantes, s'adaptant à tous les besoins, et susceptible de remplacer à l'improviste toute défaillance. Le rendement des moyens de transport automobile peut toutefois être limité par les disponibilités en carburant, par les nécessités d'entretien des matériels, et par l'encombrement et l'état du réseau routier. Lorsque ces conditions ne posent aucune difficulté, le train motorisé permet d'assurer le déplacement des Grandes Unités sur de longues distances, d'effectuer des transports massifs, de suppléer et de prolonger les transports par voie ferrée et de faire accéder les moyens de transport du personnel et du matériel aussi près que possible de leurs zones d'emploi.

Les transports automobiles doivent être employés avec le plus grand souci d'économie et si possible en combinaison avec les autres modes de transport, notamment la voie ferrée. Leur rendement maximum est subordonné à une utilisation rationnelle des véhicules et à une bonne organisation de la circulation routière. Au sein des armées, les transports automobiles permettent d'assurer les ravitaillements de toutes sortes comme les munitions, les matériels ou les vivres, et de procéder aux déplacements de troupes et aux évacuations. Au-delà des unités du train affectées organiquement aux divisions et aux régiments, un grand nombre de véhicules est attribué à la réserve générale du train afin d'assurer les missions incombant au service des mouvements et transports sur route ou au renforcement temporaire des Grandes Unités, notamment à l'occasion de déplacements d'une certaine amplitude par voie de terre.

Capacités de chargement des camions du train

Type	Dimensions (plates-formes)	Tonnage	Aménagements	Exemples de chargement	
				Sans débattement intérieur de roues	Avec débattement intérieur de roues
Camions ordinaires	1,80 x 3,60 m (camions de type courant)	2,5 à 5 t	- Bancs rabattables (éventuellement)	16 à 22 hommes équipés - 4 voiturettes de mitrailleuses ou 2 voiturettes et 11 hommes - 2 voiturettes porte-mortier de 81 et 2 voiturettes porte-munitions - 1 voiturette porte-mortier de 81, 1 voiturette porte-munitions, 1 canon de 37 sans avant-train et 7 hommes - 1 canon de 25 avec avant-train et 10 hommes - 3 voiturettes porte-mortier de 60 et 7 hommes - 20 ou 22 bicyclettes - 2 side-cars - 6 à 8 motos - 4 motos et 1 side-car - 2 avant-trains de canons de 75 - 1 canon de 75	- 3 voiturettes de mitrailleuses ou 2 voiturettes et 11 hommes - 1 voiturette porte-mortier de 81 et 1 voiturette porte-munitions - 1 canon de 37 avec avant-train et 8 hommes - 1 canon de 25 avec avant-train et 8 hommes - 3 voiturettes porte-mortier de 60 - 16 à 18 bicyclettes - 6 motos - 2 motos et 1 side-car - 1 canon de 75 (si les débattements de roues ont été protégés par un échafaudage de chantier)
Camions TTN	Minimum de 1,85 x 3,60 m	5 t parfois 3,5 t	- Renforcement du plancher, des ridelles et des hayons - Fausses ridelles et faux hayons mobiles - Anneaux d'attache et chaînes de séparation pour animaux - Bâche mobile - Planches de séparation pour le transport de munitions - Rampes d'embarquement (1/2 rampe par camion) - Échelles (en principe 1 par camion) pour l'abreuvage et la distribution d'avoine aux animaux en cours d'étape	- *Idem* camion ordinaire - 5 chevaux - 1 cuisine roulante avec avant-train - 1 voiture de transmission à 2 roues - 1 caisson téléphonique - 1 voiture médicale - 1 fourgon Mle 1887 - 1 voiture de réquisition dont la hauteur totale est inférieure au gabarit des ouvrages d'art du réseau routier (environ 4,10 m)	-

Compositions et capacités de transport des unités du train aux armées selon le plan E rectificatif E1 [a]

Formations du train	Composition	Capacités de chargement
Cie automobile de QG d'armée	- 1 section de transport de viande de 4 rames de 7 camions aménagés pour le transport de viande chacune	-
Cie automobile de transport d'armée	- 4 sections de 20 camions de 5 tonnes	340 tonnes
Cie automobile sanitaire d'armée	- 4 sections de 20 voitures sanitaires chacune	272 blessés couchés ou 680 assis
Cie hippomobile de transport d'armée	- 4 sections de 20 chariots de parc attelés à 3 chevaux chacune	96 tonnes
Cie hippomobile auxiliaire de transport d'armée	- 4 sections de 25 voitures de réquisition à 2 roues attelées à 2 chevaux	100 tonnes
Cie automobile de QG de CA	- 1 détachement de circulation routière à 3 pelotons - 2 sections de transport de 20 camions de 3,5 tonnes - 1 section sanitaire automobile à 20 voitures sanitaires - 1 section de transport de viande de 4 rames de 7 camions aménagés pour le transport de viande chacune	- 119 tonnes 68 blessés couchés ou 170 assis -
Cie hippomobile de QG de CA	- 2 sections de transport dont 1 de véhiculés de réquisition	46 tonnes
Cie automobile de QG de CA motorisé	- 1 détachement de circulation routière à 3 pelotons - 1 section sanitaire automobile à 20 voitures sanitaires - 1 section de transport de viande de 4 rames de 7 camions aménagés pour le transport de viande chacune	- 68 blessés couchés ou 170 assis -
Cie automobile de transport de CA motorisé	- 3 sections de transport de 20 camions de 2,5 tonnes	127 tonnes
Cie automobile de QG de CC	*Idem* CA motorisé	
Cie automobile de transport de CC	*Idem* CA motorisé	
Cie automobile de QG de DI	- 1 section sanitaire automobile à 20 voitures sanitaires	51 blessés couchés ou 85 assis
Cie hippomobile de transport de DI	- 2 sections de transport dont 1 de véhiculés de réquisition	73 tonnes
Cie automobile de QG de DIM	- 1 détachement de circulation routière à 3 pelotons - 1 section sanitaire automobile à 20 voitures sanitaires	- 51 blessés couchés ou 85 assis
Cie automobile de transport de DIM	- 2 sections de 25 camionnettes chacune - 1 section de 20 camions de 5 tonnes	145 tonnes
Cie automobile de QG de DI type montagne	Idem DI	
Cie hippomobile de transport de DI type montagne	- 1 section sur roues de 144 véhicules de réquisition - 1 section muletière de 100 mulets et 100 bâts	56 tonnes 40 tonnes
Cie automobile de QG de DC	- 1 détachement de circulation routière à 4 pelotons - 1 section sanitaire automobile à 20 voitures sanitaires - 1 section de ravitaillement en munitions d'infanterie de 20 camionnettes - 1 section de transport de 20 camions de 3,5 tonnes	- 51 blessés couchés ou 85 assis 30 tonnes 60 tonnes
Cie automobile de QG de DLM	- 1 détachement de circulation routière à 4 pelotons	-
Cie automobile de transport de DLM	- 1 section sanitaire automobile à 20 voitures sanitaires - 1 section de ravitaillement en munitions d'infanterie de 20 camionnettes - 1 section de transport de 20 camions de 5 tonnes	51 blessés couchés ou 85 assis 30 tonnes 85 tonnes
Cie automobile de QG de RF	- 1 détachement de circulation routière à 2 pelotons - 1 section sanitaire automobile à 20 voitures sanitaires - 1 détachement de transport de viande de 7 camions spécialement aménagés - 2 sections de camionnettes de 25 camionnettes chacune	- 51 blessés couchés ou 85 assis - 60 tonnes
Cie automobile de QG de SF type A	En général identique à celle de QG de RF, mais des différences existent d'un SF à l'autre. Celles des SF type B ou C ne disposent que d'un détachement automobile comprenant le personnel et le matériel nécessaire à l'EM du commandement de secteur.	

a : Toutes les Cies de QG comprennent comme base un détachement du QG (secrétaires, plantons, cuisiniers, ordonnances, chevaux et véhicules hippomobiles ou automobiles nécessaires au QG proprement dit), un détachement du train pour les formations de santé autres que les sections sanitaires et un détachement du train pour les organes de l'intendance autre que les sections de transport de viande. Ces éléments ne sont pas rappelés ci-dessus. Si les Cies de QG ne comprennent que les détachements de base, elles ne sont pas mentionnées.

Selon les circonstances, les transports de troupes comportent l'enlèvement de la totalité des éléments non motorisés d'unités, comme dans le cas d'une DIM ou d'un GRDI, ou bien un enlèvement limité à l'échelon combattant des unités d'infanterie, d'artillerie légère et du génie, celui-ci comprenant en général un nombre réduit de chevaux, de mulets et de voitures hippomobiles. L'emploi de véhicules isolés est exceptionnel. Ils sont en principe groupés en colonnes devant suivre un itinéraire routier déterminé. Compte tenu des arrêts réglementaires, la moyenne de marche des colonnes est de 15 à 25 km/h de jour ou de nuit avec feux allumés ou éteints lorsque l'itinéraire est pourvu d'un balisage lumineux et que les véhicules sont munis de feu de position de modèle approprié. Dans le cas contraire, cette vitesse peut tomber à moins de 10 km/h. L'étape journalière varie entre 120 et 150 km.

Le déplacement d'une unité des réserves générales par moyens automobiles n'est normalement à envisager que si le trajet est supérieur à 30 km pour l'infanterie et 60 km pour l'artillerie hippomobile et la cavalerie. Il peut également être avantageux de faire transporter les sacs des hommes, même sur une courte distance, pour soulager une troupe fatiguée ou pour permettre aux unités d'arriver au combat plus rapidement et dans de meilleures conditions physiques.

Les véhicules automobiles utilisés dans les formations de transport comprennent des véhicules réservés au service de la formation et d'autres dédiés au transport proprement dit[42]. Certains d'entre eux sont pourvus d'aménagements spéciaux correspondant à leurs modalités d'emploi, comme par

Attelages Chenard & Walcker-FAR avec remorques TTN. Seule possibilité de déplacer rapidement des équidés par la route, les camions sont incontournables mais ils doivent être nombreux car chacun d'entre eux n'emporte que 5 chevaux. Ce mode de locomotion engendre de très longues colonnes sensibles au feu ennemi et particulièrement à l'aviation.

Note :
42 : Voitures de liaison, camions, camionnettes, autocars, remorques et tracteurs.

Les formations non spécialisées de transport de la réserve générale du train			
Unité	Composition	Capacités de transport b	
		Hommes équipés	Matériel
Section de camionnettes	25 camionnettes dont 20 disponibles a	200 à 280	20 à 40 tonnes
Section de camions	20 camions (2,5 à 5 t) dont 17 disponibles a	270 à 340	40 à 85 tonnes
Section d'autocars ou d'autobus	20 autocars (15 à 30 places) dont 17 disponibles a	250 à 500	-
Compagnie de transport c	4 ou 5 sections en général identiques	800 à 2 500 hommes	80 à 425 tonnes
Groupe de transport de personnel c	- 1 Cie de transport de camions spéciaux et ordinaires - 1 Cie de transport de camions TTN - 2 Cies de transport d'autocars ou d'autobus - 1 section de transport de voitures de liaison	- 2 700 hommes et 575 tonnes de matériel, ou : - 1/3 de la totalité des éléments à pied et hippomobiles d'une DIM avec chevaux, voiturettes, chenillettes et cuisines roulantes ou : - 1/3 des éléments à pied de l'échelon combattant d'une DI type normal sans artillerie ni cavalerie, avec chevaux, voiturettes, chenillettes et cuisines roulantes.	
Groupe de transport de matériel type lourd c	- 1 Cie de transport de camions spéciaux et ordinaires - 2 Cies de transport de camions ordinaires - 1 section de transport de voitures de liaison	- 700 tonnes de matériel, ou : - 1/3 des éléments à pied d'une DIM sans chevaux de selle ni attelages mais avec voiturettes, chenillettes et cuisines roulantes ou : - 1/3 des éléments à pied de l'échelon combattant d'une DI type normal sans artillerie ni cavalerie, sans chevaux de selle mais avec voiturettes, chenillettes et cuisines roulantes.	
Groupe de transport de matériel type léger c	- 1 Cie de transport de camions spéciaux et ordinaires - 3 Cies de transport de camionnettes - 1 section de transport de voitures de liaison	*Idem* groupe de transport de matériel type lourd	

a : Seule une partie des véhicules est disponible en vue d'assurer leur entretien par roulement. b : Variables selon le type de véhicule. Les valeurs données ne s'additionnent pas. c : Indépendamment de la section de commandement et des services

Citerne TT Lorraine 28 de 3 000 l de cavalerie pour unités de dragons portés.
Le transport d'essence est la mission la plus dangereuse du train en temps de guerre car il suffit de quelques balles incendiaires ou même traçantes pour enflammer le carburant. Les camions citernes représentent aussi des objectifs de choix car leur destruction peut paralyser des unités motorisées. En plus des formations du train spécialisées dans le transport de carburant, on trouve des camions réservoirs dans les unités motorisées comme c'est le cas de ce véhicule. L'appellation de camions réservoirs sera officiellement remplacée par celle de camions citernes en avril 1940, cette dernière étant déjà couramment usitée dans de nombreux documents d'époque précédant cette date.

exemple les camions de transport de toute nature (TTN), les camions spéciaux, les camionnettes sanitaires, les camions à benne basculante, les camions réservoirs ou ceux aménagés pour le ravitaillement en viande. Certains camions et camionnettes à plate-forme surbaissée comportent un dispositif de débattement de roues correspondant au passage des roues arrière. Celui-ci ne diminue pas la contenance en hommes ni la capacité de chargement de matériels placés en vrac ou en caisse mais il limite d'un quart et parfois d'un tiers celle de matériels non divisibles comme des voiturettes d'infanterie, des motos, ou des bicyclettes.

Généralement recouverts d'une bâche amovible, les camions de modèle courant servent au transport de tous types de matériels et peuvent être munis de bancs rabattables pour celui du personnel ou aménagés spécifiquement pour le transport des chevaux ou des mulets. Les camions TTN sont pourvus d'un dispositif d'aménagement mobile permettant à volonté le transport de personnel, de matériels ou de munitions. Le déplacement des engins comme les chenillettes d'infanterie et leurs remorques nécessite des camions spéciaux de grande capacité disposant d'une plate-forme d'1,90 m de largeur au minimum sans débattement intérieur de roues. Tous les camions peuvent être dotés d'un crochet destiné à la traction de remorques montées sur pneumatiques ou de plates-formes et de trains-rouleurs.

Enlevant 3 à 4 hommes équipés, les voitures de liaison sont généralement utilisées pour le transport des détachements précurseurs, du personnel de reconnaissance ou des campements. Les camionnettes peuvent porter 1 à 2 tonnes de matériels divers, des voiturettes, des canons AC de 25 mm ou 10 à 14 hommes équipés. Elles sont dans ce cas normalement pourvues de bancs rabattables.

Les formations non spécialisées de transport de la réserve générale du train

La section est la plus petite fraction constituée des formations de transport. Qu'elles se composent de camionnettes, de camions ou d'autocars, les sections sont organisées en 2 rames ne devant théoriquement pas être dissociées. En plus de la section de commandement et des services généraux, une compagnie de transport comprend en général 4 ou 5 sections de même type. Lorsque les circonstances l'exigent, elle peut être temporairement dissociée pour permettre de constituer des compagnies de marche comprenant des sections différentes adaptées aux besoins au sein d'un groupe de transport.

Comprenant 3 ou 4 Cies de transport adaptées aux besoins, les groupes de transport disposent d'une section de commandement, de services généraux, d'une section de voiture de liaison, d'une seconde de circulation, et éventuellement d'un certain nombre de véhicules organisés pour le transport d'armes automatiques destinées à la protection des colonnes. Pour leur emploi, ils peuvent être réunis temporairement au moment du besoin en groupement de transport souvent adaptés pour emporter une DI. Son commandement est dans ce cas assuré par un commandant de groupement de transport disposant d'un EM, l'ensemble provenant de la réserve générale du train.

La mobilisation dans les colonies

En préambule, rappelons que la mobilisation générale de troupes indigènes permet la mise sur le pied de guerre en métropole (ou destinées à lui être envoyé) de 5 DINA, 1 DM, 4 DIA et 3 BS auxquelles il faut ajouter la 42e DBMIC dont les effectifs sont majoritairement malgaches, la 52e DBMIC composée en grande partie de soldats d'origine indochinoise, ainsi que les engagés provenant des autres colonies,

Légionnaires du 4e REI.
La scène se déroule lors de la cérémonie des couleurs au camp de Foum-el-Hassan, dans le Sud marocain. Bien que le 4e REI ne semble pas avoir été engagé en 1940, d'une façon générale, ces hommes de toutes nations combattant pour la France feront honneur à leur drapeau, à l'image de leurs prédécesseurs et comme le feront leurs héritiers. La Légion Étrangère française est de nos jours toujours considérée comme faisant partie de l'élite des unités de combat, toutes nations confondues.

Planche offerte par la revue Match avec son numéro du 19 octobre 1939.
Présentant certains uniformes, ce dessin rappelle aux Français qu'une partie des effectifs de leur armée se compose de soldats d'origine africaine.

servant au sein des RIC, aux côtés de leurs camarades français volontaires pour les troupes coloniales. À eux seuls, et à la veille de la mobilisation, quelque 70 000 Sénégalais[43] forment 19 régiments de tirailleurs sénégalais (RTS) dont 6 sont stationnés en métropole, 10 bataillons indépendants outre-mer, ainsi que d'autres unités composées d'effectifs indigènes[44]. De la mobilisation à mars 1940, le rappel des réservistes permettra ensuite d'ajouter plus de 58 000 soldats africains dont 38 000 seront envoyés en métropole. 8 DIC comprenant 9 RTS pourront ainsi être mises sur le pied de guerre. En 1940, l'on estime à 63 300 le nombre de soldats d'Afrique noire présents dans la zone des armées, principalement dans les RICMS et les RTS.

La mobilisation en AFN comprend des formations de 1re, 2e et 3e catégories ainsi que des services des arrières et des formations du territoire. Les corps de troupe actifs des 1re et 2e catégories laissent à la disposition du général en chef commandant au Maroc, au général commandant le 19e CA en Algérie et du général commandant supérieur des troupes de Tunisie un certain nombre d'officiers et sous-officiers d'active dont le grade et le nombre sont définis en fonction des effectifs de leurs unités d'origine. Ceux-ci pourront être complétés par des Français, des Algériens, des Tunisiens et des Marocains en provenance de la disponibilité et de la réserve selon certaines dispositions locales[45].

Composition des effectifs de certaines divisions indigènes

Unité	Cadres		Origine des hommes de troupes			
	Officiers	Sous-off.	Algériens	Marocains	Tunisiens	Européens
1re DM	360	1 387	-	8 422	-	-
82e DIA	350	950	3 300	3 411	-	4 000
84e DIA	360	1 100	-	-	7 900	5 000
85e DIA	345	750	7 775	-	-	5 450
86e DIA	362	700	6 000	620		3 500
87e DIA	404	944	4 717	-	-	5 631
Total	**2 181**	**5 831**	**21 792**	**12 453**	**7 900**	**26 003**

Colonne de véhicules en Tunisie comprenant des chars D1.
Bien qu'antérieure à la mobilisation, nous ne résistons pas à présenter cette superbe photo de presse, prise en janvier 1939 dans le Sud tunisien à l'occasion du voyage d'Édouard Daladier. Le char D1 accuse le poids des années mais il reste le plus puissant blindé déployé en AFN en 1939. Les D1 sont présents au sein des 61e, 65e et 67e BCC, tous déployés en Tunisie, mais à cette époque seul le 65e est *a priori* sur place (les 61e et 67e étant à Tunis et Bizerte) et il est donc probable que ces chars lui appartiennent.

Notes :
43 : Dont environ 15 000 servent en métropole, 10 000 en AFN et 46 000 en AOF, AEF, Côte des Somalis, et Comores.
44 : Servant par exemple dans des unités d'artillerie, de service ou des bataillons de mitrailleurs.
45 : Comme par exemple pour les Algériens et Tunisiens : sous condition que le personnel de la 2e réserve soit utilisé dans les unités de 3e catégorie et les formations du territoire.

L'armée de Terre du temps de paix et la mobilisation générale

Les formations de 1re catégorie se composent principalement de soldats d'active. Ils sont destinés à être transférés en métropole sans leurs équipages ni leurs animaux pour y être portés aux effectifs de guerre du type nord-est par les CM lors de la mobilisation générale ou éventuellement en période de tension politique. Certaines de ces formations peuvent néanmoins être maintenues en AFN en fonction des circonstances. Les formations de 2e catégorie comprennent tout d'abord des corps mobilisés sur le type montagne, susceptibles d'être maintenus en AFN ou transférés en métropole à la mobilisation pour y être complétés et organisés sur le type nord-est par les CM. Dans ce dernier cas, ils laissent leurs équipages, leurs animaux et une partie de leur personnel à la disposition des dépôts d'AFN afin d'être utilisés à l'organisation des unités du type outre-mer réduit provenant de la métropole (3e catégorie). Les formations de 2e catégorie comportent également des renforts en vue de l'entretien en troupes indigènes des formations mobilisées de 1re et 2e catégories en comprenant.

Les corps de troupe de 3e catégorie mobilisés sur le type outre-mer sont destinés à assurer la défense et la sécurité intérieure de l'AFN. Ce type de formations mobilisé en métropole (à l'exception des DIA de 3e catégorie qui sont formées d'unités « africaines ») partent de France sans animaux ni équipages qu'ils perçoivent ensuite des dépôts d'AFN afin d'être mis sur pied sur le type outre-mer réduit. À partir du 3e mois de guerre, les possessions d'AFN auront à prévoir l'envoi mensuel de contingents indigènes de 3 000 Marocains, 10 000 Algériens et 1 500 Tunisiens, l'ensemble étant destiné à alimenter les unités nord-africaines stationnées en Métropole. Signalons enfin qu'indépendamment de la mobilisation générale, il est également prévu une mobilisation partielle de l'AFN et une autre, concernant exclusivement le Maroc et la province d'Oran. Dans ces deux cas, les dispositions prises sont susceptibles d'être activées dans le « plan d'opération Maroc », les formations mises sur pied par l'AFN restant les mêmes mais les unités à provenir de la métropole ne sont pas fournies.

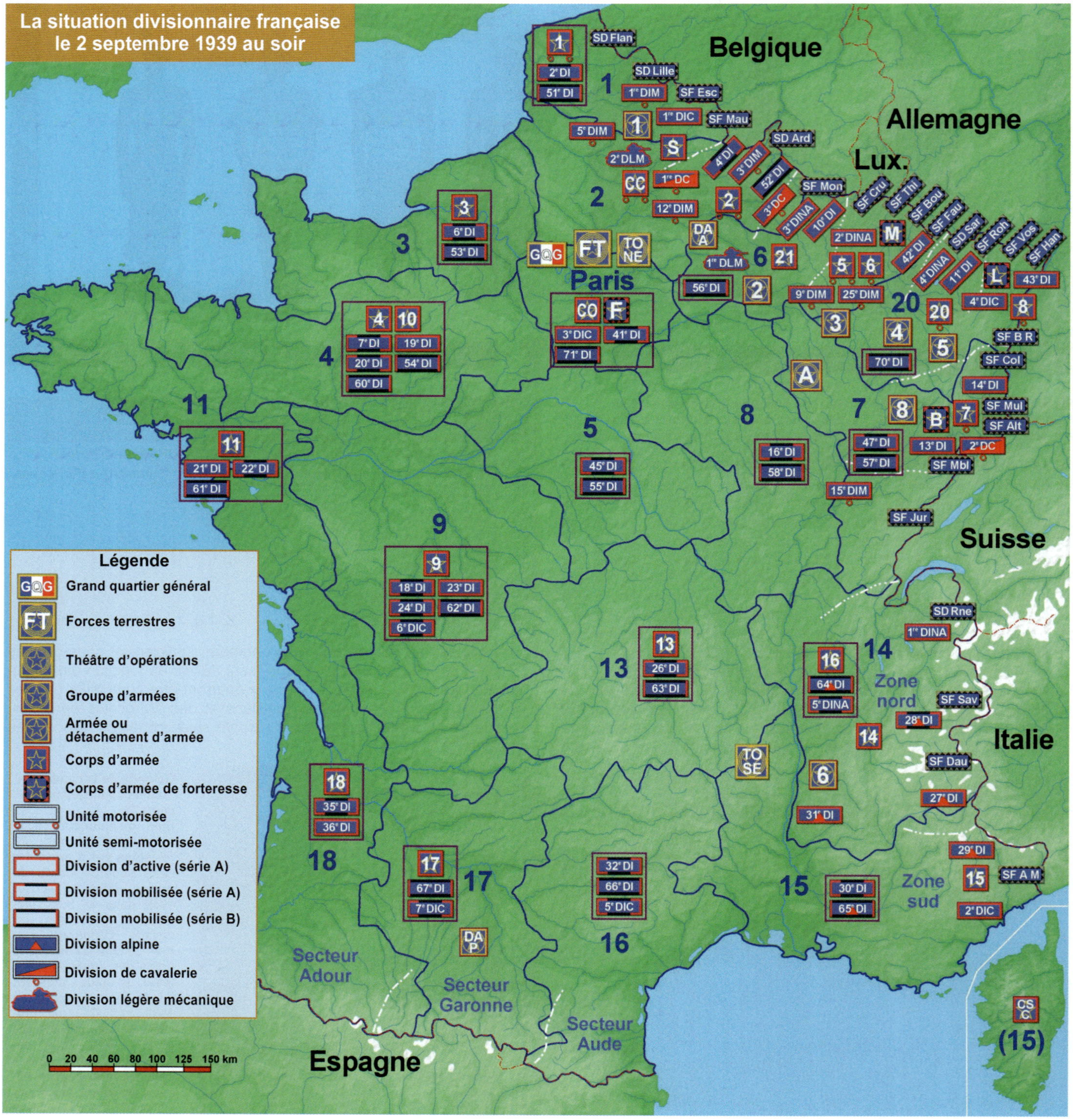

La situation des divisions au 2 septembre 1939 au soir.

Placé sous le commandement du TOSE, le DAP restera embryonnaire et sera officiellement dissous le 22 novembre 1939 (DM 6011 1/FT). Il existera également les CA « F » et « G », non mentionnés sur cette carte, qui seront eux aussi dissous respectivement le 10 novembre (DM 4007 1/FT) et le 12 novembre 1939 (DM 4947 1/FT). Les éléments du premier entreront dans la composition du futur 24e CA mis sur pied avec les éléments du CA de forteresse, et ceux du second renforceront les moyens de commandement de la 8e RM. Les unités encadrées de violet ne sont pas concernées par les dispositifs de sûreté et sont en cours de mobilisation dans leurs RM respectives. À cette époque, l'état-major du TOSE est situé en région parisienne.

7 : Le plan des 5 mois

Après la déclaration de guerre, les programmes de fabrication établis durant le temps de paix ne sont plus adaptés à la situation. Avec l'approche de l'hiver, les responsables civils et militaires estiment à juste titre que le déclenchement éventuel d'opérations actives d'envergure n'aura pas lieu avant le printemps.

Superbe vue d'une triple chaîne de montage de B1 bis qui n'est en réalité qu'un habile montage réalisé par les services de propagande français. La production de ce char augmentera durant les derniers mois précédant l'attaque allemande, mais le chemin aurait été encore long pour en disposer en masse. Ce montage est à comparer avec la réalité montrée page 54. Coll. F. Vauvillier

Cette période doit être consacrée à ajuster le programme alors en cours et en particulier les répartitions d'effectifs et de matériels à faire sur les différents théâtres d'opérations possibles [1]. Après la mobilisation générale, seule la 6e DINA a pu être mise sur pied dans l'hexagone contre deux DI au Levant [2]. Un nouveau programme est donc élaboré les 14 et 15 novembre 1939 par le GQG, en accord avec le ministre de l'Armement, M. Dautry. Il est approuvé le 28 novembre 1939 par Édouard Daladier, président du Conseil et ministre de la Défense nationale et de la Guerre. L'objectif principal est toujours de parfaire les dispositions prises pour adapter l'armée à la fort probable hypothèse Dyle et donc la montée d'unités françaises en Belgique. Ce programme mérite d'être exposé en détail car il sera le dernier à être appliqué avant le 10 mai 1940.

Décomposé dans le temps en trois tranches et devant initialement s'étaler entre le 1er décembre 1939 et le 31 mars 1940, le *programme des créations pour l'hiver 1939-1940* se propose de mettre rapidement sur pied de nouvelles unités et définit en conséquence les effectifs et les matériels nécessaires. Trop ambitieux pour la durée initialement prévue, il doit être allongé d'un mois, d'où son appellation suivante de *plan des 5 mois*. Son établissement trouve ses bases dans les ressources existantes et estimées à venir durant cette période afin d'en tirer le potentiel maximum possible. Il est établi dans l'hypothèse d'une probable stagnation des opérations militaires durant l'hiver et de l'indispensable rétablissement du reclassement des mobilisés en fonction de leur âge et de leurs charges de famille. Enfin, la mise sur pied de certains éléments tient compte d'unités existantes placées à la disposition du ministre.

Les effectifs disponibles

La question des effectifs ne peut s'affranchir de la recherche d'une stricte économie. En novembre 1939, l'estimation des ressources totales susceptibles d'être utilisées jusqu'au printemps 1940 est évaluée à 180 000 hommes de la 1re réserve présents dans les dépôts et 50 000 autres placés en affectation spéciale pouvant être rappelés. Il est ensuite possible de relever 170 000 hommes de la 1re réserve affectés aux formations du territoire par d'autres de la 2e réserve et de disposer de 165 000 hommes par incorporation et engagements. L'ensemble forme un total de 575 000 hommes.

Mais ces effectifs ne sont pas tous susceptibles d'entrer dans la composition d'unités nouvelles. Il convient tout d'abord d'assurer l'entretien normal des formations déjà constituées comprenant le recomplètement initial, le remplacement des pertes [3], celui des affectés spéciaux et la relève des hommes de la 2e réserve. L'ensemble de ces besoins représente environ 178 000 hommes. Il est ensuite impératif de ménager pour le début du printemps une réserve suffisante pour les attribuer aux unités éventuellement engagées dans une bataille provoquant des pertes élevées, estimées à 400 000 hommes pour deux mois. Basé sur les pertes enregistrées en 1914, ce chiffre doit être relativisé par le fait qu'environ une moitié de ces effectifs, composée de blessés légers, pourra probablement être récupérée dans des délais variant entre 1 et 6 mois.

En tenant compte de 100 000 Français et indigènes fournis par les centres et unités d'instruction ainsi que de 60 000 hommes provenant des effectifs nord-africains et coloniaux des dépôts, il est évalué que cette réserve de 400 000 hommes ne nécessite que 247 000 Français. Ainsi, sur les 575 000 hommes initialement disponibles, seuls 150 000 Français environ pourront être affectés aux nouvelles unités prévues par le plan des 5 mois, auxquels il sera possible d'ajouter 19 000 indigènes et 57 000 volontaires étrangers. Ce total de 226 000 hommes est donc pris comme base pour former les unités à mettre sur pied par le plan des 5 mois. Viendra ensuite le prochain contingent d'appelés incorporable en avril 1940 qu'il faudra instruire avant de les affecter aux armées.

Mais d'autres paramètres imposent d'économiser les effectifs dits nationaux au bénéfice de la production industrielle et des unités équipées de matériels nécessitant des spécialistes. Les Grandes Unités mises sur pied devront donc être principalement constituées de troupes coloniales ou nord-africaines comme les DINA et les DIC, ou de volontaires et appelés étrangers. Ce plan intègre également la formation de DI polonaises (DIP) et d'une DI tchécoslovaque qui, bien qu'appartenant officiellement à leurs armées nationales, seront entièrement équipées de matériels français. La constitution de la brigade des chasseurs de Podhale, destinée au CEFS, engendrera d'ailleurs d'importantes tensions franco-polonaises, car sa mise sur pied prive l'armée polonaise de cadres prévus pour les DIP [4].

Notes :

1 : Nord-est et Sud-est de la métropole, mais aussi en AFN et au Levant.

2 : Il s'agit des 191e et 192e DI.

3 : Au-delà des quelques pertes liées aux combats, il s'agit principalement de malades ainsi que de décès et de blessés accidentels.

4 : L'accord gouvernemental du 4 janvier 1940 entre la France et le gouvernement polonais en exil prévoit la création de 4 DIP, mais seules 2 pourront l'être avant l'armistice entre la France et l'Allemagne. Des prévisions datant du 13 mai tablaient sur la constitution de la 3e en août et de la quatrième en décembre 1940.

Plan des 5 mois : prévisions initiales du 27 novembre 1939 et situation au 15 mars 1940 (renvois page suivante)							
Tranche / Éléments	1re tranche avant le 15 janvier		2e tranche du 15 janvier au 1er mars		3e tranche et mois supplémentaire du 1er au 31 mars		pour le 30 avril
	Prévisions	Réalisations	Prévisions	Réalisations	Prévisions	Réalisations a	Réalisations b
Grandes Unités							
Éléments organiques de la 9e armée c	Échelons avancés	Échelons avancés	Autres éléments	Autres éléments	-	-	-
QG armée des Alpes	1	1 d	-	-	-	-	-
Éléments organiques de CA	1	EOCA 24 e	1	EOCA 23 f	-	-	-
Divisions d'infanterie	68e DI	68e DI g	1re DIP et 44e DI	44e DI h	6 i	4 j	3 k
3e DLM l	Rgt de couverture	Rgt de couverture	Autres éléments	Autres éléments	-	-	-
Éléments de DL	-	-	2	4e et 5e DL m	-	-	
DCR	-	-	1	3e DCR n	-	-	-
Infanterie							
CID	22	16 o	-	6 p	36	-	58
Bat. d'instruction nord-africains	6	6	1	1	-	-	-
Sections de 25 AC	90	39 q	80	-	32	-	20
CDAC de 25 AC	-	-	-	3 de RG	38	16	19
Cavalerie							
Groupes de 25 AC	8	8 pour RDP	-	-	-	-	-
EDAC de 25 AC	-	-	2	4e et 5e	-	-	-
Chars							
BCC de chars légers	1 H-39	1 R-35 r	1 R-35	1 H-39 et 1 R-35 s	1 H-39 et 1 R-35	1 H-39 et 1 R-35	2 H-39 s
BCC de chars B	1	-	1	1 t	-	1	2
Artillerie							
Bie de 47 AC automobiles	8	10	8	8	-	-	-
Bie de 47 AC hippomobiles	9	4	4	4	11	11	-
Bie de 105 C automobiles	2	2	-	-	-	-	-
Bie de 105 C hippomobiles	1	1	2	-	1	-	-
Rgt de 150 T (tranchée)	1	391e RAT de RG	-	-	-	-	-
Transformation du 2e RAC	-	-	1	-	-	-	-
Bie de DCA de 25 CA	18	9	27	-	16	-	-
Bie de DCA de 40 CA	3	-	-	-	-	-	-
Bie de DCA de 75 ou 90 CA	7	11 u	12	-	6	-	-
Génie							
Bat. de sapeurs-mineurs	1	79e de RG	1	1	-	-	-
Bat. de cantonniers	-	-	1	1	-	-	-
Cie d'électromécaniciens	-	-	1	1	-	-	-
Cies télégraphiques type DI	-	-	2	2	-	-	-
Cies radio type DI	-	-	2	2	-	-	-
Son télégraphiques	1	-	2	1	-	1	-
Son radio	-	-	2	1	-	-	-
Cie téléférique	-	-	-	-	1	1	-
Non prévu au 27 novembre 1939							
Détachement destiné à un TOE	-	1	-	-	-	-	-
Brigade polonaise du Levant	-	-	-	1 v	-	-	-
REI	-	-	-	11e w	-	-	-
Bat. de pionniers nord-africains	-	-	-	6 x	-	-	-
Bat. de pionniers de RG				8e			
Gpe de 75 M (Levant)	-	-	-	1 y	-	-	-
Gpe de 155 L 18 hippo. (Levant)	-	-	-	2	-	-	-
Gpe de 105 L 16 (Levant)	-	-	-	1	-	-	-
Cies de SM Type CA (Levant)	-	-	-	2 motorisés	-	-	-
Cies de parc Type CA (Levant)	-	-	-	1 motorisé	-	-	-
Cie télégraphique de RG	-	-	-	1	-	-	-

La fourniture des chevaux

La question des animaux est aussi difficile à résoudre puisqu'à l'époque de l'établissement du plan des 5 mois, un déficit de 10 000 chevaux existe déjà aux armées. Si les ressources totales susceptibles d'être dégagées sont évaluées à 54 800 équidés avant le printemps 1940, il faut prévoir l'entretien des unités existantes et l'expérience acquise durant les premiers mois de guerre permettent une estimation de 22 000 bêtes. Le déficit initial et l'entretien ne laisseront donc que bien peu d'animaux pour constituer les nouvelles unités. Il faut en conséquence faire des économies par révision des TEG de certaines unités afin de diminuer les besoins en remplaçant les chevaux par des véhicules ou des bicyclettes. Ensuite, la part du moteur dans la mise sur pied des prochaines DI sera augmentée et elles se rapprocheront donc des DIM. Avec ces mesures une économie d'environ 35 000 chevaux doit être réalisable.

Mais au 1er mars, un nouveau décompte met en évidence un déficit de 45 000 équidés alors que 30 000 sont nécessaires pour créer les unités prévues en avril et en mai, à l'image des CDAC, des BDAC et des unités du train dont une bonne partie doit être hippomobile. Dans ce cas également, la traction animale devra être abandonnée au profit du moteur pour bon nombre d'entre elles, d'autant plus que la direction de l'artillerie [5] signale le 6 avril 1940 que la pénurie totale de chevaux à l'intérieur rend impossible la mise sur pied de toute nouvelle unité hippomobile. Les plus grandes difficultés sont d'ailleurs déjà constatées pour réaliser la dotation en chevaux de la 7e DINA et des 8e et 17e DI en cours de constitution.

Des difficultés de toutes natures

Ce problème n'est pas le seul rencontré par l'artillerie puisque la même note rapporte que les ressources en sous-officiers sont réduites et notoirement insuffisantes pour la réalisation d'un programme étendu. Quant aux officiers, si les sorties d'écoles peuvent permettre de constituer les effectifs en cadres subalternes, il n'existe plus à l'intérieur d'officiers susceptibles de remplir les fonctions de commandant de batterie. D'autre part, la question des disponibilités en matériels se base sur les existants à l'intérieur et sur les ressources escomptées durant les prochains mois. Bien que les fabrications de camionnettes et de camions ne cessent de croitre, il est tout d'abord prioritaire de combler les déficits [6] et d'entretenir le parc existant pendant l'hiver avant de doter les nouvelles unités prévues. Dépassant les capacités de production françaises pour certains véhicules, ces prévisions imposent de faire appel à l'industrie étrangère et particulièrement aux États-Unis où des centaines de camions sont commandées.

Mais depuis l'établissement du programme, différents facteurs vont venir modifier le bilan des ressources et des besoins. Tout d'abord, d'importants retards sont constatés sur les prévisions établies en novembre 1939. Il devient évident que le régime normal des fabrications

Observations du tableau précédent (unités mises sur pied mentionnées par ordre chronologique)
a : Prévisions du 1er mars pour le 31 mars 1940
b : Prévisions du 1er mars pour le 30 avril 1940
c : Échelons avancés du PRI n° 9, Parc de chars n° 9, PRA n° 9 (EM et 509e COA), PR Auto n° 9 (EM et 509e Cie d'ouvriers), échelons avancés du PGA n° 9 et du PTA n° 9, échelon lourd du PRI n° 9, 539e Cie auto de transport d'armée, échelons lourds des parcs d'armée (PRA, PR Auto et PR équipages et Z, parc de génie et parc de transmissions), 9e et 19e Cies auxiliaires du génie
d : QG, Cie auto de QG
e : 624e RP, GRCA 24, QG, 274/9e Cie hippo. et 374/9e Cie auto du train, PACA n° 24 (EM, 124e Cie d'ouvriers, 124e et 154e SMA), 124e RALA (1 Gpe de 105 L 13, 1 Gpe de 105 L 36, 1 Gpe de 155 GPF), 124/1e et 124/2e Cie de SM, Parc du génie 124/21e Cie, 124/81e Cie télégraphique, 124/21e Cie radio et 124/83e détachement colombophile, 124e Gpe d'exploitation (124e COAd, et 224e CRV)
f : 623e RP coloniaux, GRCA n° 19, QG, 273/14e Cie hippo et 373/14e Cie auto du train, 123e détachement de COA, 223e Cie de transport de viande
g : 13e CP du 224e RI, GRDI n°59, QG, 68/5e Cie hippo. et 168/5e Cie auto du train, PAD n° 68 (EM, 68e Cie d'ouvriers, 68e SMH et 268e SMA), 289e RAL (2 Gpes de 155 CP), 68/82e Cie radio, 68e GED
h : 5e CP du 20e BCA, GRDI n° 41, QG, 144/24e Cie auto et 44/24e Cie hippo du train, 91e RAD (3 Gpes de 75 H), 291e RAL (2 Gpes de 155 C TTT), 44e parc d'artillerie (EM, 44e COA, 44e SMA et 44e SMH), 44/1e et 44/2e Cies de SM, 448/81e Cie télégraphique, 44/2e Cie radio, GED n° 44 et 44e
i : 2e DIP, DI tchécoslovaque, 17e DI, 7e et 8e DINA et 8e DIC
j : 1re DIP,17e DI pour le 31 mars, 7e DINA pour le 15 mars, 8e DI initialement prévue pour être la 8e DINA. 10e RTM, 20e RTT et 31e RTA en provenance d'AFN, 97e GRDI, QG et 197/15e Cie auto de QG, 81e RA (3 Gpes de 75), 281e RAL (2 Gpes de 155 C hippo), 97e PAD (EM, 97e COA, 297e SMA), 97/1e et 97/2e Cies de SM, 97/81e Cie télégraphique et 97/82e Cie radio, GED n° 97 et 97e GSD (7e DINA)
k : 2e DIP, DI tchécoslovaque et 8e DIC
l : 12e RC, EM de 5e BLM, 1er et 2e RC, EM de la 6e BLM et 2e Esc d'AM du RDP, QG, 329e Cie auto de transport, 229e Cie auto de QG, 76e RA (2 Gpes de 75 et 1 Gpe de 105 C TTT, BAC), 39/81e Cie télégraphique, 39/82e Cie radio et 39/83e détachement colombophile), 39e GED et 39e GSD.
m : EM de 1re BLM et 4e RAM, 4e EDAC, 4e Esc de réparation, QG, 33/9e Cie hippo et 133/9e Cie auto du train, GED n° 33 (4e DL), EM de 15e BLM et 5e RAM, 5e EDAC, 5e Esc de réparation QG, 34/9e Cie hippo et 134/9e Cie auto du train, 34/81e Cie télégraphique, 34/82e Cie radio et 34/83e détache-
n : EM de GBC n° 532, 42e BCC, 41e BCC, EM de GBC n° 531, QG, 250/22e Cie auto et 350/22e Cie auto de QG du train, 1 Bat. à 2 Cies de SM portés, 40/81e Cie télégraphique, 40/82e Cie radio, 133e GED
o : N° 1, 3, 10, 11, 12, 13, 14, 15, 19, 21, 23, 25, 27, 29, 42 et 43
p : N° 5, 9, 28, 30, 31 et 36
q : 35 pour les RI de série A et 4 pour les 5e et 17e BCPortés
r : 68e BCC de R35 envoyé au Levant
s : 45e BCC (H39) de la 3e DCR, 43e BCC (R35) de RG
t : 41e BCC de la 3e DCR
u : 10 de 75 CA et 1 de 90 CA
v : Cette brigade est composée initialement d'un EM de brigade mixte polonaise, de 2 demi-brigades polonaises à 2 Bat., d'1 Cie de commandement et d'engins et d'1 Cie AC polonaise
w : Fera partie de la 1re constitution organique de la 8e DI, avant d'être transféré à la 6e DINA le 14/04/1940
x : 41e, 42e, 43e, 45e, 47e, 51e
y : Remplacera aux armées un Gpe de 105 M destiné au Levant

de guerre est plus long que prévu à atteindre pour la plupart des matériels. Il a même été constaté que certains d'entre eux n'avaient subi aucune augmentation de production depuis la déclaration de guerre. Ensuite, comme nous l'avons vu, le déficit en animaux doit être compensé par une augmentation de la motorisation au sein des unités. Mais, d'une part, les pertes en véhicules [7] se sont révélées être beaucoup plus élevées qu'on ne le pensait initialement et, d'autre part, l'intérieur s'est trouvé devant l'absolue nécessité de laisser les animaux indispensables aux cultures agricoles.

Enfin, l'incorporation au programme de la création d'unités supplémentaires se traduit par une augmentation des besoins. Dans ce registre, il y a tout d'abord la mise sur pied de la 4e DCR et de différents éléments d'infanterie, de chars et d'artillerie destinés à renforcer les réserves générales, mais surtout celle du CEFS [8], dont la constitution bouleverse les prévisions antérieures. Une partie des effectifs prévus pour la 17e DI lui sont affectés et il est maintenant inenvisageable d'achever la formation de cette division avant la fin août. Le CEFS a d'autre part intégré des éléments organiques d'unités existantes qu'il faut remplacer, comme par exemple une compagnie de chars H-39 du 42e BCC et un escadron d'AMD du 6e GRDI. On constate enfin une forte augmentation des nouvelles unités devant être transférées au Levant, le général Weygand [9] réclamant le renforcement de son armée dans le cadre des hypothèses de stratégie périphérique.

Au sujet des armements, l'effort principal doit porter sur les chars légers et moyens, les matériels antiaériens de faible calibre et les canons antichars de 25 mm, et ce, au détriment d'autres productions. Ces priorités sont logiquement établies afin de rééquiper les BCC encore dotés de vieux FT et de combler les déficits majeurs des Grandes Unités en moyens antiaériens et antichars. D'autre part, l'ensemble des armes individuelles et collectives disponible sera entièrement consommé par la mise sur pied des nouvelles unités et la nécessité de continuer la modernisation de l'armement de l'artillerie et du train, toujours en grande partie dotés d'antiques FM Mle 1915 Chauchat et de mitrailleuses Saint-Etienne Mle 1907.

Plus généralement, ces raisons entraînent l'allongement du programme d'un mois. Dans ces conditions, la création des unités nouvelles semble possible si les nécessités d'entretien sont très faibles au cours de l'hiver. Enfin, et en admettant un hiver calme, il n'existera pratiquement aucune réserve de matériels au printemps. Autant dire que l'entretien du corps de bataille sera essentiellement conditionné par l'importance et l'échelonnement des sorties de fabrication durant la bataille. Il est en conséquence extrêmement important qu'elles soient à la hauteur des besoins auxquels l'armée aura à faire face. Les innombrables causes ayant entravé la production d'armements mettent ainsi l'armée française dans une position difficile maintenant que la guerre est déclarée. Leurs conséquences se feront d'ailleurs rudement sentir lorsqu'il s'agira de rééquiper les unités après les premières défaites et bon nombre de matériels manqueront, faute de stocks.

Une incontournable réorganisation

Pour son application pratique, le plan des 5 mois est structuré par l'EMA en deux programmes distincts régulièrement remis à jour. Le premier concerne la création des unités et le second l'utilisation des matériels disponibles. La création de nouvelles unités s'accompagne d'importantes réorganisations concernant en premier lieu la cavalerie. Les trois DC existantes, constituées de deux brigades à cheval, d'un régiment d'automitrailleuses et d'un bataillon de dragons portés non embrigadés servent à former cinq DLC dotées d'une seule brigade à cheval et d'une brigade motorisée. Leurs autres éléments organiques sont allégés mais entièrement motorisés. N'utilisant que cinq des six brigades à cheval auparavant endivisionnées, la 1re brigade de cavalerie devient autonome, à l'image des trois brigades de spahis existantes. Ces brigades et les Grandes Unités de cavalerie sont réparties au sein des armées positionnées le long des Ardennes et du sud de la Belgique.

Notes :
5 : Note 2872 SA 3/3.
6 : De l'ordre de 500 camionnettes et de 5 500 camions lors de l'établissement du plan.
7 : Il ne s'agit pas de pertes au combat mais de véhicules hors d'usage devant être réformés.
8 : Le corps expéditionnaire français en Scandinavie.
9 : Rappelé à sa demande en août 1939 à un poste actif, le général Weygand est placé à la tête des forces françaises du Levant et du théâtre d'opérations de Méditerranée orientale.

Plan des 5 mois, situation au 1er mai 1940 : Nouvelles unités de mars et avril et prévisions pour les mois suivants			
Donnée Période	Achèvement du plan des 5 mois	Créations nouvelles Unités nouvelles	 Unités allogènes
Effectivement constituées en mars	7e DINA 10 Cies de 25 AC 36 CID 3 G^{pes} d'ALCA (Levant) 49e BCC de B1 bis 17 B^{ies} de DCA de DAT	-	-
Effectivement constituées en avril	8e DI 1re DIP 45e BCC de H-39 46e BCC de B1 bis 11 B^{ies} de 47 AC 6 Cies de 25 AC 14 B^{ies} de DAT	Génie, transmissions, train et services de la 2e DIP 3 Esc d'AMD 2 Esc de chars H 39 20 BDCA de 25 CA -	-
Prévu pour mai	8e DIC 4e DCR 2e DIP 7 Cies de 25 AC 47e BCC de B1 bis 44e BCC de R-35	1 Cie de D2 1 Cie de H 39 10 B^{ies} de 47 AC a 1 G^{pe} de 105 auto. 20 BDAC de 25 CA 2 ½ R^{gt} de cavalerie motorisée	1 R^{gt} de pionniers sénégalais -
Prévu pour juin	17e DI b 1re DI tchécoslovaque réduite 40e et 48e BCC de H-39 12 Cies de 25 AC	4e DLM 10 B^{ies} de 47 AC 20 BDCA de 25 CA -	12 Bat. sénégalais -
Prévu pour juillet-août	9 Cies de 25 AC 100 G^{pes} de 25 AC B^{de} polonaise du Levant -	4e DLM 10 B^{ies} de 47 AC 20 BDCA de 25 CA -	22 Bat. sénégalais 24 Bat. nord-africains 2 Bat. de R 40 polonais 3e DIP
Prévu pour septembre-octobre	-	43 sections de 25 AC -	20 Bat. sénégalais DCR polonaise c
Prévu pour Novembre-décembre	-	-	20 Bat. sénégalais DCR polonaise d BLM polonaise

a : dont 2 pour le levant. b : 1 seul RI. c : 2 BCC de chars H-39. d : 2 BCC de chars B et tous les éléments autres que les chars.

La réorganisation des unités touche aussi les troupes de forteresse. La recherche d'une rationalisation des moyens provoque la création de CAF pouvant également encadrer des divisions d'intervalle, ainsi que la transformation de certains secteurs défensifs ou fortifiés en DIF, dont les structures, bien que toujours spécialisées dans le service au sein de fortifications, s'apparentent plus à des DI normales.

Par ailleurs, l'ensemble de la production ne peut être exclusivement consacré à ce plan. En effet, la France est tenue par des engagements envers ses alliés, ou des pays qu'elle cherche à arrimer au bloc allié. Ainsi, le transfert de nouvelles divisions britanniques sur le front français est conditionné par la capacité de leur céder des armements comme des chars légers et lourds, des pièces antichars et d'artillerie et des FM. De même, la France s'est engagée à livrer des armements, en particulier des chars légers et des canons antichars et antiaériens, à des pays comme la Turquie et la Roumanie.

Surchargée de commandes, l'industrie française peine à faire face à toutes ces demandes. Ce constat s'explique aussi par une gestion contestable de la main d'œuvre qualifiée car bon nombre d'ouvriers spécialisés ont été mobilisés. Il a fallu dans un premier temps les remplacer par une main d'œuvre à former, avant que la désorganisation de la production n'impose de rappeler des armées les personnels indispensables aux usines et de les placer en affectations dites spéciales, c'est-à-dire dans leurs fonctions du temps de paix, ce qui ne se fera malheureusement pas sans abus.

Pour toutes ces raisons, les prévisions du 1er mars 1940 ne peuvent être tenues et les résultats tangibles du plan des 5 mois ne se font réellement sentir qu'à partir de mars. Afin de prendre en compte les besoins nouveaux, les deux programmes de l'EMA seront prolongés après le 1er mai. À cette époque, il est estimé que seule la 2e DIP pourra être achevée d'ici la fin du mois, la 8e DIC et la DI tchécoslovaque ne pouvant l'être avant fin juin. Cette dernière ne sera d'ailleurs qu'une division réduite à 2 RI et 1 RA mixte, faute d'effectifs suffisants. Quant à la brigade polonaise du Levant, sa constitution ne sera effective qu'à la fin juillet suite aux difficultés rencontrées par les autorités polonaises pour évacuer leurs ressortissants en provenance des Balkans.

Pour autant, la mise sur pied d'autres Grandes Unités entre dans les prévisions avec la 4e DCR, la 4e DLM et la 3e DIP, l'échéance de la première étant prévue en juin, les deux suivantes en août. Enfin, les moyens humains et matériels devront permettre de constituer une BLM et une DCR polonaises à la fin décembre, mais leur incontournable période d'instruction ne les rendra opérationnelles qu'au printemps 1941. Différant peu de celles du 1er mai, les dernières mises à jour des prévisions de l'EMA datant du 10 mai 1940 seront bouleversées par le déclenchement de la campagne de France. Il n'existera plus alors qu'une seule priorité, mettre sur pied au plus vite toutes les unités possibles et fournir à l'armée tous les matériels disponibles.

Unité du CEFS lors de son embarquement.
La mise sur pied de ce corps expéditionnaire vient bouleverser le plan des 5 mois en y ajoutant des unités supplémentaires afin de remplacer celles ayant été prélevées sur les troupes existantes, à l'image de la 342e Cie autonome de chars de combat.

8 : Les Grandes Unités de l'armée de terre

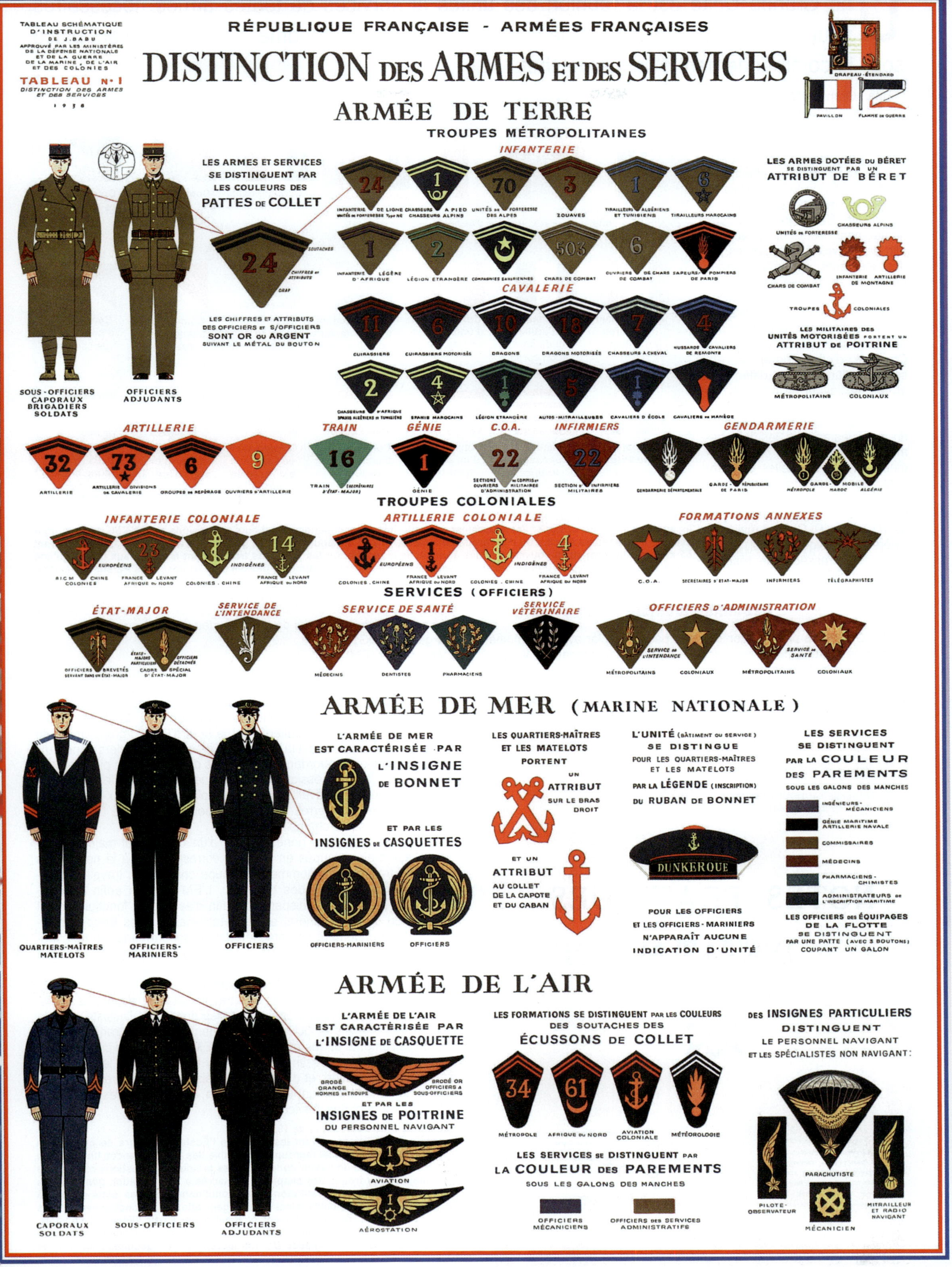

Affiche schématique d'instruction.
Datant de 1938 et bien qu'incomplet, ce document est une vision d'ensemble permettant aux recrues de se familiariser avec les différents signes distinctifs de l'armée française.

Une Grande Unité est la réunion des unités et services de toutes armes nécessaires pour lui permettre de vivre et de combattre de façon autonome, l'ensemble étant placé sous le commandement d'un même chef.

Une Grande Unité (GU) se compose d'organes de commandement, de troupes ou de GU subordonnées, et de services. Chacun de ces éléments doit être suffisamment doté en effectifs et matériels afin de lui permettre de remplir sa mission sur le champ de bataille. Ses organes de commandement sont dimensionnés afin de pouvoir être renforcés par des éléments de toutes armes provenant de la réserve générale. Il existe deux types de GU, celles de campagne et de forteresse. Dans les deux cas, elles sont soit de combat soit d'encadrement. Chacune d'elles forme un ensemble d'unités de différentes armes ne devant en principe pas être dissocié. Les GU de campagne sont, pour celles d'encadrement, les armées, les détachements d'armée et les corps d'armée (CA) et pour celles de combats, les divisions d'infanterie (DI), les divisions de cavalerie puis divisions légères de cavalerie (DC puis DLC), les divisions légères mécaniques (DLM) et les divisions cuirassées (de réserve générale) (DCR).

Les fanions de commandement.
Ils sont utilisés pour désigner l'emplacement des autorités de commandement. Leurs dimensions sont de 90 x 65 cm pour ceux du commandant en chef ou d'un groupe d'armées, 75 x 65 cm pour celui d'EM général des armées, les autres mesurant 65 x 50 cm. Ils sont aussi souvent visibles à une échelle réduite sur les véhicules transportant les généraux tandis qu'une signalétique similaire peut être peinte sur les véhicules de leurs états-majors ou utilisée pour localiser des PC sur des cartes.

Le commandement

Une GU est en principe commandée par un officier ayant au moins le rang de général de division dont le rôle et les prérogatives varient selon le commandement qu'il exerce. Sa fonction consiste principalement à concevoir, à préparer et à conduire les opérations dans le cadre de la mission lui étant assignée. Il donne ses ordres aux commandants des troupes, aux directeurs et aux chefs de services et dispose d'un état-major pour l'assister dans l'exercice du commandement. Au sein d'une GU, la réunion de l'état-major, du personnel de commandement des armes et du personnel de direction des services constitue le quartier général (QG).

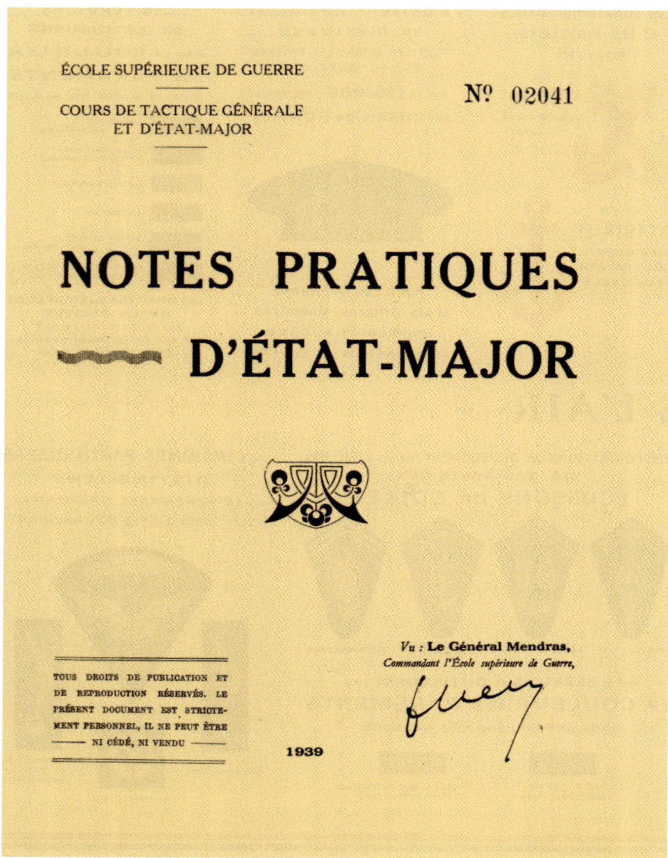
ÉCOLE SUPÉRIEURE DE GUERRE

COURS DE TACTIQUE GÉNÉRALE ET D'ÉTAT-MAJOR

N° 02041

NOTES PRATIQUES D'ÉTAT-MAJOR

TOUS DROITS DE PUBLICATION ET DE REPRODUCTION RÉSERVÉS. LE PRÉSENT DOCUMENT EST STRICTEMENT PERSONNEL, IL NE PEUT ÊTRE NI CÉDÉ, NI VENDU

Vu : Le Général Mendras,
Commandant l'École supérieure de Guerre,

1939

L'état-major (EM)

Un EM est un groupement de personnel mis à la disposition immédiate du commandement pour l'aider dans sa tâche. À tout échelon, dans toutes les armes et tous les services, le chef est assisté d'un EM dont la composition varie en fonction de l'importance de l'unité. Toutefois, on réserve plus particulièrement le nom d'EM au groupement de personnel spécialisé mis à la disposition de certains officiers généraux. Dans les échelons subordonnés, les aides du chef sont le plus souvent désignés par les expressions de personnel adjoint ou de groupe de commandement. Le travail d'EM est compliqué, minutieux et considérable. Un retard, une erreur ou un oubli peuvent avoir de très lourdes conséquences sur le champ de bataille.

Un EM se compose généralement d'un chef d'état-major [1], d'officiers d'état-major groupés en bureaux correspondant à la nature des questions traitées, et d'hommes de troupe chargés du travail des bureaux sous la direction des officiers [2]. L'EM dispose enfin d'un ensemble de personnels indispensable afin d'assurer le fonctionnement matériel du quartier général et des états-majors. Ces troupes comprennent généralement un détachement de gendarmerie, un détachement du train hippomobile et un autre du train automobile, ainsi que quelques éléments divers rattachés au QG comme le service de la poste, la trésorerie, ou l'éclairage électrique.

Dénué de toute autorité, par ses travaux et ses reconnaissances, l'EM prépare les décisions opérationnelles du chef et l'assiste dans la gestion des effectifs et du matériel, l'organisation des transmissions, des ravitaillements et des évacuations. L'EM est en outre chargé de la rédaction des ordres destinés à actionner les troupes et les services, d'en suivre l'exécution, et d'assurer les liaisons nécessaires pour renseigner le commandement sur la situation, les besoins des troupes et le fonctionnement des services.

Notes pratiques d'état-major de 1939.
Distribué aux officiers suivant les cours de l'École supérieure de guerre afin d'être brevetés, ce manuel regroupe l'ensemble des connaissances de base que tout officier breveté doit avoir concernant les principales questions relevant de l'état-major. On y trouve des chapitres consacrés à l'organisation générale des Grandes Unités, à la constitution et au fonctionnement des états-majors, à l'exécution des mouvements, ainsi qu'à l'organisation et au fonctionnement des différents services de ravitaillement et d'entretien. Particulièrement sensible, chaque exemplaire de ce manuel de plus de 300 pages est numéroté et bien évidemment classé confidentiel. De nos jours, c'est un document fort rare et très recherché.

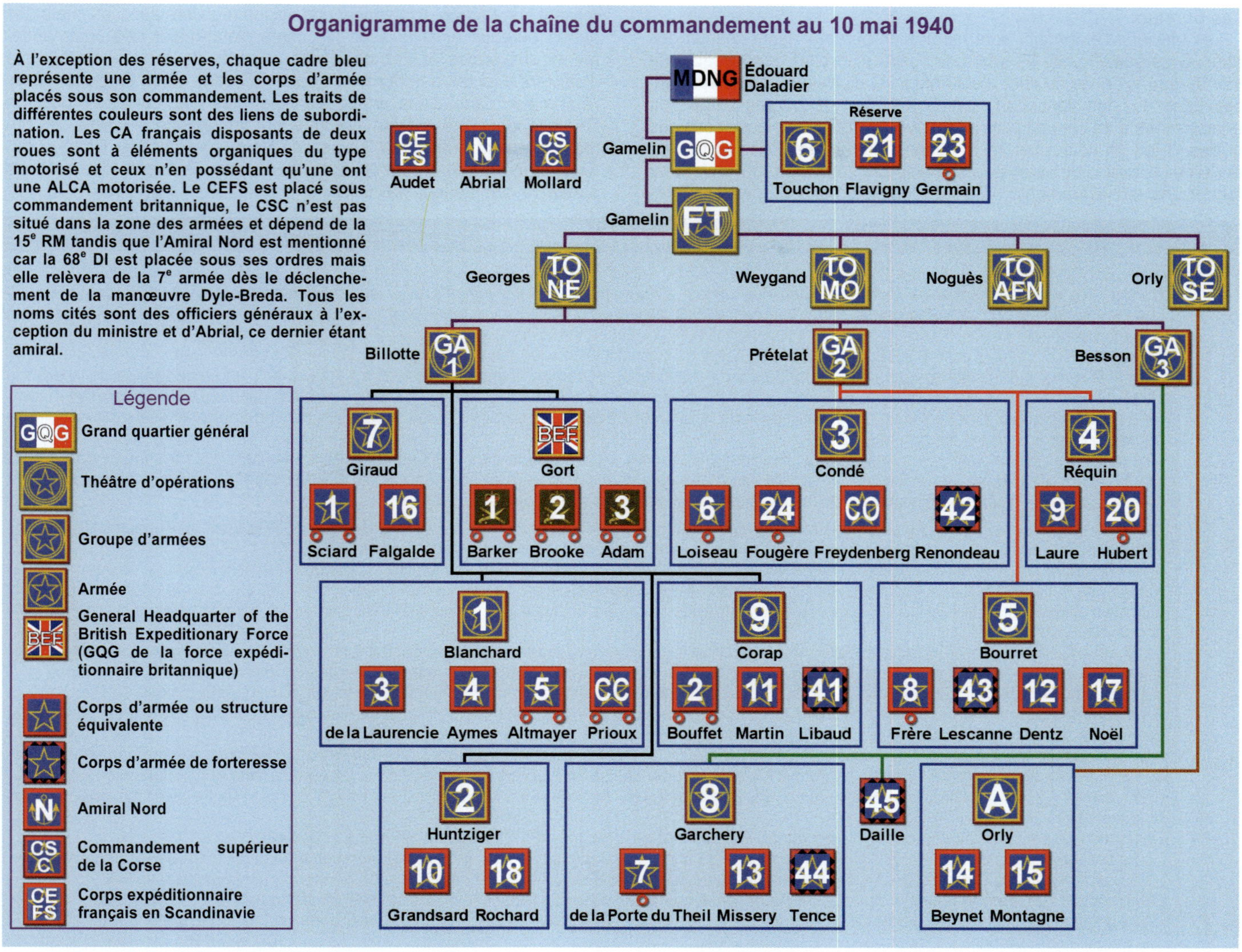

Organigramme de la chaîne du commandement au 10 mai 1940

À l'exception des réserves, chaque cadre bleu représente une armée et les corps d'armée placés sous son commandement. Les traits de différentes couleurs sont des liens de subordination. Les CA français disposants de deux roues sont à éléments organiques du type motorisé et ceux n'en possédant qu'une ont une ALCA motorisée. Le CEFS est placé sous commandement britannique, le CSC n'est pas situé dans la zone des armées et dépend de la 15e RM tandis que l'Amiral Nord est mentionné car la 68e DI est placée sous ses ordres mais elle relèvera de la 7e armée dès le déclenchement de la manœuvre Dyle-Breda. Tous les noms cités sont des officiers généraux à l'exception du ministre et d'Abrial, ce dernier étant amiral.

Afin de faciliter sa mission, le commandant d'une GU dispose également de directeurs ou de chefs de services, et de commandants de certaines armes[3], qu'il garde généralement auprès de lui. Chacun d'entre eux est assisté d'un état-major particulier faisant partie intégrante du QG de la GU. Le rôle de ces subordonnés est multiple. Ils commandent et inspectent leurs troupes et services respectifs, ainsi que les renforcements éventuellement mis à disposition de la GU par la réserve générale. Ils conseillent également le commandement pour leur emploi. Pour toutes les questions d'ordre technique, ils correspondent directement avec les autorités de leur arme à l'échelon supérieur ou inférieur. Toutes les autres questions passent obligatoirement par la voie hiérarchique normale. Dans le cas de la division, le commandant de l'infanterie peut également recevoir la responsabilité d'une partie du front par délégation.

Tout comme il le fait pour les troupes, le commandement actionne les divers services chargés de subvenir aux besoins des unités placées sous ses ordres. Il est seul à même de les prévoir car ils dépendent essentiellement des opérations. La possibilité de leur donner plus ou moins complète satisfaction influe directement sur la conduite de la manœuvre. Le commandement doit donc posséder une parfaite connaissance des moyens placés à sa disposition, afin de trouver le meilleur équilibre entre les impératifs de sa mission et les conditions imposées aux troupes et aux services par la situation, tout en tenant compte des incontournables délais d'exécution des ordres.

Le chef d'état-major

Selon l'*Instruction sur l'emploi tactique des Grandes Unités* de 1936, « *le chef d'état-major est le collaborateur immédiat de son général ; confident de ses intentions, il est en mesure de prévoir et de préparer en temps utile les éléments de ses décisions, puis les mesures d'exécution qui en découlent. Il a qualité pour signer par ordre ; il peut, sous sa responsabilité, déléguer en partie, à certains officiers de son état-major, son droit à signature. Le chef d'état-major est chargé, par délégation du commandement, d'orienter l'action des divers services. Il dirige le travail de l'état-major et porte une attention spéciale à l'étude et à l'interprétation des renseignements ; il suit et contrôle particulièrement les questions relatives à l'organisation des liaisons et transmissions et veille à leur fonctionnement à l'intérieur de la Grande Unité.* »

Le chef d'état-major possède les attributions d'un chef de corps vis-à-vis du personnel placé sous ses ordres. Il est responsable de son instruction et de son efficacité. Il répartit les diverses missions entre les personnels placés à sa disposition et assure la répartition des officiers dont les fonctions n'ont pas été déterminées par l'autorité supérieure, en tenant compte de leurs aptitudes et de leurs expériences. Il ne doit cependant en aucun cas se substituer à son état-major. Son rôle est de diriger, de coordonner, de contrôler, et de mettre au point. Il peut, en outre et exceptionnellement agir par lui-même. Il représente le point de liaison entre les bureaux et les services et veille rigoureusement aux règles concernant la conservation du secret.

Effectifs approximatifs des unités de l'armée de terre

Infanterie	Cavalerie	Artillerie	Soit environ (hommes)
Demi-groupe, pièce a	Escouade	-	5 à 10
Groupe	Groupe	Pièce	10 à 20
Section	Peloton	Section	25 à 45
Compagnie	Escadron	Batterie	100 à 150
Bataillon	Groupe d'escadrons	Groupe de batteries	350 à 1 000
Régiment			1 000 à 3 000
Brigade			2 000 à 7 000
Division (interarmes)			8 000 à 16 500
Corps d'armée (interarmes)			25 000 à 60 000
Armée (interarmes)			150 000 à 300 000
Groupe d'armées (interarmes)			300 000 à 1 500 000

a : Pièce de mitrailleuse, de mortier ou de canon antichar

Notes :
1 : À l'échelon des armées et des CA, il est assisté d'un sous-chef d'état-major.
2 : Il s'agit d'interprètes, de plantons, de secrétaires, de dactylographes, de dessinateurs, etc.
3 : Artillerie, génie, transmissions, forces aériennes, chars de combat, train, et à l'échelon divisionnaire, infanterie.

Les bureaux

Les officiers d'état-major sont répartis en bureaux ayant chacun des attributions spécifiques. Ils sont composés d'un chef, responsable de son bureau vis-à-vis du chef d'état-major, et d'officiers parfois spécialisés dans des fonctions particulières. Le chef de bureau dirige son équipe et reste en contact permanent avec les officiers placés sous ses ordres. Il leur transmet les informations utiles à leur action et répartit entre eux le travail et les missions. Il doit être capable à tout instant de fournir des renseignements précis et complets sur les questions intéressant son bureau. Il maintient une liaison régulière avec les chefs des autres bureaux ainsi qu'avec les chefs d'état-major des commandements des armes et des directeurs et chefs de service. Le nombre d'officiers affectés aux bureaux et aux QG varie selon l'importance de l'état-major. Ceux d'une armée avoisinent les 300, contre 70 pour un CA et 50 pour une division. Lorsque leur importance le justifie, les bureaux peuvent être subdivisés en sections spécialisées. Chaque bureau porte un numéro ou un nom, tandis que les éventuelles sections portent le nom de leur spécialité.

Les bureaux de l'état-major

Bureau	Fonctions
1er bureau	Chargé des questions relatives à l'organisation des unités, à l'administration des effectifs et à la justice militaire, le 1er bureau centralise les comptes rendus fournis par les unités subordonnées relatifs aux ressources en personnel, animaux et matériel d'armement et les transmet à l'échelon supérieur. Le travail du 1er bureau doit permettre au chef de la Grande Unité d'être constamment renseigné sur la condition des troupes, leur situation sanitaire et leur état moral. Ses compétences s'étendent sur l'organisation générale de toutes les unités placées sous le commandement de la Grande Unité (Grandes Unités, armes et services), mais aussi sur la répartition et l'état de l'ensemble de leurs matériels, ainsi que sur l'organisation territoriale de l'ensemble. Il tient à jour l'ordre de bataille de la Grande Unité, et rédige des situations précises concernant les effectifs, les conditions sanitaires, les animaux et les armements. Il s'occupe des recomplétements des effectifs, des remontes, et des statistiques. Il gère également le service courant des personnels pour ce qui touche aux mutations, aux permissions, à l'avancement, aux récompenses, à la discipline générale et à l'administration des prisonniers. Il assure enfin les relations d'ordre administratif avec les autorités civiles sur le territoire national.
2e bureau	Le 2e bureau est chargé de fournir au commandement et aux autorités subordonnées les renseignements nécessaires sur l'ennemi afin de leur permettre de prendre leurs décisions, de préparer les manœuvres en découlant et en poursuivre l'exécution. Il coordonne et dirige la recherche de renseignements, qu'il interprète ensuite avant de les diffuser. L'étendue des missions du 2e bureau varie en fonction de l'importance de la Grande Unité. Globalement, il s'occupe également du contre-espionnage, des relations avec les autorités civiles et militaires amies ou neutres et du contrôle des autorités civiles ennemies. Il établit des documents cartographiques de tous types et se charge de la correspondance chiffrée. Le chef du 2e bureau reçoit du chef d'état-major le plan de renseignement émanant du commandement. Il établit en conséquence le plan de recherche et prépare les ordres assurant sa mise en œuvre et la centralisation des renseignements. Les renseignements de toute provenance passent obligatoirement par l'analyse du 2e bureau. L'ensemble des données est ensuite transmis au chef du bureau, seul qualifié pour en faire la synthèse et la soumettre au commandement. Le chef du 2e bureau doit être constamment en mesure d'éclairer le commandement sur la situation de l'ennemi et doit signaler au plus vite toute information qu'il juge comme de première urgence. Afin d'assumer ses missions, le 2e bureau dirige des organes lui étant directement rattachés, comme les observatoires de commandement et le service de renseignement aux armées, ce dernier n'existant cependant qu'aux échelons de l'armée, du groupe d'armée et du GQG. Il oriente également les recherches et coordonne l'action des divers services de renseignement (observateurs d'artillerie et de corps de troupes, forces aériennes, écoutes, etc.). Lorsque les ressources en personnel le permettent, il est conseillé d'organiser le 2e bureau en différentes sections : - Une section d'étude composée d'officiers du service d'EM chargée d'organiser la recherche, l'interprétation et la diffusion des renseignements. - Une section de spécialistes, divisée en une section d'étude du terrain, à laquelle le personnel de la section topographique est rattaché. - Une section des interrogatoires et du dépouillement des documents ennemis, composée principalement d'interprètes. - Une section du chiffre chargée de la correspondance chiffrée de l'EM et de la surveillance technique du chiffre aux échelons inférieurs, afin d'éventuellement corriger les fautes pouvant faciliter la découverte des communications chiffrées par l'ennemi. Dans les EM moins importants, la section du chiffre assure aussi le décryptage des documents chiffrés de toutes origines. Elle collabore avec le service de décryptement du GQG pour la recherche des systèmes de chiffrement ennemis et assure la transmission à ce service de tous les messages dont le chiffre est inconnu.
3e bureau	Le 3e bureau est chargé de la préparation des opérations et de l'exécution des décisions prises à leur sujet par le commandement. Il utilise comme base de travail les informations des 1er et 4e bureaux, avec lesquels il entretient une liaison intime et constante. Il gère également l'instruction des troupes et doit être consulté pour les questions se rapportant à l'organisation des unités et l'aménagement des ressources. Il est enfin responsable de la rédaction de l'historique des évènements de la Grande Unité à laquelle il est rattaché et s'efforce d'en tirer des enseignements. Le chef du 3e bureau reçoit du chef d'EM les instructions du commandement relatives aux opérations en cours ou à venir et rassemble les éléments permettant la prise des décisions. Il doit se tenir précisément informé des questions traitées par les autres bureaux intéressant les opérations (effectifs, matériels, transports, munitions, situation des éléments combattants, renseignements sur l'ennemi, etc.). Il doit également s'assurer de la transmission des ordres en temps voulu et prendre toutes mesures nécessaires pour en améliorer la diffusion. En fonction de l'importance des effectifs lui étant attribués, le 3e bureau peut être articulé en une section des opérations ainsi que d'une autre en charge de l'instruction. Il peut en outre comporter un secrétariat.
4e bureau	Le travail du 4e bureau consiste à étudier toutes les questions concernant l'organisation de la circulation, des ravitaillements et des évacuations dans la zone de la Grande Unité à laquelle il est rattaché. Il prépare les mouvements en fonction des demandes du 3e bureau, organise l'exécution des transports de toute nature et répartit en conséquence la main d'œuvre et les moyens matériels disponibles. Aux échelons supérieurs ou égaux à l'armée, il s'occupe également de la zone des étapes. En fonction des ordres du commandement et des instructions de l'autorité supérieure, il fixe les bases de l'organisation de la circulation et arrête le plan d'ensemble des mouvements chaque jour pour le lendemain, en accord avec le 3e bureau. Il doit en conséquence parfaitement connaitre les ressources des réseaux de communication de toutes natures desservant sa Grande Unité ainsi que les emplacements et les possibilités des organes des différents services. Il possède un rôle fondamental de prévision et de coordination, l'obligeant à travailler en étroite collaboration avec les autres 4e bureaux et services des échelons supérieurs et subordonnés. Il doit aussi être capable à tout instant de renseigner le commandement sur la situation des différents services, sur les ressources de leurs approvisionnements et leurs possibilités de rendement. En général, à l'échelon divisionnaire, les 1er et 4e bureaux sont confondus. Aux niveaux supérieurs et si ses structures le permettent, il peut être utilement articulé en trois sections : 1re section (organisation de la circulation, des mouvements et des transports), 2e section (organisation du territoire et de la main d'œuvre) et 3e section (ravitaillement et évacuation).
Bureau du courrier	Le bureau du courrier reçoit, enregistre et répartit les pièces à l'arrivée et en assure l'expédition au départ. À l'exception de ceux portant la mention « secret », un officier ouvre chaque pli entrant puis procède à son enregistrement sur un registre par ordre d'arrivée, le numéro d'inscription servant à l'identification de la pièce. Les plis « secrets » reçoivent leur numéro d'inscription sur l'enveloppe avant d'être remis directement au chef d'EM ou au service intéressé. Les pièces au départ reçoivent un traitement similaire, bien que, dans les EM importants, les pièces secrètes font l'objet d'un enregistrement spécial. Le chef du bureau du courrier établit un horaire réglant le départ des agents de transmission pour les diverses destinations, en s'efforçant de réduire les déplacements au minimum. Il doit profiter de toutes les occasions pour assurer l'acheminement rapide du courrier (officiers envoyés en liaison, trajets d'agents de transmission, etc.). Les plis urgents sont expédiés immédiatement sans tenir compte des horaires. Le bureau du courrier n'enregistre que les plis émanant de l'EM mais il assure le transport de tous les autres lui étant remis par les différents commandements d'armes ou directeurs et chefs de service du QG de la Grande Unité. Un représentant qualifié est détaché au bureau du courrier par le chef du centre de transmissions du QG pour l'envoi ou la réception des télégrammes, radiogrammes et colombogrammes. Dans les états-majors moins importants, notamment au sein des divisions, le service du courrier est en général plus restreint. Il est assuré par un officier assisté du personnel nécessaire, pouvant être chargés d'autres travaux d'état-major.

Les services

Après le commandement et les différentes armes, les services constituent le troisième élément de toute GU. Ils sont chargés de subvenir aux besoins du commandement et des troupes. D'une façon générale, leur rôle consiste à procurer les ravitaillements de toute nature à l'ensemble des effectifs de la GU, à assurer l'entretien du matériel, du personnel, et des animaux, ainsi qu'à procéder à leur évacuation dans les meilleures conditions possibles s'ils sont mis hors de combat ou d'utilisation.

Chaque service est commandé par un directeur ou un chef ayant une double subordination. La première, consiste à exécuter les ordres du commandement de la Grande Unité à laquelle il est rattaché. La seconde, technique, impose d'appliquer les instructions provenant de ses homologues de l'échelon supérieur.

Jouant un rôle de conseil, chaque chef ou directeur est aussi responsable du bon fonctionnement de son service, composé d'un organe de direction et d'autres, d'exécution. Le chef ou le directeur du service et le personnel de direction est rattaché au QG de la Grande Unité. Les organes d'exécution disposent des personnels et des matériels techniques nécessaires à leurs missions. En fonction de leur attribution générale, les services peuvent être regroupés en quatre catégories : les transmissions, le ravitaillement et l'entretien (artillerie, génie, intendance, santé, soins vétérinaires, remontes, poste et trésorerie), les transports, et le service d'ordre.

Présentation générale des services

Service	Missions principales
Le service des chars de combat	Ce service n'existe qu'à l'échelon de l'armée. Le ravitaillement des unités de chars en appareils complets et en pièces de rechange, la réparation du matériel spécial aux chars, à l'exception de l'armement, est assuré par le parc des chars d'armée. Celui-ci fonctionne sous la direction du colonel directeur des services techniques de l'artillerie d'armée, en ce qui concerne l'ordonnancement des dépenses.
Le service des transmissions	Dirigé par un commandant des transmissions, ce service assure la mise en œuvre des moyens matériels nécessaires à la transmission des ordres, des renseignements et des comptes rendus. Il doit aussi fournir toutes les unités en matériels télégraphique, téléphonique, radioélectrique, colombophile et de signalisation (à l'exception des artifices) et se charge également de rechercher du renseignement par l'écoute téléphonique ou radio de l'ennemi.
Le service de l'artillerie	Il est en charge du ravitaillement des troupes en munitions, artifices, explosifs, mines antichars et en essence et ingrédients. Il doit aussi remplacer et réparer les armes, les matériels de protection contre les gaz, les véhicules à l'exception des véhicules spéciaux comme les chars, et fournir le harnachement et la ferrure. Le commandant de l'artillerie d'une Grande Unité fait aussi fonction de directeur du service. Ses organes d'exécution se composent de parcs comprenant des compagnies d'ouvriers, des détachements de gestion pour les munitions et l'essence, des sections de munitions, des compagnies de camions citernes, des approvisionnements de matériel et de munitions et des ateliers de réparation.
Le service des remontes	Composé de personnels formés spécifiquement, il assure le ravitaillement en chevaux, mulets et animaux de bât. Les unités de cavalerie montée peuvent également recevoir des chevaux directement en provenance de leurs dépôts de l'intérieur.
Le service du génie	Il fournit aux troupes de toutes armes les outils, les explosifs (à l'exception des mines antichars), le matériel de défense et celui d'installation sur le terrain ou de rétablissement des communications. Sa direction est assumée par le commandant du génie de la Grande Unité. Les organes d'exécution comprennent des unités spécialisées ainsi que des parcs et des dépôts de matériels. Six services annexes lui sont également rattachés : Le **service forestier** chargé de l'exploitation des bois et forêts, le **service des eaux** pourvoyant aux besoins des troupes en eau et à son transport éventuel à des points de ravitaillement, celui-ci ayant également en charge l'aménagement ou la création des points d'eau, le **service des routes** assurant normalement la remise en état ou la création des routes et l'exploitation des carrières, le **service des camps et cantonnements** assumant les tâches de création ou de perfectionnement des conditions d'habitabilité de la troupe, le **service du matériel** administrant les parcs et dépôts disposant en outre d'un spécialiste du camouflage le matériel nécessaire devant être fourni par le parc du génie d'armée, et le **service électrique** composé d'unités d'électromécaniciens et éventuellement de sections d'électriciens de campagne.
Le service de l'intendance	Le service de l'intendance est chargé du ravitaillement en vivres, fourrages, combustibles, matériels du service des subsistances, effets d'habillement, d'équipement et de campement ainsi qu'en matériel de couchage. Il est également responsable de la solde, des frais de déplacement et procède aux vérifications du service de la trésorerie et de la poste aux armées. Il procède à la surveillance de l'administration des corps de troupe et de la vérification de leur comptabilité. Il administre en outre les personnels sans corps de troupe et assume des fonctions d'officier public et d'état-civil. La direction de ce service est exercée par un intendant général ou militaire, directement placé sous les ordres du général commandant de la Grande Unité. Afin de remplir son rôle, il dispose d'organes d'exécution (groupe d'exploitation, compagnie de ravitaillement en viande, coopérative, etc.) soit directement rattachés, soit par l'intermédiaire d'un organe de direction subordonné (intendance des gares et réserves de ravitaillement, intendance du ravitaillement en viande, etc.).
Le service de la poste militaire	Il reçoit et achemine les courriers et colis aux troupes et s'occupe de la récupération et de la transmission vers l'intérieur des correspondances ordinaires ou recommandées et des colis en provenance des militaires de toutes armes ou services.
Le service de santé	Commandé par un médecin militaire, le service de santé est en charge de toutes mesures relatives à l'hygiène, la prophylaxie, au traitement des malades ainsi qu'au relèvement, au triage, à l'hospitalisation et à l'évacuation des blessés. Son objectif principal consiste à récupérer au plus vite le plus grand nombre d'effectifs possible, ainsi qu'à ravitailler les diverses formations en personnel et matériel sanitaire, dont il administre les réserves. Il dispose en propre de véhicules et, à partir du CA, de moyens d'hospitalisation.
Le service vétérinaire	Dirigé par un vétérinaire, il est en charge de la surveillance, de l'inspection et de l'hygiène des animaux et des parcs de bétail. Il prend des mesures de prophylaxie dans le cas de maladies contagieuses et s'occupe du traitement des animaux malades ou blessés. Constitué d'infirmiers il organise la formation du personnel, l'inspection des viandes de boucherie et des fourrages et il assume la direction technique de la maréchalerie.
Le service de la trésorerie	Il opère toutes les recettes provenant du trésor public ou effectuées pour le compte de l'État. Il acquitte les dépenses régulièrement ordonnancées au titre des corps et des services et effectue toutes les opérations de caisse et de trésorerie donnant lieu à un maniement de fond et à comptabilité.
Les services de transport	Ils comprennent l'ensemble des organes ayant pour objet la construction, l'entretien et l'exploitation des voies ferrées ou navigables ainsi que le service de transport sur route. Le service des chemins de fer est en charge des réseaux ferrés (y compris les voies étroites), utilisés pour les besoins des armées. La partie de ces réseaux mise sous les ordres du commandement en chef dépend du directeur des chemins de fer des armées. Le service des voies étroites (0,60 cm) est spécialisé dans la construction, l'entretien et l'exploitation de ce type de voies. Les services du train automobile et hippomobile assument les transports sur route nécessaires aux armées tandis que le service de la navigation s'occupe de l'entretien et de l'exploitation des voies navigables. La nécessaire centralisation de l'organisation des transports impose leur gestion à un échelon élevé. Ainsi, les divisions et les CA ne disposent pas de direction organique des transports, ces questions étant prises en charge à ces niveaux par les 3e et 4e bureaux des états-majors. Les divisions motorisées et les CA disposent néanmoins d'organes régulateurs de la circulation. Mentionnons enfin qu'à l'échelon du GQG, il existe une direction des transports aux armées ayant sous ses ordres la direction des chemins de fer, celle des mouvements et transports sur route ainsi que celle des transports par voies navigables.
Les services d'ordre	Le service de la gendarmerie assure aux armées la police générale ou judiciaire et l'exercice de la justice prévôtale. Le service de la justice militaire recherche, instruit et juge les délits et crimes ressortissant de la compétence des tribunaux militaires dans la zone des armées. Il existe en outre un service de la sûreté aux armées, un service de presse et un autre des prisonniers de guerre. Ces services sont rattachés au QG de la Grande Unité auxquels ils appartiennent.
Les services de l'air	Seul le commandement d'une armée reçoit en principe un parc d'aérostation, éventuellement renforcé par des compagnies d'aérostation de réserve générale en dotation normale (et donc pas organique). Lui sont également rattachées des sections de parc d'aérostation et des formations d'aérostation captive (ballons contre avions) mises à la disposition de l'armée ou situées dans sa zone. L'ensemble de ces structures assurent également les ravitaillements, les réparations, les évacuations et l'administration.

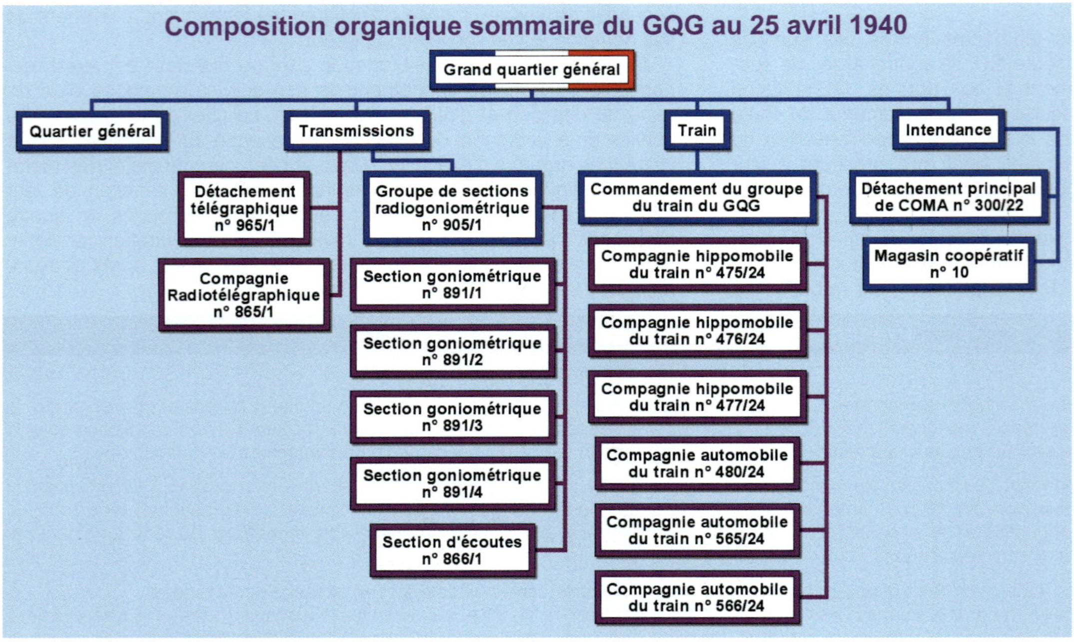

Composition sommaire du GQG. Le quartier général du GQG dispose d'un état-major chargé de préparer les décisions du commandant en chef, de différentes inspections d'armes dont la mission consiste à conseiller techniquement le commandement ainsi que de directions en charge de la bonne marche de leurs services et de pourvoir aux besoins de fonctionnement des troupes. Le GQG supervise également le commandement des réserves et celui des forces terrestres.

Les Grandes Unités de commandement

Le commandement en chef : le GQG

Selon l'*Instruction sur l'emploi tactique des Grandes Unités* de 1936 : « *L'ensemble des forces opérant sur un même théâtre d'opérations ou sur plusieurs théâtres étroitement conjugués est placé sous les ordres d'un commandement en chef. Tout commandant en chef dispose d'un état-major, d'organes d'inspection et d'organes de direction des services. Les inspecteurs sont des conseillers techniques du commandant en chef ; ils reçoivent de lui des missions d'inspection, d'investigation, et de contrôle. Les directeurs lui permettent d'assurer l'administration et l'entretien de ses forces, l'exploitation des voies ferrées, navigables et routières de son théâtre d'opérations. L'ensemble de l'état-major, des inspections et des directions de service à la disposition du commandant en chef pour l'exercice de son commandement constituent le grand quartier général. En outre, le commandant en chef dispose, pour certaines armes, d'organes de commandement des réserves générales (chars, artillerie, train, génie).* »

En fonction de ses plans d'opérations, le commandant en chef décide de l'emploi de la totalité des forces et des réserves générales du ou des théâtres d'opérations placés sous ses ordres. Dans la zone des armées, toutes les forces aériennes sont également placées sous ses ordres à l'exception de celles des ports maritimes, restant sous le commandement de la Marine. Le commandant en chef exerce son autorité dans le domaine de la défense active, de la défense passive et de la sécurité générale. Il ne peut, en revanche, modifier le dispositif de la défense antiaérienne du territoire (DAT) sans l'accord du commandant en chef des forces aériennes. Les décisions qu'il prend sont exécutées par l'entremise des commandants de groupes d'armées et d'armées.

Le groupe d'armées

Un ou plusieurs groupes d'armées sont constitués lorsque plusieurs armées opèrent sur le même théâtre d'opérations. Dans ce cas, chaque groupe d'armée encadre les armées affectées à un même

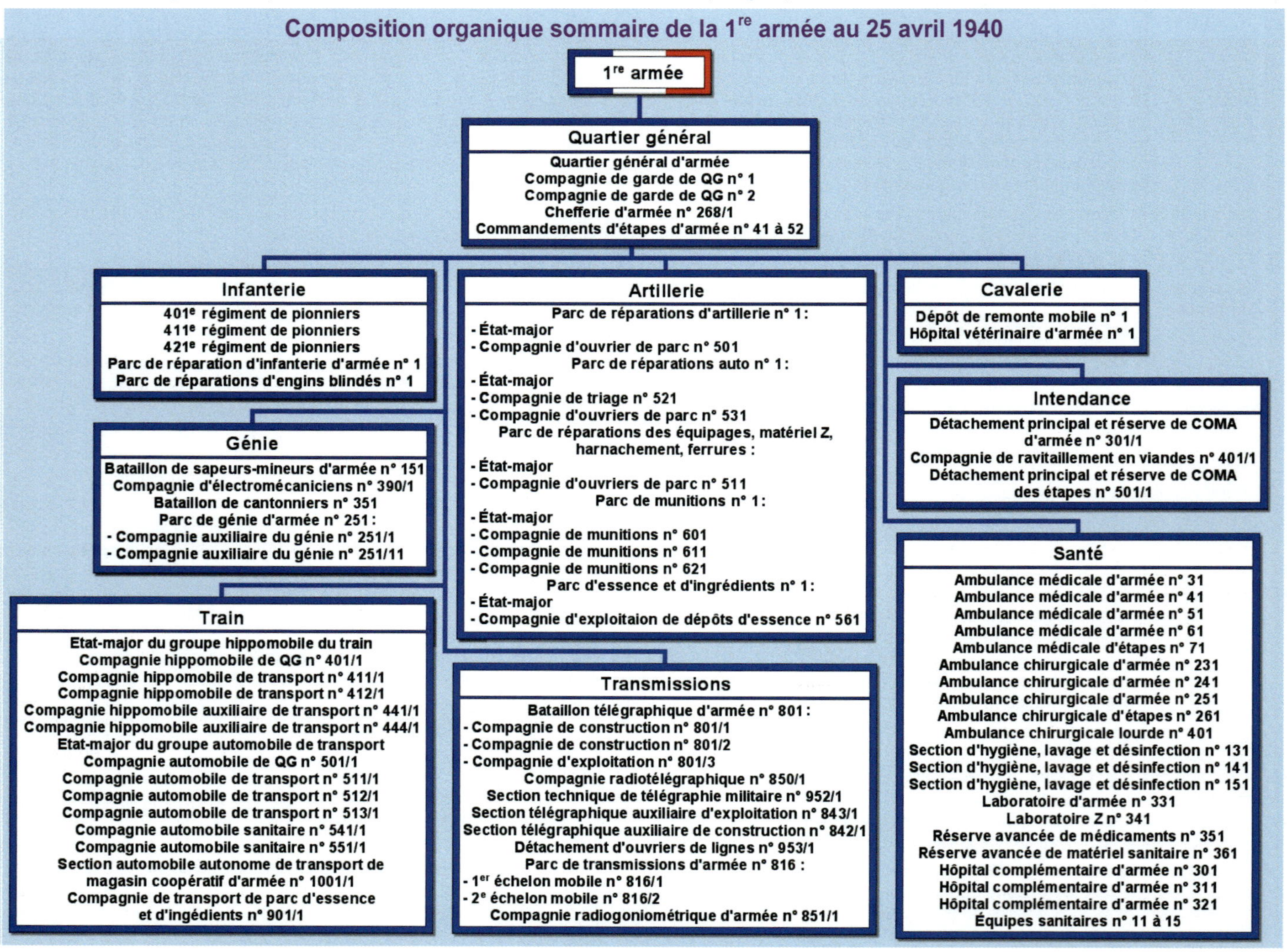

Remise de décorations à des tirailleurs marocains. L'affaire est d'importance puisque c'est le général d'armée Réquin (commandant de la 4e armée) qui procède à cette remise de médailles. Bien que nous ne puissions le certifier, il semble qu'il s'agisse d'hommes du 4e RTM, selon la patte de collet à peine visible du soldat du premier plan. Les tirailleurs marocains sont de redoutables combattants que les Allemands ont appris à craindre depuis la guerre précédente. Ils se couvriront également de gloire durant les années 1943-1945, lors des campagnes d'Italie et de France. US Nara.

compartiment du théâtre d'opérations, ou concourant à une même mission. Le groupe d'armées est un organe de commandement. Sa mission consiste à coordonner et à diriger les opérations des armées, ou de toutes autres unités placées sous ses ordres. C'est donc un organe stratégique composé principalement d'un quartier général réduit. Hormis les armées qu'il dirige, il peut également disposer de Grandes Unités et d'éléments de la réserve générale attribués aux armées en fonction des circonstances. Le groupe d'armées dispose en outre d'un commandement des forces aériennes et d'unités de l'armée de l'air placées à sa disposition. Théoriquement, il ne possède pas de services en propre, à l'exception, parfois, d'une direction des étapes, afin d'exercer le commandement et l'administration d'une partie des étapes des armées qu'il dirige.

L'armée et le détachement d'armée

L'apparition des armées, au sens organisationnel du terme, trouve ses origines au 18e siècle, lorsque les troupes françaises sont réparties sur plusieurs théâtres d'opérations pour combattre, chacun d'eux nécessitant un niveau de décision local. L'échelon de l'armée tel qu'on le connait de nos jours est officiellement adopté en 1812, principalement à cause de l'accroissement considérable des effectifs des troupes françaises de l'époque.

En théorie, l'armée joue un rôle stratégique tout en étant en charge des besoins des unités placées sous son commandement. Elle possède un rôle essentiel en matière de services et mérite amplement son surnom d'*unité de vie* qui lui fut donné avant 1914. L'armée est la première des Grandes Unités pouvant normalement disposer d'une certaine stabilité géographique permettant à ses services de se déployer durablement dans des conditions favorables. Aussi possède-t-elle de nombreux et puissants organes de services ainsi que des directions fortement constituées. Ils sont tous présents en son sein, à l'exception du service des chemins de fer à voie normale et celui des voies navigables restant à la disposition du commandant en chef. L'armée reste néanmoins la base de transit entre la voie ferrée et la route.

L'*Instruction sur l'emploi tactique des Grandes Unités* de 1936 précise que « *l'Armée est l'unité fondamentale de la manœuvre stratégique. Son chef combine et dirige la manœuvre de plusieurs corps d'armée, de Grandes Unités de cavalerie et de forces aériennes, dans le cadre d'une même mission d'ensemble. L'Armée est un organe de commandement et d'encadrement. Elle ne possède en principe comme éléments organiques qu'un QG comprenant un état-major, des commandements de certaines armes et des directions de services, des troupes spécialisées, etc. ; mais elle reçoit des EOCA et des EOCC, des DI, des DC, des DLM, des brigades mixtes de région fortifiée, des unités d'artillerie, du génie, des forces aériennes, de chars, des éléments des services en nombre variable suivant sa mission, etc. L'Armée dépend du commandant en chef soit directement, soit par l'intermédiaire d'un commandant de groupe d'armées* ».

Les unités combattantes placées sous le commandement de l'armée varient en fonction du secteur qu'elle occupe et de sa mission. En général, elle dispose également en propre de Grandes Unités placées en réserve à son échelon décisionnel et d'une dotation de forces aériennes constituée de groupes aériens de reconnaissance et de chasse. L'une des missions premières de l'armée consiste à pourvoir aux besoins des troupes mises à sa disposition, aussi, possède-t-elle de nombreux services particulièrement puissants. Ils comprennent des organes de direction faisant partie du QG et d'autres, d'exécution, disposant d'importants moyens susceptibles d'être renforcés si la situation l'exige. D'une façon générale, l'ensemble des organes d'exécution comprend des dépôts et établissements dépendants des différents services, des moyens de transport spécialisés appartenant en propre aux services concernés, des moyens de transport généralistes, des unités techniques, des services, et des unités de mains d'œuvre constituées de régiments de pionniers et de travailleurs.

L'armée doit pouvoir pallier toute éventualité en toutes circonstances, aussi la gestion et l'organisation de ses services sont particulièrement complexes et reposent sur un personnel nombreux et qualifié. Les unités placées sous le commandement de l'armée dépendent entièrement de ses capacités à pouvoir répondre à l'ensemble de leurs besoins afin de préserver aussi longtemps que possible leurs aptitudes à combattre. Le ravitaillement, en particulier, est une fonction stratégique fondamentale, que ce soit en munitions, en vivres, en essence ou en fourrage. À l'exception du QG, les unités rattachées à une armée sont très variables et ne peuvent donc pas être quantifiées d'une façon théorique et chacune d'entre elles fait l'objet de TEG spécifiques. Le QG d'une armée réunit l'EM, les commandements d'armes, les directions de services et les troupes de QG.

Enfin, les détachements d'armée (DA) sont des groupements temporaires généralement créés pour faire face à une situation spéciale ou parce qu'ils ne regroupent qu'un QG allégé placé en réserve. Ils ne disposent pas de structures et de services aussi étoffés que les armées et leurs éléments organiques sont allégés. Ils peuvent à terme être dissous ou transformés en armée, comme par exemple le détachement d'armée des Ardennes en 9e armée en 1940, voire n'avoir aucune existence autre qu'embryonnaire comme le DA des Pyrénées.

Le corps d'armée (CA)

Selon l'*Instruction sur l'emploi tactique des Grandes Unités* de 1936, « *Le corps d'armée est l'unité de bataille capable de mener, dans le cadre de l'armée, une action tactique prolongée et de la conduire jusqu'à la décision. Son chef dispose d'éléments organiques de corps d'armée (renforcés ou non par des éléments prélevés sur des réserves générales) et d'un nombre variable de divisions. Il conduit et coordonne le combat de ses divisions, intervient directement dans la lutte en prolongeant ou en renforçant l'action de certaines d'entre elles au moyen d'éléments tenus en réserve ou rendus disponibles. Il dirige l'emploi de son artillerie. Pourvu d'organes de commandement solidement constitués, le corps d'armée est capable d'encadrer un nombre important d'éléments de renforcement, divisions isolées, ou troupes des diverses armes, et d'en assurer la mise en œuvre dans la bataille ; il peut ainsi s'adapter aux missions variées qui lui sont confiées.* »

Suivant de près celle de la division, la création du CA date de 1805. Rendue nécessaire par l'accroissement des effectifs, sa mise sur pied permet d'assouplir et de simplifier la chaîne du commandement tactique. En 1914, le CA est la Grande Unité de base. Selon les conceptions de l'époque, il est organisé et utilisé comme tel et son ordre de bataille est invariablement composé de deux divisions [4], d'éléments non endivisionnés et de services. C'est une structure rigide formant la base des combinaisons du haut commandement. Les divisions lui étant rattachées sont alors entièrement dépendantes de leur CA. Elles ne possèdent aucune autonomie de fonctionnement et leur rôle consiste exclusivement à exécuter les ordres reçus. Avec l'expérience pratique de la guerre, le CA évolue radicalement. Les nécessités tactiques et stratégiques engendrent l'obligation d'assouplir son organisation et son fonctionnement. L'offensive, par exemple, peut imposer de placer jusqu'à quatre ou cinq divisions ainsi que d'autres unités non endivisionnées sous son commandement. Dès 1915, ses structures sont adaptées à sa mission et peuvent donc différer d'un CA à l'autre en fonction des impératifs.

La nécessité d'une réaction rapide aux conditions du combat impose d'autre part de décentraliser une partie du commandement et des services à l'échelon divisionnaire. En conséquence, la mission du CA évolue vers la définition de l'action stratégique, la coordination du fonctionnement des services divisionnaires et du feu de l'artillerie. En

Note :
4 : À l'exception du 6e CA disposant de 3 divisions.

Unités organiques d'un corps d'armée type normal.
La Cie hippomobile du train comporte 2 sections pouvant transporter ensemble 40 t environ, correspondant à un jour de vivres pour les éléments non endivisionnés du CA. La Cie automobile du train dispose de 2 sections de 2 rames de 10 camions de 3,5 t chacune pour une capacité de transport totale de 600 hommes ou 115 à 120 tonnes de matériel. Elle se compose en outre de différents détachements (santé, intendance, automobile de QG, circulation routière), d'une section sanitaire automobile et d'une seconde de transport de viandes. Celle-ci est articulée en 4 rames de 7 camions spécifiquement aménagés plus les véhicules nécessaires au transport du personnel et de l'outillage. Les sections automobiles du parc d'artillerie ont chacune 100 t utiles de capacité. Le groupe sanitaire de CA peut être hippomobile ou automobile. La section sanitaire automobile type lourd est susceptible de transporter 100 blessés couchés ou 200 assis sur 100 km. Mentionnons enfin la dotation en forces aériennes non organiques théoriquement composée d'une ou plusieurs escadrilles, d'une ou plusieurs sections d'avions-estafettes et d'une ou plusieurs sections d'autogires, ainsi que l'affectation d'une ou plusieurs sections mobiles d'évacuation vétérinaire d'armée en cas de besoin.

Unités organiques d'un corps d'armée type normal au 1er janvier 1940

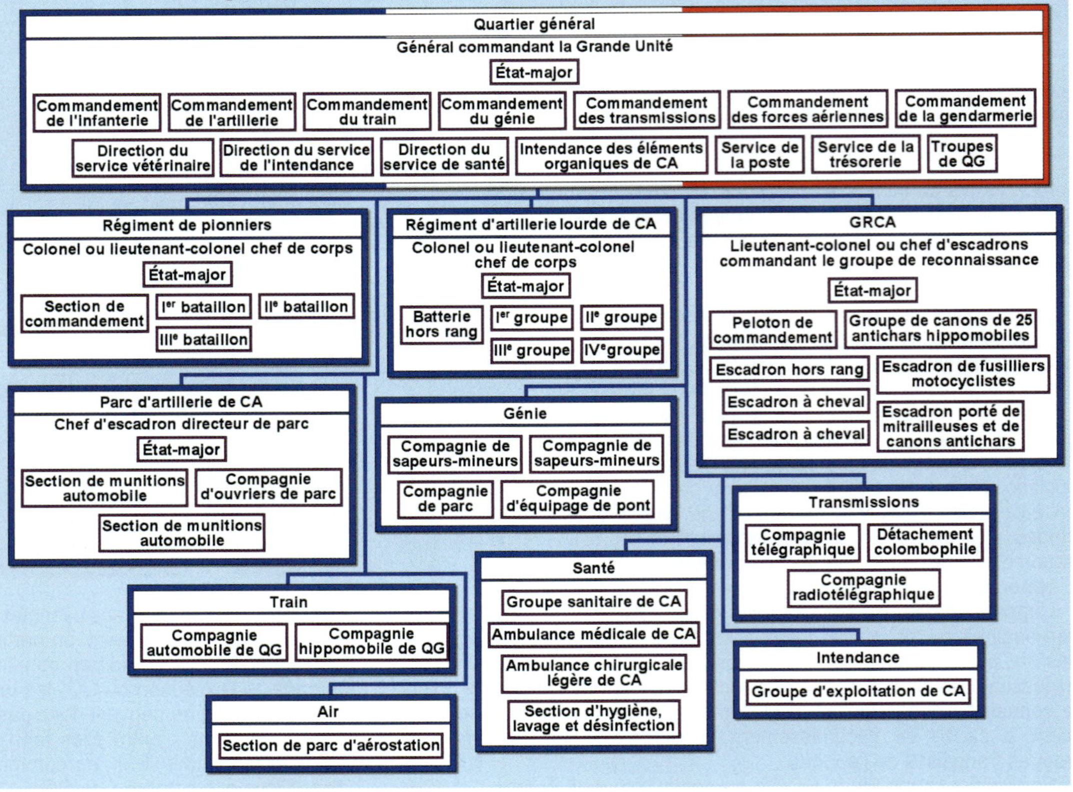

1916, les batailles de Verdun et de la Somme imposent la mise en place de la relève des divisions en ligne (la noria) en fonction de leur usure rapide. Mais si les divisions doivent être relevées pour être reconstituées ou placées au repos, ce n'est pas le cas des CA et de leurs services, maitrisant les conditions du secteur qu'ils occupent et ne subissant pas les difficiles conditions des lignes de front. Ils doivent donc assurer la continuité des opérations même si les divisions placées sous leurs ordres sont changées.

Cette nouvelle conception apporte une souplesse considérable à l'organisation du champ de bataille, mais elle impose des modifications continuelles de l'ordre de bataille de l'armée. Il n'est plus possible de lier rigidement des divisions à un CA et il en résulte une diminution du

Le déploiement des corps d'armée : L'exemple du Xe CA le 13 mai 1940

En plus des unités organiques des trois divisions d'infanterie et du CA, nous trouvons les unités de secteur (SF de Montmédy, soit les 136e et 147e RIF, le 99e RAF et le I/169e RAP) et des batteries d'artillerie provenant des réserves générales. Notons qu'il existe deux échelons de réserves d'infanterie, au niveau divisionnaire et à celui du CA. Quant à l'artillerie, les pièces courtes sont disposées derrière les lignes de l'infanterie et les pièces longues plus en arrière, en fonction de leur portée plus importante. Il n'existe qu'un seul groupe d'artillerie placé en réserve.

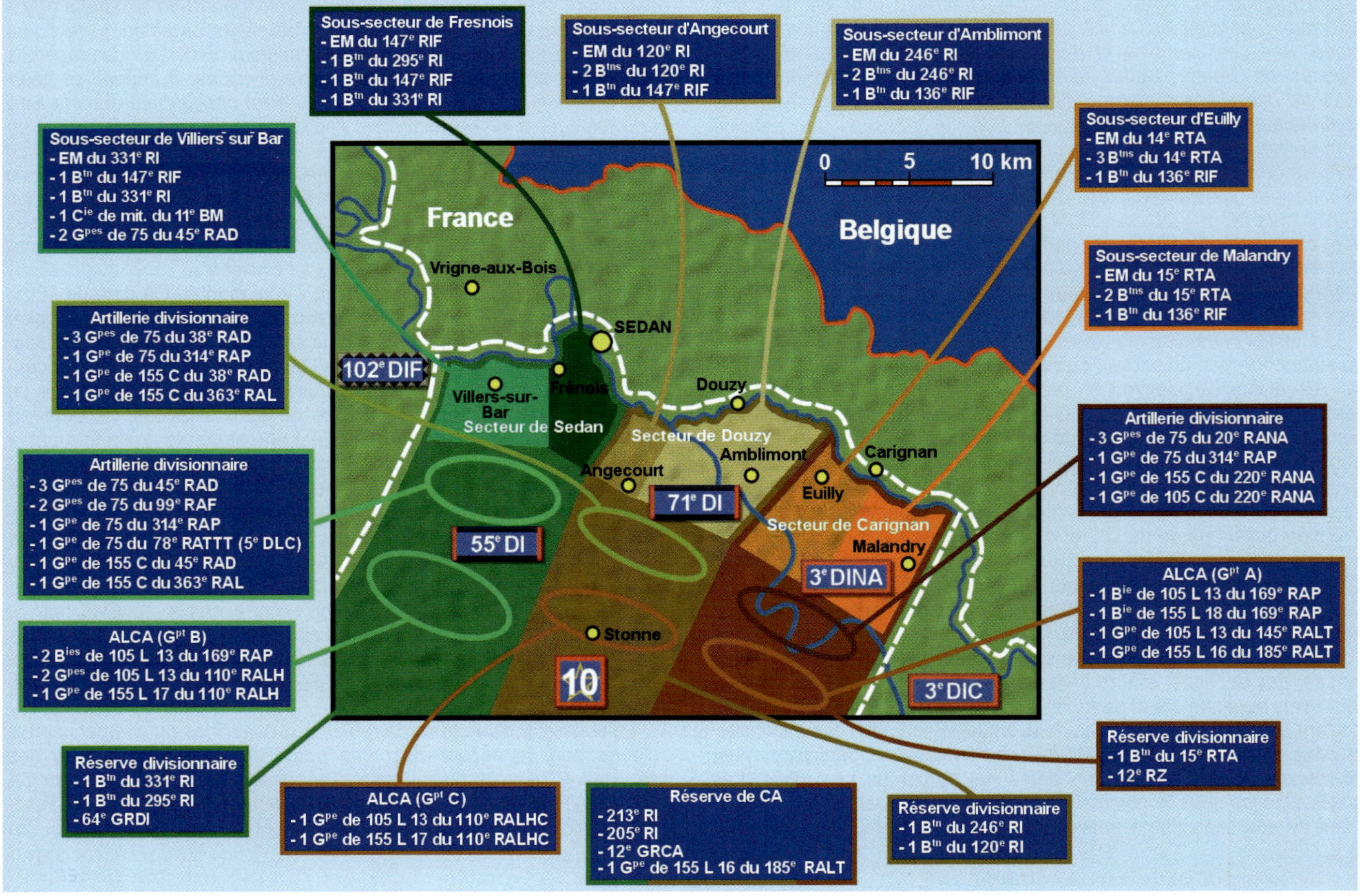

rendement des Grandes Unités, principalement par suppression des habitudes et de la bonne connaissance par le commandement des CA des troupes placées sous ses ordres. Ainsi, il est décidé en 1917 de conserver les structures organiques aussi longtemps que possible en mettant en place 16 CA dits d'attaque à quatre divisions, 17 CA à deux divisions destinés aux secteurs calmes et 15 divisions isolées. Cette conception sera encore modifiée en 1918 avec une organisation basée sur trente CA à trois divisions et 15 divisions isolées, mais l'armistice arrivera avant l'achèvement du déploiement de ce nouveau dispositif. Il semble donc que l'on en revienne aux principes de 1914.

Après-guerre, les débats portant sur l'organisation structurelle des CA se poursuivent et oscillent toujours entre les deux options du temps de guerre. Ils finissent par aboutir à celle de 1940 dans laquelle la Grande Unité possède deux divisions, mais dispose également des structures et services nécessaires à l'éventuelle attribution de moyens supplémentaires, comme des divisions isolées ou des unités provenant de la réserve générale. D'autre part, la composition organique des troupes rattachées au CA subit aussi une évolution radicale. Les éléments d'infanterie non endivisionnés disparaissent progressivement pour céder la place à une réserve de main d'œuvre constituée d'un régiment de pionniers. Les anciens régiments de cavalerie de CA sont remplacés par des GRCA tandis que l'artillerie, évoluant au fil des besoins et des disponibilités des matériels, est définitivement fixée dès 1916 par l'attribution d'un régiment d'artillerie longue à deux groupes de 105 mm et deux groupes de 155 mm, cette dotation théorique étant toujours en vigueur en 1940.

Ensuite, chaque CA de 1940 dispose normalement de l'équivalent d'une escadrille dont les missions consistent à assumer la reconnaissance aérienne et l'observation. Cette attribution trouve son origine dès 1914 lorsque des avions commencent à être détachés aux CA afin de fournir des informations d'exploration stratégique. Avec l'arrêt de la guerre de mouvements, l'utilité de cette attribution devient caduque et l'aviation s'oriente vers des missions offensives et défensives au profit des autres armes. La situation perdure jusqu'à l'arrivée en ligne de l'artillerie longue, nécessitant des capacités d'observation pour le réglage des tirs. Une aviation d'observation est en conséquence attribuée organiquement aux CA, le principe devant même être généralisé à l'échelon divisionnaire. À la fin de la guerre, chaque CA est donc doté d'une escadrille destinée à travailler au profit de l'artillerie longue, tandis qu'une seconde est attribuée à chaque couple de DI. En 1940 néanmoins, cette dotation d'une escadrille n'est pas organique et reste classifiée comme « normale ».

Enfin, il est utile de mentionner l'évolution des structures organiques des CA en fonction de l'accroissement des transmissions et du train automobile dont l'emploi s'est peu à peu développé. Ceci étant, certaines lacunes persistent, dont la défense antiaérienne n'est pas la moindre. D'autre part, la motorisation de certaines divisions engendre également celle de quelques CA afin de pouvoir assumer la même vitesse de mouvement, sans pour autant modifier leur composition et leur organisation générale. Bien qu'importante, cette motorisation est incomplète, les cuisines roulantes et le train de ravitaillement du régiment de pionniers restant toujours hippomobiles. Ainsi, son appellation exacte est « CA à éléments organiques du type motorisé ». Signalons enfin qu'au 10 mai 1940, 6 CA normaux disposent d'une artillerie lourde de CA (ALCA) entièrement motorisée.

D'une façon générale, l'organisation et la conception d'emploi des CA se sont adaptées aux conditions de la bataille moderne. Le fonctionnement centralisé de 1914 a évolué vers la prise en compte par la division de l'organisation de la bataille et de la coordination des différentes armes sur le secteur qu'elle occupe. La mission du CA de 1940 est en conséquence d'assurer et de coordonner l'action d'ensemble des unités placées sous son commandement. L'expérience ayant démontré que l'usure des divisions au feu peut être rapide et donc d'une efficacité limitée dans le temps, le CA doit assurer la continuité du commandement, quelle que soit l'évolution des unités lui étant rattachées. Néanmoins, la recherche d'une dotation à long terme d'unités à un CA sera conservée tant que faire se peut.

En chiffres ronds les effectifs d'un CA de type normal de 1940 comptent 400 officiers, 10 000 hommes, 4 000 chevaux, 600 voitures hippomobiles, 750 voitures automobiles et 300 motos. En colonne de route, ils occupent 50 kilomètres dont 4 pour les éléments à pied, 11 pour les éléments hippomobiles et 35 pour les éléments automobiles. Ceux d'un CA à éléments organiques du type motorisé se compose de 360 officiers, 8 500 hommes, 130 chevaux, 60 voitures hippomobiles, 1 100 voitures automobiles et 500 motos, pour une occupation d'environ 60 kilomètres en colonne de route, dont 55 pour les éléments automobiles.

Les Grandes Unités de la fortification

L'organisation défensive du pays et la mise en place d'une couverture dès le temps paix imposent un nouvel aménagement des circonscriptions territoriales des frontières et la création de régions fortifiées. Des unités d'infanterie et d'artillerie spécialement chargées de l'occupation des ouvrages des régions fortifiées sont déployées, renforçant la défense du secteur qu'elles occupent et venant compléter les formations spécialisées d'artillerie, de DCA et du génie déjà présentes. Toutes ces unités doivent avoir une composition susceptible de s'adapter en fonction des circonstances aux formes nouvelles de l'armement et des moyens mis en œuvre. Le déploiement d'un système solide de couverture permanente est mis en place et ses unités, par leur structure interne et leurs lieux de stationnement, s'adaptent exactement à l'organisation défensive du terrain.

Le découpage des frontières terrestres en régions et secteurs fortifiés est ordonné par le décret du 4 mai 1934. Tout comme les Grandes Unités de campagne, celles de forteresse sont placées sous

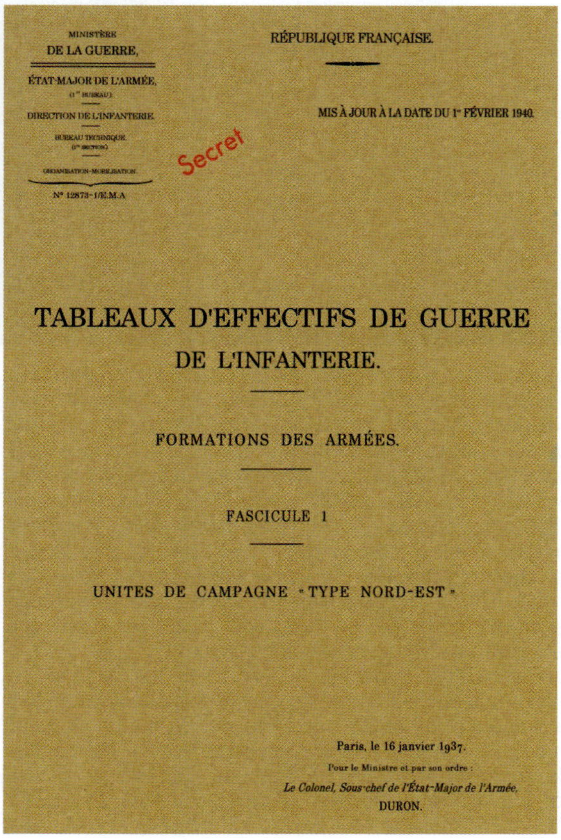

MINISTÈRE
DE LA GUERRE,

ÉTAT-MAJOR DE L'ARMÉE,
(1er BUREAU)

DIRECTION DE L'INFANTERIE.

BUREAU TECHNIQUE.
(1re SECTION)

ORGANISATION-MOBILISATION.

N° 12873-1/E.M.A

RÉPUBLIQUE FRANÇAISE.

MIS À JOUR À LA DATE DU 1er FÉVRIER 1940.

Secret

TABLEAUX D'EFFECTIFS DE GUERRE
DE L'INFANTERIE.

FORMATIONS DES ARMÉES.

FASCICULE 1

UNITES DE CAMPAGNE « TYPE NORD-EST »

Paris, le 16 janvier 1937.
Pour le Ministre et par son ordre :
Le Colonel, Sous-chef de l'État-Major de l'Armée,
DURON.

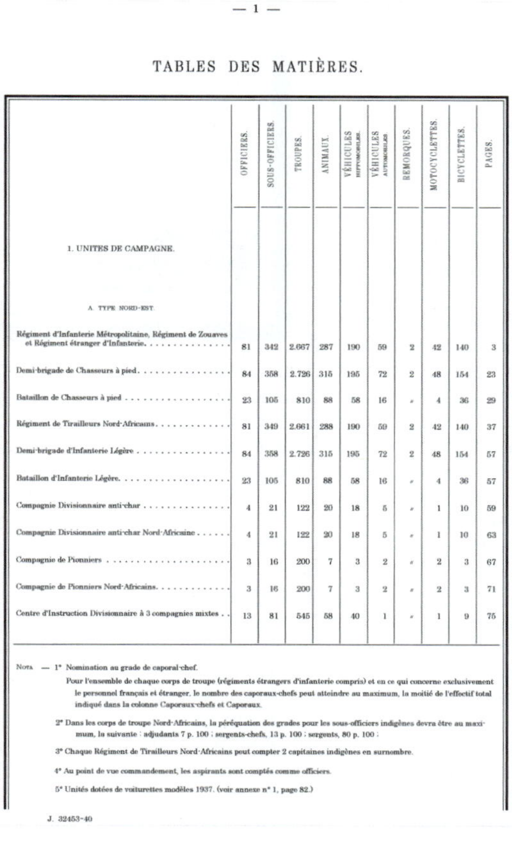

— 1 —

TABLES DES MATIÈRES.

1. UNITES DE CAMPAGNE. A. TYPE NORD-EST.	OFFICIERS.	SOUS-OFFICIERS.	TROUPES.	ANIMAUX.	VÉHICULES HIPPOMOBILES.	VÉHICULES AUTOMOBILES.	REMORQUES.	MOTOCYCLETTES.	BICYCLETTES.	PAGES.
Régiment d'Infanterie Métropolitaine, Régiment de Zouaves et Régiment étranger d'Infanterie	81	342	2.667	287	190	59	2	42	140	3
Demi-brigade de Chasseurs à pied	84	358	2.726	315	195	72	2	48	154	23
Bataillon de Chasseurs à pied	23	105	810	88	58	16	"	4	36	29
Régiment de Tirailleurs Nord-Africains	81	349	2.661	288	190	59	2	42	140	37
Demi-brigade d'Infanterie Légère	84	358	2.726	315	195	72	2	48	154	57
Bataillon d'Infanterie Légère	23	105	810	88	58	16	"	4	36	57
Compagnie Divisionnaire anti-char	4	21	122	20	18	5	"	1	10	59
Compagnie Divisionnaire anti-char Nord-Africaine	4	21	122	20	18	5	"	1	10	63
Compagnie de Pionniers	3	16	200	7	3	2	"	2	3	67
Compagnie de Pionniers Nord-Africains	3	16	200	7	3	2	"	2	3	71
Centre d'Instruction Divisionnaire à 3 compagnies mixtes	13	81	545	58	40	1	"	1	9	75

NOTA — 1° Nomination au grade de caporal-chef.
Pour l'ensemble de chaque corps de troupe (régiments étrangers d'infanterie compris) et en ce qui concerne exclusivement le personnel français et étranger, le nombre des caporaux-chefs peut atteindre au maximum, la moitié de l'effectif total indiqué dans la colonne Caporaux-chefs et Caporaux.

2° Dans les corps de troupe Nord-Africains, la péréquation des grades pour les sous-officiers indigènes devra être au maximum, la suivante : adjudants 7 p. 100 ; sergents-chefs, 13 p. 100 ; sergents, 80 p. 100 ;

3° Chaque Régiment de Tirailleurs Nord-Africains peut compter 2 capitaines indigènes en surnombre.

4° Au point de vue commandement, les aspirants sont comptés comme officiers.

5° Unités dotées de voiturettes modèles 1937. (voir annexe n° 1, page 82.)

J. 32453-40

Les tableaux d'effectifs de guerre (TEG).
Toutes les unités font l'objet d'un TEG. L'exemplaire présenté ici montre la page de garde et le sommaire d'un fascicule consacré à différentes unités divisionnaires d'infanterie, chacune d'entre elles étant ensuite longuement détaillée (effectifs en officiers, sous-officiers et hommes de troupes, dotations en véhicules, etc.). Les explications comprennent également les règles à suivre dans le cadre de la mobilisation. Depuis la refonte générale des TEG de 1937, de nombreuses modifications et additifs ont été apportés, tous faisant l'objet de documents écrits. Cette pléthore de rectificatifs et l'expérience acquise lors de la mobilisation de septembre 1938 entraineront d'ailleurs la refonte complète de la majorité des TEG ainsi que celle de tous les documents du plan de mobilisation et du plan de transport devant être appliqués à l'horizon fin 1940 (note 263 1/EMA du 11 janvier 1939). Précisons d'autre part qu'il existe également des tableaux d'effectifs de paix, les TEP, qui donnent les mêmes informations pour les unités du temps de paix. Ainsi, lors de la mobilisation, la mise sur le pied de guerre des unités prend les TEP comme base avant d'appliquer les consignes des TEG.

La RF de Metz début septembre 1939. **Seuls les régiments de troupes combattantes des SF de la RF sont visualisés et il est fait abstraction des autres unités. Les RA sont déployés sur l'ensemble du SF dont ils dépendent. Les RARF sont en général composés de 2 groupes de 75 et d'un de 155 C tandis que les RAP fournissent les canonniers des pièces des ouvrages, leurs autres batteries étant dotées de matériels de tous calibres parfois installées dans des casemates. 64 000 soldats sont affectés à cette RF (infanterie, artillerie et pionniers), auxquels il faut ajouter 22 000 hommes des autres armes et services (génie, aérostiers, santé, GRM, frontaliers, régiment régional, cavalerie, services de l'artillerie et du génie).**

l'autorité du général commandant l'armée responsable du secteur sur lequel elles sont déployées. Leur organisation est spécifique au combat en zone fortifiée mais elles peuvent être renforcées par des unités de campagne ou de la réserve générale.

Il existe des Grandes Unités de forteresse d'encadrement et de combat. Les premières sont les régions fortifiées (RF) et les corps d'armée de forteresse (CAF), et les secondes les secteurs défensifs ou fortifiés (SD et SF) et les divisions d'infanterie de forteresse (DIF). Toutes ces GU sont spécialement organisées pour combattre en milieu fortifié et leurs structures y sont adaptées. Leur valeur combative en rase campagne est fortement amoindrie, principalement en raison de l'impossibilité d'emporter la majorité des armements des ouvrages et de leur faible mobilité.

Les régions fortifiées (RF)

Une RF est l'équivalent d'un gros CA[5] comprenant en général un EM et des commandements d'armes dès le temps de paix, complétés en temps de guerre par d'importantes unités organiques du génie spécialisées dans de nombreuses disciplines techniques[6]. Une RF ne possède pas d'unités combattantes organiques, ces dernières étant affectées aux SF lui étant rattachés. C'est aussi un ensemble défensif étendu, comprenant une position de résistance renforcée par des ouvrages de fortification dotés d'un armement puissant. La ligne défensive comprend de nombreux moyens de commandement protégés, complétés sur leurs arrières d'équipements divers existants dès le temps de paix.

Les RF sont installées dans les zones frontalières particulièrement favorables à la pénétration d'une offensive ennemie puissante et rapide. Au-delà de la protection du territoire national, elles sont autant que possible tracées pour couvrir les centres industriels et les parties du territoire à conserver en vue du développement des opérations. Elles ne constituent pas pour autant des systèmes fermés à l'image des anciennes places fortes. Elles sont dépendantes des ressources de l'intérieur même si leurs structures permettent le stockage sous abri d'une importante quantité de ravitaillement. Le territoire qu'elles occupent est toujours très étendu et elles disposent d'une puissance de feu considérable.

Les troupes servant les ouvrages des RF sont formées et organisées spécifiquement pour le combat en zone fortifiée. À l'exception d'un ordre donné par le commandant en chef, elles ne peuvent être éloignées ou distraites de cette mission. Il ne peut être effectué de prélèvement sur leurs effectifs ou leurs approvisionnements qu'en cas d'urgence et sous réserve de laisser aux ouvrages des moyens suffisants pour assumer leur mission. Les services organiques des RF sont adaptés aux caractéristiques des structures les composant, comme leurs armements spécifiques, la fixité des divers matériels, une organisation très poussée des installations techniques et du réseau de communication.

Les secteurs défensifs et fortifiés (SD et SF)

À la veille de la guerre, il existe 24 SF et SD dont les structures sont très variables d'un secteur à l'autre en fonction du nombre d'ouvrages et de matériels dont ils disposent. Ils sont occupés par 54 RI dont 43 de forteresse et 8 demi-brigades alpines de forteresse. L'ensemble représente 200 à 250 000 combattants répartis en 153 bataillons soutenus par 9 RA de région fortifiée (RARF) et 18 RA de position. Les SD et SF sont assimilables à des DI spécialisées dans le combat en zone fortifiée mais leurs structures sont plus légères. Ainsi, les effectifs des 25 SF, SD et DIF existants au 10 mai 1940 représentent l'équivalent de ceux de 16 Grandes Unités de campagne. Une bonne partie des armements installée dans les ouvrages ne peut être enlevée et emportée, *a fortiori* en raison de leur très faible équipement en moyens de transport.

Placés sous les ordres d'un général de brigade, d'un colonel ou d'un lieutenant-colonel en fonction de leur importance, les organes de commandement des deux types de secteurs sont prévus dès le temps de paix. Leur autorité s'applique aux troupes occupant les ouvrages mais aussi territorialement. Un SD désigne initialement un secteur frontalier ne comportant pas d'ouvrages édifiés par la CORF mais seulement protégé par des organisations de campagne devant être complétées d'autres ouvrages défensifs dont la construction ne doit être lancée qu'en cas de tensions politiques. Sa valeur défensive est donc bien loin de valoir celle d'un SF. À l'exception des SD Rhône et Corse, tous les autres seront renommés SF en 1939-1940, sans pour autant que leur valeur défensive ne soit particulièrement accrue.

Couvrant une dizaine de kilomètres de front, un SF est divisé en 2 à 4 sous-secteurs eux-mêmes articulés en quartiers et sous-quartiers. Il comporte de nombreux ouvrages construits dès le temps de paix, occupés par une garnison permanente d'infanterie (les RIF) et d'artillerie capable de s'opposer à une attaque brusquée. Ces soldats d'active sont renforcés par les éléments des différents échelons en cas de mobilisation. Un SF dispose en outre d'un état-major éventuellement

Effectifs des équipages d'ouvrages

Infanterie	Artillerie	Génie	Total
1 892	1 913	1 218	**5 023**

Effectifs des équipages d'ouvrages

Infanterie	Artillerie	Génie	Total
1 560	1 121	891	**3 732**

Effectifs des équipages d'ouvrages

Infanterie	Artillerie	Génie	Total
899	150	245	**1 294**

renforcé de chefs de services comme la santé, l'intendance ou les transports, et d'organes territoriaux. Généralement, les RIF se détriplent lors de la mobilisation. Chaque régiment prend ensuite en charge un sous-secteur, chaque bataillon un quartier et chaque compagnie un sous-quartier. En temps de guerre, la majorité des SF du nord-est disposent d'un RARF souvent tracté, d'un RA de position fournissant les canonniers des ouvrages d'artillerie, d'un bataillon de génie, de deux compagnies de transmissions (téléphonistes et radio), d'un bataillon de pionniers, d'un centre d'instruction, d'une Cie du train, et de différents services.

Leurs défenses étant surtout réparties sur des voies d'accès naturelles et étroites, les SF du sud-est sont différents des autres. Il en va de même des troupes les occupant car, si en été il n'est pas nécessaire de posséder des qualités spécifiques aux déplacements, en milieu montagneux la situation est très différente en hiver. Ainsi, leurs unités combattantes se composent souvent de demi-brigades alpines de forteresse divisées en bataillons alpins de forteresse comportant des compagnies d'équipage d'ouvrage ou de « voltige » et d'une section d'éclaireurs skieurs, ce dernier type d'unité se montrera d'ailleurs d'une grande efficacité contre les forces italiennes en 1940. D'autres unités des SF et SD du sud-est sont spécifiques et comportent des moyens adaptés à la géographie locale comme des compagnies muletières du train, bien mieux adaptées au transport en milieu montagneux, tandis que le génie intègre, en plus des unités techniques habituelles, des compagnies de téléfériste chargées de la construction, de l'entretien et de l'exploitation de ces infrastructures spécifiques.

L'évolution de la fortification après la déclaration de guerre

Les 25 novembre et 8 décembre 1939, une réorganisation des troupes de forteresse dans la zone fortifiée du nord-est est ordonnée. Traçant les grandes lignes des évolutions à apporter, il est précisé qu'il ne saurait être question de solution uniforme valable pour l'ensemble des troupes de forteresse mais, qu'au contraire, les dispositions à

Notes :
5 : Elles prendront d'ailleurs l'appellation de corps d'armée de forteresse (CAF) lors de la réorganisation de mars 1940.
6 : Transmissions, maintenance des installations et des infrastructures électriques, téléphoniques, voies ferrées, électromécaniciens, etc.

L'organisation de la fortification au 10 mai 1940 (du Nord au Sud)

Zones			Secteurs fortifiés, secteurs défensifs ou divisions d'infanterie de forteresse		
GA	Armée	CA	Nom	Général commandant	Sous-secteurs
	7^{e}	-	SF des Flandres	Barthélémy	-
	BEF	-	SF de Lille	Bertschi	-
	1re	-	SF de l'Escaut	Hanaut	-
1			101e DIF	Béjard	Hannut et Thiérache
		XLIe	9e armée (ex DAA a)	Libaud (XLIe CAF)	Rocroi (secteur de)
	9^{e}		102e DIF	Portzert	Sécheval, Étion et Boulzicourt
	2^{e}	-	SF de Montmédy	Burtaire	Sedan, Mouzon-Ouest (ex tête de pont de Montmédy) et Mouzon-Est (ex Marville)
		XLIIe	Ex SF de la Crusne	Sivot	Arrancy, Morfontaine et Aumetz
	3^{e}	CAC	SF de Thionville	Poisot	Angevillers (ou Œutrange), Hettange-Grande et Elzange
		VIe	SF du Boulay	Besse	Hombourg-Budange, Burtoncourt, Tromborn et Narbéfontaine
		IXe	SF de Faulquemont	Girval	SteinbEsch, Bois-des-Chênes, Lixing et Altripe (ou Leyvillier)
	4^{e}	XXe	SF de la Sarre	Dagnan (colonel)	Saint-Jean-Rohrbach, Kappelkinger, Sarralbe et Kalhausen
		VIIIe	SF de Rohrbach	Chastanet (colonel)	Bining, Légeret et Bitche
2		XLIIIe	Ex SF des Vosges	Lescanne (XLIIIe CAF)	Pilippsbourg et Langensoultzbach
	5^{e}	XIIe	SF d'Haguenau	Regard (colonel)	Péchelbronn, Hoffen, Soufflenheim et Sessenheim (ex Elsenheim)
		XVIIe	103e DIF	Renondeau	Strasbourg et Erstein
		XIIIe	104e DIF	Cousse	Elsenheim et Dessenheim
	8^{e}	XIIIe	105e DIF	Didio	Schliebach
			SF d'Altrirch	Salvan	Franken et III (ou Durmenach)
		XLIVe	SF de Montbéliard	De Bizemont	-
3	-	XLVe	SF du Jura central	Huet	-
			SD du Rhône	Michal	Faucille - Fort l'Écluse, Chablais et Arve
-	AA b	XIVe	SF de Savoie	Michet de la Baume (colonel)	Beaufortin, Tarentaise, Palet - Vanoise, Haute-Maurienne et Moyenne-Maurienne
			SF du Dauphiné	Cyvoct	Haute-Clarée - Guisane, Haute-Durance, Guil, Ubaye et Jausiers
		XVe	SF des Alpes-Maritimes	Magnien	Mounier, Tinée-Vésubie, Authion, Sospel et Corniches

a : Détachement d'armée des Ardennes. b : Armée des Alpes

envisager doivent être adaptées au cas particulier de chaque secteur. Ainsi, les généraux commandant les groupes d'armées sont chargés d'étudier la réorganisation à apporter aux secteurs placés sous leur autorité et de proposer des suggestions pour le 25 décembre. En fonction de l'importance qu'ils présentent dans le dispositif général, certains secteurs sont renforcés par des GU de campagne et sont appelés, en cas d'opérations actives, à recevoir d'autres renforts. Ils sont donc réorganisés afin de pouvoir assumer leur commandement, cette évolution aboutissant à la création de 5 CAF, disposant d'unités organiques différentes des CA normaux en raison de leurs missions spécifiques. Ainsi le XXIVe CA (ex CA F, à ne pas confondre avec un CAF, c'est un des CA sans EOCA avec le CA G) devient le XLIe CAF le 20 janvier 1940[7]. Il relève le IVe CA dans les secteurs de Rocroi et de Mézières.

Le 9 février 1940, la dissolution des RF de Metz, de la Lauter et de Belfort est ordonnée. Leurs unités organiques servent à constituer des CAF et des directions techniques de forteresse d'armée, les éléments inemployés étant reversés à la réserve générale. Sont ainsi créés le XLIIe CAF le 16 mars, avec des unités de la RF de Metz et du SF de Crusnes, le XLIIIe CAF, créé le 5 mars avec celles de la RF de la Lauter et du SF des Vosges, le XLIVe CAF, créé le 16 mars avec celles de la RF de Belfort et des SF d'Altkirch et de Montbéliard, et le XLVe CAF ex CA du Jura (provenant du SF du même nom) et prenant cette nouvelle appellation le 12 janvier[8]. La dissolution des RF donne également naissance le 16 mars aux directions des services techniques de forteresse n° 2 à 5, la 3e et la 4e provenant de la RF de Metz, les 2e et 5e des éléments des RF de la Lauter et de Belfort.

D'autre part, dans certains secteurs qui, de par leur situation géographique, ne paraissent pas devoir être le théâtre d'opérations actives, il est décidé de créer des divisions d'infanterie statiques, les divisions d'infanterie de forteresse (DIF) en lieu et place de certains secteurs fortifiés ou défensifs. Leurs compositions organiques diffèrent de celle des DI normales car elles prennent en compte les spécificités de la zone qu'elles occupent et sont bien moins dotées en véhicules. Ainsi apparaissent les 101e, 102e, 103e, 104e et 105e DIF[9]. Le 16 mars, la 101e DIF est créée avec les éléments du SF Maubeuge, la 103e avec les éléments du SF Bas-Rhin, la 104e avec ceux du SF Colmar et la 105e avec ceux du SF Mulhouse. La 102e DIF est quant à elle créée le 20 janvier avec les éléments du SD des Ardennes et du SF de Montmédy.

Globalement, cette réorganisation n'entraine pas de modification majeure des troupes de forteresse ni le dispositif normal d'occupation de la position de résistance, lequel pourra être étayé par des divisions en réserve ou en repos. Mais elle n'apporte pas que des avantages, car elle bouleverse certaines structures minutieusement étudiées depuis des années. Ainsi, des sous-secteurs sont transférés d'un secteur à l'autre tandis que des mutations de cadres de troupes de forteresse sont ordonnées, certaines l'étant

La tenue de campagne d'infanterie modèle 1935

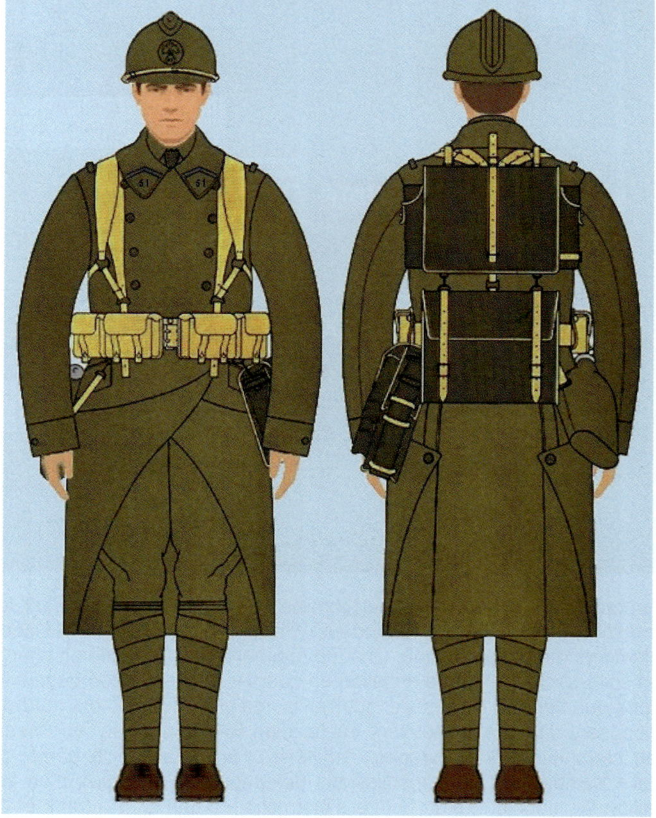

Tenue règlementaire Mle 1935.
Bien que répondant à l'article 5 de l'édition méthodique du Bulletin officiel de l'armée (volume 105), cette tenue et ces équipements ne seront distribués aux troupes qu'à partir de 1937 et en bien peu d'exemplaires. La grande majorité des soldats de 1940 disposera, au mieux, des équipements modifiés en 1934 et pour l'immense majorité d'habillements et d'équipements plus anciens, quelques-uns datant même de la fin du 19e siècle. Dans tous les cas, le fantassin français sera excessivement chargé ce qui s'avèrera peu adapté à la guerre de mouvement et aux innombrables marches qu'il va devoir effectuer durant la campagne. Notons dans cette représentation que l'absence de baïonnette laisse supposer que notre homme se verra doté d'un fusil MAS 36.

au profit de divisions de campagne de série B dont les conditions d'emploi sont bien différentes. Il arrive donc que cette évolution perturbe une organisation bien rodée et quelques chaines de commandement. Ces conséquences néfastes doivent néanmoins être relativisées. Elles restent minoritaires et n'auront pas d'impact significatif sur l'efficacité de la ligne Maginot, d'autant plus qu'elle ne sera prise à partie que pendant les dernières semaines de l'offensive allemande.

Les divisions d'infanterie

En préambule, rappelons que chaque type de Grandes Unités de campagne se compose théoriquement des mêmes éléments organiques, et ce, qu'elles soient d'active ou de réserve. Leurs dotations en effectifs et matériels sont initialement prévues pas les TEG. Il existera néanmoins de nombreuses différences d'une Grande Unité à l'autre, en fonction des disponibilités et des circonstances. La DI constitue la première unité capable de conduire une attaque d'une certaine ampleur et d'assurer la défense d'un front mais son champ d'action est restreint et ses capacités à durer sont limitées. Les moyens dont elle dispose lui permettent néanmoins d'assurer les ravitaillements et les évacuations nécessaires aux unités organiques lui étant attribuées pour vivre et combattre ainsi que de recevoir et d'encadrer des éléments de renforcement de tous types dont elle pourrait disposer.

L'origine de la DI est française et date du 18e siècle. Au fur et à mesure des années, des campagnes et des évolutions techniques, son organisation a été modifiée à de nombreuses reprises, jusqu'à la création de la DI moderne de 1940 formant corps. Son ordre de bataille se base sur l'expérience de la Première Guerre mondiale et sur l'intégration et le développement des moyens techniques durant l'entre-deux-guerres. En 1914, la DI est considérée comme un simple élément tactique et n'est qu'une unité organique du CA. Durant la guerre, elle va progressivement s'émanciper de la tutelle du CA en fonction des nécessités du combat, et particulièrement celle de son usure rapide au front et donc de sa relève, ou encore de son transfert sur un autre secteur du front afin de le renforcer. Il devint donc nécessaire de donner à la DI les moyens de vivre de façon autonome et de la doter de différents services.

En 1915, en raison des déplacements fréquents des DI hors de leurs CA d'origine, il est décidé que toute division momentanément détachée emmènerait avec elle, pendant la durée de son déplacement, certains organes des services provenant des formations du CA. Ce premier pas allait amener l'année suivante à l'attribution définitive de différents services à la DI. D'autre part, certains impératifs modifient fondamentalement la composition de ses troupes. Les nécessités du combat et l'évolution de l'armement engendrent tout d'abord la réduction progressive des effectifs de l'infanterie et l'augmentation de ceux des autres armes. La première est la conséquence de l'obligation d'accroitre le nombre des divisions afin de parer à leur usure et à l'extension des fronts. Aussi, en 1916, la réorganisation ternaire de l'infanterie est décidée, aboutissant au remplacement des deux brigades composées d'un état-major et de deux régiments chacune par un commandement divisionnaire et trois régiments ou demi-brigades. Les effectifs d'infanterie passent alors de 13 000 hommes en 1914 à 8 000 en 1918.

Parallèlement, les effectifs des autres armes s'accroissent, comme par exemple au sein du génie, recevant une seconde Cie de sapeurs-

Unités organiques d'une DI type nord-est au 3 mai 1940.
Théoriquement, ses effectifs sont de 493 officiers et 15 989 sous-officiers et hommes de troupes. Elle dispose de 4 878 chevaux, 1 250 voitures hippomobiles, 107 voitures de liaison, 293 camionnettes, 109 camions, 284 motocyclettes et motos side-cars et 30 chenillettes. Plus d'1/3 des véhicules est donc motorisé. Les troupes sont armées de 12 065 fusils et mousquetons, 400 FM, 198 mitrailleuses, 52 canons AC de 25 mm et 8 de 47, 29 mortiers de 60 mm et 24 de 81, 36 canons de 75 mm et 24 de 155. Proportionnellement, l'infanterie représente 58,50 % des effectifs totaux contre 24,75 % pour l'artillerie et 16,75 % pour les autres armes et services.

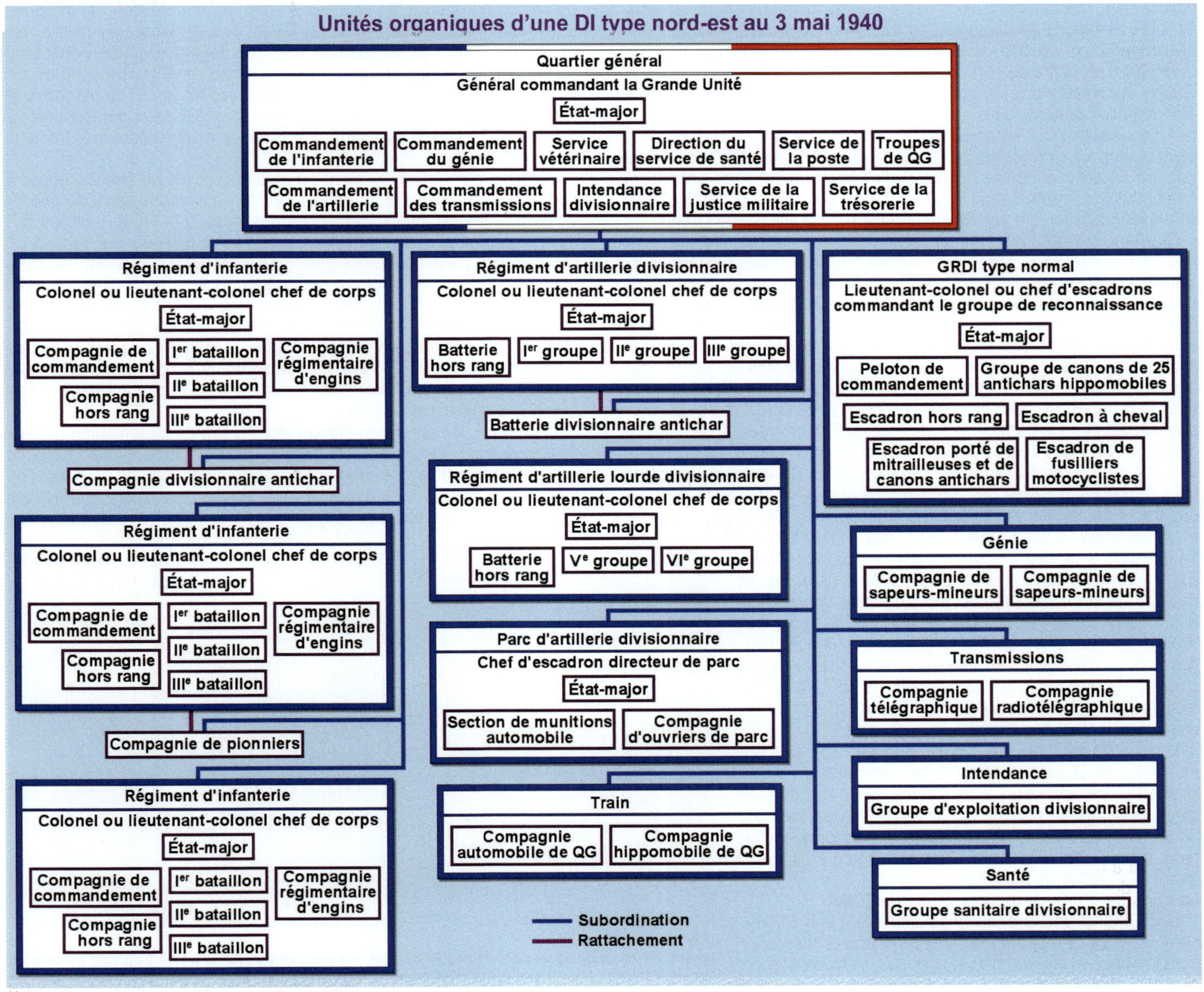

Notes :
7 : DM 1544 I/FT du 14 janvier 1940.
8 : La dissolution des RF et la création des CAF n° 42 à 45 sont ordonnées par la DM 2198 I/NE du 9 février 1940.
9 : Selon la DM 2198 I/NE du 9 février 1940, pour les 101e, 103e , 104e et 105e DIF et par la DM 1544 I/FT du 14 janvier 1940 pour la 102e DIF.

mineurs, des troupes de transmissions avec la création d'une section télégraphique et d'un détachement radio, ou encore de l'artillerie, renforcée de batteries de tranchée et d'un groupe de 155 C. Ces augmentations d'effectifs imposent alors d'organiser plus efficacement leur action et il devient nécessaire de créer différents commandements au sein du QG car elles ne permettent plus au général de division d'en assurer le commandement sans auxiliaires ni intermédiaires. Sont ainsi intégrés à la DI un commandement du génie en 1915, un autre pour l'artillerie divisionnaire en 1916 et un troisième du service automobile pour assurer la surveillance technique des diverses formations motorisées échues à la division. En 1917 enfin, un chef du service télégraphique sera créé, ces différentes mesures portant le nombre d'officiers du QG de 18 en 1914 à 35 en 1918. Embryonnaire en 1914, le QG de la DI devient un organe complet comprenant, l'état-major, le personnel du commandement des armes et le personnel de direction des services [10]. Cette nouvelle constitution a montré son efficacité lors des derniers combats de la guerre, proposant un meilleur équilibre entre la puissance, la mobilité et la souplesse de la chaîne de commandement.

Au 10 mai 1940, et mises à part les DI adaptées à des usages particuliers comme celles de forteresse, de montagne ou d'outre-mer, il existe principalement deux types de Grandes Unités d'infanterie, les DI de type normal ou nord-est, comprenant les DI, les DIC, les DINA et la DM déployées en métropole, et les DI motorisées.

Exemple pratique d'un mouvement entièrement porté de la 12e DIM d'après sa situation au 5 novembre 1939

Unités ou éléments	Véhicules organiques		Véhicules du train				Total général	
	Véhicules tous types	Motos tous types	Cars	Camions O a	Camions S b	Camions TTN c	Véhicules tous types	Motos tous types
Cie auto de QG	95	70	-	-	-	-	**95**	**70**
Cie auto de transport	56	1	-	-	-	-	**56**	**1**
Cie télégraphique de DI	41	20	8	4	-	-	**53**	**20**
Cie radio de DI	32	8			-	-	**32**	**8**
Groupe sanitaire divisionnaire	36	-	-	-	-	-	**36**	**-**
Section sanitaire automobile d	16	-	-	-	-	-	**16**	**-**
Gpe d'exploitation divisionnaire	5	-	2	-	-	-	**7**	**-**
Bataillon de génie	32	15	26	3	-	-	**61**	**15**
Cie de pionniers	7	1	10	-	-	-	**17**	**-**
GRDI	235	160	-	-	-	-	**235**	**160**
106e RI	142	85	132	42	24	16	**356**	**85**
150e RI	137	84	135	45	27	16	**360**	**84**
8e RZ	132	78	124	42	27	16	**341**	**78**
CDAC	10	7	6	13	18	-	**47**	**7**
25e RAD	325	53	-	-	-	-	**325**	**53**
BDAC	33	8	-	-	-	-	**33**	**8**
225e RALD	235	39	-	-	-	-	**235**	**39**
Parc d'artillerie divisionnaire	58	6	5	-	-	-	**63**	**6**
Totaux	**1 627**	**635**	**448**	**149**	**96**	**48**	**2 368**	**635**

a : Ordinaires. b : Spéciaux. c : Transport toute nature. d : Fait partie de la Cie auto de QG.

La division d'infanterie type normal ou nord-est

La conception de la DI issue des derniers combats de 1918 a pour résultat de l'alourdir et de la rendre plus difficilement manœuvrable lors d'une guerre de mouvement ou pendant les transports stratégiques. Or, l'expérience a clairement démontré l'importance capitale de la rapidité des mouvements. En 1914, le transport d'une DI exige 26 trains contre 53 à la veille de la Seconde Guerre mondiale. Une quarantaine de trains est nécessaire pour les éléments combattants ainsi qu'une petite quinzaine pour les services. Il faut 54 wagons pour emporter un bataillon d'infanterie et cinq convois identiques pour l'intégralité du RI. Cette augmentation substantielle du nombre de convois double les délais d'embarquement et de débarquement, tout en immobilisant la DI en cours de transport pendant des délais bien plus long, malgré l'augmentation de la vitesse des trains.

Pourtant, pendant les années de l'entre-deux-guerres, l'armée s'est efforcé d'alléger la DI afin de la rendre plus maniable. Certains services comme le ravitaillement en viande, la majorité du service vétérinaire, ou le parc du génie sont replacés à l'échelon du CA, tandis que d'autres sont allégés. Une section de munitions est ainsi supprimée des effectifs divisionnaires et la main-d'œuvre est ramenée à une seule compagnie de pionniers. La motorisation permet enfin d'assouplir le fonctionnement de certains services, tout en permettant de diminuer le nombre de trains nécessaires pour le transport d'une DI lorsque les distances à franchir ne sont pas trop importantes.

L'immense majorité des DI de 1940 est de type normal, ou nord-est, se caractérisant particulièrement par l'attribution de véhicules automobiles à tous les organes de commandement et la motorisation partielle des trains de combat de l'infanterie. Les chevaux, les voitures à vivres et à bagages, ainsi qu'une partie des voiturettes de transmissions ont été remplacés par des camionnettes. Enfin, les trains de ravitaillement de toutes les armes et de tous les services comprennent au moins une section automobile. Le développement intensif de la motorisation de l'armée avant guerre se traduit par une diminution non négligeable des ressources nécessaires en chevaux et en véhicules provenant de la réquisition, mais la contrepartie de cette motorisation est d'accroitre considérablement ses besoins en carburant.

Lorsqu'elle effectue un mouvement par ses propres moyens, une DI type nord-est forme une colonne de 41 kilomètres de longueur [11]. De même, son transport en camions nécessite plus de 2 000 véhicules, représentant un convoi d'une centaine de kilomètres de longueur en ordre de marche, lorsque l'on transporte son artillerie et un échelon réduit de chevaux.

La division d'infanterie type motorisé (DIM)

Une DIM est une Grande Unité similaire à une DI type nord-est dont la majorité des chevaux et des véhicules hippomobiles a été remplacée par des véhicules. Il en existe 7, toutes issues de l'armée d'active [12]. Les véhicules hippomobiles sont remplacés par des camionnettes, des camions et des remorques tandis que les chevaux des officiers sont échangés contre des voitures de liaison ou des motos side-cars. Enfin, la motorisation est intégrale dans les unités d'artillerie et le GRDI est doté de véhicules tout-terrain et théoriquement d'un escadron de chars légers. Ces éléments sont donc capables de se prêter à de longs déplacements stratégiques sur routes en totale autonomie. En revanche, les RI, la Cie de pionniers et le génie ne sont que partiellement motorisés [13]. Il reste par exemple 67 voiturettes hippomobiles porte-mitrailleuses et porte-mortiers tractées par un cheval dans chaque RI.

D'autres différences existent au niveau d'un RI de DIM comparé à son homologue des DI normales, comme un nombre accru de chenillettes d'infanterie. Les mitrailleuses destinées à la DCA dans les Cies d'accompagnement des bataillons sont d'autre part réunies dans la Cie régimentaire de mitrailleuses et engins (CRME) comprenant normalement une section de quatre mitrailleuses de 20 mm. Rappelons enfin qu'à l'image des DI normales, les pièces de mortier de 60 mm constituant le 3e groupe des 4e sections des Cies de voltigeurs sont rattachées à la section de commandement et remplacées par des groupes de fusiliers-voltigeurs [14]. Plus généralement, la rançon d'une telle organisation en est l'encombrement car une DIM se déplaçant par la route forme une colonne d'environ 115 kilomètres.

Ceci étant, le nombre de DIM et leur niveau de motorisation doivent être accrus car, tout d'abord, le programme d'armement 1937-1940, dit des « 14 milliards » prévoit d'achever la motorisation de 7 DI, et d'en motoriser 3 autres [15]. D'autre part, une note du 7 février 1939 [16] indique les bases de la refonte des TEG du train prévue fin 1940. Il précise au

Unic TU1.
Devant entrer en dotation au sein des RI de DIM, cet excellent véhicule arrive trop tard au sein de l'armée française pour y être présent en nombre. Mais sa carrière ne s'arrêtera pas à l'armistice car certains d'entre eux reprendront du service au sein de la Wehrmacht. Quelques unités allemandes en seront d'ailleurs toujours dotées en 1944 tels qu'en témoignent les exemplaires capturés par l'US Army après le débarquement en Normandie. La présence de l'homme debout au premier plan permet d'apprécier la faible hauteur de l'engin.

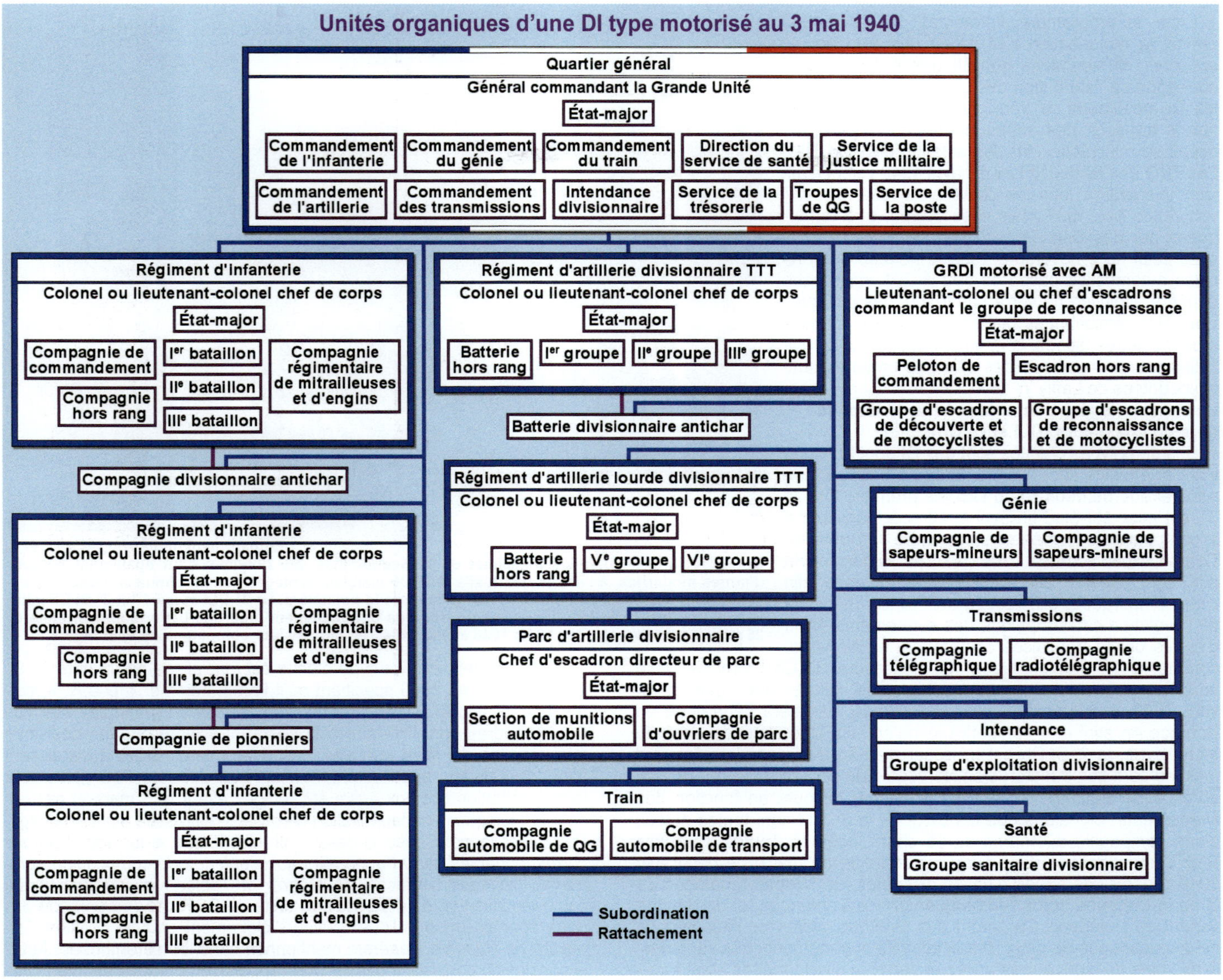

Unités organiques d'une DI type motorisé.
Théoriquement, à cette date, ses effectifs se composent de 493 officiers et 15 458 sous-officiers et hommes de troupes. Ses moyens de transport disposent de 201 chevaux, 201 voitures hippomobiles, tandis que le parc automobile se compose de 268 voitures de liaison, 567 camionnettes, 681 camions et tracteurs, 857 motocyclettes et motos side-cars, 68 chenillettes, 16 chars légers et 16 AMD. Sans compter l'armement des véhicules, les troupes sont dotées de 11 490 fusils et mousquetons, 394 FM, 193 mitrailleuses, 52 canons AC de 25 mm et 8 de 47, 28 mortiers de 60 mm et 30 de 81, 36 canons de 75 mm et 24 de 155.

sujet de celui de la DIM que « *la compagnie automobile de transport sera organisée de façon à pouvoir transporter les éléments à pied d'un bataillon d'infanterie motorisé* ». Il ne s'agit là que d'un seul bataillon, mais cela correspond tout de même à attribuer une cinquantaine de camions supplémentaires par DIM.

Ensuite, le général Gamelin transmet un rapport le 18 juillet 1939 au ministre de la Guerre concernant ses vues au sujet de l'accroissement de l'armée d'active rendu possible par la fin des classes creuses, prévoyant un supplément de 70 000 conscrits lors de l'incorporation d'octobre 1940. Il souhaite procéder à « *la constitution d'une masse de manœuvre d'intervention rapide immédiate ; en dotant dès le temps de paix un certain nombre de divisions motorisées ou mécaniques de tous les moyens qui leur sont nécessaires pour vivre, se déplacer et combattre et se trouver en mesure de se mettre sur pied de guerre en quelques heures* ». Le même document stipule d'autre part que cela permettrait « *la constitution d'une masse de manœuvre motorisée d'intervention immédiate, dans des conditions lui permettant, dès le temps de paix, d'être mise sur pied dans un délai de quelques heures, en vue, soit d'intervenir rapidement sur une partie du front spécialement menacée, soit, éventuellement, de prendre possession du terrain en avant de nos frontières (Escaut et Jura septentrional en particulier).* » Les difficultés de projection de l'armée des années précédentes n'ont donc pas été oubliées.

Soldats du 4e RI de la 15e DIM.
Superbe photo permettant de détailler les effets des soldats et de l'équipe de FM, et en particulier la présence des clairons et d'un tambour. Coll. A. Alvarez

Notes :
10 : Dans l'ensemble, la proportion de l'infanterie est réduite de 87 à 68 % de l'effectif total, celle de l'artillerie passe de 10 à 22 % et celle des autres armes et services de 3 à 10 %.
11 : 12 km pour les unités à pied, 14 pour les éléments hippomobiles et 25 pour les éléments motorisés.
12 : Il s'agit des 1re, 3e, 5e, 9e, 12e, 15e et 25e DIM.
13 : Leurs trains sont automobiles mais ils ne disposent pas en propre des véhicules de transport permettant d'entièrement déplacer les personnels. Les DIM restent donc tributaires des groupes de transport du train pour leurs mouvements par la route et cette lacune ne sera pas sans conséquences pendant la campagne qui va suivre.
14 : Note n° 3576 1/FT du 2 novembre 1939.
15 : Il s'agit bien sûr de dotations en véhicules respectant les TEG des DIM en vigueur lors de l'établissement du programme, et donc toujours d'une motorisation partielle.
16 : Note n° 1.135 1/EMA.

Enfin, le programme d'armement de 1940-1943 prévoit la motorisation tout-terrain des compagnies antichars divisionnaires des DI motorisées, ce qui correspond à l'attribution des Latil M7T1, et de doter les DI motorisées de véhicules tout-terrain permettant le transport des armes lourdes d'infanterie, qui devait se concrétiser par des dotation en Unic TU1. Les TEG des RI de DIM au 1er avril 1940 voient d'ailleurs disparaitre tous les chevaux. Il reste bien 57 voiturettes Mle 1937 mais elles doivent être remorquées par des Unic TU1. Si l'on compare ce TEG avec celui du 2 novembre 1939 le nombre de véhicules automobiles passe de 132 à 201, mais cette dernière évolution ne verra pas le jour, les quelques Unic TU1 réceptionnés tardivement seront attribués à bien d'autres tâches, comme le transport et le ravitaillement en munitions des célèbres batteries antichars dotées de Laffly W 15 TCC.

Embarquement de troupes du CEFS.
Dotés de tenues adaptées au climat de la Scandinavie ces hommes sont également équipés d'armes modernes, à l'image des fusils MAS 36 visibles, protégés par une housse mettant la culasse et le mécanisme à l'abri de l'humidité et de la poussière. La 3e DLI et les 1re et 2e DLCh initialement prévues pour être déployées en Norvège ont également reçu une batterie antiaérienne de 25 mm, respectivement les 1013, 1026 et 1027/404e, en plus de leur compagnie de char légers.

La division légère d'infanterie et la division légère de chasseurs (DLI et DLCh)

Ces deux types d'unités sont des DI dont les dotations et effectifs sont allégés. Elles ne disposent en général que de deux RI ou DBI. La première DLI, la 3e, est mise sur pied fin avril 1940 pour participer à la campagne de Norvège dans le cadre de l'envoi du Corps expéditionnaire français en Scandinavie (CEFS)[17]. Devant être transférée en Ecosse afin d'être embarquée, elle restera en France en raison de l'évolution catastrophique des évènements. Mais d'autres unités françaises combattront en Norvège, comme la 1re division légère de chasseurs (DLCh), Grande Unité adaptée au combat en zone montagneuse, initialement créée en février 1940 pour être déployée en Finlande. Elle sera débarquée en Norvège en avril et y combattra jusqu'en juin. Une seconde unité du même type, la 2e DLCh est mise sur pied fin avril dans le même but mais ne sera pas transférée en Norvège. Elle sera rapatriée en France après avoir stationné en Grande-Bretagne, toujours en fonction des évènements. Signalons que les DLCh et la 3e DLI sont toutes dotées d'une compagnie autonome de 15 chars légers[18]. Toutes les autres DLI[19] seront créées dans l'urgence entre la fin mai et le début juin 1940 à partir des restes d'unités dissoutes, de troupes rapatriées de Grande-Bretagne après l'embarquement de Dunkerque, et de renforts venant de l'intérieur. Ce seront des Grandes Unités de circonstance ne disposant que de deux RI aux effectifs et armements très variables, l'ensemble de leurs autres unités et services divisionnaires étant fortement réduit.

La division cuirassée (de réserve générale) (DCR)

Une DCR est une Grande Unité motorisée essentiellement composée de chars. Elle est principalement destinée à combattre au profit d'une autre Grande Unité dans des missions d'attaque de fronts fortifiés ou de défense antichar. Ses services sont allégés. Avant de détailler son histoire, il est impératif de préciser les sources de cette appellation et de mettre un terme à des décennies de controverses à son sujet. L'appellation de ce type d'unité est officialisée par la note 3.591 1/F.T. du 3 mars 1940 spécifiant qu'il faut la nommer « *D.C.R.* », correspondant à une *Division Cuirassée (de réserve générale)*. Par l'un des méandres dont l'Histoire a le secret, il s'avère que les décisions ministérielles de mise sur pied des 3 premières DCR apparaissent avant celle de leur appellation officielle. Aussi, tous les TEG définissant leur constitution ont eux aussi été rédigés avant le 3 mars et reprennent fort logiquement l'appellation de *division cuirassée* alors en usage. Puis vient la note citée ci-dessus précisant que « *les modifications correspondantes seront apportées aux Tableaux de composition sommaire, Tableaux d'effectifs de Guerre et Tableau de dotation* ». La seule modification d'un TEG d'une unité de DCR rédigée après le 3 à notre connaissance indique d'ailleurs clairement en titre *Division Cuirassée de Réserve Générale* mentionnée sans les parenthèses. Aussi la conclusion consiste à penser que l'appellation officielle est bien *Division Cuirassée (de réserve générale)* mais qu'en pratique, on trouve presque invariablement *division cuirassée* en fonction de l'usage, y compris dans des rapports et de nombreuses archives. Cette conclusion est d'ailleurs renforcée par l'utilisation de l'appellation « *D.C.R.* » dans la DM, la dernière lettre correspondant visiblement à un autre mot que le « C » et pas à une abréviation du mot « cuirassée » afin de la différencier de la DC (division de cavalerie)[22].

Dès 1922, le général Estienne propose sans succès un premier type de division cuirassée correspondant à sa vision d'une arme blindée indépendante de l'infanterie. Cette idée novatrice et pertinente convainc quelques officiers, à l'image du général Doumenc, soumettant à son tour à l'EMA un projet de division blindée dont les structures sont proches des futures Panzerdivisions allemandes de 1935. Jusqu'en 1934, la question de la création des Grandes Unités cuirassées fait l'objet d'innombrables débats et il existe presque autant de réponses que d'officiers concernés par le sujet. Les propositions auraient pu rester discrètement débattues dans les locaux du ministère de la Guerre si un certain Charles de Gaulle ne les avait mises en lumière par la publication de son ouvrage *Vers l'armée de métier*, disponible aussi bien pour les militaires que le grand public.

La fin d'une controverse.
Avec la note 3.591 1/FT, ce document nous a permis de statuer sur l'appellation officielle des DCR. Elle sera peu employée et même après la campagne de France de nombreux rapports continueront d'employer celle de « division cuirassée ». Notons en outre que ce type d'unité était aussi appelée « *division d'infanterie cuirassée* » sur certains documents jusqu'en 1940, ce qui ne pouvait convenir, puisque les premières lettres de cette appellation (DIC) étaient déjà usitées pour la division d'infanterie coloniale. Restait alors l'appellation de DICu, mais l'usage en décida autrement, peut-être simplement pour des raisons phonétiques, tout comme pour l'éventuelle appellation de DCu. Il s'avère néanmoins que les DCR sont toutes destinées à être initialement placées en réserve, justifiant également cette appellation bien qu'elles soient les seules unités du temps de guerre faisant mention de cette attribution.

COMMANDEMENT EN CHEF DES FORCES TERRESTRES
GRAND QUARTIER GENERAL
ETAT-MAJOR
1er Bureau
N° 4.041 - 1/F.T.

SECRET

TABLEAU D'EFFECTIFS DE GUERRE DE LA COMPAGNIE MIXTE DE TRANSMISSIONS DE DIVISION CUIRASSEE DE RESERVE GENERALE.

10 MARS 1940

Désignation des éléments	Officiers	Sous-Officiers	Troupe		Chevaux		Mulets		Voitures hippomobiles		Voitures automobiles							Motocyclettes		Bicyclettes	Observations.
			Caporaux-Chefs Caporaux	Sapeurs	de Selle	de Trait	de Selle	de Bât	à 2 roues	à 4 roues	Voitures tous terrains	Voitures de liaison	Camionnettes	Camions	Tracteurs	Véhicules blindés	Remorques	Side-Car	Solo		
-1-	2	3	4	5	6	7	8	9	10	11	12	13	14	15	16	17	18	19	20	21	-22-

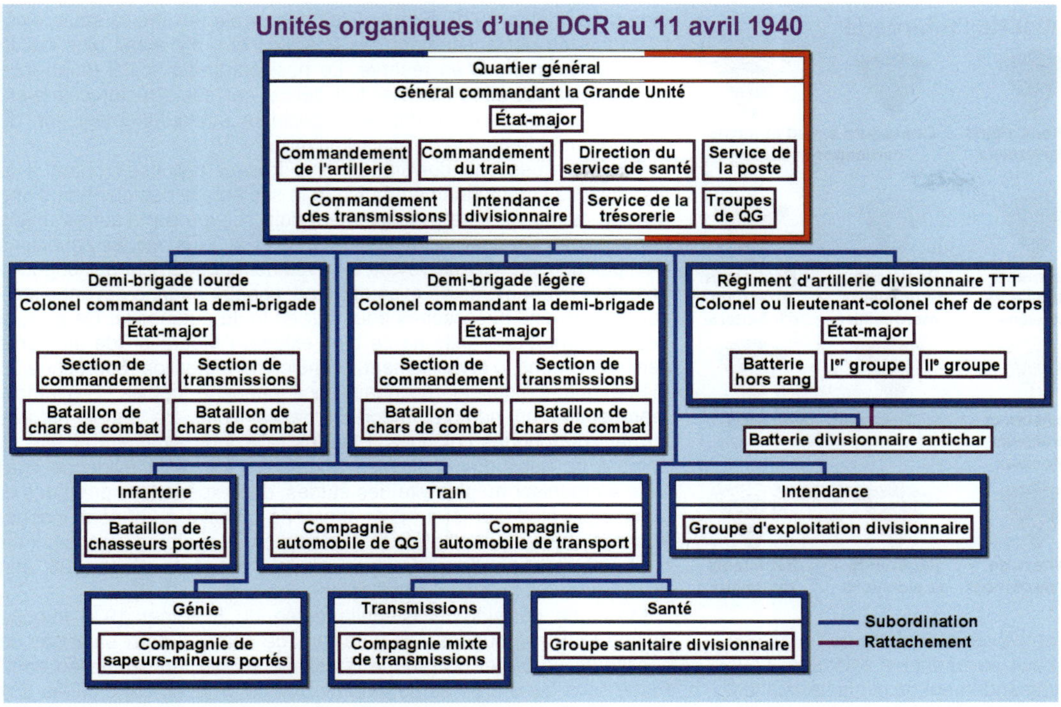

Les unités organiques d'une DCR au 11 avril 1940.
En théorie, les 3 premières DCR disposent de 316 officiers, 760 sous-officiers et 5 368 caporaux et hommes de troupe. Elle est dotée de 1 317 véhicules de tous types, 414 motos et 28 bicyclettes. Elle est principalement armée de 70 chars B1 bis et 90 H35 M39, 24 obusiers de 105 court tractés et 8 pièces antichars de 47 Mle 1937 tractées.

Bien entendu, les arguments et démonstrations développés dans l'ouvrage de De Gaulle sont parfois fragiles voire entachés d'utopisme, mais il n'en reste pas moins que l'approche purement militaire de l'utilisation des évolutions techniques de l'époque est indiscutablement visionnaire, le point majeur oublié restant l'emploi tactique de l'aviation de soutien[23]. La publication de l'ouvrage fait grand bruit au sein des milieux militaires et la majorité des officiers de haut rang en rejette la thèse. Les principaux arguments opposés aux idées de De Gaulle sont multiples. Tout d'abord, les divisions gaulliennes ne correspondent en rien à la vision initialement défensive de la stratégie française. Ensuite, le principe d'une puissante armée professionnelle se heurte aux courants pacifistes, voyant en elle un risque pour la démocratie. Enfin, le traditionalisme militaire cantonne toujours le char à une mission d'accompagnement de l'infanterie et le système proposé par de Gaulle est trop moderne pour être compris à sa juste valeur[24].

De plus, l'infanterie y voit la mise sur pied d'une arme indépendante et elle ne veut aucunement perdre la main sur les chars tandis que l'EMA reste immuablement attaché à la doctrine en vigueur et n'envisage aucunement qu'elle puisse être discutée. Les idées de De Gaulle trouvent néanmoins quelques défenseurs dans les milieux militaires mais c'est surtout Paul Reynaud qui tente vainement de présenter à plusieurs reprises la constitution d'un corps cuirassé devant les députés en mars 1935. Toujours est-il que l'EMA ne modifie en rien sa vision de l'emploi des blindés en général et des chars B en particulier, devant être regroupés en brigades autonomes, pouvant éventuellement être assemblées au sein d'une division cuirassée placée sous les ordres de l'infanterie.

C'est une fois encore en raison de l'action allemande que les débats concernant les DCR vont prendre un nouveau tournant. Le 7 mars 1936, la Wehrmacht réoccupe la zone démilitarisée à l'ouest du Rhin et l'Allemagne commence la construction d'une ligne défensive bétonnée à ses frontières de l'Est. L'intérêt de l'EMA pour la mise sur pied d'un corps cuirassé est relancé car la proximité des forces allemandes de la frontière engendre la crainte d'une attaque brusquée pouvant être soutenue par une Luftwaffe toujours plus puissante. Selon les vues de l'EMA, la DCR doit en conséquence être organisée pour devenir un outil défensif ou devant permettre d'attaquer un front fortifié, comme l'affirme le général Gamelin lors de la séance du CSG du 14 octobre 1936. Il souhaite : « *D'une part, renforcer notre organisation défensive et notre armement antichar. D'autre part, constituer des unités puissantes susceptibles soit d'asséner un coup d'arrêt à la masse blindée ennemie (contre-attaque à base de chars lourds), soit de prononcer une attaque contre un front solidement organisé. Qu'il s'agisse de contre-attaque ou d'attaque, nous ne la concevons que toutes forces travaillant ensemble en combinant les chars, l'infanterie et l'artillerie avec l'utilisation des obstacles.* »

Bien que négligeant certains aspects de l'emploi des chars, le général y propose une vision certes imparfaite mais radicalement opposée aux idées conservatrices alors majoritaires, sur laquelle il n'est pas inutile de revenir, ne serait-ce que parce qu'elle prônait de doter l'armée d'un outil capable de jouer un rôle majeur dans l'attitude diplomatique française d'avant guerre. Il est d'ailleurs probable que la lecture de cet ouvrage ait influencé la doctrine d'emploi de l'arme blindée allemande proposée par Guderian dans les années 1935-1936. Également traduit en russe, le livre sera distribué à certains cadres de l'Armée Rouge.

Fervent défenseur des idées du général Estienne, Charles de Gaulle propose de constituer une masse de 2 000 à 3 000 chars répartis dans 6 divisions cuirassées servies par un personnel professionnel hautement qualifié de 100 000 hommes. Chacune d'entre elles serait dotée d'un groupe de reconnaissance à base de chars légers, d'une brigade comprenant six bataillons de chars, deux de chars lourds, deux de chars moyens et deux de chars légers. Ils seraient accompagnés par une brigade d'infanterie à six bataillons et appuyés par deux régiments d'artillerie, le premier équipé de pièces lourdes courtes et le second de canons légers à tir tendu. L'ensemble serait soutenu par un groupe de DCA et éclairé par un groupe d'aviation d'observation. Ainsi constituées dès le temps de paix, ces divisions auraient une vocation offensive et pourraient permettre une attaque majeure et rapide dès le déclenchement d'une éventuelle guerre contre l'Allemagne.

Le Chablis, B1 bis n° 349 de la 2e Cie du 49e BCC (3e DCR).
Emblématique des DCR, le B1 bis est l'aboutissement de longues années de développement et c'est peut-être là son principal défaut car sans la recherche d'un perfectionnisme exagéré, il aurait pu être fabriqué en plus grand nombre avant-guerre. Or, cet engin puissant peut faire face à toutes les situations de combat. Il surclasse tous les Panzers mais reste handicapé par certains choix techniques et son unique homme en tourelle. US NARA

Notes :

17 : Initialement prévu pour être envoyé en Finlande afin de renforcer la vaillante armée finnoise luttant contre l'Armée Rouge, le CEFS ne pourra y être transféré en raison de sa mise sur pied inachevée avant la signature de l'armistice finno-soviétique. Adapté à la lutte en climat froid, le CEFS sera finalement déployé en Norvège en réponse à l'invasion allemande.

18 : Respectivement les 342e, 343e et 344e CACC.

19 : Il s'agit des 1re, 17e, 32e, 59e, 235e, 236e, 237e, 238e, 239e, 240e et 241e DLI, des 2e et 8e DLIC (coloniale) et de la 1re DLINA (nord-africaine).

22 : La même note statue également sur l'appellation définitive de la DC, officiellement nommée DLC (division légère de cavalerie) rendant celle de DC disponible. Mais elle n'a pas été retenue pour la DCR en raison de l'habituel usage pour nommer la Grande Unité de cavalerie et afin de se préserver de toute méprise.

23 : Il est difficile d'en tenir rigueur au général, car, rappelons-le, au début 1934, il n'existe aucune expérience d'engagement d'engins blindés construits après guerre en Europe, et que la disponibilité et la cadence de production de chars modernes en France est encore loin de permettre l'organisation de manœuvres d'envergure d'unités mécanisées.

24 : Le général Gamelin se rapprochera également de ce courant de pensées avec son concept de masse de manœuvre peu de temps avant la guerre.

Les pattes de collet de l'infanterie

La DCR est donc destinée à être employée au rythme de l'infanterie et au sein d'une organisation défensive ou offensive existante, sous les ordres d'une Grande Unité de commandement ou d'infanterie. Il est en conséquence inutile de la doter de moyen de reconnaissance, de DCA ou d'une infanterie puissante, ces éléments devant théoriquement être présents au sein des unités qui l'encadreront. Afin d'acquérir une première expérience pratique d'emploi, il est décidé d'expérimenter une DCR fondée sur ces principes au cours de l'été 1937 mais les retards de sortie des chars B sont tels que l'expérimentation doit être reportée à 1938.

La question est à nouveau abordée lors de la séance du CSG du 15 décembre 1937. Deux hypothèses s'opposent, la première consistant à conserver les bataillons de chars B au sein de la RG et la seconde à mettre sur pied des brigades cuirassées. Selon le général Gamelin, les caractéristiques du char B sont plus propices à la manœuvre d'ensemble et il parait souhaitable de les réunir par bataillons au sein d'une même unité afin de pouvoir les employer sur un large front. En conséquence, cet emploi nécessite l'organisation d'un commandement supérieur au bataillon devant être mis sur pied dès le temps de paix afin d'éviter l'improvisation au moment du besoin. Le général propose donc de créer des brigades réunissant deux ou trois bataillons de chars B pour constituer un échelon de manœuvre conséquent. Il prescrit également de regrouper deux brigades au sein d'une division car il sera ensuite plus simple de la scinder en brigades que d'organiser un échelon de commandement divisionnaire dans l'urgence. De plus, la mise à disposition de divisions puissantes à base de chars dès le début des hostilités mettra un outil probablement fort utile entre les mains du commandement afin de contre-attaquer, d'exploiter la rupture d'un front ou lors d'une manœuvre lancée sur les ailes de l'ennemi.

Mais, à cette époque, il n'existe que deux bataillons de chars B et les lenteurs de production ne permettent pas d'envisager la constitution des trois suivants avant 1938. Ainsi, la première division cuirassée devant regrouper six bataillons de chars B ne pourrait être mise sur pied qu'au début 1939. Elle pourrait donc s'avérer être la seule existante lors du déclenchement des hostilités et il n'y aurait plus aucun bataillon de chars B en réserve. Le positionnement initial d'une telle division pourrait alors s'avérer fort délicat car ses structures feraient d'elle une Grande Unité difficile à déplacer stratégiquement afin de l'engager rapidement là où elle serait utile.

D'autres questions doivent de plus trouver réponses quant à la structure du commandement puisque le secteur de déploiement d'une division cuirassée sera probablement déjà occupé par d'autres unités françaises. Il est donc souhaitable d'étudier au plus vite les conditions d'emploi de cette GU prévoyant un éventuel engagement par brigades séparées avant même sa mise sur pied, chaque brigade devant disposer des moyens nécessaires pour agir en toute autonomie. De plus, le déplacement d'une unité de ce type exigera l'intégration de différents services comme le ravitaillement, l'échelon, la protection rapprochée, et même une éventuelle reconnaissance aérienne dédiée, l'ensemble représentant un nombre important de véhicules de toutes natures formant de longues colonnes. Plus les réflexions avancent et plus le nombre de questions soulevées augmente. La seule évidence consiste à organiser au plus vite des études, des expériences pratiques et la mise sur pied d'un état-major approprié rattaché au général inspecteur des chars de combat. Bien évidemment et malgré l'urgence, il ne peut être question d'expérimenter une telle structure avant 1938, afin de disposer d'au moins 5 bataillons de chars B.

Mais une décision ministérielle datée du 8 février 1938 impose qu'une DCR regroupant trois bataillons de chars [25], deux bataillons de chasseurs portés et un groupe d'artillerie soit expérimentée en août. Placé sous les ordres du général Martin, ce groupement d'unités doit permettre d'organiser des exercices théoriques et pratiques menés en salle et sur le terrain, comprenant en particulier un entrainement à l'usage des communications radio. Préparée avec soin, cette expérimentation ne peut être menée à son terme à cause de la crise de Munich mais elle permet néanmoins au général Martin d'en tirer certaines conclusions. Tout d'abord et sans surprise, une DCR ainsi formée est handicapée par l'absence d'unité de reconnaissance, rendant hasardeuses toutes manœuvres de contre-attaque ou d'exploitation. Ensuite, la carence de la défense antiaérienne peut s'avérer désastreuse et nuire fondamentalement à ses mouvements. Enfin, il est constaté qu'il peut s'avérer difficile de faire manœuvrer les bataillons de chars sous un commandement unique. D'une façon globale, le général Martin préconise donc de ne pas excéder quatre bataillons de chars moyens ou légers par DCR répartis en deux demi-brigades, et de la doter d'une artillerie composée de trois groupes disposant d'une compagnie de protection, d'une unité antiaérienne légère et de moyens de reconnaissance aériens à l'image des DLM. Son rapport indique également qu'il est souhaitable de privilégier les attaques en colonnes sur plusieurs axes plutôt que par vagues successives sur la globalité d'un front.

Suivant partiellement les recommandations du général Martin, le général Gamelin définit la composition d'une DCR dans sa note du 28 juin 1938 [26]. Elle devra comporter 2 demi-brigades de 2 BCC de chars B chacune, 2 bataillons de chasseurs portés disposant d'AMR, 1 escadron d'AMR, 1 ou 2 groupes de canons de 105 tractés, 1 Bie antichar tractée, 1 Cie du génie, 1 escadrille et des services. Mais l'EMA reste solidement campé sur ses vues et seule la proposition concernant l'organisation en deux demi-brigades de deux bataillons de chars sera retenue. Tout au plus est-il prévu de procéder à une seconde expérimentation en 1939 qui n'aura jamais lieu.

Matériel de 105 C modèle 1935 B

Photo : Jean DENIS, (musée de l'artillerie de Draguignan).

Les pièces de 105 C Mle 35 B sont des obusiers de campagne modernes à tir rapide, à hausse indépendante et à grand champ de tir horizontal et vertical. Ils sont équipés d'affûts biflèches, de roues pivotantes et leur recul est variable. L'artillerie des 3 premières DCR se compose d'un régiment de 2 groupes de 105 C tractés par des Unic P 107 à l'aide de trains rouleurs car ils ne sont pas suspendus pour la route. La moitié de ces groupes est dotée de 105 C Mle 35 B, et l'autre de 105 C Mle 34 S, les munitions étant communes aux deux pièces. La 4e DCR sera quant à elle dotée de canons de 75 Mle 1897 montés sur pneumatiques.

Poids en batterie (avec accessoires) : 1 725 kg
Poids en ordre de route attelé à un avant train : 2 800 kg
Poids de la bouche à feu : 190 kg
Longueur totale de la pièce en batterie : 4,00 m
Longueur de la bouche à feu : 1,76 m (17 calibres)
Longueur de la partie rayée : 1,174 m (11 calibres)
Hauteur de genouillère : 1,23 m
Largeur de la voie : 1,51 m
Champ de tir horizontal : 60 grades
Champ de tir vertical : - 8 à + 50 grades
Portée maximum : 10 400 m
Rayures : 32, à pas constant à droite (8°), 1 mm d'épaisseur
Cadence de tir instantanée : 5 à 6 coups/minute
Cadence horaire : entre 60 et 120 coups
Munition : obus modèle 1935 de 15,85 kg contenant 2,680 kg d'explosif, Vo entre 159 et 442 m/s selon la charge

B1 ter de présérie.
En cours de montage à l'ARL début 1940, cet engin n'est pas un B1 ou un B1 bis modifié mais bien une version de présérie du B1 ter, préfigurant les chars de nouvelle génération des DCR. L'observation de cette caisse laisse d'ailleurs voir de nombreuses différences avec ses prédécesseurs, comme la casemate du pilote plus large, l'emplacement de la pièce de 75 mm plus basse, le report des grilles d'aération sur le dessus et l'ouverture circulaire de tourelle, plus large d'environ 20 cm. Archives IGA Lavirotte, coll Ch. Dumont

Aucune DCR n'est mise sur pied avant-guerre en raison des lenteurs de production des chars B, et, une fois la guerre déclarée les prévisions du programme du 24 novembre 1939 définissent à 35 engins mensuels les quantités pouvant être produites de mars à juin 1940 pour ensuite passer à une cadence de 40 chars jusqu'en septembre. Il est en conséquence décidé de modifier la composition organique des DCR et de remplacer deux bataillons de chars B par des bataillons légers composés de chars H-35 M39, faute d'un nombre suffisant de chars B. Grâce à cette mesure les 1re et 2e DCR sont créées le 16 janvier 1940 à partir des deux brigades cuirassées de char B existantes. Le 29 janvier, la mise sur pied des 3e et 4e DCR [27] est également ordonnée pour le 1er mars et le 25 avril compte tenu de la disponibilité prévisionnelle des nouvelles unités blindées et des services provenant de l'intérieur. Constituée de 70 chars lourds et 90 légers, chaque DCR doit être complétée par un bataillon de chasseurs portés sur tracteurs tout-terrain et deux groupes d'artillerie dont au moins un de 105 court tracté tout-terrain. À partir d'octobre 1940, elles devront théoriquement être également dotées d'un groupe de 75 automoteurs ARL dont la fabrication vient d'être ordonnée. Mentionnons enfin qu'elles doivent aussi recevoir un groupe de reconnaissance, ce projet restant sans suite [28].

Le 10 mai 1940 et mises à part certaines dotations en véhicules, les deux premières DCR sont constituées, instruites et presque entièrement dotées de leurs matériels. À la même date, la 3e DCR n'est encore qu'incomplètement équipée et n'a pu suivre que quelques semaines d'instruction. Son 42e BCC a été amputé d'une compagnie pour former la 342e CACC destinée au CEFS et elle n'aligne initialement que 63 chars B et 77 chars H. Son 16e BCPorté ne dispose que de 20 VBCP Lorraine 38 L sur 43 et il lui manque des chenillettes d'infanterie et bien d'autres matériels. La division est dotée comme ses consœurs de deux groupes d'artillerie de 105 C mais elle est dépourvue de sa batterie antichars. Déjà incomplète, elle va ensuite subir divers prélèvements le 12 mai [29].

Le cas de la 4e DCR mérite à plus d'un titre d'être traité à part. Le 17 mars on prévoit toujours de la mettre sur pied le 30 avril alors que dans le meilleur des cas elle ne pourra à cette date que disposer d'un seul bataillon de chars B, le 46e. De plus, le 45e bataillon de chars légers devant lui être attribué est réaffecté à la 3e DCR. Ensuite, la constitution de ses bataillons légers sera tout d'abord retardée car les 40e et 48e BCC de chars H-35 M39 lui étant destinés voient leurs engins finalement attribués à la cavalerie avant qu'il ne soit décidé d'attendre pour les doter des nouveaux chars R-40, mais les évènements en décideront autrement. Après le 10 mai, lorsque les trois premières DCR sont engagées dans la bataille, la 4e n'a encore ni EM, ni services. Nommé à sa tête, le colonel de Gaulle rejoint son commandement le 12, après avoir été reçu par le général Georges, commandant en chef du front nord-est, qui lui donne comme premier objectif de couvrir la 6e Armée, mission inattendue pour une DCR.

À partir du 15 mai, en fonction des évènements, les moyens affectés à la 4e DCR vont être désignés dans la précipitation tandis qu'aucun des éléments organiques prévus dans sa composition initiale autres que le 46e BCC et le 4e BCPortés n'ont finalement pas rejoint. En revanche vont lui être rattachés successivement deux puis trois BCC de chars légers équipés de R-35 (2e, 24e et 44e BCC) ainsi qu'une compagnie (345e CACC) puis un bataillon complet (19e BCC) de chars moyens D2, plus deux compagnies sur trois de son second BCC lourd, le 47e BCC. Cas unique pour une DCR, rejoindront aussi deux régiments blindés de cavalerie et deux bataillons portés initialement prévus pour constituer la 4e DLM, et enfin jusqu'à 5 batteries de pièces de 47 antichars automoteurs ou tractées. Elle disposera même organiquement de sa propre unité de transport de chars. Ces éléments, appuyés par une artillerie tout aussi improvisée, formeront par apports successifs un groupement mécanique mixte qui aura disposé en quinze jours, sous la désignation de *groupement de Gaulle*, de plus de 380 engins blindés représentant sans conteste la plus puissante des Grandes Unités mécanisées françaises mise sur pied en 1940. Mais ces dotations disparates faites dans l'urgence lui feront manquer de cohésion.

Rappelons enfin que plusieurs Cies autonomes de chars de combat de B1 bis seront mises sur pied dans l'urgence en fin de campagne et endivisionnées ou utilisées seules en fonction des événements.

Les divisions de cavalerie

La division de cavalerie et la division légère de cavalerie (DC et DLC)

La DLC, aussi appelée division légère (DL), est une Grande Unité de cavalerie rassemblant des unités à cheval et mécanisées. Elle possède un grand rayon d'action et sa puissance de feu est renforcée par des unités de blindés légers et une artillerie tractée tout-terrain. À l'image de la cavalerie dans son ensemble, ses missions principales consistent à renseigner, à couvrir et à combattre, dans l'offensive comme dans la défensive, en liaison avec les autres armes.

Si la création de la cavalerie remonte aux temps les plus reculés, le rôle qui lui est confié est également d'origine ancienne. Aujourd'hui comme hier, elle renseigne, couvre et combat en liaison avec les autres armes. Mais pour remplir ce rôle, elle doit aussi s'adapter aux conditions de la guerre moderne et évoluer. Il est donc utile de brièvement retracer son histoire.

Avant l'apparition des armes à feu, la cavalerie est reine sur le champ de bataille grâce à sa mobilité et à sa puissance de choc. Lorsque les armes à feu se généralisent au sein de l'infanterie, on la dote également de mousquetons et de pistolets mais elle continue souvent à combattre à l'arme blanche. En effet, pendant des siècles, les armes à feu sont peu précises, *a fortiori* sur des cibles mobiles, et la cavalerie peut continuer à employer avec succès ses tactiques traditionnelles de combat consistant surtout à charger l'ennemi. La période comprise entre la fin du 18e et le début du 19e siècle peut être considérée comme l'apogée de la cavalerie montée car c'est souvent elle qui force la décision lors des batailles. Mais ensuite, la puissance et la précision des fusils s'améliorent et les résultats obtenus par les charges ne méritent pas toujours les lourdes pertes subies, telles qu'en témoignent les hécatombes de Reichshoffen et du calvaire d'Illy à Sedan durant la guerre franco-prussienne de 1870. La cavalerie doit donc se résoudre à combattre à pied lorsque les circonstances ne permettent pas d'aborder l'adversaire à l'arme blanche, situation qui ne se rencontrera plus que rarement.

La guerre de 1914-1918 brise les dernières illusions. Si les cavaliers arrivent en 1914 à remplir leurs missions, ce n'est qu'au prix de grands sacrifices et la résistance de quelques armes automatiques suffit bien souvent à briser leur élan. De toute évidence, le combat à cheval à l'arme blanche doit faire place au combat à pied par le feu [30]. Pendant la guerre, la cavalerie augmente sa puissance de feu et adopte les mêmes armes et procédés de combat que l'infanterie. Le règlement

Notes :

25 : Bien que seuls trois bataillons de chars B soient prévus, les exercices sur table regroupent les cadres de quatre unités de ce type.

26 : Note n° 2835-5/F.T.

27 : Par la DM 53 I/FT pour les 2 premières et 2121 I/EMA pour les suivantes.

28 : Selon la DM n° 6490 1/FT du 02/06/40. On peut d'ailleurs s'étonner de cette décision si tardive. Devant être formés avec un escadron moto du 7e RDP et numérotés de 131 à 133, ces GR n'auraient été attribués qu'aux 3 premières DCR.

29 : En particulier des tracteurs de ravitaillement et de dépannage, et des postes radio, au bénéfice des deux premières DCR.

30 : Notons néanmoins que le cours d'emploi des armes de l'école spéciale militaire de 1934 concernant la cavalerie précise : « *Toutefois l'action à cheval est encore envisagée pour les éléments légers qui évoluent autour des gros, pour les éclairer et les couvrir. Elle garde aussi toute son efficacité pour une petite unité abordant à très courte distance un ennemi surpris : Infanterie en désordre, Artillerie mal couverte, en mouvement ou en batterie*. ».

Unité de cavalerie montée sur le départ. Les unités montées conservent des avantages sur la cavalerie mécanisée. Elles sont bien moins dépendantes des approvisionnements et peuvent se déplacer dans des secteurs inaccessibles aux véhicules tout-terrain. Ce constat amènera d'ailleurs la Wehrmacht et l'Armée Rouge à mettre sur pied des unités montées pour par exemple les déployer dans les marais du Pripiat sur le front germano-soviétique. La motorisation complète peut même se révéler handicapante dans des secteurs montagneux comme sur le front italien en 1943 où les unités françaises transportant leur ravitaillement à dos de mulet feront merveille.

qui parait après l'armistice consacre cette évolution radicale en stipulant que la cavalerie doit manœuvrer à cheval et combattre à pied. Mais il est constaté que l'accroissement de la puissance de feu trouve ses limites car le poids du paquetage ne peut être indéfiniment augmenté sans nuire à la mobilité des unités. Ainsi, l'opposition entre mobilité et puissance de feu ne va cesser de croître et c'est l'une des causes de l'orientation de la cavalerie vers la motorisation.

À la fin de la guerre, les divisions de cavalerie sont constituées d'éléments montés renforcés d'unités cyclistes ou automobiles dont quelques automitrailleuses. Durant les années 1920, et bien que tout le monde s'accorde sur la nécessité de mécaniser partiellement la cavalerie, de nombreux cadres de l'arme restent sceptiques quant à la création de Grandes Unités blindées et motorisées et leur préfèrent des divisions mixtes composées d'éléments organiques mécanisés et montés. Cette évolution apparait pour la première fois dans l'ordre de bataille de la DC type 1932, dotée de 2 brigades à cheval et d'une brigade motorisée, comportant un régiment d'AM et un régiment de dragons portés, l'artillerie, le génie et les trains étant eux aussi motorisés. Ainsi constituée la DC voit sa mobilité, son rayon d'action et sa puissance combative considérablement augmentés.

Malgré l'infériorité de vitesse de ses brigades à cheval, l'expérience semble montrer qu'elle est susceptible de se concentrer dans les délais voulus pour se présenter dans de bonnes conditions au combat, tous moyens réunis. Si la doctrine d'emploi de la DC type 1932 reste inchangée, les procédés tactiques évoluent en raison de son organisation nouvelle. Mais, à l'usage, ce nouveau type de DC va s'avérer plus difficile à déplacer et à commander, sans parler des questions de ravitaillement rendues complexes par le cumul d'importantes quantités de fourrage pour les chevaux et des fournitures nécessaires pour les éléments mécanisés.

Dans le courant du mois de septembre 1939, le général Gamelin demande d'étudier la transformation des trois DC existantes en les allégeant, d'après les décisions de principe prises par le CSG. Il est alors décidé que la DC serait formée sur un nouveau type comprenant une unique brigade montée disposant des mêmes effectifs, tandis que la seconde sera remplacée par une brigade motorisée composée d'un régiment d'AM et d'un autre de dragons portés, l'ensemble étant soutenu par un régiment d'artillerie comprenant un groupe de 75 et un de 105. La réduction des effectifs fait apparaître l'usage de l'appellation de « *division légère* ».

Transformation des DC en DLC, l'exemple de la 2e DC, première partie : les unités

Unités	2e division de cavalerie	2e division légère de cavalerie
Quartier général	État-major de division Commandement de l'artillerie divisionnaire Commandement du génie Commandement des transmissions Commandement de forces aériennes Commandement du train Intendance Service vétérinaire Trésorerie Poste Justice militaire Prévôté Groupe des observateurs Officier commandant les trains régimentaires Détachement des compagnies du train	État-major de division Commandement de forces aériennes Commandement du train Intendance Service vétérinaire Trésorerie Poste Justice militaire Prévôté Groupe des observateurs Officier commandant les trains régimentaires Détachement des compagnies du train
Cavalerie montée	3e brigade de cavalerie : - État-major de brigade - 5e régiment de cuirassiers - 18e régiment de chasseur à cheval 4e brigade de cavalerie : - État-major de brigade - 8e régiment de dragons - 31e régiment de dragons	3e brigade de cavalerie : - État-major de brigade - 5e régiment de cuirassiers - 18e régiment de chasseur à cheval
Artillerie	1 régiment comprenant : - 2 groupes de 75 TT - 1 groupe de 105 C TT - 1 groupe de 105 L porté	1 régiment comprenant : - 1 groupe de 75 TT - 1 groupe de 105 C TT
Cavalerie motorisées	3e bataillon de dragons portés à 5 escadrons 2e régiment d'automitrailleuses à 6 escadrons : - 2 escadrons motos - 1 escadron d'AMD - 2 escadrons d'AMR - 1 escadron de chars	12e brigade légère motorisée - État-major de brigade 3e régiment de dragons portés à 7 escadrons 2e régiment d'automitrailleuses à 4 escadrons : - 2 escadrons motos - 1 escadron d'AMD - 1 escadron de chars
Réparations	1 escadron de réparation	1 escadron de réparation
Défense antichar	1 escadron divisionnaire	1 escadron divisionnaire 1 batterie divisionnaire antichar
Génie	1 bataillon à 2 compagnies de sapeurs-mineurs 1 équipage de ponts	1 compagnie de sapeurs-mineurs portés
Transmissions	1 compagnie télégraphique : - 1 section d'exploitation - 2 sections de déroulement rapide - 2 sections de construction 1 compagnie radio : - Réseau de découverte : 6 postes ER 27 - Réseau de commandement : 8 postes ER 26 ter - Réseau d'artillerie : 8 postes ER 12 - Réseau arrière et aéro : 8 postes ER 27 - Réserve : 2 postes ER 26 ter et 3 ER 27 1 détachement colombophile	1 compagnie mixte : - 1 section télégraphique d'exploitation - 1 section télégraphique de déroulement rapide - 1 section télégraphique de construction - Réseau de découverte radio : 5 postes ER 27 - Réseau de commandement : 5 postes ER 26 ter - Réseau d'artillerie : 7 postes ER 12 - Réseau arrière et aéro : 5 postes ER 27 1 détachement colombophile réduit de moitié
Train	1 compagnie hippomobile 1 compagnie automobile de QG	1 compagnie hippomobile 1 compagnie automobile de QG
Intendance	Groupe d'exploitation	Groupe d'exploitation
Santé	Groupe sanitaire divisionnaire Section sanitaire automobile [a]	Groupe sanitaire divisionnaire Section sanitaire automobile
Air	Forces aériennes	Forces aériennes

a : La section sanitaire automobile fait normalement partie de la compagnie automobile de QG du train.

Transformation des DC en DLC, l'exemple de la 2e DC, deuxième partie : Les effectifs, les chevaux et les véhicules

Unités	2e DC				2e DLC			
	Off.	Troupes	Chevaux	Véhicules	Off.	Troupes	Chevaux	Véhicules
Quartier général	50	272	30	3 hippomobiles, 45 automobiles et 28 motos	35	261	30	3 hippomobiles, 45 automobiles et 28 motos
Cavalerie à cheval	168	4 722	4 040	48 hippomobiles, 204 automobiles et 120 motos	84	2 361	2 020	24 hippomobiles, 102 automobiles et 60 motos
Artillerie	58	2 192	-	542 automobiles et 78 motos	48	1 151	-	320 automobiles et 49 motos
Dragons portés	32	1 006	-	195 automobiles et 132 motos	49	1 513	-	311 automobiles et 203 motos
Régiment d'automitrailleuses	46	1 017	-	204 automobiles et 267 motos	36	798	-	136 automobiles et 221 motos
Escadron de réparation	3	150	-	57 automobiles et 25 motos	3	150	-	57 automobiles et 25 motos
Escadron divisionnaire antichar	4	182	-	50 automobiles et 18 motos	4	182	-	50 automobiles et 18 motos
Génie	13	520	-	100 automobiles et 120 motos	5	195	-	28 automobiles et 60 motos
Train	11	395	35	9 hippomobiles, 100 automobiles et 120 motos	11	395	35	9 hippomobiles, 100 automobiles et 120 motos
Intendance	2	50	-	6 automobiles	2	50	-	6 automobiles
Santé	12	190	-	52 automobiles et 2 motos	12	190	-	52 automobiles et 2 motos
Transmissions	8	471	-	97 automobiles et 32 motos	7	280	-	45 automobiles et 16 motos
Totaux	**437**	**11 171**	**4 105**	**60 hippomobiles, 1 852 automobiles et 942 motos**	**296**	**7 526**	**2 085**	**36 hippomobiles, 1 250 automobiles et 802 motos**

Le 1er novembre 1939 [31], le GQG fait connaitre les conditions générales envisageant la transformation des 3 DC en 5 divisions légères. Elle prescrit l'exécution d'un premier stade, consistant essentiellement à créer une brigade légère motorisée dans chacune des 1re, 2e et 3e DC et à constituer les éléments de dragons portés nécessaires aux 4e et 5e DC. La mise en pratique de cette nouvelle constitution est officialisée le 4 janvier 1940 [32]. Elle ordonne la création des 5 *divisions légères* en utilisant les 3 DC existantes, la 1re brigade de dragons portés déjà transformée, les 4e et 5e régiments d'automitrailleuses (RAM) et d'autres éléments formés dans la zone de l'intérieur. Cette organisation donne aux DC leur forme définitive. Les 3 DC existantes sont dissoutes et donnent corrélativement naissance aux 3 premières *divisions légères*. Les deux suivantes sont créées avec les 4e et 6e brigades de cavalerie, rendues disponibles à la suite de la dissolution des DC, et avec la 14e brigade légère motorisée et le 77e RA pour la première, et la 15e brigade légère motorisée et le 78e RA pour la seconde, ces nouvelles formations étant constituées par l'intérieur. Toutes ces divisions sont mises sur pied selon les TEG nouvellement établis par le 1er bureau du GQG. Les mesures de réorganisation intéressant les 3 premières divisions légères devront être terminées le 16 février 1940 et les éléments destinés au deux dernières seront dirigés sur leurs zones de cantonnement située à proximité du camp de Mailly à partir du 15 février.

Les brigades motorisées des deux dernières *divisions légères* sont mises sur pied avec les bataillons de dragons portés existants dans les anciennes DC, les reliquats de dragons portés provenant de la brigade de réserve générale ayant formé le régiment de la 3e DLM et deux RAM à fournir par l'intérieur. La dernière étape consistera à donner à ces division leur appellation officielle et ce sera l'objet de la note P 3.591 1/FT du 3 mars, déjà citée pour les DCR, précisant que les divisions légères seront dénommées *D.L.C.*, signifiant *divisions légères de cavalerie*. Ajoutons enfin que sur demande du général Weygand, commandant en chef du TOMO, une 6e division légère destinée à la Syrie est constituée à Alger avec les éléments de cavalerie disponibles en Algérie et au Maroc. Du fait de cette origine, les dotations de cette division seront très différentes de celles de métropole, en particulier au niveau des automitrailleuses qui seront majoritairement des modèles anciens.

Au-delà des disponibilités d'engins blindés, il est légitime de s'interroger sur l'utilité de maintenir les DLC dans l'ordre de bataille français alors que des DLM sont mises sur pied. La principale réponse à cette question se trouve dans une note de la direction de la cavalerie et du train datant de novembre 1938 : « *Dans l'état actuel de la mécanique automobile, les terrains de bois, de marécages, de montagne et les terrains bâtis sont interdits aux D.L.M. Les lignes d'eau les arrêtent très longtemps. Liées aux routes pour leurs déplacements, leur regroupement avant le combat exige un certain délais et un minimum de protection. Il est permis de penser que sur de nombreux points du théâtre d'opérations franco-allemand et dans beaucoup d'actions de guerre, les D.C., fluides, astreintes à moins de servitudes et rompues au franchissement des lignes d'eau seront, pendant un certain nombre d'années encore, aptes à rendre des services qu'aucune autre Grande Unité ne sera susceptible de prendre à leur compte.* »

Transformation des DC en DLC, l'exemple de la 2e DC, troisième partie : Les armements

Armes	2e DC	2e DLC	Différence	
			Qté	%
FM 24/29	276	180	- 96	- 34,78
Mitrailleuses de 8 mm Mle 1914 à terre	56	40	- 16	- 28,57
Mitrailleuses sous blindage	42	21	- 21	- 50,00
Canons antichars de 25 mm à terre	36	28	- 8	- 22,22
Canons antichars de 25 mm sous blindage	6	6	0	0
Canons de 47 mm antichars à terre	-	8	+8	-
Canons de 37 mm sous blindage	12	12	0	0
Mortiers de 60 mm	20	12	- 8	- 40,00
Mortiers de 81 mm	8	8	0	0
Lance-grenades VB	188	124	- 64	- 34,04
Canons de 75 mm Mle 97	24	12	- 12	- 50,00
Canons de 105 mm C	12	12	0	0
Canons de 105 mm L	12	-	- 12	- 100,00

La division légère mécanique (DLM)

La DLM est une unité entièrement motorisée et mécanisée disposant d'un grand nombre de chars. Elle se caractérise par sa mobilité tout-terrain et sa puissance de feu. Elle n'a pas vocation à devenir une unité de rupture et il faudra nécessairement mettre sur pied d'autres GU pour remplir ce type de mission.

En 1930, le ministre de la Guerre confirme sa volonté de création d'une DLM, première division française entièrement motorisée et mécanisée, par transformation d'une DC, mais l'année suivante, aucune suite n'est encore donnée à cette décision. En 1933, les progrès techniques sont suffisants pour permettre la constitution de Grandes Unités entièrement automobiles et l'expérience acquise dans le maniement des éléments motorisés de la DC type 1932 permettent d'en vérifier la viabilité. Le 24 octobre 1934, la direction de la cavalerie précise les idées directrices de la constitution d'une DLM en temps de paix [33]. Tenant compte de l'expérience des manœuvres antérieures il est préconisé de renforcer les escadrons d'AMD et d'AMC en portant leurs pelotons de 3 à 5 voitures, de remplacer les escadrons de motocyclistes des régiments des brigades de combat par des escadrons d'AMR et de renforcer les moyens d'occupation et de sûreté des dragons portés. Ces éléments donnent naissance à la DLM type 1934, première du genre à être définie [34].

Les principales missions pouvant lui être confiées au début d'une offensive seront de se porter en avant, là où l'espace sera libre, pour prendre contact avec l'ennemi, le retarder, et éventuellement tenir une

Notes :
31 : Par la note 3 396 1/FT.
32 : Par la DM 414 I/FT.
33 : Par la note 3620 3 4/2.
34 : Signalons qu'à cette époque, certaines archives mentionnent l'appellation de « division légère motorisée ».

Moto side-car Gnome & Rhône 750 XA doté d'un side-car Bernardet modèle 1936 pour dragons portés.
Les DLM sont largement pourvues en motos et motos side-cars. Assimilables à des chevaux motorisés, ces engins possèdent l'avantage de circuler à grande vitesse sur presque tous les terrains, ce qui leur permet de remplir bon nombre de missions. Le pilote de cet exemplaire est en train de chercher sa route sur une carte.

position jusqu'à l'arrivée des gros de l'armée. Dans une phase d'exploitation, elle devra progresser le plus vite et le plus profondément possible. Enfin, dans la défensive, elle pourra colmater rapidement et le plus en avant possible une brèche qui se serait produite.

Certains des équipements devant entrer dans les dotations de la DLM type 1934 sont remarquables pour l'époque. Au-delà d'un groupe de signaleurs-observateurs et d'agents de liaison, les moyens de transmissions radio prévus sont nombreux[35]. Elle possède également un détachement télégraphique avec dérouleurs mécaniques rapides, un détachement colombophile et 2 sections de 4 avions estafettes. Les brigades disposent de 3 ou 4 postes émetteurs / récepteurs (ER) et récepteurs d'avions et d'agents de transmission à moto. Au niveau du régiment, il existe des agents de transmission moto à tous les échelons, des ateliers téléphoniques pour les besoins du combat, des équipes de signaleurs disposant de lots de matériels optique et de signalisation et enfin des postes ER et récepteurs d'avions. Les liaisons air / sol sont donc bien loin d'être négligées.

La DLM type 1934 peut constituer une force très mobile à grand rayon d'action. Équipée pour la recherche lointaine du renseignement, capable d'assurer sa propre sûreté comme celle des Grandes Unités qu'elle précède cette DLM est susceptible, dans l'offensive et sur un terrain favorable, de lancer des actions brutales et soudaines contre un ennemi en mouvement. En couverture ou dans la défensive, elle peut se déployer et représenter une force d'interdiction efficace du terrain sur des fronts étendus. Cette organisation théorique permet d'étudier précisément tout un ensemble de facteurs car il n'existe à l'époque aucune expérience pratique d'emploi d'une division entièrement motorisée et mécanisée. Il est ainsi estimé que la consommation en carburant des 3 300 véhicules d'une DLM type 1934 sont de 75 000 litres au 100 km et que les moyens du bord permettent un déplacement d'environ 200 km. Viennent ensuite les autres ressources comprenant l'essence de précaution des escadrons et le ravitaillement normal à l'échelon régimentaire, soit environ de quoi couvrir 300 km, puis le chargement en essence et ingrédients de la totalité de la section de transport automobile (80 tonnes) ajoute encore 100 km d'autonomie. Ainsi, l'ensemble fait ressortir une possibilité de déplacement totale de 600 km sur route, la consommation en terrain varié pouvant doubler voire tripler selon le type de véhicule. En tenant compte d'un espacement de 50 m par véhicule et de 20 par moto side-car, les colonnes de combat (unités combattantes et TC1) représentent une longueur de 60 km pour les 5 régiments de cavalerie, 10 pour les 3 groupes d'artillerie et 5 pour le bataillon du génie, soit un total de 75 km pour une durée d'écoulement de 3 h à une vitesse moyenne de 25 km/h.

Mais il est ensuite incontournable de tenir compte des prévisions de sortie des véhicules et le général Weygand préconise en conséquence de ne doter la DLM que de 22 AMD, de 46 AMC et de 80 AMR, sans volant de réserve, cette dotation pouvant probablement être réalisée au 2e semestre 1935. Il y aura encore bien des débats sur le sujet et la composition de la DLM sera modifiée à de multiples reprises. Elle commence néanmoins à être mise sur pied et sa composition organique théorique fait d'elle une Grande Unité autonome et puissante mais elle ne pourra être achevée qu'en 1938. Sa doctrine d'emploi la cantonne toujours aux missions traditionnelles de la cavalerie, comme la découverte, le soutien dans l'offensive et la défensive, ou encore la couverture et cette vision conservatrice en dit long sur l'armée, encore bien loin d'avoir appréhendé l'ensemble des avantages offerts par l'évolution de la technique.

Selon les dernières compositions organiques préconisées, les unités de combat d'une DLM doivent être exclusivement dotées du redoutable S-35, mais la moitié d'entre eux sera ensuite remplacée par des H-35 ou H-35 M39, faute d'une disponibilité suffisante du Somua, réduisant d'autant la puissance combative de la division. Mais, en 1935, l'Allemagne met sur pied trois Panzerdivisions et il devient évident qu'une seule DLM est insuffisante. D'autre part, certaines lacunes de la cavalerie doivent être comblées, tel qu'en témoigne le général Gamelin lors d'une séance du CSG le 29 avril 1936 :

« *1° Les groupes de reconnaissance des corps d'armée et des divisions seront les premières unités au contact avec l'ennemi. Il est mauvais que ce soient des unités entièrement de formation, il faut au contraire leur donner, dès le temps de paix, une vie intense en constituant le plus grand nombre possible d'escadrons, noyaux actifs.*

2° Une seule division légère mécanique est insuffisante pour le déploiement stratégique initial, qui représente, en fait, trois zones d'action où l'emploi des Grandes Unités de cavalerie est indiqué:

- sur la vallée de la Sarre, entre les deux régions fortifiées (division de cavalerie) ;

- dans la région de Longwy, pour pénétrer rapidement en Luxembourg et couvrir le bassin minier en avant des fortifications (division de cavalerie) ;

- en Belgique enfin, où, disposant de l'espace, on pourrait utiliser au mieux la rapidité et la puissance de trois divisions légères mécaniques, de part et d'autre de la Meuse.

Les délais de sortie des matériels ainsi que les crédits susceptibles d'être accordés ne permettent d'envisager pour le moment que la création d'une deuxième D.L.M.

3° À l'heure actuelle, les unités de cavalerie mises sur pied en échelon « a » manquent de certains moyens matériels nécessaires pour vivre isolément et combattre ; or, il est indispensable qu'elles puissent être employées avec intensité dès les premiers jours ; il faut donc accorder aux échelons « a » dès le temps de paix, une dotation suffisante pour rendre inutiles les réquisitions de matériel qui ralentissent forcément la mise sur pied. »

Le compte rendu de cette séance indique en outre « *qu'il pourra être utile d'opposer éventuellement une force blindée accrue aux trois divisions blindées de la nouvelle armée allemande* ». Mais il faut donner à cette expression son sens général au point de vue de l'organisation de l'armée et non le sens propre d'opposer tactiquement sur le terrain des DLM à des Panzerdivisions en combat singulier, même si cet emploi éventuel n'est pas ignoré.

Lors de cette même séance, il est précisé que l'accroissement de la force blindée de la cavalerie ne devra pas être réalisée au détriment

Un cavalier motorisé cueillant des pâquerettes.
L'évolution de la cavalerie s'accompagne également de celle de ses uniformes. Ainsi apparait le cavalier motorisé au casque si caractéristique. Cette vision poétique ne doit pas faire illusion, motorisés ou à cheval, les cavaliers feront perdurer leurs traditions de sacrifice et d'efficacité au feu, à commencer par les plus jeunes d'entre eux, les cadets de Saumur, sur la Loire. Bon nombre d'unités de cavalerie se couvriront de gloire durant les combats et elles en payeront le prix en subissant de lourdes pertes.

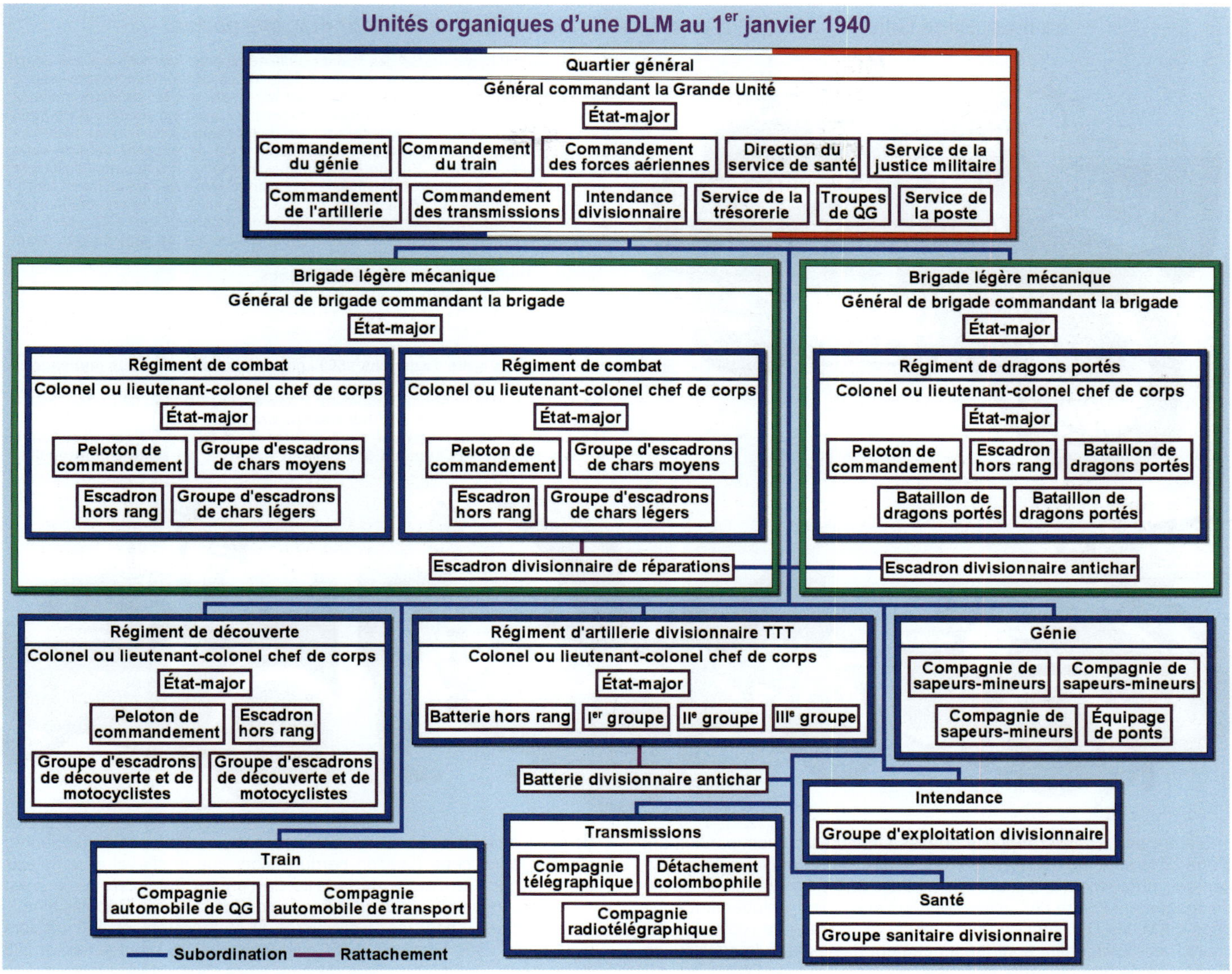

des unités de la réserve générale de chars, ces dernières pouvant éventuellement lui être attribuées temporairement si cela s'avère nécessaire. D'autre part, on estime qu'il convient d'alléger les DLM, et particulièrement leurs unités de dragons portés sur camionnettes vu l'allongement considérable des colonnes qu'elles représentent, rendant leurs mouvements lourds et vulnérables. Tout comme les chars, il sera toujours possible de renforcer ces Grandes Unités de cavalerie par des unités de RG. Ainsi, bataillons de chars, régiments d'artillerie, bataillons de mitrailleurs motorisés renforcés d'engins et d'armes antichars resteront entre les mains du commandement et viendront gonfler les Grandes Unités en quantité et en qualité variables selon leurs missions dans la bataille.

À cette époque le CSG propose donc une vision de la DLM composée de la façon suivante : « *Constituer dès que possible une deuxième division légère mécanique, de type analogue à celui de la D.L.M. existante, compte tenu des améliorations prévues ci-dessous ; la création de cette D.L.M. amènera corrélativement la suppression d'une des quatre divisions de cavalerie actuelle.*

Modifier dans la D.L.M. actuelle, la composition des régiments de combat en y intégrant des escadrons de chars; étant entendu d'ailleurs qu'éventuellement des engins blindés de type différent pourront être réunis dans la même unité.

Alléger la D.L.M. actuelle par suppression de son régiment organique de dragons portés sur camionnettes. Maintenir un seul bataillon de dragons portés de formation, dotés dès que possible de voitures tout-terrain stockées en temps de paix, mais provisoirement équipées en camionnettes réquisitionnées.

Les unités de dragons portés retirées des D.L.M. et les moyens de commandement correspondants seraient mis sur pied à la mobilisation et placés aux réserves générales.

Maintenir à 3 groupes l'artillerie de la D.L.M. constituée dès que possible par 1 groupe de 75, 1 groupe de 105 obusier, 1 groupe de 105 L moderne, auxquels devront s'ajouter organiquement une unité de canons automoteurs blindés et une unité de défense contre avions. »

Dans leur ensemble, ces volontés seront intégrées dans le programme d'armement des années 1937-1940. Le 3e point mentionné par le général Gamelin concernant les échelons « a » sera même étendu aux divisions d'infanterie destinées à la couverture.

Le sujet des DLM est à nouveau débattu lors de la séance du CSG du 15 décembre 1937 pendant lequel il est question de mettre sur pied une troisième unité de ce type à partir d'une DC existante. Confirmant l'intérêt de s'engager sur cette voie, le général Massiet, alors inspecteur général de la cavalerie, expose ses arguments. Tout d'abord, le colmatage de brèches, l'une des missions fondamentales de la cavalerie, peut être remplie plus rapidement par une DLM que par une DC. Les manœuvres ont en effet démontré qu'une distance de 100 km est franchie en 5 heures par la première contre 15 pour la seconde.

Char S-35 lors d'un défilé.
Emblématique des DLM, le S-35 est présenté au public pour la première fois le 14 juillet 1938. Comme il est possible de le constater, l'engin est encore incomplet. Il lui manque en particulier les trappes de fermeture du pilote. Cet exemplaire est celui du colonel Juin de Baisse, commandant du 13e régiment de dragons de la 2e DLM. Les antennes trahissent des moyens radios renforcés. US NARA

Note :
35 : 17 ER 27, 12 ER 26 ter, 7 ER 12, 1 R 15 et 3 R 11.

La moto René Gillet TT 750 cm^3 type K1 avec side-car Bernardet pour dragons portés

Typique des dragons portés des années 1936-1937, cette machine est une adaptation aux besoins militaires d'une moto civile jouissant d'une excellente réputation de solidité et d'endurance. L'engin est tout d'abord doté de deux modèles successifs de side-cars Vannod avant d'être livré avec un modèle Bernardet. Bien que classifiée en catégorie tout terrain, la machine se révèle peu adaptée à cet usage et la K1 subit des modifications en 1934, la nouvelle version étant agréée l'année suivante. Elle donnera ensuite naissance à une version adaptée aux spécifications militaires de 1936, la G1, avant d'être avantageusement détrônée par les modèles Gnome & Rhône XA et AX2. Si les XA (sauf une petite série de 12 ex) sont fournies sans roue de side motrice, les AX2 (sauf les 200 premières) en seront dotées. Des milliers d'exemplaires seront livrés avant juin 40. Caractéristiques de la K1 avec side-car Bernardet :
- Moteur : René Gillet bicylindre en V 4 temps,
- Alésage : 70 x 97,7 mm,
- Cylindrée : 752 cm^3,
- Puissance : 14,6 cv à 2 100 t/mn
- Boite de vitesse : 4 rapports,
- Poids total en ordre de marche : 665 kg avec paquetage et sans équipage,
- Vitesse maximum : 80 km/h.
- Le coffre arrière contient 2 housses, 2 havresacs, 8 boîtes de cartouches, 2 musettes pour chargeurs et 2 musettes de tireur.
- Le chargement de l'intérieur de la carrosserie à l'avant se compose, outre le passager, d'1 mousqueton, d'1 pelle, d'1 pioche, d'1 boite de cartouches et d'1 bidon d'essence de 15 L.

D'autre part, l'officier rappelle que les structures de commandement d'une DLM sont plus appropriées à l'absorption de moyens de renforcement, notamment en chars, permettant une plus grande efficacité d'engagement contre des unités blindées ennemies. Uniquement équipées d'AM, les DC n'ont en effet aucune expérience de l'utilisation de chars. Les DLM, enfin, sont théoriquement destinées à la constitution éventuelle de groupements motorisés en renforçant les DIM. Or, les 7 divisions de ce type existantes nécessiteraient 3 DLM pour cet emploi. Le général Massiet conclut son exposé en précisant que, compte tenu de la sortie prévisionnelle des matériels neuf, la totalité des dotations des trois DLM pourrait être achevée en mars 1939.

Or, ce sera loin d'être le cas comme le précise une note du 1er bureau du GQG du 31 janvier 1940 concernant le projet de création de la 4e DLM. Celle-ci indique qu'en fonction des derniers états de sorties des matériels, la production de S-35 a été absorbée par la 3e DLM jusqu'au 1er janvier 1940, tandis que celle des H-35 M39 le sera par les besoins de l'infanterie et de la cavalerie, comprenant les BCC de la future 4e DCR jusqu'au 31 mars. La 3e DLM ne sera ainsi mise sur pied que le 1er février. Quant à la 4e DLM, les prévisions de livraisons du programme du 24 novembre 1939, affinées par celles de mars 1940, prévoient sa constitution le 1er juillet 1940. Mais elle ne verra jamais le jour sous la forme des précédentes, et sera mise sur pied dans l'urgence avec les restes de la 1re DLC complétés par des éléments du 17e GRCA (XIe CA) et du 2e GRDI (9e DIM) et par le groupement de la Roche, constitué par le Centre d'organisation de motocyclistes et d'automitrailleuses de Montlhéry. Il existera enfin une 7e DLM créée le 5 juin 1940 à partir des éléments de la 4e DLC, regroupant différentes unités éparses. Les 4e et 7e n'auront donc de DLM que le nom.

Avec les DLM, la cavalerie peut enfin renouer avec toutes ses missions traditionnelles tout en disposant d'une importante puissance de feu très mobile sur tous les terrains. Ces qualités correspondent parfaitement aux traditions et à l'esprit de la cavalerie qui, bien plus que les moyens mis à sa disposition, ont fait dans le passé la valeur d'une arme redoutée par les ennemis de la France. On pourra néanmoins regretter que les régiments de combat des DLM n'aient pas été entièrement dotés de S-35, que leurs dragons portés n'aient pas été transportés par des véhicules blindés et que leur artillerie manque de puissance, sans parler de la faiblesse de leur défense antiaérienne. De nos jours, cette tradition perdure alors que le cheval a complètement disparu de l'ordre de bataille de l'armée française, si ce n'est dans certaines unités très spécifiques comme la Garde Républicaine.

En chiffres ronds, les 2 premières DLM rassemblent 470 officiers ainsi que 11 300 hommes, 1 750 véhicules dont 350 tout terrain et 280 de combat[36], et 1 500 motos de tous types. Son artillerie regroupe au sein d'un régiment mixte 24 pièces de 75 mm, 12 de 105 mm C, et 8 antichars de 47 mm. Chaque RDP est armé de 12 canons antichars de 25 mm, 12 mortiers de 81 mm et 9 de 60 mm, 48 mitrailleuses, 156 FM et 108 tromblons VB. Les AMR disparaitront ensuite des dotations pour être remplacées par des chars H, à défaut de la disponibilité d'AM lourdes. Ce sera le cas de la 3e DLM[37] et des prévisions de mise sur pied de la 4e. Cette dotation devra ensuite être étendue aux 2 premières DLM et aux DLC, marquant la volonté à terme d'entièrement faire disparaitre les AMR Renault ZT des ordres de bataille des Grandes Unités de cavalerie.

Les réserves générales

Bien que ne faisant pas partie des Grandes Unités, les réserves générales (RG) disposent d'un grand nombre d'unités qu'il est impératif d'aborder. Les RG sont un ensemble de formations de tous types restant à la disposition des armées ou du GQG et n'entrant donc pas initialement dans l'ordre de bataille des Grandes Unités. Se composant de troupes et de services de toutes armes, ces éléments sont destinés à renforcer les GU en moyens de toute nature afin de répondre aux circonstances particulières du combat et du terrain.

Laffly S20 TL.
Plus réussi que la Lorraine 28 pour dragons portés, ce Laffly est typique des RDP de DLM. Il emporte 10 hommes et possède de nombreux coffres pour ranger l'ensemble du matériel et les munitions du groupe de combat. Aussi, seul le 4e RDP de la 1re DLM sera équipé de Lorraine 28, alors que les 1er et 11e RDP des 2e et 3e DLM seront dotées de Laffly S20 TL, tout comme le 7e RDP (4e DCR et Gpt de Langle).

En 1914, les RG n'existent pratiquement pas. Elles se composent de quelques unités mises à la disposition des armées dès le début de la campagne. Une fois le front stabilisé, le haut commandement se rend compte de la pertinence de disposer de moyens en réserve afin de les attribuer en fonction des circonstances. Ainsi, des RG d'armes et de services sont constituées, en particulier en artillerie et en aviation. Cette capacité de renforcement des Grandes Unités est encore accrue après guerre jusqu'en 1940 et de nombreuses unités sont mises sur pied et placées dès leur création au sein des RG. Elles sont réparties en deux catégories, les RG d'armes et celles de services.

Les réserves générales d'armes

L'immense majorité de l'infanterie est endivisionnée, mais il subsiste quelques régiments dans la RG, ainsi que d'autres, de pionniers composés de trois bataillons, des bataillons de mitrailleurs normaux, automobiles ou à pied, des dépôts d'éclopés et des groupes d'unités d'instruction. D'autre part, toutes les unités de chars d'infanterie font initialement partie de la RG. Si la cavalerie est assez peu représentée dans la RG, avec quelques régiments, particulièrement de dragons portés sur camionnettes à deux bataillons, l'artillerie est en revanche nombreuse, avec des batteries de repérage, des unités d'instruction et de régiments ou de batteries dotées de :

- 75 portés ou TTT,
- 105 C et 105 L portés ou tractés,
- artillerie lourde courte portée ou tractée,
- artillerie lourde longue tractée,
- artillerie lourde à grande puissance tractée ou sur chenille,
- artillerie lourde sur voie ferrée (ALVF) [38],
- artillerie de montagne,
- artillerie de position ou de tranchée,
- artillerie lourde longue hippomobile,
- artillerie antiaérienne.

La RG du génie comprend des unités de diverses spécialités, comme les bataillons de sapeurs-mineurs ou les compagnies auxiliaires du génie, et des unités de spécialistes comme les compagnies d'électromécaniciens, de mineurs artificiers, ou de sapeurs forestiers. Elle possède également de nombreuses troupes spécifiques :

- des bataillons de sapeurs pontonniers,
- des compagnies de ponts lourds,
- des compagnies de remorquage,
- des compagnies de sapeurs de navigation,
- des bataillons de cantonniers,
- des compagnies téléfériques,
- des ateliers de réfection électromécanique de routes,
- des bataillons de chemin de fer.

La RG dispose en outre de forces aériennes mises à la disposition de l'armée de Terre, composées d'états-majors de groupes et d'escadrilles d'observation, de sections d'avions estafettes ou sanitaires, ainsi que d'unités de chasse et de reconnaissance. Elle comporte également des éléments d'aérostation.

La RG d'armes dispose enfin d'un grand nombre d'unités du train automobile et hippomobile :

- des groupes automobiles de transport de matériel type lourd ou léger, ou de transport de personnel, ces unités pouvant éventuellement être réunis en groupements,
- des compagnies isolées de camions,
- des compagnies de camionnettes,
- des compagnies de transport de personnel dotées d'autocars,
- des compagnies automobiles sanitaires, routières, ou de camions réservoirs,
- des sections automobiles de transport de viande,
- des régulatrices routières,
- des compagnies hippomobiles auxiliaires de transports,
- des compagnies muletières.

Les réserves générales de services

Pour le service de l'artillerie, les RG comportent principalement des parcs et entrepôts de matériel, des parcs de révision automobile ou d'essence et matériels. Celui des transmissions regroupe des unités de télégraphie, de radiotélégraphie, de colombophilie ainsi que des stations d'écoute et de radiogoniométrie.

Les RG concernant le service de santé sont particulièrement étoffées. Elles sont constituées d'hôpitaux d'évacuation primaire (HOE1), normalement mis à la disposition des armées à raison d'une unité par CA, et d'hôpitaux d'évacuation secondaires (HOE2) destinés aux soins des évacués sanitaires non traités comme les blessés devant être opérés. Elles disposent en outre de réserves de personnel, de médicaments, de matériel sanitaire et de lots d'abris comme des tentes, des locaux opératoires et annexes. On y trouve enfin des équipes chirurgicales mobiles et des groupes chirurgicaux mobiles à trois équipes ainsi que des trains sanitaires.

Canon de 155 C Schneider Mle 1917.
Encore courante au sein des artilleries lourdes divisionnaires cette pièce aux effets dévastateurs entre en dotation de 3 RA de la réserve générale. Elle tire différents types d'obus à une portée maximum de 11 km à raison de 2 cps/min.

Répartition des réserves générales d'artillerie à disposition des armées et du GQG au 25 avril 1940 (hors ALVF)

Armée / GQG Calibres (mm)	7e armée	1re armée	9e armée	2e armée	3e armée	4e armée	5e armée	8e armée	GQG
75	307e RA	-	308e RA	311e RA	306e et 313e RA	304e et 310e RA	312e, 315e et 320e RA	316e RA	301e, 302e, 303e, 314e, 317e et 318e RA
150 T	-	-	391e RA	-	-	-	-	-	-
155 C	-	-	-	-	-	-	-	-	361e, 363e et 364e RA
105 L 13	-	-	146e RAH	145e RAH	-	142e RAH	-	-	351e et 355e RAP
155 L 17	-	-	-	-	143e et 141e RAH	-	144e RAH	-	-
155 L 18	-	-	-	-	-	-	-	147e RAH	-
155 L GPF	-	-	-	-	183e RA	182e RA	187e RA	-	181e et 188e RA
145-155 L 16	-	-	-	185e RA	-	-	-	-	189e RA
220 L	-	-	-	-	-	174e RA	173e RA	-	-
194	-	-	-	-	-	-	-	-	184e RA
220 C	-	-	-	-	-	-	191e RA	197e RA	190e, 192e, 194e, 195e et 196e RA
280	-	-	-	-	-	-	-	-	171e, 172e et 193e RA
Bies de repérage	9e Bie	10e et 11e Bies	3e et 15e Bies	12e et 18e Bies	1re, 5e, 13e, 17e, et 21e Bies	4e, 14e, 16e et 22e Bies	2e, 7e, 23e et 24e Bies	8e Bie	6e et 19e Bie
Son de Caterpillar	-	-	-	-	Son n° 1	Son n° 10	Son n° 7	Son n° 2	Sons n° 3, 4, 5, 6, 8 et 9
BAC de 47 automobile	653e, 654e et 655e Bies	-	-	-	-	-	-	-	-
BAC de 47 hippomobile	-	-	2 à livrer	606e Bie et 2 à livrer	601e et 602e Bies	-	-	-	-

Notes :
36 : 49 AMD Mle 35 (dont 3 de commandement), 63 AMR (dont 3 de commandement), et 174 chars (43 H et 44 S-35 par régiment de combat).
37 : Le RDP de la 3e DLM est équipé de deux Esc d'H-39 et d'un d'H-35.
38 : Les batteries de l'ALVF ou à grande puissance destinées à assurer des missions d'action lointaine ou de contrebatterie disposent de positions en épis ou de voies ferrées construites ou étudiés dès le temps de paix.

9 : L'armement des unités françaises

En 1934, l'immense majorité des matériels de l'armée de terre était déjà en service pendant la Première Guerre mondiale. Bien que n'ayant pas perdu toute valeur militaire, ces armes accusent le poids d'années de service et un net retard technologique.

A cette époque, et hormis quelques exceptions[1] l'armée française est presque entièrement dotée de matériels anciens. C'est dire l'ampleur de la tâche à entreprendre pour moderniser l'équipement des troupes, surtout en fonction des conditions politiques et économiques. La question des véhicules ayant été très largement abordée dans le chapitre consacré à la mécanisation et la motorisation, nous allons nous centrer ici sur les armements individuels et collectifs.

La problématique la plus saisissante concerne la mobilisation industrielle dont l'EMA s'est bien peu soucié. Depuis 1918, aucun stock stratégique de matières premières n'a été constitué et l'outillage de fabrication des matériels n'a souvent pas été correctement entretenu. L'absence de commandes régulières de matériels et les innombrables tergiversations des commissions militaires devant statuer sur les armes à fabriquer ont contraint de nombreux industriels à orienter leurs productions vers des biens de consommation courante et la main d'œuvre a perdu une partie de son expérience en matière de conception et de fabrication d'armements.

Mais d'autres difficultés s'ajoutent aux précédentes. Tout d'abord, bon nombre de généraux portent bien peu de considération aux cadres affectés aux services techniques et leurs avis sont souvent remis en question. Ensuite, les schémas décisionnels déjà complexes, ne vont pas se simplifier, bien au contraire. Jusqu'en 1933 le suivi de la production d'armements est assuré par la Direction de l'artillerie et il est ensuite créé une Direction des fabrications d'armement (DFA) dont la mission consiste principalement à diriger les essais techniques des matériels ainsi qu'à gérer les fabrications d'armement et la mobilisation industrielle[2]. Le concept semble judicieux mais on ne transmet pas à la DFA l'entière responsabilité des productions et sa création ne se passe pas sans animosité.

Tout d'abord, l'EMA reste seul maître en matière de conception des programmes d'armement et des conditions de leur exécution, soit directement, soit par délégation aux directions des armes concernées. Or, ces dernières n'arrivent que rarement à s'entendre pour définir des spécifications communes aux matériels à concevoir et à produire, phénomène amplifié par les lutes de clocher opposant différents services et par manque de volonté gouvernementale pour mettre de l'ordre dans cette situation incroyablement complexe.

Insuffisamment dotée en personnel qualifié, la DFA ne bénéficie pas du soutien qu'elle pourrait attendre des hautes autorités militaires. Elle se trouve parfois en difficulté face à certains constructeurs privés jouissant d'une position dominante dans le secteur de l'armement. La DFA ne parvient par exemple pas à imposer à Renault de construire un char léger concurrent ni à s'opposer à l'adoption de son R-35, ne répondant pourtant pas aux spécifications initiales. Seules les capacités de production du constructeur sont prises en compte et il faut produire vite. L'armée française se verra donc dotée de 3 chars légers semblables dont la seule compatibilité concerne les tourelles.

Sera ensuite créé un Bureau spécial de l'armement (BSA)[3], dépendant de l'EMA, et un Conseil consultatif de l'armement, sans pour autant toucher aux prérogatives des services existants. Cette pléthore d'entités en dit long sur le temps nécessaire à la mise en service d'un nouveau matériel. La partie administrative des fabrications d'armement n'est enfin pas mieux organisée car une Commission de contrôle impose d'innombrables étapes dans l'établissement des marchés et le passage de commandes aux industriels. Les dossiers circulent longtemps d'un bureau à l'autre et il faut souvent des mois pour que la commande d'un matériel adopté ne soit transmise au fabriquant[4]. Si de nombreuses études lancées aboutissent à l'adoption de matériels d'infanterie, d'artillerie et de cavalerie, il faut par exemple une dizaine d'années pour développer le MAS 36, qui, bien que mieux étudié pour la production industrielle que le Mauser 98 K, n'est qu'une évolution mineure d'une arme de la fin du 19e siècle n'apportant sur ce dernier aucun avantage au combattant.

Vers une rationalisation des productions d'armements

Avec la déclaration de guerre, un début de rationalisation des productions est organisé avec la création d'un ministère de l'Armement[5] soumis à l'action de direction et de coordination du ministère de la Défense nationale. Ses prérogatives concernent surtout l'armée de Terre car les principaux matériels dépendant des ministères de la Marine et de l'Air n'entrent pas dans son domaine de compétences. Le nouveau ministère est également en charge de la gestion des matières premières, des produits semi-finis et finis nationaux ou importés, et de la gestion des budgets accordés pour l'ensemble de ses missions. Sont ainsi transférés sous l'autorité du nouveau ministère la DFA, la Direction des poudres et certains éléments provenant des services de santé, de l'intendance, du service géographique et des départements de l'Air et de la Marine. Les structures du ministère seront plusieurs fois remaniées, la dernière modification avant le déclenchement des hostilités datant du décret du 7 mars 1940.

Montrant une volonté de simplification de l'organisation des services concourant à la création des matériels d'armement, cette dernière évolution concerne la mise sur pied d'un Service d'études et d'expériences techniques des matériels d'armement regroupant des organes d'exécution et une Inspection des études sous une direction unique. Décidée par le ministre de l'Armement, cette évolution pertinente arrive trop tard pour avoir la moindre influence.

Dragons portés du 4e BDPortés à bord de leurs Citroën P 19 B :
Pris au milieu des années 1930, ce cliché est représentatif de l'une des évolutions majeures des armées modernes, à savoir l'apparition d'unités d'infanterie mécanisées capables de se mouvoir sur tous les terrains. Ces troupes sont ainsi affranchies des longues marches d'approche et peuvent accompagner des chars dans leur action. Armés de Mousqueton Mle 1892 M16, ces hommes disposent en outre d'un FM 24 M29 ici installé en position de transport. Coll. A. Alvarez

1/ LA SITUATION DES ARMEMENTS EN FRANCE

Á partir de la seconde moitié des années 1930, l'effort budgétaire consenti par la France pour moderniser son armée concerne un grand nombre de matériels de tous types. Ainsi, différentes armes individuelles et collectives légères et lourdes sont conçues, fabriquées et distribuées aux troupes bien qu'une partie d'entre elles n'ait pu l'être en quantités suffisantes avant l'armistice. Parmi les causes de ces déficits, nous citerons le manque de temps, les priorités imposées par les limites de l'industrie d'armement, ou encore une attitude exagérément perfectionniste et pointilleuse des commissions chargées de l'élaboration des cahiers des charges et du suivi du développement des armes. Louable dans la situation géopolitique calme des premières années de l'entre-deux-guerres, cette attitude correspond à une volonté de trouver un juste milieu entre la recherche d'une qualité optimale des matériels et une bonne gestion des faibles budgets accordés. Mais il en va tout autrement lors des années précédant la guerre, dans un contexte où le réarmement massif de l'Allemagne engendre la probabilité croissante d'une guerre. Malgré tout, les habitudes perdurent et certaines armes ne dépasseront pas le stade du prototype ou de la présérie avant le déclenchement des hostilités.

Ceci étant, l'idée générale prédominante se dégageant de l'analyse des études techniques liées à l'armement démontre souvent la pertinence des choix des ingénieurs français et un niveau de qualité souvent remarquable pour l'époque, surtout en tenant compte de la quantité des nouveaux matériels adoptés durant une si courte période. Sur ce point, la France n'avait globalement rien à envier aux autres armées modernes. Il faut en outre garder en mémoire que les décisions prises par les commissions militaires ne sont jamais hasardeuses. Elles reposent sur des critères fondés, même si nous avons parfois des difficultés à les comprendre de nos jours.

Un volume de production insatisfaisant

Après les fabrications du temps de paix, celles de septembre à décembre 1939 sont loin d'être satisfaisantes. Le général Picquendar, directeur de l'artillerie, dont le service est en charge de la réception de nombreux matériels et munitions, rédige une note alarmante à destination de l'EMA [6] : « *Il a paru opportun à la Direction de l'artillerie de procéder à un examen de la production en matériels divers gérés par ses soins à la date du 1er janvier 1940, soit après 4 mois de fabrications de guerre. La présente note n'a pas pour objet d'apporter un tableau complet de cet examen, mais seulement d'attirer l'attention de l'État-major de l'Armée sur certains points. Plusieurs sont de nature à causer de sérieuses préoccupations. Les cas des fabrications d'optique et de matériels Z* [7] *ayant récemment fait l'objet d'examens particuliers ne seront pas évoqués.*

***Matériels d'artillerie** : Les fabrications qui étaient en cours avant la mobilisation se poursuivent à une cadence dont l'ordre de grandeur avoisine les prévisions de l'Armement en la matière. Pour les fabrications dont le lancement était prévu seulement en cas de mobilisation, le délai de démarrage prévu n'est généralement pas encore écoulé. Toutefois, à la suite de demandes spéciales, la réparation des glissières de 75 et de 155 GPF a été mise en train et a donné des résultats appréciables, quoi qu'encore loin des besoins de régime en cas d'opérations actives* […].

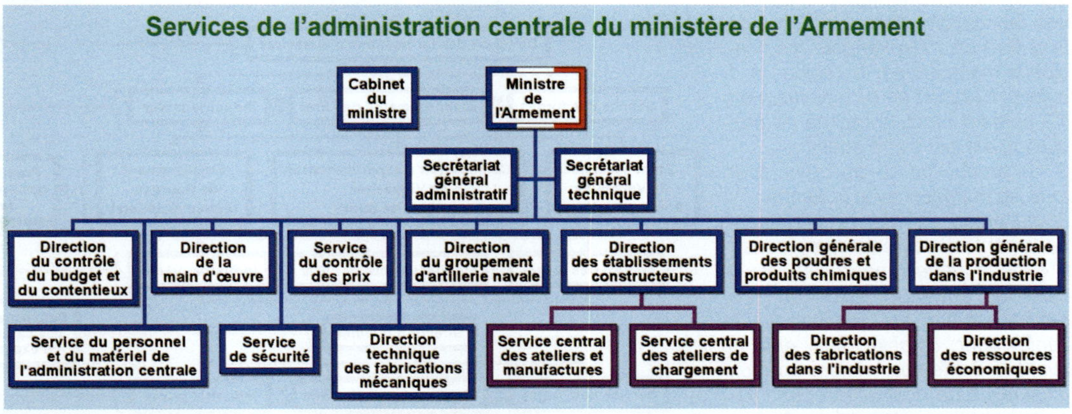

Armements nécessaires pour le plan des 5 mois (note 3951 1/EMA du 20/02/1940) a

Unité	Artillerie – Canons 155 C	Artillerie – Canons 75	Artillerie – Canons 47 AC	Infanterie – Canons 25 AC	Infanterie – Mortiers 81 mm	Infanterie – Mortiers 60 mm	Infanterie – Mitr.	Infanterie – FM	Infanterie – Fusils	Détails éventuels	Remarques
Pour le 15 mars											
7e DINA	24	36	8	43	29	44	170	550	*10 400*	12 pièces de 155 déjà en place	a : Les chiffres en italique désignent des armements déjà livrés. Ils ne sont pas comptabilisés dans les totaux par date.
Pour le 30 mars											
8e DI	24	36	8	43	29	44	170	530	10 400		
17e DI	24	36	8	43	29	44	170	530	10 400		
1re DIP	*24*	*36*	8	43	29	44	170	530	10 400	Matériel en partie en place	b : 24 pièces à parvenir des armées (artillerie de position).
16 Cies de 25 AC	-	-	-	192	-	-	-	-	-	12 canons par Cie	
36 CID	-	-	-	-	-	-	-	-	14 400	Armement collectif à la charge du GQG	
Total au 30 mars	**48**	**72**	**24**	**321**	**87**	**132**	**510**	**1 590**	**45 600**		c : Il reste à créer 15 Bies pour DI de série B et 45 Bies de RG (ne faisant pas partie du plan des 5 mois).
Pour le 30 avril											
2e DIP	24	36	8	43	29	44	170	530	10 400		
8e DIC	24	36	8	43	29	44	170	530	10 400		
1re DI Tchéc.	12	24	8	34	20	32	120	410	8 000	2 RI seulement	
Bde polonaise	-	-	-	8	8	12	64	144	6 200		d : Dont 3 600 sans affût.
19 Cies de 25 AC	-	-	-	228	-	-	-	-	-		
20 sions de 25 AC	-	-	-	80	-	-	-	-	-		e : Non comprises les armes qui reviennent actuellement des armées.
Total au 30 avril	**60**	**96**	**24**	**416**	**86**	**132**	**524**	**1 614**	**35 000**		
Total général	**120**	**304**	**56** c	**780**	**202**	**308**	**1 204**	**3 754**	**80 600**		
Existant (15/02)	**107** b	**264**	**133**	**78**	**180**	**252**	**4 500** d	**7 800**	**88 500** e		

Notes :

Générale concernant ce chapitre : Les chiffres donnés dans ce chapitre proviennent tous des archives françaises. Il convient néanmoins de signaler que d'une archive à l'autres des différences peuvent être constatées pour les mêmes matériels, mêmes si elles sont négligeables. il nous est donc impossible d'affirmer proposer des quantités définitives. De plus nous attirons l'attention sur les écarts qui existent nécessairement entre les matériels fabriqués, livrés, acceptés en réception et distribués aux unités.

1 : Comme les AMR 33, les chars D, les chenillettes Renault UE, les FM 24/29 ou les mortiers de 81 mm modèle 1931, dont l'armée française commence à peine à être dotée.

2 : Décrets des 27 et 29 avril 1933.

3 : Le BSA deviendra la section de l'armement et des études techniques (SAET) en 1935.

4 : À titre d'exemple, le contrôleur général Jacomet précise que 21 déplacements s'étalant sur 156 jours ont été nécessaires à la conclusion d'un marché de véhicules automobiles et que 417 jours se sont écoulés entre l'adoption du prototype d'un engin Somua et la conclusion du contrat avec ce constructeur.

5 : Par le décret du 20 septembre 1939 et confié par le gouvernement d'Édouard Daladier à Raoul Dautry, ancien administrateur des chemins de fer de l'État puis membre du conseil d'administration de la nouvelle SNCF en 1938. Les missions du ministère de l'Armement consistent principalement à assurer l'approvisionnement en armements, munitions, explosifs et produits chimiques, matériel du génie, matériel du service des subsistances et accessoires métalliques du service de l'habillement ainsi que les matériels et produits du service de santé.

6 : Dépêche n° 0558 S2/3 du 8 janvier 1940.

7 : Les matériels Z sont destinés à protéger les troupes des gaz de combat.

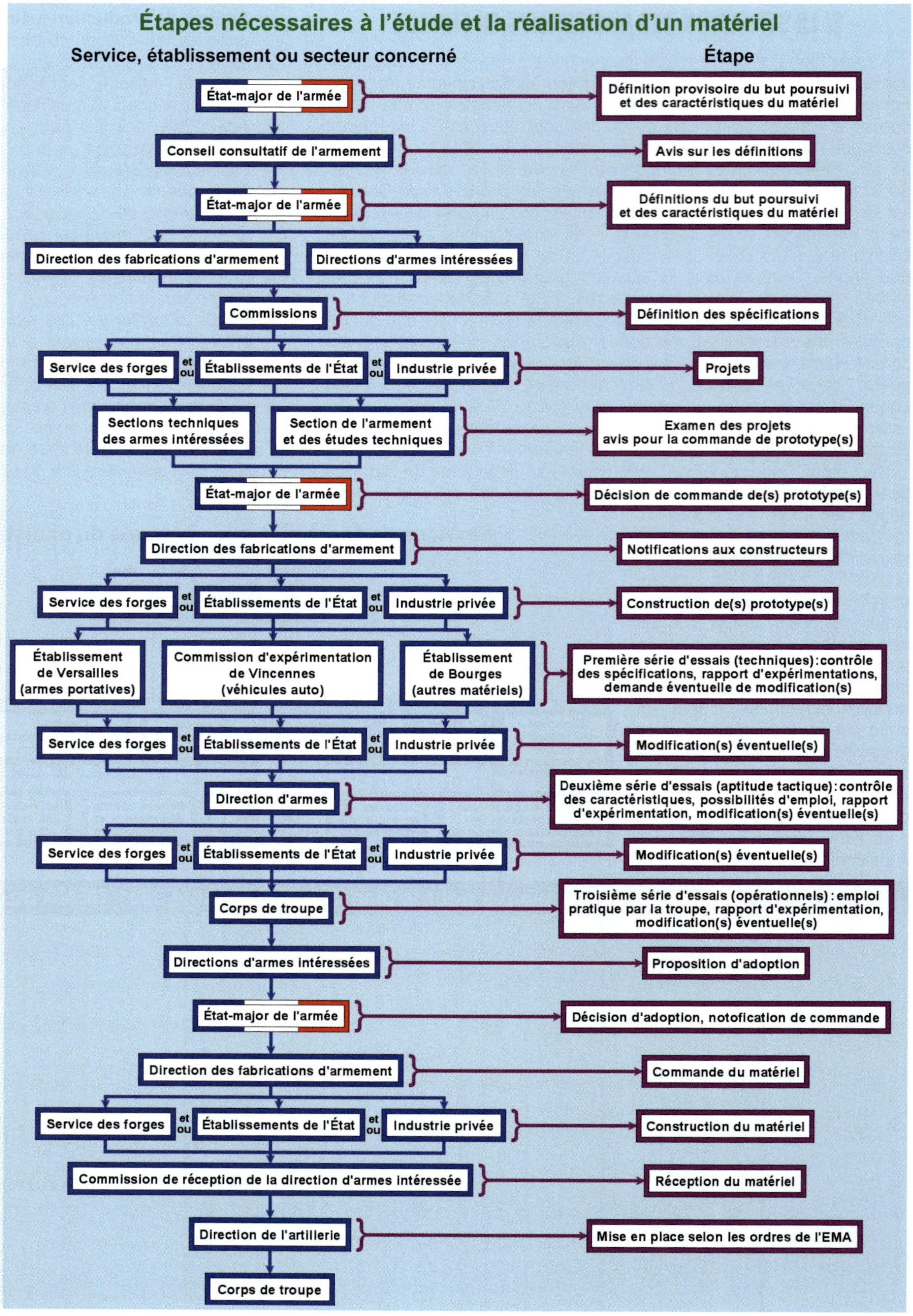

Étapes nécessaires à l'étude et la réalisation d'un matériel.
Ce schéma détaille l'impressionnant nombre d'étapes nécessaires pour fabriquer un matériel en série et le distribuer aux unités. Certaines d'entre elles peuvent en outre être répétées.

Munitions d'artillerie *: En ce qui concerne les munitions d'artillerie, l'examen du Tableau M ci-joint fait apparaitre que, pour certaines catégories (47 Mle 1937, 75 Mle 1897, 75 DCA Mle 1928, 105 L Mle 1913), la situation deviendrait rapidement très inquiétante si la consommation atteignait le niveau qu'il est normal de prévoir (6 U.F.[8]) par mois. Les chiffres qui figurent dans la colonne « Besoin de fabrication » correspondent aux réalisations qui auraient été nécessaires pour répondre à cette consommation, défalcation faite des stocks.*

Matériels d'armements *: L'allure des fabrications depuis le début de la guerre est indiquée pour les principaux matériels par le tableau A 1 ci-joint. Il ressort de ce tableau que :*

1°- après 4 mois, le régime de production est loin d'être atteint ;

2°- la production ne croît pas, pour tous les matériels avec le temps ;

3°- la production est généralement nettement inférieure aux prévisions ;

4°- les matériels pour lesquels il existerait, à la mobilisation, de gros déficits, sortent en quantité insuffisante pour combler ces déficits avant le printemps, malgré un taux d'usure ou de destruction très inférieur à celui qui était prévu. Au cas où les capacités de production des usines travaillant pour le ministère de l'Armement ne permettraient pas d'augmenter très sensiblement la cadence actuelle, il conviendrait de pousser, même au détriment d'autres matériels, la fabrication des canons de 25 mm SA Mle 1934 et Mle 1937, dont il manque environ 1 100 exemplaires de chacun des deux modèles pour combler les déficits initiaux, ainsi que la fabrication ou la fourniture des pistolets mitrailleurs, qui apparaissent comme capables de rendre d'appréciables services et devant constituer un facteur moral important.

Munitions d'infanterie *: La tableau M.1. ci-joint donne la marche des fabrications pour les principales munitions. La production des munitions donne lieu aux même remarques que pour les matériels, étant entendu qu'il avait été reconnu, dès le temps de paix, que la production des cartouches aux taux prévus, ne pourrait être réalisée avant de très longs délais. Il y aurait lieu de pousser tout spécialement la fabrication :*

1°- des cartouches de 8 mm dont il n'existe, à l'intérieur (y compris les quantités mises à la disposition du G.Q.G.), qu'un approvisionnement correspondant à 12 jours de consommation active ;

2°- les grenades VB, chargées en explosif, qui sont absolument nécessaires en raison de l'absence totale de production en lance-grenades de 50 mm et munitions correspondantes ; il n'existe actuellement qu'un stock (y compris les quantités mises à la disposition du G.Q.G.) de VB correspondant à 6 jours de consommation active ;

3°- les coups complets pour mortiers de 81 mm dont l'approvisionnement correspond à moins d'un mois de consommation active ;

4°- les cartouches pour matériels de 75 SA 35 dont l'approvisionnement est de 185 coups par pièce (150 à obus explosifs, 35 à obus de rupture). »

Au-delà des armements et munitions, le bilan de la direction de l'artillerie définit comme « *extrêmement graves* » les disponibilités en harnachement, ferrures et matériels des équipages.

Une note[9] du secrétariat général du ministère de la Défense nationale et de la Guerre fait le point sur l'état d'avancement des fabrications d'armements à la date du 1er avril 1940. Au sujet des matériels terrestres, elle précise que : « *les appréciations sur le rythme des fabrications d'armement indiquées ci-dessous sont données par rapport aux prévisions de fabrications établies après la création du Ministère de l'Armement. De la documentation communiquée au Comité de Liaison, il résulte que certaines fabrications sont en avance sur les prévisions, d'autres sont sensiblement en accord avec les prévisions, d'autres enfin sont nettement déficientes par rapport aux prévisions. Le rythme des fabrications de la totalité des munitions de l'artillerie (sauf munitions de 75 mm de chars) de la D.C.A. (sauf cartouches de 25 mm C.A.) et de l'infanterie, est encore déficient par rapport aux prévisions. Cependant l'examen des courbes de fabrications donne, pour l'ensemble des munitions, l'impression que le démarrage est commencé* ».

2/ LES ARMES INDIVIDUELLES

L'armée de terre de 1940 se caractérise par une grande variété d'armes anciennes et modernes. Quelle que soit sa fonction, un soldat doit avoir la possibilité d'engager l'ennemi ou de se défendre, même s'il n'est pas directement lié au combat de mêlée. Indépendamment de son grade, chaque homme est au moins doté d'une arme à feu pouvant être un pistolet ou un revolver, un fusil ou un mousqueton, un pistolet-mitrailleur ou un fusil-mitrailleur [10], pouvant être complété par d'autres moyens de combat comme les grenades. En 1940 il existe une trentaine de munitions différentes au sein d'un bataillon d'infanterie et les questions d'approvisionnement et de distribution nécessitent la présence d'un officier ou d'un gradé spécifiquement chargé de la question dans toutes les unités à partir de la compagnie. Si ces munitions sont si nombreuses, c'est en partie dû à un encombrant héritage.

Tableau A 1 joint à la dépêche n° 0558 S2/3 du 8 janvier 1940 (prévisions / livrés)

Type \ Mois	1939 Septembre	Octobre	Novembre	Décembre	Besoin mensuel de régime
Fusils de 7,5 mm Mle 36	7 000 / 16 530	11 400 / 9 360	12 000 / 9 169	12 000 / 8 580	103 000
FM Mle 24 M.29	1 150 / 910	1 050 / 1 725	2 500 / 1 204	2 800 / 1 760	5 194
Mitrailleuses de 8 mm Mle 14	414 / 154	840 / 368	580 / 1 185	560 / 409	1 445
Canons de 25 mm SA Mle 34	19 / 10	0 / 0	20 / 11	60 / 38	331
Canons de 25 mm SA Mle 37	69 / 60	48 / 20	100 / 50	200 / 96	110
Lance-grenades de 50 mm	50 / 3	650 / 35	1 000 / 0	2 200 / 0	800
Mortiers de 60 mm	462 / 142	270 / 254	200 / 140	200 / 119	210
Mortiers de 81 mm	261 / 154	118 / 36	200 / 130	200 / 145	206

Tableau M 1 joint à la dépêche n° 0558 S2/3 du 8 janvier 1940 (cartouches de 7,5 et 8 mm en millions, autres munitions en milliers, prévisions / livrés)

Type \ Mois	1939 Septembre	Octobre	Novembre	Décembre	Besoin mensuel de régime
Cartouches de 7,5 mm C	30 / 35	45 / 28	58 / 25	75 / 9,8	230
Cartouches de 8 mm D ou 32 N	13 / 12,5	28 / 11,6	41 / 37	72 / 12,5	227
Cartouches de 13,2 mm	0 / 0	0 /0	0 / 9,880	200 / 0	2 100
Cartouches de 25 mm charge normale	215 / 300	247 / 387	300 / 200	350 / 35	1 432
Coups complets de 60 mm	80 / 85	160 / 74,5	350 / 83	350 / 159,7	1 425
Coups complets de 81 mm	124 / 29	236 / 196	215 / 196	225 / 51	2 425
Grenades offensives	207 a / 71	590 a / 53	370 a / 197	1 200 a /116	875
Grenades défensives	207 a / 171	590 a / 440	370 a / 274	1 200 a / 81	1 458

a : Cumul des grenades défensives et offensives

Un indiscutable retard technologique

À la fin du 19e siècle, l'apparition du fusil Mauser Kar 98K allemand utilisant une munition à gorge de 7,92 x 57 mm est une bien mauvaise surprise pour l'armée française. Basée sur des techniques modernes, cette arme précise et d'excellente facture met immédiatement en valeur le retard technologique accusé par les fusils français qu'il convient de combler au plus vite. Dès le début du 20e siècle, l'armée souhaite faire évoluer ses fusils et mousquetons vers un mode de rechargement plus rapide d'une capacité de 5 cartouches. On s'intéresse en particulier aux armes suisses, au mode de rechargement Mannlicher et surtout à l'étude de fusils semi-automatiques, leur plus grande puissance de feu pouvant permettre d'équilibrer l'écart démographique entre la France et l'Allemagne. Mais lorsque la guerre éclate, les troupes de ligne restent majoritairement dotées du fusil modèle 1886 M93 « Lebel ». Tirant la cartouche de 8 x 50 mm à bourrelet adoptée en 1886, dont la balle a été améliorée en 1898 [11], c'est une arme de qualité et d'excellente précision. Mais le Lebel est compliqué à produire industriellement, tout comme le Mauser dans une moindre mesure, et son magasin tubulaire de 8 coups doit être rechargé cartouche par cartouche. Or, les nécessités du combat ne laissent que rarement la possibilité de le réapprovisionner complètement. Une fois les 8 coups tirés, l'arme devient souvent un fusil à un coup alors que le mode de rechargement par lame du Mauser prend approximativement le même temps pour être entièrement garni que ne met le soldat français pour introduire une seule cartouche dans son fusil [12].

Au cours de la Première Guerre mondiale, le retard technologique accusé par les armes françaises va être en partie rattrapé. Les pertes colossales de Lebel, qu'il n'est plus possible de produire en quantité, imposent de le remplacer par un fusil de la famille des Berthier utilisant un magasin de type Mannlicher. L'arme adoptée en urgence, le modèle 1907-15, est un fusil colonial légèrement modifié, en particulier pour pouvoir utiliser la baïonnette du Lebel. La grande famille des armes Berthier trouve son origine à la fin du 19e siècle lorsque ce chef de bureau à la Compagnie des chemins de fer algériens propose un prototype de mousqueton basé sur un fusil Lebel doté d'un mode de chargement type Mannlicher. Après modifications, l'arme donnera naissance à divers modèles de carabines de cavalerie, mousqueton d'artillerie, fusil « court » pour tirailleurs indochinois, et fusil « long » pour troupes coloniales. Toutes ces armes à trois coups se rechargent plus vite que le Lebel mais leur capacité reste inférieure au Mauser. Aussi, en 1916, la recherche de la parité avec le fusil allemand va engendrer la mise au point d'un magasin rallongé à cinq coups qui sera appliquée autant que possible aux armes du système Berthier fabriquées à partir de la fin de 1917. Mais le mode de rechargement Mannlicher est loin d'être aussi performant que les lames car le chargeur, une fois vidé de ses cartouches, est évacué par un trou percé sous le fût du fusil lors de la mise en place du chargeur suivant, le procédé rendant l'arme sensible à la pénétration d'impuretés. Ce défaut sera partiellement corrigé sur les versions « 1916 » par un couvercle fermant l'orifice pendant les phases de transport, mais il doit rester ouvert lors des combats. Plus généralement, le réapprovisionnement, bien qu'amélioré, est toujours plus lent qu'avec le Mauser, le mouvement de la culasse est moins fluide et les Berthier sont aussi plus sensibles à la saleté du champ de bataille.

Il n'en reste pas moins que, de part sa forme conique et son bourrelet, la cartouche de 8 mm est incompatible avec l'utilisation de lames chargeurs et elle réduit singulièrement la capacité d'un chargeur ou d'un magasin vertical, compliquant leur forme, ce qui entrave le travail du ressort. La munition est également difficilement utilisable pour alimenter les armes automatiques et semi-automatiques apparaissant en nombre durant le conflit. Ces constatations sonnent d'ailleurs le glas du fusil semi-automatique Mle 1917 en raison des nombreux incidents de tir causés par cette cartouche, bien que son successeur, le FA Mle 1918, soit plus fiable.

Le retard technologique français ne peut être résolu que par l'adoption d'une munition à gorge. En 1917, le général Pétain fait d'ailleurs part de ce constat à Louis Loucheur, nouvellement nommé ministre de

Tableau joint à la note 92 CL du 10 avril 1940

Fabrications supérieures aux prévisions	Fabrications en accord avec les prévisions	Fabrications inférieures aux prévisions
Matériels de DCA et d'artillerie et munitions correspondantes		
- Matériels de 75 mm CA Mle 1932 - Matériels AC de 47 mm Mle 1937 - Munitions de 75 mm de chars	- Matériels de 105 mm C Mle 1935 B - Cartouches de 25 mm CA	- Matériels de 20 et 25 mm CA - Matériels de 90 mm CA - Matériels de 105 mm L Mle 1936 S - Munitions de 37 mm et de 47 mm de chars - Cartouches de 13,2 et de 20 mm CA - Cartouches de 75 mm CA AOE Mle 1928 - Cartouches de 90 mm CA AOE - Cartouches de 47 mm antichar et de 75 mm - Obus explosifs de 105 mm Mle 1935 et 1936 - Obus explosifs de 155 mm tous types - Obus de 280 mm
Matériels d'infanterie et de génie et munitions correspondantes		
- Mitrailleuses de 7,5 mm Mle 1934 pour aviation	- Pistolets de 7,65 mm Mle 1935 - Mitrailleuses de 8 mm	- Fusils à répétition 7,5 mm Mle 1936 - Fusils mitrailleurs 7,5 mm Mle 1924-29 - Mitrailleuses de 7,5 mm Mle 1931 - Pistolets mitrailleurs - Matériels AC de 25 mm SA - Lance-grenades de 50 mm Mle 1937 - Mortiers de 60 mm et de 81 mm - Cartouches de 7,5 mm et de 8 mm - Cartouches de 25 mm antichar - Projectiles de 60 mm et de 81 mm - Grenades à main - Mines légères antichar

Notes :

8 : L'unité de feu correspond à la quantité théorique de munitions consommées par arme et par jour lors d'une phase de combat.

9 : Note 92 CL du 10 avril 1940.

10 : Une arme individuelle est transportable et utilisable par un seul homme. C'est le cas du FM, bien qu'il soit considéré comme une arme collective en raison de la présence d'un chargeur afin de pleinement l'exploiter. Mais nous allons le traiter dans cette partie du chapitre pour des raisons historiques.

11 : Cette cartouche est bien adaptée aux fusils à répétition utilisant un magasin basé sur le système Kropatschek. Sa forme tronconique lui donnant une longueur réduite, il est possible d'augmenter le nombre de munitions contenues dans un magasin tubulaire tout en permettant un bon niveau d'étanchéité de la chambre du fusil. Les excellentes performances balistiques de la cartouche de 8 mm seront l'une des causes de la qualité du fusil Lebel mais l'évolution technique des armes à feu va le voir vieillir prématurément.

12 : Encore plus flagrant avec l'approvisionnement par lames chargeurs, un constat similaire avait déjà été fait quelques années auparavant avec l'apparition du système Mannlicher.

Principaux fusils et mousquetons à répétition français tirant la cartouche tronconique de 8 x 50 mm

l'Armement et des Fabrications de guerre, dans une lettre précisant qu' « *il convient de remarquer que l'armement actuel de l'infanterie ne peut être considéré que comme un armement provisoire, en raison même de la forme de sa cartouche qui s'oppose au fonctionnement régulier des armes automatiques. Il est par suite nécessaire d'étudier les nouveaux modèles d'armes qui peuvent être proposés, en vue de mettre au point un nouvel armement d'infanterie qui, s'il ne peut être réalisé pendant la guerre sera l'armement d'après guerre* ».

La cartouche française de 7,5 mm

Dans le programme du 11 mai 1921 dit Duval, l'EMA fixe les grandes lignes de l'évolution de l'armement français. Il est envisagé de remplacer ou de concevoir de nouveaux pistolets automatiques, pistolets-mitrailleurs, fusils, mitrailleuses, mortiers, lance-grenades et canons d'infanterie ou d'artillerie. Modifié en 1924 puis en 1933 afin de tenir compte de la rapide évolution technique en matière d'armement, le programme de 1921 n'en reste pas moins la base de l'ensemble des matériels modernes allant équiper l'armée française de 1940. Dans le domaine des armes individuelles, il est tout d'abord impératif de disposer d'une nouvelle cartouche à gorge devant à terme devenir la munition unique pour les fusils et les armes automatiques. Cette phase sera donc la première à aboutir. Mais l'adoption exclusive d'une cartouche à gorge est entravée par les immenses stocks existants de fusils et de mousquetons Lebel ou Berthier et de munitions de 8 mm. De plus, l'importance des budgets que le renouvellement complet de l'armement individuel engendrera ne pourra s'effectuer que sur une longue période car il est impossible de fabriquer rapidement des millions de fusils et de cartouches. L'armée doit donc se résoudre à faire cohabiter deux systèmes d'armes et de munitions pendant de longues années, cette évidence étant amplifiée par les difficultés financières de la France. Très fortement réduits, les budgets alloués à l'armée condamnent l'EMA à limiter les études et les réalisations à l'essentiel, le montant des dépenses devenant l'un des principaux critères de décision.

Hormis quelques petites séries de munitions dotées d'étuis à gorge principalement fabriquées pour le développement d'armes automatiques, les premiers pas vers la modernisation des armes individuelles ont lieu en 1921, avec l'étude d'une nouvelle cartouche à gorge. Ce développement est mené en parallèle avec celui d'un nouveau fusil-mitrailleur (FM), l'arme étant jugée prioritaire en raison de son importance dans le combat d'infanterie et des déboires techniques constatés lors de l'utilisation du FM modèle (Mle) 1915 CSRG [13] dit « Chauchat » durant la guerre. Les études aboutissent trois ans plus tard à l'adoption de la cartouche de 7,5 x 58 mm Mle 1924 [14] et du FM Mle 1924, développé par la Manufacture d'armes de Châtellerault (MAC).

Dès l'adoption de la nouvelle munition et de sa lame chargeur de cinq cartouches, différentes études sont lancées afin d'y adapter les fusils existants. La MAC est chargée de transformer les mousquetons Mle 1892 M16 et les fusils Mle 1902 [15], la Manufacture d'armes de Saint-Étienne (MAS) de l'évolution des fusils Mle 1907-15 M16 et la

Le système Mannlicher

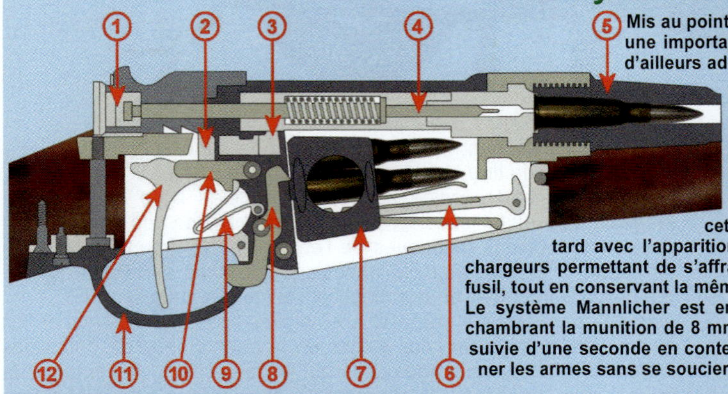

Mis au point à la fin du 19e siècle par la firme autrichienne Steyr Mannlicher, ce système est une importante avancée dans le domaine de l'alimentation des fusils à répétition. Il sera d'ailleurs adopté par de nombreux fabricants d'armes de toutes nationalités. Permettant de réapprovisionner rapidement un fusil en introduisant un chargeur contenant les cartouches, il remplace avantageusement les autres modes de rechargement comme le système tubulaire Kropatschek du fusil Mle 1886 M93 « Lebel ».

Appliqué ici au fusil Mle 07 - 15, le système Mannlicher n'est pas dénué de défauts, mais il possède l'avantage d'être adaptable à toutes les munitions en usage à cette époque. Il devient obsolète quelques années plus tard avec l'apparition des cartouches à gorge assemblées sur des lames chargeurs permettant de s'affranchir du chargeur et donc du trou porté sur le fût du fusil, tout en conservant la même simplicité de rechargement rapide.

Le système Mannlicher est employé sur différents fusils et mousquetons français chambrant la munition de 8 mm avec une première génération recevant 3 cartouches, suivie d'une seconde en contenant 5, les deux modèles permettant de réapprovisionner les armes sans se soucier du sens d'introduction du chargeur.

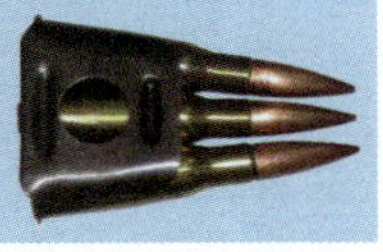

1 : Manchon
2 : Tête de gâchette
3 : Éjecteur
4 : Percuteur
5 : Canon
6 : Élévateur
7 : Chargeur
8 : Crochet de chargeur
9 : Ressort de crochet de chargeur et de gâchette
10 : Gâchette
11 : Pontet
12 : Détente

Manufacture d'armes de Tulle (MAT) de celle des fusils Mle 1886 M93, cette dernière étant la seule à posséder l'outillage de production du Lebel. Chacune de ces armes doit voir son canon raccourci pour être ramené à une longueur comprise entre 500 et 600 mm pour les fusils et 400 à 450 mm pour les mousquetons [16]. Découlant d'essais menés avec des armes similaires dotées de canons de différentes longueurs, il a été démontré que la perte de puissance constatée entre les canons longs et raccourcis avait peu d'incidence sur les caractéristiques balistiques des armes.

Effectués aux camps de Châlon et de Satory, les essais des premiers prototypes portent principalement sur les systèmes d'alimentation, d'extraction et d'éjection. Il est aussi constaté que le recul, la détonation et la lueur dégagée à chaque tir augmentent de façon inversement proportionnelle avec la longueur du canon et l'on décide de limiter le raccourcissement des canons à 600 mm. Les trois manufactures modifient en conséquence leurs prototypes mais de nouveaux essais entrepris à partir de 1925 ne donnent pas satisfaction, à l'exception du fusil Mle 1886 M93, devant être adopté sous l'appellation de fusil Mle 1886-93 M27. La refonte du « nouveau » Lebel se compose principalement du changement de l'ensemble culasse - canon et de la modification du système de chargement par la mise en place d'un magasin inspiré de celui du Mauser. Il faut en conséquence adapter de nombreuses machines-outils des chaînes de production.

Il peut sembler légitime de se demander si une telle évolution se justifie pour une arme aussi ancienne, surtout que les dépenses engendrées par cette transformation se révèlent être plus onéreuses que la fabrication d'une arme neuve. Mais toujours est-il que la production est lancée et les premiers fusils sont fabriqués, bien qu'à cette époque différentes versions de l'arme se côtoient encore [17].

Mais l'usage de la nouvelle munition Mle 1924 révèle une fragilité au niveau du culot, due à un problème d'étirage du laiton engendrant régulièrement la rupture de l'étui dans la chambre du FM Mle 24. De plus, bien qu'incompatible, la cartouche Mle 1924 est visuellement très proche de la munition allemande de 7,92 mm, mise en service notamment au sein des troupes du Levant à la suite des saisies en grand nombre d'armes et de munitions allemandes après l'armistice. Ces deux problèmes présentant une forte potentialité d'incidents de tir, le second étant parfois dangereux pour le tireur, il est décidé de modifier la munition française afin de l'améliorer et de rendre impossible l'introduction de la cartouche allemande dans la chambre du FM, ce dernier devant bien évidemment être adapté à cette évolution.

Après l'étude de plusieurs solutions, la modification retenue [18] consiste à diminuer la taille de l'étui de la cartouche et celle de la chambre du FM de 4 mm. Ces évolutions aboutissent en 1929 à de nouvelles versions de la munition de 7,5 mm et du FM, prenant les appellations de cartouche Mle 1929 et de fusil-mitrailleur Mle 1924 modifié 1929 (FM Mle 24 M29). Signalons enfin que l'adoption de cette nouvelle cartouche sera responsable d'un allongement des études concernant la mise au point des nouveaux fusils puisqu'il faudra attendre août 1931 pour pouvoir en disposer.

Le FM type 23, l'outsider de la MAC

Le concept d'une arme automatique légère apparait à la fin du 19e siècle et des prototypes sont développés par différents fabricants, certains donnant naissance à des armes fabriquées en série. Ainsi apparaissent par exemple les Madsen 1902 et 1904, la Lewis Mark I, la Hotchkiss Mle 1909 mais aussi un FM fabriqué par APX en 1911 dit CS, du nom de leurs concepteurs le colonel Louis Chauchat et le contrôleur d'armes Charles Sutter. Initialement destinée à la Marine, l'arme se révèle complexe à produire et seuls 14 exemplaires sont livrés et finalement versés dans l'aviation. Lorsque la Première Guerre mondiale éclate, il est constaté que la mitrailleuse ne peut suivre les troupes dans leurs déplacements rapides du fait de son poids et de son encombrement et les premiers échelons d'infanterie manquent singulièrement de puissance de feu lors des attaques. Il est alors décidé de reprendre l'étude du FM CS en remplaçant nombre de pièces usinées par de l'estampé - soudé afin de simplifier la production. Cette

Équipage de moto side-car Gnome & Rhône 750 XA.
Cette vue montre l'impressionnant paquetage porté par le pilote ainsi que son mousqueton Mle 1892 M16. S'il est plus simple de raccourcir un fusil existant plutôt que de développer une nouvelle arme, avec le Lebel, cette modification entraine la diminution du nombre de cartouches contenues dans son magasin tubulaire. L'arme étant déjà handicapée par son système d'approvisionnement, il est décidé de concevoir un mousqueton spécifique. C'est ainsi que commencera la fabrication d'une série d'armes utilisant le système Mannlicher.

Notes :
13 : Du nom de leurs concepteurs, le colonel Louis Chauchat et le contrôleur d'armes Charles Sutter ainsi que du principal fabricant, les Cycles Gladiator, dirigé par Paul Ribeyrolles.
14 : L'étui s'inspire de la cartouche allemande de 7,92 mm et la balle d'une munition suisse de 7,5 mm.
15 : Dérivé d'une carabine de gendarmerie, le fusil Mle 1902 est développé pour les troupes indochinoises, la longueur des armes équipant les unités de métropole étant jugée trop importante au regard de la taille des soldats asiatiques.
16 : L'expérience de la guerre met en valeur la longueur excessive des fusils, inadaptée au combat moderne et à la vie dans les tranchées. Ce constat est partagé par l'Allemagne qui a développé une version raccourcie du Mauser 98 dite "Karabiner" au début des années 1900, dont la production prendra de l'ampleur pendant la guerre. D'autres armées vont plus loin dans la rationalisation de leurs fusils dès le début du 20e siècle. L'US Army adopte le Springfield Mle 1903 pour l'ensemble de ses troupes, et la Grande-Bretagne le Short Magazine Lee Enfield, ces deux armes ayant une longueur intermédiaire entre le fusil d'infanterie et le mousqueton.
17 : Après une longue série de prototypes, les modèle 1886-93 M27 produits à partir de 1930 sont dotés de 3 longueurs de canon d'environ 60 et 80 cm pour les fusils et d'une cinquantaine de cm pour les mousquetons. La production de ces armes dans la version chambrée pour la cartouche Mle 1924 est de l'ordre de 275 unités.
18 : Appelée R2, le « R » signifiant raccourcissement.

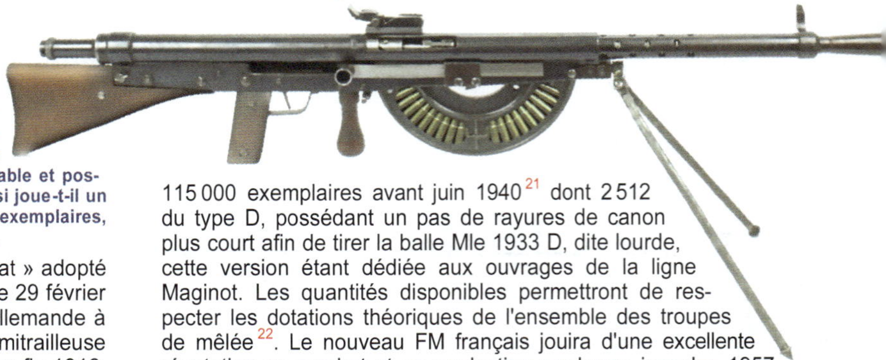

Le FM CSRG Mle 15 « Chauchat ». Fonctionnant par long recul du canon, c'est l'une des premières armes à être principalement constituée de pièces embouties et rivetées. Si ce FM et son chargeur se révèlent trop fragiles pour des armes de guerre, ils sont surtout handicapés par la cartouche de 8 mm, inadaptée à un fonctionnement automatique et à une utilisation dans des boîtes chargeurs. Mais le Chauchat est maniable et possède une cadence théorique de tir de 250 coups par minutes, aussi joue-t-il un rôle considérable jusqu'à l'armistice. Il sera fabriqué à 262 300 exemplaires, dont une version en calibre 30-06 produite en 1918 pour l'US Army.

évolution donne naissance au FM CSRG Mle 15 « Chauchat » adopté le 16 juillet 1915. Les 50 premiers exemplaires sont livrés le 29 février 1916 et employés sur le front de la Somme. La réplique allemande à l'apparition du FM français ne se fera pas attendre avec la mitrailleuse 08/15, version allégée de leur MG 08, apparaissant à Verdun fin 1916, et produite en grand nombre à partir de mars 1917.

Bien adaptée à une production en masse, la rapide conception du FM CSRG Mle 1915 est une prouesse technique mais elle est aussi la cause de lacunes dues à un développement fait dans l'urgence. Aussi, dès la fin de la guerre, l'armée est parfaitement consciente de la nécessité absolue de remplacer le Chauchat par un matériel mieux adapté aux conditions des champs de bataille et surtout plus fiable. En 1920, l'EMA définit le profil d'une arme nouvelle ayant pour objectif de fournir la puissance de feu principale du groupe de combat. Elle devra posséder la même souplesse d'emploi que le FM Mle 15, mais il est préconisé à l'époque de la doter d'une alimentation par bandes souples. Ainsi, la vision initiale s'apparente plus à l'adoption d'une mitrailleuse légère qu'à un FM, mais l'expérience et l'habitude de l'usage du Chauchat l'emportent et l'on en revient à une arme approvisionnée par une boîte chargeur amovible.

À partir de 1922, des FM d'origine nationale ou étrangère répondant aux spécifications françaises sont expérimentées par différentes commissions et au sein des corps de troupe[19] et le choix se porte sur le BAR Mle 1918 proposé par Browning, de loin le plus abouti et le plus fiable. Mais il est également le plus cher et les difficultés économiques de l'époque vont empêcher son homologation[20]. La solution va finalement se présenter avec le type 23, un FM proposé en 1924 par la MAC. Essayée à son tour, l'arme se révèle être d'excellente facture et semble dénuée de défauts majeurs. Après quelques modifications, le type 23 est rapidement adopté et la production débute l'année suivante sous l'appellation de fusil-mitrailleur Mle 1924, avant d'être modifié en 1929. Quelques défauts de jeunesses constatés sur les première armes livrées seront enfin corrigés.

D'une qualité remarquable le FM Mle 24 M29 est fabriqué à environ 115 000 exemplaires avant juin 1940[21] dont 2 512 du type D, possédant un pas de rayures de canon plus court afin de tirer la balle Mle 1933 D, dite lourde, cette version étant dédiée aux ouvrages de la ligne Maginot. Les quantités disponibles permettront de respecter les dotations théoriques de l'ensemble des troupes de mêlée[22]. Le nouveau FM français jouira d'une excellente réputation au combat et sa production perdurera jusqu'en 1957 avec un total d'environ 190 400 exemplaires livrés par la MAC, et l'on en trouvera encore dans les stocks de la gendarmerie au début des années 2000. Les seuls reproches qui lui seront faits concerneront la fragilité des lèvres de ses chargeurs[23] et un canon ne pouvant être changé sur le terrain par la troupe.

Après le FM, les fusils

Reste ensuite à fournir des fusils en calibre 7,5 mm à l'armée et trois hypothèses sont envisagées. La première consiste à modifier les armes existantes, la deuxième à développer une arme nouvelle à répétition et la troisième à concevoir un fusil semi-automatique, l'intérêt des FSA Mle 1917 et 1918 n'ayant pas été oublié. Les conditions temporelles et budgétaires de ces trois options étant fort différentes, l'EMA décide de les poursuivre simultanément.

La modification des fusils existants

Tout d'abord la MAT propose une série de prototypes du Lebel à partir de 1927[24], suivis dès août 1931 d'une seconde série adaptée à la cartouche Mle 1929. Ces développements aboutissent à l'adoption d'une arme sous l'appellation de fusil 1886-93 M27. En parallèle, on procède à des études comparatives du fusil MAC 32 réalisé sur la base du Mle 1902 M16 et du fusil SE MAS 1932 provenant de la transformation du Mle 1907-15. Après un rapport élogieux de la commission d'expérimentation de l'infanterie, c'est ce second modèle qui est choisi et il est décidé d'en produire 160 exemplaires afin de procéder à des essais en corps de troupe, aboutissant eux aussi à des comptes rendus positifs. Jugé satisfaisant, le SE MAS 1932 est adopté sous l'appellation de fusil Mle 1907-15 M34, d'autant plus facilement que la transformation est moins onéreuse que celle du modèle 1886-93 M27[25]. Les

Le fusil-mitrailleur modèle 1924 M29

Fonctionnant par emprunt des gaz, le FM Mle 24 M29 possède une précision comparable à celle d'un fusil mais sa cadence pratique de tir autorise une portée utile de 1 200 m. Il dispose d'équipements (bipied, béquille de crosse et épaulière) offrant une bonne stabilité pendant le tir mais il peut être aisément utilisé en marchant. Son alimentation s'effectue à l'aide de boîtes chargeurs de 25 cartouches utilisables coup par coup ou en rafales grâce à une double détente. Il est pourvu d'une bretelle simplifiant son transport ainsi que le tir en position debout. Divers accessoires sont ensuite développés, à commencer par un correcteur de visée pour le tir antiaérien afin d'engager les avions volant au-dessous de 600 m, un dispositif pour le tir repéré et un autre pour le tir contre avions comprenant un support pouvant se fixer sur un piquet à vis ou le canon d'un fusil. Il existe également un collecteur d'étuis et une gaine en toile destinée à protéger l'arme durant les phases de transport tandis qu'un autre modèle, appelé botte, sera développé pour la cavalerie afin d'être fixé à la selle d'un cheval. L'arme est ici présentée munie de sa béquille de crosse amovible. Photos E. Klamerek

Le chargeur est ici muni de son appareil à garnir les boîtes chargeurs afin d'introduire les cartouches à l'aide des lames chargeurs des fusils de même calibre, solution beaucoup plus rapide que le rechargement cartouche par cartouche.

La musette de transport de boîtes chargeurs du tireur visible à droite est remplie de façon réglementaire, la pointe des cartouches située vers l'extérieur. Il existe également d'autres modèles contenant 3 et 8 chargeurs, respectivement portés par le caporal adjoint du groupe et le chargeur de l'équipe de tir, le 1er contenant en outre le correcteur de tir contre avions et des chiffons.

Poids de l'arme sans boîte chargeur avec bipied : 8,930 kg
Poids de l'arme avec boîte chargeur garnie et bipied : 9,830 kg
Poids d'une boîte-chargeur vide : 0,280 kg
Poids de la béquille : 0,660 kg
Longueur totale avec cache-flamme : 1,070 m
Longueur du canon / de la ligne de mire : 0,500 m / 0,640 m
Rayures du canon et pas : 4 à gauche ou à droite, 270 mm
Type de la mire : Hausse à curseur (œilleton et guidon).
Graduation : Par 200 m jusqu'à 600 m puis par hectomètre jusqu'à 2 000 m
Portée pratique / utile / maximum : 600 / 1 200 / 3 200 m
Vitesse pratique de tir : 200 coups par minute
Vo (vitesse initiale) avec cartouche Mle 1929 C : 820 m / sec
Eo (énergie initiale) : 274 kg/m
Poids du dispositif pour le tir repéré : 1,200 kg
Poids du support pour tir vertical : 0,525 kg
Poids du correcteur pour le tir contre avions avec étui : 0,400 kg

Équipage d'une moto side-car doté d'un FM CSRG Mle 15 « Chauchat ».
Bien que très inférieur au FM 24 M29, cette arme est encore répandue au sein de l'armée française de 1940, faute de mieux, en particulier dans les unités d'artillerie et de génie. Il s'agit ici d'un montage spécifique à partir de l'articulation du bipied, celui d'origine étant plus court.

évolutions de la version M34 apportées au fusil Mle 1907-15 consistent principalement à changer l'ensemble culasse / canon et à raccourcir ce dernier de 22,5 cm, cette diminution ne nuisant pas fondamentalement à ses caractéristiques balistiques. L'arme subit également d'importantes modifications, la principale étant le remplacement du système d'alimentation par un magasin rechargeable à l'aide de lames chargeurs. La MAS propose de modifier les armes existantes ou d'en produire de nouvelles directement en calibre 7,5 mm.

La fabrication est confiée à la MAS, à l'exception de celle des canons faite par la MAT et de quelques pièces secondaires produites par l'industrie privée. Une note de service de la MAS du 4 février 1935 indique que les 2 500 premiers fusils 1907-15 M34 sont commandés, tandis que des comptes-rendus du Service des Études de mai 1935 montrent que les 20 premiers exemplaires sont montés et essayés. Un compte-rendu de la réunion des directeurs de manufactures du 9 décembre 1936 précise que la MAS a livré 9 300 fusils 07-15 M34, alors que 15 000 armes nouvelles sont commandées pour 1937. 11 000 armes sont livrées avant 1937, 21 000 en 1937 et 10 500 en 1938. En dépit de l'importante disponibilité du fusil d'origine, seuls 62 900 exemplaires auront été réceptionnés au 1er mai 1940 dont environ une moitié distribuée à certaines DIM[26]. Notons d'ailleurs que selon un document provenant des archives du 1er bureau du GQG intitulé *Mise en place du matériel neuf moderne*, aucun fusil Mle 1907-15 M34 ne semble avoir été distribué aux troupes de métropole entre le 9 octobre 1939 et le 9 mai 1940. Apprécié par la troupe pour ses dimensions réduites et son fonctionnement exemplaire même dans les conditions de combat les plus rudes, le seul reproche qui sera fait au fusil Mle 1907-15 M34 concerne un recul prononcé et un fort claquement à chaque départ de coup, dû à une longueur de canon de 58 cm[27].

Sans doute dû aux innombrables Lebel disponibles, il est demandé à la MAT de proposer une modification plus simple, donc moins onéreuse, que celle de Mle 1886 - 93 M27 se limitant à raccourcir l'arme d'origine à la dimension d'un mousqueton. Cette bien curieuse idée semble incohérente car elle conserve le magasin tubulaire et le calibre du Lebel et que la nette diminution de la longueur du canon limite sa capacité à seulement trois cartouches. L'arme est néanmoins adoptée en 1935 sous l'appellation de Mle 1886 - 93 R35 et l'on estime que quelque 45 000 exemplaires seront produits les années suivantes et, principalement attribués aux troupes d'artillerie et du train d'AFN.

Qu'en est-il du fusil semi-automatique ?

Si des solutions de modification des armes existantes ont été trouvées, la conception d'un nouveau fusil semi-automatique reste insatisfaisante malgré les innombrables prototypes développés par la MAS, la MAT et la MAC durant les années 1920. Tous les modèles proposés présentent des défauts majeurs et leur adoption ne peut être envisagée. Précisons néanmoins qu'à cette époque, ce type d'arme ne semble pas avoir reçu un intérêt soutenu de la part des commissions d'armement. Mais la situation évolue et le ministre de la Guerre décide d'organiser un *concours international de fusils automatiques*[28] tenant compte des spécificités préconisées par l'EMA en 1921. Devant être présentées entre le 31 mai 1930 et janvier 1932, les armes proposées sont ensuite soumises à une longue et redoutable série d'essais comparatifs. Seules les armes des établissements nationaux sont chambrées pour la cartouche Mle 1929 tandis que celles provenant de l'industrie privée française ou étrangère doivent tirer une munition d'un calibre compris entre 7 et 8 mm, d'une puissance similaire à la cartouche allemande de 7,92 mm.

Ce concours ne doit pas être considéré comme une réelle mise en concurrence, car il est impensable d'adopter une arme ne tirerait pas la cartouche Mle 1929. L'objectif non avoué et fort contestable consiste à mettre en lumière des procédés de fonctionnement pertinents qui auraient échappé aux ingénieurs des établissements

Séance de nettoyage.
Saisis dans les environs de Saint-Dié en mars 1940, ces hommes du 3e RTM procèdent au nettoyage de leurs FM 24 M29 et d'un fusil Mle 1907 - 15 M16. Toutes les armes à feu doivent faire l'objet d'un entretien régulier et minutieux. US Nara

Notes :

19 : De nombreux modèles sont essayés comme ceux des firmes Madsen, Berthier, Hotchkiss, MAS, Lewis et Browning.

20 : Un matériel étranger imposerait aussi une dépense en devises préjudiciable à l'économie nationale.

21 : La production aurait pu être légèrement supérieure si un accident survenu au marteau-pilon forgeant les boîtes de culasse ne l'avait perturbée durant l'hiver 1939-1940.

22 : Les quelque 40 000 Mle 1924 produits seront eux aussi maintenus en service, au moins partiellement, afin d'épuiser les munitions de 7,5 x 58 mm Mle 1924 déjà fabriquées.

23 : Cette faiblesse est constatée sur bien des armes approvisionnées par des chargeurs, même encore de nos jours.

24 : Déclinés en versions fusils et mousquetons les nombreux prototypes développés possèdent des longueurs de canons s'étalant de 47 à 80 cm et différents pas de rayures. En 1933, une centaine de fusils modèle 1886-93 M27 modifiés ainsi que des lames-chargeurs en duralumin et en acier parkérisé sont essayés pendant 6 mois. Ces armes sont munies d'un canon de 60 cm de longueur d'un pas de rayure de 270 mm. 9 modèle 1886-93 M27 modifiés sont essayés au camp de Châlon, 5 à Versailles, 5 à la Commission d'expérience de l'infanterie et des chars, 12 au Cours pratique de l'Infanterie et des chars, 12 à l'École spéciale militaire, 12 à l'École militaire de l'infanterie et des chars de combat, 10 à la Valebonne, 10 aux Sables-d'Olonne, 10 à Granville, 12 au 106e RI et 12 au 22e RTA.

25 : Le nouveau Lebel dans sa version pour la cartouche M29 ne sera fabriqué qu'à 1 150 exemplaires entre 1931 et 1940, essentiellement cantonné aux essais de réception des lots de cartouche. Ce rôle utile mais réduit explique la poursuite de sa production en petites quantités.

26 : S'expliquant par l'arrivée du MAS 36, cette faible production correspond aux prévisions du programme d'armement de 1937-1940, mentionnant la transformation de 60 000 armes en calibre 7,5 et la fabrication de 200 000 fusils nouveaux, l'objectif consistant à en doter les groupes de fusiliers-voltigeurs des divisions d'active.

27 : Cette arme sera déclinée en 2 versions, un type infanterie compatible avec la baïonnette quadrangulaire Mle 1886-15, et un type cavalerie peu fabriqué différant du premier par quelques détails comme une barrette de crosse latérale, un levier de manœuvre coudé et l'extrémité du canon adapté à la baïonnette sabre Mle 1892-16 en service dans la cavalerie.

28 : En usage au sein de l'armée française jusqu'en février 1952, cette appellation doit être comprise comme « fusil à rechargement automatique ». Seuls les pistolets dits automatiques garderont cette appellation erronée après 1952.

Principaux fusils à répétition français tirant la cartouche de 7,5 mm modèle 1929

d'état. Ne s'y trompant pas, l'industrie privée française ne présente aucune arme au concours, *a fortiori* vu les délais très courts imposés pour répondre. En revanche, certains constructeurs étrangers proposent leurs dernières productions. Les essais ne permettent toujours pas d'envisager une homologation mais il est constaté que les armes proposées par la MAS et la MAT sont les plus fiables tandis que certaines caractéristiques du fusil ZH 29 tchèque retiennent l'attention, en particulier son mode de réapprovisionnement par chargeurs de 5 ou 10 cartouches ainsi que celui d'un fusil-mitrailleur. S'il est décidé d'en rester à un magasin de type Mauser, l'idée fera son chemin. La comparaison des techniques employées permet d'établir un nouveau cahier des charges, réel objectif du concours, en reprenant les principales caractéristiques du prototype de la MAS.

Les études se poursuivent avec ces nouvelles spécifications et en tenant compte de l'avis du Conseil consultatif de l'armement donné à l'issue de sa réunion du 31 mai 1933 demandant en particulier qu'une lunette puisse être adaptée. Mais le fait marquant concerne le tir en mitrailleuse du fusil automatique résumé dans la *Notice sur l'état d'avancement des principales études en cours* du 1er janvier 1934 : « *Avec le fusil automatique MAS, le tir en mitrailleuse de séries de 5 cartouches a donné lieu à une dispersion importante, même avec emploi d'un modèle de frein de bouche dit "Cutts-compensateur", en essai d'autre part. En conséquence, de nouveaux essais vont être effectués avec une arme automatique utilisant, en mitrailleuse, une cartouche de puissance intermédiaire entre la munition normale de l'infanterie et la cartouche de pistolet. La munition choisie est la cartouche Winchester calibre 351* [29] ».

Un nouveau fusil à répétition enfin adopté

Laissons provisoirement de côté le fusil semi-automatique afin de respecter la chronologie des événements. Avec l'homologation de la cartouche Mle 1924, les manufactures nationales (MAT, MAS et MAC) poursuivent l'étude d'une arme chambrant cette munition. Les premiers prototypes apparaissent en 1925 avant qu'un programme d'étude approuvé en juillet 1927 n'en spécifie les caractéristiques détaillées. Leur longueur maximale est fixée à 1,10 m pour un canon de 60 cm et leur poids ne devra pas dépasser 3,6 kg comprenant une baïonnette à lame de 30 cm logée dans le fût. Ils seront alimentés par lames chargeurs de 5 cartouches et dotés d'une mire composée d'un œilleton et d'un guidon. Ce programme est ensuite modifié afin de répondre aux attentes communes à l'infanterie et la cavalerie, les deux armes ayant pour une fois réussi à s'entendre. La longueur du futur fusil est ramenée à 1,05 m et son poids maximum à 3,5 kg.

Caractéristiques des fusils à répétition tirant la cartouche de 7,5 mm Mle 1929

Donnée / Arme	Mle 1886-93 M27	07-15 M34 type infanterie	07-15 M34 type cavalerie	MAS 36	MAS 36 CR 39
Poids à vide avec / sans baïonnette (kg)	4,475 / 4,025	4,150 / 3,700	4,125 / 3,700	3,720 / 3,560	3,875 / 3,745
Longueur totale sans / avec baïonnette (m)	1,110 / 1.625	1,075 / 1,595	1,075 / 1,475	1,020 / 1,290	0,883 [a] / 1,165
Longueur du canon (m)	0,600	0,580		0,580	0,450
Longueur de la ligne de mire (m)	?	0,488		0,587	0,490
Rayures du canon et pas (mm)	4 à gauche, 235 et 270	4 à gauche, 270			
Type de mire	Hausse à curseur type cran de mire et guidon			Hausse à curseur type œilleton et guidon	
Graduation de la mire (m)	200 à 900			200 à 1 200	
Portée pratique / utile / maximum (m)	400 / 900 / 3 200			400 / 1 200 / ?	
Vitesse pratique de tir (cps par minute)	Environ 10				
Vo avec cartouche Mle 1929 C (m / sec)	865	840			775
Eo (énergie initiale) (kg/m)	335	325			270
Capacité du magasin (cartouches)	5	5	5	5, exceptionnellement 6	
Alimentation	Cartouche par cartouche ou lames chargeurs de 5 cartouches				
Modèle de Baïonnette	Épée-baïonnette Mle 1886/15		Sabre-baïonnette Mle 1892/16	Mle 36	Mle 36 raccourcie

a : 0,625 m crosse repliée

Le fusil à répétition de 7,5 mm MAS modèle 1936

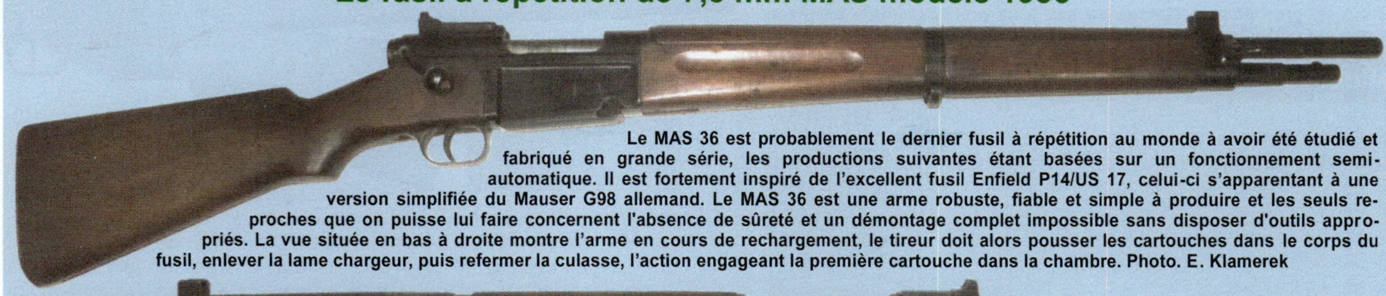

Le MAS 36 est probablement le dernier fusil à répétition au monde à avoir été étudié et fabriqué en grande série, les productions suivantes étant basées sur un fonctionnement semi-automatique. Il est fortement inspiré de l'excellent fusil Enfield P14/US 17, celui-ci s'apparentant à une version simplifiée du Mauser G98 allemand. Le MAS 36 est une arme robuste, fiable et simple à produire et les seuls reproches que on puisse lui faire concernent l'absence de sûreté et un démontage complet impossible sans disposer d'outils appropriés. La vue située en bas à droite montre l'arme en cours de rechargement, le tireur doit alors pousser les cartouches dans le corps du fusil, enlever la lame chargeur, puis refermer la culasse, l'action engageant la première cartouche dans la chambre. Photo. E. Klamerek

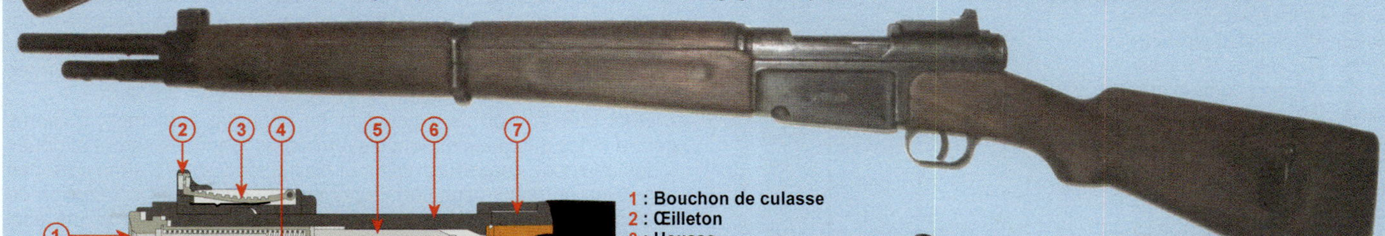

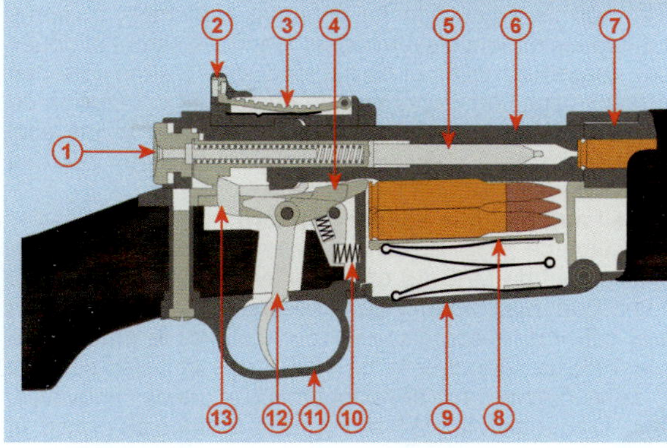

1 : Bouchon de culasse
2 : Œilleton
3 : Hausse
4 : Éjecteur-arrêtoir
5 : Percuteur
6 : Culasse
7 : Canon
8 : Transporteur
9 : Porte de magasin
10 : Ressort de gâchette
11 : Pontet
12 : Détente
13 : Gâchette

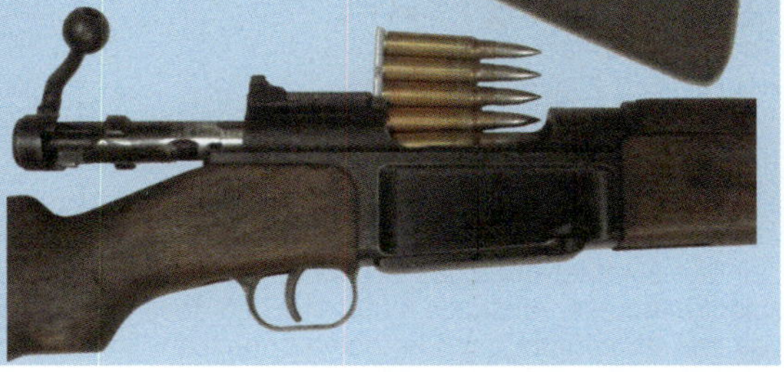

S'ensuit une longue série de prototypes conçus par les trois manufactures à partir de 1928, et les études se poursuivent ensuite en prenant en compte l'adoption de la cartouche Mle 1929. L'observation des caractéristiques des différentes armes étudiées engendre en 1931 une réactualisation des spécifications imposant certains choix techniques tout en ramenant la longueur maximum souhaitée à 1 m. Poursuivies avec ces nouveaux critères, les études aboutissent à d'autres prototypes jusqu'en 1932, année déterminante pour la MAS, choisie pour concevoir le futur fusil en raison de la qualité de ses derniers modèles présentés. Mais le chemin sera encore long avant d'aboutir et plusieurs fusils successifs sont proposés et parfois fabriqués en petite série pour être essayés en corps de troupe avant la conception du dernier prototype, le SE MAS-1934 type B 2, adopté après quelques modifications mineures sous l'appellation de fusil de 7,5 mm Mle 1936 (MAS 36). D'excellente facture, cette arme moderne et simple à fabriquer doit à terme remplacer tous les autres modèles à répétition en service au sein de l'armée française. Elle est munie d'un magasin fixe compatible avec les lames chargeurs existantes de 5 cartouches. Il est néanmoins possible d'introduire une 6e cartouche mais l'arme ayant été conçue pour en recevoir 5, l'introduction fréquente d'une 6e cartouche ne peut que fatiguer le ressort du magasin [30]. Rien n'empêche néanmoins un soldat de charger son arme avec 6 cartouches pour introduire une première munition dans la chambre du fusil et disposer de 5 coups en réserve.

Léger, robuste et d'une bonne précision, le nouveau fusil reçoit dans son fût un modèle spécifique de baïonnette à lame quadrangulaire pouvant être fixée sous le canon. Cette forme particulière est parfois jugée désavantageuse car elle prive le soldat d'une lame pouvant trouver bien des usages en campagne. En revanche, le MAS 36 est compatible avec le tromblon VB et il aurait pu tirer des grenades antipersonnel et antichar à charge creuse sur lesquelles nous reviendrons. Il est en outre agencé pour être équipé d'une lunette de visée qui en restera au stade du développement, faute de temps.

La chaîne de fabrication étant encore incomplète, la production de 1937 est anecdotique avec environ 1 600 armes livrées. 29 000 exemplaires sont fabriqués l'année suivante grâce à la mise en place de l'intégralité des moyens industriels nécessaires. Quelque 203 800 MAS 36 ont été réceptionnés au 1er mai 1940, tandis que les archives de la MAS précisent que 243 988 exemplaires ont été livrés au 23 juin 1940 dont 191 402 depuis le 1er septembre 1939. Il est possible d'affiner ces chiffres puisque le document du 1er bureau du GQG *Mise en place du matériel neuf moderne* déjà cité liste les livraisons de MAS 36 entre le 9 octobre 1939 et le 9 mai 1940 :

Attributions des MAS Mle 1936 entre le 9 octobre 1939 et le 9 mai 1940

Document	Date	Unité concernée	Qté
1667 - 1668 1/FT	16/10/1939	6e DINA	6 000
6890 1/FT	27/11/1939	11e DI	5 700
9481 1/FT	16/12/1939	42e DI	5 700
1321 1/FT	12/01/1940	1re DC	280
7579 1/NE	21/03/1940	15e DIM Mise en place de fusils de 7,5 Mle 36 en échange de fusils de 7,5 07/15 M34	6 000
9839 1/FT	08/04/1940	Fusils 7,5 pour la 7e DINA	6 000
		Total	**29 680**

Chasseurs embarqués à destination de la Norvège. Reconnaissables à leurs bérets ainsi qu'à l'attribut des casques, ces chasseurs sont dotés des équipement adaptés au rude climat norvégien. Toutes les armes visibles sont de MAS 36. Coll. A. Alvarez

Notes :
29 : Également envisagée à la même époque en Allemagne par Heinrich Vollmer, cette idée donnera naissance aux MP 43 et 44 plus connus sous l'appellation de Sturmgewehr, premiers fusils d'assaut au monde. Signalons également que le choix de cette cartouche n'est probablement pas hasardeux, c'est celle d'un prototype de fusil automatique, le Ribeyrolle 1918, bien que rétreinte pour recevoir une balle de 8 mm Lebel, ainsi que celle du Thompson M1923 essayé en 1926, la munition étant ici employée dans sa version d'origine.
30 : Cette possibilité pourrait s'expliquer par l'absence de sécurité du MAS 36. Lorsqu'on se déplace dans une zone de combats, l'arme se porte approvisionnée mais non chargée (sauf pour l'homme de tête). Il y a donc un jeu qui permet, en appuyant sur la cartouche du haut, de refermer la culasse sur un magasin plein, mais laissant la chambre vide.

Prototype du fusil Mle 1936 CR.
Cette arme est le 4e prototype présenté comme en témoigne le marquage montré en gros plan. À l'image de ses trois prédécesseurs, cet exemplaire n'est pas équipé de sa bretelle et de son système d'enroulement.

Attributions des fusils M 34 et MAS 36 au 1er avril 1940

Type d'unité	M 34	MAS 36
Divisions d'infanterie motorisées	30 372	4 390
Divisions d'infanterie actives	15	15 871
Divisions d'infanterie de montagne	267	2 007
Divisions d'infanterie de série A	177	60
Divisions d'infanterie de série B	162	5 610
Divisions d'infanterie nord-africaines	4 547	8 177
Divisions d'infanterie coloniales	8	1 290
Divisions d'infanterie africaines	0	5 963
Division d'infanterie marocaine	0	523
Divisions légères de cavalerie	195	19 242
Divisions légères mécaniques	0	9 142
Brigades de Spahis	0	3 549
Brigade de cavalerie	0	1 843
Division cuirassée de réserve générale	599	0
Corps d'armée	16	2 260
Corps d'armée et DI de forteresse	225	438
Secteurs fortifiés et défensifs	787	44
Régiments d'infanterie de forteresse	541	0
Bataillons de mitrailleurs	639	1
Demi-brigade de mitrailleurs coloniaux	0	438
Groupes de reconnaissance de région fortifiée	0	989
Total	**38 550**	**81 837**

Il faut compter quelques semaines pour que ces ordres de livraison soient exécutés. Ainsi, les 6 000 MAS 36 destinés à la 15e DIM ne sont pas pris en compte dans le tableau précisant les dotations en M34 et MAS 36 visible ci-dessus. Mais il est étonnant de constater que cette livraison doit être effectuée en échange de fusils 07/15 M34, pourtant chambrés pour la cartouche de 7,5 mm et nous ignorons tout quant à leur éventuelle attribution suivante bien qu'il pourrait s'agir des « fusils 7,5 mm pour la 7e DINA ». Notons enfin qu'à la date du 8 juin 1940, aucun fusil en calibre 7,5 mm n'aura été envoyé aux unités d'outre-mer. En revanche, les troupes franco-polonaises du CEFS en seront dotées, sans que nous n'ayons pu retrouver d'archives permettant d'en déterminer le nombre exact. Ces armes sont en majorité des MAS 36 et nous les estimons à plusieurs milliers, dont une partie n'est pas prise en compte dans le tableau ci-dessus.

Les nouveaux fusils sont principalement attribués dès l'avant-guerre aux DI d'active et à la cavalerie puis aux unités de formation mises sur pied après la mobilisation générale. Quelques modifications et améliorations seront apportées en 1939 et après guerre, la production totale de MAS 36 étant estimée à plus d'un million d'exemplaires toutes versions confondues. Ses dernières évolutions datent des années 1960 avec les fusils pour tireurs d'élite FR F1 et FR F2, ainsi qu'un dispositif lance-amarre pour MAS 36 en usage dans la Marine et enfin le FR G1, produit en 1994 pour les tireurs de précision de l'armée de l'Air.

Une version spécifique pour l'infanterie de l'Air et les éclaireurs skieurs

En 1938, un modèle spécifique du MAS 36 dit CR (crosse repliable) est mis au point pour les parachutistes de l'infanterie de l'Air. Son organisation générale est similaire à celle du fusil d'origine, mais la longueur du canon est réduite de 13 cm, entraînant celle de la baïonnette, toujours fixée sous le canon. Pendant les phases de transport, la crosse évidée faite d'alliage léger (duralumin) peut se rabattre sous la boîte de culasse et la partie postérieure du fût. Quelques prototypes sont fabriqués puis essayés en 1938 et l'arme est homologuée l'année suivante sous l'appellation de fusil MAS Mle 1936 CR 39. La DM 969 10/EMA du 16 février 1940 ordonne ensuite qu'une version adaptée aux éclaireurs skieurs soit mise en service à la suite de la présentation de deux armes modifiées pour cet emploi en décembre 1939. La DM prescrit également que 6 500 armes de ce second modèle soient commandées ainsi que 360 autres au titre de l'entretien mensuel.

La fabrication du MAS Mle 1936 CR 39 doit théoriquement commencer en mars 1940, mais, selon toute vraisemblance, seuls les prototypes de 1938 et 1939, dont les premiers sont livrés sans anneau de grenadière ni bretelle, auront été produits avant l'armistice. Le doute persiste néanmoins puisque certains vétérans des troupes alpines ont affirmé avoir reçu quelques exemplaires de cette arme avant l'armistice de juin 1940. Les seules informations précises à notre disposition sont données par Monsieur Caste, représentant de la MAS lors d'une *séance de travail pour la réalisation des programmes d'armement* datée du 1er février 1940, signalant que la manufacture ne disposera du duralumin qu'en juin et que la sortie des premiers MAS 36 CR 39 ne peut donc être envisagée avant août. Mais il est préconisé de faire le nécessaire pour avancer le démarrage de la fabrication et nous n'avons aucune information sur les suites de cette volonté.

Quoi qu'il en soit, la production ne débutera réellement qu'après guerre et les quelques milliers d'exemplaires fabriqués seront attribués à des unités de chasseurs alpins et de parachutistes. L'arme sera peu appréciée en raison d'un certain nombre de défauts de conception de la crosse rabattable et de son canon très court provoquant un fort recul et une lueur considérable à chaque tir, aveuglant le tireur lors des phases de combat de nuit.

Un excellent fusil automatique adopté trop tard

Depuis le concours de 1932, le manque de crédits et la priorité donnée au développement du MAS 36 ont considérablement ralenti celui d'un fusil automatique, mais à partir de la seconde moitié des années 1930 ces deux difficultés disparaissent. Tout d'abord, le programme d'armement de 1935 et surtout celui de 1937 accordent des budgets conséquents au développement d'armes nouvelles. D'autre part la MAS se trouve déchargée de celui d'un fusil à répétition avec l'adoption du MAS 36 tout comme de celui du PM MAS 35, sur lequel nous reviendrons. Les ingénieurs de Saint-Étienne

Fantassin français armé d'un « MAS 40 ».
C'est bien évidemment une uchronie datant des années 1980. Cette photo aurait néanmoins pu provenir de la propagande vichyste vantant les qualités de l'armement du soldat français de 1941 sans bien sûr avouer que le MAS 40 n'a pas dépassé le stade de la présérie. Mais l'État français n'a pu retrouver qu'un seul exemplaire de MAS 38-40, et la disparition des plans ainsi que l'absence d'exemplaires de présérie obligeront le nouveau régime a abandonner sa volonté de lancer la production du MAS 40. Cette vue donne néanmoins une image assez proche de ce qu'aurait pu être le fantassin français des troupes d'active à l'horizon de 1941.

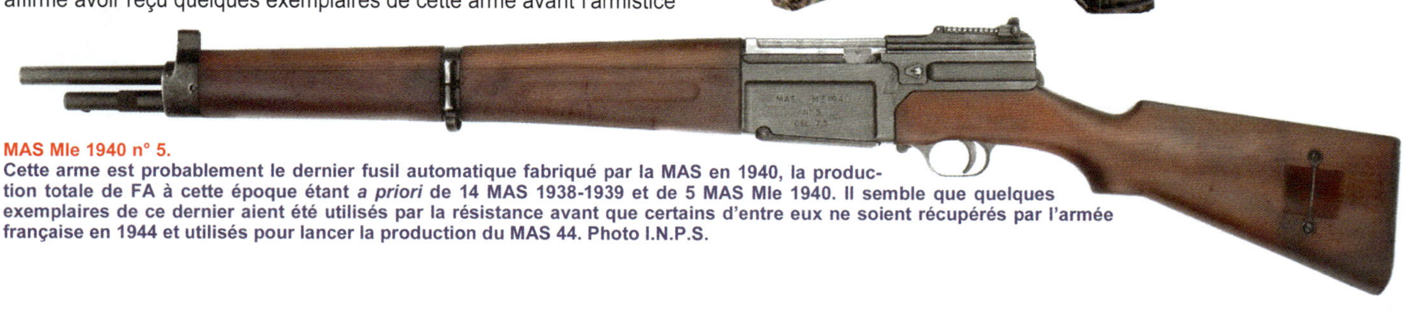

MAS Mle 1940 n° 5.
Cette arme est probablement le dernier fusil automatique fabriqué par la MAS en 1940, la production totale de FA à cette époque étant *a priori* de 14 MAS 1938-1939 et de 5 MAS Mle 1940. Il semble que quelques exemplaires de ce dernier aient été utilisés par la résistance avant que certains d'entre eux ne soient récupérés par l'armée française en 1944 et utilisés pour lancer la production du MAS 44. Photo I.N.P.S.

Caractéristiques des fusils automatiques tirant la cartouche de 7,5 mm Mle 1929		
Donnée	**FA Mle 1940**	**FA à chargeur**
Poids à vide avec baïonnette / sans baïonnette (kg)	4,100 / 3,940	4,350 / 4,190
Longueur totale sans baïonnette / avec baïonnette (m)	1,065 / 1,365	1,085 / 1,385
Longueur du canon / longueur de la ligne de mire (m)	0,580 / 0,635	0,582 / 0,655
Longueur de la boîte de culasse (m)	0,226	0,246
Longueur de la pièce de manœuvre (m)	0,117	0,132
Longueur de la culasse (m)	0,091	0,102
Longueur du recul maximum de la culasse (m)	0,092	0,096
Longueur du recul maximum de la pièce de manœuvre (m)	0,102	0,107
Longueur du ressort récupérateur (m)	0,256	0,300
Poids de la culasse avec percuteur (kg)	0,188	0,200
Poids de la pièce de manœuvre (kg)	0,262	0,295
Diamètre de l'évent (mm)	2,4	2,6
Tension de la détente (percutions) (kg)	7	4
Rayures du canon et pas	4 à gauche, 270 mm	
Type de mire / graduation (m)	Hausse à curseur type œilleton et guidon / 200 à 1 200	
Portée pratique / utile / maximum (m)	400 / 1 200 / 3 200	
Vitesse pratique de tir (coups par minute)	Environ 30	Dépend du chargeur
Vo (vitesse initiale) avec cartouche Mle 1929 C (m / sec)	840	
Eo (énergie initiale) (kg/m)	325	
Capacité du magasin ou du chargeur (cartouches)	5, exceptionnellement 6	5, 10 et 25
Poids des chargeur vides de 5 / 10 / 25 cartouches (kg)	-	0,132 / 0,179 / 0,300
Alimentation	Manuel ou lames chargeurs	Chargeurs
Modèle de Baïonnette	Baïonnette Mle 36	Baïonnette Mle 36

peuvent dès lors concentrer leurs efforts sur le développement du fusil automatique et ils mettent au point différents prototypes jusqu'au MAS 1938-1939, version améliorée des armes précédentes.

Présenté en juillet 1939 et toujours en phase d'expérimentation en février 1940, le dernier prototype, portant le n° 10, est jugé excellent, à l'exception de quelques modifications mineures à lui apporter. C'est une arme à culasse calée fonctionnant par emprunt de gaz à tube adducteur. Son alimentation est constituée d'un magasin de 5 cartouches disposées en quinconce dans son fût et réapprovisionné par les lames chargeurs en service pour les autres armes de ce calibre. Ces caractéristiques permettent une vitesse pratique de tir d'environ 30 coups par minute, compte tenu du temps nécessaire au réapprovisionnement. La déclaration de guerre aidant, le MAS 1938-1939 est adopté le 23 mars sous l'appellation de fusil automatique de 7,5 mm Mle 1940 (FA Mle 1940)[31]. Cinquante exemplaires destinés à une expérimentation dans les corps de troupe sont commandés et en cours de fabrication le mois suivant.

Les essais du FA Mle 1940 démontrent d'excellentes qualités balistiques, l'arme permettant de placer plus de 90 % de coups au but aux distances usuelles de combat. Affranchi de la manœuvre de rechargement liée au fonctionnement d'une arme à répétition, le tireur peut porter toute son attention au pointage et suivre un objectif mobile avec une facilité accrue. L'expérience démontre qu'un tireur exercé peut placer trois coups au but sur une silhouette n'apparaissant que pendant 2 secondes. Mais le début de la production, prévu en juillet, ne peut permettre de livraisons avant juin 1941 car elle nécessite la mise en place de 250 machines supplémentaires dans les ateliers de la MAS et l'emploi d'aciers spéciaux au chrome-nickel et au chrome-molybdène dont l'approvisionnement soulève certaines difficultés.

Le 15 avril 1940, l'EMA définit les conditions de production du FA Mle 1940 en spécifiant les besoins globaux de l'armée, de l'ordre de 100 000 armes, et une quantité mensuelle à réaliser de 4 000 fusils, en lieu et place d'un nombre équivalent de MAS 36[32]. La vision future de l'armement individuel des troupes prévoit initialement que les FA Mle 1940 soient destinés aux unités d'active, celles de réserves devant se contenter de MAS 36. Il sera fort dommageable pour l'armée française de mai 1940 de ne pas avoir été dotée de ce type d'arme, faute de temps, car elle aurait pu offrir une puissance de feu individuelle considérable, comparée à celle de la Wehrmacht.

Les études de cette arme prometteuse se poursuivent avec la mise au point d'un prototype de lunette spécifique (L.686) par APX dont les essais sont en cours en avril 1940 à l'établissement d'expériences technique de Versailles. D'autre part, une nouvelle version de ce fusil pouvant être alimentée par les boîtes chargeurs de 25 cartouches du FM Mle 1924 M29 est expérimentée en juin, sous l'appellation provisoire de *fusil automatique à chargeur*. Le prototype est livré pour essais à la commission d'expérimentation de l'infanterie avec deux exemplaires de nouveaux modèles de chargeurs d'une contenance de 5 et 10 cartouches. Ainsi, il aurait été possible à terme d'homogénéiser l'alimentation des armes du groupe de combat en distribuant des chargeurs de 10 et de 25 cartouches compatibles avec les fusils et les FM, ceux de 5 devant être abandonnés du fait de leur manque d'intérêt par comparaison avec le FA Mle 1940. En cours de mise au point par la MAS à l'armistice, les premiers fusils automatiques à chargeur étaient initialement destinés aux unités de montagne, et bien que ce ne soit pas le cas du prototype livré, cette version de l'arme devait recevoir un bipied et une crosse repliable à l'image du MAS 36 CR. Mais le MAS 40 renaitra à la libération avec le MAS 44 dont la production débutera en 1944, l'armée souhaitant doter les troupes françaises d'une arme de fabrication nationale. Très proche du MAS 40 le modèle 44 sera ensuite suivi d'une arme améliorée en 1949 pour finir avec la version la plus aboutie, le célèbre FSA[33] Mle 1949/1956, fusil réglementaire de l'armée française jusqu'à l'adoption du FAMAS bien des années plus tard.

Pour autant, les soldats français livreront campagne en 1939-1940 avec une dizaine de fusils et mousquetons à répétition différents utilisant deux calibres de munitions, dont l'immense majorité sera toujours chambrée pour la cartouche de 8 mm.

L'épineuse question des pistolets-mitrailleurs

Très maniable, le pistolet-mitrailleur (PM) est particulièrement efficace lors de combats de rencontre, ainsi que pour l'assaut ou la défense rapprochée d'une position. Mais pour différentes raisons conjoncturelles et structurelles, aucun matériel de ce type n'aura été distribué en nombre au sein de l'armée française en 1940. Cette aberration ne sera pourtant pas la conséquence d'un manque d'intérêt pour ce type d'arme, largement distribuée à toutes les armées et utilisée sur tous les champs de bataille de la Seconde Guerre mondiale dans les années suivantes. Les quelques milliers d'exemplaires de PM allemands type Maschinenpistole 18.1 (MP 18.1) de la firme Bergmann distribués aux troupes allemandes à partir de l'été 1918[34] ayant fait forte impression, l'armée française y porte un intérêt particulier. Dès l'immédiat après-guerre les essais de cette arme confirment l'efficacité du concept, basé sur le tir par rafale d'une munition de pistolet[35]. Une puissance de feu à courte portée considérable et des dimensions réduites font du PM l'arme idéale pour le combat rapproché. L'infanterie, par la voix du chef de bataillon Barré, conclut son étude par ces mots, publiés par la *Revue d'infanterie* de janvier 1921 : « *En résumé, le MP est une arme redoutable dans le combat rapproché. Il ne peut constituer l'armement individuel du fantassin, mais ce peut être l'arme des coups de main, des combats de tranchées et de boyaux, des sentinelles n'ayant que de faibles champs de tir. C'est une arme intéressante marquant une étape. Elle est due vraisemblablement au caractère de stabilité à faible distance que la guerre a présenté pendant si longtemps et à la nécessité, pour les Allemands, d'exploiter le principe de l'économie des forces jusqu'à ses dernières limites, en portant à son maximum le rendement du matériel.* »

Les premières études françaises

Dès l'immédiat après-guerre la Section technique de l'artillerie (STA) et la Commission d'expérience de l'infanterie (CEI) décident de lancer leurs

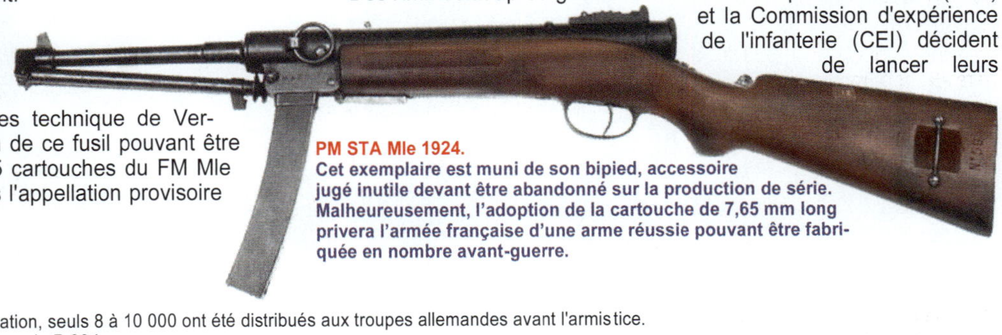

PM STA Mle 1924.
Cet exemplaire est muni de son bipied, accessoire jugé inutile devant être abandonné sur la production de série. Malheureusement, l'adoption de la cartouche de 7,65 mm long privera l'armée française d'une arme réussie pouvant être fabriquée en nombre avant-guerre.

Notes :
31 : Par la DM n° 403.199-S-DT/4.
32 : Par la DM 2171 10/EMA.
33 : Fusil semi-automatique.
34 : Sur les 50 000 PM Bergman 18.1 mis en fabrication, seuls 8 à 10 000 ont été distribués aux troupes allemandes avant l'armistice.
35 : En l'occurrence la cartouche de 9 mm Parabellum du P.08 Luger.

propres études destinées à concevoir un PM et quelques prototypes existent déjà quand l'intérêt de l'EMA se concrétise par l'intégration d'un PM à son programme d'étude de 1921. Un article de la revue d'artillerie daté d'avril fait d'ailleurs l'éloge du tout nouveau Thompson Mle 1921 américain en le qualifiant d'arme sûre et remarquablement efficace à courte distance. Alors que l'EMA rédige sa copie, les prototypes déjà existants sont essayés par les commissions militaires et dans les corps de troupe.

Dans ses grandes lignes, le programme de 1921 précise que le futur PM français devra avoir la forme générale d'une carabine raccourcie dont le poids sera compris entre 3 et 4 Kg. Sa munition devra être la même que celle du pistolet automatique qui sera retenu, mais dans cette attente, les armes proposées devront tirer des munitions de 9 mm Parabellum contenues dans des chargeurs d'au moins 25 cartouches. Le seul mode de tir demandé sera par rafales à une cadence de tir comprise entre 400 à 500 coups par minute. L'arme devra être rustique, simple et bien protégée contre la boue. Sa hausse se composera de deux crans correspondant à 100 et 200 m et le tir sera facilité par la présence d'un bipied sans pour autant gêner son fonctionnement si le PM doit être utilisé sans cet accessoire.

L'examen des premières armes permet d'affiner les préconisations transmises aux constructeurs et quelques modifications sont apportées au programme initial. Il est ainsi par exemple précisé que l'aspect général de l'arme pourra également se rapprocher d'un gros pistolet tandis que la présence d'un bipied n'est plus impérative. Les essais ont en outre permis de définir une capacité souhaitable des chargeurs à 32 cartouches, dont le calibre retenu, 9 mm, est considéré comme le meilleur rapport poids - puissance. Cette décision tient également compte des quantités importantes de munitions de ce calibre saisies par la France en Allemagne en 1918. La plus contestable des modifications consiste à demander une potentialité d'utilisation du PM jusqu'à 600 m en fonction de la limite balistique théorique des cartouches de 9 mm. Or, à cette distance, il existe bien peu de chance d'atteindre une cible même avec une mire adaptée.

Bien avancées dans le développement de leurs PM respectifs, la STA et la CEI intègrent les nouvelles spécifications et proposent une évolution de leurs prototypes respectivement en octobre 1921 et en juin 1922. Basée sur un principe de fonctionnement perfectible, l'arme de la CEI n'aura pas de suites, tandis que l'étude de celle de la STA est poursuivie jusqu'en 1924, année où il est ordonné à la MAS d'en fabriquer 300 exemplaires destinés à être essayés dans différents corps de troupe. Les rapports d'essais préciseront les quelques modifications à apporter, mais il est aussi fait part d'une certaine dangerosité de l'arme. En effet, un coup violent porté sur l'arrière du PM peut engendrer le tir accidentel d'une cartouche si la culasse est fermée. Sous l'effet du coup, celle-ci peut reculer et entraîner le chargement et la percussion d'une cartouche, défaut très répandu sur les PM de cette génération fonctionnant à culasse non calée. Or, en temps de paix, les chefs de corps étant juridiquement responsables de leurs troupes, un tel défaut ne peut que les conduire à restreindre la diffusion des PM.

La même année, les services techniques de l'armée organisent un concours visant à comparer différents modèles de PM dont celui de la STA, le Bergmann MP 18-II et le Thompson Mle 1921. Ces armes tirent la munition de 9 mm Parabellum à l'exception du Thompson, calibré en 45 ACP (11,25 mm) [36]. Le choix se porte alors sur le PM de la STA et, compte tenu des essais en corps de troupe, quelques modifications sont demandées comme l'abandon du bipied. L'arme est adoptée sous l'appellation de PM STA Mle 1924 M1 et commandée à 8 250 exemplaires, la production étant toujours confiée à la MAS.

À partir de 1924, en fonction de l'expérience acquise grâce à la conception du FM Mle 1924, la MAC se voit chargée de l'étude d'un PM répondant au programme de 1921. En fonction de l'indécision relative à la munition devant être adoptée par l'armée, la manufacture devra proposer deux prototypes, le premier chambrant la cartouche de de 9 mm Parabellum, tandis que le second en utilisera une de 0,30 pouce (7,65 mm). Déjà surchargée par l'étude et la fabrication d'autres armes, la manufacture ne donnera pas suite à cette demande.

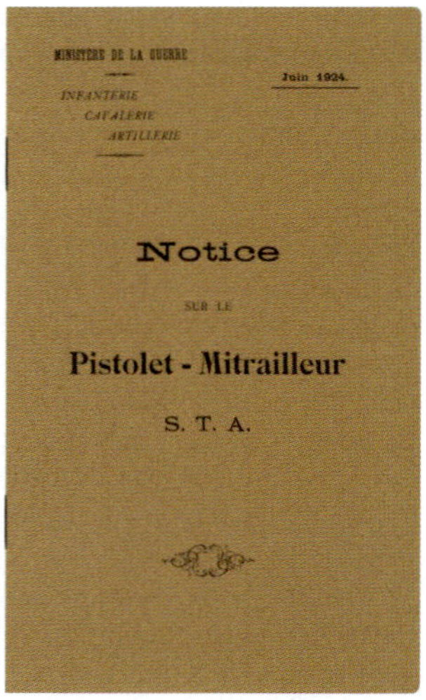

Notice sur le PM STA Mle 1924. Datant de 1924 et seul existant à notre connaissance, ce manuel précise qu'*il est attribué par arme, en plus de la baguette logée dans la crosse, une brosse pour cylindre à gaz Hotchkiss, un chasse-goupille et une burette à huile Mle 1915, qui sont transportés par le tireur après avoir été enveloppés dans des chiffons.* Il est intéressant de noter que cette édition à l'entête du ministère de la Guerre mentionne l'infanterie, la cavalerie et l'artillerie, semblant signifier que l'on pensait largement distribuer ce PM.

De son côté, en décembre 1924, la MAS commence à livrer ses propres armes répondant aux spécifications de 1921 sous l'appellation de MAS SE Type 1 et Type 1 bis [37]. Les deux armes sont chambrées pour tirer la cartouche de 9 mm et ne se différencient que par quelques orientations techniques. Des essais comparatifs avec le STA Mle 24 sont menés et ces armes ne peuvent être retenues en raison d'imperfections techniques ayant provoqué de nombreux incidents de tir. Puis la manufacture livre deux autres armes portant les mêmes appellations que les précédentes mais chambrant une cartouche dite de 7,65 mm à balle longue. Bien que les essais démontrent un fonctionnement moins problématique que celui des prototypes précédents, la MAS doit continuer à améliorer ses matériels. Elle proposera toute une série de prototypes de 1925 à 1935.

La demande de prototypes chambrant une munition de 7,65 mm n'est pas hasardeuse. La cartouche française trouve ses origines dans une munition américaine de 7,65 x 20 mm, la .30 Pedersen, en particulier chambrée par une carabine automatique, la .30 Browning Automatique Rifle (BAR), que ce fabricant propose aux Français au lendemain de la Première Guerre mondiale. Or, l'expérience de ce conflit a amplement démontré qu'il y avait un grand intérêt à utiliser des munitions pouvant être livrées en masse par l'industrie américaine, qui, à l'époque, ne fabrique pas celle de 9 mm Parabellum, uniquement produite en Allemagne. Cet argument sensé semble avoir pesé sur la décision, mais il n'est pas le seul. Prévoyant une consommation importante de cartouches par les soldats armés de PM, l'adoption du calibre de 7,65 mm long permettra de les doter d'un plus grand nombre de munitions à poids égal. De plus, des essais comparatifs entre les cartouches de 7,65 mm Pedersen et de 9 mm Parabellum ont démontré que la première possède en général une plus grande vitesse initiale, une meilleure capacité de perforation et une précision supérieure. Il a aussi été constaté que l'usage de la cartouche de 7,65 mm Pedersen posait moins de problèmes de fonctionnement et permettait de réduire le poids des armes la chambrant. C'est donc sans surprise que la munition finalement retenue est la cartouche 7,65 mm long, appellation française de la cartouche Pedersen, dont la production est ordonnée et confiée à la SFM, les premières livraisons intervenant en 1927. Mais les munitions produites par cette firme se révèleront moins puissantes que celles d'origine, ce qui faussera la comparaison effectuée entre les cartouches de 9 mm Parabellum et 7,65 mm Pedersen et diminuera d'autant la puissance d'arrêt des armes chambrant la 7,65 mm long.

D'autre part, les avis concernant l'emploi du PM divergent toujours. Un rapport d'expérimentation tactique de la direction de l'infanterie de 1925 destiné à l'EMA stipule que le PM n'est qu' « *un pistolet amélioré devant être destiné aux gradés et aux pourvoyeurs des FM* » [38]. Du coté technique, les réflexions se poursuivent et aboutissent à un nouveau

Les ateliers de la Société Française de Munitions à Issy-les-Moulineaux. Aussi connue sous le nom des ateliers Gévelot du nom de leur fondateur, Joseph-Marin Gévelot (inventeur de l'amorce au fulminate de mercure), la SFM est l'un des nombreux fabricants français de munitions.

Emballage de cartouches de 7,65 mm long. Ces munitions sont généralement conditionnées par 32 dans une boîte en carton, cette quantité correspondant à la capacité des chargeurs de MAS 38. Les inscriptions précisent la composition des munitions (le modèle de l'amorce et de la balle, et le type de poudre), le n° de lot et l'année de fabrication.

Le pistolet-mitrailleur MAS de 7,65 mm long modèle 1938 (ou SE MAS 1935 des dernières versions)

Le PM MAS 38 est une arme compacte, de taille réduite et d'un fonctionnement fiable. Son principal défaut est d'être très peu disponible en mai 1940. Adoptée tardivement, l'arme ne pourra être fabriquée qu'en petite quantité avant l'armistice alors qu'une production en série dès 1936 aurait permis de doter l'armée française d'un bon PM malgré les lacunes de la cartouche de 7,65 mm long. Après le PM STA Mle 1924, le MAS 38 est le second exemple des lourdes conséquences des tergiversations françaises sur différents points techniques et ce sont les soldats du front qui en subiront les conséquences, en étant quasiment démunis de ce type d'arme. D'un coût de production assez faible, les PM sont des armes relativement simples à fabriquer tout en offrant une puissance de feu à courte distance inégalée à cette époque. Photos E. Klamerek

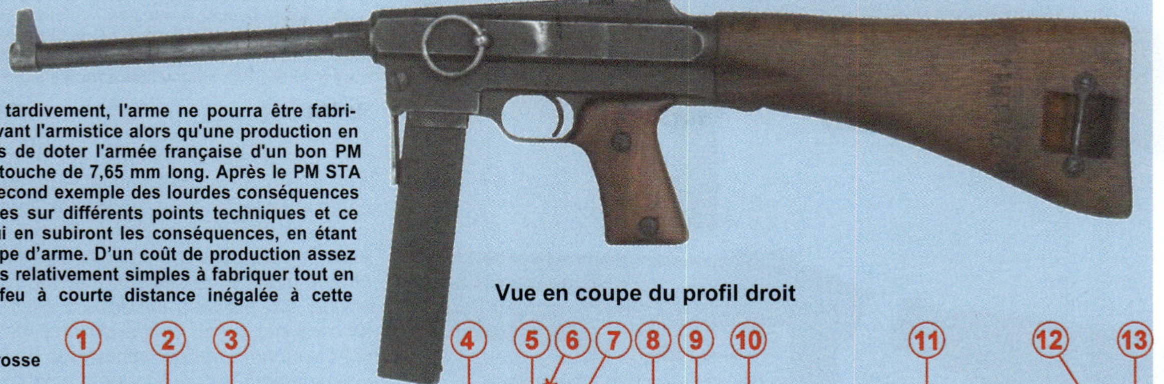

Vue en coupe du profil droit

1 : Bouchon du tube porte-crosse
2 : Ressort récupérateur
3 : Tube porte-crosse
4 : Douille raccord
5 : Ressort de hausse
6 : Hausse de 100 m
7 : Hausse de 200 m
8 : Boîte de culasse
9 : Culasse
10 : Percuteur
11 : Canon
12 : Goupille de guidon
13 : Guidon
14 : Axe du crochet de chargeur
15 : Obturateur du passage du chargeur
16 : Collier d'arrêt du chargeur
17 : Élévateur
18 : Ressort d'élévateur
19 : Guide ressort d'élévateur
20 : Plaque de fond de chargeur
21 : Corps du chargeur
22 : Levier de sûreté
23 : Détente
24 : Support de gâchette
25 : Pontet
26 : Ressort de fonctionnement de gâchette
27 : Ressort amortisseur de gâchette
28 : Gâchette
29 : Écrou de gâchette
30 : Levier de démontage
31 : Levier d'armement
32 : Bouton de manœuvre
33 : Entraîneur
34 : Extracteur
35 : Étui
36 : Fenêtre d'éjection
37 : Éjecteur

Cette vue en coupe permet en particulier de comprendre le fonctionnement de la mise en sûreté, s'effectuant en rabattant la queue de détente vers l'avant. Ce mouvement pousse le levier de sûreté vers le haut, introduisant un tenon dans un évidement pratiqué dans la culasse. Cette dernière étant immobilisée, l'arme ne peut plus fonctionner.

La cartouche de 7,65 mm long se compose d'un étui en laiton d'une balle et d'une amorce. La vue en coupe permet de détailler la composition de la balle, comprenant une enveloppe en cuivre nickelé et un noyau en plomb. Celle de l'étui renfermant la charge de poudre, les deux évents, et l'amorce.

Vue en coupe du dessus

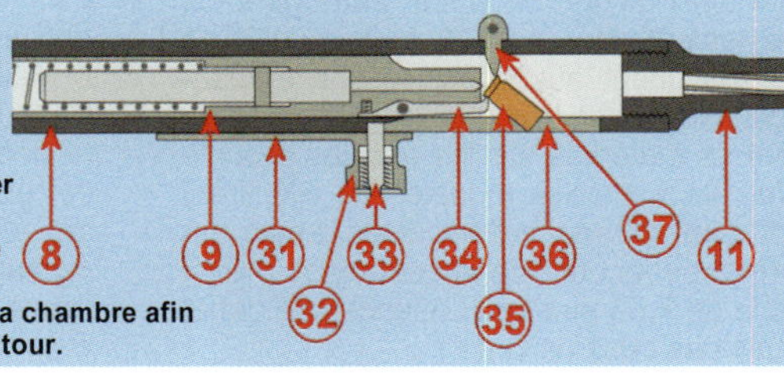

Le fonctionnement pendant le tir est ici visible. Une cartouche percutée a entraîné le recul de la culasse et l'éjection de l'étui. Le ressort récupérateur va ensuite la repousser vers l'avant, prélevant une nouvelle cartouche dans le chargeur (non représenté) avant de l'introduire dans la chambre afin qu'elle soit percutée à son tour.

programme d'étude comportant certaines modifications majeures en 1926. Tout d'abord, le système de mire est ramené à un double cran de 150 et 250 m. D'autre part, le choix de la cartouche de 7,65 mm long sonne le glas du PM STA dont la production ne dépassera pas quelques centaines d'exemplaires, envoyés en majorité aux troupes d'AFN alors engagées dans la guerre du RIF. Bien qu'imparfaite, l'arme y est appréciée et l'on pourra s'interroger longtemps sur cette occasion manquée de pouvoir doter en nombre l'armée française d'un bon PM, tirant une munition puissante et n'ayant rien à envier aux armes similaires mises en service durant la Seconde Guerre mondiale.

La seconde phase de développement

Les années passent. Les hésitations et divergences des différents organismes en charge des études du PM se soldent par une extrême lenteur des développements, surtout que les crédits alloués aux armes individuelles sont majoritairement attribués à d'autres matériels. À l'évidence, la mise en service d'un PM est loin d'être considérée comme prioritaire par l'EMA[39]. De plus, en 1933, de nouvelles modifications du programme de 1921, déjà fortement remanié en 1926, paraissent car il est maintenant estimé que le PM pourrait devenir l'arme idéale pour assurer l'autodéfense des équipages d'engins blindés. Ainsi, il est maintenant préconisé qu'il soit doté d'une crosse et d'un chargeur rabattable. Voilà qui va remettre en cause bien des développements en cours et érode un peu plus la motivation des ingénieurs.

Or, seule la MAS a sérieusement poursuivi ses études mais ses derniers prototypes ne peuvent répondre aux spécifications de 1933 principalement à cause de l'intégration du ressort récupérateur de la culasse dans la crosse. De plus, dès 1934, si l'on estime que le développement du PM de la MAS est presque achevé, le dernier prototype le SE-MAS 1935, livré en quatre exemplaires proposant des options techniques différentes, est à nouveau rejeté et seule une centaine d'armes est commandée afin d'effectuer des essais en corps de troupe, après avoir statué sur les options proposées. Exaspérée par les exigences draconiennes de la commission d'expérimentation, la MAS renonce à continuer le développement de son PM. Il sera pourtant adopté dans l'urgence en avril 1940 sous l'appellation de pistolet-mitrailleur modèle 1938.

Mais d'autres armes apparaissent suite aux spécifications de 1933. La commission d'expérimentation de Versailles (CEV) propose un PM de sa conception en 1936 dont le prototype est essayé puis rejeté, avant d'être remanié et à nouveau présenté en 1938 sous l'appellation de pistolet-mitrailleur ETVS[40]. Possédant une crosse repliable et un chargeur rabattable, la nouvelle arme est essayée à son tour pour être également jugée comme non recevable en l'état et l'on préconise certaines améliorations. Une nouvelle version sera proposée en juin 1939 et une centaine d'exemplaires sera fabriquée et sans doute partiellement distribuée en corps de troupe pour essais.

Évoquons enfin la plus rocambolesque histoire des PM français d'avant-guerre avec le Petter[41], conçu en 1935 par la société alsacienne

Notes :

36 : Il peut paraître étonnant de constater que la munition de 45 ACP soit qualifiée d'un calibre de 11,25 mm dans les documents français alors qu'elle est mondialement connue pour un calibre de 11,43 mm (valeur théorique de conversion des pouces en mm, soit 0,45 x 2,54). L'explication de cette différence se trouve dans les règles définissant les calibres au sein des services français et américains. Les premiers utilisent la mesure du diamètre du canon sans les rayures tandis que les seconds mesurent celui de la balle.

37 : SE signifiant *service des études, département* de la MAS spécialisé dans la mise au point de prototypes et la fabrication de petites séries.

38 : Direction de l'infanterie, note pour l'EMA, expérimentation dans les corps de troupe du PM Mle STA, 26 octobre 1925.

39 : Mais la guerre du Chaco, opposant la Bolivie et le Paraguay entre 1932 et 1935, mettra clairement en évidence l'efficacité du PM. Particulièrement suivi par des observateurs allemands, ce conflit sera l'objet de plusieurs rapports dont celui publié par le *Militär Wochenblatt* du 18 mars 1935 précisant que « *le PM s'est révélé une arme de grande valeur, dont l'importance pour l'infanterie ne peut plus être mise en doute.* » La traduction de ce rapport sera publié dans la *Revue Militaire Française* de juillet 1935. Ce type de constatation a pu jouer un rôle dans le regain d'intérêt de l'EMA pour le développement du PM dans la 2e moitié des années 1930.

40 : Établissement technique de Versailles.

41 : Du nom de l'ingénieur Charles Gabriel Petter, également concepteur du pistolet automatique Mle 1935 A.

PM de 7,65 mm Mle 1939 (Petter).
La crosse démontable et le chargeur rabattable répondent aux dernières spécifications destinant les PM à être attribués aux équipages de véhicules blindés comme arme d'autodéfense. Ses dimensions sont ainsi des plus réduites afin de ne pas gêner les manipulations à bord des véhicules. L'idée du chargeur rabattable vers l'avant sera reprise sur la célèbre MAT 49, PM réglementaire français des années d'après guerre.

de construction mécanique (SACM) et présenté à la CEV la même année. Á la différence de bien d'autres développements, le principe de fonctionnement du Petter est basé sur une culasse calée et un court recul du canon. L'arme initiale présentant certains défauts de fonctionnement, un nouveau prototype est proposé en 1937, lui aussi rejeté, suivi d'une nouvelle version entièrement remaniée en mars 1939, avant de subir quelques modifications à la suite des essais. Présentée en septembre 1939, la dernière version du prototype est adoptée sous l'appellation de pistolet-mitrailleur de 7,65 mm modèle 1939. Mais si la France possède enfin un PM chambré pour la cartouche de 7,65 mm long, la SACM, déjà surchargée par la production du PA Mle 35 A et par d'autres productions de guerre, ne peut se lancer dans celle de son PM et l'arme ne sera finalement fabriquée qu'à une cinquantaine d'exemplaires initialement destinée à des essais en corps de troupe.

D'autre part, les réflexions concernant l'emploi du PM au sein de l'armée continuent. Un rapport d'expérimentation rédigé par l'École spéciale militaire de Saint-Cyr daté de 1938 propose de modifier l'articulation de la section en remplaçant ses trois groupes de combat par un élément de choc doté de PM ainsi qu'une base feu regroupant les trois FM. Cette vision moderne restera sans suite [42]. Mais au-delà de l'emploi, certaines décisions prises quant aux spécifications demandées aux constructeurs font toujours débat. Avec la fin de la guerre d'Espagne et la saisie de différents matériels sur les troupes républicaines ayant franchi la frontière, de nombreux modèles de PM tirant une munition de 9 mm tombent entre les mains françaises. Leurs essais démontrent une fois encore la supériorité de la puissance d'arrêt de cette munition sur la cartouche de 7,65 mm long, relançant le débat sur les avantages et inconvénients des deux calibres.

Toujours est-il qu'après la déclaration de guerre, les premières expériences de combat des patrouilles, groupes francs et avant-postes mettent en évidence le déficit de puissance de feu à courte distance des unités françaises au contact, démunies de PM, alors que les Allemands sont dotés d'excellentes armes de ce type comme les MP 35/1 Bergmann et MP 38. Les tergiversations et lenteurs des commissions françaises se payent maintenant au prix fort. Il faut pourtant attendre le 9 novembre 1939 pour que la question devienne prioritaire. À cette date, la 9e armée formule une demande d'affectation de PM pour ses groupes de reconnaissance. Trois jours plus tard, le général Condé, commandant de la 3e armée, envoie lui aussi au général Georges une demande de dotation de PM pour ses troupes. Sa note résume bien la situation des éléments au contact de l'ennemi : « *La région dans laquelle opère la IIIe armée étant particulièrement propice aux coups de main et aux embuscades, en raison de la configuration du terrain et des nombreuses zones boisées, il y aurait lieu de doter les postes avancés d'une arme à tir rapide, légère et très maniable. D'autre part, les éléments ennemis qui patrouillent devant nos lignes sont armés de pistolets-mitrailleurs qui leur assurent une supériorité manifeste dans le combat corps à corps. J'estime donc indispensable de remettre à chaque compagnie d'infanterie ou escadron de cavalerie en ligne au moins un pistolet-mitrailleur, à titre de matériel de secteur. Il serait nécessaire de fournir à la IIIe armée 300 pistolets mitrailleurs avec une dotation de 300 cartouches par arme, à titre de première dotation. Cet armement pourrait être fourni par les fabrications de l'intérieur, si cela peut être fait très rapidement, sinon, il faudrait envisager d'urgence des achats à l'étranger.* »

Le 24 novembre [43], le GQG répond que la question soulevée est actuellement à l'étude et les mises en place seront effectuées dès que les disponibilités le permettront. La note stipule en particulier que les groupes de reconnaissance seront dotés au titre des premières urgences. Les demandes pressantes du même type s'accumulent, comme en témoigne celle du général Juin, commandant la 15e DIM, datée du 15 décembre, après la mise en ligne de sa division dans le secteur défensif de Rohrbach (VIIIe CA de la 5e armée). La division étant ensuite retirée du front, la note est transmise *via* la 2e région :
« *J'ai l'honneur de vous rendre compte que l'armement normal prélevé sur les unités dont ont été dotés les groupes francs en formation apparait peu souple et mal adapté à son nouveau rôle, alors que semble, au contraire, démontré l'indéniable efficacité du pistolet-mitrailleur allemand. Il y aurait le plus grand intérêt à doter les hommes des groupes francs d'une arme analogue, puissante et légère, arme prévue d'ailleurs par le Règlement de manœuvre de l'Infanterie (IIe partie, art. 34). J'ai l'honneur de vous demander de vouloir bien, si vous le jugez à propos, prévoir une dotation de 36 pistolets-mitrailleurs et 36 000 cartouches pour l'Infanterie de la Division, à répartir par tiers entre chaque R.I., dotation qui apparait comme devant être initialement suffisante.* »

Maintenant parfaitement conscient de l'urgence de la question, le GQG lance une étude d'ensemble, mais la distribution de PM ne pourra débuter que lorsque les disponibilités le permettront. Ceci étant, il est prévu que les dotations de première urgence soient supérieures aux demandes exprimées et une première estimation des besoins initiaux prévoit la nécessité de disposer de 80 000 PM. La vision de l'arme a bien changé et elle est maintenant considérée comme une « *arme de crise, arme d'abordage (patrouilles, coups de main, combats de boyaux, nettoyage, défense rapprochée des unités d'armes lourdes et des PC)* » telle que le précise une note de l'EMA du 16 décembre 1939. La veille, le bulletin d'information sur les études de matériels annonce qu' « *une certaine quantité de PM dont le modèle adopté (Thompson - Petter) sera mise à la disposition des armées dans les plus brefs délais possibles* [...]. *Les formations d'infanterie, de chars de combat, et de cavalerie seront dotées de cet armement en première urgence* ».

Mais à cette époque, seules quelques centaines de PM de différents modèles sont en cours d'expérimentation au sein des corps de troupes et en particulier le SE MAS 35, dont les essais ont donné lieu à des appréciations élogieuses quant à son fonctionnement. Seules quelques remarques ont été formulées au sujet de l'absence de dispositif de percussion commandé et de gâchette de sureté. Ces remarques ne sont fort justement pas suffisantes pour remettre en cause son adoption, mais l'arme est bien loin de répondre aux spécifications énoncées en 1933. Il faut néanmoins attendre avril 1940 pour que l'arme de la MAS soit adoptée, faute de mieux selon la vision française de l'époque, sous l'appellation de PM de 7,65 mm Mle 1938, bien que sa production a déjà commencé avant

Retour d'un groupe franc du 11e GRCA dans les lignes françaises.
Illustrant bien la note du général Juin, tous les hommes visibles sont équipés de mousquetons, certes maniables, mais manquant singulièrement de puissance de feu à courte portée. Certains d'entre eux portent des grenades, armes particulièrement efficaces dans les phases de combat rapproché.

Caractéristiques des principaux pistolets-mitrailleurs utilisés par l'armée française jusqu'en 1940						
Donnée	**STA Mle 1924**	**MAS type 1935 ou Mle 1938**	**Mle 1939 (Petter)**	**Thompson Mle 1921**	**Pieper 1934 (MP 28/II)**	**Erma Vollmer**
Poids sans / avec chargeur plein (kg)	3,500 / 4,110	2,915 / 3,384	2,400 / 2,875	4,536 / 5,130 - 6,714 b	4,190 / 4,890	4,100 / 4,720
Poids du chargeur vide (kg)	0,210	0,179	0,305	0,180 - 1,134 b	0,320	?
Longueur totale / du canon (m)	0,834 / 0,226	0,631 / 0,222	0,645 - 0,388 a / 0,200	0,858 / 0,267	0,813 / 0,200	0,890 / 0,245
Longueur de la ligne de mire (m)	0,508	0,339	?	?	?	?
Calibre (mm)	9 x 19 d	7,65 x 19,7 (long)		11,25 x 23 (0,45 pouce)	9 x 19 d	
Fonctionnement	Culasse non calée		Court recul du canon	Culasse non calée		
Rayures du canon (et pas) en mm	6 à droite	4 à droite (250)	4 à droite c	6 à droite		
Type de mire	Œilleton et guidon				Mire et guidon	
Graduation de la mire (m)	Hausse tangentielle par hectomètres de 100 à 600	Hausse à lamettes 100 et 200	Hausse à curseur graduée jusqu'à 1 000	Hausse graduée par 100 yards jusqu'à 600 yards e	hausse tangentielle à curseur de 100 à 1000	Hausse tangentielle
Portée pratique / utile / maximum (m)	100 / 200 / 1 200	100 / 200 / ?	100 / 200 / 600	100 / 200 / 1 300	100 / 200 / 600	
Vitesse théorique de tir (cps / mn)	350	640	600	920	500	
Vitesse pratique de tir (cps / mn)	Environ 100	Environ 100	Environ 100	Environ 280	?	?
Vo (vitesse initiale) (m/sec.)	365	380		280	381	390
Eo (énergie initiale) (kg/m)	54	40	?	?	?	?
Capacité du chargeur (cartouches)	32 ou 40	32	36	20 - 50 b	32	20 ou 32
Tir possible au coup par coup	non			oui		

a : Crosse dépliée / crosse repliée. b : Avec chargeur droit de 20 cartouches - avec chargeur tambour de 50 cartouches. c : Probable. d : Parabellum.
e : 100 yards = 91,4 m. La hausse possède des demi-divisions par 50 yards.

son homologation. Cette bien curieuse chronologie explique pourquoi les premières armes livrées sont estampillées SE MAS 1935 et les suivantes MAS Mle 1938, car les premières productions sont effectuées par le service des études de la manufacture.

Mais tout reste à faire au sein de la MAS pour lancer une production en grande série. L'étude de la fabrication, la création de l'outillage nécessaire, les tracés de fabrication et les machines-outils sont à concevoir ou à adapter. Ainsi est-il prévu que les 500 premières armes ne puissent sortir des chaînes avant mars 1940, pour atteindre la cadence de 5 000 PM mensuels en octobre. Cette nouvelle production ne peut en outre se faire qu'au détriment de celle du MAS 36 dans la proportion d'un fusil pour deux PM. La cadence prévisionnelle de production mensuelle du MAS 36 tomberait donc de 24 000 à 21 500 pièces mais le total d'armes individuelles fabriquées à Saint-Étienne serait en augmentation et atteindrait 26 500 unités. Outre la présérie de 100 PM commandée en 1935, 2 382 MAS 35 seront fabriqués entre 1939 et juin 1940 auxquels il faut ajouter quelques centaines de MAS Mle 1938 produits durant les dernières semaines de la campagne de France. La production reprendra en 1941 avec environ 14 000 exemplaires destinées aux forces de Vichy et surtout celles d'AFN avant que la MAS ne passe sous contrôle allemand fin 1942 et que les exemplaires suivants, estimés à environ 30 000 PM, ne dotent certaines unités de la Wehrmacht. En 1944 la production continuera au profit de l'armée française et plusieurs dizaines de milliers d'exemplaires sortiront des chaînes avant que le PM Mle 38 ne soit remplacé après-guerre par la fameuse MAT 49 chambrant une cartouche de 9 mm.

D'autre part, malgré l'adoption en septembre 1939 du PM Petter proposé par la SACM, l'impossibilité pour son usine de Chollet de le produire dans l'immédiat est encore aggravée par le fait que l'étude de fabrication est à peine ébauchée. S'il est décidé d'installer une nouvelle unité de production, on ne peut espérer les premières sorties avant 18 mois. Il sera donc finalement décidé de ne pas construire le PM Petter et la nouvelle usine de Chollet sera prévue pour fabriquer le PM MAS Mle 1938, projet qui n'aboutira jamais.

Soldats français d'une unité de formation ex-FFI, hiver 1944-1945.
Si les capotes sont du modèle 1941, l'armement est entièrement constitué de matériels en service en 1940. Au-delà des FM 24 M29 et des mousquetons Mle 1892 et 1892 M16, les deux PM visibles sont probablement des Thompson 1921 dont le modèle « français » est reconnaissable à l'ajout des battants des fusils Berthier (visible ci-contre). Or, à cette époque, il n'est plus fabriqué depuis longtemps, l'US Army ayant adopté des versions simplifiées et plus modernes du Thompson, également largement distribués à la « nouvelle » armée française des années 1943-1945. Coll. A. Alvarez

Notes :
42 : Direction de l'infanterie, expérimentation des PM MAS 35 et ETVS 38 par l'École spéciale militaire.
43 : Note n° 6450 1/FT du GQG, 1er bureau.

PM Pieper 1934, version belge du Schmeisser M.P. 28/II .
S'il n'existe plus de doutes quant à la livraison des 1 000 PM de ce type à la France, nous manquons d'informations quant à la négociation des 30 000 armes suivantes qui n'aboutira jamais. Photo du Musée royal de l'armée (Bruxelles) *via* Robert Pied à qui nous adressons nos plus vifs remerciements.

Les achats de PM à l'étranger

Face à ces délais, il faut se résoudre à commander des armes et des munitions à l'étranger, et par conséquence à y consacrer une dépense en devises estimée à un milliard de francs. Ce même mois, la France passe donc une première commande de 3 000 Thompson M1921[44] aux États-Unis, devant être livrés fin janvier 1940. D'autres commandes doivent suivre, pour un total de 30 000 armes de ce type dont il est estimé que 12 000 d'entre elles pourraient être livrées dans les 8 mois. Mais cette prévision va rapidement être revue à la baisse. Lors de la séance de travail du 1er février 1940 consacrée à la réalisation des programmes de fabrication, l'assistance apprend que le ministre de l'Armement « *a décidé de ne pas donner suite à la commande envisagée* [de 30 000 armes] *et donc de la limiter à 3 000 seulement* ». Le compte rendu de cette séance (PV n° 77) précise que « *d'autre part, la mission américaine éprouve les plus grandes difficultés pour le placement des munitions. Les firmes Remington et Winchester ont été pressenties pour la fourniture de ces cartouches. Pourparlers en cours.* »

Le manque de munitions pourrait expliquer pourquoi seule une faible quantité des 3 000 Thompson reçus entre mars et juin 1940 a été distribuée pendant la campagne de France. Si leur présence est avérée au sein des batteries de chasseurs de chars dotées de Laffly W15 TCC, à raison d'une arme par véhicule au titre de l'armement collectif de l'équipage, nous n'avons trouvé aucune trace tangible d'autres attributions. Néanmoins, certains témoignages affirment que ces PM furent attribués comme arme de bord de camionnettes de ravitaillement au sein de la 2e DCR.

D'autre part, une commande de 1 000 PM type *Schmeisser*[45] ainsi que de 1 600 000 cartouches de 9 mm Parabellum est notifiée aux établissements Pieper en Belgique. Mais elle ne pourra être honorée qu'en janvier 1940. Une note du 5 février 1940[46] confirme l'imminence de leur livraison : « *La commande de 1 000 armes et 1 600 000 cartouches notifiée aux Établissements Pieper est en voie d'achèvement. La livraison en sera assurée fin janvier, et sera suivie pendant huit mois des sorties de fabrication de ces usines dont la production nous a été réservée, soit environ 12 à 15 000 armes.* » Ceci étant, le PV n° 77 du 1er février 1940 cité plus haut précise que « *300 pistolets sont reçus sur une commande 1 000 armes à cette firme (Pieper à Liège). La réception du solde aura lieu à Liège le 8 février 1940* ». Sans pouvoir affirmer que cette date a été tenue, il ne fait aucun doute que la livraison est bel et bien intervenue, en au moins deux lots. Il n'y aura aucun autre PM « *Schmeisser* » livré à la France, car réserver la totalité de la production de la firme semble hypothétique en raison de la position de stricte neutralité de la Belgique.

Ainsi, l'urgence remet en cause bien des exigences passées puisque le PM Thompson tire une cartouche de 11,43 mm et le « Schmeisser » celle de 9 mm Parabellum. Mais leurs délais de livraison ne peuvent pallier rapidement l'infériorité de puissance de feu des troupes françaises engagées dans des combats rapprochés depuis le début des hostilités et il est impératif de trouver d'autres solutions plus rapides. Et il en existe.

Les PM saisis aux troupes républicaines espagnoles

Suite au désarmement des républicains espagnols ayant passé la frontière française à la fin de la guerre d'Espagne, un stock de 3 200 PM Erma-Vollmer[47] et de 1 500 chargeurs a été constitué au parc régional du matériel de Clermont-Ferrand, parmi quelques autres armes comme des PM Suomi KP/31 finlandais. Mais tous les Erma-Vollmer ne sont pas en bon état et, bien que la majorité d'entre eux tirent la munition de 9 mm Parabellum, d'autres sont chambrés pour la cartouche de 7,63 mm Mauser. Si certaines de ces armes peuvent être réutilisées immédiatement, bon nombre d'entre elles nécessitent des réparations. En l'absence de pièces détachées, il faut se résoudre à consacrer une partie du stock à cet emploi. Mais un deuxième problème se pose, car les chargeurs, déjà en nombre insuffisant, sont parfois en mauvais état. Il faut donc en commander 8 000, surtout qu'une première ponction de 100 PM et de 300 chargeurs a déjà été effectuée début 1940 pour être expédiée aux armées.

Aussi, l'état-major prévoit-t-il de rattraper partiellement son retard en distribuant 116 PM Erma-Vollmer à certaines divisions d'infanterie, réparties à raison de 8 pour le GR et d'une arme par section de fusiliers-voltigeurs, soit 36 par régiment d'infanterie. Les QG des armées concernées par ces livraisons en recevront également 15. Chaque arme sera livrée avec trois chargeurs et 1 500 cartouches. À la date du 5 janvier, une note de l'EMA[48] précise que 400 nouvelles armes ont été triées avec 800 chargeurs sur lesquels 200 PM et 600 chargeurs sont en cours d'expédition. Les PM restants devront attendre la livraison des chargeurs neufs pour être distribués.

La volonté d'équipement en PM concerne aussi les bataillons de

Projet de dotations en pistolets-mitrailleurs de la CEI du 17 avril 1940

Éléments		Qté et destination	Affectation
Formations des armées : infanterie			
Postes de commandement	Cie de commandement de régiment ou de demi-brigade de tous types	2	- Sous-officier secrétaire chef de la 2e Son d'État-major, - Sous-officier adjoint à l'officier de renseignements de la 3e Son
	Son de commandement de bataillon de tous types	1	- Sergent secrétaire du 1er groupe
Unité d'engins	Pièce de 25 mm AC	1	- Sous-officier chef de pièce
	Groupe de mortiers de 81 mm	1	- L'un des chefs de pièce
Unités de fusiliers-voltigeurs	Cie de fusiliers-voltigeurs Cie mixtes Unités de fusiliers-voltigeurs des Cie mixtes et des Cie de mitrailleurs	2 par Son de commandement et 4 par Son de fusiliers-voltigeurs	- Sergent chargé des transmissions et renseignements - Chef de pièce de mortier de 60 mm - Sergent-chef adjoint au chef de Son - Sergent, chef de groupe
Unités de mitrailleurs	Cie d'accompagnement	1 par Son de mitrailleuses	- Sergent-chef adjoint au chef de Son
	Cie de mitrailleurs	1 par pièce de 25	- Sous-officier chef de pièce
Divers	Son d'éclaireurs motocyclistes	1 par Son	- Sergent-chef adjoint au chef de Son
	Son d'éclaireurs skieurs	1 par Son	- Sergent-chef adjoint au chef de Son
	Son d'automitrailleuses des BCPortés	1 par automitrailleuse	- Chef de voiture
Formations des armées : chars de combat			
Par char		1	Considéré comme arme collective
Par tracteur de ravitaillement		1	Considéré comme arme collective
Par équipe de dépannage de Cie de combat		1	Considéré comme arme collective
Par Cie d'échelon (dépannage)		3	Considéré comme arme collective
Par Son de commandement de bataillon		1	Considéré comme arme collective
Formations du territoire			
Par dépôt d'infanterie		20	-
Par groupement spécial de préparation militaire supérieure		5	-
Écoles et centres d'instruction d'élèves aspirants et d'élèves sous-officiers		30	École spéciale militaire
		30	Saint-Maixent
		30	Camp d'Auvours
		30	Fontenay-le-Conte
		110	La Courtine

PM Erma-Vollmer.
C'est le PM le plus répandu au sein de l'armée française en 1940. Encore un méandre dont l'Histoire à le secret puisqu'il est d'origine germanique et sera également en service dans certaines unités allemandes durant la campagne de France. Photo E. Klamerek

chasseurs portés destinés aux DCR, telle qu'en témoigne une note du général Keller, inspecteur des chars de combat et commandant des réserves générales de chars, datée du 27 janvier 1940[49]. Il préconise de doter chaque tracteur blindé d'une arme de ce type, soit 42 PM par bataillon. D'autre part, en mars 1940, la France reçoit un premier lot de PM *Schmeisser* des établissements Pieper. Le 2 avril 1940[50], 990 PM sont affectés au GA2[51]. La question des PM prend de l'ampleur et le 17 avril 1940, une note de la STI propose un projet de dotation à grande échelle en précisant : « *Le pistolet-mitrailleur trouve à s'employer efficacement sur des objectifs se présentant à découvert à courte distance : il peut être considéré comme une arme de crise (surprise, rencontre inopinée de patrouilles adverses, embuscade, incursion de l'ennemi dans la zone des postes de commandement). À l'avis de la Section technique de l'Infanterie le moyen de feu susvisé est à attribuer aux gradés des unités élémentaires n'ayant qu'un rôle de commandement et ne participant pas directement à la mise en œuvre d'une arme collective; aux gradés des postes de commandement qui de par leurs fonctions, au cours du combat, demeurent à proximité de l'emplacement des postes.*

Le personnel visé ci-dessus que l'on est en droit de supposer le mieux trempé moralement, disposerait ainsi d'une arme capable de modifier des situations compromises. En ce qui concerne les formations du Territoire il parait indispensable d'attribuer à chaque École, Centre d'instruction ou Dépôt un lot d'instruction constitué par un nombre d'armes proportionnel aux effectifs moyens à instruire. »

L'adoption de ce projet nécessiterait 67 354 PM pour l'infanterie métropolitaine et coloniale, 5 980 pour les chars de combats et 3 760 pour les formations du territoire, soit un total de 77 094 armes. Encore faut-il en disposer... Le 9 mai 1940, la DM 14710 1/NE ordonne la mise à disposition de 500 PM Erma-Vollmer devant être répartis de la façon suivante : 36 à la 8e armée au titre d'armement de secteur, 116 à la 5e DIM (4e armée), 116 à la 13e DI (4e armée), 116 à la 6e DIC (3e armée), et 116 à la 32e DI (5e armée). Cette dotation de première urgence est calculée sur la base indiquée précédemment d'une arme par section de fusiliers-voltigeurs, soit 36 par RI et donc 108 pour l'ensemble des trois RI de chaque division. Les huit pistolets-mitrailleurs restant sont attribués au GRDI. Chaque arme est livrée avec trois chargeurs et environ 3 000 cartouches.

Soldat d'un corps franc tirant avec son PM Erma-Vollmer.
Superbe vue de cet homme en pleine action pour le photographe, celui-ci ne serait pas resté à découvert si le combat avait été réel. À noter la grenade à la ceinture et le couvre casque. Photo A. Alvarez

Le 26 mai, une autre dotation de 500 Erma-Vollmer est attribuée au GA3 (DM 15911 1/NE), répartis de façon similaire à la dotation précédente. Livré avec trois chargeurs et 1 500 cartouches, chaque PM, doit être échangé contre un fusil ou un mousqueton : 6 à la disposition du QG du GA3, 15 pour le QG de la 7e armée, 116 pour la 23e DI, 116 pour la 29e DI, 15 pour le QG de la 6e armée, 116 pour la 87e DIA, et 116 pour la 28e DI.

Il semble incroyable que l'armée française ait été dépourvue de PM alors que l'intérêt de l'EMA pour cette arme date de la fin de la Première Guerre mondiale et qu'une fabrication en grande série aurait pu être ordonnée à plusieurs reprises. Mais seuls quelques milliers de PM auront été distribués avant la fin de la campagne de France. S'il ne fait aucun doute qu'une disponibilité plus importante n'aurait pas changé le cours des évènements, la présence en nombre de ces armes aurait néanmoins permis aux troupes de disposer d'une puissance de feu accrue à courte portée. Le PM jouera d'ailleurs un rôle majeur tout au long de la guerre.

Soldats d'un groupe franc.
Représentatifs des groupes francs de la drôle de guerre, ces hommes, dont un sergent-chef et deux sergents (le 3e homme en partant de la gauche ayant probablement le même grade), disposent d'un redoutable armement composé d'un PM Erma Vollmer, de MAS 36 et de nombreuses grenades. Ils portent en outre des lampes de poche « Wonder » et des chargeurs de FM 24 M29 passés dans leurs ceinturons. Notons enfin les gilets en peau de bique permettant d'atténuer les effets du froid sans entraver les mouvements. Coll. A. Alvarez

Notes :

44 : Chaque arme doit être livrée avec 2 chargeurs de 50 cartouches et 8 de 20, 10 000 cartouches et ses équipements.

45 : Cette arme est une fabrication sous licence de la MP 28/II allemande. Son appellation est mitraillette Pieper 1934. La firme belge ne fabrique que le canon, les autres pièces sont importées d'Allemagne et l'ensemble est assemblé en Belgique.

46 : 5710 / EMA.

47 : Cette appellation provient du concepteur de ce PM, l'ingénieur Heinrich Vollmer et de la firme allemande le fabriquant, après avoir racheté les brevets de l'Erfurter Maschinenfabrik (Erma en abrégé).

48 : 5710 / EMA.

49 : 506/I.chars.S.

50 : Par les DM 8924 1/NE et 8925 1/NE.

51 : 928 armes au GA2, 45 au centre d'instruction de l'artillerie (CIA) et 5 à Mourmelon, 12 armes restant à la disposition de la direction des services de l'artillerie (DSA). Chaque PM est livré avec une notice.

Hommes d'un groupe franc de retour de mission.
Voila une excellente transition entre les PM et les armes de poing. Le soldat de gauche porte un PM Erma-Volmer et les deux de droite sont dotés d'armes de poing et de poignards passés dans leurs ceinturons. En outre, le soldat de droite tient en main un PM SE MAS 35 à peine visible. Il porte d'ailleurs un étui pour chargeurs à la ceinture. Tous examinent une mitrailleuse allemande MG.34 probablement capturée lors d'un « coup de main ».

Les armes de poing

Certains combattants aux fonctions particulières comme les sous-officiers et officiers à partir du grade de sergent-chef, les chargeurs de FM, ou les télémétreurs sont dotés de pistolets ou de révolvers, considérés comme un moyen d'autodéfense. La cadence de tir de ces armes est d'environ 18 coups par minute pour un pistolet et 12 pour un révolver mais leur précision et la puissance de leurs munitions interdisent une utilisation efficace au-delà de quelques dizaines de mètres.

Au sortir de la Première Guerre mondiale, les quelque 588 000 armes de poing recensées dans les stocks d'armes ou en service au sein de l'armée se composent principalement d'anciens révolvers français comme les modèles 1873 et 1892 et de nombreux révolvers et pistolets automatiques (PA) souvent d'origine espagnole, de qualité inégale et de calibres différents [52]. Dans l'hypothèse d'une autre guerre possible, cette diversité de modèles ne peut donner satisfaction. Aussi, le programme de 1921 prévoit en deuxième urgence l'étude d'un PA nouveau dont les caractéristiques préconisent un poids d'1 kilo sans chargeur, un calibre situé autour de 9 mm, un canon d'une dimension maximum de 200 mm et une portée pratique de 600 m. L'arme pourra être munie d'une crosse d'épaule amovible et la capacité du chargeur avoisinera les 15 cartouches [53].

Cette définition n'aura aucune suite et le programme sera modifié à deux reprises, tout d'abord le 25 juillet 1922 puis le 2 juin 1927, pour finalement en revenir à un PA classique devant chambrer la cartouche de 7,65 long nouvellement adoptée. Mais ce dernier choix n'est pas sans poser de problèmes puisqu'il n'existe à l'époque aucune arme sur le marché tirant cette munition, l'immense majorité des PA disponibles étant chambrée pour le 7,65 mm Browning ou le 9 mm Parabellum. Certains d'entre eux sont d'ailleurs essayés dans leurs calibres d'origine, ainsi que quelques prototypes français, sans qu'aucune de ces armes ne soit jugée homologable.

Le concours de 1933

Aussi, en 1933, le ministère de la Guerre organise un concours d'armes de poing ouvert aux établissements de l'État et aux firmes privées françaises et étrangères [54]. À l'image de celui des PM, les objectifs non avoués du concours consistent surtout à faire un état de la technique afin d'orienter les critères à retenir pour fabriquer un PA moderne. Malgré ce procédé fort contestable, une petite quinzaine de fabricants propose une vingtaine d'armes [55], regroupées en deux catégories, celles tirant la cartouche de 7,65 mm long et celles d'autres calibres. Puis la CEI et la CEV examinent chaque arme, avec comme principal objectif de mettre en valeur les caractéristiques techniques les plus pertinentes.

Devant être achevées pour la fin février 1934, les épreuves de PA menées par l'établissement annexe de la CEV mettent en valeur des irrégularités de pression, de sertissage et d'amorçage de la cartouche de 7,65 mm long en provenance de la SFM. Il faut en conséquence y remédier et une étude d'amélioration est menée par cet établissement tandis que l'atelier de pyrotechnie du Bouchet va s'efforcer de concevoir une balistite [56] plus appropriée au cours du 1er trimestre 1934.

Une fois encore, c'est une arme étrangère qui présente les meilleures caractéristiques techniques et de fiabilité : le Browning Mle 1936 fabriqué par la firme belge FN Herstal. Les PA proposés par les manufactures et sociétés françaises sont bien loin de pouvoir rivaliser avec l'arme belge et aucun d'eux ne peut être retenu. Il est alors demandé à la MAS de revoir sa copie et à la firme belge d'adapter son Browning à la cartouche de 7,65 mm long, afin de pouvoir les présenter à un nouveau concours organisé en 1935. L'adoption du Browning chambré en 7,65 mm long n'aura pas lieu en raison de son origine étrangère et d'un inévitable règlement en devises peu souhaitable pour l'économie nationale. La question est d'ailleurs définitivement tranchée l'année suivante avec la déclaration de stricte neutralité belge et la dénonciation de tous les accords antérieurs. L'idéal serait donc de trouver une solution française.

Les PA français modernes

Or, la SACM participe également au concours de 1935 et y présente un PA basé sur un brevet déposé par son concepteur, l'ingénieur Petter. D'excellente qualité, cette arme est adoptée la même année sous la dénomination de PA modèle 1935 A [57] (PA 35 A) et 10 550 exemplaires sont commandés dans la foulée. Fabriqués dans son usine de Cholet les premiers PA 35 A livrés vers la fin de 1937 présentent quelques défauts de jeunesse nécessitant des mises au point et la production ne commence réellement qu'en janvier 1939 avec environ 900 exemplaires livrés. Le PA de la SACM est donc le seul chambré pour la cartouche de 7,65 mm long disponible à la déclaration de guerre avec 4 350 armes fabriquées au 30 septembre 1939 selon les chiffres de la SAET, suivies de 1 250 le trimestre suivant. Curieusement, seuls 2 680 exemplaires auront été réceptionnés au 1er septembre et 3 630 au 1er janvier 1940, dont 300 auraient été livrés à l'armée de l'Air, sans que nous n'ayons trouvé d'explication certaine à cette différence de quantités, si ce n'est, selon certaines sources, la livraison de 1 900 PA 35 A à la Marine.

À partir de janvier 1940, la SACM doit théoriquement atteindre son rendement maximum de production avec une cadence mensuelle de 835 armes, mais il n'y en aura qu'à peu près 600 fabriqués en janvier 1940. La production totale est estimée à quelque 10 700 exemplaires livrés avant l'armistice. Elle est poursuivie sous l'occupation avec 23 850 armes destinés à la Wehrmacht, puis après la libération avec environ 50 400 PA supplémentaires. La fabrication s'arrête au début de 1950 avec un total estimé d'environ 85 000 PA Mle 35 A .

Un défilé fanion en tête en février 1940.
Nous ne pouvons dire avec certitude à quelle unité ces hommes appartiennent, mais ils jouissent de l'avantage d'avoir une homogénéité de calibre pour leurs armes puisqu'ils disposent de MAS 36. Au 3e rang, les chargeurs d'équipes de FM défilent la main réglementairement posée sur leur étui à pistolet, seule arme dont ils sont dotés.

Caractéristiques des principaux pistolets automatiques en service au sein de l'armée française en 1940

Donnée	PA Mle 1935 A	PA Mle 1935 S	MAB type D	Unique, Ruby et Union [a]	Star
Poids sans / avec chargeur plein (kg)	0,670 / 0,815	0,720 / 0,858	0,640 / 0,771	0,785 / 0,875	0,625 / 0,720
Poids du chargeur vide (kg)	?	0,064	0,052	0,061	0,061
Longueur totale / du canon (m)	0,195 / 0,110	0,188 / 0,106	0,176 / 0,101	0,155 / 0,085	0,205 / 0,138
Longueur de la ligne de mire (m)	0,157	0,148	0,141	0,119	0,170
Calibre (mm)	7,65 long		7,65 Browning		
Fonctionnement	Culasse calée et court recul du canon		Culasse non calée		Retard à l'ouverture
Rayures du canon et pas en mm	4 à droite, 254		6 à droite	4 ou 6	6 à droite, 300
Type de mire	Cran de mire et guidon	Cran de mire et guidon sur embase	Cran de mire et guidon		
Portée pratique / utile (m)	30 / 50	30 / 50	? / ?	? / 30	30 / 50
Vitesse pratique de tir (cps/mn)	18	18	?	18	?
Vo (vitesse initiale) (m/sec.)	345	345	?	260	300
Eo (énergie initiale) (kg/m)	35	35	?	15	19,7
Capacité du chargeur (cartouches)	8	8	9	9 [b]	9

a : Les caractéristiques peuvent varier en fonction des versions et des fabricants. b : Certains exemplaires ne contiennent que 7 ou 8 cartouches

Après une longue série de prototypes développés par la MAS durant les années 1920 et 1930, tout porte à croire que le PA 35 A a grandement influencé la manufacture dans la conception de son dernier modèle, avec pour objectif de reprendre son mode de fonctionnement tout en le simplifiant autant que possible afin de réduire les coûts de production. Les deux armes sont similaires bien qu'aucune pièce ne soit interchangeable. Le prototype de la MAS issu de cette étude est homologué fin 1937 sous l'appellation de PA modèle 1935 S[58] (PA 35 S). Cette arme remarquable, simple, très compacte et d'un fonctionnement irréprochable ne souffre que du choix de sa munition, la 7,65 mm long, tout comme son homologue de la SACM, les deux PA manquant de puissance d'arrêt pour des armes de poing. La production débutera en janvier 1940 avec environ 500 armes fabriquées, cette faible quantité étant due à un manque de chargeurs. Il est ensuite prévu que la production de la MAS augmente avec 1 500 armes attendues en février et 3 000 en mars, mais tout porte à croire que la production totale sera de l'ordre de 1 400 exemplaires avant l'armistice.

Les principaux pistolets automatiques en service dans l'armée française en 1940 et leurs munitions

En haut la cartouche de 7,65 mm Browning et en bas la 7,65 mm long.

Á partir de janvier 1940, il devient difficile de différentier les productions des deux modèles de PA puisque tous les états à notre disposition mentionnent des quantités amalgamant les deux armes, comme en témoigne un tableau de synthèse de la SAET donnant 6 700 pistolets automatiques produits au 31 janvier 1940, qui selon toute vraisemblance désignent en majorité des PA Mle 35 A puisque seuls 500 PA Mle 35 S sont attendus en ce premier mois de l'année. Il est tout aussi difficile d'émettre des hypothèses sur la proportion des deux modèles dans les chiffres mentionnés car si la MAS possède une capacité de production bien supérieure à la SACM, elle est surchargée par la production des MAS 36 et des PM MAS 1935 puis Mle 1938, sans parler des autres matériels ou composants fabriqués par la manufacture à cette époque. Un rapport de la MAS daté du 23 juin 1940 fait néanmoins état d'une cadence moyenne horaire de production de 20 PA à cette date. Signalons enfin qu'au 8 juin la 4e BC est la seule Grande Unité d'AFN à avoir reçu des PA Mle 35 (243 exemplaires).

En 1940, la production des modèles adoptés reste très insuffisante et il est envisagé dès le 1er février de construire une nouvelle usine de fabrication de PA à Pau ou de préférence à Bayonne, cette région étant considérée comme mieux placée pour la main d'œuvre. L'alternative consisterait à agrandir les ateliers de la MAS, mais cette option semble moins pertinente car Saint-Étienne représente déjà un objectif de bombardement important. Les évènements mettront un terme à ce projet industriel. La production du PA Mle 35 S cesse à l'armistice et ne sera pas non plus poursuivie lors de l'occupation de la zone libre par la Wehrmacht en 1942. Elle reprendra pour l'armée française en 1944, tout d'abord par la MAS avec environ 5 300 armes sortant des chaînes, avant d'être sous-traitée à la manufacture d'arme et de cycles de Saint-Étienne (plus connue de nos jours par sa marque *ManuFrance*) qui en produira 10 000 exemplaires jusqu'en 1945. D'autres PA Mle 35 S seront ensuite fabriqués en coopération entre la MAC, la MAS et la MAT, puis par la SAGEM, après avoir subi quelques améliorations, avant d'être remplacés par le célèbre PA MAC 50 de 9 mm, qui équipera l'armée française pendant de longues années. On estime qu'un total d'environ 85 000 PA MAS 35 S ont été produits toutes versions confondues jusqu'en 1956.

Les PA du commerce

Dès septembre 1939, de toute évidence, les armes de poing de la guerre précédente réutilisables et la fabrication de PA Mle 35 A et S ne pourront répondre aux exigences des TEG de l'ensemble des unités mobilisées. Il faut donc se résoudre à faire l'acquisition de pistolets du commerce ne répondant pas aux

Notes :
52 : Les révolvers français Mle 1873 et 1892 chambrent respectivement des cartouches de 11 et de 8 mm. Les révolvers espagnols dont des copies de Smith & Wesson ou de Colt calibrés en 8 mm français. Les PA espagnols sont des Star et des Ruby tirant une munition de 7,65 mm.
53 : Influencée par les Mauser C96 et Luger P08 « Artillerie » allemands, cette vision s'apparente à un compromis entre un pistolet et une petite carabine.
54 : DM n° 67 770-2/3 du 15 septembre 1930. Fixée au 1er juin 1933, la date limite de participation doit laisser le temps aux fabricants de présenter des armes chambrant la cartouche française de 7,65 mm long.
55 : Pistolets présentés au concours de 1933 par ordre alphabétique : 1 Bayard, 2 Browning, 1 Le Français, 1 Le Victorieux, 1 Lepage, 6 MAS, 1 MAT, 1 Paillot, 1 Pieper, 3 Seytres, 2 Souzy, 4 Star et 1 Warnant.
56 : La balistite est une poudre sans fumée composée de nitrocellulose gélatinée et de nitroglycérine.
57 : A pour alsacienne, région d'origine de la SACM (Société alsacienne de constructions mécaniques).
58 : S pour Saint-Étienne.

Le pistolet automatique MAS de 7,65 mm long modèle 1935 S

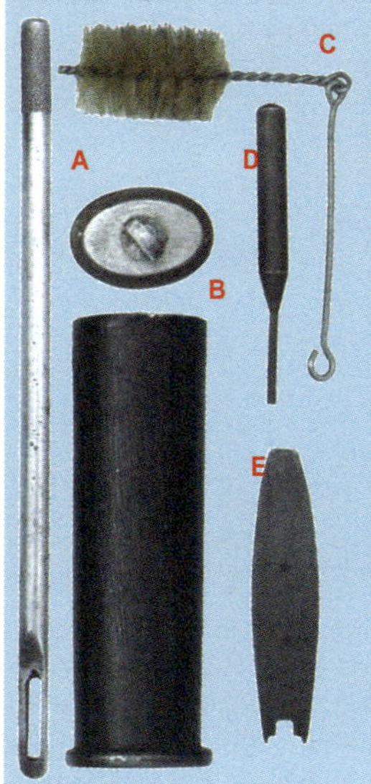

Fortement inspiré du PA Mle 35 A et après la correction de quelques défauts de jeunesse, le Mle 35 S est une arme d'excellente facture dont les seules faiblesses avérées sont sa munition et, dans une certaine mesure, sa prise en main pour les tireurs ayant de grandes mains. Il ne pèche vraiment que par sa très faible disponibilité en 1940, mais continuera sa longue carrière jusqu'en 1960, année d'arrêt de la fabrication des pièces détachées, alors que son successeur est déjà construit en série, le PA de 9 mm MAC 50, qu'il a fortement inspiré. Les deux armes montrent d'ailleurs une forte similitude tant physiquement que par leur fonctionnement. Une version légèrement améliorée du PA Mle 35 S est construite à partir de l'immédiat après-guerre sous la dénomination de PA MAS 35 M1.

Commun avec celui du PA Mle 35 A, le kit de nettoyage livré avec l'arme se compose de :
A : Une baguette de nettoyage en laiton logée dans l'étui Mle 1937 du PA.
B : Un boîtier de rangement des outils avec son couvercle à huilier contenant :
C : Un écouvillon articulé.
D : Un chasse-goupille.
E : Une lame tournevis double, celle portant deux crans est destinée au démontage du poussoir de crochet de chargeur et de l'axe de détente.

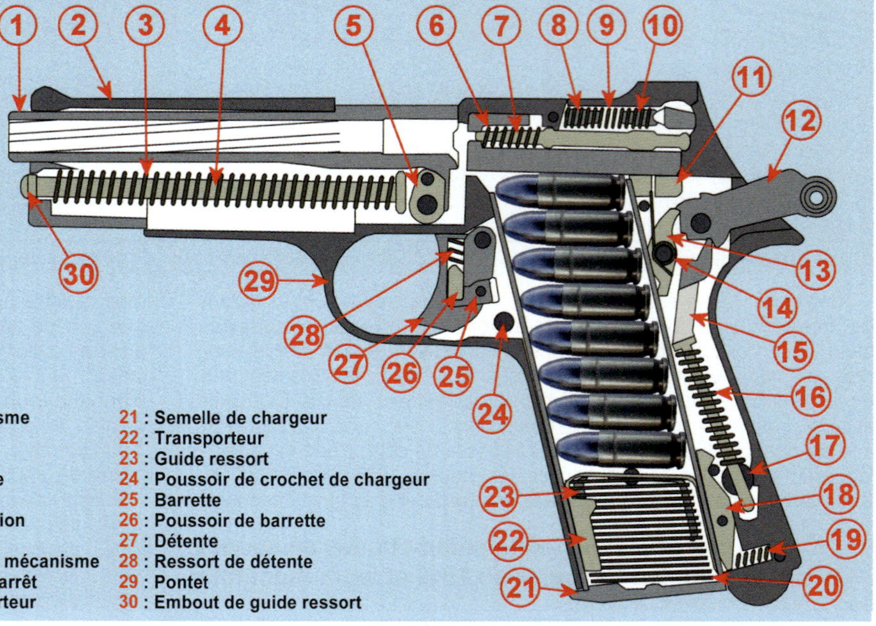

1 : Canon
2 : Carcasse
3 : Ressort récupérateur
4 : Guide de ressort récupérateur
5 : Biellette
6 : Ressort de percuteur
7 : Percuteur
8 : Piston antérieur
9 : Ressort de levier de sûreté
10 : Piston postérieur
11 : Support de mécanisme
12 : Chien
13 : Gâchette
14 : Ressort de gâchette
15 : Bielle
16 : Ressort de percussion
17 : Rotule
18 : Arrêt de support de mécanisme
19 : Ressort de levier d'arrêt
20 : Ressort de transporteur
21 : Semelle de chargeur
22 : Transporteur
23 : Guide ressort
24 : Poussoir de crochet de chargeur
25 : Barrette
26 : Poussoir de barrette
27 : Détente
28 : Ressort de détente
29 : Pontet
30 : Embout de guide ressort

spécifications militaires. Il est donc décidé de faire l'acquisition de stocks existants chez certains fabricants comme Lepage ou Bayard et de passer des commandes aux manufactures de Bayonne et des Pyrénées françaises ainsi qu'à divers ateliers de la côte basque, produisant respectivement les pistolets MAB (Manufacture d'armes de Bayonne), Unique et Ruby, ces deux dernières armes étant similaires bien que la première soit de bien meilleure qualité. Une autre version du Ruby, appelée type Union, est également achetée aux Établissements Marcel Seytres. Ainsi, il est plus juste de parler d'un type Ruby et de préciser que les versions espagnoles sont souvent de piètre qualité allant même parfois jusqu'à se révéler dangereuses pour leurs utilisateurs, ce qui peut d'ailleurs être aussi le cas d'autres PA de meilleure qualité.

Il est difficile de fournir des chiffres précis quant aux quantités de pistolets du commerce livrées à l'armée française jusqu'à l'armistice. Certaines estimations évoquent environ 18 000 Unique et 15 000 MAB type D. Quelques précisions peuvent néanmoins être apportées à ces chiffres, en fonction des informations trouvées dans le procès verbal de la "*Séance de travail pour la réalisation rapide des programmes de fabrication*" du 1er février 1940 où il est fait mention d'un total de 9 053 pistolets MAB, Unique et Ruby fabriqués entre le 1er octobre 1939 et le 15 janvier 1940, dont 8 350 ont été livrés. Dans leur immense majorité, ces armes sont des MAB type D et Unique. Le procès verbal fait également mention de prévisions de fabrication estimées pour les MAB à 2 500 exemplaires en janvier, puis 3 000 pour février et pour mars, tandis que 2 500 Unique sont attendus pour chacun de ces trois mois. Quant aux Ruby espagnols, aucune production n'est intervenue avant janvier avec environ 1 000 armes fabriquées, suivies de 1 500 par mois en février et mars. Pour affiner ces chiffres, la SAET nous précise qu'aucun PA du commerce n'a été produit pour l'armée jusqu'en octobre, pour ensuite mentionner 10 910 armes de tous types fabriquées entre novembre 1939 et janvier 1940. Il est ensuite attendu 7 000 armes du commerce chaque mois. Un autre PA espagnol sera distribué aux troupes françaises, le type Star, de bien meilleure qualité que le Ruby, mais nous n'avons à ce jour aucune information précise quant aux quantités disponibles, bien que tout porte à croire que leur nombre soit conséquent, sans pour autant égaler celui des Ruby. Il en existe deux versions, la première, présentée page précédente, est munie d'un canon long et d'un chargeur de 9 cartouches et une seconde à canon court dotée d'un chargeur de 7 cartouches.

Ainsi, l'armée française de 1940 se trouvera dotée d'un grand nombre de modèles de pistolets automatiques et de revolvers tirant des munitions différentes, surtout que certains officiers partiront au front avec leurs armes personnelles. La situation sera donc analogue à celle du conflit précédent, la part des PA modernes adoptés entre les deux guerres étant insignifiante comparée au volume total d'armes de poing nécessaires à l'équipement des troupes.

Attributions de PA Mle 35 A et 35 S au 1er avril 1940

Type d'unité	Qté
Divisions d'infanterie motorisées	964
Divisions d'infanterie actives	80
Divisions d'infanterie de montagne	74
Divisions d'infanterie de série A	175
Divisions d'infanterie de série B	388
Divisions d'infanterie nord-africaines	142
Divisions d'infanterie coloniales	269
Divisions d'infanterie africaines	13
Division d'infanterie marocaine	33
Divisions légères de cavalerie	886
Corps d'armée	352
Bataillons de mitrailleurs	85
Corps d'armée de forteresse	105
Secteurs fortifiés et défensifs	330
Régiments d'infanterie de forteresse	105
Total	**4 001**

Un guetteur en première ligne.
En plus de son fusil Mle 1907-15 ou 15 M16, ce soldat dispose d'une dizaine de grenades défensives et offensives, de quoi âprement défendre sa position. Ces engins sont attribués à la position et resteront donc sur place quand l'homme sera relevé par l'un de ses camarades.

Les grenades

La puissance de feu à courte portée de l'infanterie est renforcée par l'utilisation de grenades à mains ou lancées à l'aide d'un fusil. Développées par le génie pour la guerre de siège, leur mise au point engendra de nombreux accidents avant que des modèles fiables soient mis en service durant la Première Guerre mondiale. Les grenades à main sont efficaces mais leur courte portée, de l'ordre de 20 à 40 m, dépend de la force et de la précision du lanceur. D'un usage particulièrement dangereux, elles sont théoriquement transportées sur les voitures du train de combat du bataillon afin d'être distribuées au moment du besoin. Les grenades lancées à l'aide d'un fusil utilisent un embout et un système de visée fixés sur l'arme, appelé tromblon VB [59].

Le bouchon-allumeur automatique modèle 1916 B

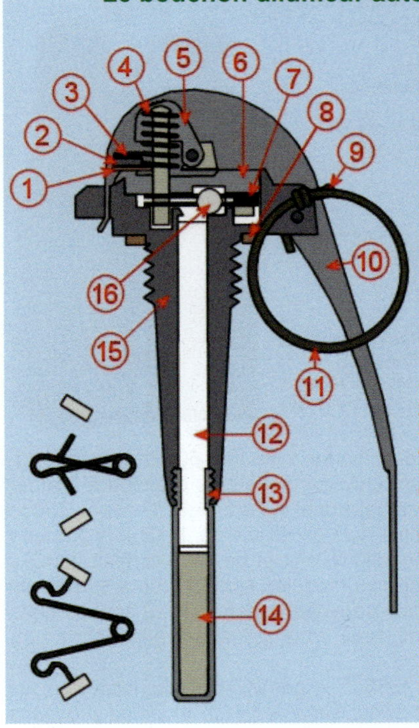

Lorsque l'on arrache la goupille, le levier de déclenchement n'est plus maintenu que par la pression de la main. Il est ainsi possible de garder la grenade en main sans risque d'explosion. Lorsque l'on ouvre la main au moment du lancement, le levier de déclenchement est soulevé par le verrou qui s'échappe sous l'action de son ressort. Le ressort de percussion est libéré et frappe les amorces. Même si l'une des amorces est détériorée, l'autre suffit pour produire l'allumage de la mèche. Celle-ci brûle pendant 5 à 6 secondes, puis engendre l'explosion de la charge contenue dans le corps de la grenade par l'intermédiaire du détonateur. L'encart montre la percussion des amorces par le ressort en forme de V lorsqu'il est libéré par le verrou.

1 : Rondelle de cuir.
2 : Rondelle métallique.
3 : Joint en caoutchouc.
4 : Ressort de verrou.
5 : Verrou.
6 : Couvercle serti.
7 : Ressort en forme de V.
8 : Rondelle de cuir.
9 : Goupille de sécurité.
10 : Levier de déclenchement.
11 : Anneau de goupille de sécurité.
12 : Mèche fusante.
13 : Bague de calage.
14 : Détonateur (amorce fulminante).
15 : Corps de bouchon tubulaire.
16 : Amorces.

Les grenades à main

Au sortir de la Grande Guerre, hormis les modèles d'exercice, il existe différents types de grenades à main :

- **Explosive défensive type F1 Mle 1915** [60] dont la redoutable efficacité repose sur la projection d'éclats potentiellement létaux jusqu'à une centaine de mètres,
- **Explosive offensive modèle 1915** (OF 15) provoquant un puissant effet de souffle jusqu'à une dizaine de mètres, particulièrement efficace dans les endroits clos,
- **Incendiaire Mle 1916** (INC 16) dégageant une chaleur intense de l'ordre de 3 000° [61],
- **Explosive incendiaire - fumigène Mle 1916** projetant des morceaux de phosphore s'enflammant au contact de l'air à une vingtaine de mètre,
- **Suffocante Mle 1916** contenant 200 g d'acroléine [62], de forme similaire à la précédente hormis la présence d'une bague entre le corps de la grenade et le BA, et sa couleur, rouge sur sa partie supérieure et noire sur sa partie inférieure.

Entre 1915 et 1916, apparaissent de nombreux bouchons allumeurs (BA) dit automatiques [63] conçus et parfois essayés à grande échelle, avant que le choix ne se porte sur le BA Mle 1916 B [64], dont seront dotées de nombreuses grenades. À partir de ce modèle, tous les nouveaux BA mis en services sont automatiques et possèdent un fonctionnement similaire. Bien qu'efficaces, certaines de ces grenades vont être améliorées. Une dépêche ministérielle du 30 mai 1927 prescrit l'étude de nouveaux modèles ayant de meilleures qualités de conservation et de fonctionnement. Les grenades défensives, en particulier, doivent être allégées sans pour autant en réduire l'efficacité tandis qu'il semble nécessaire d'améliorer les BA afin d'augmenter leurs qualités de sécurité

Les principales grenades de guerre et d'exercice françaises en service de 1925 à 1940

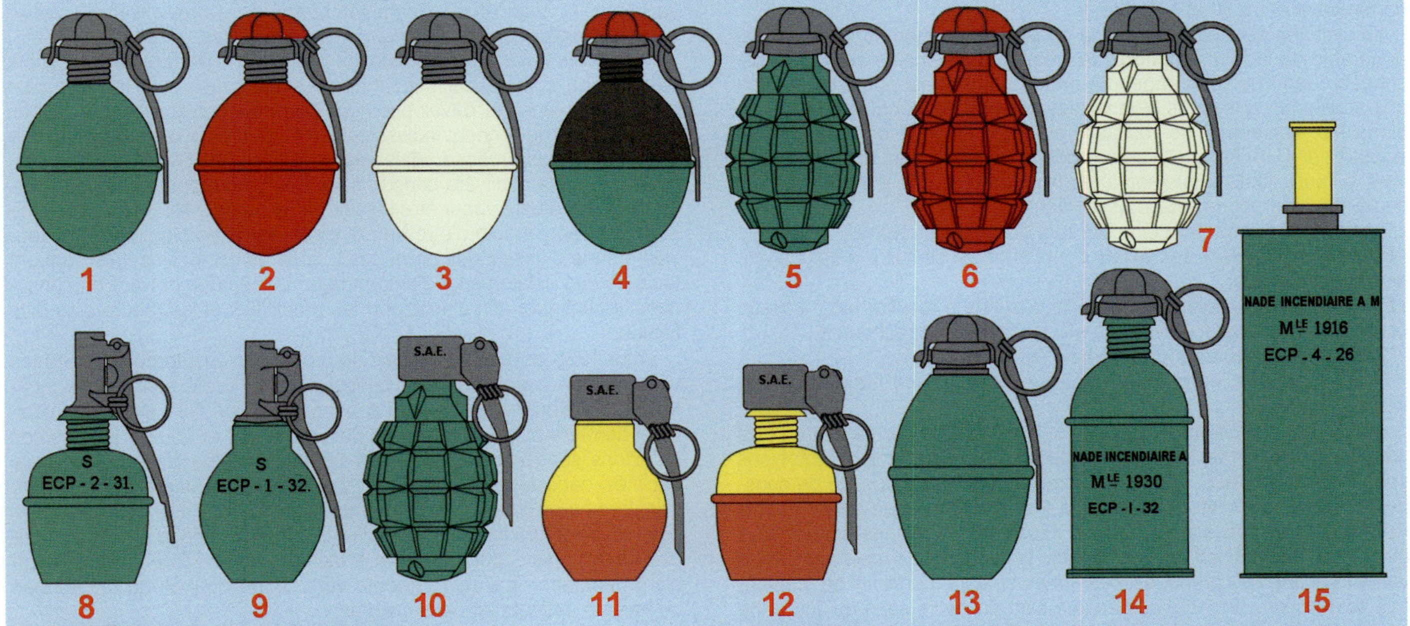

1 : Grenade offensive Mle 1915 à BA Mle 1916 B.
2 : Grenade offensive Mle 1915 inerte à BA Mle 1916 B d'exercice sans détonateur (remplacé par un faux détonateur en laiton).
3 : Grenade offensive Mle 1915 inerte à BA Mle 1916 B réservé pour l'instruction (c'est-à-dire n'ayant pas complètement satisfait aux épreuves de recette ou déclassé lors de la visite annuelle de contrôle ou de la contre-visite précédant leur utilisation pour les tirs d'instruction).
4 : Grenade offensive Mle 1915 à blanc, chargée d'un lestage de craie en poudre, à BA Mle 1916 B dont le détonateur est remplacé par une cartouche en carton remplie de poudre de chasse.
5 : Grenade défensive Mle F1 à BA Mle 1916 B.
6 : Grenade défensive Mle F1 inerte à BA Mle 1916 B d'exercice sans détonateur (remplacé par un faux détonateur en laiton).
7 : Grenade défensive Mle F1 inerte à BA Mle 1916 B réservé pour l'instruction.
8 : Grenade offensive Mle 1930 à BA Mle 1931 BY.
9 : Grenade défensive Mle 1930 à BA Mle 1931 BY.
10 : Grenade défensive Mle 1930 à BA Mle 1935.
11 : Grenade défensive Mle 1937 à BA Mle 1935.
12 : Grenade offensive Mle 1937 à BA Mle 1935.
13 : Grenade incendiaire et fumigène Mle 1916 à BA Mle 1916 B.
14 : Grenade incendiaire Mle 1930 à BA Mle 1916 B.
15 : Grenade incendiaire Mle 1916 à BA à percussion Mle 1916.

Notes :

59 : Initiales de ses concepteurs, Jean Viven et Gustave Bessière.

60 : Une autre grenade défensive type CF (citron Foug) est retirée du service actif en 1924 car dotée d'un allumeur à percussion. Elle est néanmoins toujours présente dans le *tableau des grenades à mains et à fusil* du *Manuel du gradé d'infanterie* de 1940.

61 : Posée sur un moteur ou une pièce d'artillerie, cette grenade provoque la soudure des métaux les composant, les rendant définitivement hors d'usage.

62 : C'est un gaz suffocant irritant la peau et les muqueuses.

63 : Les BA automatiques se différencient des allumeurs à percussion par la présence d'une goupille de sécurité devant être retirée pour utiliser la grenade. D'autre part, alors que les allumeurs à percussion imposent au lanceur de fortement frapper le haut de la grenade sur une surface solide afin de déclencher la chaîne pyrotechnique, les BA automatiques sont dotés d'un levier dit « cuillère » empêchant ce déclenchement tant que la grenade est tenue en main.

64 : B pour Billiant , le nom de son concepteur.

et de conservation. Ainsi, d'autres modèles de grenades à mains apparaissent :
- **La défensive modèle 1930** (DF 30) destinée à remplacer le Mle F1, dont elle diffère par la forme, et l'absence de quadrillage, et un nouveau BA Mle 1931 BY du nom de son inventeur, M. Bourny, qui sera peu fabriqué,
- **La défensive modèle 1935** (DF 35), cette dernière étant identique à la F1 Mle 1915 mais munie d'un nouveau BA modèle 1935, dit Bornstein, nom de son inventeur,
- **La défensive Mle 1937** (DF 37) correspondant à une DF 30 adaptée au BA Mle 35,
- **L'offensive Mle 1930** (OF 30) de conception semblable à la DF 30,
- **L'offensive Mle 1935** (OF 35) n'étant que l'ancienne OF 15 munie du BA Mle 35,
- **L'offensive Mle 37** (OF 37) qui est un Mle 30 munie du BA Mle 35.

Bien plus réussi que les précédents et devant remplacer les autres types de BA, le Mle 1935 est en particulier plus hermétique. Il restera en service jusque dans les années 1970.

La grenade explosive pour tromblon VB

La grenade VB de guerre est chargé de 60 g d'explosif. Elle n'est pas peinte et doit être légèrement graissée avant de l'introduire dans le tromblon. Les grenades sont divisées en 2 catégories, légères et lourdes, suivant qu'elles pèsent moins ou plus de 490 g. Dès lors qu'elles sont chargées et amorcées, elles sont recouvertes d'un capuchon de protection dont la partie supérieure est peinte en noir pour les grenades légères, ou blanc pour les lourdes (non représenté ici). Fonctionnement : au départ du tir, les gaz produits par la poudre de la cartouche agissent sur le culot de la grenade et la projette en avant, tandis que la balle traverse le tube central et frappe la palette qui percute l'amorce. Celle-ci allume la composition fusante, brûlant pendant 8 secondes, avant de provoquer l'explosion de la grenade *via* son détonateur.

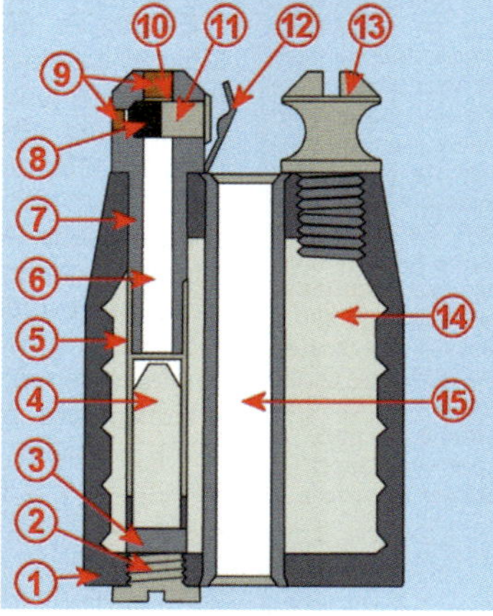

1 : Corps de grenade à fragmentation intérieure.
2 : Vis fermant le tube latéral.
3 : Godet de calage en caoutchouc.
4 : Détonateur.
5 : Tube latéral recevant la fusée et le détonateur.
6 : Composition fusante.
7 : Fusée.
8 : Poudre noire.
9 : Trous d'évent bouchés à la cire et vernis pour protéger de l'humidité.
10 : Rondelle en carton.
11 : Amorce.
12 : Palette percutante.
13 : Bouchon d'orifice de remplissage.
14 : Explosif chloraté ou nitraté.
15 : Tube central pour passage de la balle.
Photo E. Klamerek

Les grenades tirées avec un fusil et les lance-grenades

Tirer une grenade à l'aide d'un fusil est un concept assez ancien, mais tous les modèles essayés avant 1915 ne donnent pas satisfaction. Ils sont perfectibles ou difficiles à mettre en œuvre. Cette même année, Jean Viven et Gustave Bessières, respectivement industriel et ingénieur des arts et métiers, présentent un prototype de dispositif lance-grenades adaptable à un fusil et utilisant une cartouche à balle. Rapidement essayé par différentes commissions militaires ce dispositif donne satisfaction et il est adopté et mis en service dès 1916. L'apport de puissance de feu est loin d'être négligeable, l'ensemble des tromblons VB d'une Cie permet par exemple de tirer environ 150 grenades par minute sur un front de 200 m de largeur, opposant un mur de feu infranchissable par l'infanterie ennemie. Selon l'inclinaison du fusil, la portée varie entre 80 et 170 mètres.

Le système peut être utilisé à la hanche ou en marchant, mais il est préférable de le faire à genoux, la crosse du fusil calée sur le sol, car chaque départ de coup engendre un fort recul. C'est pour cette raison que seules les armes les plus solides peuvent être équipées de tromblons VB, les autres ne résistant pas longtemps à ce type de tirs. Adopté par l'US Army et l'armée polonaise dans des versions adaptées à leurs fusils réglementaires, le tromblon VB sera également copié par l'Allemagne, l'Italie et l'URSS.

Les grenades pour tromblon VB sont de différents types :
- **Explosive** projetant des éclats dont l'effet est similaire à celui d'une grenade défensive,
- **Porte-message**, dotée d'une cavité destinée à recevoir un message écrit et diffusant une fumée jaune afin de faciliter sa recherche,
- **D'illumination ou de signalisation** [65].
- **D'exercice**, une inerte, une lestée amorcée, et une fumigène d'instruction [66].

Les 7 juillet 1924 et 14 mai 1925, il est décidé de développer de nouveaux modèles de lance-grenades (LG) [67]. Les premiers prototypes apparaissent en 1925, avec en particulier ceux de la Société de construction de Batignolles et celui de la MAC [68], développé par le colonel Reibel, qui donnera son nom à une mitrailleuse quelques années plus tard. Fonctionnent sur le principe de l'ouverture d'évents pour faire varier la portée des grenades, ces armes et leurs munitions ne donnent pas satisfaction. En 1933, les études sont en cours sans qu'une arme ne puisse encore être adoptée, mais les difficultés trouvent visiblement leur source dans la mise au point des grenades, telle qu'en témoigne la *Notice sur l'état d'avancement des principales études da matériel à la date du 1er janvier 1934* où l'on peut lire : « *Des incidents de munitions avaient entraîné l'interruption des essais de 1re série. À la reprise de ces essais avec la nouvelle munition à l'EETB, tous les projectiles tirés ont donné des éclatements d'empennage. Des études ont été entreprises pour déterminer la catégorie des aciers et les traitement thermiques à adopter pour éviter de tels incidents. Ces études paraissent être sur le point d'aboutir* ».

D'autre part, la recherche d'une nouvelle grenade à fusil d'une portée supérieure à la VB débute réellement avec les années 1930 et des études sont lancées. Tout d'abord, l'ingénieur principal Landivier, de l'EETB propose un projectile de 43 mm mis au point par la MAC, susceptible de porter à environ 500 m (grenade L), tandis que Brandt présente un nouveau modèle de grenade à fusil de 45 mm tiré par une cartouche à balle dont la portée est d'environ 350 m (grenade Br). Enfin, un troisième type est étudié par la CEI, la grenade de 43 mm du capitaine Nahan, dite N, officier de cette commission. Au 1er janvier 1934, les essais de ces modèles sont en cours suivant un programme commun. Ceux des grenades Nahan and MAC sont presque achevés tandis que des exemplaires de la grenade Brandt sont en attente de livraison.

Dans sa note du 26 mars 1935 [69], le général Dufieux, inspecteur de l'infanterie, précise que « *le choix entre les trois modèles proposés (Landivier, Nahan, Brandt) n'est pas arrêté ; toutefois les engins Landivier et Nahan paraissent, dès maintenant, susceptibles de donner satisfaction. Une étude complémentaire de l'engin Nahan (utilisé comme mortier, sans fusil) est amorcée à Bourges.* »

Il est alors envisagé de concevoir une arme mixte pouvant au choix être utilisée comme LG [70] ou montée sur un fusil à la manière d'un tromblon [71]. Ainsi, le développement de nouvelles grenades à fusil et celui d'un LG deviennent indissociables et c'est pour cette raison que le capitaine Nahan propose également un LG dit N1. D'autre part, la grenade L semble avoir été conçue sans LG, ce qui peut expliquer pourquoi elle est étudiée pour être lancée par le modèle N1. Mais ces munitions sont encore loin d'être au point car, par exemple, lors de la deuxième série d'essais des grenades L, tous les projectiles tirés donnent toujours des éclatements d'empennage. Les études doivent en conséquence continuer afin d'améliorer les projectiles et les rendre bien plus fiables.

Entre 1935 et 1937, les essais de prototypes améliorés de grenades L en 50 mm - maintenant développées par l'École centrale de pyrotechnie de Bourges (ECP) - et N avec la version N3T se poursuivent, cette dernière étant proposée en calibres de 43 et 50 mm. Toutes ces munitions sont tirées à l'aide des LG du capitaine Nahan, eux aussi déclinés dans les deux calibres. Certains exemplaires peuvent être transformés en tromblons par démontage de la plaque de base, l'embout pouvant être fixé au canon d'un MAS 36 à l'image du VB. D'autre part, leurs développements sont transférés de la CEI à la MAC, semblant démontrer que l'on s'oriente vers l'homologation du LG N, bien qu'il existe toujours en deux calibres.

L'une des modifications majeures apportées aux LG N de 50 mm consiste à rendre le système de percussion amovible afin de pouvoir le démonter facilement si l'on souhaite l'utiliser en tromblon. En effet, ôter le système de percussion est impératif pour une telle utilisation car il n'y a aucun intérêt à se servir d'un fusil comme plaque de couche d'un LG. C'est également pour cette raison que l'on va rendre amovible la cartouche propulsive des grenades afin de les lancer à l'aide d'un fusil et d'une cartouche sans balle, car l'arme ne résisterait pas au recul généré par ce type d'utilisation. Enfin, si un projectile ne fonctionne pas lors de son tir à l'aide d'un LG, il est plus simple de changer sa cartouche propulsive que l'ensemble de son empennage.

Les essais se poursuivent avec 3 types de grenades, celles de l'ECP en 43 et 50 mm et la N3T en 50 mm, avec quatre LG, deux de

Tromblon VB monté sur un fusil Mle 1886 M93.
Simple à monter, facile d'emploi et d'une redoutable efficacité, ce dispositif augmente considérablement la puissance de feu des unités d'infanterie, au point d'avoir été surnommé « *artillerie individuelle* » par les combattants. Photo E. Klamerek

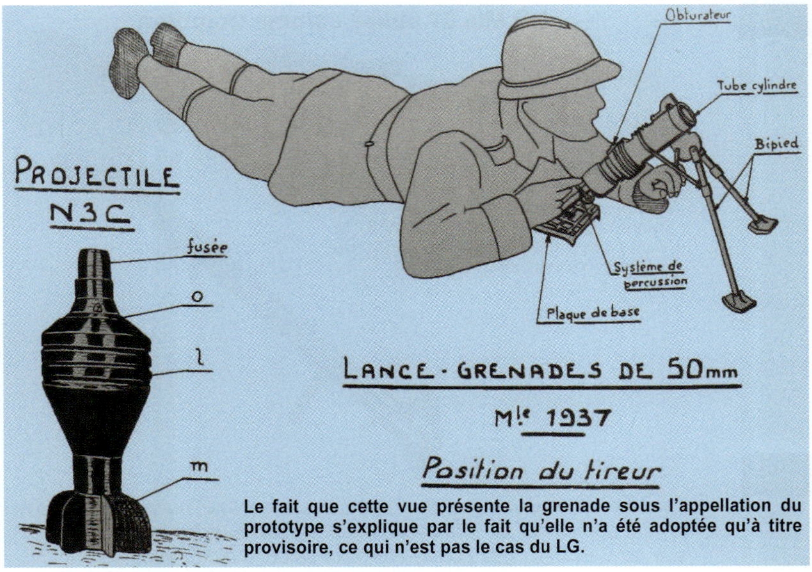

Le fait que cette vue présente la grenade sous l'appellation du prototype s'explique par le fait qu'elle n'a été adoptée qu'à titre provisoire, ce qui n'est pas le cas du LG.

43 mm dont un n'est pas doté d'un système de percussion amovible, et deux de 50 mm. Après quelques ultimes modifications, dont la principale consiste à remplacer la cartouche propulsive de la grenade, intégrée dans le tube support d'empennage, par une autre amovible, aboutissant à la version N3C, il est décidé d'adopter l'ensemble LG et grenades en 50 mm le 18 novembre 1937, cette dernière l'étant à titre provisoire. Le cumul du démontage possible du système de percussion du LG et l'apparition d'une cartouche de propulsion amovible sur la grenade répondent à l'utilisation d'une cartouche de 7,5 mm sans balle pour lancer la grenade à l'aide d'un MAS 36, lorsque le LG est transformé en tromblon.

La MAC est chargée de réaliser les tracés du LG Mle 1937 mais sa fabrication est confiée à l'industrie civile car la manufacture ne dispose pas des moyens nécessaires à son usinage. Son service des forges en assurera néanmoins le contrôle. Une première commande de 16 matériels est passée à la firme Bardet au début de 1938, suivie d'une seconde, de 50 exemplaires, destinée à faire des essais dans certains corps de troupe. Leur assemblage est réalisé par le service des études de la MAC et les armes sont livrées en août 1938. D'autres commandes en quantité sont ensuite transmises à 2 sociétés civiles, Bardet et Rocher ainsi qu'à la Manufacture d'armes de Paris. L'objectif de production est arrêté lors de la conférence des 14 et 15 novembre 1939 tenue au GQG, sous la présidence du ministre de l'Armement : « *Il faut avoir réalisé la dotation initiale de 20 000* [LG] *au 1er avril. L'armement va construire 40 000 lance-grenades dont 20 000 seront livrés au 1er avril. La production sera ensuite arrêtée.* »

Quelques semaines plus tard, la SAET confirme que les dotations actuellement prévues seront vraisemblablement réalisées en mars 1940 et l'on disposera d'environ 2 à 3 unités de feu par arme. En ce qui concerne les grenades, l'effort d'accélération de leur fabrication permettra de disposer d'1,7 million de projectiles au 1er avril pour 15 000 armes, soit 110 coups par pièce. Les fabrications n'assureront à cette date qu'une production de 2 millions de projectiles, soit les 2/5e des besoins mensuels auxquels il ne pourra être donné satisfaction qu'à partir du mois d'août. Mais ces prévisions vont se révéler caduques.

En effet, si la grenade Mle 1937 (N3C) n'a été que provisoirement adoptée, c'est en raison de certains défauts majeurs toujours constatés, et en particulier le fait que son utilisation provoque le gonflement du tube du LG. Or, il devient impératif de trouver une solution rapide afin de distribuer les LG et leurs munitions aux troupes, et il en existe une, avec la grenade ECP. Adoptée dans l'urgence le 1er septembre 1939 sous ce millésime, le développement de cette dernière n'est pourtant pas terminé, mais elle propose une portée et une précision supérieures au modèle N3C. Bien qu'inachevée, la production de la grenade Mle 1939 est décidée, et c'est donc injustement qu'elle est souvent surnommée « Nahan », l'officier n'ayant *a priori* aucunement participé à son développement.

Au 1er février 1940, le point est fait sur la situation du LG Mle 1937 et de ses grenades, et dûment établi dans le *PV n° 77 - Séance de travail pour la réalisation rapide des programmes de fabrication* :

« Lance-grenades Mle 1937

Le déficit de janvier est dû à la défaillance de Bardet par suite du retard des livraisons de matières premières. La réception du matériel est également difficile par manque de munitions modèle 39 et les munitions modèle 1937 provoquant des gonflements de tube ; cependant le capitaine Large indique que l'État-major a donné son accord pour que les munitions modèle 1937 soient employées avec un chargement moindre qui ne présente aucun inconvénient dans l'emploi.

Projectiles de 50 modèle 1939

La situation de ces munitions est la suivante : 4 000 projectile existent. Aucune sortie n'a eu lieu dans les mois de novembre, décembre et janvier. Les prévisions sont de 35 000 pour février, 500 000 pour mars, 2 000 000 pour avril. Pour les besoins de régime : 4 860 000 ; de plus les fusées 19/23 modèle 39 ne sortent qu'à raison de 80 000 en janvier, 250 000 en février, 450 000 en mars. Il n'y a pas de difficultés de chargement. L'État-major demande avec insistance qu'un effort soit fait pour les sorties de ces projectiles et qu'en attendant, la fabrication des grenades VB soit reprise. Il est inadmissible que l'Armée ne dispose que de 5 jours de munitions de ce type, alors que les projectiles de 50 ne sortent pas. L'État-major réclame 5 millions de grenades VB pour le mois d'avril. La 3e section devra dans les 48 heures donner une solution à cette situation. » Et ce n'est pas fini. Le procès verbal de la SAET du 15 avril 1940 relatif à une réunion faisant état de la situation des armements, nous précise :

« ***1 – Munitions***

Un projectile, dénommé Mle 37, avait été adopté à titre provisoire, et mis en commande. Ce projectile ne donnait pas entière satisfaction et des études ont abouti à l'adoption, le 1er septembre 1939, d'un projectile plus précis, dénommé projectile Mle 39. À ce jour, 200 000 projectiles Mle 37 sont fabriqués. La fabrication en est arrêtée. Seuls, les projectiles Mle 39 seront envoyés aux armées. Les projectiles Mle 37 sont réservés aux Études et Essais – et en particulier aux tirs d'essais des lance-grenades en cours de réception – d'une part pour gagner du temps et, d'autre part pour les utiliser. Les projectiles Mle 1939 sont en cours de fabrication, mais certains de leurs éléments sont encore en cours de modification : les fusées et amorces, les empennages, qui étaient réalisés en métal léger et qu'on essaye de réaliser en acier.

À la date du 12 avril 1940, les renseignements de sortie pris au ministère de l'Armement sont :

Situation des projectiles Mle 1939

Mois	Projectiles Mle 1939	Fusées 19/23 Mle 1939
Mars	640 000 a	13 000
Avril	1 240 000	350 000
Mai	2 083 000	750 000
Juin	2 765 000	750 000
À partir d'octobre	5 000 000	5 500 000

a : Au 15 mars : 335 000 sont sortis

Prototype N3T du LG Nahan.
Cette version précède immédiatement celle qui sera adoptée.

Notes :

65 : Il en existe trois types différents avec ou sans parachute, le 1er fonctionnant par émission d'une lumière pouvant être colorée et le 2e par celle d'une fumée également disponible en plusieurs couleurs et le 3e, sonore coloré (pétard noir et pétard jaune).

66 : Elles se distinguent par une bande de peinture rouge pour la 1re, blanche pour la 2e et bleue pour la 3e.

67 : DM 49640 2/3 et 40765 2/3.

68 : La première propose deux armes en calibre 40 et 46 mm, tandis que celui de la seconde est de 50 mm.

69 : N° 40/1.G.I/S.

70 : Précisons que les versions successives du développement des grenades et LG du capitaine Nahan portent la même appellation, comme par exemple N1.

71 : Cette mixité pourrait également s'expliquer par le développement d'un fusil SA. En effet, le *Cours d'armement 1937-1938* de l'École spéciale militaire, nous précise : « *Mais pourra-t-on faire tirer la grenade V. B. par le fusil automatique de l'avenir ? Les armes à chargeur, dont la monture en une pièce est moins résistante que celle du fusil 1886, ne le permettront sans doute pas. Aussi a-t-on dû mettre à l'étude un lance-grenades spécial.* »

Commandes et livraisons de LG Mle 1937

Commandes			Livraisons	
DM n°	Date	Qté	Date	Qté
42 3/12	05/01/1938	2 800	Août 1939	250
1868 3/12	28/02/1938	7 000	Sept. 1939	250
6564 3/12	01/07/1938	200	Oct. 1939	650
2998 3/12	26/01/1939	5 010	Nov. 1939	900
6544 3/12	20/02/1939	5 000	Déc. 1939	2 550
16224 3/12	27/04/1939	1 920	Janv. 1940	1 400
31173 -1- 3/12 a	09/08/1939	1 940	Fév. 1940	1 880
	Total	23 870	Mars 1940	2 050
a : Non notifiée ferme			Avril 1940	2 550
			Mai 1940	2 950
			Juin 1940	790
			Total	16 190

Situation des LG Mle 1937

Désignation	Fin décembre 1939	Au 13 mai 1940	Au 13 juin 1940
Matériels contrôlés, stockés à la MAC	1 470	13 850	16 190
Matériels réceptionnés, encaissés, prêts pour expédition	-	4 700 a	7 853
Matériels expédiés	-	204	405 b

a : 70 000 grenades tirées au cours de la réception
b : Dont 42 matériels d'instruction constitués d'éléments rebutés

Grenade Mle 1939 pour LG.
Elle est armée d'une fusée détonateur percutante de 19/23 B mle 1937 (B pour Brandt), et chargée de 70 g d'explosif nitraté SC ou NX. La cartouche propulsive Mle 1939 renferme une charge d'1,4 g de balistite. Le marquage indique qu'elle a été chargé par les Ateliers de Montmorency (lot 32 de 1940). Photo E. Klamerek

Le retard serait dû aux difficultés de fabrication des cartouches propulsives et de mise au point des fusées. Des tirs comparatifs ont été exécutés avec des projectiles Mle 39 munis de fusées 19/23 Mle 1939 (mais empennage type L alliage léger) permettant une table de correspondance entre les 2 projectiles et ainsi, la préparation de la Notice qu'établit en ce moment le C.P.T.I.C.

2 - Lance-grenades de 50 mm

La première commande est de 20 000. 3 fournisseurs, mais réception à Châtellerault. À ce jour, environ 9 000 sont fabriqués. La réception de ce matériel est commencée à Châtellerault avec les projectiles Mle 37, munis de cartouches renforcées (Tir en surcharge 1 gr 62 de balistite Mle 37 contre 1 gr 54 Mle 39) afin d'avoir une épreuve plus dure avec le projectile Mle 37 qu'avec le projectile Mle 39, ceci, afin de ne pas retarder la sortie des matériels, et par économie, pour utiliser les 200 000 projectiles.

Les matériels ayant subi les épreuves au 5 avril ont donné : Sur les 1 500 présentés, 354 reçus ultérieurement, 1 252 soumis à décision ministérielle, 213 renvoyés à l'Atelier. Il y aura lieu, dès que les projectiles Mle 39 seront disponibles, de faire subir à ces matériels, en attente de décision ministérielle, quelques tirs de recette par prélèvement sur lots. Ce délai permettra d'apporter aux lance-grenades en question, quelques modifications indispensables, avant leur livraison aux armées : Graduation de l'obturateur des lance-grenades correspondant au projectile Mle 39, et adaptée à la méthode de réglage récemment mise au point. Perçage d'un œilleton près du cran de mire de la hausse. En ce qui concerne la graduation nouvelle, l'E.T.B.S. détermine actuellement la table de tir définitive du projectile Mle 39, ce qui permettra de définir exactement la graduation qu'il convient de faire figurer à la place de la graduation actuelle. Le ministère de l'Armement, d'accord avec la 1re Direction, a décidé de faire suspendre jusqu'à nouvel ordre le traçage de la graduation de l'obturateur, en attente de la futur graduation.

3 – Caisses – Accessoires et divers

Les projectiles de lance-grenades 50 sont transportés dans des caisses métalliques à 13 coups complets. 126 000 caisses ont été mises en commande (7 par lance-grenades). Elles doivent sortir à partir du mois de juin, à la cadence de 30 000 par mois. Les accessoires pour lance-grenades sont en fabrication à Châtellerault et sont contenus dans une trousse en toile, dont le modèle a été fixé en janvier 1940 : Burette, boîte de rechange, écouvillon démontable, tournevis. La notice sur le lance-grenade est en cours d'élaboration au C.P.T.I.C. Il reste à définir la méthode de tir. La C.E.I. a fait les essais nécessaires.

LG Mle 37 utilisé comme tromblon

Cette photo exceptionnelle permet de certifier qu'un LG Mle 1937 peut être monté en tromblon sur un MAS 36. Cette possibilité a donc été conservée jusqu'au modèle adopté en 1937. Photo E. Klamerek

La S.T.I. va donner son avis. Il semble que le travail puisse être achevé en 2/3 semaines. La formation d'instructeurs pour les armées est prévue au C.P.T.I.C. Elle pourra être faite selon le mode adopté pour l'instruction de tir de nuit du mortier (1 officier par Centre d'instruction d'armée, École, Centre d'aspirants). »

De toute évidence, cette arme est encore loin de pouvoir être distribuée aux troupes. Or, il est prévu de remplacer les 4 tromblons VB de la section d'infanterie par un unique LG Mle 1937. Cette décision ne sera jamais suivie d'effets, si ce n'est, selon un état d'armements au 1er avril 1940, l'attribution de 2 LG Mle 1937 à la 7e DIC, 55 à la 104e DIF, 2 au SF de la Sarre, 109 au SF d'Haguenau et 5 au 128e RIF.

Qu'en est-il de la grenade à fusil ?

L'adoption du LG Mle 1937 ne remet pas en cause le principe de la grenade lancée à l'aide d'un fusil et tout porte à croire qu'elle doit même s'étendre à grande échelle. En effet, l'adoption de la grenade Mle 1939 pour LG s'accompagne de celle d'une autre munition antipersonnel empênée de type « Spigot »[72], adaptée au MAS 36. Possédant un corps identique, les deux munitions ne diffèrent que par leur empennage[73]. Ainsi, la grenade à fusil Mle 1939 s'enfile directement sur le canon du fusil et doit être tirée à l'aide d'une cartouche spéciale sans balle de 7,5 mm. La visée s'effectue à l'aide d'un appareil de pointage fixé sur l'extrémité du canon permettant de faire varier la portée du tir entre 80 et 260 m grâce à un système de butées limitant l'enfoncement de la grenade. Ce dispositif est également muni d'une ligne de visée repliable assurant une inclinaison de 45°. C'est donc l'enfoncement de la grenade sur le canon du fusil qui définit la distance du tir et non pas l'inclinaison de l'arme, comme c'était le cas avec le tromblon VB. À ce jour, nous ignorons tout d'une éventuelle distribution de la grenade à fusil Mle 39 aux troupes en 1940, mais le concept aurait permis d'augmenter considérablement la puissance de feu antipersonnel des groupes de combat.

Mais une autre grenade à fusil, tirée à l'aide d'un manchon fixé sur le canon du fusil, aurait pu donner aux soldats français de 1940 une parade efficace à courte portée contre les blindés. C'est la grenade antichar à charge creuse Brandt. Basé sur une découverte d'Heinrich Mohaupt, ce principe présente un intérêt de premier ordre dans la lutte antichar aux yeux d'Edgard William Brandt, grand spécialiste de l'armement et directeur de la société éponyme. Il acquiert l'exclusivité d'exploitation du brevet pour la France et commence à étudier son adaptation dans la mise au point de mines de 100 mm de diamètre, de grenades pour mortier de 81 mm et d'obus de 75 mm.

Très introduit dans les milieux militaires français, Brandt présente ses premiers prototypes le 18 février 1940, sur le polygone de Bourges et les essais sont jugés très concluants. Le 11 mai, l'invention de Mohaupt est mise au secret, démontrant ainsi le vif intérêt porté par l'armée. Dans les jours suivants, la France subit l'assaut des forces blindées allemandes et c'est dans ce contexte que Brandt présente un

Grenade Mle 1939 pour fusil.
Compatible avec le MAS 36, appelé à se généraliser, la puissance de feu de la troupe aurait été grandement améliorée par rapport à l'unique tromblon VB du groupe de combat. La seule différence semblant exister entre ce modèle et la grenade Mle 39 pour LG étant son empennage vissé sur la munition. Il aurait donc été possible d'imaginer des conditionnements contenant les deux modèles d'empennage permettant aux troupes d'employer les grenades en fonction du besoin. Malheureusement, nous ne disposons pas d'une grenade Mle 1939 pour fusil afin de certifier cette hypothèse, mais elle parait fort probable. Photos E. Klamerek

La grenade antichar Brandt

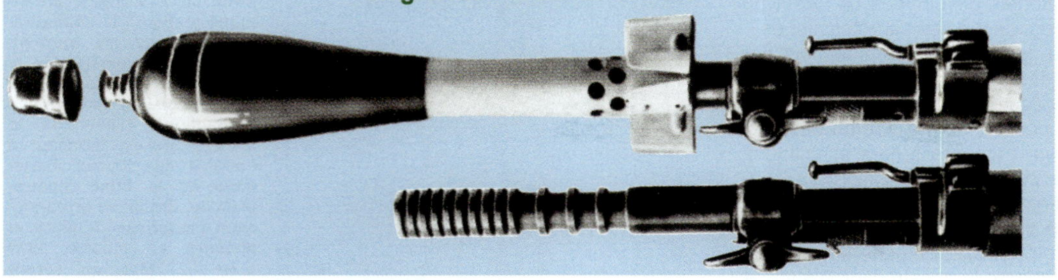

Grenade antichar Brandt et son manchon fixé sur un MAS 36.
Le principe du manchon s'adaptant aux canons des fusils pour tirer des grenades antichar et antipersonnel s'étendra à grande échelle durant la guerre et sera poursuivi ensuite sur les fusils français des générations suivantes. Les manchons seront ensuite intégrés à leurs canons dès la fabrication en fonction de l'usage grandissant des grenades à fusil. Ce sera encore le cas du FAMAS mis en service au sein de l'armée française en 1979.
Fond S. Ferrard *via* F. Vauvillier

prototype de grenade antichar. Tiré par un fusil muni d'un manchon, l'engin est propulsé par les gaz émis par une cartouche spéciale sans balle. Le 10 juin, des essais organisés devant des membres de l'État-major à Satory aboutissent à la mise hors de combat d'un char et il est décidé de produire le projectile au plus tôt.

Mais il est bien tard et l'avance allemande impose de délocaliser les derniers développements de la grenade dans les locaux des constructions mécaniques du Béarn, dont Brandt prend le contrôle. L'armistice est proclamé avant que l'engin ne puisse être distribué aux troupes. Auparavant et dans l'urgence, le 14 juin 1940, le ministère de la Défense nationale autorise le colonel français Delalande, ingénieur travaillant chez Brandt, à céder ses licences d'exploitation aux gouvernements des États-Unis et de la Grande-Bretagne, permettant ainsi à ces nations de développer leurs premières munitions à charge creuse[74].

En France maintenant partiellement occupée, la mise au point de la grenade antichar Brandt est poursuivie en zone libre sous l'appellation de *grenade pour le maintien de l'ordre modèle 1941*, appellation volontairement trompeuse afin de ne pas attirer l'attention des commissions de contrôle allemandes. Les développements étant achevés, une première série d'un millier de grenades est fabriquée par les Constructions mécaniques du Béarn. D'un diamètre de 50 mm, la grenade est capable de perforer 40 mm d'acier à blindage à une petite centaine de mètres de portée, ce qui aurait été suffisant vu l'épaisseur du blindage des chars allemands de 1940. Ainsi, la vision initiale française d'une défense antichar à tous les échelons des unités combattantes aurait trouvé sa solution au niveau du groupe de combat.

La mystérieuse grenade empennée de 44 mm

Nous ne pouvons achever cette rubrique sans évoquer la mystérieuse grenade empennée de 44 mm dont tout porte à croire que l'étude devait être suffisamment avancée en 1933 pour qu'il soit question de fabriquer des tromblons spécifiques devant être compatibles avec les fusils alors en cours de développement. Les quelques informations disponibles précisent que cinq modèles de tromblons sont envisagés, les types 1 et 4 pour fusils 1886 M93, les types 2 et 3 ainsi qu'un dispositif de pointage dédié pour le fusil MAC 32, prototype tirant la cartouche de 7,5 mm Mle 1929 qui ne sera pas retenu, et un type 5 pour le fusil Mle 1902 chambrant tout d'abord la munition de 7,5 mm Mle 1924 puis le modèle 1929. Cette dernière information nous permet d'envisager que la MAC soit donc aussi parvenue à moderniser le fusil Mle 1902 tout en continuant son étude d'un nouveau fusil à répétition. Il nous est malheureusement impossible d'en dire plus en l'état actuel des éléments à notre disposition.

Le bilan des armes individuelles françaises

À n'en pas douter, les nombreuses études et homologations d'armes individuelles démontrent une volonté de fournir des moyens modernes et efficaces aux troupes. Mais l'offensive allemande est lancée avant que les dotations ne soient achevées ou même parfois entamées, souvent en raison de pertes de temps, d'indécisions et de tergiversations techniques inappropriées à l'imminence de la guerre. À quelques mois près, la puissance de feu antipersonnel et antichar de l'infanterie et de la cavalerie aurait été considérablement renforcée en dotant en nombre leurs unités d'armes modernes de qualité qui auraient sans doute permis de résister beaucoup plus efficacement à la Wehrmacht.

3/ LES ARMES COLLECTIVES

Les armes individuelles ne sont pas la principale puissance de feu des unités combattantes, celle-ci étant fournie par les armes collectives. Par définition, une arme collective est servie et transportée par plusieurs soldats ou à l'aide de véhicules hippomobiles ou automobiles. Il existe bien des méthodes pour les classifier, la première consistant à distinguer les armes à tir courbe de celles à tir tendu, la deuxième les armes légères et les armes lourdes. Plus généralement, elles regroupent les mortiers, les mitrailleuses, les canons et les obusiers.

Les mortiers d'infanterie et de cavalerie

Les grenades à fusil sont souvent insuffisantes en puissance et en portée pour engager les résistances enterrées ou abritées, les regroupements de troupe ou les véhicules non blindés. Ces objectifs doivent être traités par les mortiers d'infanterie[75], armes à tir courbe de plus fort calibre et de moyenne portée. La trajectoire des obus permet par exemple de tirer par-dessus les troupes amies ou d'atteindre des objectifs masqués par le relief, un mortier pouvant en outre rester hors de vue de l'ennemi, les tirs étant ajustés par un observateur. L'origine des mortiers vient de l'expérience des guerres précédentes durant lesquelles il est constaté la nécessité de lancer des projectiles explosifs à moyenne distance en tir courbe afin d'atteindre des cibles retranchées ou masquées, impossibles à traiter à l'aide d'armes à tir tendu. Au cours de la Première Guerre mondiale, de nombreux centres de résistances dotés de nids de mitrailleuses et établis en profondeur survivent aux préparations d'artillerie et suffisent à arrêter la progression de l'infanterie assaillante. Il semble donc indispensable que cette dernière puisse transporter et servir des matériels capables de fournir des feux

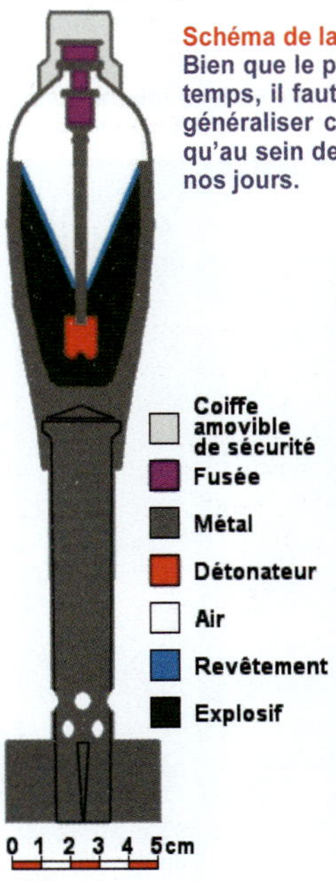

Schéma de la grenade antichar Brandt.
Bien que le principe de la charge creuse soit connu depuis longtemps, il faut attendre la Seconde Guerre mondiale pour voir se généraliser ce type de munitions aussi bien dans le camp allié qu'au sein des forces de l'Axe. Elles sont toujours employées de nos jours.

Le principe de la charge creuse

Une charge creuse est composée d'un bloc d'explosif dans lequel une cavité de forme cylindrique, hémisphérique ou conique est creusée, et dont l'extrémité opposée à l'évidement est équipée d'un dispositif de mise à feu. Le déclenchement de l'explosion de la charge engendre une réaction se propageant extrêmement rapidement jusqu'à l'extrémité opposée au dispositif de mise à feu. Il en découle la propulsion d'un puissant jet de gaz linéaire à très haute température et à environ 8 000 m/sec dans le sens de la détonation. Lorsque l'effet produit est appliqué sur une surface solide, il y provoque une cavité beaucoup plus profonde que celle générée par la même quantité d'explosif ne présentant pas la forme d'une charge creuse. Couramment appelé l'« *effet Munroe* », ce phénomène est utilement renforcé en entourant la charge par un solide boitier métallique, ouvert du coté de l'évidement de l'explosif, afin de canaliser encore plus le flux d'énergie. Si la cavité creusée dans l'explosif est recouverte d'une fine couche de métal, de verre, de céramique (etc.), l'*effet Munroe* transforme une partie de ce revêtement en un fin jet de matière à très haute température, appelé le dard, projeté à haute vitesse dans l'axe de la charge. La projection de ce dard sur un support solide engendre une cavité plus profonde que celle générée par une charge creuse sans revêtement. La capacité de perforation est ainsi fortement accrue.

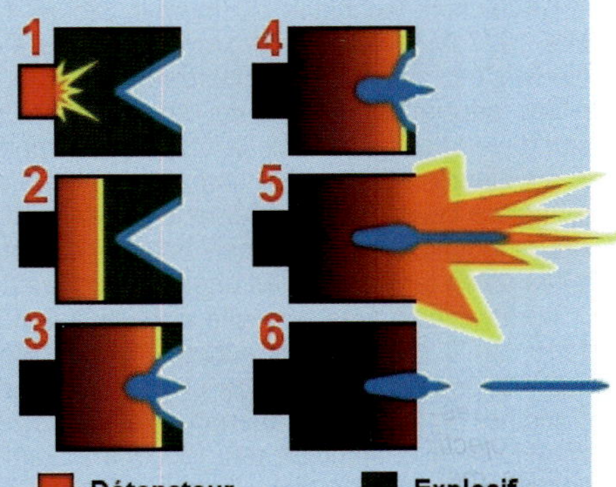

Notes :
72 : C'est-à-dire que l'empennage de la grenade entoure le canon du fusil.
73 : Celui de la seconde étant plus long, légèrement conique à sa base et ses ailettes sont renforcées par un embossage caractéristique.
74 : Les plus célèbres d'entre elles seront probablement la grenade à fusil AT M9A1 de l'US Army qui sera ensuite adaptée au Rocket Launcher M 1, le fameux « bazooka ».
75 : Nous employons cette qualification « d'infanterie » afin de les différencier des matériels d'artillerie également appelés mortiers, qui sont des pièces lourdes servies par des artilleurs. Les mortiers d'infanterie accompagnent les troupes durant leurs déplacements et font partie des dotations organiques des unités d'infanterie et de cavalerie.

précis, puissants et rapidement déclenchés. Or, les Allemands disposent dès le début de la guerre de matériels développés au début du 20e siècle, appelés « Minenwerfer » répondant à ces caractéristiques.

Pour pallier ce retard technologique, les Français commencent par utiliser des matériels de fortune souvent fabriqués à l'aide de billes de bois sur lesquelles sont fixées des douilles d'obus découpées, servant de bouche à feu, afin de projeter des pétards de mélinite ou des projectiles chargés d'explosifs et de clous. Puis des armes spécifiques sont développées, les mortiers de tranchée, dont les calibres s'étendent de 58 à 340 mm. La plupart d'entre eux fonctionnent avec des munitions basées sur le principe d'une queue calibrée au tube à âme lisse du mortier et solidaire du corps du projectile. La généralisation de ces armes sur le champ de bataille engendre la construction d'abris et d'ouvrages de plus en plus résistants avec comme conséquence l'augmentation des calibres des mortiers afin de pouvoir les détruire, les pièces devenant de plus en plus lourdes et encombrantes. Or, les nécessités d'aménagement de leurs positions, la gène inhérente à leur utilisation pour les troupes placées à proximité et les ripostes de feu qu'elles attirent imposent de les retirer des premières lignes et donc d'augmenter leur portée. Mais cette obligation réduit la puissance de feu placée directement sous le commandement des troupes de premières lignes. Hormis les mortiers les plus légers, ils restent difficiles à déplacer, surtout en fonction du poids de leurs munitions souvent supérieur à 15 kg. Ainsi, lors de ses déplacements rapides, l'infanterie reste démunie de mortiers facilement transportables.

Une première réponse apparait en 1917 avec le mortier d'accompagnement Mle 1917 [90] démontable en deux fardeaux de 23 et 25 kg pour son transport à bras. La pièce lance à 1 000 m des projectiles sans empennages de 3,2 kg introduits par la bouche, alors que la charge propulsive, composée d'un ou plusieurs sachets de poudre dans une douille de 37 mm, l'est par la culasse. L'arme possède une précision relativement bonne, grâce à la rotation du projectile, obtenue par la présence de deux tenons s'engageant dans des rayures pratiquées à l'intérieur du tube. Bien évidemment ces caractéristiques limitent la cadence de tir à environ 7 à 8 coups par minute, pouvant être portée à une douzaine si les charges propulsives peuvent être préparées à l'avance. Mais l'introduction de la munition dans le tube requiert une certaine minutie car ses tenons doivent être placés en face des rainures du tube. Comme on peut le constater, le mortier d'accompagnement Mle 17 est loin d'être l'arme idéale.

Avec le retour de la guerre de mouvement, l'armée va se tourner vers un matériel britannique dont les caractéristiques répondent mieux aux nécessités du combat : le mortier Stokes, adopté en France sous le millésime 1918. Pesant 52,5 kg, l'arme peut être rapidement décomposée en trois fardeaux dont le plus lourd, le tube-canon, pèse 21 kg. Elle lance un projectile de 81 mm en fonte contenant 650 grammes d'explosif S, ou une munition fumigène contenant 600 g de phosphore, de 300 à 1 900 m. Ce sont des coups complets intégrant une charge propulsive et c'est donc le réglage de l'inclinaison du tube qui permet de faire varier la portée. La cadence de tir théorique est de 20 coups par minute, bien qu'en pratique elle soit moindre afin d'éviter que la pression du combat entraine les servants à introduire un projectile par la bouche du tube avant le départ du précédent, avec les conséquences désastreuses que l'on imagine pour l'équipe de pièce. Peu fiable, la munition explosive d'origine britannique est ensuite remplacée par un modèle français en fonte aciérée type BM Mle 1918, puis après-guerre par un second projectile type FA Mle 1921, encore amélioré en 1924, ces munitions ayant globalement les mêmes caractéristiques que celles d'origine.

Le mortier Stock - Brandt Mle 1927 M31

L'évolution technique du mortier Stokes Mle 1918 aboutissant au Mle 1927 M31 est complexe. Des zones d'ombre subsistent et son étude s'est révélée particulièrement difficile, faute d'éléments disponibles permettant de statuer définitivement sur certaines phases de son développement. Si cette étude est complexe c'est aussi parce que la modification de l'un des composants de la pièce et de ses munitions a imposé celle d'autres éléments, certains d'entre eux subissant plusieurs modifications successives avant d'aboutir à la version définitive, telles qu'en témoignent les photos d'époque à notre disposition.

Après guerre, une nouvelle culasse adaptée au mortier Stokes Mle 1918 dite B. Mle 1919 est adoptée. Elle permet, au choix, la percussion automatique par la chute du projectile au fond du tube (comme celle d'origine) ou la percussion manuelle à la volonté du tireur. Ce nouveau modèle sera néanmoins peu fabriqué et rapidement abandonné, probablement en raison d'une complexification de la production sans réel intérêt pratique. Puis, dès le programme de 1921, il est décidé de doter les troupes de mortiers plus modernes [77]. En 1923, les spécifications de la nouvelle arme sont définies. Elle devra être suffisamment légère pour être transportée à dos d'homme, d'une mise en batterie rapide et simple quel que soit l'état de bouleversement du sol. Sa hauteur devra être la plus faible possible afin de permettre un bon

Le mortier Stokes Mark 1.
Cette pièce d'origine britannique préfigure la configuration de tous les mortiers modernes. Il semble que le diamètre du tube de 81,4 mm ait été choisi en fonction des productions civiles de la société Stokes, fabricant à l'origine des tuyaux. Partenaire de la firme d'outre-Manche, Brandt va profondément moderniser la pièce et aboutira au modèle 1927 puis 1927 M31, qui seront exportés et très largement copiés par de nombreuses nations à travers le monde, à commencer par l'Allemagne avec son 8cm Granatwerfer 34. Ce schéma montre la pièce Stokes en service durant la Première Guerre mondiale, ainsi que ses munitions explosive (B) et fumigène (A). Faute d'une disponibilité suffisante du mortier 1927 M31, le Stokes sera toujours en service en 1940.

défilement et donc l'impossibilité pour l'ennemi de la repérer facilement, cette caractéristique imposant également l'absence de fumée et de lueur lors des tirs. Elle doit en outre être aussi précise qu'un matériel d'artillerie et capable d'exécuter des tirs courbes jusqu'à une distance de 2 000 m pour traiter tout objectif quel que soit son défilement. Il est enfin préconisé un calibre de 75 mm car de nombreux fabricants d'obus possèdent déjà des outils adaptés à la fabrication de ce diamètre de munitions.

Il semble que 6 sociétés [78] aient répondu en 1923 avec des prototypes développés sur la base des mortiers de tranchée en service durant la guerre et tirant des munitions de 75 mm. Seule Brandt se distingue avec une arme dérivée du mortier Stokes de 81 mm. Parfaitement consciente de ne pas répondre au calibre préconisé, la firme est en revanche la seule à proposer des munitions empennées, celles-ci permettant d'obtenir une meilleure précision et des facilités de transport dues à leur plus faible encombrement et à un moindre poids. Les essais comparatifs des prototypes permettent à la Direction de l'infanterie de préciser ses attentes en 1925 et seules Brandt et l'Atelier de Tarbes y répondent l'année suivante. Brandt est finalement retenue avec un mortier dit « Mle 1927 » accompagné d'une version améliorée du projectile Mle 1924 augmentant la portée de la pièce. Pesant 3,26 kg, ce dernier prend l'appellation de FA Mle 1924 M27 [79]. Mais d'autres développements sont nécessaires et Brandt poursuit ses études. En 1929, une nouvelle plaque de base apparait, suivie en 1930 de modifications apportées à l'affût et à l'appareil de pointage. La pièce ainsi modifiée est adoptée sous l'appellation de mortier de 81 mm Mle 1927 M31. Les premières productions sont exportées en 1929 et 1930 vers la Suède

Le mortier Stokes-Brandt Mle 1927 amélioré.
La présence du système de visée du Mle 1927 trahit une version intermédiaire entre les modèles 1927 et 1927 M31.

Deux mortiers Mle 27 M31 du 36e RI.
Offrant une grande puissance de feu, les mortiers tiennent une place importante dans les moyens offensifs et défensif des unités combattantes. Cette photo a été prise durant la seconde moitié des années 1930 et le « bleu horizon » est encore en vigueur pour les hommes de troupe mais cela ne durera pas. Les deux tubes visibles de part et d'autre sont ceux de deux pièces antichars de 25 mm Mle 1934. Coll. A. Alvarez

Des commandes semblent avoir été passées fin 1939 mais il n'y aura *a priori* aucune livraison. Heureusement, les fabrications mensuelles nationales dépassent les 200 pièces dès janvier 1940, ce qui restera insuffisant pour atteindre les dotations théoriques des unités. Au 1er avril 1940, sur les quelque 3 100 mortiers de 81 mm Mle 1927 M31 produits, 2 370 équipent les unités de métropole, 52 ont été attribués aux unités d'instruction, environ 140 sont en AFN, le solde étant en cours de réception ou en réserve. Une partie des déficits est comblée par le maintien en unité de mortiers Stokes Mle 1918.

Le mortier de 81 mm est employé à l'échelon du bataillon par groupe de deux pièces. Dans la défensive, il est susceptible d'apporter un appoint de feu considérable aux positions occupées par l'infanterie, l'arme étant tout aussi précieuse dans l'offensive afin de réduire ou de neutraliser les résistances contre lesquelles les tirs tendus sont impuissants. Il peut également aveugler les observatoires et les armes ennemies à l'aide d'obus fumigènes. Mais en fonction du poids important de ses munitions, son ravitaillement reste souvent problématique et son tir limité par le nombre de projectiles disponibles. Signalons enfin qu'en raison de ses remarquables qualités, le mortier Brandt de 81 mm Mle 1927 M31 sera fabriqué sous licence comme par exemple en Tchécoslovaquie avec le minomet vz. 36 ou copié par de nombreuses nations, à commencer par l'Allemagne avec le 8cm Granatwerfer 34 ou l'URSS avec le 82 mm Bataljonni Minomjot obr 1936 g [80]. Le calibre de 81 mm pour les mortiers moyens deviendra presque universel et certains d'entre eux sont toujours en service de nos jours.

et la Hollande. Suivent ensuite les livraisons à l'armée française, dans leur immense majorité constituées de Mle 1927 M31, certaines photos montrant néanmoins des unités françaises dotées de modèles antérieurs. Signalons enfin qu'en 1940 un dispositif pour le tir de nuit est mis au point tandis qu'un accessoire d'instruction lançant des fléchettes est en cours de développement.

Les munitions évoluent également. D'une portée d'environ 2 000 m, le projectile FA Mle 1924 M27 est amélioré, la nouvelle version étant adoptée sous le millésime 1932. La seule modification concerne l'empennage, maintenant constitué de 6 pales pouvant recevoir 6 relais, augmentant la portée de la pièce de 700 m. Bien que fabriqué à plusieurs centaines de milliers d'exemplaires, ce projectile n'atteindra jamais les quantités prévues en raison de difficultés liées à l'approvisionnement en matières premières, l'empennage étant constitué d'alliages spécifiques. D'autre part, en 1935, apparait un nouveau projectile plus lourd, pesant 6,5 kg. Sa portée est réduite à environ 1 200 m mais son effet est comparable à celui d'un obus de canon de 75 mm. Il possède un empennage pliable se déployant à la sortie du tube. Cette caractéristique innovante est due au capitaine Reibel, officier décidément très actif dans le développement des matériels français de l'entre-deux-guerres. Adopté sous l'appellation de projectile de 81 mm Mle 1935 grande capacité (GC), cette munition sera peu distribuée en raison de difficultés de production liées à sa conception. Des essais sont entrepris début 1940 pour la fabriquer à l'aide de tubes, sans que nous ayons trouvé trace d'une suite à ce projet. Ainsi, entre novembre 1939 et la mi-janvier 1940, seuls 24 500 projectiles Mle 1935 GC sont fabriqués, 20 000 acceptés en réception et 19 500 expédiés aux armées.

Au 3 septembre 1939, sur les quelque 3 400 mortiers de 81 mm disponibles, seuls un quart sont des Mle 1927 M31 et les livraisons mensuelles sont encore loin d'atteindre les 200 pièces. Lors de la conférence des 14 et 15 novembre 1939 tenue au GQG sous la présidence du ministre de l'Armement, le sujet est abordé : « *La cadence de régime à laquelle parvenait en juillet pour la fabrication de mortiers, doit être atteinte en avril. Cette cadence de 300 par mois sera maintenue jusqu'à fin 1940. Il y a lieu d'acheter immédiatement 300 mortiers en Italie, et 700 par la suite.* » Si l'on s'oriente vers cette source d'approvisionnement, c'est en raison de la fabrication sous licence accordée à la société italienne Oto Breda fabriquant le mortier Brandt dès 1935 sous l'appellation de Mortaio da 81/14 modello 35.

Le mortier de 60 mm modèle 1935

La seconde pièce en service au sein de l'armée française est le mortier de 60 mm. Son origine remonte également au programme de 1921, l'objectif étant de doter les troupes d'une arme intermédiaire entre le lance-grenades et le mortier de 81 mm. Brandt débute son étude en 1931 et propose un prototype en 1934 dont la conception est assimilable à une version réduite de son mortier de 81 mm. De son côté la MAC mène l'étude conjointe d'un mortier de 50 mm pour RF et d'un autre de 60 mm destiné à l'infanterie. Bien que ne répondant pas entièrement aux spécifications du programme, il est décidé de procéder à des essais du prototype Brandt au sein de certains corps de troupe. Ces essais étant satisfaisants, la 1re direction demande l'homologation de la pièce et l'établissement d'une première commande de 800 exemplaires au titre de 1935 sous réserve de lui apporter quelques modifications comme l'allongement du tube, l'allégement de l'arme, et l'amélioration de l'appareil de pointage. La fabrication en

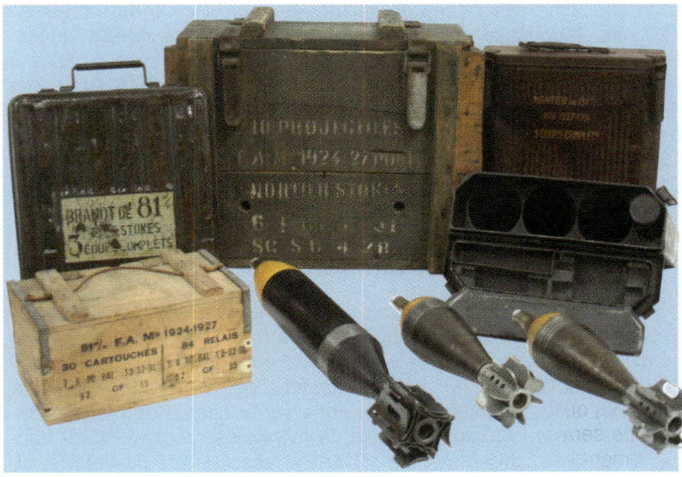

Les projectiles de 81 mm et quelques exemples de leurs conditionnements.
Sont présentés ici de gauche à droite le projectile de 81 mm Mle 1935 GC, le FA Mle 1924 M27 et le FA Mle 1932. La caisse de 10 projectiles FA Mle 1924 M27 visible au centre de cette vue illustre parfaitement les limites posées par le transport des munitions. Rappelons qu'en cas de tirs rapides ces 10 projectiles seront lancés en 30 secondes environ. Photo E. Klamerek

Notes :
76 : Ce mortier, fabriqué entre 1917 et 1918 par l'entreprise Delaunay-Belleville, est issu des études sur l'artillerie de tranchée du col. Jouhandeau et du cdt Deslandres.
77 : Le mortier Stokes manque notamment de précision car il est démuni de système de visée, le pointage s'effectuant à l'aide d'un fil d'un à plomb et d'un niveau Carpentier. Sa portée est insuffisante et sa mise en batterie est assez longue et parfois difficile pour une arme de ce type.
78 : Il s'agit de Schneider, Brandt, l'Atelier de constructions de Tarbes, les Ateliers et chantiers de la Loire, et Marine et Homécourt.
79 : Nous n'avons cependant retrouvé aucune trace de la présence du mortier Mle 1927 au sein de l'armée alors que le projectile Mle 1924 M27 est adopté et fabriqué en grand nombre. Il est muni d'un empennage à 8 pales pouvant recevoir 4 relais. Les relais sont des charges propulsives additionnelles se glissant entre les ailettes. Les réglages en portée du mortier sont donc obtenus par la combinaison de l'inclinaison du tube et de l'ajout éventuel d'un ou plusieurs relais.
80 : Le calibre exact étant de 81,4 mm, les fabrications étrangères utilisent une appellation exprimant un calibre de 81 ou 82 mm.

Attributions des mortiers de 81 mm Mle 1927 M31 et de 60 mm Mle 1935 au 1er mai 1940		
Type d'unité	60 mm	81 mm
Divisions d'infanterie motorisées	315	208
Divisions d'infanterie actives	369	259
Divisions d'infanterie de montagne	190	134
Divisions d'infanterie de série A	570	383
Divisions d'infanterie de série B	701	97
Divisions d'infanterie nord-africaines	225	160
Divisions d'infanterie coloniales	203	170
Divisions d'infanterie africaines	242	185
Division d'infanterie marocaine	38	25
Divisions légères de cavalerie	64	41
Divisions légères mécaniques	36	38
Brigades de Spahis	24	0
Brigade de cavalerie	8	0
Divisions cuirassées de réserve générale	3	2
Corps d'armée	69	0
Corps d'armée et DI de forteresse	65	277
Secteurs fortifiés et défensifs	64	667
Régiments d'infanterie de forteresse	12	309
Bataillons de mitrailleurs	-	108
Demi-brigades de mitrailleurs coloniaux	-	26
Groupes de reconnaissance de région fortifiée	6	-
Bataillons d'instruction	159	50
Total	3 363	3 139

série débute fin 1935 et la distribution aux troupes commence l'année suivante à raison d'une pièce par compagnie de voltigeurs, placée à la disposition de son commandant. Bien évidemment, cette homologation entraîne l'abandon du développement du mortier de 60 mm par la MAC, mais celui destiné aux RF sera adopté et fabriqué.

Pesant 19 kg, le mortier de 60 mm modèle 1935 est transporté en un seul fardeau, rendant sa mise en service particulièrement simple et rapide. Il peut donc aisément accompagner la troupe dans tous ses déplacements au combat. Il lance jusqu'à 1 000 mètres environ vingt projectiles de 1 300 grammes par minute dont l'efficacité est bien supérieure à celle d'une grenade à main. L'arme est munie d'une rallonge de son appareil de pointage permettant au tireur de viser en position allongée. Fabriqué en fonte aciérée, le projectile empenné développé par Brandt pour son mortier de 60 mm présente la particularité d'être pré-fragmenté sur sa face interne et c'est à cette époque le seul à proposer cette caractéristique particulièrement moderne. Pour ces différentes raisons, la munition sera également retenue pour équiper la mine bondissante modèle 1939.

Le mortier de 120 mm

L'équipement des troupes françaises d'armes à tir courbe est ainsi presque complet, avec le lance-grenade de 50 mm à l'échelon du groupe de combat, et les mortiers de 60 et de 81 mm respectivement destinés à la compagnie et au bataillon. Reste celui du régiment. Dès 1923, il est envisagé de doter cet échelon d'un mortier plus lourd dont le calibre se situerait entre 120 et 150 mm. Une telle pièce ne pouvant être transportée à dos d'homme, il est prévu de la doter de moyens de traction hippomobiles ou automobiles. En réponse à cette demande, Brandt propose sa gamme de mortiers de 120 mm au début des années 1930. Bien que les essais soient concluants, priorité est donnée à la fabrication des pièces de calibre inférieur et celle du mortier de 120 mm, repoussée en deuxième urgence, ne sera jamais lancée. Brandt le vendra à l'export et quelques exemplaires seront cédés à l'URSS qui le copiera et le fabriquera en série. Après 1941, l'efficacité de la copie russe marquera les Allemands qui se serviront de cette base pour concevoir et produire leur propre modèle [81]. Le calibre de 120 mm deviendra lui aussi un standard de l'armement de l'infanterie et des mortiers tirant des munitions de ce diamètre sont par exemple toujours en service au sein de l'armée française.

Les mitrailleuses

Le soutien de l'infanterie revient par excellence à la mitrailleuse. « *La mitrailleuse est l'arme la plus puissante de l'infanterie ; elle réalise une continuité de feux violents d'un effet moral considérable.* » Cette définition issue du *Manuel du gradé d'infanterie* de 1940 résume parfaitement l'importance tenue par cette arme sur le champ de bataille. Depuis la Première Guerre mondiale, la mitrailleuse règlementaire française est la Hotchkiss modèle 1914. Par ses qualités de fiabilité, de robustesse et de précision, elle est très supérieure à la Saint-Étienne Mle 1907, qu'elle a remplacée. Elle est efficace jusqu'à 2 400 mètres

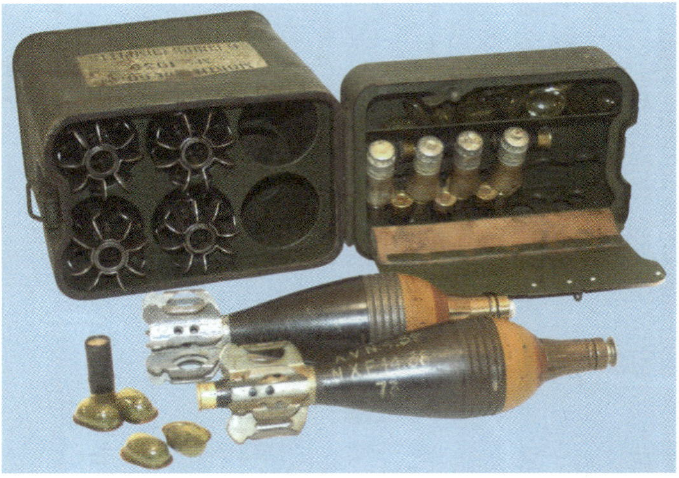

Caisse métallique contenant 6 coups complets pour mortier de 60 mm Mle 1935. Tous les éléments composant la munition sont ici visibles, les projectiles, les charges propulsives, ressemblant à des cartouches de fusil de chasse, les fusées et les relais. Ces munitions sont elles aussi assimilables à des modèles réduits de celles du mortier de 81 mm. Photo E. Klamerek

en tir tendu et peut être utilisée en tir indirect jusqu'à 3 500 m. D'une cadence pratique d'environ 250 coups par minute, la Hotchkiss est utilisée sur un trépied lui donnant une bonne stabilité de tir. L'arme reste relativement mobile car elle peut être transportée à dos d'homme par décomposition en deux fardeaux de 24 et 26 kg. Son alimentation s'effectue par bandes rigides de 24 cartouches ou par bandes chargeurs articulées de 251 cartouches. Elle peut être dotée de différents accessoires comme une crosse d'épaule, des organes de visée et une rallonge d'affût étudiés pour le tir contre les avions volant au-dessous de 1 000 m. Différents types de munitions de 8 mm sont disponibles. La première est commune au fusil modèle 1916, mais il existe également une cartouche à balle traçante, une perforante, ainsi qu'une cartouche modèle 1932 N, apportant un gain de portée (maximum de 4 600 m) et une précision accrue. Malgré ses qualités, la Hotchkiss Mle 1914 accuse le poids des années et ne répond plus aux critères d'une mitrailleuse moderne. Le FM Mle 1924 M29 ayant été choisi comme arme principale du groupe de combat, il reste à doter l'armée d'une nouvelle mitrailleuse lourde.

Les mitrailleuses lourdes

Dès la fin de la Première Guerre mondiale, l'EMA exprime sa volonté d'équiper l'armée d'une mitrailleuse plus légère et plus mobile que la Hotchkiss. Quelques années plus tard, on souhaite ajouter à ces caractéristiques des capacités de lutte antichar et antiaérienne à courte portée, ces deux menaces ne pouvant que croître. Le programme de 1921 précise les spécifications attendues en mentionnant que la nouvelle arme devra être légère, précise, simple à fabriquer sans employer d'alliages spéciaux. Ses munitions seront à gorge et d'un calibre égal ou avoisinant celui de la future cartouche de 7,5 mm française. Une seconde arme d'un calibre supérieur est également à prévoir car il semble évident que celui de la première ne pourra pas être d'une grande efficacité dans la lutte antichar et, dans une moindre mesure, pour la défense antiaérienne. Au début des années 1930, conformément aux instructions de l'EMA et après accord avec les directions de l'infanterie, de la cavalerie et de l'artillerie, il est mis à l'étude une mitrailleuse lourde d'infanterie de 9 mm ainsi qu'une autre

Mortier de 60 mm Mle 1935 d'une compagnie du 9e RI. Cette vue permet de constater les faibles dimensions de la pièce. La plupart de ces hommes porte l'insigne régimentaire et la fourragère aux couleurs de la croix de guerre 1914-1918. Pratique assez courante à l'époque, le chien, mascotte de l'unité, est présent sur la photo. Coll. A. Alvarez

Mitrailleuses Hotchkiss Mle 1914 du 151e RI.
Une belle vue de 3 sections de 2 pièces et de l'équipe de télémétrie, l'appareil visible au centre servant à estimer la distance d'un objectif. Coll. A. Alvarez

de 7,5 mm. Aussi étonnant que cela puisse paraitre, il ne sera jamais sérieusement envisagé d'adapter la mitrailleuse de 7,5 mm Mle 1931 MAC, l'arme répondant pourtant à la plupart des spécifications demandées tout en étant déjà très largement utilisée dans les ouvrages de la ligne Maginot, comme arme de bord de nombreux engins blindés, et au sein de l'armée de l'Air dans sa version Mle 1934. L'armée va donc passer à côté de la standardisation presque généralisée d'une mitrailleuse efficace et polyvalente, dont le fonctionnement quasi irréprochable est issu de celui du FM Mle 1924 M29. On y reviendra, mais après-guerre.

Au 1er janvier 1934 la *Notice sur l'état d'avancement des principales études en cours* nous permet de faire un point précis sur le développement de ces armes. L'étude d'une mitrailleuse de 9 mm est en cours à la MAS et au sein des sociétés Hotchkiss et Herstal tandis que la MAC développe une mitrailleuse de 7,5 mm qui devra utiliser la cartouche existante à balle lourde. À cette date, les dessins sont en cours de réalisation et il est prévu que certaines pièces soient mises en fabrication durant le 1er trimestre 1934. D'autres études annexes sont également poursuivies, en particulier celle d'un goniomètre pour tir indirect développé par l'industrie civile. 26 exemplaires en provenance de la société SOM vont être expérimentés par la CEICC et aux cours pratiques de tir de l'infanterie puis par des corps de troupes. 30 autres, dits de *siège et place,* vont également être essayés. Signalons également les essais effectués par la STA d'appareils de pointage pour le tir direct, équipés de goniomètres ou de lunettes, développés par les établissements Krauss, avant d'être retournés au constructeur pour remaniements. L'affût de la future mitrailleuse fait l'objet de nombreuses études poursuivies par différents établissements. Elles se révèleront particulièrement longue en fonction de l'excès d'exigences de l'armée, les spécifications demandées étant même paradoxales sur certains points, comme par exemple un poids très léger et une stabilité à toute épreuve.

Dès l'origine de la demande, les hésitations sont nombreuses quant aux spécifications concernant le développement d'une mitrailleuse de 7,5 mm, à commencer par le type d'alimentation. Pis encore, les spécifications concernant la réalisation de mitrailleuses modernes seront encore modifiées par le programme du 6 avril 1939 date à laquelle il n'est plus envisagé que la réalisation d'une seule mitrailleuse lourde dont le calibre (7,5 ou 9 mm) n'est pas statué. Et cela ne va pas s'arranger car on envisage aussi le développement d'une arme nouvelle calibrée en 8 mm. Une note du ministère de l'Armement du 5 décembre 1939, adressée à Albert Lebrun [82] précise qu' « *une réunion s'est tenue le 24 octobre 1939 au ministère de l'Armement en vue de fixer l'orientation à donner aux études de nouvelles mitrailleuses lourdes d'infanterie. En accord avec les représentants de votre Département, il avait été convenu que les Services utilisateurs élaboreraient un programme de spécifications pour une mitrailleuse lourde de 8 mm, alimentée par bande à maillons, et tirant une cartouche de 8 mm à étui à gorge et projectile Modèle 1932 N. La rédaction de ce document devait d'ailleurs se trouver facilitée du fait des analogies qu'il devait nécessairement présenter avec le Programme du 6 avril 1939 d'une mitrailleuse de 7,5 mm ou de 9 mm à alimentation latérale. Or, à ce jour, le programme de la mitrailleuse de 8 mm ne m'est toujours pas encore parvenu* ».

De nombreuses années d'études aboutiront finalement à la mitrailleuse de 7,5 mm type MAC Mle 1936. C'est une arme de qualité possédant la particularité de proposer deux cadences de tir dont la plus élevée est destinée à la lutte antiaérienne. À l'image de la MAC 31, elle possède un mode de fonctionnement dérivé du FM Mle 1924 M29. En février 1940 [83], un premier lot de 50 armes est mis en fabrication et des sections de combat d'infanterie et de cavalerie sont en cours de constitution pour permettre à l'EMA d'en apprécier les qualités et de statuer sur son adoption. Bien évidemment, l'affaire n'ira pas plus loin. Il en sera de même pour la mitrailleuse de 9 mm qui sera elle aussi victime de nombreuses hésitations et ne dépassera pas le stade du prototype. Il n'y aura ainsi aucune mitrailleuse moderne dans cette gamme de calibres fabriquée en série au 10 mai 1940. L'armée se contentera de la vieille Hotchkiss Mle 1914, et même de la Saint-Étienne Mle 1907 pour l'autodéfense de certaines unités du génie ou d'artillerie, faute d'une disponibilité suffisante de la Hotchkiss. La fabrication de cette dernière sera poursuivie, principalement par les manufactures d'armes de Levallois et de Saint-Étienne, la seconde ayant constitué un groupement avec les établissements Bardet à Moulins. Au 1er février 1940, toujours selon la *séance de travail pour la réalisation des programmes d'armement*, il est prévu de faire croître progressivement sa production pour atteindre respectivement 1 200 et 1 000 matériels mensuels.

Mitrailleuses Saint-Étienne Mle 1907.
La pièce est dotée de sa rallonge pour le tir antiaérien, mais, de toute évidence, il s'agit d'une photo posée pour le photographe, l'arme étant démunie des accessoires de visée contre les avions et probablement pas approvisionnée. Coll. A. Alvarez

Notes :
81 : Il s'agit respectivement du 120 mm Polkovoj Minomjot obr. 1938 g et du 12cm Granatwerfer 42.
82 : Albert Lebrun est alors président du Conseil, cumulant cette fonction avec celle de ministre de la Défense nationale et de la Guerre.
83 : Selon la séance de travail pour la réalisation des programmes d'armement datée du 1er février 1940.

Mitrailleuses Hotchkiss de 13,2 mm Mle 1930 sur affût double antiaérien prise durant la campagne de Tunisie.
Cette pièce aurait certes nécessité des adaptations pour un usage terrestre et antiaérien et en particulier le remplacement de son alimentation par chargeurs situés sur le dessus, plus pratique pour un jumelage de 2 pièces, par une autre, latérale, telle qu'elle était initialement prévue. Elle aurait ainsi pu être fabriquée en grand nombre dès 1930 et considérablement augmenter la puissance de feu des unités d'infanterie. Coll. A. Alvarez

Enfin, il existe une mitrailleuse lourde française déjà fabriquée en série et adoptée par l'armée de Air, la Marine, la DAT et la cavalerie comme armement de certaines AM, c'est la mitrailleuse Hotchkiss de 13,2 mm Mle 1930, utilisable comme arme antiaérienne et antichar. Elle est refusée par l'infanterie pour des raisons plus ou moins fondées comme une cadence de tir jugée trop faible, la dangerosité de ses projectiles lorsqu'ils retombent en utilisation antiaérienne ainsi qu'un poids trop important et de trop grandes dimensions de la pièce et de ses munitions. Cette mitrailleuse n'est pourtant pas dénuée de qualités et sera d'ailleurs exportée vers une dizaine de pays. Avec une cartouche perforante pesant 52 g (Mle 1935 P, Vo de 800 m/s), elle transperce 20 mm de blindage à incidence 0° à 500 m. Il n'y aurait eu que des avantages à l'adapter aux besoins de l'infanterie mais cette décision immuable privera les troupes de mêlée françaises d'une mitrailleuse lourde semblable à la fameuse Browning 50 (12,7 mm) américaine, dont la polyvalence et l'efficacité, en particulier sur les blindés légers, ne sont plus à démontrer.

Les canons d'infanterie et de cavalerie

Les canon antichars

Les matériels présentés ci-dessus ne possédant que peu d'aptitude à combattre les engins blindés, la défense antichar des unités d'infanterie et de cavalerie repose essentiellement sur une arme spécifiquement adaptée, le canon antichar semi-automatique de 25 mm.

Lors de la Première Guerre mondiale, la lutte contre les AM et les quelques chars ennemis est principalement assurée par l'artillerie en tir direct ou à l'aide du canon de 37 mm Mle 1916, or ces armes n'ont pas été conçues pour un tel emploi. Le programme de 1921 prévoit en conséquence le développement d'un canon antichar de petit calibre tirant des munitions perforantes à haute vitesse initiale capable de percer 20 mm de blindage à 600 m. Mais en 1927, suite à la présentation par l'APX d'un matériel de 20 mm, l'insuffisance de ce calibre est mise en valeur. Tenant également compte de l'évolutions des chars, un nouveau programme est établi en 1928 définissant les spécifications d'une arme antichar devant être un « *engin de 25 mm à culasse semi-automatique tirant un projectile de 350 g à une vitesse supérieure à 700 m susceptible de perforer à 600 m, sous une incidence de 20° une plaque de blindage de 25 mm* ». L'arme devra en outre être transportable en quatre fardeaux, l'ensemble ne dépassant pas 175 kg.

Exigeantes à l'excès, ces spécifications donnent pourtant naissance à un prototype dont les caractéristiques semblent correspondre, mais on constate en 1930 qu'il ne peut plus être question d'un pouvoir de pénétration aussi faible, compte tenu de l'évolution rapide de l'épaisseur de la protection des engins blindés. Il faut maintenant rechercher une arme suffisamment puissante pour transpercer 40 mm d'acier à 1 000 m, rendant caduc le poids initialement demandé, du fait de la puissance nécessaire à une pièce possédant de telles capacités balistiques. D'autre part, la multiplication du nombre de chars au sein des armées européennes amplifie d'autant le besoin de doter l'infanterie d'un moyen de défense susceptible d'être déplacé à bras d'hommes. Bien loin d'être négligeable, les crédits alloués au développement et à la fabrication des matériels de 25 AC et de leurs munitions auront respectivement nécessité 259,9 et 125,9 millions de francs entre 1935 et 1939, auxquels il faut ajouter 144,2 millions pour 1940.

Le canon antichar semi-automatique Hotchkiss de 25 mm Mle 1934

Avec ces nouvelles bases, Hotchkiss et APX poursuivent leurs recherches et présentent leurs derniers prototypes en 1931, tous deux calibrés pour tirer des munitions de 25 mm. S'ils ne sont pas retenus, les dispositions générales du modèle APX répondent aux attentes de la commission et Hotchkiss va s'en inspirer pour améliorer son exemplaire. Les deux fabricants présentent chacun un nouveau prototype remanié en 1933 et les épreuves mettent nettement en évidence la supériorité technique de celui d'Hotchkiss sur son concurrent.

La pièce est en conséquence adoptée après quelques modifications sous l'appellation de *canon de 25 mm SA modèle 1934*. Malgré certaines critiques pas toujours fondées de l'ingénieur de l'Armement Lefranc, une première commande est passée dans la foulée alors que les essais se poursuivent. Rappelons qu'à cette époque, l'Allemagne entre dans une phase de réarmement et l'infanterie française est toujours démunie d'armes antichars. Selon l'ingénieur Lefranc, un total de 3 920 matériels est commandé et les premières livraisons ont lieu au printemps 1935. Suspendues de mai à septembre 1939 au profit du matériel de 25 mm de DCA, les livraisons pour l'armée française sont en outre amputées de 240 pièces destinée à l'exportation. Puis, vers novembre 1939, la production est poussée à son maximum au détriment de celle de l'affût de 105 C à l'atelier de Roanne. Durant les derniers jours de mai, les livraisons journalières atteignent 8 à 10 canons. La principale réserve justifiée émise au sujet de la pièce Hotchkiss concerne une certaine fragilité lors de sa traction automobile, imposant de limiter sa vitesse de déplacement. Ce problème sera résolu à partir du 1 945e matériel construit par la modification ou le renforcement de certains composants ce qui n'arrangera en rien un poids déjà bien lourd pour une arme d'un tel calibre. Certains matériels antérieurs à cette évolution seront également modifiés.

Le canon antichar semi-automatique APX de 25 mm Mle 1937

De son coté, APX poursuit son étude et présente un nouveau prototype en 1935, mais bien qu'il réponde maintenant aux spécifications demandées, il doit à nouveau être modifié car au-delà de quelques imperfections, l'adoption du modèle Hotchkiss a également entraîné celle de sa munition et il est donc impératif de s'assurer de sa compatibilité avec la pièce d'APX. De plus, le poids excessif du 25 d'Hotchkiss a fait évoluer la vision de l'infanterie et l'on souhaite maintenant un matériel bien plus léger, aisément manœuvrable à bras d'homme. Puteaux doit donc revoir fondamentalement sa copie. À partir de cette nouvelle base et de l'expérience acquise, l'établissement d'État commence par définir les conditions techniques pouvant permettre de limiter autant que possible le poids d'une pièce antichar de ce calibre. Il rédige un *avant-projet de matériel allégé de 25 mm d'infanterie* accompagné de celui d'un prototype répondant aux critères de l'étude technique stipulant : « *Pour les matériels de moyen calibre, roulant à 10 km/heure, on peut admettre la répartition de 2 à 3 entre la masse oscillante et l'affût. Une réduction à l'échelle du 25 d'un matériel de moyen calibre conserverait cette proportion et conduirait au poids total de 250 kilos environ ; mais un tel matériel serait inutilisable.*

Dans ces conditions, la répartition des poids d'un canon de petit calibre est complètement différente de celle d'un canon de moyen calibre. Pour alléger l'affût, il faut modifier complètement son organisation générale. Si l'on veut conserver la possibilité de traction à 30 km/h (vitesse d'une

Canon antichar semi-automatique Hotchkiss de 25 mm Mle 1934.
Ses caractéristiques balistiques ont des répercutions sur le développement des chars car elles remettent en cause les principes définis concernant leur blindage. La mise en service de ce canon est l'illustration parfaite des difficultés liées au développement de certains matériels comme les chars, les délais nécessaires entre conception et fabrication les rendant parfois obsolètes avant même leur mise en service. US NARA

Prévisions de production d'armes d'infanterie selon la note du 27 février 1940 et productions réelles														
Mois		1939				1940								
Type		Au 30/09	10	11	12	01	02	03	04	05	06	07	08	09
Fusils de 7,5 mm Mle 36	Prévisions	-	-	-	-	-	22 000	24 000	30 000	30 000	42 000	45 000	50 000	52 000
	Réalisations	86 134	11 400	10 091	9 265	18 000	16 774	18 350	22 700	18 956	Voir texte			
FM Mle 24 et 24 M.29	Prévisions	-	-	-	-	-	4 200	4 800	4 800	5 000	6 800	6 800	6 800	6 800
	Réalisations	80 201	1 050	1 600	3 172	3 400	3 450	3 100	3 950	3 500	Voir texte			
Mitrailleuses de 7,5 mm Mle 31	Prévisions	-	-	-	-	-	800	1 000	1 000	1 000	1 000	1 000	1 000	1 000
	Réalisations	10 000	250	480	560	320	-	-	-	-	-	-	-	-
Mitrailleuses de 7,5 mm Mle 34	Prévisions	-	-	-	-	-	1 500	2 500	3 500	4 000	5 000	5 000	6 500	6 500
	Réalisations	11 604	1 500	1 210	1 700	1 350	-	-	-	-	-	-	-	-
Mitrailleuses de 8 mm Mle 14	Prévisions	-	-	-	-	-	880	1 060	1 250	1 430	1 610	1 800	1 850	2 200
	Réalisations	3 231	960	750	708	850	976	823	1 080	932	Voir texte			
Pistolets de 7,5 mm Mle 35	Prévisions	-	-	-	-	-	2 355	3 835	11 200	12 000	12 000	12 000	12 000	12 000
	Réalisations	4 550	300	550	400	1 100	Voir texte							
Pistolets du commerce	Prévisions	-	-	-	-	-	7 000	7 000	7 000	7 000	7 000	7 000	7 000	7 000
	Réalisations	-	-	3 422	4 078	3 410	Voir texte							
Pistolets mitrailleurs	Prévisions	-	-	-	-	-	300	1 200	2 500	2 500	1 200	1 500	2 000	2 500
	Réalisations	Voir texte												
Canons AC de 25 mm SA	Prévisions	-	-	-	-	-	475	450	615	500	620	640	660	700
	Réalisations	3 902	48	91	219	177	293	301	411	295	?	-	-	-
Lance-grenades de 50 mm	Prévisions	-	-	-	-	-	3 800	4 400	4 900	4 900	4 900	4 900	4 900	4 900
	Réalisations	600	650	900	2 550	1 400	1 580	2 350	2 250	-	-	-	-	-
Mortiers de 60 mm	Prévisions	-	-	-	-	-	225	235	235	235	235	235	235	235
	Réalisations	4 821	270	285	140	175	125	225	287	203	-	-	-	-
Mortiers de 81 mm	Prévisions	-	-	-	-	-	300	300	300	300	300	300	300	300
	Réalisations	995	118	240	154	220	249	255	270	252	-	-	-	-

chenillette Renault UE), l'étude démontre que les poids minima incompressibles des principaux composants d'un canon de 25 mm antichar sont de l'ordre de 100 kg pour la masse oscillante, 130 kg pour l'affût, 60 kg pour le bouclier et 100 kg pour les roues (total 390 kg). Or, le gain de poids ainsi proposé ne répond pas aux nouveaux objectifs de l'infanterie. Un tel canon pourrait probablement servir comme matériel de réserve générale, susceptible d'être transporté rapidement d'un point à un autre du front, mais cette mission peut tout aussi bien être remplie par le modèle 1934 Hotchkiss, acceptant des vitesses de traction plus élevées. La conclusion s'impose : il faut s'orienter vers un matériel moins perfectionné et beaucoup plus léger, remorqué au pas d'un cheval (environ 6 km/h), et pouvant être traîné sur le terrain par un minimum de deux hommes. Le nouveau matériel serait donc exclusivement hippomobile. »

L'avant-projet proposé par APX semble donc démontrer qu'une pièce conservant les caractéristiques balistiques du modèle d'Hotchkiss pourrait ne peser qu'environ 200 kg sans bouclier. Étant donné qu'il est prévu que l'immense majorité des pièces de 25 antichars soient hippomobiles, l'infanterie demande à APX de construire son prototype. Mais, en fonction de la nécessaire refonte totale de sa conception, il faut attendre le 21 mars 1936 pour que la pièce soit présentée à la Commission d'expérimentation de l'infanterie (CEI) mais démunie de quelques accessoires [84]. Bien que demandant de nombreuses modifications, la CEI trouve que dans l'ensemble le canon d'APX est une solution très intéressante. Puteaux présente à nouveau son matériel le 11 mai, alors que toutes les modifications demandées n'ont pas été apportées faute de temps. Il subit d'autres essais comportant en particulier de rudes épreuves de roulement et la CEI préconise quelques améliorations visant à renforcer la solidité de l'ensemble. Après cette dernière étape, la pièce pourra être adoptée.

Le 7 septembre 1936, l'EMA demande à la direction des fabrications d'armement de commander une première série de 400 matériels APX type allégé. C'est chose faite le mois suivant, sous l'appellation de *matériel de 25 mm SA modèle 1937*, dénomination qui sera ensuite modifiée par la direction de l'infanterie en *canon de 25 mm SA léger modèle 1937* le 30 octobre. D'autres commandes suivront, l'ensemble totalisant 2 550 matériels avant les hostilités, dont 437 seront cédés à l'étranger. Une commande de régime de 300 exemplaires par mois sera ensuite passée. Durant les derniers jours de mai, les livraisons journalières atteignent 15 pièces par jour. Le choix de la ligne de mire devant encore être tranché, les trois exemplaires des premières pièces de série réceptionnées en septembre 1938 sont livrées à la CEI équipées de modèles différents [99].

Outre certaines faiblesses constatées durant les essais de roulement et de tir [86], la Commission remarque que le frein de bouche rejette des projections vers les servants, en plus de créer un tourbillon de poussière gênant la visée, surtout si la pièce est installée dans une position d'infanterie, lorsque le tube est au ras du sol. Enfin, l'utilisation de la mire de réglage est rendue difficile en raison de mauvais ajustements en usine. Bien que le matériel sorte en série, d'autres essais sont en conséquence inévitables. La Commission n'est d'ailleurs pas au bout de ses surprises, car en novembre 1939, durant les essais de roulement des roues renforcées proposées par l'APX, l'affût du canon prend un jeu anormal sur l'essieu, consécutif à la rupture d'une partie de la suspension. En revanche, les épreuves de tir démontrent que les caractéristiques balistiques sont semblables à celles du modèle 1934. Ainsi, les pièces de séries présenteront toujours une plus grande fragilité que le modèle Hotchkiss, conséquence inévitable de la recherche de l'allégement maximum.

Cette lacune sera d'ailleurs aussi soulignée dans les rapports transmis en avril 1940 par différents corps de troupe. Le Mle 1937 souffre encore à ce moment de différents défauts comme la fuite des organes du frein, le manque d'étanchéité des lunettes de pointage [87] et les sérieux problèmes inhérents au frein de bouche. De manière similaire, une synthèse de quatre rapports provenant des centres d'instruction d'armées met en relief les différentes faiblesses de cette pièce. À celles déjà évoquées s'ajoutent la mise en batterie ralentie par l'obligation de mettre en place la béquille relevant des roues, le fonctionnement du frein de tir insatisfaisant par temps froid et le déréglage de la lunette après démontage durant les mouvements.

Équipe de pièce antichar de 25 mm Mle 1934 en pleine action.
L'un des avantages majeurs des canons antichars de 25 mm réside dans leurs dimensions réduites, faisant d'eux des armes facilement dissimulables. Cette qualité est bien visible sur cette illustration d'époque.

Notes :
84 : Il lui manque les roues et le cache-flamme, fournis le 1er avril et les boucliers le 21 avril.
85 : Une ligne de mire naturelle à œilleton, une ligne de mire naturelle à cran de mire et une autre type APX, cette dernière ne satisfaisant pas la Commission de l'infanterie.
86 : Des roues finissent voilées et présentent un début de déjantage. L'une d'entre elles se brise même après 190 km de traction hippomobile sur les pistes d'essais.
87 : Défaut qu'il partage avec le modèle 1934, la lunette étant commune aux deux armes.

Canons antichars de 25 mm réceptionnés							
Période / Type	Au 1er mai 1936	1936 après le 1er mai	1937	1938	1939	1940 jusqu'au 10 juin	Total au 10 juin 1940
Mle 1934	1 855	90	743	748	361	560	**4 357**
Mle 1937	-	-	-	-	587	944	**1 531**
Total	1 855	90	743	748	948	1 504	**5 888**

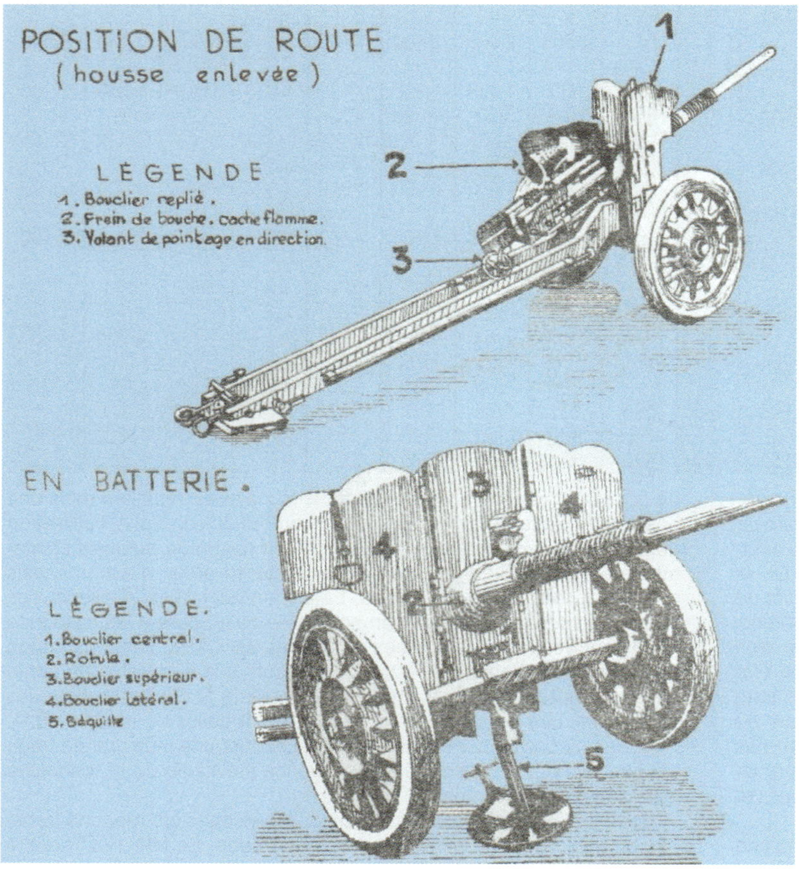

Canon antichar semi-automatique APX de 25 mm Mle 1937.
Datant de 1940, ce schéma nous montre en particulier son faible encombrement en position de route. Sa légèreté est un avantage, en particulier quand le canon doit être déplacé par l'équipe de pièce, mais elle est aussi source d'une certaine fragilité. Aussi, bon nombre de servants lui préfèreront le modèle de Puteaux, bien plus robuste.

Rejoignant l'avis des utilisateurs, la STI signe le 11 mai 1940 un rapport résumant les défauts constatés et listant les solutions proposées pour remédier à deux d'entre eux. Une plaque pare-souffle à placer sous le frein de bouche a été adoptée pour limiter l'envol de poussière lors des tirs et l'utilisation d'une huile spéciale est préconisée pour pallier les problèmes de fonctionnement par temps froid. Ainsi, quatre années de développements et d'améliorations n'y auront donc pas suffi. Les handicaps du 25 mm allégé de Puteaux ne sont pas résolus au moment des opérations actives, et du fait de sa fragilité, la troupe lui préférera souvent le modèle Hotchkiss. Mais le modèle 1937 présente l'important avantage de son poids réduit bien que ce point soit aussi la source principale de ses faiblesses. Par la suite, la recherche de l'allégement maximum des pièces s'orientera vers l'utilisation d'alliages légers et de matériaux composites.

Le canon de 25 mm S.A. Modèle 1934 M39

Sans pour autant avoir remis en cause son adoption, le poids excessif du canon de 25 SA Mle 1934 est sa principale faiblesse. Aussi, les ingénieurs de la Manufacture d'armes de Levallois [88] poursuivent leurs études afin de l'alléger significativement. En analysant finement les possibilités de conception d'un canon de 25 mm antichar de moindre poids, il est envisageable de réduire la masse oscillante d'une trentaine de kilos sans remettre en cause les caractéristiques balistiques du canon. Mais cette partie de la pièce ne représente qu'une faible part du poids total et c'est donc principalement vers l'affût que les recherches d'allégement doivent être orientées. Cette démarche est néanmoins limitée par les capacités de résistance d'un affût léger devant être tracté à grande vitesse. Il semble alors incontournable de le doter d'une suspension élastique, afin de diminuer les contraintes de résistance de l'ensemble.

Or, l'affût du modèle 1934 n'est pas conçu pour recevoir une suspension et il est donc nécessaire de partir sur de nouvelles bases. La tâche est plus ardue que les ingénieur de Levallois ne l'imaginent puisque la présentation d'un prototype de canon de 25 SA allégé apte à passer les essais, à l'origine annoncée pour le 24 février 1937, ne sera possible qu'à l'été 1938. Souvent appelé *canon de 25 mm S.A. Hotchkiss adapté à la traction rapide,* la pièce a été allégée d'une centaine de kilos par rapport au modèle 1934. Le gain de poids a été obtenu en grande partie par simplification et réduction de l'épaisseur de la tôle constituant certains composants comme les flèches et les bêches, et par l'utilisation de métal léger pour d'autres organes comme le carter de lunette et les volants de pointage. Si dans l'ensemble ces dispositions ne nuisent pas à la solidité de l'affût, la commission estime qu'il est souhaitable d'apporter quelques modifications mineures et d'essayer plusieurs matériels pour le certifier.

La parenté entre l'ancienne et la nouvelle version est évidente. Les masses oscillantes sont identiques à quelques détails prêts, mais l'affût, modifié en profondeur, est équipé d'une suspension à essieux déformables et ressorts, l'ensemble se bloquant automatiquement à l'ouverture des flèches. A la différence du modèle 1934, le nouvel affût permet le pointage complet du canon flèches fermées, cette caractéristique permettant par exemple d'envisager le tir lorsque la pièce est installée sur un véhicule.

Autre nouveauté, la mise à feu peut être déclenchée sans lâcher les organes de réglage, grâce à l'installation d'un second dispositif sur le volant de pointage en direction. Le bouclier a été simplifié et allégé, principalement par suppression de la partie mobile. La protection des servants est donc moins bien assurée latéralement, mais l'inclinaison de la plaque est meilleure (30° contre 15 pour le modèle 1934). D'autres différences apparaissent, comme le blocage des organes de pointage en direction et en hauteur pour les déplacements et l'adaptation au sol des quatre points d'appui. Le berceau du canon est formé d'une tôle un peu moins épaisse que celle du modèle 1934 et un nouveau carter protège la partie antérieure du corps de frein. Différentes modifications mineures ont aussi été apportées en fonction des défauts ou faiblesses constatés à l'usage du modèle 1934.

Le 12 juillet 1938, le prototype est livré à l'Établissement d'expériences techniques de Versailles, afin d'y subir des épreuves [89]. Il est ensuite confié à la CEI pour y effectuer une autre série d'essais. La commission dispose d'un Mle 34 pour comparaison mais déplore de ne pas avoir de Mle 1937. Dès les premiers tirs, le prototype souffre d'une infériorité marquée due au manque de stabilité du canon lors du tir. Le fort recul est même dangereux pour le tireur lors des premiers coups, lorsque l'arme n'est pas complètement ancrée et le servant doit abandonner la visée sous peine d'être blessé au voisinage de l'œil. La pièce est renvoyée quelques jours à Lavallois puis revient révisée et munie d'un frein de bouche. Réduisant le recul de 40 mm, l'adjonction de cet accessoire permet de ramener un confort et une précision de tir similaire au Mle 1934.

La différence de poids entre les deux armes est clairement mise en évidence lors des essais comparatifs de traction à bras, à l'aide des bricoles réalisées par la section technique de la cavalerie ou lors de la mise en batterie et la sortie de batterie. Particulièrement réussie, la suspension fait merveille pour la traction par camionnette et par chenillette même si l'une des roues sort voilée de l'ensemble des essais. Les qualités balistiques des deux armes sont assez comparables si le prototype est muni du frein de bouche. Mais les essais démontrent que la nouvelle organisation est moins satisfaisante. Le remplacement de la poignée-pistolet par un levier de détente placé sous le berceau n'apporte pas la même aisance d'utilisation et le volant de pointage en direction muni de son système de mise à feu est d'une manipulation malaisée. Le frein de bouche, enfin, est susceptible d'engendrer des projections de poussière, de cailloux ou de boue vers les servants lorsque le tube de la pièce est placé au ras du sol.

En conclusion, la commission reconnait que « *le canon de 25 mm SA Hotchkiss adapté à la traction rapide paraît susceptible de constituer un bon matériel de guerre.* [...] *Ce canon, qui possède les qualités essentielles reconnues au canon SA Mle 1934, présente, en outre, deux avantages très importants : il est nettement plus maniable que ce dernier, et il est beaucoup mieux organisé en vue des déplacements en tous terrains ou des déplacements rapides sur route. Il n'y aurait semble t'il que des avantages à le substituer au canon Mle 1934* ». Bien que pesant environ 70 kg de plus que le canon de 25 SA Mle 37, il est aussi bien équilibré et supporte des vitesses de traction nettement supérieures. La direction de l'infanterie demande l'adoption du prototype le 10 janvier 1939 sous réserve de quelques modifications et préconise de distribuer en priorité la nouvelle pièce aux BCPortés, aux CDAC et aux régiments motorisés. Le canon est adopté en mars sous la désignation de *canon de 25 mm S.A. Modèle 1934 M.39.* Il devra

Canon antichar Mle 1934 M 39.
La ressemblance avec le Mle 1934 est bien visible. Cette évolution est le meilleur compromis entre poids, efficacité et vitesse de roulement pour une pièce de ce calibre.

remplacer le Mle 1934 sur les chaînes de production, ce dernier cessant donc d'être commandé, si sa fabrication ne donne lieu à aucune interruption dans la livraison d'armes antichars. Faute de temps, la fabrication en série ne sera jamais lancée.

Les autres études d'armes antichars

D'autre part, il parait utile de doter les petites unités d'infanterie d'une arme antichar ayant une puissance de perforation analogue à celle du canon de 25 mm et différentes études sont lancées. La première concerne un matériel danois de la firme Larsen basé sur le principe d'une munition sous calibrée permettant d'obtenir une forte vitesse initiale des projectiles pour un poids modeste de l'arme. Si le principe est intéressant, il engendre une usure rapide du tube limitant le nombre de coups pouvant être tirés. Dans le cas du matériel Larsen, il est estimé à environ 250 coups. Mais l'arme, dont le calibre passe de 29 à 20 mm entre la culasse et la sortie du tube, est encore trop lourde pour s'affranchir d'un affût et ne répond donc pas à la volonté de doter l'infanterie d'un matériel facilement transportable. Bien qu'il semble qu'une cinquantaine de canons de 29/20 Larsen montés sur des affûts adaptés de la pièce de 25 SA Mle 37 aient été réalisés en avril 1940, l'étude sera finalement jugée comme sans résultats utiles. Le principe sera repris par la manufacture de Tulle avec le développement d'une arme dite *à cône de bouche* d'un calibre de 20 mm pour 16 à la sortie du tube, mais les résultats définitifs de ce projet ne seront pas obtenus avant l'armistice.

En revanche, le fusil antichar anglais Boys (Anti-tank Riffle 1937) semble pouvoir répondre aux attentes initiales de l'infanterie. D'un poids de 16,350 Kg, cette arme tire des munitions de 13,81 mm permettant de perforer 27 mm de blindage à 90 m sous incidence de 0° et 14 mm à 30°. Étudiée à Versailles en avril 1939 avant d'être expérimentée aux armées en décembre, l'arme est adoptée et une commande de 4 000 exemplaires est adressée au gouvernement britannique. Elle n'aura aucune suite, faute de temps.

Parfaitement consciente de la probabilité de voir les canons antichars de 25 mm devenir impuissants contre les engins ennemis des générations à venir, l'infanterie confie à l'APX le développement d'un matériel de 37 mm au tracé intérieur du modèle des régions fortifiées afin de tirer les mêmes munitions que lui. Montée sur affût biflèche, la pièce a été allégée autant que possible grâce à l'incorporation du bouclier dans la constitution de l'affût. Le projet doit permettre d'obtenir un canon pesant 550 kg pour des dimensions de 3,50 m de longueur et 1,15 m de largeur et dont les capacités de perforation sont de 50 mm à 800 m sous 20° d'incidence. Les 3 prototypes commandés en mai 1940 et ne seront jamais réalisés. Signalons enfin l'existence d'autres armes antichars au sein de la division d'infanterie, comme les mines, malheureusement en nombre très insuffisant.

Le canon de 37 mm TR modèle 1916

Les dotations en canons 25 AC restant inachevées au 10 mai 1940, subsiste encore environ un millier de canons de 37 mm TR modèle 1916 très similaires à la pièce équipant les chars légers. Développée pendant le conflit précédent pour réduire les nids de mitrailleuses ennemis, cette arme de petite taille peut tirer avec précision 15 obus par minute à une portée utile de 1 500 m. Sa capacité à être décomposée

Répartition des canons antichars de 25 mm de tous types (armées, territoire et cessions) au 1er mai 1940

Donnée	Localisation	Unités	Qtés	Total
Existants aux armées	Métropole	7 DIM	359	3 589
		21 DI d'active	889	
		6 DI de montagne	149	
		22 DI de série A	664	
		19 DI de série B	141	
		5 DLC	138	
		3 DLM	72	
		2 DCR	24	
		21 GRCA	65	
		Réserve générale	113	
		Forteresse	975	
	AFN			168
	Levant			71
Formations du territoire				73
Disponibles				269
Cessions depuis le début de la fabrication jusqu'au 1er mai				515
			Total	4 685

en fardeaux de 25 à 40 kg et la légèreté de ses munitions en font un matériel mobile et facile à ravitailler. Ses projectiles explosifs sont en fonte aciérée et ceux de rupture en acier, mais leur efficacité sur les engins blindés modernes est très relative. Peu discret lors des phases de tir, il doit en outre changer fréquemment d'emplacement. Quelques mois avant la campagne de France, une modification de l'organisation de son mécanisme de pointage et de son affût est effectuée afin de l'adapter autant que possible au tir antichar. Dans le nouveau système, le pointage en direction devient débrayable par basculement vers le bas de la manivelle de réglage. Le canon peut alors être rapidement orienté à la main, avant d'embrayer à nouveau le mécanisme par mouvement inverse de la manivelle et d'effectuer un réglage précis. Cette amélioration écourte le temps nécessaire au pointage mais ne change aucunement l'insuffisance balistique de ses obus de rupture.

Bilan des armes lourdes d'infanterie

Le passage en revue de ces armes permet de constater une volonté certaine d'amélioration et d'efficacité des moyens de combat confiés à l'infanterie. Mais le temps va manquer, soit pour achever les dotations théoriques des unités, soit pour permettre la mise en service de certains matériels.

L'artillerie

Redoutée depuis des siècles, l'artillerie française est un atout majeur de l'armée de Terre. En 1939, elle est probablement la plus puissante au monde avec plus de 13 000 bouches à feu de tous calibres disponibles, ainsi que des stocks appréciables de munitions. En revanche, certains aspects laissent à désirer comme la vétusté d'une partie de ces matériels et en particulier de la DCA. À partir de septembre, le plan de fabrication de guerre prévoit initialement la continuation du programme du temps de paix pour les matériels nouveaux, mais à cadence accélérée[90]. Pour les pièces anciennes, des taux d'entretien variables selon les calibres sont définis tout comme le remplacement et la réparation d'éléments usés comme les tubes, les freins et les affûts. Les quantités nécessaires de pièces de rechange sont déterminées en fonction de l'expérience acquise lors de la Première Guerre mondiale et l'on tient compte des stocks existants pour éventuellement lancer de nouvelles productions.

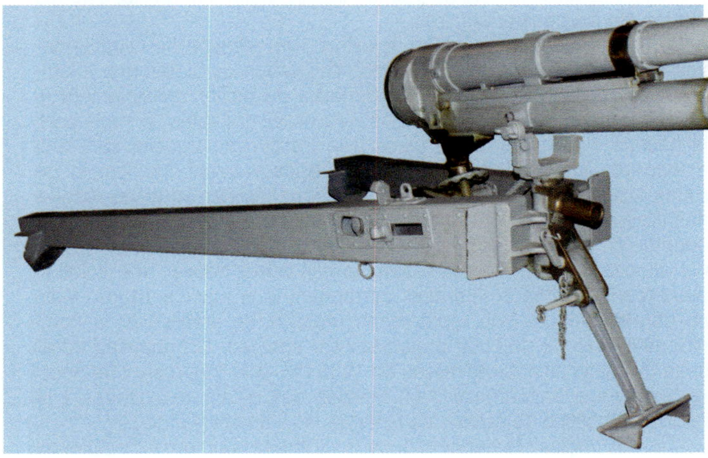

Canon de 37 mm TR modèle 1916 modifié pour le tir antichar.
Cette pièce n'a pas perdu toute utilité dans cet usage car ses obus de rupture sont capables de venir à bout des blindés légers, ceux-ci étant majoritaires au sein des Panzerdivisions de 1940. À la différence des antichars de 25 mm, elle possède en outre l'avantage de tirer des munitions explosives. Présentée ici dans une livrée gris de fer bleuté dit « gris artillerie », elle devrait normalement être peinte en vert kaki. Mais nous n'avons pas résisté à la présenter, car cette pièce, visible au Musée de l'artillerie de Draguignan, est probablement le seul exemplaire modifié ayant survécu à la campagne.

Notes :
88 : Anciennement Hotchkiss.
89 : 510 coups tirés, 500 km de traction en terrain varié et 3 000 km sur route à une vitesse moyenne de 55 km/h avec des pointes à 85).
90 : En particulier les pièces de 47 mm AC, 105 C, 105 L Mle 1936 S, et de DCA.

Canon de 75 mm modèle 1897 sur roues bois-fer.
L'immense majorité des RA dotés de cette pièce est hippomobile et dispose de l'intégralité des dotations prévues par les TEG. Le canon de 75 Mle 1897 est ainsi la pièce d'artillerie de campagne la plus présente au sein de l'armée française de 1940. US NARA

Mais la mise sur pieds de nombreuses unités nouvelles entraine une diminution rapide des stocks et l'augmentation du nombre de matériels à entretenir. On constate alors un décalage croissant entre les besoins et les ressources. De plus, dès la mobilisation, l'effort principal de production est légitimement porté sur les carences les plus importantes de l'armée et priorité est donnée à l'aviation, à la DCA, aux pièces antichars et aux chars. Certaines fabrications d'artillerie sont sacrifiées au profit d'autres armes jugées plus urgentes à l'image des nouveaux obusiers de 105 C dont la production fort lente s'explique par la sortie en nombre des pièces de 25 AC. D'autre part, l'atelier du Havre concentre ses efforts sur les pièces de 90 mm antiaérienne au détriment des 105 L Mle 1936 S. Ainsi, seules les fabrications de 47 AC seront globalement conformes aux prévisions.

L'artillerie divisionnaire légère

L'artillerie divisionnaire légère repose essentiellement sur les pièces de 75 mm Mle 1897. Étant données les disponibilités importantes de ces matériels et de leurs munitions, il semble difficile de remettre en cause leur présence au sein de l'armée de terre. Efficace et globalement performant, le 75 Mle 1897 souffre néanmoins de lacunes liées à sa conception et en particulier ses limites d'amplitude de réglage en hauteur et en direction, sa portée limitée à 11 km, et son inadaptation à la traction automobile. Aussi, le développement d'une nouvelle pièce de ce calibre à grand champ de tir dont la portée doit atteindre 14 km pour un poids d'environ 1 500 kg est aussi présent dans le programme d'artillerie légère du 21 septembre 1922. En raison du tir extrêmement tendu prévu pour le nouveau canon de 75, il est également prescrit le 18 décembre 1923 d'étudier un obusier de 75 mm très léger, d'un poids de 400 kg pour une portée de 6 km. Terminé en 1931, un prototype correspondant à cette attente donne satisfaction mais il n'aura aucune suite, en fonction de l'adoption d'un affût biflèche pour le 75 Mle 1897, solution jugée satisfaisante pour l'appui direct. D'autre part, une pièce nouvelle de 75 mm à portée de 14 km, proposée par l'atelier de Bourges et répondant elle aussi au programme de 1922, n'est pas retenue, en fonction d'un poids de 1 700 kg jugé excessif et d'une trajectoire de tir trop tendue.

Il est donc nécessaire de s'orienter vers d'autres solutions afin d'améliorer les caractéristiques du 75 Mle 1897. En janvier 1932, un affût biflèche proposé par l'atelier de Bourges est adopté, l'ensemble recevant l'appellation de *canon de 75 Mle 1897-33*. Le plan de mobilisation prévoit d'en confier la fabrication à l'atelier de Roanne, mais le stock existant d'anciens modèles, correspondant à 8 mois de consommation, permet de s'affranchir de toute urgence. Les nouveaux affûts feront l'objet de nombreuses critiques de la part des utilisateurs et ils seront finalement réservés pour un obusier de 105 court. D'autre part, estimant que les affûts en service présentent souvent un certain degré d'usure, le commandement ordonne que le montage des éléments séparés soit organisé avec le concours des ateliers de la Marine afin d'en limiter la durée.

Toujours en réponse au programme de 1922, l'étude d'un obusier de 90 mm de l'Atelier de construction de Bourges devant utiliser l'affût biflèche destiné au 75 Mle 1897 est finalement abandonnée sur proposition de la commission chargée de la révision du programme des études d'armement. Il est cependant décidé de poursuivre le développement de sa masse oscillante en fonction de sa compatibilité avec le nouvel affût biflèche du 75, mais ce développement, nécessitant l'emploi d'un nouveau modèle de frein de tir, est finalement arrêté, d'autres études étant jugées prioritaires.

Dans l'attente d'une solution définitive à la question de l'augmentation du champ de tir du 75 Mle 1897, l'utilisation de plateforme à lambourdes ou de type Vickers va permettre de pallier sensiblement le problème sans engendrer de dépenses déraisonnables. D'autre part, la nécessité d'adapter cette pièce à la traction automobile sera tout d'abord résolue par l'adoption d'un train rouleur, avant que l'emploi de roues à pneumatiques assez robustes pour résister au tir ne résolve définitivement la question. Cette solution sera d'ailleurs également adoptée pour les pièces de 105 C et 155 C.

L'allongement de la portée semble elle aussi trouver une solution avec l'obus A0 Mle 36 Gabaud, permettant le tir jusqu'à 14 km. Mais ce dernier, adopté trop rapidement, manque de stabilité et la commande initiale de 100 000 projectiles est annulée. Un nouveau tracé, cette fois satisfaisant, est retenu en 1938 (AO Mle 38), mais il ne pourra être livré avant l'armistice en fonction des délais nécessaires à la remise en activité de l'atelier de Roanne, où il doit être produit.

D'autres dispositifs viennent aussi accroitre la souplesse d'emploi du 75 Mle 1897. Une plateforme circulaire de roues, analogue à des modèles en service au sein de l'artillerie de certaines armées étrangères, est mise à l'étude afin de donner à la pièce française un champ de tir horizontal de 360°, facilitant ainsi un usage antichar. Confiées à l'industrie privée, des directives sont données à cinq constructeurs[91] et les essais des prototypes se déroulent entre 1934 et 1935. C'est finalement la plateforme Arbel qui est adoptée sous l'appellation de *plateforme métallique Mle 1935*. Ce palliatif n'est cependant qu'une mesure de transition, dans l'attente d'un nouveau matériel dédié à la lutte antichar. Signalons également la présentation d'une version améliorée de l'affût Mle 1932 par APX, dite « Lhomme » à la fin de 1939, pouvant recevoir la masse oscillante 97-33, c'est-à-dire munie d'un frein à recul variable. Jugé comme déficient et d'un fonctionnement précaire, ce projet sera classé sans suite.

La question du remplacement du 75 Mle 1897 revient au cœur des débats fin 1937 avec un nouveau programme d'étude devant aboutir à un matériel de 75 dit amélioré, basé sur l'utilisation de la bouche à feu et si possible de la glissière du Mle 1897. Une fois encore, la recherche d'un grand champ de tir et l'adaptation à la traction automobile sans utiliser de train rouleur forment les bases des nouvelles préconisations, mais la pièce devra en outre être adaptée au tir antichar. Un affût « tout azimut » est souhaité et, dans ce cas, le poids total de la pièce ne devra pas dépasser les 1 658 kg. Elle devra être dotée d'une lunette spécifique, ou, au mieux, d'un organe de visée adapté aux deux usages (artillerie et antichar). Mais les conditions exigées les plus difficiles à atteindre sont probablement une portée de 14 km et une vitesse initiale de l'obus de 600 m/sec.

Les atelier du Havre commencent l'étude d'un 75 « puissant » devant répondre à ces spécifications mais elle ne sera jamais achevée, le prototype n'étant toujours pas terminé au 1er juin 1940. De son côté, APX lance un développement similaire mais, surchargé de travail, il faudra deux ans pour voir le projet aboutir. C'est donc le 2 décembre 1939 qu'un prototype accompagné de trois types de roues différentes est envoyé à Bourges. Comme spécifié, il conserve la bouche à feu et la glissière du Mle 1897 mais celle-ci a été aménagée pour faire varier le recul en fonction de l'angle de tir. Les seuls critères ne répondant pas aux spécifications de 1937 concernent son poids, dépassant de 270 kg les 1 500 préconisés et sa voie mesurant 7 cm de plus que les limites autorisées. D'autre part, la pièce est munie d'un affût biflèche.

Les essais sont effectués par l'Établissement d'expériences techniques de Bourges (EETB). La pièce est passée au crible pendant

Canon de 75 mm Mle 1897.
Le montage de roues à pneumatiques sur une pièce de 75 mm Mle 1897 lui donne un aspect très moderne. Ce canon a pourtant été mis au point à la fin du 19e siècle et c'est une véritable révolution en raison de ses caractéristiques très en avance pour cette époque. Cet exemplaire est exposée à Sy, dans la région de Stonne, en hommage au 42e RA de la 3e DIM.

plusieurs semaines et les cessions de tirs, de manœuvres et de roulements s'enchaînent avant que l'établissement ne rende son rapport. Le matériel proposé par APX souffre d'une organisation insatisfaisante pour le tir antichar et d'une mise en batterie et en sortie de batterie peu aisées. Ensuite, sa réorientation dans le cadre d'un tir dépassant son champ d'action est insatisfaisante. Pire encore, sa fabrication complexe exigera de longs délais alors qu'il s'agit de produire un matériel de transition dans l'attente d'un canon entièrement nouveau. Le prototype est en conséquence rejeté et l'EETB préconise plutôt d'utiliser les pièces de rechange stockées pour effectuer une fabrication réduite du 75 modèle 1897, ou de monter sa bouche à feu sur l'affût du 105 C modèle 1935 B, et donc d'en revenir au 75 modèle 1897-1933, ce qui est effectivement prévu dans le cadre du programme de guerre.

Cette préconisation est d'autant plus justifiée qu'une solution « miracle » répondant quasiment à toutes les attentes concernant une pièce nouvelle vient d'être présentée le 18 mars par l'Atelier de construction de Bourges (ABS). Il s'agit d'un matériel entièrement nouveau, dit « Brochard » du nom de son concepteur, équipé d'un affût triflèche en alliage léger permettant un usage classique avec deux flèches déployées ou à 360° en déployant la troisième flèche réglable par vérin afin de l'adapter au terrain. La bouche à feu est munie d'un tube analogue à celui du 75 Mle 1897 mais allongé de 313 mm. Ainsi constituée, elle permet de tirer l'obus de 75 mm Mle 1915 à 640 m/sec avec une remarquable précision et celui de rupture Mle 1910 à 650 m/sec. Une portée d'environ 14 500 m sera obtenue avec le nouvel obus d'action lointaine (75 AO Mle 38), sous réserve d'approfondir les rayures du tube afin de prévenir son usure prématurée. Seul son poids dépasse les spécifications demandées mais la commission reconnait qu'en l'état actuel de la technique, il est impossible de réaliser une telle pièce avec la limite imposée.

Enfin, conformément au programme, une seconde bouche à feu permettant une vitesse initiale de 700 m/s a également été étudiée afin de perforer 80 mm de blindage à 1 000 m. Les essais démontrent que la tenue du matériel est excellente et sans dépointage significatif quelle que soit la configuration de tir. Une cadence de tir d'un coup toutes les deux secondes a même pu être atteinte. Les épreuves de roulement n'ont fait l'objet d'aucune remarque, aucun dérèglement notable n'ayant été constaté sur route pavée tandis que la faible garde au sol est largement compensée par le fait que le dessous des flèches est lisse, permettant à l'ensemble de glisser sans dommage. Les deux officiers en charge de l'expérimentation [92] rendent un avis particulièrement enthousiaste, tout comme l'ingénieur principal Matherion rapporteur des essais effectués par l'EETB. Tous préconisent l'adoption immédiate après lui avoir apporté quelques modifications mineures. Ce nouveau canon de 75 mm présente des caractéristiques exceptionnelles pour l'époque et peut à la fois remplir des missions d'artillerie légère et antichar. Cet avantage peut permettre de s'affranchir de la spécialisation de certains artilleurs dans la lutte contre les blindés tout en renforçant considérablement le potentiel de défense antichar divisionnaire. À la suite des premiers essais particulièrement rudes réalisés à Bourges du 20 mars au 15 avril 1940, les conclusions rendues sont tellement positives qu'il est intéressant de les citer : « *Le matériel de 75, entièrement nouveau présenté par l'Atelier de Construction de Bourges apporte une solution complète, parfaitement cohérente au problème posé. Elle peut paraître un peu compliquée mais il faut constater que le prototype n'a subi aucune avarie, même légère au cours de l'expérimentation. Ces essais n'ont fait ressortir la nécessité d'aucune modification, d'aucune mise au point technique ce qui est exceptionnel, et montre que l'étude en avait été poussée dans tous les détails. La visite des pièces démontées après l'expérimentation n'a fait apparaître aucune trace de fatigue, jeu, ovalisation ou matage, même dans les organes qui, à priori, semblaient soumis à des fatigues importantes : trépied de la béquille - vérins - commande d'abatage de la coupelle, de soulèvement des roues, etc.* » Mais il est bien tard et cet avis daté du 11 mai n'aura malheureusement aucune suite industrielle.

L'artillerie lourde divisionnaire

L'absence d'un obusier léger dans le système d'artillerie français est une lacune fondamentale déjà connue lors de la Première Guerre mondiale. Le programme du 21 septembre 1922 prévoit donc le développement d'une telle pièce, particulièrement destinée à entrer dans les dotations des artilleries divisionnaires, mais il faudra attendre encore douze ans pour voir l'affaire se concrétiser. La question évolue peu jusqu'en 1934 lorsque l'on décide d'adopter un obusier léger moderne. Or, une pièce semblant répondre aux spécifications attendues est déjà fabriquée en série par Schneider, la firme ayant été choisie par le Japon pour la fourniture de 50 batteries d'obusiers de 105 courts. Le constructeur met alors un matériel de ce type à disposition de la Commission de l'artillerie à Bourges et les essais en confirment ses qualités, d'autant plus qu'elle est compatible avec les obus Mle 14 de l'obusier de 105 L Mle 13. Mais Schneider a aussi conçu une munition bien plus performante portant l'appellation de HP 6065.

Il ne reste plus qu'une étape à franchir pour aboutir à l'adoption, car ABS est en phase finale de la conception d'un matériel similaire et il semble pertinent de comparer les deux obusiers avant de prendre une décision définitive. Ceci étant, on préconise à ABS d'adopter le même tracé intérieur que la pièce Schneider pour son prototype afin de bénéficier des avantages de compatibilité constatés chez son concurrent en terme de munitions. Bourges, d'ailleurs, proposera également une version améliorée de de l'obus de 105 Mle 14 avec son nouveau matériel.

Après la correction des défauts de jeunesse du matériel ABS, les deux obusiers sont comparés et il est constaté que ce dernier bénéficie d'importants avantages comme une hausse indépendante, une meilleure amplitude de champ de tir et un affût interchangeable avec le matériel de 75 modèle 1897-1933. Mais le matériel Schneider lui est nettement supérieur en termes balistiques avec l'obus HP 6065, même lorsque son homologue tire les munitions Mle 1914 améliorées. Il est alors décidé de retenir les deux pièces, leur adoption étant officialisée par la DM n° 3 556 S 1/2 du 4 mai 1935 sous les appellations de matériel de 105 C Mle 1934 S et matériel de 105 C Mle 1935 B, compte tenu de l'antériorité de l'obusier Schneider. La majorité des commandes privilégiera Bourges au détriment de Schneider avec un total de 840 matériels (soit 70 groupes de 12 pièces) dont seulement 72 pour le constructeur privé. L'adoption des deux nouveaux obusiers doit enfin permettre aux régiments lourds divisionnaires de disposer de matériels modernes et performants. Mais les lenteurs de production limitent leur disponibilité à 34 groupes réceptionnés au 10 mai 1940, l'intégralité des pièces Schneider ayant été livrée. Un maximum de 450 obusiers de 105 C, les deux modèles confondus, seront fabriqués avant l'armistice *a fortiori* en fonction de la priorité donnée à d'autres matériels. Ils seront attribués en priorité aux DI d'active, aux DCR et aux divisions de cavalerie.

L'état initial de l'artillerie courte de 155 possède des bases similaires à celles du 75 mm Mle 1897 car il existe un grand nombre de matériels et de munitions datant de la Première Guerre mondiale. Mais leur portée de 11 km est trop courte pour assumer correctement les tirs de contre-batterie, mission classique pour ce type de pièce. Afin de pallier cette faiblesse, il est tout d'abord envisagé de réaliser un matériel de 145 mm, permettant, pour un poids équivalent, de tirer jusqu'à 14 km, mais l'on s'oriente finalement vers la fabrication d'un obus plus léger (26 kg au lieu de 43) afin d'obtenir une portée supérieure.

L'artillerie antichar divisionnaire

La lutte antichar devenant une préoccupation majeure de l'armée française, l'artillerie adopte l'excellent matériel de 47 Mle 37 capable, à cette époque, de venir à bout de tous les engins blindés existants à des distance respectables [93]. D'une précision remarquable, ce matériel reste probablement l'une des meilleures pièces antichar au monde en 1940, si ce n'est la meilleure. L'histoire de la pièce de 47 modèle 1937 trouve son origine dans une arme de Marine de même calibre adoptée en 1885. Entièrement manuel, ce matériel est modernisé et rendu semi-automatique, devenant ainsi le canon de 47 modèle 1902. Du fait de la grande vitesse initiale de ses projectiles, il est utilisé comme pièce antichar dans les fortifications de la ligne Maginot. À partir du début des années 1930, l'APX travaille à une nouvelle modernisation de l'arme, en fonction de plusieurs demandes émises par le ministère de la Guerre concernant l'équipement des chars, des fortifications,

Canon de 75 mm entièrement nouveau ou TTZ.
Avec ce matériel monté sur un affût tous azimuts, l'atelier de construction de Bourges propose une solution très moderne pour l'époque, en outre compatible avec toutes les munitions de 75 mm divisionnaires. Sa précision et ses capacités antichars lui auraient de plus permis de rester d'une grande efficacité pendant plusieurs années, par comparaison avec les blindages des Panzers.

Notes :
91 : Ce sont les firmes Maréchal, Five Lille, Arbel, Patois et Cail.
92 : Il s'agit du chef d'escadron Jeannest, président de la commission d'expérimentation et de réception d'artillerie et du capitaine le Corus Grandmaison, rapporteur.
93 : Perforation à 0° d'incidence : 57 mm à 1 500 m, 72 mm à 1 000 m, 89 mm à 500 m et 106 mm à 100 m.

Les munitions d'artillerie non encartouchées : l'exemple des munitions

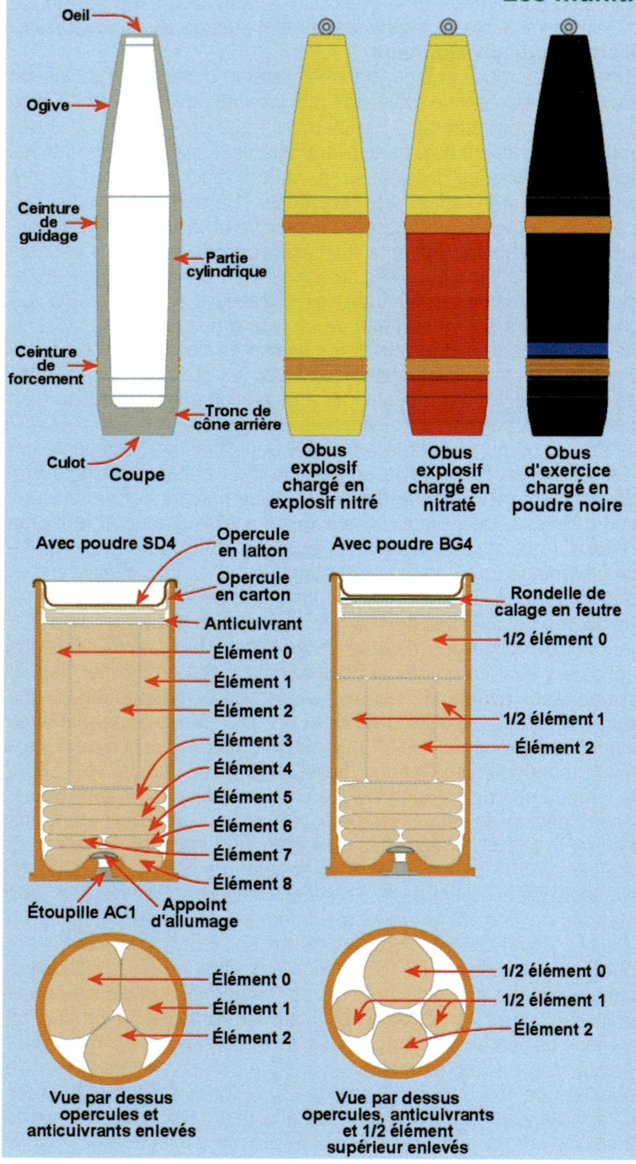

Les munitions d'artillerie peuvent être classifiées en deux familles, celles qui sont encartouchées et donc composées d'une douille et d'un obus déjà assemblés, et celles dont les obus et les douilles sont désassemblés. Dans tous les cas, les munitions d'artillerie reçoivent une fusée permettant de faire détonner la charge contenue dans les obus. D'une façon générale, les munitions des pièces d'artillerie françaises sont encartouchées jusqu'au 90 mm et décomposées en obus et douilles pour les calibres supérieurs. Cette différence s'explique principalement par le fait que les pièces d'un calibre inférieur ou égal à 90 mm sont destinées à effectuer des tirs tendus, tandis que les autres sont principalement organisées pour faire des tirs courbes et qu'il est nécessaire de pouvoir modifier les charges propulsives afin d'obtenir un champs d'action le plus vaste possible.

Les obus explosifs en acier modèle 1935

Les obus nitrés, chargés en mélinite, sont les plus puissants et leur éclatement donne une fumée noire tandis que ceux chargés en explosif nitraté donne une fumée blanchâtre, peu visible. Les obus d'exercice sont partiellement lestés afin de leur donner un poids similaires aux munitions de guerre.
Tous ces obus sont fermés par une gaine-relais constituée d'une double enveloppe contenant une charge d'explosif d'amorçage destinée à transmettre la détonation de l'amorce de la fusée au chargement intérieur. Cette gaine-relais présente un évidement suivant son axe correspondant à la queue de la fusée. L'évidement est bouché par un tampon laiton feutre devant être enlevé au moment de l'utilisation de l'obus.
Chargés et sans fusée, les obus pèsent entre 15,325 et 16,075 kg. Cette donnée étant essentielle à la précision du tir, ils sont répartis en cinq catégories de poids par tranche de 150 g visualisées par un ou plusieurs points de couleur blanche apposés sur leurs ogives. Un seul point correspond donc à un poids compris entre 15,325 et 15,475 kg.

Les douilles

La charge de poudre est contenue dans une douille en laiton amorcée par une étoupille type AC1. La douille se compose d'un corps, d'un bourrelet donnant prise au bec de l'extracteur de la pièce lors de l'ouverture de la culasse et d'un culot recevant l'étoupille vissée en son centre.
La douille est fermée par un opercule en carton-cuir embouti reposant sur le ou les fagots supérieurs et collé aux parois de la douille à la gomme laque et par un opercule en laiton afin d'assurer leur calage. La douille renferme des éléments (ou sachets) numérotés de 0 à 8, 0 étant la charge la plus forte et 8 la plus faible. Ils contiennent de la poudre balistite 10 (sachets n° 3 à 8) ou de la poudre SD4 ou BG4 (n° 0 à 2) ainsi qu'un appoint anti cuivrant constitué d'un disque d'alliage étain-plomb placé entre deux disques de toile de soie rouge.
L'artificier préparant les charges peut retirer des sachets et ainsi faire varier la vitesse initiale de l'obus. Cumulée avec le réglage vertical du tube de la pièce, cette possibilité permet de modifier la portée du tir mais également la courbure de la trajectoire de l'obus.
Différents marquages sont apposés en noir sur les douilles et sur une étiquette collée sur l'opercule en laiton. Ils indiquent les matériels dans lesquels peut être tirée la munition, le poids et le lotissement des poudres du chargement, l'établissement ayant entrepris le chargement ainsi que le mois et l'année de cette opération, les numéros des charges contenues dans la douille, la vitesse initiale donnée par la charge 0 dans les matériels de 105 C Mle 1934 S et Mle 1935 B, et le poids de l'alliage anticuivrant.

mais aussi de l'infanterie, en vue de doter l'armée française de matériels antichars performants et efficaces. Ces développements aboutissent tout d'abord à l'adoption de la pièce de 47 modèle 1934 pour l'armement des fortifications, puis d'une pièce de même calibre, le modèle 1935, destinée aux tourelles de chars.

Répondant à un appel d'offres concernant une arme antichar d'infanterie, l'APX propose un prototype alors mis en concurrence avec un matériel conçu par Schneider. Les premiers essais comparatifs démontrent une très nette supériorité du matériel de Puteaux sur celui de son concurrent. Les essais se poursuivent avec les munitions

Canon antichar de 47 mm Mle 1937

Pour ne pas inciter l'Allemagne à renforcer le blindage de ses chars, ce qui pourrait rendre obsolètes les canons de 25 alors largement répendus au sein de l'armée, le développement de cette pièce se déroule dans le plus grand secret, à tel point que de nombreux officiers en ignorent l'existence. Aussi, les BDAC seront parfois bien mal employées. Elles souffriront également de l'absence de munitions explosives, aucun obus de ce type n'ayant été encartouché pour elles.

1 : Frein récupérateur.
2 : Bouclier.
3 : Bouche à feu.
4 : Axe d'articulation de flèche.
5 : Verrou arrêt à la position de route.
6 : Masse oscillante.
7 : Récupérateur de culasse.
8 : Flèche de frein.
9 : Culasse.
10 : Flèches.
11 : Lunette de cheville ouvrière.

de la pièce Mle 1902 et l'on en profite pour également jeter les bases d'une munition plus moderne de 47 mm qui s'avérera difficile à mettre au point. Or, en 1934, l'infanterie adopte le canon antichar de 25 mm proposé par Hotchkiss dont les caractéristiques sont jugées suffisantes et mieux adaptées aux conditions de combat des unités d'infanterie. Le nouveau matériel de 47 mm aurait pu être abandonné si l'artillerie ne l'avait pas repris à son compte en fonction de son vif intérêt pour la défense antichar. À cette époque, cette mission est allouée aux 75 Mle 1897, faute de mieux, bien que certains accessoires comme la plateforme Arbel améliorent quelque peu ce type d'usage. Il n'en reste pas moins que l'encombrement du 75 est difficilement compatible avec les impératifs d'une pièce antichar, devant être souvent dissimulée pour servir en embuscade et utilisée par un personnel entrainé spécifiquement. L'artillerie poursuit donc à son compte le développement du nouveau matériel de 47. Si la conception de la bouche à feu ne présente pas de difficultés particulières en fonction de l'expérience acquise par APX, celles du train de roulement et des flèches restent problématiques pendant plusieurs années avant d'aboutir à la version définitive, adoptée sous la désignation de *matériel de 47 modèle 1937*. Une première commande de 612 pièces est lancée fin janvier 1937, destinée à mettre sur pied 51 batteries de 12 canons destinées à chaque DI d'active et de série A. D'autres suivront, totalisant 1 212 pièces au mois de février 1939, dont 200 pour les régions fortifiées. Avec les commandes du temps de guerre, 1 253 matériels de 47 Mle 37 auront été réceptionnés au 10 juin 1940. La seule modification notable apportée à la pièce de 47 sera le remplacement de l'ensemble culasse - canon, à l'origine solidaire, par une version dite bibloc, permettant de ne changer que le tube. En effet, une arme tirant des munitions à grande vitesse initiale entraîne inévitablement une usure rapide de sa partie rayée, estimée à environ 650 coups pour ce matériel.

D'autre part, à l'usage, on se rend compte qu'un canon antichar biflèche ancré au sol est difficile à repositionner en cas de dépassement de sa positon par des chars ennemis. L'APX imagine en conséquence

pour matériels de 105 C Mle 1935 B et 105 C modèle 1934 S

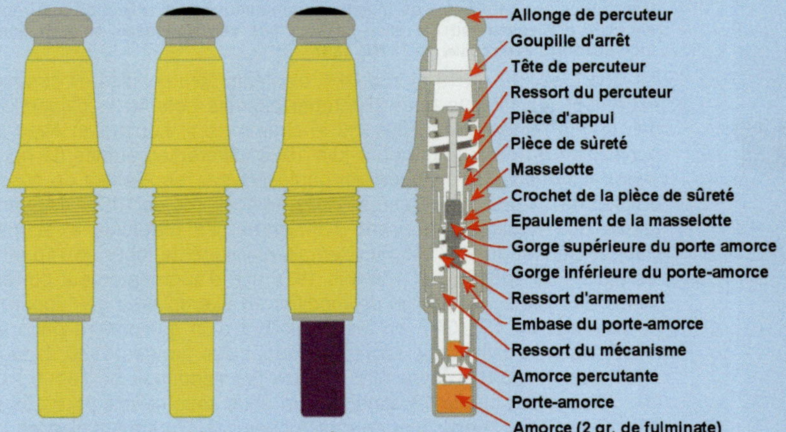

Fusée détonateur percutante instantanée de 24/31 RYG modèle 1918 — Fusée détonateur percutante de 24/31 RYG modèle 1918 à court retard — Fusée détonateur percutante de 24/31 RYG modèle 1918 à long retard — Coupe de fusée détonateur percutante instantanée de 24/31 RYG Modèle 1918

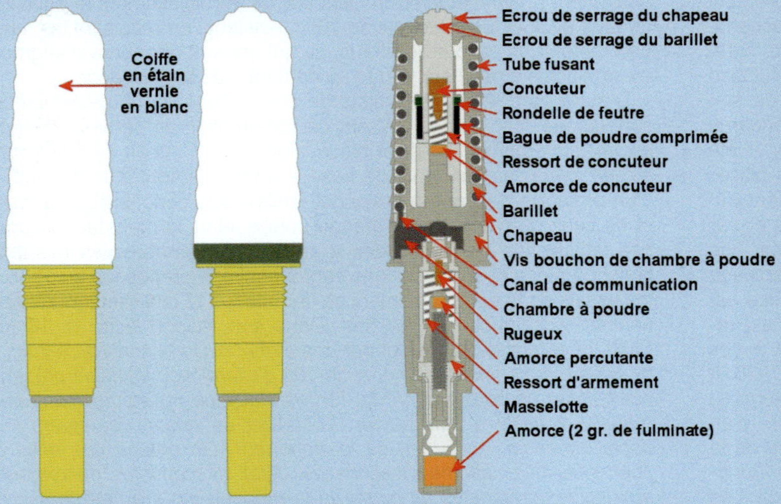

Fusée détonateur à double effet de 24/31 LD modèle 1917 — Fusée détonateur à double effet de 24/31 LD modèle 1917 à ressort renforcé — Coupe de fusée détonateur à double effet de 24/31 LD modèle 1917 (coiffe enlevée)

Fusées pour obus explosifs modèle 1935

Les fusées sont des dispositifs destinés à faire détonner la charge des obus. L'obus en acier Mle 1935 peut être doté de la fusée détonateur percutante de 24/31 RYG Mle 1918 instantanée ou à court retard, ainsi que de la fusée détonateur à double effet de 24/31 LD Mle 1917. À la différence d'une fusée détonateur instantanée, le court retard permet à l'obus de pénétrer dans la surface qu'il percute avant de détonner.

La fusée - détonateur RYG Mle 1918 instantanée ou à court retard comprend un corps en laiton d'où émerge à l'avant l'allonge du percuteur, en aluminium en forme de dôme aplati. Elle se termine à l'arrière par la douille porte-amorce. Le corps porte le filetage qui permet de visser la fusée dans la gaine-relais de l'obus. Les marques sont apposées sur le grand tronc de cône du corps de fusée. Les fusées à court retard ont le dessus de l'allonge et l'embase verni en noir. Bien que compatible, l'utilisation de la fusée de 24/31 RYG Mle 1918 à long retard pour l'armement de l'obus en acier modèle 1935 n'est pas prévue.

La fusée détonateur à double effet (fusant et percutant) de 24/31 LD Mle 1917 comprend une tête, protégée par une coiffe en étain portant le système fusant (permettant de faire détonner l'obus sans qu'il ne percute d'obstacle) et dont la partie inférieure est appelée « plateau », un corps de fusée portant le filetage et contenant le système percutant et une douille porte-amorce. Destinée à protéger la fusée de l'humidité, la coiffe vernie en blanc ne doit être enlevée qu'au moment du tir. L'évent maximum est de 51 secondes. Le plateau peut être peint en vert, indiquant que la fusée est à ressort renforcé mais l'emploi de ce modèle pour l'armement de l'obus de 105 C Modèle 1935 n'est pas prévu, bien que compatible.

Ces fusées portent un marquage. Sur les modèles RYG Mle 1918 instantanée ou à court retard, il se situe sur le grand tronc de cône du corps de fusée. Les modèle à court et long retard ont le dessus de l'allonge et l'embase verni en noir. Sur les modèles à double effet de 27 / 31 LD Mle 1917 les marques sont apposées sur la queue de fusée, ou sur le plateau et la coiffe pour les modèles d'ancienne fabrication.

Débouchoir simplifié Mle 1918. C'est un appareil servant à apporter des réglages aux munitions d'artillerie. Celui-ci permet par exemple de perforer la partie haute du corps d'une fusée - détonateur à double effet de 24/31 LD pour diminuer la durée de combustion du tube fusant avant de faire détonner l'obus, l'objectif étant de l'adapter à la distance de tir souhaitée.

un nouvel affût triflèche autorisant une rotation à 360° de la bouche à feu. L'ensemble est adopté sous l'appellation de *matériel de 47 mm Mle 1939*. Une première commande de 400 matériels est passée en avril 1939, suivie de 600 autres en décembre. Devant entrer en production vers octobre 1940, cette pièce ne dépassera pas le stade du prototype avant l'armistice.

Si la production des pièces est dans l'ensemble satisfaisante, ce n'est en revanche pas le cas des nouvelles munitions dont la mise au point est plus longue que prévue. Les retards sont tels qu'il est nécessaire d'effectuer un prélèvement temporaire sur les stocks des RF. La fabrication des munitions perforantes de petit calibre est dépendante de la disponibilité d'acier au tungstène constituant les boulets. Fondus à Champagnole, usinée et traités à Ris-Orangis et encartouchés à Rennes, la fabrication est limitée par l'étape de la fonderie et un aménagement est défini à plusieurs reprises entre les munitions de chars, pour lesquelles il n'existe aucun stock, et les munitions antichars. Ainsi, plusieurs centaines de 47 Mle 1937 ne pourront être initialement distribuées en unité faute de munitions. Le problème sera ensuite résolu mais bien des BDAC, initialement dotées de pièces de 75, ne recevront leurs matériels de 47 que tardivement.

Répartition des canons antichars de 47 Mle 1937 au 1er mai 1940

Localisation	Unités	Qtés	Total
Métropole	7 DIM	56	784
	21 DI d'active	168	
	6 DI de montagne	48	
	22 DI de série A	176	
	19 DI de série B	126	
	5 DLC	40	
	3 DLM	24	
	2 DCR	16	
	Réserve générale	80	
	Forteresse	50	
AFN			45
Levant			8
Formations du territoire			34
Disponibles			85
		Total	956

Le programme de création et de mise en place des nouvelles BDAC est initialement spécifié par la note 9 770 1 F/T 18 décembre 1939. En 1re urgence, il convient d'achever les dotations des divisions d'active et de série A d'une batterie de 8 pièces, puis, en 2e urgence, de placer 50 batteries de 8 pièces en réserve générale. La 3e urgence consistera enfin à porter toutes les batteries existantes à 12 pièces. Ces préconisations sont ensuite modifiées à plusieurs reprises et tout d'abord en février 1940. Il est alors décidé de compléter la 2e urgence en cours de réalisation par l'attribution de batteries de 8 pièces à 10 DI de série B et à 2 DI du Levant, puis en avril, où il est demandé de mettre 50 matériels sous casemates STG et de réarmer en pièces de 47 les 15 BDAC de DI de série B encore dotées de 75 Mle 97. Une fois ces opérations effectuées, la note 573 3 1/FT de l'EMA du 1er mai 1940 précise que la 2e urgence devra être poursuivie par la dotation d'une batterie aux 3e et 4e DCR, à la 8e DIC, à la 4e DLM et aux divisions d'AFN, puis au placement en réserve générale de 20 batteries en métropole, de 2 au Levant et de 2 autres en AFN. Inchangée, la 3e urgence sera ensuite suivie par la dotation définitive d'une seconde BDAC de 12 pièces à toutes les DI, par l'attribution d'une batterie par secteur fortifié ou GU statique, et par le renforcement de la réserve générale, portée à 54 batteries. L'EMA précise en outre que « *l'importance des besoins en matériels de 47 antichars et l'urgence que présente leur mise en service exigent impérieusement que la fabrication de ces matériels soit, au minimum maintenue au rythme actuel et que la fabrication des tracteurs correspondants soit poussée en conséquence.* »

Ceci étant, la note 2872 SA 3/3 de la direction de l'artillerie datée du 6 avril 1940 conclut que les ressources de l'intérieur ne permettront de mettre sur pied, et non sans difficultés, que 3 batteries AC automobiles en avril et 3 autres en mai et qu'aucune à traction hippomobile ne pourra l'être. Plus généralement, les crédits alloués au développement et à la fabrication de la pièce et de ses munitions auront respectivement nécessité 91,8 et 141,6 millions de francs entre 1936 et 1939, auxquels il doit être ajouté 95 millions pour l'année 1940.

Canon de 75 mm de montagne Mle 1919 M28.
Cette pièce a été étudiée pour être démontée en plusieurs fardeaux afin d'être transportée sur bâts à dos de mulets. Ses munitions font exception à la règle énoncée précédemment car elles ne sont pas encartouchées, et sont donc incompatibles avec celles du 75 Mle 1897.

L'artillerie de montagne

Malgré les adoptions des matériels de 75 mm de montagne Schneider Mle 1919 et 1928 [94], les études d'obusiers de 75 se poursuivent. L'atelier de Construction de Tarbes livre pour essais un matériel de 75 à la Commission d'expérimentation de Bourges répondant entièrement aux caractéristiques du programme, en particulier en ce qui concerne le portage, nécessitant un mulet de moins que celui du modèle 1919. Mais au cours des essais, le mauvais fonctionnement de la culasse impose la nécessité de retourner la pièce à Tarbes en vue de son remplacement par une culasse à coin ordinaire. En ce qui concerne les pièces de 105 mm, un matériel développé par Schneider a été adopté en 1919 et légèrement modifié en 1928 [95]. L'emploi des pièces de 105 de montagne comme obusiers divisionnaires ayant été envisagé au début 1932, de nouveaux matériels étudiés par Tarbes et par Bourges sont livrés à la CEB au 2e trimestre 1932 pour y subir une expérimentation sommaire, avant d'être confiés à une unité d'artillerie participant aux manœuvres prévues cette même année. Mais les essais du matériel proposé par Tarbes sont insatisfaisants et il est retourné au constructeur. Celui de Bourges participe lui aussi à ces manœuvres pendant lesquelles il est comparé à la pièce Mle 1928. Il est ensuite envoyé au 93e RA pour expérimentation afin de déterminer les conditions de son emploi en montagne. Le développement d'un nouveau matériel sera ensuite définitivement tranché par un avis de la *Commission chargée de la révision du programme des études d'armement* approuvé par le ministre décidant d'abandonner cette étude. Les pièces existantes présentent en effet des caractéristiques jugées comme suffisantes et il existe d'autres développements plus urgents.

L'artillerie lourde de corps d'armée et de réserve générale

Le problème est plus conséquent pour l'artillerie lourde de corps d'armée (ALCA) et de réserve générale. Les matériels de 105 L Mle 13, 155 L Mle 17 ou 18 et 155 GPF existants sont considérés comme nettement insuffisants sous différents aspects comme la dispersion des tirs, la portée, la mobilité, ou le champ de tir horizontal. Avec la publication du programme du 4 juin 1926, différentes études de nouveaux matériels sont lancées, en particulier par les Ateliers de construction de Tarbes et de Bourges dans des calibres de 105 et 145 mm tandis que d'autres proposent d'améliorer des matériels existants. Pour ce dernier point, il est par exemple envisagé de tuber en 145 mm les pièces de 155 GPF et 155 Mle 1916 afin d'augmenter leur portée tandis que l'APX est chargé de modifier 16 exemplaires de l'appareil de pointage du 155 GPF en les munissant d'un goniomètre panoramique du type Schneider adopté au début des années 1930. L'augmentation de portée devra être résolue par l'adoption de l'obus AO Mle 38 pour 105 L Mle 13, tandis qu'un obus sous-calibré pour 155 L Mle 17 et GPF est en cours de développement. L'augmentation de la rapidité du tir fait l'objet d'une étude consacrée à un fonctionnement automatique ou de tout autre dispositif facilitant le chargement des 155 L 17 et GPF, dont la cadence de tir est notamment limitée par la fatigue du personnel, due à la manœuvre des lourdes munitions. Il est également prévu d'étudier un dispositif de refroidissement et envisagé de faire évoluer les matériels de 105 L existants en réduisant les tubes pour obtenir un calibre de 95 mm ce qui pourrait permettre d'augmenter significativement leur portée au détriment de la puissance.

D'autre part, différents projets de conceptions de nouvelles pièces sont lancés dont celui de l'Atelier de construction de Tarbes. Présenté en 1932 le prototype de cette pièce, alors appelé *canon de 105 d'interdiction lointaine,* doit servir de base à l'établissement d'un matériel et d'un projectile destinés à prolonger l'action des canons d'appui direct et de ceux de campagne à grande portée. Mais le matériel ne donne pas satisfaction et Tarbes doit y apporter de nombreuses modifications. La pièce et ses munitions sont à nouveau proposées en 1935 et les essais de tir et de roulement se déroulent à l'Établissement d'expériences techniques de Bourges. Dans son rapport édité le 18 juin 1936, la commission conclut par ces mots : « *Dans son état actuel, le deuxième prototype de matériel de 105 d'interdiction lointaine présenté par l'atelier de construction de Tarbes constitue un matériel puissant, robuste et facile à manœuvrer. Toutefois, en raison des divers incidents observés, il y a lieu de lui apporter, pour obtenir une mise au point définitive, les modifications de détail susceptibles de remédier aux incidents signalés au cours de la présente note et, en particulier, de modifier le tracé de la bouche à feu en ce qui concerne les rayures (rayures à pas constant dont le nombre serait de 32, l'inclinaison de 8° et la profondeur de 1,25 mm). En conséquence, l'Établissement d'expérimentation technique de Bourges estime qu'avant que l'adoption du matériel étudié et de sa munition puisse être proposée aux services utilisateurs, il y a lieu de soumettre le matériel retouché à de nouveaux essais, susceptibles de mettre en évidence l'efficacité des modifications apportées et de poursuivre l'étude des qualités balistiques de l'obus du type n° 5 en utilisant une douille permettant de contenir en entier la charge de poudre. Il propose donc qu'après retouche, le matériel lui soit réexpédié.* »

Or, à la même époque, Schneider propose deux développements dans ce calibre avec un matériel pesant 5 tonnes et un autre 3,5 d'une portée respective de 20 et 17 km. Issu d'une réalisation devant être exportée vers la Roumanie ce dernier matériel est le fruit d'une étude remontant au début des années 1930. Le prototype fait l'objet d'essais de tir en août 1932 et la portée atteinte de 17 km est remarquable à l'époque pour un matériel de ce poids. Aussi, l'armée française s'y intéresse, surtout qu'il n'existe aucune autre solution et que le contexte géopolitique européen ne peut qu'accroitre l'importance de la question des dotations des ALCA en armes modernes. Une version légèrement modifiée du 105 L destiné à la Roumanie, alors appelée *matériel Schneider de 105 mm (17 km)*, est donc proposée par Schneider et une commission d'expérimentation est mise sur pied

Situation des matériels d'artillerie au 2 septembre 1939

Matériels	Aux armées en métropole a	Existants b	Besoins du plan E arrêtés en novembre 1938			% réalisé	
			Métropole c	AFN et Levant	Total	Métropole	Total
47 Mle 1937	128	345 d	272	53	325	47,06	106,15
65 M Mle 1906	78	370	78	104	182	100,00	203,30
75 M Mle 1928	166	228	156	32	188	106,41	121,28
75 Mle 1897	4 057	5 470	3 796	341	4 137	106,88	132,22
75 Mle 1897-33	75	109	75	5	80	100,00	136,25
105 C Mle 1934 S	60	60	60	-	60	100,00	100,00
105 C Mle 1935 B	288	313	240	-	240	120,00	130,42
105 M Mle 1928	24	36	24	4	28	100,00	128,57
105 L Mle 1913	769	1 040	769	16	785	100,00	132,48
105 L Mle 1936	96	108	96	-	96	100,00	112,50
155 C Mle 1917	1 626	2 063	1 692	88	1 780	96,10	115,90
155 Mle St-Chamond	126	146	126	-	126	100,00	115,87
155 L Mle 1877	279	743	279	-	279	100,00	266,31
155 L Mle 1877-14	52	83	52	-	52	100,00	159,62
145-155 L Mle 1916	152	170	148	2	150	102,70	113,33
155 L Mle 1917	396	537	396	2	398	100,00	134,92
155 L Mle 1918	84	120	84	-	84	100,00	142,86
155 GPF	324	458	324	8	332	100,00	137,95
194 GPF	26	49	24	-	24	108,33	204,17
220 C Mle 1915 et 1916	340	484	340	12	352	100,00	137,50
220 L Mle 1917	56	68	56	-	56	100,00	121,43
280 sur chenilles	24	26	24	-	24	100,00	108,33
280 sur plateforme	52	109	52	-	52	100,00	209,62
Total	**9 278**	**13 135**	**9 163**	**667**	**9 830**	**101,26**	**133,62**

a : Y compris les matériels de rechange des parcs de Grandes Unités. b : Armées, intérieur, AFN et Levant. c : Armées et intérieur. d : Mise en service retardée en raison du manque de munitions

Canon de 155 mm C modèle 1917.
Dans l'ensemble cette pièce est fiable mais elle ne correspond plus aux critères en vigueur des années d'avant-guerre, tout comme ses munitions. Faute de mieux elle va pourtant rester en service en grand nombre en 1940. US NARA

à Bourges en 1934 pour l'essayer. Les premières évaluations ont lieu entre le 4 décembre 1934 et le 9 janvier 1935, puis à Mailly entre le 10 janvier et le 12 février 1935 et à nouveau à Bourges du 14 février au 18 mars 1935. La pièce est proposée avec deux types de roues, bois / fer et à bandages caoutchoutés. Les conclusions de ces essais particulièrement poussés sont résumés dans une note datée du 12 avril 1935 : « *Le matériel de 105 L (17 km) Schneider est particulièrement réussi. Si les épreuves de tir n'ont pu être prolongées, certaines d'entre elles ont été très sévères ; leur résultats permettent de conclure que le matériel donne complète satisfaction au point de vue résistance. La stabilité est suffisante, à condition d'utiliser les plaques spéciales destinées à renforcer l'ancrage. Des plateaux doivent également être placés sous les roues, dont les jantes présentent une largeur insuffisantes pour éviter l'enfoncement en terrain moyennement consistant et dans ces conditions une diminution très sensible du champs de tir vertical. Les épreuves de roulement ont démontré l'excellente mobilité du matériel derrière tracteur ; une vitesse moyenne de 38 km à l'heure à pu être atteinte sans incidents au cours des deux trajets Bourges - Mailly et retour. La mise en batterie et la manœuvre inverse ne présentent aucune difficulté et ne demandent que quelques minutes.* »

Bien que la commission recommande d'attendre la présentation de la pièce de Tarbes modifiée pour prendre une décision, celle de Schneider est adoptée sous l'appellation de *matériel de 105 L modèle 1936 S* et seule la version munie de roues à bandages caoutchouc est initialement retenue. Une première commande de 24 canons est signée en décembre 1935, suivie d'autres, totalisant 648 pièces, soit 54 groupes. Le premier matériel est réceptionné en juin 1937 mais le programme prend du retard et seuls 9 groupes sur les 18 prévus sont livrés entre 1938 et 1939, tandis que la production de guerre ne totalisera que 65 matériels. La question de l'enfoncement des roues lors du tir va être résolue par le montage de pneumatiques increvables à la place des bandages caoutchoutés, dont les essais comparatifs de juin 1937 démontrent qu'aucune différence balistique n'est constatée entre les matériels munis des deux types de roues [96]. Au 10 mai 1940, 12 groupes totalisant 144 pièces, tous motorisés, ont été mis sur pied. C'est bien peu pour cet excellent matériel devant à terme remplacer le 105 L Mle 1913 et ce dernier sera donc toujours la pièce de ce type la plus courante au sein de l'artillerie française durant la guerre. D'une indiscutable avance technique sur son temps, la carrière du matériel de 105 L modèle 1936 S continuera sous les couleurs françaises dès la libération. Le 28 février 1945, une commande de 150 pièces est passée à Schneider et une centaine d'entre elles sera engagée en Indochine et d'autres en Algérie.

Aucune pièce nouvelle n'étant adoptée durant l'entre-deux-guerres, la modernisation des 155 L ne sera jamais résolue bien qu'une étude visant à améliorer leur traction automobile doit être entreprise, à l'image de celle imaginée par la capitaine Touzard pour le matériel de 220 C. Il faut néanmoins signaler la transformation des pièces de 155 GPF, également due au capitaine Touzard, correspondant à une modernisation adoptée en décembre 1938 [97]. Elle se compose principalement de la substitution de l'essieu par un dispositif de roulement arrière à quatre roues munies de pneumatiques increvables, articulé sur des balanciers. L'avant-train est également modifié et ses roues sont identiques au dispositif de roulement arrière. Les essais de cette évolution démontrent les nombreux avantages apportés [98]. Les opérations de mise en batterie sont plus rapides, principalement en raison de la forte diminution de la profondeur de la fausse de recul nécessaire aux tirs à forte amplitude verticale. Enfin, la modernisation élimine presque complètement l'enfoncement des roues lors des phases de tir, rendant inutile l'interposition de plaques entre les roues et le sol. Durant environ 3 h pour la pièce d'origine, la mise en batterie ne nécessite plus qu' 1 h 55 avec les bèches réglementaires et même à 1 h 10 si le matériel est muni de caissons de flèches Schneider. Dans ce cas, l'angle de tir du matériel est accentué mais la portée n'est raccourcie que de 400 m. 150 équipements de modernisation sont mis en commande au cours du dernier trimestre 1938 et leur installation doit être réalisée en usine à Tarbes, car les affûts d'origine, de provenances diverses, n'ont pas de cotes homogènes. En mai 1940, 48 matériels auront été modernisés à raison de 12 par mois à partir de février. Ainsi, il y aura parfois jusqu'à trois types de pièces de 155 mm au sein des ALCA, toutes anciennes, y compris les 155 L Mle 77/14 ou 18, complètement obsolètes.

Canon de 155 mm L modèle 1918.
Développé durant la Première Guerre mondiale, ce canon est robuste et fiable mais il souffre particulièrement d'un affût monoflèche. En effet, l'expérience a démontré qu'un biflèche lui est supérieur, en particulier pour sa stabilité et ses possibilités de pointage en direction et en hauteur.

Étude de nouveaux matériels d'interdiction d'artillerie lourde moyenne prévue au programme du 4 juin 1926

Calibre des matériels à étudier	105 mm	115 mm	145 mm
Portée maximum	19 km	20 km	25 km
Poids en batterie	4 t au plus	5 t au plus	12 t au plus
Poids sur route	4 t environ	6 t au plus	13 à 13,5 t
Mode de traction	Animale ou mécanique	Mécanique (normale) animale (exceptionnelle)	Mécanique

Canon de 105 mm L Mle 1936 S.
Très moderne et d'une précision remarquable, ce matériel est une véritable réussite démontrant une fois encore la qualité des ingénieurs de Schneider. Sa longue carrière ne s'achèvera que bien longtemps après la guerre, lorsque le calibre de 105 mm sera abandonné par les forces de l'OTAN.

Notes :
94 : C'est une version améliorée en 1928 de la pièce de montagne Mle 1919. Ce matériel est aussi couramment appelé 75 M Mle 1928.
95 : C'est-à-dire le 105 M Mle 1919 modifié 28, couramment appelé 105 M Mle 1928.
96 : La pièce ainsi modernisée prend l'appellation de 155 GPFT (T pour Touzard).
97 : La version sur pneumatiques sera d'ailleurs la plus courante en 1940.
98 : Comme une plus grande mobilité en raison d'un ensemble de roulement plus moderne et de la répartition du poids porté par roue, passant de 3,7 à 2,25 t.

Pièces d'ALVF existantes et mobilisées au 2 septembre 1939

Matériels	Exis.	Mob.
164 Mle 1893-96 TAZ [a]	4	-
164 Mle 1893-96 M TAZ [b]	4	4
194 Mle 1870-93 TAZ	25	24
240 Mle 1884 TAZ	4	3
240 Mle 1917 TAZ	4	4
240 Mle 1893-96 M	8	8
240 Mle 1918 [c]	1	-
274 Mle 1887 G [d]	3	-
274 Mle 1917 G	16	16
285 Mle 1917 B [e]	2	-
288 Mle 1917 G	1	-
293 Obusier	5	-
305 Mle 1893 B	3	-
305 Mle 1893-96 G	2	-
305 Mle 1906 G	3	3
305 Mle 1906-10 G	3	3
320 Mle 1870-84 G	15	-
320 Mle 1870-93 G	5	-
320 Mle 1870-30 G	8	8
320 Mle 1917 G	8	8
340 Mle 1881 G	6	-
340 Mle 1884 G	2	-
340 Mle 1893 G	2	2
340 Mle 1912 B	6	6
340 Mle 1912 G	9	6
370 Mle 1875-79 G	4	-
370 Mle 1915 B	7	-
400 Mle 1915 et 1916 B	12	10
520 Mle 1916	1	-
Total (toutes pièces)	**173**	**106**

Le détail du nombre de pièces de grosse destruction ayant été donné dans le tableau de situation des matériels d'artillerie au 2 septembre 1939, nous ne présentons ici que celui de l'ALVF.
a : TAZ signifie tous azimuts.
b : M pour modernisé.
c : Prototype mobilisé en mai 1940.
d : Le G signifie que la pièce est à glissement, sans frein, et "glissant" sur la plateforme constituée de poutrelles établies parallèlement aux rails.
e : Le B signifie que la pièce est à berceau. Le frein et le récupérateur sont intégrés à l'affût.

Canon de 32 cm modèle 1870-84 sur affût à glissement Schneider.
Prise à Mailly en 1919 , cette vue permet de visualiser la taille des grosses pièces de l'ALVF et donne une idée du personnel nécessaire pour les utiliser. Notons que l'on aperçoit la bouche à feu d'un autre canon au second plan.

L'artillerie de grosse destruction (GD) et l'artillerie lourde sur voie ferrée (ALVF)

L'artillerie française voulant se doter d'un nouveau matériel de GD, dès le programme du 13 mars 1924, l'étude d'une pièce de 220 C de GD d'une portée de 15 km est entamée par l'Atelier de construction de Tarbes. Après une première série d'essais, le prototype doit être amélioré, principalement en raison d'un poids trop important et d'un champ de tir en direction et en hauteur trop faible. En mars 1934, une seconde série d'essais alors en cours semble démontrer que la pièce répond aux attentes initiales mais, entre-temps, le programme de 1924 a été profondément remanié et une nouvelle étude doit être entreprise. Elle ne sera pas achevée lorsque le conflit éclatera. Il existe néanmoins des pièces anciennes de 220 et de 280 de grosse destruction dans les dépôts d'artillerie mais leurs munitions sont majoritairement des projectiles à amorçage de tête. Elles sont efficaces contre les abris enterrés mais peu adaptées à l'attaque des ouvrages bétonnés de la toute nouvelle ligne Siegfried. En 1939, une forte commande d'obus de rupture pour ces matériels est donc lancée, venant s'ajouter aux innombrables productions en cours et aucune livraison ne sera possible avant l'armistice. Dans son ensemble, les capacités de l'artillerie de grande puissance restent donc limitées. La majorité des pièces est en majoritairement inadaptée à être initialement engagée contre la ligne Siegfried, principalement faute d'un nombre suffisant de munitions destinées à la destruction de blockhaus. Cette carence n'est du reste pas considérée comme de 1re urgence puisque la stratégie française n'envisage pas de phases offensives majeures avant 1941, voire 1942.

Depuis la fin de la guerre, la première étude entreprise à l'initiative de la Commission de l'ALVF concerne les matériels de 240 mm Mle 1918 et 1929. Elle donne tout d'abord lieu à la réalisation d'un matériel expérimenté en 1927 à Saint-Pierre-Quiberon. Ayant absorbé le bureau d'étude d'artillerie de Saint-Chamond, constructeur de l'affût, les établissements Schneider tirent des enseignements de ce projet et réalisent rapidement un matériel similaire pour le Japon, dit « 240 Japon ». Le ministre décide alors de mettre en commande des matériels dérivés de ce nouveau type de pièce. Établies à la Section technique de l'artillerie, les dispositions intérieures sont communiquées à Schneider. Lui aussi nouveau, le projectile, également expérimenté à Saint-Pierre-Quiberon, se révèle être beaucoup plus efficace que celui proposé par la firme. Mais au début 1934, les négociations commerciales sont suspendues dans l'attente d'une enquête relative à la fourniture d'ébauches en acier spécial. Le projet avancera lentement et il n'existera qu'un prototype en 1940.

Entre-temps, un programme de transformations et d'études concernant l'ALVF est établi le 24 août 1928. Il est tout d'abord question d'élever à 20 km la portée des obusiers de 370 et de 400 mm. Un obus de 370 mm léger (396 kg !) est conçu puis expérimenté et sa portée dépasse les 20 km. Une seconde série d'essais effectués en décembre 1933 semble donner satisfaction, tandis qu'un obus homothétique devant permettre une portée similaire est en cours de développement pour les mortiers de 400 mm. Il est ensuite prévu de moderniser les canons de 305 Mle 06-10 sur affûts-trucs à glissement en augmentant leur champ de tir et leur portée. Pour ce dernier point, il est estimé que celle-ci pourrait passer de 31 à 58 km par tubage en 270 mm et même à 70 km par tubage en 224 mm. La première solution est ensuite abandonnée, les essais montrant qu'elle ne permet qu'une portée très inférieure à la seconde. Mais, postérieurement à l'approbation du programme, l'Inspection des études et expériences techniques de l'artillerie (IEETA) apprend que le département de la Marine propose de céder gracieusement à la Guerre 12 bouches à feu Skoda munies de leur berceau. L'IEETA propose alors que ces pièces soient tubées en 224 mm de 80 calibres à la place des 305 Mle 06-10, ces derniers étant neufs, et de les monter sur les affûts-trucs des matériels de 305 mm disponibles car portant des bouches à feu inutilisables (240/155) ou usées (305 Mle 93-96).

Approuvée, cette proposition est transmise à Schneider et une étude sur plan matérialise la possibilité de réaliser une solution moderne, basée sur un affût oscillant type 224 TLP [99] de 150 calibres tandis que la culasse à coin Skoda est transformée en un modèle à vis par l'atelier de construction de Tarbes. Mais des divergences de vues entre Schneider et le ministre durant la négociation du marché entraîne l'ajournement du projet le 23 juillet 1930. L'IEETA envisage alors la possibilité de confier la réalisation de la nouvelle pièce à l'Atelier de construction de Tarbes. Les indications de prix et délais fournis

Canon de 24 cm Mle 1876 de côte monté sur affût de circonstance Mle 1916.
Cette appellation est bien souvent abrégée par « canon de 24 G Mle 1916 ». En dépit de sa puissance de destruction, le principe de l'ALVF ne survivra pas à la guerre et les armées se contenteront ensuite de leur artillerie classique.

Programme d'artillerie lourde puissante et de l'ALVF du 11 mars 1940		
Matériel	**Fabrication de matériels**	**Fabrication de munitions**
220 court Mle 1915 ou 1916	-	5 000 coups à AC a pour le 1er mai, 25 000 pour le 1er juillet, 130 000 pour le 1er octobre puis 40 000 par mois
270 de côte	Achever la remise en état de 48 matériels	Pas de fabrication d'obus. Confectionner les charges correspondant aux obus existants
Mortier de 280	Constitution, pour le 1er mars 1941, de 8 matériels neufs, au moyen des éléments à divers degrés d'usinage qui sont disponibles dans les établissements constructeurs.	7 000 coups à AC pour le 1er juillet, 20 000 pour le 1er octobre puis 6 000 par mois
320 ALVF	Révision de 8 matériels de 320 Mle 1870-30 avec affût à 45° (15 mai 1940). Révision de 12 matériels de 320 Mle 1870-30 et transformation de leurs affûts pour le tir à 65°. Mise de 6 bouches à feu Mle 1870-84 au tracé 1870-30 à titre de rechanges.	Confection des charges correspondant aux obus existants à raison de 1 000 charges par mois
370 obusier (ALVF)	Pour mémoire, 1 groupe de 370 Mle 1915 à 7 pièces est en cours de mise sur pied. Révision et réalésage des tubes de 8 matériels (2 par mois) à partir de juillet.	400 coups à AC par mois à partir de septembre 1940
Mortier de 370 Filloux	Amélioration de la portée des 11 matériels existants par allongement du tube (fin 1940, si l'essai du prototype de rallonge de tube est satisfaisant). Reprise de la fabrication du mortier à portée améliorée (question à l'étude au ministère de l'Armement).	Étude d'un obus donnant une portée de l'ordre de 13 km
400 Mle 1915 ou 1916	Pour mémoire, une batterie à 2 pièces est en cours de constitution	Confection des charges correspondant aux obus existants, en commençant par les charges destinées aux obus à AC
520	Révision du matériel existant (pour fin 1940)	-
Mortiers légers puissants	Mortiers de 300 : poursuivre l'étude et construire un prototype. Matériel de 240 : Remettre en état, s'il y a lieu, une centaine de matériels qui seraient utilisés le cas échéant, jusqu'à épuisement des munitions existantes	Étude correspondant de la munition. Confection éventuelle des charges correspondantes

a : Amorçage par culot

par ces dernier sont transmises au ministre qui les accepte le 15 juillet 1931. Un premier canon est donc entrepris mais seuls les tracés de détail de la culasse et du chemisage sont achevés au 1er janvier 1934.

L'augmentation de la portée est aussi recherchée pour différentes pièces comme les matériels de 340 mm Mle 1912 à glissement et à berceau. La question est résolue grâce à l'adoption de nouveaux projectiles, respectivement les obus FATO [100] Mle 1931 et 1932 permettant d'obtenir des portées de 37 et 42 km.

Lors de la mobilisation, l'ALVF regroupe un bon nombre de pièces et un stock important d'obus, mais les tirs sont limités par la faible quantité de gargousses disponibles. Leur production est paralysée avant guerre par la question de leurs emballages, dont les études sont insatisfaisantes. Les pièces ne disposent donc que de leurs dotations d'origine. Mais l'artillerie de grande puissance et l'ALVF se renforcent. Depuis septembre 1939, certains matériels initialement indisponibles pour différentes raisons techniques sont transformés, remis en état et mobilisés, ou en voie de l'être, tel que le consigne le procès verbal de la *séance de travail pour la réalisation rapide des programmes d'armement* du 29 janvier 1940 consacrée à l'artillerie. D'autre part, la production des munitions « anti-béton » est lancée et les prévisions tablent sur 258 obus en décembre 1939, 1 000 en janvier et février 1940 pour ensuite passer à 5 000 puis 8 000 obus mensuels.

L'attaque d'un front fortifié n'étant pas prévue dans l'immédiat, la définition des besoins de l'artillerie puissante n'est abordée qu'à partir de 1940. Deux réunions rassemblant des représentants de l'EMA et du ministère de l'Armement, tenues les 19 février et 4 mars, aboutissent à la définition du programme des matériels et munitions d'artillerie lourde puissante du 11 mars 1940. En dépit de l'impossibilité de réaliser entièrement ce programme, faute de temps, l'étude de la définition des besoins et de son planning n'est pas sans intérêt. Elle démontre la prévision d'une réelle volonté de phase offensive prenant la frontière franco-allemande et la ligne Siegfried comme secteur d'attaque.

Les orientations de l'artillerie au-delà de mai 1940

Les livraisons de pièces d'artillerie de campagne modernes ayant débuté, un nombre croissant de matériels anciens va se retrouver sans affectation. Or, il est inconcevable de ne pas les employer. Aussi, le général Boris, inspecteur général de l'artillerie aux armées, propose un programme dans une note [101] du 2 mai 1940, concernant une nouvelle utilisation de chaque modèle de pièce rendu disponible. Ce programme fait suite à une lettre de l'officier (n° 1247) datée du 7 mars 1940 concernant les mesures qu'il juge nécessaires afin d'amener à la bataille le maximum de canons. Bien évidemment, ce programme n'aura aucune suite, mais il permet de donner une vision de l'avenir qui aurait été réservé à l'artillerie. Les principes généraux du programme proposé par le général Boris consistent tout d'abord à rassembler un indispensable volant d'entretien afin d'éviter d'avoir à dissocier des unités déjà constituées pour combler des pertes. Il préconise ensuite d'étoffer la réserve générale d'artillerie (RGA) en pièces modernes avant d'achever les dotations des DI et des ALCA car il est impossible de prévoir à l'avance quelles seront les GU engagées lorsque les phases de combat commenceront, compte tenu de leur noria au front. Ainsi, l'officier préconise d'attribuer à la RGA 2 régiments de 105 C modernes et de deux autres dotés de 105 L Mle 1936 S avant de poursuivre les dotation des Grandes Unités. Il serait donc immédiatement possible d'attribuer des unités d'artillerie dotées de pièces modernes si cela s'avère nécessaire. Il propose également de créer un nouveau type d'unités d'artillerie allégé en personnel et en matériels de traction, principalement au sein de la RGA, car lorsqu'ils renforceront une armée, ils trouveront sur place des munitions correspondant aux calibres de leurs pièces.

Le matériel principalement concerné par ce programme est le 75 Mle 97 en fonction de la sortie des matériels reconstitués à l'intérieur par montage de tubes sur des affûts et des freins réparés ou neuf. Mais bien d'autres 75 vont devenir disponibles en fonction de leur remplacement par des 47 Mle 37 dans les BAC et par des matériels modernes au sein de la DCA. Toujours au sujet des 75 Mle 97, les pièces disponibles devraient venir remplacer les matériels divisionnaires présents dans les casemates et venir en dotation de celles restant à construire. Il faudrait ensuite constituer des batteries de position d'un type économique, ces mesures ayant comme objectif de libérer les régiments divisionnaires et de la RGA actuellement déployés pour cet usage.

La question concerne également les autres matériels anciens des artilleries divisionnaires et de CA en fonction de leur remplacement progressif par des groupes de 105 C Mle 35 B et S, ainsi que de 105 L Mle 36 S, ou encore d'automoteurs de 47 et de 75 dont les commandes ont été lancées, bien que leurs dates de sortie de fabrication soient encore difficiles à préciser. Selon le général Boris, les 105 C anciens devraient tout d'abord être employés à constituer le 5e groupe des DI ne disposant que d'un régiment mixte [102], l'ensemble des matériels restant disponibles devant être employé à constituer des régiments de la RGA automobile. Enfin, les 47 antichars sortant d'usine doivent être affectés à l'achèvement des dotations des BAC de toutes les GU puis à porter chacune d'entre elles de 8 à 12 pièces. L'officier signale ensuite qu'il existe dans l'artillerie de position un certain

Prévisions de production de pièces d'artillerie modernes selon la note du 27 février 1940 et productions réelles

Type / Mois		1939				1940								
		Au 30/09	10	11	12	01	02	03	04	05	06	07	08	09
Canons AC de 47 Mle 37 et 39	Prév.	-	-	-	-	-	150	175	250	275	300	350	400	400
	Réal.	415	78	82	78	88	129	175	124	129	70	-	-	-
Pièce de 105C Mle 35 B	Prév.	-	-	-	-	-	2	-	-	4	12	12	12	12
	Réal.	219	0	16	12	0	7	1	0	0	-	-	-	-
Pièce de 105L Mle 36 S	Prév.	-	-	-	-	-	8	4	4	5	8	11	14	14
	Réal.	322	10	12	0	0	8	0	8	0	-	-	-	-

Notes :
99 : Très longue portée.
100 : Obus en fonte aciérée ogivé tronqué.
101 : Note n°2354 /02.
102 : Cela concerne 8 DI de série B de métropole (54e, 55e, 60e, 61e, 62e, 63e, 67e et 71e) et toutes les DIA, à l'exception de la 82e.

Superbe vue d'une équipe de 75 mm Mle 1897 en action.
Cette pièce n'est certes pas de première jeunesse elle mais fait encore bonne figure en 1940 avec, en particulier, une redoutable cadence de tir, une équipe entrainée pouvant dépasser les 20 cps/mn en cas d'urgence.

nombre de matériels (105 L 13, 155 L 18 et 145 et 155 L 16) qui seraient mieux employés s'ils étaient organisés en unités mobiles. Il précise enfin que d'autres pièces de position (220 C, 280 et 370), auxquelles s'ajouteraient celles de même calibre disponibles et des matériels de 270 de côte devraient être regroupés au sein d'un équipage de siège afin de maintenir toutes les armes existantes en service.

Mais la principale difficulté à résoudre pour augmenter significativement le nombre d'unités d'artillerie concerne l'attribution de personnel et de moyens de transport alors que la tendance est à l'économie et à la compression des TEG. Si l'application de ce programme nécessite un effort en faveur de l'artillerie dans la répartition des contingents, le général Boris précise qu'il pourrait être en grande partie constitué de troupes nord-africaines, très appréciées dans les RA, et peut-être même malgaches. Quant aux cadres, il parait indispensable de doubler au plus vite les élèves aspirants venant des armées. D'autre part, certaines études visant à réduire les effectifs des unités d'artillerie viennent d'être lancées concernant la transformation de certains groupes de 3 batteries de 4 pièces en deux batteries de 6 pièces, ou encore de régiments composés de 3 groupes de 4 batteries au lieu de 3.

Rappelons enfin que différentes études sont décidées en mai 1940, à commencer par celle d'un obusier de faible poids, de très grand débit, et d'un calibre situé entre 75 et 90 mm pour une portée d'environ 6 km, destiné à effectuer des tirs de soutien immédiat de l'infanterie. Il est également prévu de développer un canon de 47 à 75 mm pouvant aussi bien tirer sur des chars et des avions. Vient ensuite le projet d'une pièce d'interdiction lointaine, de harcèlement, et si possible de contre-batterie d'un calibre situé entre 155 et 220 mm. Il devra se déplacer sur route et avoir une portée utile de 35 km. Un mortier du genre Filloux susceptible de percer 2 m de béton à 15 km doit enfin être développé.

Plus généralement, l'effort des fabrications de guerre en matériels modernes d'artillerie peu paraitre modeste, mais la production est tout d'abord limitée par les capacités des aciéries à livrer des ébauches de tubes, nécessitant de l'acier à haut rendement. Ensuite, l'artillerie n'est plus le principal client des aciéries et de l'industrie mécanique, la majorité des capacités industrielles françaises, tant en main d'œuvre qu'en matières premières, est principalement absorbée par les chars, la DCA, les armements d'infanterie et la Marine.

La défense contre aéronefs (DCA)

La redoutable efficacité de la Luftwaffe au-dessus des champs de bataille de France en 1940 trouve ses sources dans un emploi et une organisation pour le moins contestable des forces aériennes françaises, mais aussi et peut-être même surtout dans la faiblesse de la DCA. Énoncer cette évidence sans en expliquer les fondements reste superficiel, surtout que des budgets considérables, de l'ordre de 5,5 milliards de francs, lui sont attribués entre 1930 et 1939.

Les origines

Les premières unités françaises de DCA sont mises sur pied durant la Première Guerre mondiale afin de répondre à l'importante croissance des forces aériennes ennemies, assurant tout d'abord des missions d'observation, puis de bombardement et de mitraillage au sol. La défense rapprochée contre les avions est à l'époque assurée par les armes automatiques d'infanterie, tandis que des batteries lourdes sont développées pour engager les appareils volant à des altitudes supérieures. Au 11 novembre 1918, ces batteries se répartissent en deux familles distinctes. La première, mobile, regroupe 245 autocanons de 75 mm Mle 1913, 165 remorques de 75 mm Mle 1917 et 182 projecteurs de 120 cm de trois types différents, l'ensemble constituant la DCA des armées. La seconde, destinée à protéger les points sensibles du territoire (DCA du territoire, future DAT [103]), se compose de 700 plateformes de 75 mm Mle 1915 et de 150 autres de 105 mm Mle 1917. Ces matériels sont fixes, installés sur des cuves en béton, ou semi-fixes, car positionnés sur des dispositifs démontables. Ces armements sont complétés par 395 projecteurs de 150 cm, de sept types différents. Toutes ces pièces de DCA sont dérivées des matériels de 75 Mle 1897 et de 105 Mle 1913, dont elles reprennent les bouches à feu. Elles permettent d'obtenir des portées pratiques de 5 500 m pour les premières et de 6 500 m pour les secondes. Les matériels mobiles de 75 mm (autocanons et remorques) comportent uniquement des appareils de tir direct et sont donc inutilisables de nuit, tandis que les matériels sur plateforme sont également munis d'appareils d'écoute autorisant le tir nocturne, bien que l'imprécision de ces dispositifs en rende l'efficacité très aléatoire.

Durant les années 1920, outre deux programmes établis en 1923 et 1924 irréalisables en fonction de la faiblesse des budgets alloués aux armées, quelques études sont entreprises mais seule l'une d'entre elles, provenant de l'Atelier de Bourges, aboutit, avec la mise au point d'une pièce de 75 mm moderne et d'un nouveau projectile explosif. L'ensemble permet une vitesse initiale de l'obus de 700 m/s et une portée pratique de tir de 7 500 m. La pièce et l'obus sont adoptés en 1928, sous ce millésime, mais il faudra attendre plusieurs années pour qu'ils soient disponibles. Ainsi, en 1930, le plan de mobilisation prévoit la répartition des matériels existants de la façon suivante :

DCA des armées : 57 B^{ies} d'autocanons de 75 de 4 pièces chacune (228 au total), 29 B^{ies} de remorques de 75 de 4 pièces chacune (116 au total), et 5 groupes de projecteurs de 120 cm à 2 batteries de 12 appareils chacune (120 au total).

DAT : 161 B^{ies} de plateformes de 75 de 4 pièces chacune (644 au total), 31 B^{ies} de plateformes de 105 de 4 pièces chacune (124 au total), et 14 groupes 1/2 de projecteurs de 150 cm à 2 batteries de 12 appareils chacune (354 au total).

L'armée de terre dispose donc d'une force mobilisable de 1 118 pièces de DCA et de 468 projecteurs. Bien que considérable pour l'époque, cette puissance de feu devient relative en fonction des progrès réalisés par l'aviation. Tout d'abord, l'augmentation de la vitesse des avions diminue la période de temps durant laquelle ils restent dans la zone d'action des pièces. Les appareils de conduite de tir doivent en conséquence être modernisés afin de déterminer plus rapidement les éléments de tir, tandis qu'il devient nécessaire d'augmenter la vitesse initiale des projectiles et leur coefficient balistique. De plus, le plafond d'altitude et le rayon d'action des avions ont considérablement progressé. La portée des matériels doit ainsi s'adapter à ces nouvelles données, tout comme leur nombre doit croitre, afin de parer à l'augmentation des zones potentiellement menacées par les attaques aériennes. Enfin, la défense antiaérienne contre les avions volant à basse

Unité de la DAT dotée de pièces de 75 mm Mle 1915 sur plateforme.
Il n'y a aucune crainte d'attaque aérienne à voir l'attitude générale de ces hommes. Les joueurs ont même mis leurs masques à gaz, probablement pour amuser le photographe.

Affût double de mitrailleuses Hotchkiss Mle 1914.
Bien que doublée, l'efficacité de la pièce reste très relative contre les appareils volant à grande vitesse. À noter le décalage en hauteur des mitrailleuses afin de ne pas gêner l'approvisionnement de celle du second plan. Le pullover de l'homme du premier plan n'a bien sûr rien de réglementaire. Coll. A. Alvarez

altitude est toujours principalement assurée par les armes automatiques d'infanterie, auxquelles il est ajouté des organes spécifiques de visée et parfois des affûts permettant l'usage de deux pièces jumelées. Acceptable contre les avions d'ancienne génération, cette solution perd rapidement en efficacité contre des appareils modernes.

1930, la première phase de modernisation de la DCA

Nous l'avons vu, le développement de la mitrailleuse de 13,2 mm, adoptée en 1930, est une première alternative intéressante car elle possède d'indéniables qualités pour engager les avions volant jusqu'à 1 500 m d'altitude. Proposée par Hotchkiss en affût simple, double, triple ou quadruple, elle tire une balle de 52 grammes à 800 m/s de vitesse initiale pour une cadence de 450 coups par minute. Elle constituera l'une des composantes essentielles de la DAT et de la DCA de la Marine. En dépit de ses évidentes qualités, la mitrailleuse de 13,2 mm Mle 1930 est rejetée par l'infanterie, celle-ci s'orientant vers le développement d'une mitrailleuse antiaérienne de 9 mm qui ne verra jamais le jour. Ce rejet est exemplaire des excès de perfectionnisme des commissions d'adoption d'armements alors que la mitrailleuse de 13,2 mm est une bonne arme qui aurait pu pallier dès les années 1930, même provisoirement, l'importante carence de la défense antiaérienne légère de l'infanterie, sans parler de ses potentialités à engager des objectifs terrestres avec efficacité.

Décidée en 1930, la première phase de la modernisation de la DCA concerne d'abord les projecteurs. De nouvelles ampoules de type HI (haute intensité) permettant d'accroitre la portée des faisceaux lumineux viennent remplacer les anciennes. Cette évolution est compatible avec l'ensemble des matériels de 120 cm mais ne peut s'adapter qu'à 74 projecteurs de 150 cm. La modernisation porte également sur l'installation de miroirs de verre ainsi que celle de téléaffichage à partir des appareils d'écoute. Cette même année, l'obsolescence des pièces de DCA en service entraine la définition d'un programme visant à moderniser les anciennes batteries de 75 et de 105 mm sur plateforme, ainsi qu'à mettre sur pied 118 nouvelles batteries de 75 mm et 290 sections de deux pièces de deux mitrailleuses de 13,2 mm jumelées soit 1 160 armes au total.

La modernisation et la création des batteries lourdes de 75 et de 105 mm reposent sur un ensemble de matériels dont les études n'ont, pour la plupart, pas été entamées. Ce vaste programme va en conséquence nécessiter un budget et des moyens conséquents. Il correspond à la fabrication de 462 matériels d'artillerie, 310 postes centraux de tir, 310 altimètres stéréoscopiques, 620 remorques d'écoute, 310 correcteurs d'écoute, 310 postes optiques, et 3 720 appareils récepteurs de pièces. Le financement de ce programme commence avec l'attribution de 369 millions de francs pour les années 1930 et 1931 et

Production des nouvelles pièces de 75 mm de DCA

Matériels	1934	1935	1936	1937	1938	1939	1940	Total
75 Mle 1930	20	94	18	-	-	-	-	**132**
75 Mle 1932	-	-	-	36	96	128 a	100 b	**360**
75 Mle 1933	-	-	148	38	6	8	-	**200**

a : Production poursuivie après le programme de 1930. b : Jusqu'à fin mai.

se poursuivra jusqu'en 1940. Il débute par le lancement d'études et la réalisation de prototypes bien souvent modifiés à de nombreuses reprises, avant de déboucher sur la phase de fabrication. Il faut attendre 1934 pour voir adopter les solutions de modernisation des batteries anciennes sur plateformes avec les pièces de 75 mm CA Mle 1913-34 et celles de 105 mm CA Mle 1917-34, équipées de postes centraux de tir (PC Mle 1935 et table d'extrapolation Mle 1932). Mais elles ne comportent encore qu'un petit nombre d'appareils modernes d'écoute et leur dotation en télémétrie stéréoscopique ne fait que débuter, l'insuffisance des productions ne permettant alors que d'équiper les nouvelles batteries modernes. Celles-ci se composent de trois modèles d'armes différents, dont les types et les quantités sont ainsi décidés :

- 33 Bies Mle 1930 (132 pièces), constituées de bouches à feu Mle 1928, installées sur des remorques Mle 1930 fabriquées par APX.
- 35 Bies Mle 1932 (140 pièces), basées sur la nouvelle bouche à feu Mle 1928. Cette pièce à chargement automatique permet un tir accéléré pouvant atteindre 24 coups à la minute sous tous les angles de tir. Elle dispose d'un affût à quatre flèches, installé sur une remorque munies de quatre roues pour son transport.
- 50 Bies Mle 1933 (200 pièces), dont la bouche à feu Mle 1928, installée sur un affût Schneider à trois flèches, est transportée sur une remorque à deux roues.

Toutes ces batteries sont équipées du poste central de tir Mle 1932, comportant un altimètre stéréoscopique de 4 m de base, de deux remorques d'écoute Mle 1934 munies d'un correcteur d'écoute Mle 1934 et d'un poste optique Mle 1934 de recherche de nuit. Les premières batteries produites ne seront néanmoins pleinement opérationnelles que fin 1935, faute de la livraison de leurs systèmes de conduite de tir. Les 75 mm modernes utilisent également la même munition, l'obus explosif Mle 1928. Chaque bouche à feu est commandée avec 2 000 coups, mais des difficultés de production des fusées [104] vont en limiter la disponibilité et la dotation en munitions des batteries ne dépassera jamais 1 150 coups par pièce. À partir de 1935, d'autres pistes sont suivies pour résoudre ce problème, comme l'expérimentation d'une fusée mécanique d'origine suisse, fabriquée par la société Tavaro mais la solution est abandonnée, ce matériel n'étant pas plus satisfaisant pour un coût d'achat bien supérieur. La situation va évoluer lentement et l'artillerie ne dispose que de 400 pièces modernes de 75 mm au 1er avril 1938. En revanche, si les 290 sections de mitrailleuses de 13,2 mm ont toutes été livrées à la DAT en 1934, avec 5 000 coups par pièce, la DCA des armées devant toujours se contenter des armes d'infanterie pour sa défense antiaérienne rapprochée.

1935, début de la seconde phase de modernisation de la DCA

Le programme d'armement de 1935 attribue 122 millions de francs à la défense antiaérienne, dont 59 sont affectés à la modernisation des pièces anciennes, le reste étant principalement attribué à l'ébauche de la fabrication de pièces légères, lorsque les études auront abouti, et à celle des munitions. Il est ainsi prévu de renouveler les appareils de conduite de tir des 57 batteries d'autocanons de 75 Mle 1913 mobilisables, prenant à l'occasion l'appellation de 75 CA Mle 1913-34. Chaque batterie modernisée comporte un poste central de tir direct Mle 1934 et des correcteurs de tir direct de pièces, lui permettant d'engager de jour les avions rapides. En revanche, l'organisation même de ces matériels ne permet pas le remplacement des bouches à feu par des 75 CA Mle 1928, ni l'installation des composants pour le tir indirect. La portée en restera donc inchangée et le tir au son toujours impossible. Ce budget doit également permettre de remplacer les bouches à feu des remorques de 75 Mle 1917 par des pièces modernes Mle 1928 et d'en moderniser les appareils de conduite de tir, devenant ainsi des matériels de 75 CA Mle 1917-34. Les batteries sont munies du PC de tir direct Mle 1934 et du PC de tir indirect Mle 1936. Elles sont alors capables d'effectuer des tirs indirects au son, avec la table d'extrapolation Mle 1932 et l'utilisation des appareils d'écoute leur étant affectés.

D'autre part, des études privées de pièces légères comme celles de 37 mm Schneider et de 25 mm Hotchkiss ont été lancées dès 1934, les prototypes étant ensuite essayés par les commissions de l'infanterie. Faisant toujours preuve d'une exigence marquée, l'arme estime que la cadence de tir de ces matériels doit atteindre un minimum de 500 coups par minute afin d'ôter toute chance à un avion rapide de passer entre les obus d'une rafale ajustée. En janvier 1938, les études

Notes :
103 : La défense antiaérienne du territoire.
104 : Type 30/45 Mle 1930.

Prévisions de production de pièces de DCA selon la note du 27 février 1940 et productions réelles

Type	Mois	1939				1940								
		Au 30/09	10	11	12	01	02	03	04	05	06	07	08	09
75 CA Mle 32	Prév.	-	-	-	-	-	16	16	16	16	40	40	40	40
	Réal.	234	19	10	29	12	0	13	24	25	?	-	-	-
25 CA	Prév.	-	-	-	-	-	200	240	770	920	1 020	1 020	1 070	1 070
	Réal.	117	55	53	66	98	152	229	314	198	?	-	-	-
90 CA	Prév.	-	-	-	-	-	-	4	4	8	12	12	12	20
	Réal.	-	-	-	5	0	0	4	8	25	?	-	-	-

allant dans ce sens se poursuivent mais n'ont toujours pas abouti. L'infanterie se décide néanmoins à adopter la pièce proposée par Hotchkiss sous l'appellation de matériel de 25 CA Mle 1938, et une première commande de 20 matériels est passée. Les études se poursuivent pour rechercher la cadence de tir désirée et l'on imagine une arme bitubes dont le tir est synchronisé. Le matériel de 25 mm CA Mle 1938 est une arme efficace tant sur objectifs aériens que terrestres, tirant un obus contenant 15 grammes d'explosif à une vitesse initiales d'environ 900 m/s. Sa cadence de tir est de 250 coups par minute et sa portée utile de 2 000 à 2 500 m. L'arme souffre néanmoins d'un affût de fabrication complexe et son pointage en direction est trop lent. Ces défauts sont corrigés l'année suivante par la fabrication d'un nouvel affût réalisé avec le concours de la société la Précision Moderne, l'ensemble, arme et affût, étant adopté sous l'appellation de matériel de 25 CA Mle 1939, suivi d'un nouvel affût adopté sous le millésime 1940. Ces armes seront attribuées par quatre à de nouvelles unités, les BDCA, chaque division devant théoriquement en recevoir une. Mais ces pièces se feront rares en 1940, principalement en raison d'une disponibilité insuffisante de munitions.

Entre-temps, en février 1937, 14 matériels de 40 mm Bofors sont commandés en vue d'expérimenter les méthodes nouvelles d'emploi des armes antiaériennes de petit calibre préconisées par le général Pagezy, grand spécialiste de l'utilisation de la DCA depuis la guerre précédente. Cette première commande est suivie d'une deuxième de 20 matériels, tous livrés en avril 1939. Ces pièces Bofors se différencient par deux types d'appareils de pointage, donnant les appellations de matériels de 40 mm CA Mle 39 et Mle 40. Huit matériels Bofors supplémentaires sont en outre récupérés lors du désarmement des troupes républicaines espagnoles passées en France à la fin de la guerre d'Espagne.

La modernisation des pièces anciennes de 75, également financée par le programme d'armement de 1937, s'achèvera en 1939. Ce nouveau programme s'inscrit tout d'abord dans la continuité du précédent par le financement de l'achèvement de la modernisation des projecteurs susceptibles de recevoir les lampes HI et les installations de téléaffichage. Ensuite, la production des pièces de 75 CA Mle 1932 doit être poursuivie, afin de mettre 32 nouvelles batteries de DAT sur pied. En septembre 1939, 80 pièces de ce type viendront ainsi s'ajouter aux 140 commandées en 1930. Il est également décidé d'entreprendre la construction de matériels de petit calibre tirant un obus explosif percutant à fusée autodestructrice. Destinée à la lutte contre les avions volant à basse altitude, cette nouvelle arme doit pallier la dangerosité de la retombée des balles pleines des mitrailleuses de 13,2 mm. Le programme de 1937 prévoit enfin de produire des pièces d'un calibre supérieur au 75 mm, afin d'engager les avions volant à très haute altitude, le plafond étant fixé à 10 000 m.

En 1938, avec l'abandon de la mitrailleuse de 9 mm, l'infanterie s'oriente dans l'urgence vers une arme suisse de 20 mm fabriquée par Oerlikon, adoptée sous l'appellation de « mitrailleuse de 20 mm Mle 1939 », tirant des projectiles explosifs autodestructeurs à raison de 280 coups par minute à une vitesse initiale de 830 m/s. Ce matériel suisse, certes de qualité, pèse 380 kg, soit environ le double du poids de la mitrailleuse Hotchkiss de 13,2 mm Mle 1930 mais il reste très nettement inférieur aux 1 000 kg du canon de 25 mm du même fabriquant ou encore aux 1 950 kg du Bofors de 40 mm. Dotés de moyens de traction hippomobiles, les 235 matériels livrés à la déclaration de guerre sont très insuffisants pour les voir se généraliser au sein des unités d'infanterie.

Une note datée du 12 janvier 1939 [105] prescrit d'attribuer les pièces de 20 mm Mle 1939 aux DIM, aux DI actives type nord-est, aux DINA actives, aux DIC actives type nord-est, aux 81e, 82e, 83e, 84e, 85e et 88e DIA mobilisées, aux 1re et 3e DM mobilisées ainsi qu'au 173e RI stationné en Corse. Il est prévu que cette dotation soit réalisée en deux étapes, la première consistant à doter chaque régiment d'une pièce, puis de compléter ensuite par les trois autres. Ces matériels sont destinés aux CRME des RI type nord-est motorisés, aux CAB des RI type nord-est et aux DBCP à raison de 4 pièces par unité, en remplacement d'une section de mitrailleuses. Mais la priorité des attributions doit être donnée aux centres d'instruction [106].

Début 1939, l'atelier de Bourges réalise une plateforme simple et de construction aisée, capable de supporter indifféremment la bouche à feu du 75 mm Mle 1897 ou Mle 1928. Proposant de nombreux avantages sur le modèle 1915, cette nouvelle plateforme, adoptée sous le millésime 1939, est commandée à 200 exemplaires. Elle sera tout d'abord destinée à recevoir les bouches à feu Mle 1897 disponibles en stock, sous l'appellation de matériel de 75 mm CA Mle 1897-39. D'autre part, deux projectiles de 75 mm CA sont à l'étude à la veille de la guerre au sein des sociétés Gabeaud et Brandt. Ces deux obus, destinés aux bouches à feu de 75 mm Mle 1897, sont étudiés pour égaler le plafond des pièces modernes, tandis qu'une étude parallèle portant sur les obus des bouches à feu Mle 1928 est également suivie pour augmenter leur portée d'environ 1 000 à 1 500 m. Enfin, les fusées pyrotechniques de 30/45 Mle 1930 posant toujours des difficultés de production, la recherche d'une solution alternative est recherchée. À la veille de la guerre, l'expérimentation d'une autre fusée mécanique d'origine suisse, dite GPA, donne satisfaction et un marché est passé avec son fabricant, la firme Perrenoud, tandis qu'un régloir adapté est mis à l'étude [107].

Le plafond des avions modernes augmentant régulièrement, il est nécessaire de disposer d'une pièce de plus gros calibre que le 75 mm. L'origine du matériel répondant à cette attente est une pièce de 90 mm fabriquée par Schneider pour la Marine, destinée à assurer la défense antiaérienne des côtes. Le tracé de sa bouche à feu est alors établi afin d'utiliser le stock disponible d'obus de ce calibre. Schneider continue ses études et propose ensuite une nouvelle munition de 90 mm nettement supérieure à la précédente, mais elle nécessite de modifier le tracé de la bouche à feu de la pièce. Le nouveau matériel est essayé à Toulon entre 1936 et 1937 et l'usure rapide du tube, constatée après 500 coups tirés, impose d'y apporter d'autres modifications. Schneider augmente la profondeur des rayures du tube et présente à nouveau son matériel en 1938. La pièce est alors retenue, et, en mai, un premier crédit de 17 millions de francs est affecté au lancement de sa fabrication en série à l'Atelier du Havre. Adoptée sous l'appellation de matériel de 90 CA Mle 1939 S, la pièce est très moderne. Elle tire l'obus explosif proposé par la firme à une vitesse initiale de 820 m/s et dispose d'un chargement automatique permettant une cadence de 15 coups par minute. Son affût tri-flèches peut être placé sur une remorque munie de 4 roues pour ses déplacements. Cette configuration en fait un matériel dont la mobilité équivaut celle des 75 mm CA modernes, malgré un poids supérieur de plus de deux tonnes [108]. Chaque batterie de 90 sera dotée d'un poste central de tir Mle 1935 et d'un télémètre stéréoscopique de 4 m de base.

Enfin, seuls les quatre groupes de projecteurs de la DCA des armées équipés d'appareils Sautter-Harlé peuvent être modernisés, le cinquième, composé d'appareils Luchaire s'avérant incompatible malgré de multiples tentatives. Au sein de la DAT, 60 appareils sur les 74 susceptibles d'être modernisés reçoivent une lampe HI et l'installation du téléaffichage est entamée. De nouveaux matériels sont en outre commandés en 1938, dont 26 projecteurs de 120 cm des firmes Bréguet et BBT, tous livrés entre 1939 et 1940, ainsi que 120 de 150 cm d'un type nouveau mis au point par Sautter-Harlé en début de guerre, tandis que la Sagem a développé un matériel léger de 150 cm, dérivé d'un projecteur américain type « Sperry », en service dans l'armée russe, dont quelques exemplaires ont été saisis à l'armée républicaine espagnole.

En janvier 1938, un programme complet des réalisations à effectuer pour les matériels antiaériens est arrêté. Établi avec l'accord du général Gamelin, il est défini par le général inspecteur de la DCA des armées (programme Condé-Marescaud) et par le général de l'armée de l'Air inspecteur général de la DAT (programme Keller). Le financement de ces programmes sera également pris en compte dans celui des années 1940-1943, devant permettre leur achèvement, tant pour les premières que pour les deuxièmes urgences [109]. Malheureusement il est bien tard et les moyens financiers, pourtant conséquents, ne peuvent résoudre à eux seuls les carences en nombre de pièces lorsque les hostilités débuteront.

Notes :

105 : Note n° 00540 S 2/3.

106 : 2 matériels pour l'École militaire de Saint-Cyr, 2 pour l'École militaire de l'infanterie et des chars de combat de Saint-Maixent, 1 pour chaque centre de perfectionnement des sous-officiers de carrière d'infanterie (Grandville, Sables d'Olonne et Oudja) et 5 pour le cours pratique de tir de l'infanterie et des chars de Mourmelon, dont 1 devant rester à disposition de la commission d'expérimentation de l'infanterie.

107 : Un régloir est un appareil permettant d'effectuer des réglages sur la fusée des obus afin de les faire détonner à l'altitude voulue.

108 : 7.8 t en ordre de marche contre 5,3 pour le 75 mm Mle 1932.

109 : À ce sujet, voir le chapitre sur les programmes d'armement page 73 et suivantes.

10 : Ordre de bataille, déploiement, et composition organique des unités le 10 mai 1940

Les codifications d'époque et de l'OTAN sont trop complexes ou insuffisantes pour permettre d'apprécier rapidement un ordre de bataille ou un déploiement d'unités.

Aussi et bien que s'inspirant de ces deux signalétiques, celle que nous avons utilisée dans cet ouvrage permet de visualiser rapidement les informations majeures concernant chaque unité, comme la série des divisions ou le type de chars dont sont dotés les BCC. Ce chapitre détaille également la composition organique des Grandes Unités françaises par catégorie, l'objectif étant de proposer l'organisation de l'armée française au plus juste au 10 mai 1940 à l'aube.

Rappelons que de nombreuses informations complémentaires ont été données dans les chapitres 6 et 7 de cet ouvrage et que des cartes détaillées montrant la situation journalière des troupes françaises, anglaises, belges, néerlandaises et allemandes du 10 au 23 mai 1940 ont été proposées dans *1940 - La Wehrmacht de Fall Gelb* du même auteur, dans la collection Armes et Armées des éditions Economica.

La légende des cartes et des ordres de bataille

- Grand quartier général
- Commandement des forces terrestres
- Théâtre d'opérations
- Groupe d'armées
- Armée
- General Headquarter of the British Expeditionary Force (GQG de la force expéditionnaire britannique)
- Corps d'armée ou structure équivalente
- Corps d'armée de forteresse
- Amiral Nord
- Army Corps (corps d'armée britannique)
- Grande Unité motorisée
- Grande Unité semi-motorisée
- Grande Unité d'active (série A)
- Grande Unité de série A
- Grande Unité de série B
- Grande Unité de formation
- Grande Unité de la fortification
- Grande Unité d'infanterie polonaise
- Grande Unité d'infanterie
- Grande Unité d'infanterie type montagne
- Grande Unité de cavalerie
- Grande Unité d'infanterie britannique
- Brigade, avant-garde ou groupement
- Groupement cuirassé
- Groupe de bataillons de chars de combat
- Division cuirassée (de réserve générale)
- Division légère mécanique
- Bataillon de chars légers modernes
- Bataillon de chars légers anciens
- Bataillon de chars D1 ou D2
- Bataillon de chars FCM 2C
- Groupement de cavalerie blindé ou partiellement blindé

Limite de secteurs entre

- Théâtres d'opérations
- Groupes d'armées
- Armées
- Corps d'armée

Abréviations utilisées dans les cartes, les ordres de bataille et les compositions organiques

ACLM : Ambulance chirurgicale légère motorisée
AMM : Ambulance médicale motorisée
BC : brigade de cavalerie
BCPortés : Bataillon de chasseurs portés
BS : Brigade de Spahis
CC : Corps de cavalerie
CAQG : Compagnie automobile de quartier général
CAT : Compagnie automobile de transport
CAuT : Compagnie auxiliaire de train
CEFS : Corps expéditionnaire français en Scandinavie
CEP : Compagnie d'équipage de pont
CG : Compagnie de génie
CHQG : Compagnie hippomobile de quartier général
CHT : Compagnie hippomobile de transport
CMM : Compagnie de mitrailleurs motorisés
CO : Corps d'armée colonial
COA : Compagnie d'ouvriers d'administration
COP : Compagnie d'ouvriers d'artillerie
CPG : Compagnie de parc du génie
CR : Compagnie radio
CRV : Compagnie de ravitaillement en viande
CSC : Commandement supérieur de la Corse
CSM : Compagnie de sapeurs-mineurs
CT : Compagnie télégraphiste
DCo : Détachement colombophile
DI : Division d'infanterie
DIA : Division d'infanterie d'Afrique
DIC : Division d'infanterie coloniale
DIF : Division d'infanterie de forteresse
DIM : Division d'infanterie motorisée
DINA : Division d'infanterie nord-africaine
DIP : Division d'infanterie polonaise
DLC : Division légère de cavalerie
DLCh : Division légère de chasseurs
DLM : Division légère mécanique
DM : Division marocaine
GED : Groupe d'exploitation divisionnaire
GS : Groupe sanitaire
GSD : Groupe sanitaire divisionnaire
GSRH : Groupe sanitaire de ravitaillement hippo.
GEM : Groupe d'exploitation motorisé
GRCA : Groupe de reconnaissance de CA
GRDI : Groupe de reconnaissance de DI
ID : Infantery division (britannique)
PA : Parc d'artillerie
PAD : Parc d'artillerie divisionnaire
RA : Régiment d'artillerie
RAL : Régiment d'artillerie lourd
RAM : Régiment d'automitrailleuses
RCP : Régiment de chasseurs à pied
RCCh : Régiment de chasseurs à cheval
RC : Régiment de cuirassiers
RD : Régiment de dragons
RDP : Régiment de dragons portés
REI : Régiment étranger d'infanterie
RH : Régiment de hussards
RIC : Régiment d'infanterie coloniale
RTA : Régiment de tirailleurs algériens
RTM : Régiment de tirailleurs marocains
RICMS : Régiment d'infanterie mixte sénégalais
RTS : Régiment de tirailleurs sénégalais
RTT : Régiment de tirailleurs tunisiens
RP : Régiment de pionniers
RZ : Régiment de Zouaves
SD : Secteur défensif
SF : Secteur fortifié
SHLD : Section hygiène, lavage, désinfection
SMA : Section de munitions automobile
SMH : Section de munitions hippomobile

Les corps d'armée motorisés et leurs unités organiques au 10 mai 1940

N°	Infanterie	Cavalerie	Artillerie				Génie			Transmissions			Train		Intendance		Santé			
	RP	GRCA	RA	PA	COP	SMA	CSM	CEP	CPG	CT	CR	DCo	CAQG	CAT	GEM	CRV	AMM	ACLM	GSRH	SHLD
1	601	2	101	1	101	101 & 131	101/1 & /2	101/16	101/121	101/81	101/82	101/83	351/1	384/1	101/1	201/1	1	201	1	1
2	603	6	102	2	102	102 & 132	102/1 & /2	102/16	102/21	102/81	102/82	102/83	352/2	383/3	102/2	202/2	2	202	2	2
5	605	3	104	5	105	105 & 135	105/1 & /2	105/16	105/21	105/81	105/82	105/83	355/5	328/5	105/5	205/5	5	205	5	5
CC	-	-	329	CC	129	129	129/1 & /2	129/16	-	129/81	129/82	129/83	339/22	338/22	-	-	29	229	29	29

La CAT du CC est une CHT (hippomobile)

Le groupe d'armées n° 1

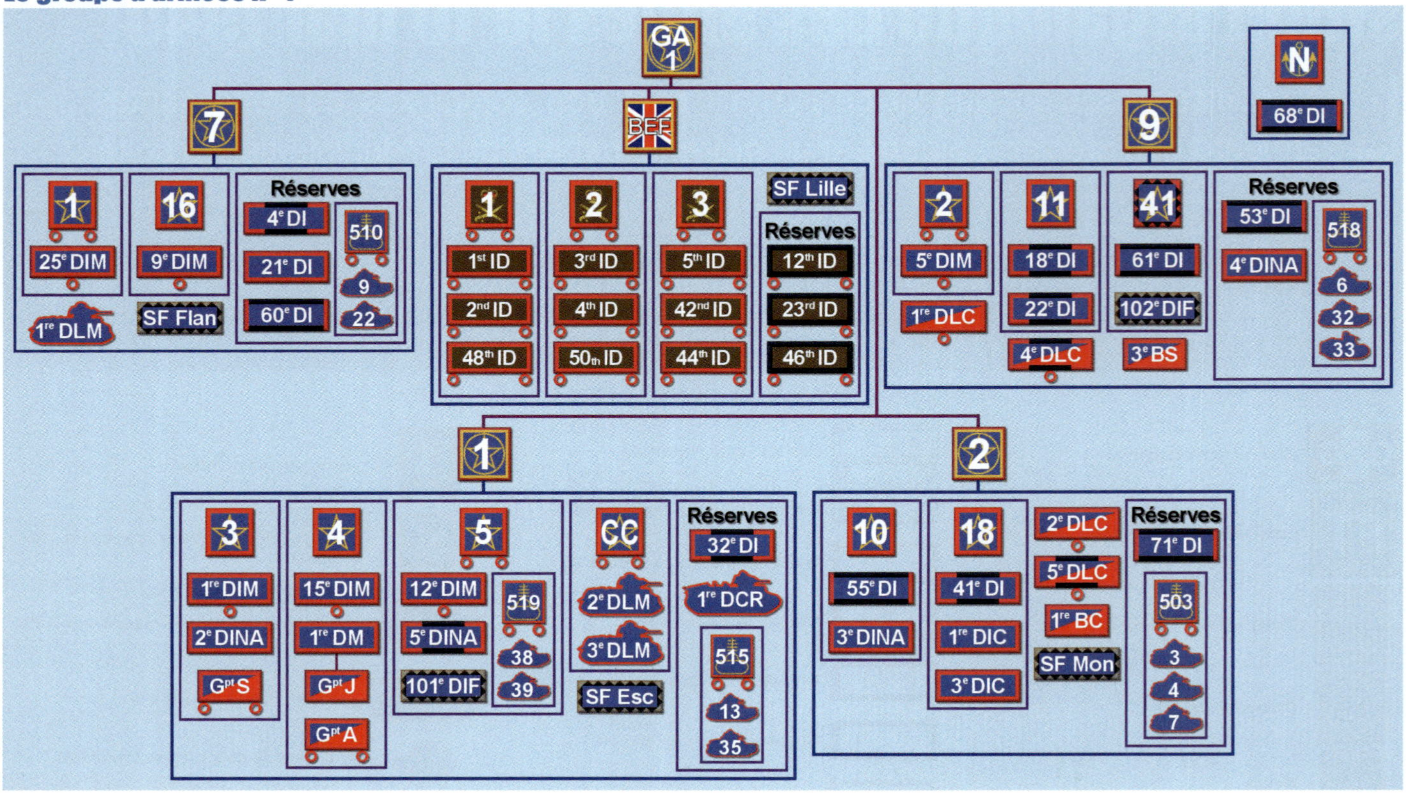

Ordre de bataille du GA1.

La 68e DI est rattachée au commandement de la Marine (Amiral Nord) et ne dépend pas initialement du GA1. Elle est déployée le long de la mer du Nord et affectée à la défense du littoral. La 46th ID est située au nord de Nantes. Au lancement de la manœuvre Dyle option Breda, des groupements de cavalerie prenant le nom de leurs commandants sont constitués et projetés en avant : le Gpt S (Soubeyran) est composé du 7e GRDI, des éléments motorisés du 6e GRCA, de l'escadron de mitrailleuses et d'engins du 92e GRDI, de la BDAC et de la CDAC de la 1re DIM et de la 103/2e Cie de génie. Le Gpt J (Jacquelin) se compose des éléments à cheval du 7e GRCA, du 80e GRDI, et de la 654e BAC de RG. Enfin, le Gpt A (Arlabosse) rassemble le 4e GRDI, les éléments motorisés du 7e GRCA, du 80e GRDI et la CDAC de la 15e DIM.

Les corps d'armées à éléments organiques du type motorisé et leurs unités organiques au 10 mai 1940

N°	Infanterie	Cavalerie	Artillerie				Génie			Transmissions			Train		Intendance		Santé			
	RP	GRCA	RA	PA	COP	SMA	CSM	CEP	CPG	CT	CR	DCo	CAQG	CHT	GEM	CRV	AMM	ACLM	GSRH	SHLD
6	606	7	103	7	106	106 & 136	106/1 & /2	106/16	106/21	106/81	106/82	106/83	356/6	256/6	106/6	206/6	6	206	6	6
7	607	9	107	7	107	107 & 137	107/1 & /2	107/16	107/21	107/81	107/82	107/83	357/7	257/7	107/7	207/7	7	207	7	7
8	608	10	108	8	108	108 & 138	108/1 & /2	108/16	108/21	108/81	108/82	108/83	358/8	258/8	108/8	208/8	5	208	8	8
20	620	15	120	20	120	120 & 150	120/1 & /2	120/16	120/21	120/81	120/82	120/83	370/20	270/20	120/23	220/23	20	220	20	20
23	623	19	109	23	123	123 & 153	123/1 & /2	-	123/21	123/81	123/82	123/83	373/14	273/14	123/14	223/14	23	223	23	23
24	624	25	124	24	124	154	124/1 & /2	-	-	124/81	124/82	124/83	374/9	274/9	120/23	220/23	24	224	24	24

Les corps d'armée et leurs unités organiques au 10 mai 1940

N°	Inf.	Cav.	Artillerie				Génie			Transmissions			Train		Intendance		Santé			
	RP	GRCA	RA	PA	COP	SMA	CSM	CEP	CPG	CT	CR	DCo	CAQG	CHT	GEM	CRV	AMM	ACLM	GSRH	SHLD
3	603	6	105	3	103	103 & 133	103/1 & /2	103/16	103/121	103/81	103/82	103/83	353/3	253/3	103/3	203/3	3	203	3	3
4	604	7	106	4	104	104 & 134	104/1 & /2	104/16	104/121	104/81	104/82	104/83	354/4	254/4	104/4	204/4	4	204	4	4
9	609	11	121	9	109	109 & 139	109/1 & /2	109/16	109/21	109/81	109/82	109/83	359/9	259/9	109/9	209/9	9	209	9	9
10	610	12	110c	10	110	110 & 140	110/1 & /2	110/16	110/21	110/81	110/82	110/83	360/44	260/44	110/4	210/4	10	210	-	-
11	611	17	111c	11	111	111 & 141	111/1 & /2	111/16	111/21	111/81	111/82	111/83	361/11	261/11	111/11	211/11	11	211	11	11
12	612	24	112	12	124	112 & 142	112/1 & /2	112/16	112/21	112/81	112/82	112/83	362/49	262/49	112/9	212/9	12	212	12	12
13	613	23	116	13	113	113 & 143	113/1 & /2	113/16	-	113/81	113/82	113/83	363/13	263/13	113/13	-	13	213	13	13
14	614	20	114	14	114	114 & 144	114/1 & /2	114/16	-	114/81	114/82	114/83	364/14	264/14	114/14	214/14	14	214	14	14
15	615	21	113	15	115	115 & 145	112/1 & /2	115/16	-	115/81	115/82	115/83	365/15	265/15	-	-	-	-	-	-
16	616	18	115	16	116	116 & 146	116/1 & /2	116/16	116/21	116/81	116/82	116/83	366/16	266/16	116/16	216/16	16	216	16	16
17	617	13	117	17	117	117 & 147	117/1 & /2	117/16	117/21	117/81	117/82	117/83	367/17	267/17	117/17	217/17	17	217	17	17
18	618	16	118	18	118	118 & 148	118/1 & /2	118/16	118/21	118/81	118/82	118/83	368/18	268/18	118/18	218/18	18	218	18	18
21	621	14	109	21	121	121 & 151	121/1 & /2	121/16	121/21	121/81	121/82	121/83	371/24	271/24	121/22	221/22	21	221	21	21
CAC	622	22	11c	22	122	122 & 152	122/1 & /2	122/16	122/21	122/81	122/82	122/83	372/21	272/21	122/22	222/22	22	222	22	22

Le c signifie que c'est RA colonial.

Les corps d'armée de forteresse et leurs unités organiques au 10 mai 1940

N°	Infanterie	Artillerie				Génie		Transmissions			Train		Intendance		Santé
		RA	PA	COP	SMA	CSM	CPG	CT	CR	DCo	CAQG	CAuT	GEM	CRV	GS
41	-	-	41	141	161	141/1 & /3	141/21	141/81	141/82	-	341/21	102/1, 104/1, 105/1 & 107/3	441/2	431/2	-
42	128, 139, 149 RIF & IV/460 RP	46 & 152	42	142	142	142/1 & /2	-	142/81	142/82	142/83	342/6	-	442/6	452/6	442
43	154 et 165 RIF & V/400 RP	60 & 168	43	143	143	143/1 & /2	-	143/81	143/82	143/83	343/7	-	443/23	453/23	443
44	I/460 RP	159	-	-	-	-	144/1	144/81	144/82	144/83	344/7	-	444/7	434/7	-
45	VII/460 RP	II/170	45	145	145	-	145/1	120/81	145/82	145/83	345/7	-	445/7	220/23	20

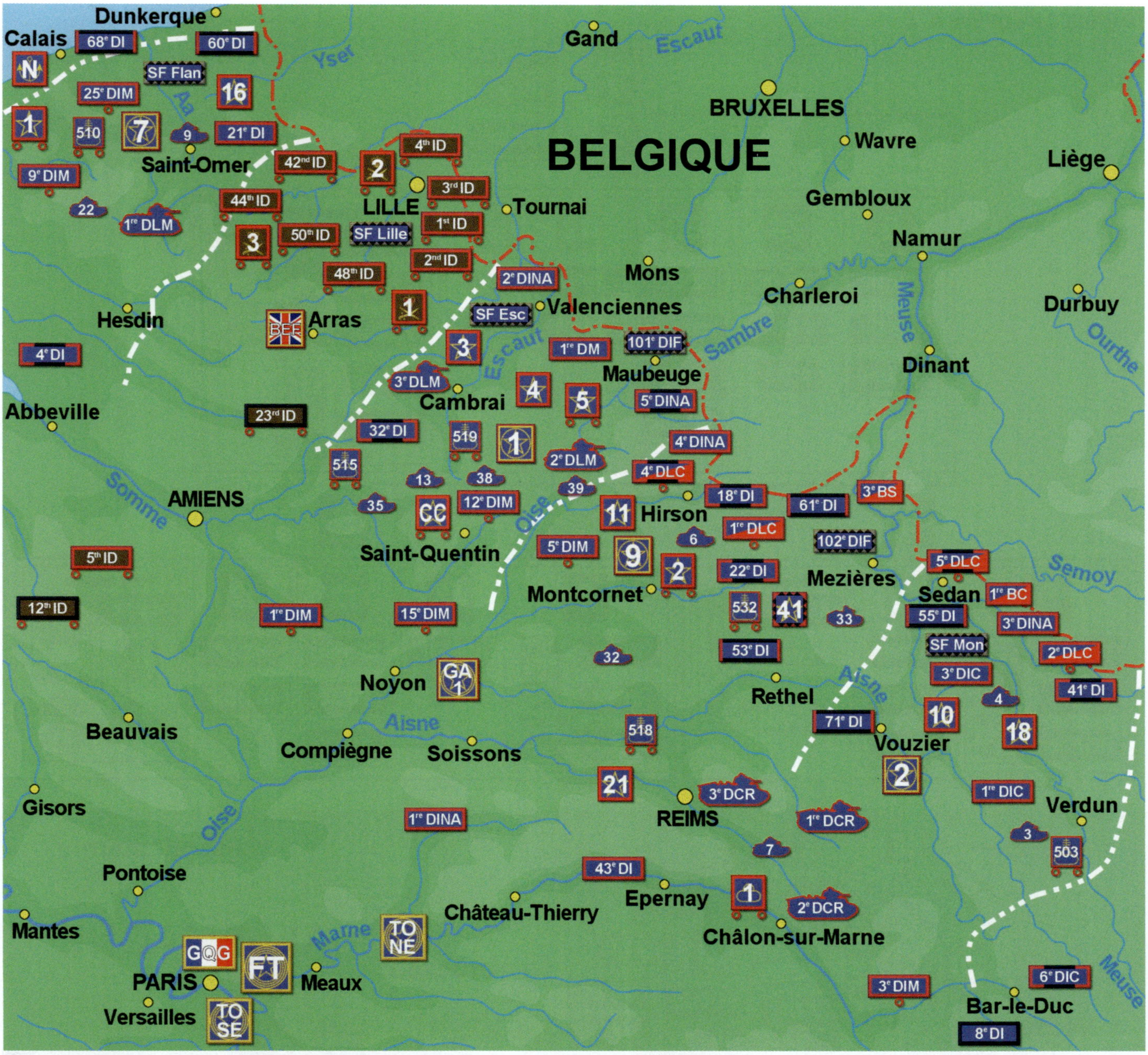

Les divisions d'infanterie type motorisé (active, série A) et leurs unités organiques au 10 mai 1940

N°	Général commandant	Infanterie			Cavalerie	Artillerie					Génie	Transmissions		Train		Intendance	Santé
		RI			GRDI	RA	RAL	PAD	COA	SMA	CSM	CT	CR	CAQG	CAT	GED	GSD
1	de Camas	1	43	110	7	15	215	1	1	201	1/1 & 1/2	1/81	1/82	201/1	301/1	1/1	1
3	Bertin-Biussus	51	67	91	6	42	242	3	3	203 & 403	3/1 & 3/2	3/81	3/82	203/2	303/2	3/2	3
5	Boucher	8	39	129	1	11	211	5	5	205 & 405	5/1 & 5/2	5/81	5/82	205/3	305/3	5/3	5
9	Didelet	13	95	131	2	30	230	9	9	209 & 409	9/1 & 9/2	9/81	9/82	209/5	309/5	9/5	9
12	Janssen	106	150	8z	3	25	225	12	12	212 & 412	12/1 & 12/2	12/81	12/82	212/6	312/6	12/6	12
15	Juin	4	27	134	4	1	201	15	15	215 & 415	15/1 & 15/2	15/81	15/82	215/8	315/8	15/8	15
25	Molinier	38	92	121	5	15	216	25	25	225	25/1 & 25/2	25/81	25/82	225/13	325/13	25/13	25

Le z signifie que c'est un RZ.

Les divisions d'infanterie d'active type nord-est (série A) et leurs unités organiques au 10 mai 1940 (suite page 191)

N°	Général commandant	Infanterie			Cavalerie	Artillerie					Génie	Transmissions		Train		Intendance	Santé
		RI			GRDI	RA	RAL	PAD	COA	SMA	CSM	CT	CR	CHQG	CHT	GED	GSD
10	Sisteron	5	24	46	15	32	232	10	10	210	10/1 & 10/2	10/81	10/82	10/21	110/21	10/22	10
11	Arlabosse	1d	26	170	16	8	208	11	11	211	11/1 & 11/2	11/81	11/82	11/20	111/20	11/23	11
13	Desmazes	8	8m	60	17	28	228	13	13	213	13/1 & 13/2	13/81	13/82	13/7	113/7	13/7	13
14	De Lattre de Tassigny	3d	35	152	25	4	204	14	14	214	14/1 & 14/2	14/81	14/82	14/7	114/7	14/7	14
19	Toussaint	22e	41	117	21	10	210	19	19	219	19/1 & 19/2	19/81	19/82	19/44	119/44	19/4	19
21	Lanquetot	48	65	137	27	35	235	21	21	221	21/1 & 21/2	21/81	21/82	21/11	121/11	21/11	21
23	Jeannel	32	107	136	18	41	241	23	23	223	23/1 & 23/2	23/81	23/82	23/49	123/49	23/9	23

Le d signifie que c'est une DBC, le m que c'est un RTM, et le e que c'est un RMVE

Le groupe d'armées n° 2

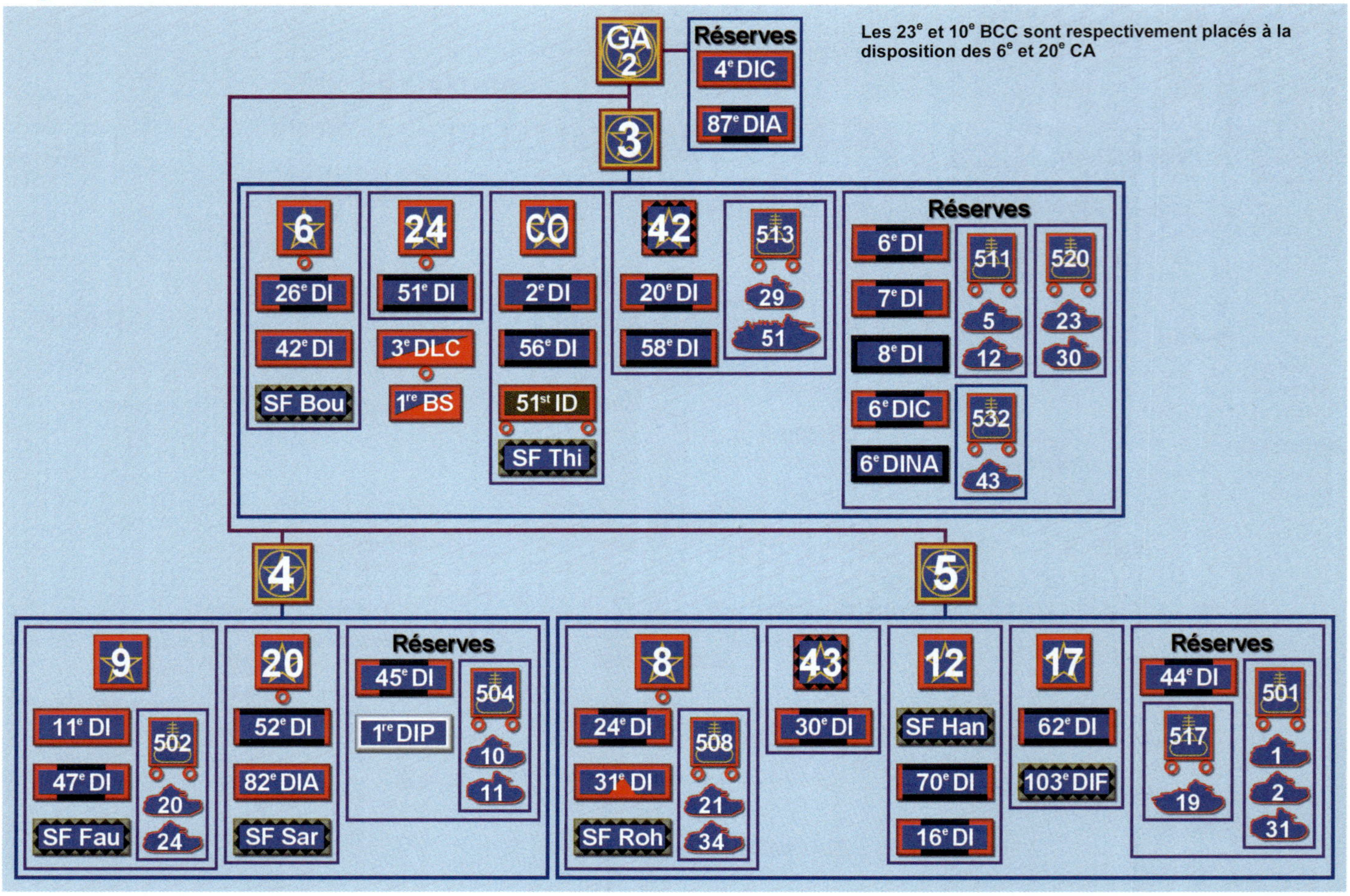

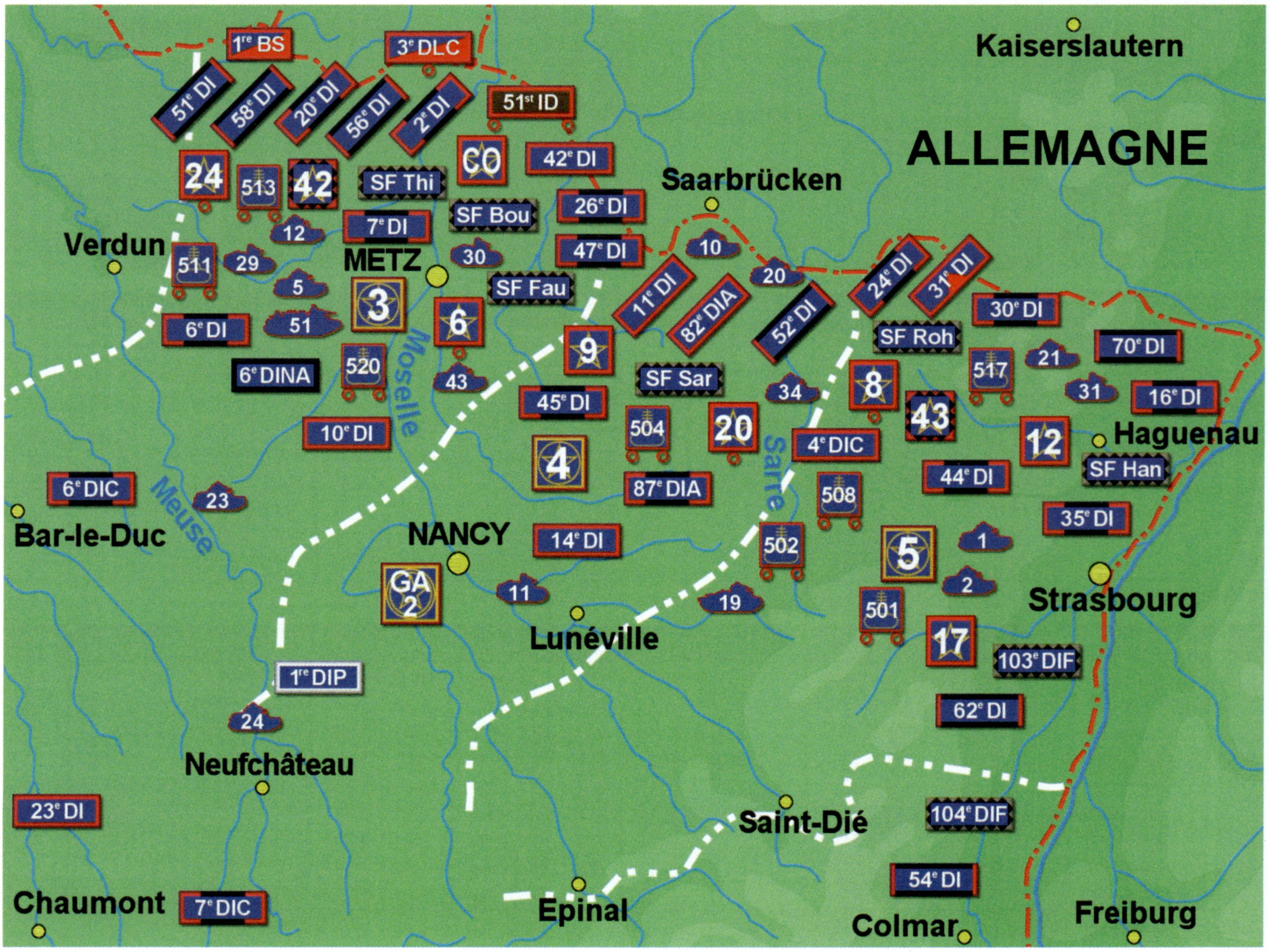

Les divisions d'infanterie d'active type nord-est (série A) et leurs unités organiques au 10 mai 1940 (suite)

N°	Général commandant	Infanterie			Cavalerie	Artillerie					Génie	Transmissions		Train		Intendance	Santé
		RI			GRDI	RA	RAL	PAD	COA	SMA	CSM	CT	CR	CHQG	CHT	GED	GSD
36	Aublet	14	18	57	39	24	224	36	36	236	36/1 & 36/2	36/81	36/82	36/18	136/18	36/18	36
42	Keller	80	84	151	37	61	261	42	42	242	42/1 & 42/2	42/81	42/82	42/6	142/6	42/6	42
43	Vernillat	3m	4d	158	32	12	212	43	43	243	43/1 & 43/2	43/81	43/82	43/20	143/20	43/23	43

Le m que c'est un RTM.

Les divisions d'infanterie de série A type nord-est mises sur pied et leurs unités organiques au 10 mai 1940

N°	Général commandant	Infanterie			Cavalerie	Artillerie					Génie	Transmissions		Train		Intendance	Santé
		RI			GRDI	RA	RAL	PAD	COA	SMA	CSM	CT	CR	CHQG	CHT	GED	GSD
2	Kloppenstein	33	73	127	11	34	234	2	2	202	2/1 & 2/2	2/81	2/82	2/1	102/1	2/1	2
4	Musse	45	72	124	12	29	229	4	4	204	4/1 & 4/2	4/81	4/82	4/2	104/82	4/2	4
6	Lucien	36	74	119	13	43	243	6	6	206	6/1 & 6/2	6/81	6/82	6/3	106/3	6/3	6
7	Hupel	93	102	130	40	31	231	7	7	207	7/1 & 7/2	7/81	7/82	7/4	107/4	7/4	7
16	Mordant	29	56	89	19	37	237	16	16	216	16/1 & 16/2	16/81	16/82	16/8	116/8	16/8	16
18	Duffet	66	77	125	30	19	219	18	18	218	18/1 & 18/2	18/81	18/82	18/9	118/9	18/9	18
20	Corbe	2	47	115	31	7	207	20	20	220	20/1 & 20/2	20/81	20/82	20/44	120/44	20/4	20
22	Beziers-Lafosse	19	62	116	24	18	218	22	22	222	22/1 & 22/2	22/81	22/82	22/11	122/18	22/11	22
24	Voirin	50	63	78	28	21	221	24	24	224	24/1 & 24/2	24/81	24/82	24/49	124/89	24/9	24
26	Bonnassieux	86	98	105	14	36	236	26	26	226	26/1 & 26/2	26/81	26/82	26/13	126/13	26/13	26
30	Duron	22d	49	55	26	42	242	30	30	230	30/1 & 30/2	30/81	30/82	30/15	130/15	30/15	30
32	Lucas	7	122	143	38	3	203	32	32	232	32/1 & 32/2	32/81	32/82	32/16	132/16	32/16	32
35	Decharme	11	21m	123	29	14	214	35	35	235	35/1 & 35/2	35/81	35/82	35/18	135/18	35/18	35
41	Bridoux	101	103	104	36	13	213	41	41	241	41/1 & 41/2	41/81	41/82	41/22	141/22	41/22	41
45	Roux	31	85	113	33	55	255	45	45	245	45/1 & 45/2	45/81	45/82	45/5	145/5	45/5	45
47	Mendras	23d	44	109	35	5	205	47	47	247	47/1 & 47/2	47/81	47/82	47/7	147/7	47/7	47

La 30e DI type montagne est mise sur le type Nord-Est en octobre 1939. Le d signifie que c'est une DBC et le m que c'est un RMVE. Le 49e RI ne rejoindra la 30e DI que le 12 mai.

Les divisions d'infanterie de série B type nord-est et leurs unités organiques au 10 mai 1940

N°	Général commandant	Infanterie			Cavalerie	Artillerie					Génie	Transmissions		Train		Intendance	Santé
		RI			GRDI	RA	RAL	PAD	COA	SMA	CSM	CT	CR	CHQG	CHT	GED	GSD
51	Boell	100	101	310	70	27	227	51	51	251	51/1 & 51/2	51/81	81/82	51/1	151/1	51/1	51
52	Echard	148	291	348	-	17	217	52	52	252	52/& & 52/2	52/81	52/82	52/2	152/2	52/2	52
53	Blin	208	239	329	66	22	222	53	53	253	53/1 & 53/2	53/81	53/82	53/3	153/3	53/3	53
54	Coradin	302	317	330	-	44	-	54	54	254	54/1 & 54/2	54/81	54/82	54/4	154/4	54/4	54
55	Lafontaine	213	295	331	64	45	-	55	55	255	55/1 & 55/2	55/81	55/82	55/5	155/5	55/5	55
56	de Mierry	294	306	332	63	26	226	56	56	256	56/1 & 56/2	56/81	56/82	56/6	156/6	56/6	56
57	Texier	8d	235	260	62	47	247	57	57	257	57/1 & 57/2	57/81	57/82	57/7	157/7	57/7	57
58	Perraud	204	227	331	61	48	248	58	58	258	58/1 & 58/2	58/81	58/82	58/8	158/8	58/8	58
60	Deslaurens	241	270	271	68	50	-	60	60	260	60/1 & 60/2	60/81	60/82	60/44	160/44	60/4	60
61	Vautier	235	248	265	-	51	-	61	61	261	61/1 & 61/2	61/81	61/82	61/11	161/11	61/11	61
62	Sarrebourse de la Guillonnière	250	307	326	57	52	-	62	62	262	62/1 & 62/2	62/81	62/82	62/49	162/49	62/9	62
63	Parvy	238	298	321	56	53	-	63	63	263	63/1 & 63/2	63/81	63/82	63/13	163/13	63/13	63
67	Bourtignon	211	214	220	52	57	-	67	67	267	67/1 & 67/2	67/81	67/82	67/17	167/17	67/17	67
70	François	44d	223	279	51	68	268	70	70	270	70/1 & 70/2	70/81	70/82	70/20	170/20	70/23	70
71	Baudet	120	205	246	60	38	-	50	50	250	50/1 & 50/2	50/81	50/82	50/22	150/22	50/22	50

Le d signifie que c'est une DBC. Les RA des divisions n'ayant pas de RAL sont mixtes, ils comprennent un groupe de pièces lourdes.

Les divisions d'infanterie type montagne (toutes séries) et leurs unités organiques au 10 mai 1940

N°	Général commandant	Infanterie			Cavalerie	Artillerie					Génie	Transmissions		Train		Intendance	Santé
		RI			GRDI	RA	RAL	PAD	COA	SMA	CSM	CT	CR	CHQG	CAT	GED	GSD
27	Doyen	7d	71	159	20	58	258	64	64	264	27/1 & 27/2	27/81	27/82	27/54	127/54	27/14	27
28	Lestien	25d	97	99	22	2c	202	-	-	-	28/1 & 28/2	28/81	28/82	28/54	128/54	28/14	28
29	Gérodias	3a	6	112a	34	94c	294	29	29	229 & 429	29/1 & 29/2	29/81	29/82	29/15	129/15	29/15	29
31	Ihler	15	81	96	23	56c	256	31	31	231	31/1 & 31/2	31/81	31/82	31/16	131/16	31/15	31
64	de Saint-Vincent	45d	47d	299	55	93c	293	64	64	264	64/1 & 64/2	64/81	64/82	64/14	164/14	64/14	64
65	de Saint-Julien	42d	46d	203	54	96c	296	65	65	265	65/1 & 65/2	65/81	65/82	65/12	165/15	65/15	65
66	Boucher	215	281	343	53	9	209	66	66	266	66/1 & 93/2	66/81	66/82	66/16	166/15	66/16	66

Le d signifie que c'est une DBCA. Le a signifie que 'est un RIA. Le c signifie que c'est un RA type montagne. Le 71e RI ne rejoindra la 27e DI que le 12 mai.

Les divisions d'infanterie de formation type nord-est et leurs unités organiques au 10 mai 1940

N°	Général commandant	Infanterie			Cavalerie	Artillerie					Génie	Transmissions		Train		Intendance	Santé
		RI			GRDI	RA	RAL	PAD	COA	SMA	CSM	CT	CR	CHQG	CAT	GED	GSD
8	Dody	12e	16d	237	44	82	282	8	8	208	8/1 & 51/2	8/81	8/82	-	108/8	8/14	8
44	Boissau	6	173d	26d	41	91	291	44	44	244	44/& & 44/2	44/81	44/82	44/24	144/24	44/13	44
68	Beaufrère	224	225	341	59	89	289	68	68	268	68/1 & 68/2	68/81	68/82	68/5	168/5	68/18	68

Le d signifie que c'est une DBI. La 16e DBI ne rejoindra la 8e DI que le 15 mai.

Le groupe d'armées n° 3 et les réserves du GQG

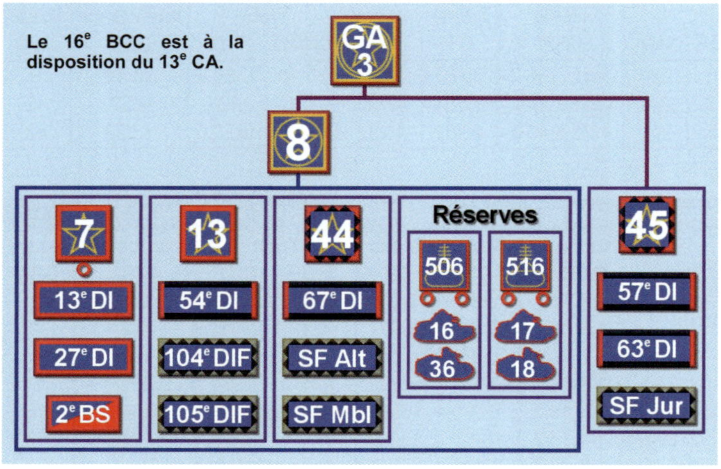

Les réserves du GQG.
Les divisions placées en réserve du GQG sont réparties géographiquement sur les territoires des GA et donc visibles sur les cartes indiquant leurs déploiements. Ainsi, par exemple, la 5e DIC et les 28e et 29e DI type montagne visibles sur celle du GA3 ci-dessous, sont en réserve afin de parer une éventuelle action allemande *via* la Suisse.

Les seules Grandes Unités invisibles sur les cartes sont :
- La 36e DI, située entre Seine et Aube.
- La 8e DIC, en cours de constitution au camp de Souge sur le territoire de la 18e RM à l'exception du GRDI (Rambouillet), du 8e RAC (Rueil), des unités de génie (Grenoble) et de celles du train (Saint-Médard-de-Gurzières).
- La 2e DIP, bien loin d'être achevée, est également en cours de constitution sur le territoire de la 9e RM à Saint-Lou-sur-Thouet.

Enfin, Le groupement cuirassé n°1, coiffant les 2e et 3e DCR, ne se compose que d'un état-major et la 6e armée possède ses unités organiques mais aucune division ni CA ne sont à cette date placés sous ses ordres.

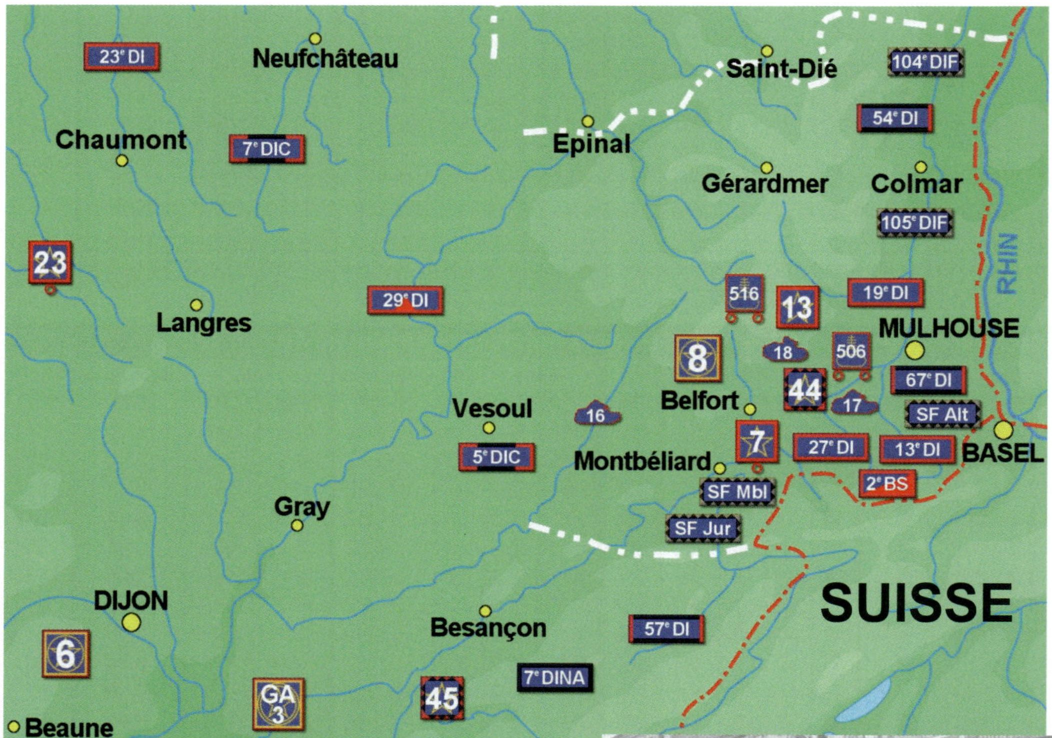

La clique d'un défilé militaire.
En tenue de campagne rehaussée de gants blancs à crispins, ces tambours précèdent les clairons et les éléments armés lors d'un défilé. Ils donnent le rythme du pas cadencé pour l'ensemble de la troupe. Ces soldats ont fière allure et ce type de manifestation est apprécié par la foule. Renforcé par le claquement des clous des brodequins sur le pavé, le bruit assourdissant des tambours est impressionnant. De nos jours, voir passer une unité de l'armée clique en tête est toujours une expérience à ne pas rater.

Les divisions d'infanterie nord-africaines et marocaine (toutes séries) et leurs unités organiques

N°	Général commandant	Infanterie			Cavalerie	Artillerie					Génie	Transmissions		Train		Intendance	Santé
		RI			GRDI	RA	RAL	PAD	COA	SMA	CSM	CT	CR	CHQG	CAT	GED	GSD
1NA	Tarrit	5m	27a	28t	91	54	254	91	91	291	91/1 & 91/2	91/81	91/82	91/14	191/14	91/14	91
2NA	Dame	13a	22a	11z	92	40	240	92	92	292	92/1 & 92/2	92/81	92/82	92/20	192/20	92/23	92
3NA	Chapouilly	14a	15a	12z	93	20	220	93	93	293	93/1 & 93/2	93/81	93/82	93/9	193/9	93/9	93
4NA	Sancelme	13z	23a	25a	94	33	233	94	94	294	94/1 & 94/2	94/81	94/82	94/20	194/20	94/23	94
5NA	Angliany	6m	24t	14z	95	22c	222c	95	95	295	95/1 & 95/2	95/81	95/82	95/14	195/14	95/14	95
6NA	de Verdihac	9m	21a	11e	96	6	206	96	96	296	96/1 & 96/2	96/81	96/82	96/15	296/15	96/9	96
7NA	Barré	31a	20t	10m	97	81	281	97	97	297	97/1 & 97/2	97/81	97/82	-	197/15	97/14	97
1M	Mellier	1m	2m	7m	80	64	264	80	80	280	80/1 & 80/2	80/81	80/82	80/18	180/18	80/18	80

Le m signifie que c'est un RTM, le a que c'est un RTA, le z que c'est un RZ, le t que c'est un RTT, et le e que c'est un REI. Le c signifie que c'est un RA colonial

L'armée des Alpes

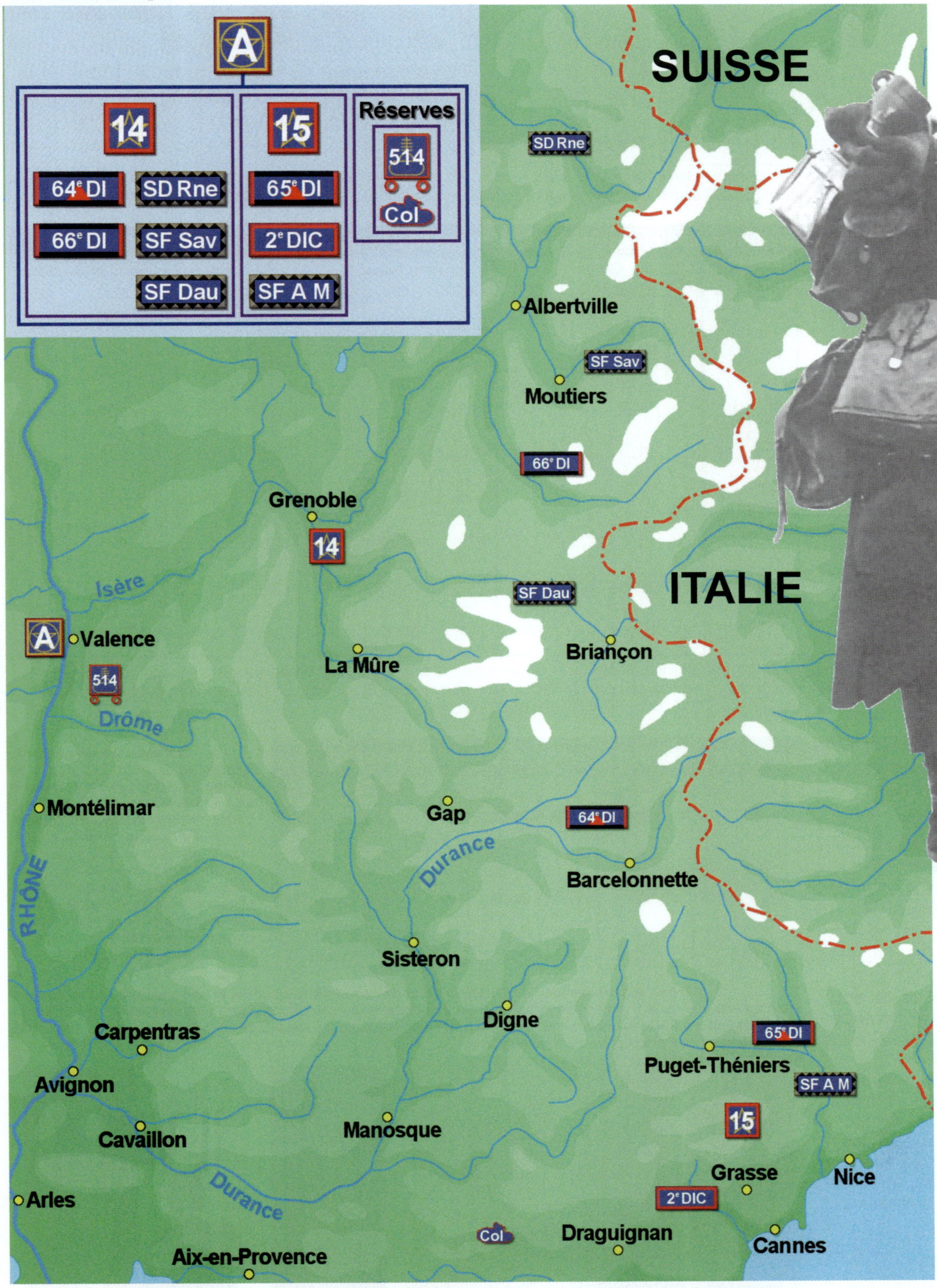

Fantassin français d'une unité d'infanterie en 1940. Équipé de sa lourde tenue de campagne, cet homme est doté d'un fusil Mle 1907 - 15 M16. Il est ainsi représentatif des troupes de l'époque car cette arme datant de la Première Guerre mondiale sera la plus présente au sein des unités françaises de 1940. La pipe est un maigre réconfort comparée aux nombreuses marches interminables que l'infanterie va devoir subir durant la campagne.

Les divisions d'infanterie coloniales (toutes séries) et leurs unités organiques

N°	Général commandant	Infanterie			Cavalerie	Artillerie					Génie	Transmissions		Train		Intendance	Santé
		RI			GRDI	RA	RAL	PAD	COA	SMA	CSM	CT	CR	CHQG	CAT	GED	GSD
1	Roucaud	3c	12s	14s	71	1	201	71	71	271	71/1 & 71/2	71/81	71/82	71/18	171/18	71/18	71
2	Maignan	CM	4s	8s	72	2	202	72	72	272	72/1 & 72/2	72/81	72/82	72/15	272/15	72/15	72
3	Falvy	1c	21c	23c	73	3	203	73	73	-	73/1 & 73/2	73/81	73/82	73/22	173/22	73/22	73
4	de Bazelaire de Ruppière	2c	16s	24s	74	12	212	74	74	274	74/1 & 74/2	74/81	74/82	74/17	174/17	74/17	74
5	Sechet	22c	44ms	53ms	75	21	221	75	75	275	75/1 & 95/2	75/81	75/82	75/16	175/16	75/16	75
6	Carles	5c	6c	43c	76	23	223	76	76	276	76/1 & 76/2	76/81	76/82	76/49	276/49	76/9	76
7	Noiret	7c	33ms	57ms	77	32	232	77	77	277	77/1 & 77/2	77/81	77/82	77/17	177/17	77/17	77
8	Gillier	4c	25s	26s	78	-	-	78	78	278	78/1 & 78/2	78/81	78/82	-	178/15	78/18	78

Le c signifie que c'est un RIC, le s que c'est un RTS, et le ms que c'est un RICMS. CM correspond au RI d'infanterie coloniale du Maroc. Tous les RA sont coloniaux, sauf ceux de la 7e DIC qui sont des RAC mixtes malgaches.

Les divisions d'infanterie d'Afrique (toutes séries) et leurs unités organiques

N°	Général commandant	Infanterie RI			Cavalerie GRDI	Artillerie RA	RAL	PAD	COA	SMH	SMA	Génie CSM	Transmissions CT	CR	Train CHQG	CAT	Intendance GED	Santé GSD
82	Armingeat	1z	4m	6a	82	66	266	82	82	-	282	82/1 & 82/2	82/81	82/82	82/5	182/5	82/20	82
84	Ardent du Picq	4t	8t	4z	84	62	-	84	84	-	284	84/1 & 84/2	84/81	84/82	84/26	184/26	84/15	84
85	Wemaere	3z	19a	11a	85	85	-	85	85	85	285	85/1 & 85/2	85/81	85/82	85/27	-	85/19	85
87	Barbeyrac de Saint-Maurice	17a	18a	9z	87	87	287	87	87	87	287	87/1 & 87/2	87/81	87/82	87/16	187/16	87/16	87

Le z signifie que c'est un RZ, le m que c'est un RTM, le t que c'est un RTT et le a que c'est un RTA. Les RA des divisions n'ayant pas de RAL sont mixtes, ils comprennent un groupe de pièces lourdes. Les 84e et 85e DIA sont mentionnées à titre indicatif, elles n'ont pas encore été débarquées en France.

Les divisions légères de cavalerie et les divisions légères mécaniques et leurs unités organiques

N°	Général commandant	Cavalerie Brigades	Régiments		Art. RA	Génie CSM	CEP	Transmissions CT	CR	DCo	Train CAQG	CAT	Intendance GED	Santé GSD
1C	d'Arras	2e BC 11e BLMo	1ch 1am	19d 19dp	75	46/1	-	46/84m	-	-	46/21	146/21	46/22	46
2C	Berniquet	3e BC 12e BLMo	18ch 2am	5cu 3dp	73	48/1	-	48/84m	-	-	48/20	148/20	48/23	48
3C	Petiet	5e BC 13e BLMo	4h 3am	6d 2dp	72	49/1	-	49/84m	-	-	49/21	149/21	49/22	49
4C	Barre	4e BC 14e BLMo	8d 4am	31d 14dp	77	33/1	-	33/84m	-	-	33/9	133/9	33/5	33
5C	Chanoine	6e BC 15e BLMo	11cu 5am	12ch 15dp	78	34/1	-	34/84m	-	-	34/9	134/9	34/9	34
1M	Picard	1re BLMé 2e BLMé	4cu 4dp	18d 6am	74	37/1, 37/2 & 37/3	37/16	37/81	37/82	37/83	227/6	327/6	37/6	37
2M	Bougrain	3e BLMé 4e BLMé	13d 1dp	29d 8cu	71	38/1, 38/2 & 38/3	38/16	38/81	38/82	38/83	228/23	328/23	38/22	38
3M	Langlois	5e BLMé 6e BLMé	1cu 11dp	2cu 12cu	76	39/1, 39/2 & 39/3	39/16	39/81	39/82	39/83	227/6	327/6	37/6	37

Au sein des DLC, tous les régiments sont embrigadés, ce n'est pas le cas des DLM, où la deuxième brigade légère mécanique ne comporte qu'un régiment, le second étant le régiment de découverte divisionnaire. Le ch signifie que c'est un RCCh, le d que c'est un RD, le am que c'est un RAM, le dp que c'est un RDPorté, le h que c'est un RH, et le cu que c'est un RC.

Les divisions cuirassées (de réserve générale) et leurs unités organiques

N°	Général commandant	Chars Demi-brigades	BCC		Inf. BCPortés	Art. RA	Génie CSM	CMM	Train CAQG	CAT	Intendance GED	Santé GSD
1	Bruneau	1re DB (lourde) 3e DB (légère)	28 25	37 26	5	305	131/1	131/84	247/6	347/6	131/11	131
2	Bruche	2e DB (lourde) 4e DB (légère)	8 14	15 27	17	309	132/1	132/84	248/6	348/6	132/13	132
3	Brochard	5e DB (lourde) 7e DB (légère)	41 42	49 45	16	319	-	133/84	250/22	350/22	133/22	133

Les divisions de cavalerie. Rappelons en outre l'existence de 4 brigades autonomes de cavalerie en métropole: les 1re, 2e et 3e brigades de Spahis et la 1re brigade de cavalerie, cette dernière n'étant plus endivisionnée à la suite de la transformation des DC en DLC. Toutes visibles sur les cartes de ce chapitre, elles se composent d'un état-major et de deux régiments de cavalerie, le détail étant mentionnés dans le tableau page 104.

Précisons qu'au 10 mai 1940, de nombreux CA et divisions ont été renforcés par des unités en provenance de la RG, elles ne sont donc pas organiques.

Les Grandes Unités hors de métropole

Au-delà des Grandes Unités de métropoles mentionnées ci-dessus, signalons l'existence des divisions déployées outre-mer au 10 mai 1940. Elles ne participeront pas à la campagne de France, à l'exception des 84e et 85e DIA qui embarqueront pour la métropole fin mai.

En AFN, l'on trouve :

- Algérie : 85e et 181e DIA.
- Tunisie : 81e, 83e, 84e, 88e et 180e DIA et la 6e DLC.
- Maroc : 3e DM.

Au Levant : 86e, 191e et 192e DIA, ainsi qu'une brigade polonaise en cours de formation.

Afin d'apporter quelques précisions à leur sujet, au 10 mai 1940, l'infanterie des 81e, 82e, 83e, 84e, 86e, et 88e DIA se compose de deux régiments d'active et d'un RI de série B venant de France, celle de la 85e de deux RI d'active et d'un de série A, celle de la 87e d'un RI d'active et deux de série B, enfin celle des 180e, 181e, 182e et 183e DIA comporte en général un RTS d'active, un RZ de série B et un autre régiment d'active (Légion) ou de série B.

Affiches de propagande de la Première Guerre mondiale (à gauche) et de novembre 1939 (à droite). Bien qu'une vingtaine d'années séparent ces deux soldats, force est de constater que leurs uniformes et armements restent semblables, mise à part la couleur. L'évolution majeure viendra surtout dans les années 1943-1945 avec l'adoption des effets provenant de l'US Army.

11 : L'heure du bilan

Au 10 mai 1940, le monde imagine que la guerre ne peut que se terminer à l'avantage des Alliés en raison du déséquilibre croissant du rapport des forces militaires et économiques entre les deux camps. Quelques jours plus tard, c'est la sidération ! Quelles peuvent en être les causes ?

Bien évidement, nous ne remettrons pas en cause l'éclatante victoire allemande. Ce serait une contre-vérité historique. Rappelons donc qu'en une quinzaine de jours, les armées alliées sont tronçonnées en deux parties par les troupes allemandes ayant débouché de la percée du secteur de Sedan. Les Pays-Bas capitulent tandis que le GA1, le BEF et l'armée belge se retrouvent isolés du gros de l'armée française et irrémédiablement condamnés à court terme. Pis encore, la majorité des forces motorisées et blindées françaises est elle aussi piégée. Puis, la Belgique capitule à son tour et le BEF rembarque ses troupes. Maintenant presque seule face à la Wehrmacht, l'armée française, en infériorité quantitative et qualitative majeure, est inexorablement condamnée à la défaite.

Il est fort simple, comme on peut souvent le lire, d'expliquer cette triste fin par un commandement supérieur défaillant, une stratégie d'un autre âge ou encore des moyens inadaptés, mais comme nous l'avons vu dans les pages précédentes, ces explications sont bien trop simplistes, souvent exprimées sans tenir compte du contexte de l'époque où les décisions ont été prises, et en sachant ce que le sort des armes allait réserver à nos troupes. Certes, et indéniablement, des erreurs ont été commises, la plus flagrante étant probablement de prolonger la manœuvre Dyle par l'option Breda, imposée par le général Gamelin, mais les moyens engagés dans cette manœuvre sont relativement faibles et ne changent fondamentalement que peu de choses à la stratégie française si ce n'est l'engagement de la 3e DLM qui aurait été fort utile pour occuper et défendre la zone de déploiement des renforts envoyés pour stopper l'avance allemande exploitant la percée de Sedan.

Cavaliers d'un GRDI ou éclaireurs motocyclistes d'un RI.
Dans un cas comme dans l'autre, ces motocyclistes sont très souvent envoyés en pointe du gros de leurs unités afin de découvrir une éventuelle présence ennemie. Il faut bien du courage pour remplir ce type de mission car seule la vitesse de leurs engins peut les sauver du feu en cas de mauvaise rencontre.

Dessin du Latil M7T1 tractant un canon extrait d'un document commercial du constructeur.
Selon la DM n° 8116 1/E.M.A. du 12 novembre 1939, les CDAC type nord-est motorisé doivent être dotées de 21 Latil M7T1 permettant de tracter les pièces de 25 AC sur route à bonne vitesse et en terrains variés. Ces grosses « jeep » à la française auraient d'ailleurs pu rendre bien d'autres services. S'articulant en 5 M7T1 pour la section de commandement et 4 par section de canons antichars, cette dotation devait permettre de s'affranchir de la nécessité de disposer de véhicules tracteurs pour la route et de chenillettes d'infanterie pour amener les pièces sur leurs positions de combat et les ravitailler. Mais faute d'un nombre suffisant de M7T1 disponibles, seule la CDAC de la 12e DIM recevra ses 21 véhicules avant la fin des hostilités, tandis qu'une petite quarantaine sera versée aux BCPortés des 1re et 2e DCR.

Commençons par une hypothèse...

En revanche, combien de fois avons-nous dû écrire dans les chapitres précédents que des véhicules et des armements modernes n'ont pu être mis en service massivement faute de temps, avant le déclenchement des opérations actives ? À quelques mois près, l'armée française aurait par exemple été dotée d'une DCA légère puissante et d'armes antichars individuelles et collectives efficaces et en grand nombre. Ces moyens auraient-ils pu changer le cours des événements ? La stratégie allemande aurait-elle été mise en échec ? Nul ne le saura jamais et il n'y a qu'un pas pour l'affirmer que nous ne franchirons pas. Mais nous pouvons en revanche penser objectivement que si nos troupes avaient été dotées de tels moyens, les équipages de panzers et de la Luftwaffe auraient probablement été plus prudents et que le franchissement de la Meuse et la progression allemande auraient été plus difficiles, moins rapides, et générateurs de pertes plus lourdes. Dans ce cas, la condition impérative de la réussite de Fall Gelb, la vitesse de progression des troupes motorisées et blindées allemandes, devenant plus hypothétique, la probabilité d'un retour à une guerre de positions aurait augmenté car l'envoi des renforts français sur les secteurs attaqués n'aurait peut-être pas été devancé par la progression ennemie. Dans ce cadre, ne dirait-on pas de nos jours que la stratégie française se serait révélée fondée ?

... avant d'en revenir aux faits

Pour en revenir à la réalité des événements, il est donc imaginable de penser que l'une des erreurs majeures de l'armée est d'avoir beaucoup trop tardé à lancer la fabrication en masse de nombreux matériels modernes pour des raisons amplement détaillées dans les pages précédentes, car force est de constater que ce ne furent pas les financements qui manquèrent durant la seconde moitié des années 1930. En d'autres termes, la stratégie française ne pouvait pleinement fonctionner faute des moyens nécessaires pour la rendre applicable. Ce n'est bien sûr pas la seule raison de l'échec du plan E et il est évident que le haut-commandement a sous-estimé les capacités ennemies, tant à l'échelon stratégique que tactique.

Soulignons d'ailleurs la clairvoyance de Hitler qui imposa de déclencher son attaque à l'Ouest le plus tôt possible au grand dam de l'immense majorité des cadres supérieurs de la Wehrmacht. Tout porte à croire qu'il avait parfaitement compris que le temps jouait contre l'Allemagne et que ses chances de victoire s'amenuisaient au fil du temps. Mais rappelons également que le Reich croyait lui aussi aux fronts fortifiés telle qu'en témoigne la construction de la ligne Siegfried, décidée par Hitler, et l'importance des moyens économiques, humains, et en matières premières qui lui furent attribués au détriment des armes de mêlée. Du côté français, la ligne Maginot a d'ailleurs rempli le rôle qui lui fut assigné en permettant la concentration, et en protégeant les frontières de l'Est.

Alors que peut-on reprocher d'autre à l'armée française durant ces années d'avant-guerre ? Tout d'abord, signalons que certaines de ses faiblesses trouvent leurs sources dans la sphère politique qui, dans bien des cas, aurait dû imposer des décisions et opter pour une rationalisation des productions de matériels et une simplification du schéma décisionnel de l'armée. « *La guerre ! C'est une chose trop grave pour la confier à des militaires* » comme l'affirmait Georges Clemenceau. Déjà, la France ne disposait pas de l'armée correspondant à sa recherche initiale d'alliances et l'on peut se demander si cette situation fut due au cynisme ou à l'incompétence des diplomates. Trop souvent, le monde politique s'est défaussé sur le haut-commandement, celui-ci n'ayant d'ailleurs pas plus pris les décisions qui s'imposaient ne serait-ce que pour faire cesser les guerres de clocher entre les différentes armes. Il est aussi possible de se demander si le maintien du général Gamelin à la tête des armées fut judicieux, car l'homme était plus un politique qu'un militaire et il ne sut jamais pleinement assumer cette fonction, préférant trop souvent suggérer sans statuer. Alors certes, la France manquait de stabilité politique et la succession rapide des gouvernements n'a pas aidé à la prise de décisions, d'autant plus que les courants pacifistes et les avancées sociales, bien que légitimes, ont concouru à cette situation. Il a sans doute manqué un dirigeant politique de la trempe de Clemenceau.

Rappelons ensuite différentes causes de l'impréparation à la guerre de l'armée comme une industrie souvent initialement inadaptée à la fabrication en masse de matériels, de trop nombreuses indécisions,

Canon de 155 mm GPF (grande puissance Filloux).
Atout majeur de l'armée française de 1940, l'artillerie ne pourra pleinement jouer son rôle car, dans bien des cas, le déplacement des troupes ennemies est trop rapide pour qu'elle ait le temps de se déployer. Rappelons en outre que les batteries seront des cibles particulièrement recherchées par la Luftwaffe. US NARA

Défilé de H-35 place Kléber à Strasbourg le 23 novembre 1938.
La manifestation est organisée afin de célébrer le 20e anniversaire du retour de l'Alsace au sein de la France. Ces engins appartiennent au 3e escadron du 2e GAM de la 2e DC, unité stationnée à Strasbourg. Comme la majorité des chars légers de 1940, ils sont armés de la vielle pièce de 37 mm, peu apte au combat antichar et l'on peut légitimement se demander quelles auraient été les conséquences sur le champ de bataille si l'ensemble des chars légers avaient été dotés de la nouvelle pièce de 37 mm SA 38. Selon les marquages réglementaires, l'as de pique symbolisant le 1er peloton doit être vert. Notons également les deux cocardes tricolores placées sur la trappe arrière de la tourelle et sur le tourelleau. Le 2e GAM deviendra le 2e RAM le 2 septembre 1939. Il restera une unité organique de la 2e DC, puis de la 2e DLC. US NARA

Deux mitrailleurs du 60e RI et leur Hotchkiss.
Cette vue impressionnante n'engendre pourtant aucun risque pour le photographe puisque l'arme n'est pas approvisionnée en munitions. La conception de la mitrailleuse de 8 mm Mle 14 est un exploit remarquable des ingénieurs d'Hotchkiss, parvenant à mettre au point une arme automatique fiable alimentée par une munition n'ayant pas été conçue pour cet emploi. Elle restera en service au sein de l'armée française jusqu'à la disparition définitive des cartouches de 8 mm au profit de celles de 7,5 mm.

hésitations, et demandes de modifications de détail des cadres décideurs de l'armée et des commissions en charge du développement des nouveaux matériels alors que la guerre était de toute évidence inévitable à court terme. Ce perfectionnisme pouvait se justifier quand on avait du temps, des stocks d'armes anciennes et peu de crédits, mais les habitudes ont ensuite perduré alors qu'il aurait fallu aller bien plus vite. Citons également une stratégie trop rigide, bien qu'initialement justifiée, et un aveuglement quant aux évolutions du déploiement de la Wehrmacht à partir de mars 1940 et de ses mouvements lors des premiers jours de l'attaque, preuve d'un excès de confiance dans la vision stratégique française, maintenu en dépit des alertes formulées par les services de renseignement. Leurs informations au sujet du basculement du centre de gravité ennemi d'Aix-la-Chapelle vers le secteur de Sedan étaient certes fournies parmi d'autres, mais elles provenaient de différentes sources sérieuses et il aurait au moins fallu prévoir une parade, ne serait-ce qu'en plaçant des Grandes Unités en réserve à proximité, d'autant plus que la partie la plus puissante de la ligne Maginot s'arrêtait au sud de cette zone.

L'armée française fut prise de court par le remplacement d'un incontournable bombardement d'artillerie devant précéder le franchissement d'un obstacle majeur comme la Meuse par une attaque aérienne puissante et répétée Cette bien mauvaise surprise démontre une incapacité à appréhender les possibilité offertes par l'aviation, pourtant constatées en Espagne et surtout en Pologne, d'autant plus que les faiblesses de la DCA française étaient bien connues. La réaction du GQG au franchissement du fleuve par la Wehrmacht fut rapide, mais le temps nécessaire à l'envoi de renforts pour reconstituer un front s'avéra trop long par rapport à la vitesse de progression allemande. Nous ne pouvons donc que constater sur ce point une sous-estimation des possibilités offertes par les progrès de la motorisation. Citons également le peu d'encouragement, voire la désapprobation de toute initiative des officiers dans les chaines de commandement ne pouvant qu'allonger considérablement les réactions sur le terrain. Cette lenteur allait encore être accentuée par les consignes d'évitement de l'utilisation des communications radio, ne devant l'être qu'à titre exceptionnel et sous réserve du codage de toute transmission. Pourtant, différents manuels militaires d'avant-guerre avançaient des éléments pertinents et exprimaient clairement une très probable accélération des événements pendant la bataille. Mais la synthèse n'avait pas été faite, telles qu'en témoignent les contradictions des doctrines. Les rares fois où elle fut faite, elle ne fut pas suffisamment diffusée.

Plus généralement, ces dernières constations nous démontrent que la plus grande difficulté rencontrée était de faire évoluer les mentalités. Bien que de nombreux textes aient mis en garde contre les effets potentiels de l'évolution de la technique, les habitudes et les usages ont en général persisté. En d'autres termes, l'armée française sera prise en flagrant délit d'intégration inachevée de la guerre moderne et c'est peut-être là que réside la plus importante cause de la défaite. Pourtant, sur bien des points, l'armée française n'avait rien à envier à celles de nos futurs ennemis, si ce n'est leur expérience du combat principalement acquise en Pologne. Il est de coutume de dire que la France avait une guerre de retard mais l'analyse des doctrines et organisations des autres armées modernes de 1940 démontre qu'il serait plus juste d'affirmer que c'est l'Allemagne qui avait une guerre d'avance. Sur tous les fronts et durant plusieurs années, les autres nations alliées opposées à la Wehrmacht ne feront pas mieux que les Français. Elles enchaîneront les défaites.

Index, sources, bibliographie et remerciements

Liste des cartes

Liste des organigrammes et des planches graphiques

Liste des tableaux

Index, sources, bibliographie et remerciements

Index, sources, bibliographie et remerciements

Archives :

- Archives personnelles.
- Bundesarchiv.
- Centre d'Archives de l'Armement, Châtellerault.
- Service Historique de la Défense, Vincennes.
- US NARA.

Bibliographie :

- *Aide mémoire à l'usage des troupes de chemin de fer*, Ministère de la Défense nationale et de la Guerre, 1939.
- *Aide mémoire de l'officier de réserve d'infanterie*, 16e édition, Lieutenant-colonel Arendt, Bordeaux, 1940.
- *Aide mémoire pour les travaux d'État-major*, École supérieure de Guerre, Lavauzelle, 1939.
- *Années cruciales*, Général G. Roton, Lavauzelle, 1947.
- *Campagne de 1939-1940, les Grandes Unités françaises, cartes des situations journalières*, SHAT, Atelier d'Impression de l'Armée, 1967.
- *Chars et blindés français,* Colonel E. Ramspacher, Lavauzelle, 1979.
- *Conférences*, École supérieure de guerre, La cavalerie moderne, Différents intervenants, 1936.
- *Emploi des armes,* tome III, *Infanterie et chars de combat*, École d'application d'artillerie, 1938.
- *En mai 1940, fallait-il entrer en Belgique ?*, B. Chaix, Economica, 2000.
- *Engins blindés,* 2e partie, Capitaine Duchange, École d'application du matériel, 1950.
- *Focus*, revue, différents numéros, Pascal Danjou, Éditions du Barbotin.
- *Guerre, Blindés et Matériels*, revue, différents numéros et hors série, Histoire & Collections.
- *Instruction sur l'emploi des chars de combats*, Ministère de la Guerre, Lavauzelle, 1940.
- *Instruction sur l'emploi tactique des Grandes Unités*, Ministère de la Guerre, Lavauzelle, 1940.
- *Intervention étatique et réarmement en France 1935-1939*, R. Frankestein, la revue économique, volume 31, n°4, 1980.
- *Hommes et ouvrages de la ligne Maginot*, tomes 1 à 5, J-Y. Mary, A. Hohnadel et J. Sicard, Histoire & Collections, 2005 à 2009.
- *Instruction pour les unités d'engins d'accompagnement*, Ministère de la Guerre, Lavauzelle, 1938.
- *Instruction pour les unités de fusiliers-voltigeurs*, Ministère de la Guerre, Lavauzelle, 1940.
- *Instruction pour les unités dotées d'armes lourdes*, Ministère de la Guerre, Lavauzelle, 1939.
- *L'administration d'une unité*, Commandant M. Rivière, Lavauzelle, 1940.
- *L'armée française*, J. de Gigord, J. de Gigord éditeur,1937.
- *L'armement de l'infanterie française, 1918-1940*, Stéphane Ferrard, Argout éditions, 1979.
- *L'artillerie nouvelle*, Chef d'escadron d'artillerie breveté L. Thouvenin, Lavauzelle, 1934.
- *L'automobile sous l'uniforme*, F. Vauvillier et J.-M. Touraine, Massin, 1992.
- *L'organisation et le fonctionnement des États-majors en campagne*, Ministère de la Guerre, Lavauzelle, 1939.
- *La défaite française, un désastre évitable*, t. 1 *: Le 16 mai 1940, il fallait rester en Belgique*, J. Belle, Economica, 2007.
- *La gendarmerie dans l'exercice de la police militaire*, Capitaine Hamel, École d'application de Gendarmerie, 1935-1936.
- *La muraille de France ou la ligne Maginot*, P. Truttmann, Gérard Klopp éditeur, 1996.
- *La Manufacture Nationale d'Armes de Châtellerault*, C. Lombard, Poitiers librairie ancienne Brissaud, 1987.
- *La Wehrmacht de Fall Gelb*, É. Denis, Économica, 2018.
- *Le canon de 25 mm allégé APX modèle 37*, Saint-Cyr, Imprimerie de l'École spéciale militaire, 1940.
- *Le général J.B. Estienne, père des chars*, Rédigé par des chefs ayant participé aux engagements de l'artillerie d'assaut avec le concours du colonel E. Ramspacher et G. Gehin, Lavauzelle, 1997.
- *Le Miroir*, Revue, différents numéros, 1937 à 1940.
- *Les automitrailleuses de reconnaissance*, tome 1 et 2, F. Vauvillier, Histoire & Collections, 2005.
- *Les Grandes Unités françaises - Historiques succincts*, Tomes 1, 2 , et 3, SHAT, Imprimerie nationale, 1967.
- *Les matériels blindés de combat de 1917 à 1967*, Ingénieur général Molinier, tapuscrit, 1967.
- *Les matériels de l'armée de terre française - 1940* - tome 1, S. Ferrard, Lavauzelle, 1982.
- *Les problèmes de l'armée de terre française 1935-1940*, H. Dutailly, SHAT, Imprimerie nationale, 1980.
- *Les véhicules blindés français*, P. Touzain, EPA, 1979.
- *Mai 1940 - Armement des fantassins français,* S. Ferrard, ETAI, 2010.
- *Manuel du gradé d'infanterie*, Ministère de la Guerre, Lavauzelle, 1940.
- *Manuel du gradé de cavalerie*, Ministère de la Guerre, Lavauzelle, 1940.
- *Manuel du gradé de DCA*, Ministère de la Guerre, Lavauzelle, 1939.
- *Manuel du gradé de génie*, Ministère de la Guerre, Lavauzelle, 1939.
- *Manuel du gradé du train*, Ministère de la Guerre, Lavauzelle, 1940.
- *Mémorial des groupes de reconnaissance, 1939-1940*, UNABCC, 1955.
- *Notes pratiques d'État-major*, École supérieure de guerre, Lavauzelle, 1939.
- *Notice d'instruction sur le char 1935 R (Description, entretient, conduite)*, École des chars de combat, 1937.
- *Notice d'instruction sur le char 1935 R (Planches)*, École des chars de combat, 1937.
- *Notice provisoire sur l'emploi des unités motorisées et mécanisées de cavalerie*, Ministère de la guerre, Lavauzelle, 1936.
- *Notice provisoire sur les matériels de 47 et de 37 de casemate Mle 1934*, Ministère de la Défense nationale et de la Guerre, Lavauzelle, 1939.
- *Notice sur le pistolet-mitrailleur modèle 1938*, Lavauzelle, 1947.
- *Organisation et législation militaires, extraits*, École spéciale militaire de Saint-Cyr, Imprimerie de l'école, 1939.
- *Rapport sur les événements survenus en France de 1933 à 1945*, Charles Serre, Imprimerie de l'assemblée nationale, 1951
- *Règlement de manœuvre de l'artillerie - Unités armées du matériel de 105 C Mle 1935 B - Description du matériel et des munitions*, Lavauzelle, 1937.
- *Règlement des unités de chars de combat,* ministère de la Défense nationale et de la Guerre, Lavauzelle, 1939.
- *Revue historique des armées*, différents numéros, Service historique de la Défense.
- *Tous les blindés de l'armée française 1914-1940*, F. Vauvillier, Histoire & Collections, 2014.
- *Trackstory*, revue, différents numéros, P. Danjou, Éditions du Barbotin.
- *Une invasion est-elle encore possible?,* Général Chevineau, Berger-Levrault, 1939.
- *Uniformes*, Hors série n° 3, F. Vauvillier, Argout éditions, 1980.

Remerciements :

Cet ouvrage n'aurait pu atteindre un tel niveau de précisions sans une étroite collaboration avec différents grands spécialistes de l'armée française et de son armement. J'adresse donc mes plus vifs remerciements à Eric Klamerek, ayant également fourni de très nombreuses photos d'armes et de munitions, Didier Houliez, Guy François, François Vauvillier et Arnaud Dessornes.

Une grande partie de l'iconographie provient de la fantastique collection d'Alain Alvarez, que je remercie tout particulièrement.

Je pense également à Jacques Belle, auteur majeur d'écrits sur la Seconde Guerre mondiale, pour sa gentillesse et sa générosité, en particulier pour la fourniture de nombreuses archives. L'auteur remercie ensuite chaleureusement l'équipe et les membres du forum http://atf40.1fr1.net/.

Certaines photos ont été prises dans le superbe musée de Semuy, où Christian Dupont-Fromageot a rassemblé l'une des plus belles collections d'armements français de 1940 qu'il m'ait été donné d'admirer. D'autres photos proviennent du musée de l'artillerie de Draguignan, exposant une collection unique de pièces d'artillerie et d'accessoires, et du Musée royal de l'armée de Bruxelles, remarquable institution de nos voisins et amis belges. Enfin, je remercie mon éditeur, Economica, et ses équipes, pour leur professionnalisme et leur gentillesse.

Cet ouvrage n'aurait jamais vu le jour sans la présence bienveillante d'Édith Denis.